*Para Donatella*

# ESTRUTURA SOCIAL E FORMAS DE CONSCIÊNCIA
## II
### A dialética da estrutura e da história

István Mészáros

# ESTRUTURA SOCIAL E FORMAS DE CONSCIÊNCIA
## II
### A dialética da estrutura e da história

Tradução
Rogério Bettoni

Revisão técnica
Caio Antunes

Copyright © Boitempo Editorial, 2011
Copyright © István Mészáros, 2011

*Coordenação editorial*
Ivana Jinkings

*Editora-assistente*
Bibiana Leme

*Assistência editorial*
Livia Campos e Thaisa Burani

*Tradução*
Rogério Bettoni

*Revisão técnica*
Caio Antunes

*Revisão*
Thaisa Burani e Vivian Matsushita

*Diagramação*
Gapp Design

*Capa*
Antonio Kehl
sobre foto de trabalhadores da fábrica de tratores Putilov,
em eleição para o soviete de Petrogrado, junho de 1920

*Produção*
Carlos Renato

CIP-BRASIL. CATALOGAÇÃO-NA-FONTE
SINDICATO NACIONAL DOS EDITORES DE LIVROS, RJ

M55e
v.2

Mészáros, István, 1930-
  Estrutura social e formas de consciência, volume II : a dialética da estrutura e da história / István Mészáros ; tradução Rogério Bettoni ; revisão técnica Caio Antunes. - São Paulo : Boitempo, 2011. (Mundo do trabalho)

  Tradução de: Social structure and forms of consciousness : the dialectic of structure and history
  Inclui bibliografia
  ISBN 978-85-7559-176-5

  1. Sociologia. 2 Sociologia - Metodologia. 3. Capitalismo. 4. Mudança social. I. Título. II. Série.

11-2785.                                            CDD: 301
                                                    CDU: 316
17.05.11  19.05.11                                  026480

É vedada a reprodução de qualquer parte
deste livro sem a expressa autorização da editora.

Este livro atende às normas do acordo ortográfico em vigor desde janeiro de 2009.

1ª edição: junho de 2011; 1ª reimpressão: agosto de 2014

**BOITEMPO EDITORIAL**
Jinkings Editores Associados Ltda.
Rua Pereira Leite, 373
05442-000 São Paulo SP
Tel./fax: (11) 3875-7250 / 3872-6869
editora@boitempoeditorial.com.br | www.boitempoeditorial.com.br
www.boitempoeditorial.wordpress.com | www.facebook.com/boitempo
www.twitter.com/editoraboitempo | www.youtube.com/imprensaboitempo

# SUMÁRIO

NOTA DA TRADUÇÃO ........................................................................................... 9
INTRODUÇÃO ........................................................................................................ 11
1 A NATUREZA DA DETERMINAÇÃO HISTÓRICA ........................................ 29
   1.1 Imperativos materiais e o "lado ativo" ........................................................... 29
   1.2 Fundamentos filosóficos do materialismo histórico ....................................... 31
   1.3 A miséria do "anti-historicismo" ..................................................................... 39
   1.4 Conceitos e metáforas: um problema de método ........................................... 44
   1.5 Determinismo tecnológico e dialética ............................................................ 47
   1.6 A dialética da estrutura e da história ............................................................. 50
2 TRANSFORMAÇÕES DIALÉTICAS: TELEOLOGIA, HISTÓRIA E
   CONSCIÊNCIA SOCIAL ................................................................................... 53
   2.1 Interação social e desenvolvimento desigual ................................................. 53
   2.2 Caráter problemático da teleologia espontânea do trabalho ........................ 55
   2.3 Interdependência e controle global ................................................................ 61
   2.4 As restrições estruturais da consciência social ............................................. 63
3 CONCEITOS-CHAVE NA DIALÉTICA DE BASE E SUPERESTRUTURA .... 65
   3.1 Rejeição apressada do quadro conceitual marxiano ..................................... 65
   3.2 Reprodução das condições operacionais de produção .................................. 77
   3.3 Costumes, tradição e lei expressa: limites históricos da superestrutura jurídica e
       política ............................................................................................................ 92
4 TRANSFORMAÇÕES MATERIAIS E FORMAS IDEOLÓGICAS ................. 105
   4.1 Condições históricas e limites da "produção espiritual livre" ..................... 105
   4.2 Aspectos-chave da mediação na dialética de base e superestrutura ........... 123
   4.3 Ideologia e "falsa consciência" ..................................................................... 141
   4.4 Transformação radical da superestrutura jurídica e política ..................... 149

5 KANT, HEGEL, MARX: NECESSIDADE HISTÓRICA E O PONTO DE VISTA DA ECONOMIA POLÍTICA .................................................................................. 177
   5.1 Preliminares ........................................................................................................ 177
   5.2 Teologia, teleologia e filosofia da história ........................................................ 180
   5.3 A concepção kantiana de desenvolvimento histórico ..................................... 182
   5.4 A abertura radical da história ........................................................................... 187
   5.5 Crítica da filosofia hegeliana da história ......................................................... 188
   5.6 Concepções naturalista e dialética da necessidade ......................................... 205
   5.7 Carência e necessidade na dialética histórica. ................................................ 208
   5.8 A fusão entre necessidade natural e necessidade histórica ............................ 210
   5.9 A necessidade em desaparição da necessidade histórica ............................... 212

6 ESTRUTURA E HISTÓRIA. A INTELIGIBILIDADE DIALÉTICA DO DESENVOLVIMENTO HISTÓRICO ............................................................... 217
   6.1 Preliminares ........................................................................................................ 217
   6.2 As dinâmicas da carência, necessidade e mudança estrutural historicamente sustentada ........................................................................................................... 223
   6.3 Estruturas material e formal da história: crítica da concepção sartriana de razão dialética e totalização histórica .......................................................... 264
   6.4 Imperativos estruturais e temporalidade histórica: crítica do estruturalismo e pós-estruturalismo ................................................................ 301
   6.5 A lei do desenvolvimento desigual e o papel da escassez nas concepções históricas ................................................................................... 328
   6.6 A natureza dialética do avanço histórico e da mudança histórica ................ 346

OBRAS DO AUTOR .................................................................................................... 371

# NOTA DA TRADUÇÃO

Na presente tradução esforçamo-nos por manter a máxima proximidade em relação à estrutura textual de Mészáros, respeitando, tanto quanto possível, seu estilo e densidade, com muitas orações subordinadas e diversas citações e menções, ora explícitas, ora implícitas, a categorias e passagens advindas dos mais diversos campos da teoria social.

Na medida do possível, tomamos também o cuidado de utilizar traduções em português, reconhecidas e conceituadas, das obras citadas por Mészáros, porquanto que não julgamos adequado traduzir, do inglês, obras escritas originariamente em outras línguas.

Todas as passagens foram quase que exaustivamente cotejadas com as das edições utilizadas por Mészáros. As eventuais diferenças foram indicadas em notas de rodapé*, e, quando tais diferenças se mostraram mais substantivas, tomamos por base a obra utilizada pelo filósofo húngaro. Nos casos em que não havia edição em português, a tradução, a partir do inglês, foi cotejada com traduções espanholas ou francesas (ou ainda com os originais), para que impropriedades não fossem cometidas – ou fossem ao menos minimizadas.

Tais opções, entretanto, carregam consigo certas implicações – estilísticas *e* estruturais – para as quais algumas pequenas considerações, acerca apenas de questões mais centrais, se fazem necessárias.

A primeira delas diz respeito à utilização (por vezes cansativa) de colchetes ao longo da obra. Tal opção pretendeu, principalmente, trazer à baila a terminologia empregada por Mészáros, na qual determinadas categorias podem ser, por vezes, suscetíveis de interpretações diversas. Tal é o caso no que se refere à distinção entre as categorias de "carência" e "necessidade" (traduzidas a partir de "need" e "necessity", respectivamente – que, por sua vez, advêm dos "Bedürfnis" e "Notwendigkeit" marxianos). Sob esse aspecto, a ocorrência de repetidos colchetes, que acompanha o intuito de rentear o texto de Mészáros, se deve

---

\* Estas notas estão identificadas com a sigla (N.E.), notas da edição.

ao fato de essa diferenciação ser absolutamente central no pensamento do autor, além de ser de difícil apreensão e comumente negligenciada no interior do marxismo.

Uma segunda consideração é que, ao longo do livro, Mészáros faz uso de diversas categorias (retiradas de textos marxianos, por exemplo). Optamos, em alguns casos, por empregá-las tal como aparecem nas edições em português – como é o caso da adoção de "superestrutura jurídica e política"[1] para "legal and political superstructure"[2], ambas saídas do famoso Prefácio de Marx à *Contribuição à crítica da economia política* –, em outros, quando havia diferença *de conteúdo* (como no caso de "produção intelectual"[3] e "spiritual production"[4], das edições do *Teorias da mais-valia*), mantivemos a terminologia empregada por Mészáros, utilizando as categorias tal como aparecem na obra em português apenas quando o autor as cita.

Há que se fazer ainda uma breve menção à tradução de categorias filosóficas – o que resvala, mais direta ou indiretamente, nas duas considerações anteriores. *Aufhebung*, por exemplo. Se há debate em torno das possíveis traduções de *Aufhebung* para o inglês (que variam de "sublate" e "preserving" até "transcendence", "overcoming" e "superseding"), há, igualmente, debate em torno de suas traduções para o português (traduções estas que vão de "suspensão", "suplantação" e "supressão" até "superação" e "suprassunção", opção que nos parece a mais adequada).

O que carece ser salientado a esse respeito é o fato de que, se há em português um termo – suprassunção – que se aproxima do sentido polissêmico de *Aufhebung*, e Mészáros se utiliza de uma série de termos em inglês ("transcendence", "overcoming" e "superseding"[5]) para dar conta de tal polissemia, eleger um desses termos em inglês para ser traduzido por suprassunção (enquanto os outros recebem outras traduções) parece-nos um tanto problemático.

A tradução de "transcendence" é simples. Já os termos "overcoming" e "superseding" são, *ambos*, traduzíveis por "superação". Como se trata de termos distintos, usados por Mészáros em condições específicas, foram inseridos colchetes, após cada ocorrência, indicando o termo específico em inglês, para que seja possível perceber inclusive as sutis diferenças que aí se estabelecem.

Por fim, agradecemos imensamente a substancial ajuda de Bibiana Leme e Gustavo Assano; sem ela, esta tradução certamente não seria realizada da mesma maneira.

*Caio Antunes, Rogério Bettoni*
Goiânia, Belo Horizonte
Outono de 2011

---

[1] Karl Marx, *Contribuição à crítica da economia política* (trad. Florestan Fernandes, São Paulo, Expressão Popular, 2008), p. 47.

[2] Karl Marx, *A contribution to the critique of political economy* (Londres, Lawrence & Wishart, 1971), p. 20.

[3] Karl Marx, *Teorias da mais-valia: história crítica do pensamento econômico* (*livro IV de O capital*) (trad. Reginaldo Sant'anna, Rio de Janeiro, Civilização brasileira, 1980, v. I), p. 267.

[4] Karl Marx, *Theories of surplus-value* (Moscou, Foreign Languages, s.d., v. I), p. 275.

[5] Para uma discussão específica acerca das complexidades envolvidas na tradução de *Aufhebung*, ver István Mészáros, "Introduction", em *Marx's theory of alienation* (Nova York, Harper Torchbooks, 1972). [Ed. bras.: "Introdução", em *A teoria da alienação em Marx*, São Paulo, Boitempo, 2006.]

# INTRODUÇÃO

A investigação da relação dialética entre *estrutura e história* é essencial para uma compreensão apropriada da natureza e das características determinantes de qualquer formação social em que se buscam soluções sustentáveis para os problemas encontrados. Isso é particularmente importante no caso da formação social do capital, com sua tendência inexorável a uma determinação que a tudo abrange – estruturalmente enraizada – de todos os aspectos da reprodução societal e a dominação global, pela primeira vez factível, implícita nessa forma de desenvolvimento. Por essa razão, não é de modo algum acidental o fato de, no interesse da *mudança estrutural* requerida, Marx ter focado a atenção crítica no conceito de *estrutura social*, no período histórico de crises e explosões revolucionárias na década de 1840, quando articulou sua própria concepção – radicalmente nova – de história.

Em sua primeira grande obra sintetizadora, os *Manuscritos econômico-filosóficos* de 1844, Marx colocou em relevo que, no curso do desenvolvimento histórico moderno, a ciência natural, por meio de sua íntima integração nas práticas materiais da produção industrial capitalista, tornou-se, *de forma alienada,* a base da vida social; circunstância considerada por Marx "de antemão uma mentira"[1]. Na visão dele, isso tinha de ser retificado separando a própria ciência de seu tegumento alienante. Ao mesmo tempo a ciência precisava ser conservada – de forma qualitativamente modificada, refeita como "a ciência do homem"[2] em sua inseparabilidade da "ciência da história" – a base enriquecedora e gratificante da vida humana efetiva. No entanto, para atingir essa transformação fundamental, era absolutamente necessário compreender e revelar as profundas *determinações estruturais* por meio das quais a potencialidade criativa do trabalho humano, incluso o empenho científico dos indivíduos sociais, foi subjugada pelos imperativos alienantes da acumulação e expansão fetichistas/incontroláveis do capital.

---

[1] Karl Marx, *Manuscritos econômico-filosóficos* (trad. Jesus Ranieri, São Paulo, Boitempo, 2004), p. 112.

[2] Idem.

Por essa razão, a categoria da *estrutura social* teve de adquirir uma importância seminal na visão marxiana de uma forma completamente tangível. Ao contrário das abordagens filosóficas especulativas desses problemas dominantes na época, não poderia haver nada misterioso sobre a análise necessária da estrutura social. Tampouco se poderia permitir que interesses políticos próprios ofuscassem as questões em jogo no interesse de apologéticas do Estado especulativamente transubstanciadas.

Com efeito, Marx salientou vigorosamente, já em 1845, em sua contribuição dada ao livro *A ideologia alemã*, escrito com Engels, que na análise teórica almejada *todos* os fatores relevantes eram suscetíveis à observação empírica e à avaliação racional. Pois a estrutura conceitual geral de explicação tinha de ser totalmente inteligível sobre a base das práticas em curso da reprodução societal nas quais os seres humanos particulares por acaso estavam constantemente envolvidos em sua vida cotidiana. Nesse sentido Marx insistiu que a única investigação teórica válida era a de um tipo capaz de trazer à tona "sem nenhum tipo de mistificação ou especulação, a conexão entre a estrutura social e política e a produção. A estrutura social e o Estado provêm constantemente do processo de vida de indivíduos determinados"[3].

Essa abordagem teórica desmistificadora, que dizia respeito não só às condições da própria época de Marx, mas também tinha uma validade geral como uma explicação histórica estruturalmente ancorada para o passado, assim como para o futuro, servia a um propósito emancipatório radical sob as circunstâncias das explosões revolucionárias da década de 1840. E ela continua a ter um mandato emancipatório vital desde essa época.

Ao direcionar a atenção para o processo de vida real dos indivíduos sociais envolvidos na produção industrial capitalisticamente alienante, tornou-se possível perceber, nas palavras de Marx, "a necessidade e simultaneamente a condição de uma transformação, tanto da indústria como da estrutura social"[4]. Isto é, tornou-se possível ver tanto a *necessidade* de uma profunda transformação em si como a natureza objetiva das *condições* que tinham de ser mudadas. Estas últimas correspondiam às *características estruturalmente determinadas* da vida social, ressaltando ao mesmo tempo a severidade cada vez mais profunda da crise em si. Afinal, foi a determinação estrutural mais íntima dessas condições objetivas em si que clamou pela *influência prática* tangível e duradoura indicada por Marx. Devido às características inerentes dos problemas encontrados, a influência necessária para a superação bem-sucedida da crise histórica não poderia ser outra que não a transformação radical da *indústria e da estrutura social*.

É por isso que, na visão de Marx, uma mudança apenas nas circunstâncias políticas não poderia se equiparar à magnitude da tarefa histórica. O que era realmente necessário era nada menos que uma *mudança estrutural* qualitativa capaz de abarcar a modalidade fundamental da reprodução societal em sua totalidade. Naturalmente, o tipo de mudança tinha de incluir o domínio político, com todas as suas instituições legislativas gerais, bem como suas instituições reguladoras locais mais limitadas. Mas ela não poderia ser confinada ao campo político. Pois, em suas formas tradicionais, até mesmo as maiores revoltas

---

[3] Karl Marx e Friedrich Engels, *A ideologia alemã* (São Paulo, Boitempo, 2007), p. 93.
[4] Ibidem, p. 32.

políticas do passado tenderam a modificar somente a camada dominante da sociedade, enquanto deixavam de pé o *quadro estrutural explorador* da reprodução material e cultural em sua *articulação de classe* hierárquica.

Portanto, de acordo com a concepção marxiana, a *"estrutura social e política"* tinha de ser transformada em sua integralidade, e tal transformação precisava ser realizada pelos indivíduos sociais mencionados em nossa última citação de *A ideologia alemã*. Como Marx deixou bem claro também em outro trabalho escrito no mesmo período dos levantes revolucionários, a tarefa histórica deveria ser realizada pelos indivíduos históricos ao reestruturar "de alto a baixo as condições de existência industrial e política e, consequentemente, toda a sua maneira de ser"[5].

A questão da *estrutura social* não pode ser colocada em sua perspectiva correta sem uma avaliação *dialética* multifacetada dos complexos fatores e determinações envolvidos. Pois a pura verdade é que em *qualquer* tipo particular de ordem reprodutiva da humanidade, a *estrutura social* é impensável sem sua *dimensão histórica* apropriadamente articulada; e *vice-versa*, não pode haver nenhuma compreensão verdadeira do *movimento histórico* em si sem que se apreenda ao mesmo tempo as correspondentes *determinações materiais estruturais* em suas especificidades.

Nesse sentido, história e estrutura no contexto humano estão sempre profundamente entrelaçadas. Em outras palavras, não pode haver nenhuma estrutura de relevância abstraída da história em seu curso dinâmico de desdobramento em qualquer formação histórica concebível, nem pode haver história como tal sem estruturas associadas que carreguem as características estabelecidas essenciais da formação social determinada em questão.

Ignorar, por quaisquer motivos, a substantiva inter-relação dialética de estrutura e história carrega consigo consequências nocivas à teoria. Afinal, uma abordagem a-dialética só pode resultar ou numa retratação anedótica filosoficamente irrelevante de eventos históricos e de personalidades, apresentando alguma sequência cronológica de "antes e depois" como sua autojustificativa assumida para a "narração de histórias", ou num culto mecânico do "estruturalismo".

A primeira deficiência é bem ilustrada pelo fato de Aristóteles já ter classificado a escrita histórica que lhe era conhecida como filosoficamente inferior à poesia e à tragédia, em vista do particularismo anedótico desse tipo de contação de histórias de eventos e circunstâncias[6], em consonância com o termo grego original para história – *istor* – que significa "testemunha ocular". Quanto à violação estruturalista da interconexão dialética entre estrutura e história, e sua substituição por um reducionismo mecânico positivisticamente orientado, a outrora altamente influente obra de Claude Lévi-Strauss oferece um exemplo notável, como veremos discutido e documentado de maneira consideravelmente detalhada no último capítulo do presente estudo[7]. Por ora, uma simples citação – de um de seus livros mais famosos – deve ser suficiente para clarificar a abordagem anti-histórica,

---

[5] Karl Marx, *Miséria da filosofia* (São Paulo, Expressão Popular, 2009), p. 163. Escrito entre o fim de 1846 e o início de 1847, esse livro foi publicado pela primeira vez em francês, em 1847.

[6] Ver Aristóteles, *Poética*, capítulos 8 e 9.

[7] Ver seção 6.4 e, especificamente, as páginas 304-12 deste livro.

assim como antidialética, adotada por Claude Lévi-Strauss em relação a esses problemas. Eis a citação:

> A história é um *conjunto descontínuo* formado de domínios da história, cada um dos quais é definido por uma frequência própria e por uma codificação diferencial do *antes* e do *depois*. [...] O caráter *descontínuo* e *classificatório* do conhecimento histórico aparece claramente. [...] Num sistema desse tipo, a *pretensa continuidade histórica* só pode ser assegurada por meio *de traçados fraudulentos*. [...] Basta reconhecer que a história é um *método* ao qual não corresponde um *objeto* específico e, por conseguinte, recusar a equivalência entre a noção de história e a de *humanidade* que nos pretendem impor com o fito inconfessado de fazer da *historicidade* o último refúgio de um *humanismo transcendental*, como se, com a única condição de renunciar aos *eus* por demais desprovidos de consciência, os homens pudessem reencontrar no plano do nós a *ilusão da liberdade*. De fato, a história *não está ligada ao homem nem a nenhum objeto particular*. Ela consiste, inteiramente, em seu *método*, cuja experiência prova que ela é indispensável para *inventariar* a integralidade dos elementos de uma *estrutura qualquer*, humana ou não humana.[8]

Portanto, a profunda relação dialética entre *continuidade* e *descontinuidade* no desenvolvimento histórico é, de maneira reveladora, rejeitada por Lévi-Strauss – de mais a mais, uma rejeição até mesmo afrontosamente salientada pela acusação de que aqueles que defendem o caráter dialético dessa relação são culpados de apresentar "traçados fraudulentos" – de modo a se permitir confinar o pretenso "método sem objetivo" da história em si, de uma maneira reducionista mecânica, ao papel subsidiário de "*inventariar* a integralidade dos elementos de uma estrutura qualquer". Dessa maneira, as determinações objetivas literalmente vitais da história verdadeiramente existente são completamente obliteradas.

No entanto, paradoxalmente para o próprio Claude Lévi-Strauss, como resultado de sua adoção de uma abordagem reducionista mecânica à história, "humana ou não humana", também seu conceito-chave de estrutura – que equivale a não mais que uma definição igualmente mecânica da estrutura como o que supostamente deve ser "inventariado" na forma de seus elementos positivisticamente dissecáveis e inventariáveis – é destituído de qualquer real importância explicativa em relação ao desenvolvimento social. E tudo isso é feito, segundo Lévi-Strauss e seus seguidores[9], em nome do – no auge da influência estruturalista na Europa ocidental e nos Estados Unidos, mais em voga – "rigor científico anti-ideológico".

Para ser exato, a orientação geral das diversas abordagens "pós-estruturalistas" e "pós-modernistas" de modo algum poderia ser considerada melhor. Todas elas compartilham de uma atitude extremamente cética em relação à história e de um descaso completo pelas determinações e relações dialéticas objetivas. Por vezes, essa atitude gera declarações completamente mistificadoras, beirando o sofismo vazio. Dessa forma, o principal teórico da "pós-modernidade", Jean-François Lyotard – um penitente que já pertenceu a um grupo francês

---

[8] Claude Lévi-Strauss, *O pensamento selvagem* (trad. Tânia Pellegrini, Campinas, Papirus, 1989), p. 288-91. O original em francês – *La pensée sauvage* – foi publicado pela editora Plon, em 1962. As diatribes de Lévi-Strauss contra o "humanismo transcendental" foram posteriormente retomadas por Louis Althusser e seu círculo como uma característica definidora central de seu "marxismo estruturalista", com seu curioso "anti-humanismo teórico".

[9] Ver as três primeiras páginas da seção 6.4 deste livro.

de política esquerdista envolvido em um periódico chamado *Socialisme ou Barbarie* – oferece esse tipo de definição programática: "Afinal, o que é o *pós-moderno*? Ele é, indubitavelmente, uma parte do *moderno*. [...] Uma obra só pode se tornar *moderna se antes for pós-moderna*. O pós-modernismo assim compreendido não é o modernismo no seu estado terminal, mas no seu estado *nascente*, e esse estado é *constante*"[10]. No mesmo sentido, a contraposição programática antidialética das *partes* de Lyotard (os metaforicamente elogiados "pequenos relatos", ou "*petit récits*")[11] em relação ao *todo* (os aprioristicamente rejeitados "grandes relatos") não é menos incoerente, nem menos complacente.

A questão com a qual nos preocupamos aqui – isto é, a profunda inter-relação dialética entre estrutura e história – não é apenas teórica, muito menos puramente acadêmica. Sua grande relevância provém das implicações práticas de longo alcance dessa relação para a bastante necessária *intervenção emancipadora* dos seres humanos comprometidos nas tendências em desdobramento do desenvolvimento histórico. Afinal de contas, sem compreender o verdadeiro caráter das *determinações estruturais* hierarquicamente articuladas da ordem cada vez mais destrutiva de reprodução societal do capital, com seu sistema orgânico em que as *partes sustentam o todo*, e *vice-versa*, em sua agora *paralisante reciprocidade circular*, não pode haver nenhuma melhoria significativa no tempo ainda disponível para nós.

A ciência revolucionária marxiana, abordando os difíceis problemas de como assegurar uma *mudança estrutural que a tudo abrange* – factível ao apreender com firmeza as influências objetivas estrategicamente vitais da transformação material e cultural –, foi formulada precisamente com esse propósito. O discurso estruturalista anti-histórico e antidialético conservador, à la Lévi-Strauss, sobre "inventariar" os constituintes duvidosamente identificados do existente e seu passado mitologizado, junto com os lamentos totalmente pessimistas sobre a "humanidade como sua pior inimiga" ao mesmo tempo em que isenta de culpa as forças destrutivas e as instituições do desenvolvimento político e social capitalista, é diametralmente oposto a isso. O mesmo vale para a tagarelice e o falatório sobre os "pequenos relatos", criados para descartar arrogantemente não só por implicação, mas até mesmo *explicitamente*, nas palavras de Lyotard, "os grandes relatos da emancipação"[12], de modo a romper com toda a tradição progressista no passado histórico.

O significado mais profundo da concepção marxiana é a defesa apaixonada de uma *mudança estrutural* a ser realizada em *sentido histórico global* que afete diretamente a totalidade da humanidade. Sem colocar em foco essa dimensão da obra de Marx, nem a mensagem central, nem o espírito encorajador de sua abordagem são compreensíveis.

Evidentemente, a orientação histórica global da mudança estrutural defendida por Marx, com sua ênfase na grande urgência das tarefas a serem confrontadas pelos indivíduos sociais, devido ao perigo da autodestruição da humanidade, só poderia surgir em um determinado ponto no tempo histórico. Toda formação social conhecida pelos seres

---

[10] Jean-François Lyotard, *A condição pós-moderna* (trad. Ricardo Correia, 12. ed., Rio de Janeiro, José Olympio, 2010). [O ensaio "O que é o pós-moderno" não consta na edição brasileira. (N. E.)]

[11] Idem.

[12] Jean-François Lyotard, "Universal History and Cultural Differences", *The Lyotard Reader* (Oxford, Basil Blackwell, 1989), p. 318.

humanos tem seus limites históricos inexoráveis, e – apesar de toda idealização do capitalismo pelos economistas políticos clássicos do século XVIII como "o sistema natural da perfeita liberdade e justiça", sem falar das teorias propostas pelos últimos defensores até das piores contradições desse modo de produção – o sistema do capital não pode ser nenhuma exceção a essas limitações.

A novidade radical da concepção de Marx tornou-se possível em uma época em que a *necessidade objetiva de uma mudança histórica* da ordem social do capital para uma *qualitativamente* diferente, em todas as suas determinações fundamentais, como um modo de controle social metabólico da humanidade, surgiu com sua finalidade peremptória na agenda histórica no *início da fase descendente de desenvolvimento do sistema do capital*. Essa fatídica inversão do avanço historicamente sem precedentes e, de muitas maneiras, altamente positivo do capital na reprodução societal coincidiu com o período de crises e explosões revolucionárias do qual o próprio Marx foi uma testemunha profundamente perspicaz. Devido a essa mudança histórica radical, o sistema do capital se tornou alterável, desde essa época, somente em alguns aspectos parciais, não importa quão extenso em escala, mas não em sua *perspectiva geral*, a despeito do grotescamente autosserviente chavão de propaganda do "capitalismo do povo", proclamado pelos beneficiários da ordem dominante.

Como testemunhamos de maneira constante, a "globalização" é mistificadoramente retratada em nossa época pelos interesses próprios dos poderes arraigados como uma extensão não problemática da viabilidade do sistema do capital rumo ao *futuro atemporal*. Como se a "globalização" fosse uma característica totalmente nova de nossos dias, representando o clímax afortunadamente eternizável e a realização absolutamente positiva do destino da reprodução societal do capital. Todavia, a inconveniente verdade da questão é que a visão crítica marxiana era inerentemente *global* quase desde o início, e decididamente global a partir de 1843-1844, enfaticamente indicando, ao mesmo tempo, a *irreversibilidade* da *fase descendente* de desenvolvimento do capital.

O início da fase descendente trouxe consigo implicações graves, que apontam, em seu *sentido histórico geral*, para a destruição da humanidade, a menos que um modo radicalmente novo de controle societal reprodutivo possa ser instituído em lugar da ordem existente. A dolorosa verdade surgiu objetivamente no horizonte histórico, como uma *irreversibilidade histórica*, por volta de meados do século XIX, embora em algumas partes do mundo a *ascendência* do capital ainda estivesse longe de terminar, como o próprio Marx reconheceu de maneira explícita um tempo depois[13].

A nova fase histórica conceituada por Marx representou um contraste fundamental à *fase sistêmica ascendente* de desenvolvimento do capital. Pois a fase de avanço triunfal do capital que começou nas primeiras décadas do século XVI resultou – não obstante seu impacto alienante sobre todos os aspectos da vida humana – na maior realização produtiva de toda a história. De modo desconcertante, no entanto, no decorrer das últimas décadas da fase ascendente de desenvolvimento, surgiu um problema capitalisticamente insuperável que só pioraria com o passar do tempo: o crescimento de uma destrutividade produtora de crise – compreendida, em todas as suas perigosas implicações, pelo próprio Marx, de forma

---

[13] Ver, a esse respeito, a carta seminalmente importante de Marx a Engels, de 8 de outubro de 1858.

profunda, muito antes de qualquer outra pessoa[14] –, prefigurando a *implosão* da ordem reprodutiva do capital. Uma implosão não por meio de alguma calamidade natural, mas sob o peso de suas próprias contradições sistêmicas insolúveis e antagonismos explosivos *no auge* do domínio societal do capital e de sua intrusão global.

Essa determinação interna contraditória carregou consigo como horizonte derradeiro da fase descendente sistêmica a irreversível maturação dos limites históricos da mais poderosa ordem societal reprodutiva conhecida na história. Em outras palavras, essa grave maturação histórica dos *limites estruturais absolutos* do capital foi prefigurando não simplesmente mais uma crise periódica e sua correspondente adversidade, como a normalidade recorrente do capital, mas sim a total destruição da humanidade, como antecipado prudentemente por Marx. É por isso que ele escreveu em *A ideologia alemã*, em sua própria versão da crua alternativa do "socialismo ou barbárie" muito mais que meio século antes do famoso alerta de Rosa Luxemburgo, que

> No desenvolvimento das forças produtivas advém uma fase em que surgem forças produtivas e meios de intercâmbio que, no marco das relações existentes, causam somente malefícios e não são mais forças de produção, mas *forças de destruição*.[15] [...] Chegou-se a tal ponto, portanto, que os indivíduos devem apropriar-se da totalidade existente das forças produtivas, não apenas para chegar à autoatividade, mas simplesmente para assegurar a sua existência.[16]

Ademais, no paralelo dessa mudança qualitativa da fase histórica ascendente para a descendente, também a avaliação teórica dos problemas em jogo, conforme formulados a partir da perspectiva do capital, foram mudando fundamentalmente. Dessa forma, em contraste à "anatomia da sociedade burguesa"[17] retratada na "economia burguesa científica" pelos grandes representantes da economia política clássica no século XVIII e nas três primeiras décadas do século XIX, e generosamente elogiada pelo próprio Marx por sua "pesquisa científica imparcial", a defesa acrítica do sistema de capital se tornou a deplorável regra geral.

Essa mudança de perspectiva e atitude estava em completa consonância com a necessidade de ideologicamente racionalizar e atenuar as *contradições sistêmicas* que irromperam e se intensificaram no início da fase descendente de desenvolvimento do capital. Assim, a transformação teórica para o pior foi descrita por Marx no "Posfácio à segunda edição alemã" de *O capital* nos seguintes termos:

> A economia política só pode permanecer como ciência enquanto a luta de classes permanecer latente ou só se manifestar em episódios isolados. [...] [No entanto] A burguesia tinha conquistado poder político na França e Inglaterra. A partir de então, a luta de classes assumiu, na teoria e na prática, formas cada vez mais explícitas e ameaçadoras. Ela fez soar o sino fúnebre

---

[14] Como seu bom companheiro, Engels reconheceu e sublinhou: "Marx estava mais acima, via mais longe, abarcava mais e mais rapidamente, do que todos nós, os outros". Friedrich Engels, "Ludwig Feuerbach e o fim da filosofia alemã clássica", em Karl Marx e Friedrich Engels, *Obras escolhidas* (Lisboa, Avante!, 1985, v. 3), p. 405.

[15] Karl Marx, *A ideologia alemã*, cit., p. 41.

[16] Ibidem, p. 73.

[17] Expressão de Marx usada em *Contribuição à crítica da economia política* sobre os principais avanços teóricos concebidos no espírito do ponto de vista do capital pelas figuras intelectuais de destaque da burguesia em ascensão. Karl Marx, *Contribuição à crítica da economia política* (São Paulo, Expressão Popular, 2008), p. 47.

da *economia científica burguesa*. Já não se tratava de saber se este ou aquele teorema era ou não *verdadeiro*, mas se, *para o capital*, ele era *útil ou prejudicial*, cômodo ou incômodo, subversivo ou não. No lugar da pesquisa desinteressada entrou a *espadacharia mercenária*, no lugar da pesquisa científica imparcial entrou a *má consciência* e a má intenção da *apologética*.[18]

Nesse sentido, basta comparar os escritos de Friedrich August von Hayek com a obra de Adam Smith para perceber as consequências intelectuais devastadoras de, na fase descendente de desenvolvimento do sistema de capital, desviar-se da preocupação acadêmica com os requisitos da *verdade* para a glorificação do que é "útil e apropriado para o capital". Encontramos uma hostilidade crassa a qualquer coisa que tenha a ver mesmo com a menção a uma posição menos obscurantista, expressa da maneira mais marcante nos escritos do economista austríaco. Isso fica particularmente claro na cruzada cegamente perseguida por Hayek contra as ideias do socialismo, denunciadas pelo autor de *O caminho para a servidão* e *A arrogância fatal: os erros do socialismo* – bem como por seus companheiros igualmente reacionários, austríacos e de outros lugares – como politicamente perigosas para o capital.

Caracteristicamente, a apologética pseudocientífica e muitas vezes até *abertamente irracional* do capital de Hayek anseia por eliminar por completo as *explicações causais*. Por isso ele insiste que "A criação da riqueza [...] não pode ser explicada por uma cadeia de causa e efeito"[19]. E numa conclusão marcante de sua posição agressivamente apologética do capital, Hayek pontifica que o "*dinheiro misterioso* e as instituições financeiras que nele se baseiam"[20] deveriam ser isentos de toda crítica, e acrescenta no espírito de sua obsessiva condenação do espectro do socialismo, que ele afirma ter descoberto já na Grécia antiga, que

> O nobre slogan socialista "Produção para uso, não para o lucro", que encontramos de uma forma ou de outra forma desde Aristóteles a Bertrand Russel, de Albert Einstein ao arcebispo Câmara no Brasil (e frequentemente, desde Aristóteles, com o acréscimo de que esses lucros são feitos "às custas de outros"), trai a ignorância de que a capacidade produtiva é multiplicada por diferentes indivíduos.[21]

A severidade desses problemas é sublinhada não simplesmente pelo caráter apologético das teorias econômicas dominantes na fase descendente de desenvolvimento do capital,

---

[18] Karl Marx, *O capital* (trad. Regis Barbosa e Flávio R. Kothe, São Paulo, Nova Cultural, 1996), p. 134-6.

[19] Friedrich August von Hayek, *A arrogância fatal: os erros do socialismo* (trad. Ana Maria Capovilla e Candido Mendes Prunes, Porto Alegre, Ortiz/Instituto de Estudos Empresariais, 1995), p. 135.

[20] Ibidem, p. 138. Essa apologética descarada do que é "útil e apropriado para o capital" deve ser música para os ouvidos daqueles que não puderam ver nenhum motivo pelo qual deveríamos ao menos tentar controlar o catastroficamente perigoso sistema financeiro global, que agora engolfa, à ordem de trilhões de dólares irresponsavelmente desviados e desperdiçados, também o campo da produção material. Há muitos anos eu citei, de um artigo publicado no *Sunday Times*, o fato de que "para cobrir escassez de dinheiro, a General Motors gastou seu fundo de pensão de 15 bilhões de dólares, como permite a lei norte-americana. Contudo, hoje, *8,9 bilhões de dólares do dinheiro poupado para os pensionistas estão a descoberto*". E eu comentei que, nesse sentido, "a fraudulência não é mínima nem excepcional, mas pertence à normalidade do sistema do capital" (ver meu livro *Para além do capital*, trad. Paulo Cezar Castanheira e Sérgio Lessa, São Paulo, Boitempo, 2002, p. 45). Além disso, recentemente a gigante industrial General Motors – gabando-se de seu próprio poder ao dizer que seu orçamento excedera o do Estado da Bélgica – teve de ser resgatada da bancarrota pelo Estado, apesar de seu tratamento revelador dos fundos de pensão dos trabalhadores, "sob a lei norte-americana".

[21] F. A. Hayek, *The Fatal Conceit*. cit., p. 42.

mas pela *razão objetiva* pela qual a formulação e a implementação prática altamente promovida dessas teorias se tornou a deplorável regra geral. O que mudou fundamentalmente desde Adam Smith não é o ponto de vista orientador e a lealdade de classe dos teóricos em questão, mas o *fundamento histórico* do ponto de vista em si, a partir do qual surgem suas concepções, de acordo com a mudança da fase ascendente para a descendente.

Adam Smith, que conceituou o mundo a partir do ponto de vista do capital, não estava menos comprometido em defender a viabilidade do sistema do capital do que Hayek. A grande diferença é que, na época de Adam Smith, a ordem social metabólica do capital em ascensão representava a forma mais avançada de reprodução societal factível para a humanidade. Ademais, a própria luta de classes, a favor da ou contra a ordem alternativa hegemônica qualitativamente diferente do trabalho à modalidade capitalista do controle social metabólico, era, na época de Adam Smith, ainda "latente, ou só se manifestava em episódios isolados".

Em contraste, na época de Hayek, a *destrutividade* crescente do sistema socioeconômico do capital, devido a sua irreversível fase descendente de desenvolvimento, conjuntamente com a erupção de suas contradições internas antagônicas na forma de duas devastadoras guerras mundiais no século XX, poderia ser negada – mais uma vez do ponto de vista do capital, mas agora com uma verdadeira "arrogância fatal" capaz de rejeitar nada menos que um pensador como Aristóteles, considerando-o um "socialista ignorante" – unicamente a serviço da forma mais cruel e mais beligerante de apologética do capital. Dada essa mudança essencial no fundamento objetivo histórico do ponto de vista do capital, da fase ascendente para a fase descendente, a necessidade de uma *mudança estrutural* em um *sentido histórico global* – a ser realizada pelos indivíduos sociais "não apenas para chegar à autoatividade, mas *simplesmente para assegurar a sua existência*", conforme explicitado na alternativa dramática entre "socialismo ou barbárie" – não poderia ser retirada da agenda histórica.

Talvez a forma mais eficaz de postergar o histórico "momento da verdade" e com isso prolongar o domínio do capital sobre a vida humana, apesar de sua crescente destrutividade e crise estrutural cada vez mais profunda, seja a *hibridização* do capitalismo. Essa hibridização em países capitalisticamente desenvolvidos assume a forma de uma injeção massiva de *fundos públicos* na revitalização dos empreendimentos capitalistas pretensamente de "livre mercado", por meio do envolvimento direto do Estado capitalista. Essa tendência já tinha sido demonstrada na época da "nacionalização" da bancarrota capitalista de larga escala – posteriormente bem fácil de reverter – em diversos setores econômicos vitais da Grã-Bretanha, em 1945, pelo governo Attlee do "antigo" Partido Trabalhista, e não pelo "Novo Trabalhismo". Uma operação necessária de resgate do capitalismo britânico pós-guerra caracteristicamente deturpada como um genuíno feito socialista[22].

---

[22] Esse tipo de deturpação remonta a um longo período na história. Engels já havia feito essa crítica em uma nota anexada à edição inglesa de 1892 de *Do socialismo utópico ao socialismo científico*, apontando que "recentemente, desde que Bismarck se meteu a estatizar, apareceu um certo socialismo falso, e aqui e além degenerado em servilismo, que declara que *qualquer* estatização, mesmo a de Bismark, é sem mais socialista", em Karl Marx e Friedrich Engels, *Obras escolhidas*, cit., v. III, p. 160.

Esse tipo de operação é posto em prática para defender e assegurar a contínua *viabilidade* da ordem reprodutiva estabelecida, graças a uma grande variedade de contribuições econômicas diretas – e nesse sentido politicamente motivadas – apologéticas do sistema por parte do Estado (a partir dos fundos de tributação geral, obviamente) com as quais Adam Smith jamais poderia sonhar. Elas variam de uma magnitude astronômica dos recursos colocados à disposição do *complexo industrial/militar* em uma base contínua até os *trilhões de dólares de fundos financeiros de resgate* dados para bancos capitalistas privados e companhias de seguro não só em 2008 e 2009, mas também em 2010, aceitando um passivo da ordem de 90% também para suas perdas futuras.

Em termos históricos, esse é um fenômeno relativamente recente no desenvolvimento do capitalismo. Sua potencial extensão e significância estavam longe de ser evidentes durante o tempo de vida de Marx. Afinal, "no século XIX, as possibilidades de adaptação do capital como sistema de controle 'híbrido' – que só se tornou plenamente visível no século XX – ainda estavam ocultas do exame teórico"[23].

Para ser exato, essa hibridização sistêmica é, a essa altura, esmagadoramente importante no prolongamento da vida útil do sistema do capital. No entanto, sua modalidade de envolvimento estatal direto para "salvar o sistema"[24] – por meio da transferência de imensos fundos públicos e ainda a "nacionalização" integral da cada vez mais séria bancarrota capitalista – tem seus próprios limites e implicações de longo alcance para o desenvolvimento futuro, e, portanto, não deveria ser considerada um *remédio estrutural* permanente.

Em 1972, como parte de minha crítica à definição do capitalismo de Max Weber, eu ressaltei que

> [...] é bastante impreciso descrever o capitalismo em geral como sendo caracterizado pelo "investimento do capital *privado*". Tal caracterização é válida [...] somente para uma determinada fase histórica do desenvolvimento capitalístico e, de forma alguma, como um "tipo ideal" no seu sentido weberiano. Ao enfatizar o investimento do capital *privado*, Weber patrocina, de maneira acrítica, o ponto de vista subjetivo do capitalista individual, ao mesmo tempo em que deixa de lado *uma das tendências objetivas mais importantes de desenvolvimento* do modo de produção capitalista: a saber, o envolvimento sempre crescente do *capital estatal* na reprodução ampliada do sistema capitalista. Em princípio, o limite extremo desse desenvolvimento é nada menos que a transformação da forma prevalecente de capitalismo em um sistema abrangente de *capitalismo estatal*, que teoricamente acarreta a abolição completa da fase específica do capitalismo idealizado por Weber. Mas, exatamente em decorrência de tais implicações, essa tendência crucial de desenvolvimento deve ser excluída do quadro ideológico do "tipo ideal" de Weber.[25]

---

[23] István Mészáros, *Para além do capital*, cit., p. 45.

[24] Ver a admissão aberta de uma das mais obviamente conscientes publicações semanais da burguesia internacional, *The Economist*, de que o mérito fundamental dos trilhões de dólares "investidos" na boa causa da bancarrota capitalista durante a crise recente é *"Salvar o sistema"*, como explicitamente salientado com letras garrafais na *capa* de sua edição de 11 de outubro de 2008.

[25] István Mészáros, "Ideologia e ciências sociais", artigo apresentado em um seminário interdisciplinar do Departamento de Ciência Social da York University, Toronto, em janeiro de 1972. Publicado pela primeira vez em *The Socialist Register*, em 1972. "Ideologia e ciências sociais" foi publicado como o primeiro

Naturalmente, essa tendência de envolvimento direto cada vez maior por parte do Estado na transferência de *fundos públicos* com o propósito de prolongar a viabilidade reprodutiva do sistema do capital é totalmente deturpada pela "espadacharia mercenária" e pelos propagandistas da ordem estabelecida.

Em algumas partes da Grã-Bretanha, bem como na Irlanda do Norte, por exemplo, a – capitalisticamente gerenciada e explorada – parcela do *"setor público"* nos empregos administrativos, na área de saúde e educação e outras atividades econômicas, até o momento excede 71%, e a *média nacional* geral se aproxima dos 50%. Contudo, o verdadeiro estado de coisas que prevalece nas formas inegáveis da hibridização altamente crescente é descrito, com característica hipocrisia e distorção neoliberal, como *"retrocedendo os limites do Estado"*, bem como com variantes da mesma deturpação, a exemplo da *"retirada do Estado"*.

Dessa forma, assim como o *The Economist*, outro órgão de imprensa destacadamente consciente da burguesia internacional, o *Financial Times*, sediado em Londres, defende um novo *"movimento Beveridge"* em nítida referência ao lorde Beveridge: um influente político liberal que, perto do fim da Segunda Guerra Mundial, teorizou sobre o Estado de bem-estar social em seu livro programaticamente chamado *Full Employment in a Free World* [Pleno emprego em um mundo livre]. E é dessa maneira que os editores do *Financial Times* formulam o problema da chamada "retirada do Estado", em seu editorial, sob as condições atuais de uma crise econômica global extremamente séria, no meio da campanha pelas Eleições Parlamentares Britânicas, quando já foi antecipado que o "débito nacional" excederá muito mais que £1,5 trilhões (isto é, aproximadamente *2,4 trilhões de dólares* na taxa de câmbio vigente) nos próximos quatro ou cinco anos:

> *Salários públicos, pensões e trabalhos devem ser cortados. Assim como os serviços.* O orçamento deve esclarecer como a dor seria distribuída se o Trabalhismo voltasse para o gabinete. [...] O governo está certo em não cortar demais de maneira muito rápida, mas isso não é desculpa para não *planejar*. [...] A deliberada imprecisão do Trabalhismo está forçando a entrada do que deveria ser um *profundo debate sobre o papel do Estado – um momento Beveridge –* em águas rasas. [...] Quem quer que vença essas eleições fiscalizará a *retirada do Estado*.[26]

Portanto, o verdadeiro significado da "retirada do Estado" – ou, aliás, do cínico slogan neoliberal de "restabelecer os limites do Estado" propagandeado por toda parte durante muito tempo – é a defesa editorialmente camuflada, porém totalmente autosserviente, do *"planejamento"* (e, nesse sentido revelador, os campeões ideológicos do "livre mercado" são até mesmo a favor do "planejamento") de como transferir os benefícios financeiros liberados pelo corte drástico dos *"salários públicos, pensões e trabalhos"*, assim como dos *"serviços"* sociais, para os bolsos sem fundo da cada vez mais perigosamente falida empresa capitalista. Em outras palavras, o novo "momento Beveridge" defendido pelos principais escritores do *Financial Times* significa, na realidade, a liquidação ferozmente "planejada"

---

capítulo da obra *Filosofia, ideologia e ciência social* (São Paulo, Boitempo, 2008). Esta citação foi retirada da p. 21 da referida edição.

[26] "Darling [Alistair Darling, ministro das Finanças do Novo Trabalhismo Britânico] deve dar um orçamento da realidade: o Estado do Reino Unido será reduzido. O Trabalhismo deve nos dizer como", artigo de editorial publicado no *Financial Times*, 23 de março de 2010.

dos remanescentes do Estado de bem-estar social pelo Estado capitalista em si[27]. Isso é feito, obviamente, pela "boa causa de salvar o sistema" garantindo através do envolvimento maciço do Estado, ao custo de somas *literalmente astronômicas*, a viabilidade duvidosa da ordem de reprodução do capital na fase histórica descendente de seu desenvolvimento sistêmico indelevelmente marcado pela crise estrutural cada vez mais profunda.

Contudo, o tipo consciente de editorial que podemos ler no *The Economist* e no *Financial Times* não passa de uma mistura de quixotismo e hipocrisia. A combinação desses dois ingredientes é bem ilustrada pelo fato de na *mesma página* do *Financial Times* de 23 de março de 2010, impresso na coluna vizinha ao editorial citado, haver um artigo que critica o "Fundo de Investimento Estratégico" do Governo do Trabalhismo, recentemente anunciado pela soma nada desprezível de *£ 950 milhões*, com uma lista de vários itens que chegavam a quase *meio bilhão*.

A crítica expressa nesse artigo não é dirigida, de modo algum, contra os cada vez mais crescentes *donativos estatais* para empresas capitalistas privadas – e nesse sentido não pode haver dúvidas sobre a "retirada do Estado". Pelo contrário, o Estado é sempre muito bem-vindo a continuar com seus generosos donativos. A "crítica" é dirigida somente contra o *nome* do Fundo anunciado, que na visão do jornalista deveria ser chamado de "Fundo Estratégico de Reeleição"[28]. Dessa forma, o autor desse artigo não queria questionar os fundamentos sem os quais o sistema totalmente apoiado por ele não poderia sobreviver de modo nenhum; ele simplesmente queria fazer o que acreditava ser um ponto de campanha eleitoral inteligente.

O caráter simultaneamente hipócrita e quixotesco de argumentar no próprio artigo do editorial a favor da "retirada do Estado" é revelado pelo fato de que, na atual fase histórica do desenvolvimento capitalista, é realmente *impensável* cortar a grande variedade da *economia do setor público* e seus correspondentes gastos empregatícios, como os editores do *Financial Times* gostariam de ver, no interesse do fortalecimento do instável sistema capitalista privado financeiro e produtivo. Pois a *hibridização sistêmica* nos últimos cem anos assumiu proporções tais – hoje resultando em quase 50% do total nos países capitalisticamente avançados, como mencionado antes, apesar de todos os protestos por parte de várias forças políticas conservadoras (inclusive o "Novo Trabalhismo") – que a agora "planejada" violenta intervenção a favor da abolição dessa tendência está fadada a falhar mais uma vez. Na verdade, esses protestos farisaicos de "sólida contabilidade capitalista" são monotonamente combinados com repetidas promessas fracassadas de "restabelecer o equilíbrio a favor do setor privado". Tudo o que provavelmente alcançarão é a imposição sobre as massas de uma dificuldade cada vez pior, mas não a abolição da tendência contraditória da hibridização sistêmica em si.

Na realidade, a questão em si

> [...] diz respeito à estrutura da produção capitalista atual como um todo, e não simplesmente a um dos seus ramos. Nem seria sensato contar com o Estado para a solução do problema, independentemente do volume de recursos públicos que é desperdiçado no curso das suas

---

[27] Isso significa, é claro, o mais ativo envolvimento *direto* do Estado em questões econômicas, e não sua "*retirada*".

[28] Ver o artigo de Brian Groom, "Call it the Strategic Re-election Fund" [Chamem de Fundo Estratégico de Reeleição], *Financial Times*, 23 de março de 2010.

reveladoras operações de resgate. [...] o poder de intervenção do Estado na economia – não há muito tempo, amplamente aceito como remédio milagroso para todos os possíveis males e problemas da "sociedade industrial moderna" – limita-se estritamente a acelerar a maturação dessas contradições.[29]

Somos nesse sentido confrontados por uma contradição fundamental do sistema do capital em geral. Qualquer que seja o lado das determinações contraditórias impulsionado por seus defensores, ele está sujeito a ser combatido e anulado por seu oposto. A longo prazo, por um lado, as *quantias astronômicas* necessárias para financiar a hibridização do produtivamente mais problemático, financeiramente aventureiro e até fraudulento sistema do capital, por meio da ampliação do "setor público" gerenciado capitalisticamente – hoje manipulado inclusive na forma das "PPPs" ("Parcerias Público-Privadas")[30] que favorecem cinicamente o capital privado –, estão fadadas a se exaurirem e, com isso, seriamente minada a viabilidade das sempre crescentes doações estatais.

Ao mesmo tempo, do outro lado dessa equação imposta ao capital pelo desenvolvimento histórico, a defesa virtuosamente autocongratulatória de "viver dentro dos meios e recursos disponíveis" – ou seja, uma atividade econômica necessariamente decrescente em consonância com os cortes drásticos propostos de "*salários públicos, pensões e tra-*

---

[29] De *A necessidade de controle social*, minha palestra para o Memorial Isaac Deutscher, proferida na London School of Economics em 26 de janeiro de 1971, citada na p. 67 de meu livro *A crise estrutural do capital* (trad. Francisco Raul Cornejo, São Paulo, Boitempo, 2009).

[30] Transparece até mesmo através do *The Economist* quão absurdamente perdulárias e mal administradas são essas "Parcerias", fortemente promovidas pelo governo do "Novo Trabalhismo", para compensar generosamente os acionistas das empresas capitalistas falidas. Dessa forma, lemos em um artigo recente publicado no *The Economist*, no dia 15 de maio de 2010, p. 40, sob o título "The Tube upgrade deals. Finis: The end of the line for Britain's biggest private finance initiative" [A Tube atualiza contratos. Finis: o fim da linha para a maior iniciativa financeira privada da Grã-Bretanha] que "em teoria, a PPP [Parceria Público-Privada] supostamente deveria explorar a eficiência do setor privado e, em troca de lucros substanciais, transferir os riscos para as empresas que fazem o trabalho. Na verdade, nem a Tube Lines, nem a Metronet poderiam fazer os acordos dar certo. A Metronet era pessimamente gerenciada, e transferir os riscos provou-se ser uma miragem: a empresa faliu em 2007 e o governo salvou seus credores pela quantia exorbitante de cerca de £ 2 bilhões". Esse tipo de acordo significa que na "Parceria Público-Privada", a palavra "Privada" equivale a "*lucros substanciais*", e a palavra "Público" a *perdas* descomunais (nesse caso específico, quase *3 bilhões de dólares*) transferidas para as costas das classes trabalhadoras à mercê da falência capitalista avidamente salva pelo Estado. Também não é possível isentar da responsabilidade as "imparciais empresas de consultoria" que ajudam a justificar e impor à sociedade, "como experts", esses empreendimentos tão ficticiamente benéficos. Portanto, "à medida que a parceria foi sendo formada, a PricewaterhouseCoopers, uma [destacada] empresa de consultoria, prognosticou que o setor privado poderia extrair reservas de até 30%, um número que serviu de apoio para todo o projeto. Mas a empresa 'não publicou nenhuma base comprobatória adequada para essa quantia', diz Stephen Glaister, um acadêmico que acompanhou a saga". (Idem.) E isso não é, de maneira alguma, o fim da história a respeito desse *sistema de irresponsabilidade institucionalizada*. Pois, "em 11 de maio, Chris Bolt, responsável pela PPP, publicou um estudo sobre os antigos contratos da Metronet, hoje dirigida internamente pela TFL [Transport for London]. Foi 'decepcionante', disse ele, perceber que a TFL mudou daquela maneira as contas, tornando a comparação com a Tube Lines, e com a pré-adquirida Metronet, *impossível*. Consequentemente, em total conformidade com o usual sistema legalmente cúmplice de irresponsabilidade institucionalizada, ninguém pode ser repreendido pelo desperdício colossal. Mas quem é capaz de acreditar seriamente que esse sistema de irresponsabilidade patrocinado pelo Estado e catastroficamente perdulário a serviço da falência capitalista pode ser sustentado para sempre?

*balhos*", assim como "*serviços*" sociais em benefício da redução da já multitrilionária e, ainda assim, a todo momento inexoravelmente crescente, "dívida nacional" – num sistema de reprodução societal que funciona sobre a base de sua *automitologia de crescimento*: um "crescimento" em última instância autodestrutivo que significa nada mais que a necessidade alienante, porém absoluta, da *expansão e acumulação do capital, independente das consequências*. Um sistema reprodutivo desse tipo, operando sobre tal base, de princípios tão contraditórios, pode apenas *implodir*.

É por isso que somente uma *mudança estrutural* em um *sentido histórico global* pode oferecer qualquer esperança de superar as *contradições sistêmicas* do capital na fase histórica de sua *crise estrutural*. Uma mudança estrutural historicamente sustentável, cujo princípio orientador fundamental é a criação de uma ordem de reprodução societal radicalmente diferente.

A hibridização sistêmica que vemos se ampliar em nossa época, apesar das diversas tentativas políticas consensuais para contê-la, em conformidade com a mitologia da superioridade do "sistema empresarial privado" e seus "consumidores individuais soberanos", é parte de um problema mais geral e que se agrava significativamente, que continuou juntando forças no decorrer dos últimos cem anos. A determinação causal subjacente desse problema poderia ser descrita como a *margem historicamente restritiva* das *alternativas* objetivamente factíveis do capital para deslocar e manejar suas *contradições antagônicas*.

A agora dolorosamente óbvia *destrutividade tripla* do sistema do capital – (1) no campo militar, com as intermináveis guerras do capital desde o início do imperialismo monopolista nas últimas décadas do século XIX, e suas cada vez mais devastadoras armas de destruição em massa nos últimos sessenta anos, (2) por meio da intensificação do óbvio impacto destrutivo do capital sobre a "ecologia", diretamente afetando e a essa altura ameaçando o fundamento natural elementar da existência humana em si, e (3) no domínio da produção material e do desperdício cada vez maior, devido ao avanço da "*produção destrutiva*", no lugar da antes elogiada "*destruição produtiva*" ou "criativa" – é a consequência necessária dessa margem restritiva.

De modo perturbador para o capital, contudo, nem a destrutividade perigosamente crescente, tampouco a hibridização geradora de consenso do sistema antagônico estabelecido – uma hibridização que tem sido usada por um longo tempo com o propósito de deslocar os antagonismos do capital nos países capitalisticamente mais poderosos, e que será utilizada dessa forma enquanto sua viabilidade econômica e política não for destruída pela crise estrutural cada vez mais forte – podem oferecer qualquer solução de longo prazo para a margem objetivamente restritiva.

Faz parte das características definidoras essenciais de qualquer *sistema* antagônico que ele seja *estruturalmente incapaz de resolver* suas próprias contradições internas. Isso é precisamente o que objetivamente o define como um sistema antagônico. Da mesma maneira, um sistema desse tipo deve instituir outras formas de lidar com – ou gerenciar (o máximo de tempo possível) – suas *contradições sistêmicas*, na ausência da possibilidade ou viabilidade de *solucioná-las* ou *resolvê-las*. Afinal, uma solução historicamente viável e sustentável transformaria o próprio sistema do capital em uma forma *não antagônica* de "*acabar*" com suas determinações *de facto estruturalmente arraigadas* e *hierarquicamente exploradoras* que, contrário à projeção veleitária [*wishful projection*] do "capitalismo do povo", na realidade o define como uma ordem de reprodução societal insuperavelmente antagônica. Não surpreende, portanto, que a ideologia mais favorecida e ubiquamente promovida da apologética do capital seja sem dúvida a negação elaborada ou gritante de até mesmo a remota possibilidade do historicamente criado (e historicamente superável) *antagonismo sistêmico*, deturpado de maneira reveladora como um *conflito individual* que supostamente estaria determinado para sempre pela "natureza humana em si".

Não obstante, essa negação do antagonismo sistêmico pela ideologia dominante, por mais elaboradamente camuflada ou cinicamente gritante que possa ser, não pode afugentar o problema subjacente em si. Na verdade, este problema só pode asseverar-se com o passar do tempo, como de fato ocorreu sob as circunstâncias históricas das últimas décadas, marcadas pela cada vez pior crise estrutural do capital. Portanto, há somente duas formas pelas quais uma ordem antagônica de reprodução societal pode lidar com suas contradições sistêmicas fundamentais: (1) *deslocando-as* ou *exportando-as*, ou então (2) *impondo-as* ao seu adversário com todos os meios à sua disposição, inclusive os mais violentos e destrutivos. Nesse duplo sentido:

1. *deslocando os antagonismos*, de qualquer maneira que for praticável sob as condições prevalecentes – como, por exemplo, em todas as variedades de *exportação* das contradições internas na forma da bastante conhecida "diplomacia de canhoneira" de *dominação imperialista* socialmente mistificada, e geradora de consenso chauvinista, do Império Britânico, transubstanciada e propagandeada como "o fardo do homem branco"; ou pelo envolvimento nas práticas militarmente menos óbvias, porém econômica e politicamente mais eficazes, da *intrusão global* "modernizadora" do pós-Segunda Guerra, por parte do "capital avançado" sobre as áreas menos desenvolvidas do planeta[31] em consonância com a ideologia supostamente "pós-imperialista" – enquanto essa modalidade de deslocamento/exportação do gerenciamento dos *antagonismos sistêmicos* do capital, por parte dos poderes por ora internacionalmente dominantes (e, obviamente, somente por parte de *alguns* deles, ao custo dos *outros*), continuar factível;

2. *impondo* cruelmente sobre o *adversário de classe* os imperativos violentamente repressivos da dominação de classe intensificada do capital, em situações de crise cada vez piores e conflito de classe cada vez mais intenso, rejeitando – em nome dos estados de emergência socialmente requeridos e "justificados" – até mesmo as pretensões da "democracia e do Estado de direito"; ou, no caso dos confrontos sistêmicos *interim-*

---

[31] A esse respeito, também a *dimensão histórica* do deslocamento estruturalmente vigente é óbvia. A pretensa justificação das estratégias "modernizadoras" é dada pelos *privilégios de exploração* historicamente adquiridos (mas não mencionados) dos poucos países capitalistas envolvidos, prometendo falsamente a *difusão universal* do "desenvolvimento" projetado na ausência total de qualquer fundamento real em seu apoio, como por exemplo na teoria grotesca de Walt Rostow sobre "a arrancada e a marcha para a maturidade", em seu livro *The Stages of Economic Growth: A Non-Communist Manifesto* (Cambridge University Press, 1960). [Ed. bras.: *Etapas do desenvolvimento econômico: um manifesto não-comunista*, trad. Octavio Alves Velho e Sergio Goes de Paula, Rio de Janeiro, Jorge Zahar, 1974.] Também na direção do futuro, tais "teorias desenvolvimentistas" tornam-se totalmente vagas tão logo os "países-modelo" privilegiados tenham de confrontar seus próprios e sérios problemas no meio da crise estrutural do capital, *apesar* de seus privilégios acumulados, à medida que são forçados a fazê-lo em nossa época.

*perialistas*, impondo sobre os rivais mais fracos e os Estados antagonistas os interesses e as demandas "não negociáveis" do poder (ou poderes) militar mais dominante – na escala mais ampla, com todos os meios possíveis, inclusive as armas de uma *guerra total* – como demonstrado pelas duas guerras mundiais no século XX.

O problema para a ordem dominante é que nem o *deslocamento da exportação* das contradições antagônicas do sistema do capital, por meio da intrusão global do capital, com seu impacto devastador até mesmo sobre a natureza que poderia ser sustentada com relativa facilidade por um longo período de tempo no passado, nem a *imposição violenta* dos antagonismos sistêmicos sobre o adversário para que seja subjugado pela força decisiva de uma *guerra total* são prontamente factíveis em nossa época. Hoje não resta mais nenhuma área significativa no planeta a ser invadida pelos poderes capitalistas dominantes. Nem pela invasão imperialista militar direta, nem pela recém-instituída dominação econômica "modernizadora". Pois a *ascendência global do capital* descrita por Marx em sua já mencionada carta a Engels[32] está historicamente encerrada. Em outras palavras, a intrusão global do capital está agora completa, ainda que não na forma idílica da "globalização"[33] glorificada por seus ideólogos profissionais e pela "espadacharia mercenária". Hoje, o capital domina e explora nosso planeta inteiro de todas as maneiras possíveis, na forma cada vez mais instável de sua destrutividade tripla; mas ele não pode resolver e nem deslocar apropriadamente seus antagonismos estruturais e contradições explosivas em nome da imperturbável acumulação e expansão do capital.

Ademais, a "solução derradeira" tradicional do capital para os problemas que se agravam, por meio da *guerra ilimitada* travada no passado contra o inimigo real ou potencial tornou-se impraticável como resultado da invenção das armas de destruição em massa, hoje totalmente funcionais, que destruiriam por completo a humanidade no caso de outra guerra mundial. As contínuas *guerras parciais* – mesmo quando usam a estratégia militar insensivelmente idealizada da "força opressiva", com o imenso, e ainda mais insensivelmente chamado "efeito colateral" infligido sobre as pessoas, como no Vietnã e em outros lugares – podem apenas aprofundar a crise estrutural do sistema do capital, em vez de oferecerem uma saída dela no molde tradicional do vencedor e do derrotado imperialistas.

Dessa forma, a margem restritiva das alternativas do capital para o manejo de seus antagonismos internos – que é inseparável da fase de desenvolvimento descendente do capital – carrega sérias implicações para o futuro. Pois a verdade esclarecedora é – e continua sendo, sempre – que *problemas estruturais* requerem de *soluções estruturais*. E isso exige, como veremos adiante, remédios estruturais historicamente sustentáveis em um genuíno espírito socialista, factíveis somente por meio da *reconstituição da dialética histórica* que foi radicalmente *subvertida* pelos antagonismos do capital no decorrer da fase descendente de seu desenvolvimento sistêmico. É assim que a ordem social metabólica do capital, que de longe já atingiu o maior avanço produtivo da história, se transformou em seu oposto, articulada

---

[32] Ver nota 13, p. 16.
[33] Ver Martin Wolf, *Why Globalization Works. The Case for the Global Market Economy* (New Haven, Yale University Press, 2004). [Ed. port.: *Por que funciona a globalização: em defesa de uma economia global de mercado*, Alfragide, Dom Quixote, 2008.]

de longe como o sistema de determinações estruturais mais destrutivo, agora ameaçando diretamente a sobrevivência da humanidade em nosso próprio planeta.

No entanto, não obstante todos os interesses próprios contrários, a irreprimível dimensão histórica da ordem estabelecida não deveria ser ignorada, e o verdadeiro caráter das determinações em suas raízes não deveria ser concebido de forma equivocada. Afinal, as estruturas sociais – até mesmo as mais poderosamente arraigadas, como a ordem de reprodução societal do capital – não podem prevalecer como a "lei da gravidade", impondo-se no mundo da necessidade natural. Nem se deve imaginar a *necessidade histórica* pelo modelo do direito natural, como as apologéticas do capital gostam de deturpar a reivindicada validade eterna de seu próprio sistema enquanto acusam falsamente Marx de ver o mundo como um "determinista econômico". Na concepção dialética de Marx, as fases do desdobramento da necessidade histórica são antevistas necessariamente, em seu devido curso, como "necessidade evanescente", e as estruturas sociais – descritas por ele como "constantemente [resultantes] do processo de vida de indivíduos determinados" – estão sujeitas às qualificações históricas mais profundas. É a isto que equivale a dialética da estrutura e da história. Pois história e estrutura, no contexto humano, estão sempre profundamente entrelaçadas, e a história em si tem um *fim necessariamente aberto*. As complexidades e contradições da globalização, inevitável em nosso tempo, não podem alterar isso. Elas só podem salientar a elevada responsabilidade para confrontar os desafios envolvidos, como fica claro no presente estudo. Verdadeiramente, "há muita coisa em jogo" ("*nem babra megy a játék*")\*, como diz apropriadamente um provérbio húngaro.

---

\* O provérbio húngaro foi traduzido por Mészáros para o inglês como "*the stakes are not a row of beans*" (literalmente, "as apostas não são uma fileira de feijões"), isto é, o que quer que esteja em jogo vale mais que um "tostão furado", ou não será obtido "a preço de banana". (N. E.)

# 1
# A NATUREZA DA DETERMINAÇÃO HISTÓRICA

## 1.1 Imperativos materiais e o "lado ativo"

Ao lado da sepultura de Marx, Engels, seu amigo de toda a vida, avaliou nos seguintes termos um dos maiores feitos do fundador do materialismo dialético:

> Assim como Darwin descobriu a lei do desenvolvimento da natureza orgânica, Marx descobriu a lei do desenvolvimento da história humana: o simples facto, até aqui encoberto sob pululâncias ideológicas, de que os homens, antes de mais, têm primeiro que comer, beber, abrigar-se e vestir-se, antes de se poderem entregar à política, à ciência, à arte, à religião etc.; de que, portanto, a produção de meios de vida materiais imediatos (e, com ela, o estádio de desenvolvimento económico de um povo ou de um período de tempo) forma a base, a partir da qual as instituições do Estado, as visões do direito, a arte e mesmo as representações religiosas dos homens em questão, se desenvolveram e a partir da qual, portanto, elas têm de ser explicadas – e não, como até agora tem acontecido, inversamente.[1]

Ainda assim, não obstante a simples transparência do que Engels chamou de um "simples fato", o verdadeiro caráter e significado da descoberta de Marx permanece, até o presente, uma questão amplamente contestada: não menos escondida hoje "sob pululâncias ideológicas" do que fora no passado.

Tampouco é a distorção e a leitura sistemática equivocada das visões de Marx sobre o desenvolvimento histórico algo restrito aos seus adversários que, por razões compreensíveis, rejeitam *a priori* tudo aquilo que consideram ameaçador às suas posições estabelecidas – ainda que tenha o caráter de um óbvio "simples fato" – com uma hostilidade manifesta. Mais intrigante é a "concordância" que encontramos nas interpretações "marxistas vulgares", as quais tendem a reduzir as complexas explicações dialéticas de Marx a alguma caricatura simplista,

---

[1] Friedrich Engels, "Discurso diante do túmulo de Marx" (17 de março de 1883), em Karl Marx e Friedrich Engels, *Obras escolhidas*, cit., v. III, p. 179.

postulando uma bruta, imediata correspondência entre determinadas mudanças na base material e a emergência ou modificação mecânica até mesmo das ideias mais abstratas.

Para ser exato, a motivação ideológica dos adversários de Marx não necessita de nenhuma explicação além da hostilidade autoevidente de sua postura negativa. A posição do "marxismo vulgar", no entanto, é muito mais complicada que isso. Pois as visões de seus representantes variam do determinismo fatalista da Segunda Internacional ao voluntarismo subjetivo de Stalin e seus seguidores, e vão muito além, percorrendo todo o caminho até o voluntarismo paradoxal do "marxismo estruturalista", que consegue combinar uma concepção mecânica da determinação e "homologia" a uma completa depreciação do sujeito da ação sócio-histórica.

Portanto, situações historicamente diferentes de relativa imobilidade social – com respeito ao confronto básico entre capital e trabalho – produzem conceitualizações ideológicas caracteristicamente estáticas do processo social em si. Tais reflexões marxistas vulgares da imobilidade social temporariamente prevalecente separam a teoria da prática, e as opõem uma à outra numa visão fatalista/voluntarista da determinação histórica enquanto tal, substituindo a dialética marxiana de base e superestrutura e o irreprimível dinamismo social nela implícito por uma visão de "ciência" tipo-fetichista (algumas das principais figuras da Segunda Internacional), ou uma concepção arbitrária/subjetiva da "luta de classes" (Stalin e seus seguidores), ou a combinação das duas ("marxismo estruturalista").

Marx é acusado muitas vezes de "determinismo histórico", "determinismo econômico", ou pura e simplesmente de "determinismo" em geral. Contudo, se tivermos em mente que até mesmo um idealista como Hegel define liberdade como "*necessidade* reconhecida", fica muito difícil imaginar que significado poderia ser dado, se é que há algum, a uma concepção histórica que tenta aniquilar a necessidade de determinações rigorosas ao descrever os desenvolvimentos e eventos históricos, explicando-os, ao invés disso, com a ajuda de algum "princípio de *indeterminação*". Afinal, todas as teorias históricas propriamente ditas, materialistas ou idealistas, devem operar dentro do quadro de algum conjunto coerente de determinações, por meio das quais elas podem localizar e identificar a significância e o peso relativos de eventos particulares, relacionando-os uns aos outros, e apontando por meio de suas ligações determinadas algumas tendências de desenvolvimento historicamente específicas de maior ou menor alcance ou abrangência. Por conseguinte, a verdadeira questão não diz respeito a "determinações ou indeterminação", mas a que *tipo* de explicação histórica se adota: uma determinista-mecânica ou um quadro geral *dialético*?

A concepção de Marx do materialismo histórico rejeitou desde o princípio todas as explicações mecânicas, salientando que

> [...] o principal defeito de todo materialismo existente até agora (o de Feuerbach incluído) é que o objeto [*Gegenstand*], a realidade, o sensível, só é apreendido sob a forma do *objeto* [*Objekt*] ou da *contemplação*, mas não como *atividade humana sensível*, como *prática*; não subjetivamente. Daí o lado *ativo*, em oposição ao materialismo, [ter sido] abstratamente desenvolvido pelo idealismo – que, naturalmente, não conhece a atividade real, sensível como tal.[2]

---

[2] Karl Marx, "Ad Feuerbach", em Karl Marx e Friedrich Engels, *A ideologia alemã*, cit., p. 533.

Quando se trata de explicações históricas genuínas, sua plausibilidade depende do fato de elas levarem ou não em consideração o "lado ativo" pelo qual a história está constantemente sendo feita, e não simplesmente *dada* como uma conglomeração bruta e uma conjuntura fatalista de forças materiais autopropulsoras.

Admitidamente, tais forças estão por toda parte evidentes na história tal como a conhecemos: a história da sociedade de classes, ou "pré-história", como Marx a chamava, em contraste com a "verdadeira história" por vir, quando a capacidade de ação humana [*human agency*] estiver totalmente no controle de seu próprio destino. Mas mesmo quando as forças estritamente materiais ainda são preponderantes, nas fases mais obscuras daquela "pré-história", há, não obstante, uma tendência cada vez maior rumo ao domínio dessas forças, graças ao potencial de controle do "lado ativo". E quão mais favorável poderia ser essa correlação entre as forças materiais e a capacidade de ação humana em nossa própria época, se os poderes produtivos da sociedade, potencialmente disponíveis para a satisfação das necessidades humanas genuínas, não fossem gravemente distorcidos e debilitados por sua subordinação necessária ao imperativo alienante da autorreprodução expandida do capital? Em um cenário histórico, isto é, quando a remoção das restrições da escassez natural não mais estiver além do alcance humano, se não fosse pelo impacto autoparalisante – mas a princípio transcendível – das contradições *sociais* antagonistas? Pois são estas que criam a falsa impressão de uma força *material* humanamente incontrolável, responsável pela crise da *abundância* (superprodução), impondo a si próprias na forma de um paradoxo brutal de "*escassez*" crônica, graças às "próprias metas" desse mesmo lado ativo.

## 1.2 Fundamentos filosóficos do materialismo histórico

Em sua tentativa de enunciar as reais potencialidades históricas do "lado ativo" do envolvimento humano na complexa rede de determinações sociais – em seu caráter ativo definido como um movimento objetivo da "pré-história" para o "reino de uma nova forma histórica" – Marx teve de partir de uma posição diametralmente oposta àquela de Hegel em todas as questões centrais. Daí ele ter colocado em relevo o *trabalho* na forma pela qual realmente constituiu as fundações de ambas, determinação histórica e emancipação: como "atividade humana sensível", e, portanto, também como a base de mesmo a mais complexa e mediada *produção intelectual*. De maneira similar, ele rejeitou todas as formas de teleologia *teológica*, focando atenção ao mesmo tempo no *telos do trabalho* dinamicamente material/intelectual: como *autoprodução* humana e como a produção das condições da transformação social emancipatória na direção daquele "reino da liberdade".

No mesmo espírito, Marx concebeu a natureza da determinação histórica e o desdobramento da necessidade histórica – em contraste com a circularidade autoantecipatória de tais conceitos dentro dos confins da dialética truncada de Hegel – necessariamente como a "necessidade *em desaparição*"[3] das transformações históricas reais que, por meio

---

[3] A respeito dessa questão, ver principalmente Karl Marx, *Grundrisse* (Harmondsworth, Penguin, 1973). [Ed. bras.: *Grundrisse,* São Paulo, Boitempo, no prelo. A numeração de páginas indicada nas citações é a da edição inglesa.]

do controle crescente das restrições objetivas da vida material, também criam a margem crescente da liberdade. Dessa forma, não poderia haver nada parecido com "o fim da história". Pois esta tinha de permanecer *radicalmente aberta* para ser qualificada como história, de modo a dar algum sentido à "autoatividade" e à "liberdade" em termos de potencialidades objetivas da autorrealização humana.

Além disso, se a história enquanto tal tinha de permanecer radicalmente aberta, como alguém poderia assumir uma atitude acrítica em relação ao Estado como o quadro permanente de todo desenvolvimento histórico futuro? Essa contradição em termos só poderia ser proposta por aqueles que arbitrariamente identificaram o Estado moderno com as condições elementares da *vida social* em geral, como de fato ocorreu em grande parte da teoria política liberal.

O próprio Hegel adotou um esquema mais ingênuo que seus predecessores: por opor um "reino ideal" introspectivamente orientado ao mundo do interesse prático, insistindo que "o espírito [...] [acolhe], em sua interioridade, sua verdade e sua essência concreta e [...] [está] em sua terra e reconciliado na objetividade"[4]. Desse modo, ele entrelaçou os temas de uma "reconciliação com o efetivo" e de uma "fruição do presente" ao seu discurso sobre o fim da história e sobre a consumação suprema – na "objetividade" e na "efetividade" – de tal fim, sob a supremacia da Europa, por meio da permanência absoluta do Estado idealizado. Assim, ele criou o simulacro de uma história genuína ao permitir o surgimento de forças objetivas na forma de suas genesis e expeli-las pela porta dos fundos: por prever a culminação necessária de todo esse movimento histórico em um aprioristicamente antecipado "retorno do Espírito a si mesmo". Portanto, por mais engenhoso que seja o esquema hegeliano em seus detalhes, o "fim da história" e a permanência do Estado estavam ideologicamente atrelados em seu construto geral.

De maneira compreensível, a rejeição por parte de Marx da ideia do "fim da história" implicou necessariamente uma atitude radicalmente crítica em relação ao Estado como um produto histórico, bem como em relação a todas as teorias – sejam as concepções liberais originais ou a variante hegeliana – que falharam em tratar o Estado de maneira sistematicamente histórica. Todas as instituições sociais, não importa quão elementares ou a tudo abrangentes, tinham de ser explicadas em termos estritamente históricos, em vez de serem meramente assumidas como "já prontas", como Palas Atena nascendo plenamente armada da cabeça de Zeus. E elas tinham de ser explicadas no que diz respeito tanto às suas origens quanto às suas dissoluções históricas, no sentido marxiano geralmente ignorado de necessidade histórica, definida obrigatoriamente como "necessidade evanescente, em desaparição".

A esse respeito, a crítica metodologicamente vital de teorias que a-historicamente "assumem o que precisa ser provado" é um fio condutor da abordagem de Marx não só a Hegel (em particular, a sua teoria do Estado), mas também a Hobbes e Locke, bem como aos clássicos da economia política em geral. Afinal, todas essas teorias tendem a equiparar o Estado moderno e as relações-de-mercado capitalistas com as condições elementares

---

[4] G. W. F. Hegel, *Linhas fundamentais da filosofia do direito: ou direito natural e ciência do Estado em compêndio* (trad. Paulo Meneses et al., São Paulo, Loyola, 2010), p. 310. [Daqui por diante, essa obra será citada apenas como *Filosofia do direito*. (N. E.)]

da vida social, com isso excluindo *a priori* a possibilidade de situar as instituições sociais dominantes no horizonte dinâmico de suas necessárias superações finais.

Na concepção de Marx das determinações históricas objetivas e com fim aberto, tanto à filosofia como a suas categorias tinha de ser conferido um papel qualitativamente diferente daquele atribuído por seus predecessores. Pois, mesmo no esquema hegeliano das coisas (que enfatizava a importância do "lado ativo"), a filosofia, da mesma forma que a "coruja de Minerva", era apresentada como o prêmio de consolação para uma inevitável *resignação* à falsa positividade do mundo estabelecido. Definida como "a rosa na cruz do sofrimento presente", a filosofia estava destinada a fornecer a necessária "reconciliação com o efetivo" e a autenticar – com a ajuda de suas categorias "eternas" – a circularidade apologética do início e do fim na "efetividade" a-histórica "essencialmente presente". A filosofia, portanto, como "coruja de Minerva", teve de culminar nas categorias atemporais do círculo lógico/dialético hegeliano para cumprir sua função de resignação reconciliatória; e vice-versa: a concepção das categorias se ajusta para produzir a dedução formal/sequencial da "efetividade" – correspondendo ao aprioristicamente antecipado "retorno do Espírito a si mesmo" – poderia somente resultar numa visão de mundo essencialmente pessimista de reconciliação inevitável e resignação introspectivamente orientada.

Na visão de Marx, em contraposição, a filosofia era, ela mesma, inerentemente histórica e, enquanto tal, sujeita a determinações objetivas materialmente identificáveis. Ao mesmo tempo, como constituinte *ativo* da complexa dialética da base social e sua superestrutura, ela era também um instrumento necessário da luta pela autoemancipação da verdadeira "cruz do sofrimento presente": aquela regra profana de desumanização na "efetividade" exploradora do mundo estabelecido. Para ser exato, foi o estado predominante de coisas que tornou *necessário* orientar a filosofia para "transformar o mundo", em controvérsia com seu papel contemplativo/interpretativo no passado. No entanto, somente uma concepção dialética da base social e sua superestrutura – que reconhecia o potencial ativo materialmente articulado da filosofia e, portanto, a intervenção emancipatória na complicada rede de determinações históricas – tornou isso *possível* realisticamente.

Quanto às categorias propriamente ditas, seu caráter histórico teve de ser enfatizado com igual radicalismo. Assim, Marx insistiu que elas são produzidas pelo desenvolvimento histórico objetivo como "formas de ser" [*Daseinsformen*], tornando-se manifestas nas inter-relações práticas do mundo social antes de poderem ser conceitualizadas pelos filósofos e "economistas políticos" de uma forma geral. Portanto, a categoria geral do "trabalho", por exemplo, aparece na teoria somente depois do deslocamento ou da marginalização de suas formas particulares – por exemplo, o trabalho agrícola como conceito-chave no sistema fisiocrático – na realidade em si. Afinal,

> [...] as abstrações mais gerais surgem unicamente com o desenvolvimento concreto mais rico, ali onde um aspecto aparece como comum a muitos, comum a todos. Nesse caso, deixa de poder ser pensado exclusivamente em uma forma particular. Por outro lado, essa abstração do trabalho em geral não é apenas o resultado mental de uma totalidade concreta de trabalhos. A indiferença em relação ao trabalho determinado corresponde a uma forma de sociedade em que os indivíduos passam com facilidade de um trabalho a outro, e em que o tipo determinado do trabalho é para eles contingente e, por conseguinte, indiferente. Nesse caso, o trabalho deveio, não somente enquanto categoria, mas na efetividade, meio para a criação

da riqueza em geral e, como determinação, deixou de estar ligado aos indivíduos em uma particularidade. Um tal estado de coisas encontra-se no mais alto grau de desenvolvimento na mais moderna forma de existência da sociedade burguesa – os Estados Unidos. Logo, só nos Estados Unidos a abstração da categoria "trabalho", "trabalho em geral", trabalho puro e simples, o ponto de partida da Economia moderna, devém verdadeira na prática. [...][5] Como em geral em toda ciência histórica e social, no curso das categorias econômicas é preciso ter presente que o sujeito, aqui a moderna sociedade burguesa, é dado tanto na realidade como na cabeça, e que, por conseguinte, as categorias expressam formas de ser, determinações de existência, com frequência somente aspectos singulares, dessa sociedade determinada, desse sujeito, e que, por isso, a sociedade, *também do ponto de vista científico*, de modo algum só começa ali onde o discurso é sobre ela *enquanto tal*.[6]

Dessa forma, as categorias da filosofia não poderiam ser produzidas pela "autoatividade da Ideia", mas, enquanto "formas de ser", tinham de refletir de forma adequada alguma relação essencial. Tampouco poderiam ser isentas das determinações históricas, mas, ao contrário, como formas de um ser social irreprimivelmente mutável, elas se qualificaram como conceitualizações verdadeiras daquele ser somente por colocar em relevo a dinâmica histórica inerente de todo o processo em questão. Portanto, a filosofia poderia somente alcançar sua realização ao "deixar a realidade falar" sua própria verdade, em vez de comprimir a última em um leito de Procusto de categorias preconcebidas, em nome de alguma "verdade eterna" abstrata.

Conforme já foi mencionado, a filosofia, segundo Marx, tinha de desempenhar um papel vital no processo de autoemancipação. Contudo, para ser capaz de fazê-lo, primeiro ela tinha de se emancipar da tirania de suas próprias mistificações e preconcepções, fundamentando-se em cada nível – desde as proposições mais imediatas e particulares às mais abstratas categorias e generalizações – na verdadeira dinâmica histórica do ser social. A concepção materialista de história deveria fornecer precisamente esse fundamento.

Dessa forma, longe de ser um "determinista econômico", Marx na verdade estava profundamente preocupado com a liberdade da autoemancipação humana como decorrente das reais possibilidades do "lado ativo" de transcender os antagonismos da "pré-história" e seguir em direção ao "reino da nova forma histórica". No entanto, tanto os potenciais liberadores tangíveis quanto as restrições objetivas desse movimento emancipador tinham de ser definidos com precisão, em contraste com a vacuidade da "liberdade" concebida como a contemplação filosófica da autorrealização da Ideia na efetividade escravizadora e no "eterno presente" do Estado capitalista.

As restrições objetivas do desenvolvimento social que frustraram o objetivo de ir além da "pré-história" tiveram de ser totalmente reconhecidos e colocados em perspectiva de modo a tornar factível uma intervenção significativa no mundo *real*. Nesse sentido, a concepção materialista da história, com sua visão sobre a relação entre "*base e superestrutura*", forneceu o corretivo necessário para todas as descrições anteriores do "lado ativo": situando o impacto potencial das ideias dentro de um quadro coerente de determinações, em vez de ignorá-las ou idealisticamente atribuir a elas poderes místicos em um mundo irreal.

---

[5] Karl Marx, *Grundrisse*, cit., p. 104-5.
[6] Ibidem, p. 106.

Ao mesmo tempo, as determinações da base e superestrutura tiveram de ser concebidas como *indeterminações* dinâmicas – portanto, decididamente não uma via de mão única mecânica, como é geralmente deturpada a visão marxiana – se a reivindicada e defendida intervenção do "lado ativo" fosse para atingir qualquer significância de fato. Da mesma maneira, a concepção materialista da história tinha de ser articulada desde o início como a *dialética* objetiva de base e superestrutura, com todas as suas complexas reciprocidades e indeterminações que produzem autonomia.

Foi assim que Marx explicou claramente, já em *A ideologia alemã* – em oposição às concepções idealistas –, sua visão da história e a dialética da "ação recíproca" entre os vários fatores e forças que constituem o complexo social geral da base e superestrutura:

> Essa concepção da história consiste, portanto, em desenvolver o processo real de produção a partir da produção material da vida imediata e em conceber a forma de intercâmbio conectada a esse modo de produção e por ele engendrada, quer dizer, a sociedade civil em seus diferentes estágios, como o fundamento de toda a história, tanto a apresentando em sua ação como Estado como explicando a partir dela o conjunto das diferentes criações teóricas e formas da consciência – religião, filosofia, moral etc. etc. – e em seguir o seu processo de nascimento a partir dessas criações, o que então torna possível, naturalmente, que a coisa seja apresentada em sua totalidade (assim como a ação recíproca entre esses diferentes aspectos). Ela não tem necessidade, como na concepção idealista da história, de procurar uma categoria em cada período, mas sim de permanecer constantemente sobre o solo da história real; não de explicar a práxis partindo da ideia, mas de explicar as formações ideais a partir da práxis material e chegar, com isso, ao resultado de que todas as formas [e todos os] produtos da consciência não podem ser dissolvidos por obra da crítica espiritual, por sua dissolução na "autoconsciência" ou sua transformação em "fantasma", "espectro", "visões" etc., mas apenas pela demolição prática das relações reais de onde provêm essas enganações idealistas; não é crítica, mas a revolução a força motriz da história e também da religião, da filosofia e de toda forma de teoria. Essa concepção mostra que a história não termina por dissolver-se, como "espírito do espírito", na "autoconsciência", mas que em cada um dos seus estágios encontra-se um resultado material, uma soma de forças de produção, uma relação historicamente estabelecida com a natureza e que os indivíduos estabelecem uns com os outros; relação que cada geração recebe da geração passada, uma massa de formas produtivas, capitais e circunstâncias que, embora seja, por um lado, modificada pela nova geração, por outro lado prescreve a esta última suas próprias condições de vida e lhe confere um desenvolvimento determinado, um caráter especial – que, portanto, as circunstâncias fazem os homens, assim como os homens fazem as circunstâncias.[7]

Como podemos ver, ainda que nessa obra o alvo imediato de Marx fosse o idealismo, determinando a necessidade de colocar categoricamente em relevo – alguns diriam: superenfatizar – a dimensão material do necessário ponto de vista corretivo, ele não perdeu de vista as complexas interconexões dialéticas. Isso fica claramente em evidência por meio das qualificações a seguir, segundo as quais a relação fundamental entre o "modo de produção" – a "base" material da sociedade – e a consciência social é avaliada:

1. Uma distinção é feita entre os diferentes "produtos teóricos" e as "formas de consciência" (religião, filosofia, moral etc.) *a partir das quais* esses próprios produ-

---

[7] Karl Marx e Friedrich Engels, *A ideologia alemã*, cit., p. 42-3.

tos teóricos surgem. Assim, atenção é dada à *especificidade* e relativa *autonomia* das várias formas de consciência social como a necessária – e, de forma significativa, *trans-histórica* – intermediária ou *mediação* entre a base material dada e as ideias particulares, à medida que são produzidas em qualquer época particular.

2. Em conjunção com o ponto anterior, a ênfase está na *formação* das ideias (a partir da "base", do "fundamento real" e da "prática material" da vida social), que está primeiramente preocupada com a *constituição original* das "*formas* e *produtos* da consciência". Pois, uma vez que as várias formas e modalidades da consciência já existem em suas relativas autonomia e trans-historicidade, a reprodução e transformação das ideias – tanto quanto a produção até mesmo das ideias mais "radicalmente novas" – é, obviamente, afetada de maneira profunda pelas formas específicas a partir das quais todas as ideias devem ser produzidas.

3. Caracteristicamente, Marx insiste na importância do conceito de *totalidade* nos termos da qual "a coisa [...] em sua totalidade" pode e deve ser retratada e sem a qual a intrincada natureza da interação social é completamente ininteligível. Pois somente se tratamos os vários lados e aspectos da relação entre as "práticas materiais" e a produção de ideias como *constituintes inextricáveis* de um complexo geral coerentemente estruturado[8], somente assim podemos evitar o perigo do reducionismo mecânico.

4. Deve-se também notar que Marx está falando sobre a "ação recíproca entre esses diferentes aspectos", e não sobre uma conexão de um para um entre uma dada base social e as ideias correspondentes – muito menos sobre alguma forma de determinação mecânica das ideias em geral pela base material enquanto tal. Em uma totalidade coerentemente estruturada – o modo como Marx retrata o complexo social, com todos os seus intricados constituintes e múltiplas dimensões – isso não poderia ser diferente. Pois cada um dos constituintes tem uma variedade de aspectos significantemente diferentes, por meio dos quais se torna possível uma gama virtualmente inesgotável de combinações:

a. *dentro* de cada nível (isto é, entre ideias e ideias, ou entre diferentes fatores materiais, por exemplo), em uma determinada época da história;

b. *entre* um nível e outro (isto é, entre um fator material e um complexo superestrutural), mais uma vez considerada simplesmente em um dado ponto no tempo;

c. por meio da *interação* de uma multiplicidade de fatores bastante diferentes, graças às ligações e *mediações* apropriadas que possibilitam até mesmo a reversão mais ou menos temporária das hierarquias estruturais fundamentais em momentos específicos da história, em contradistinção com o modelo de uma determinação simples, afirmando diretamente o poder da base material (por exemplo, o papel estruturalmente dominante da política na Antiguidade ou do cristianismo na Idade Média);

---

[8] Em seu *Para uma ontologia do ser social* (São Paulo, Boitempo, no prelo), Lukács menciona o ponto importante de que mesmo os menores constituintes do complexo social são, em si, complexos. Portanto, ao descrever a totalidade social, temos de falar sobre um "complexo de complexos", e não sobre a mera combinação de constituintes atomísticos, mais ou menos facilmente isoláveis.

d. por meio da dialética das determinações *estruturais e históricas*, a inserção e retenção mais ou menos prolongada de diferentes camadas de temporalidade – isto é, dos complexos sociais correspondendo às determinações históricas qualitativamente diferentes em sua constituição original – na estrutura geral da totalidade social, e a determinação completa do funcionamento do complexo social como um todo, por meio da *continuidade na descontinuidade* (e vice-versa) em relação a suas dimensões temporais, não menos que com respeito às suas múltiplas estruturas e articulações materiais e superestruturais. (Como exemplo, podemos voltar a um ponto anterior. Vimos que na "*formação* de ideias", deve-se distinguir entre a constituição *original* ou a produção de ideias e as formas da consciência, por um lado, e a formação, reprodução e transformação *contínuas* de ideias, por outro. Por meio da dialética da estrutura e da história – e sua descontinuidade na continuidade, bem como o contrário – a realidade dessa "formação de ideias" afirma-se simultaneamente tanto como a produção de ideias mais ou menos novas dentro de um quadro herdado ou "formas da consciência", em resposta direta ou mediada a algum requisito mais ou menos claramente conceituado da base social, e como uma pressão mais ou menos pesada para a modificação tanto do quadro conceitual dentro do qual a ideia é produzida quanto do complexo social, ou parte dele, ao qual a ideia recém-produzida responde ativamente.)

Dessa forma, a "ação recíproca entre esses diferentes aspectos" e as potencialidades criativas resultantes das combinações recém-descobertas e socialmente reforçadas abrem áreas em desenvolvimento da prática social para a intervenção consciente, constantemente retraindo ao mesmo tempo os limites das determinações e estruturas materiais originais. No mínimo, tal visão da "ação recíproca" deveria tornar qualquer leitura mecânica/reducionista de Marx impossível.

5. Em contraste à "crítica espiritual" idealista, Marx indica a *revolução* como "força motriz da história e também da religião, da filosofia e de toda forma de teoria". Portanto, mais uma vez, não nos é oferecido algum mecanismo material simples para explicar as mudanças históricas e ideais/teóricas, mas um *complexo social* imensamente complicado, dinâmico que, em si, é simultaneamente tanto a cristalização e o somatório de uma grande variedade de pressões, determinações e forças – inclusive, obviamente, uma multiplicidade de fatores ideais – que levam a ele, quanto de fato o novo ponto de partida para todo o desenvolvimento futuro. Isso se torna ainda mais óbvio se nos lembrarmos de que, apenas algumas linhas antes da passagem com a qual nos ocupamos, Marx insiste na necessidade de produzir "em massa" o que ele chama de "consciência comunista", ligando-a à revolução como a condição de sua produção[9], e

---

[9] "Tanto para a criação em massa dessa consciência comunista quanto para o êxito da própria causa faz-se necessária uma transformação massiva dos homens, o que só se pode realizar por um movimento prático, por uma revolução; que a revolução, portanto, é necessária não apenas porque a classe dominante não pode ser derrubada de nenhuma outra forma, mas também porque somente com uma revolução a classe que derruba detém o poder de desembaraçar-se de toda a antiga imundície e de se tornar capaz de uma nova fundação da sociedade" (Karl Marx e Friedrich Engels, *A ideologia alemã*, cit., p. 42).

Como vemos, a ênfase está na revolução sendo prática, em vez de simplisticamente material, posto que sua principal preocupação é a produção e o desenvolvimento contínuo da necessária consciência revolucionária

que o próximo parágrafo reitera a grande importância dessa "massa revolucionária", com sua consciência revolucionária, em contraste à "ideia"[10] – não importa quão desenvolvida – que permanece separada da dinâmica objetiva dos movimentos de massa. Encarar a *revolução*, portanto, meramente como um mecanismo material seria uma supersimplificação grosseira.

6. O último ponto que precisa ser salientado relaciona-se a uma leitura equivocada amplamente difundida de Marx. A leitura equivocada aqui referida interpreta a concepção marxiana da história como se o pensador alemão estivesse somente interessado em declarar que as "circunstâncias fazem os homens", ignorando completamente suas qualificações dialéticas no que se refere ao impacto ativo/criativo dos próprios homens sobre suas circunstâncias. Isso é particularmente estranho em vista do fato de que uma das mais poderosas teses sobre Feuerbach de Marx – escritas no mesmo período de *A ideologia alemã* – rejeita de maneira *explícita*[11] precisamente a mesma unilateralidade mecânica/materialista que, não obstante, continua a ser atribuída a ele. Além disso, na passagem citada de *A ideologia alemã*, a necessária crítica do idealismo de modo algum desvia Marx de sua avaliação dialética das questões envolvidas. Afinal, o caráter dialético da "ação recíproca" na qual estamos interessados dificilmente poderia ser posto mais claramente do que nas seguintes palavras: "as circunstâncias fazem os homens, *assim como* os homens fazem as circunstâncias".

Como podemos ver, a primeira apresentação sistemática do materialismo histórico em *A ideologia alemã* contém todas as suas principais características definidoras, tal como aparecem posteriormente no famoso prefácio de Marx ao seu *Contribuição à crítica da economia política*. A passagem que examinamos configura a óbvia inspiração direta do "Prefácio" de 1859.

---

em massa. Além do mais, é igualmente ressaltado que essa revolução está constantemente se autorrenovando: isto é, trata-se de uma "revolução permanente" e incansável por meio da qual as massas revolucionárias "se tornam capazes de uma nova fundação da sociedade". Portanto, também sob esse aspecto, pensar a revolução em constante autorrenovação – ocupada com a produção de uma consciência revolucionária – como um simples mecanismo material seria uma contradição em termos.

[10] [...] se os elementos materiais de uma subversão total, que são sobretudo, de um lado, as forças produtivas existentes e, de outro, a formação de uma massa revolucionária que revolucione não apenas as condições particulares da sociedade até então existente, como também a própria 'produção da vida' que ainda vigora – a 'atividade total' na qual a sociedade se baseia –, se tais elementos não existem, então é bastante indiferente, para o desenvolvimento prático, se a *ideia* dessa subversão já foi proclamada uma centena de vezes – como o demonstra a história do comunismo". (Karl Marx e Friedrich Engels, *A ideologia alemã*, cit., p. 43). Dessa forma, o ponto não é opor a realidade prática das massas revolucionárias à ideia, mas enfatizar sua necessária unificação. Afinal, as massas revolucionárias praticamente não existem sem a consciência de terem de, e estarem aptas para, transformar radicalmente a "atividade total" da sociedade; que é verdadeiramente de uma questão de *Bildung*, que dialeticamente significa "constituição objetiva", bem como "educação".

[11] "A doutrina materialista sobre a modificação das circunstâncias e da educação esquece que as circunstâncias são modificadas pelos homens e que o próprio educador tem de ser educado. Ela tem, por isso, de dividir a sociedade em duas partes – a primeira das quais está colocada acima da sociedade. A coincidência entre a altera[ção] das circunstâncias e a atividade ou automodificação humanas só pode ser apreendida e racionalmente compreendida como *prática transformadora*." (Karl Marx, "Ad Feuerbach", em Karl Marx e Friedrich Engels, *A ideologia alemã*, cit., p. 533-4).

O único termo ausente no primeiro trabalho é "superestrutura". No entanto, mesmo que esteja ausente em *A ideologia alemã*, o conceito está decididamente presente. E está presente por meio da descrição de como as ideias "provêm" da prática social real, e também na implicação inevitável de conceitos como "fundação", "fundamento real", "base" etc. (em alemão: "*Grundlage*", "*Geschichtsboden*", "*realer Grund*" e "*Basis*") com os quais a formação e a produção de ideias e formas da consciência são contrastadas[12]. E o que é mais importante: *A ideologia alemã* contém não somente as principais características definidoras do materialismo histórico, mas também, simultaneamente, as necessárias qualificações dialéticas que claramente o separam de todas as concepções anteriores de materialismo. Dessa forma, a visão marxiana da história é articulada desde o início não apenas como *materialismo* histórico – em contraste com o idealismo – mas simultânea e inseparavelmente também como materialismo *dialético*: em oposição consciente a todas as variedades de "materialismo *naturalista*"[13].

## 1.3 A miséria do "anti-historicismo"

A passagem mais famosa em que Marx resume sua posição sobre a relação dialética entre a base e a superestrutura é a seguinte:

> Minhas investigações me conduziram ao seguinte resultado: as relações jurídicas, bem como as formas de Estado, não podem ser explicadas por si mesmas, nem pela chamada evolução geral do espírito humano; essas relações têm, ao contrário, suas raízes nas condições materiais de existência, em suas totalidades, condições estas que Hegel, a exemplo dos ingleses e dos franceses do século XVIII, compreendia sob o nome de "sociedade civil". Cheguei também à conclusão de que a anatomia da sociedade burguesa deve ser procurada na economia política. [...] Na produção social da própria existência, os homens entram em relações determinadas, necessárias, independentes de sua vontade; essas relações de produção correspondem a um grau determinado de desenvolvimento de suas forças produtivas materiais. A totalidade dessas relações de produção constitui a estrutura econômica da sociedade, a base real sobre a qual se eleva uma superestrutura jurídica e política e à qual correspondem formas sociais determinadas de consciência. [...] A transformação que se produziu na base econômica transtorna mais ou menos lenta ou rapidamente toda a colossal superestrutura. Quando se consideram tais transformações, convém distinguir sempre a transformação material das condições econômicas de

---

[12] A verdadeira novidade do "Prefácio" de 1859 a esse respeito consiste em salientar o principal papel mediador da superestrutura jurídica e política.

[13] Uma grande quantidade de bobagem é escrita sobre a suposta oposição entre Marx e Engels, a respeito do frágil fundamento de que os termos "materialismo histórico e dialético" não são usados pelo próprio Marx. Esse tipo de "descoberta" resulta em nada mais que um fetiche oriundo de algumas palavras compreendidas pela metade. Marx, na verdade, fala de "concepção materialista da história", enfatizando seu caráter inerentemente dialético e a importância vital das determinações e interações recíprocas. Ele opõe essa concepção dinâmica, histórica/dialética de materialismo ao "materialismo naturalista", defendendo-se das "Objeções ao materialismo desta concepção. Relação com o materialismo naturalista". E é dessa maneira que a citação continua: "*Dialética dos conceitos força produtiva* (meios de produção) *e relação de produção*, uma dialética cujos limites é preciso determinar e que não suprime as diferenças reais" (Karl Marx, *Grundrisse*, cit., p. 109). Sendo assim, a linha significativa de demarcação não é entre Marx e Engels, mas entre o materialismo histórico-dialético e o materialismo naturalista.

produção – que podem ser verificadas fielmente com a ajuda das ciências físicas e naturais – e as formas jurídicas, políticas, religiosas, artísticas ou filosóficas, em resumo, as formas ideológicas, sob as quais os homens adquirem consciência desse conflito e o levam até o fim. Do mesmo modo que não se julga o indivíduo pela ideia que de si mesmo faz, tampouco se pode julgar uma tal época de transformações pela consciência que ela tem de si mesma. É preciso, ao contrário, explicar essa consciência pelas contradições da vida material, pelo conflito que existe entre as forças produtivas sociais e as relações de produção. Uma sociedade jamais desaparece antes que estejam desenvolvidas todas as forças produtivas que possa conter, e as relações de produção novas e superiores não tomam jamais seu lugar antes que as condições materiais de existência dessas relações tenham sido incubadas no próprio seio da velha sociedade. Eis por que a humanidade não se propõe nunca senão os problemas que ela pode resolver, pois, aprofundando a análise, ver-se-á sempre que o próprio problema só se apresenta quando as condições materiais para resolvê-lo existem ou estão em vias de existir.[14]

Em primeiro lugar, deve-se grifar aqui a importância da observação de Marx de que "convém distinguir sempre" entre as transformações materiais e as formas ideológicas. Pois, surpreendentemente, com frequência as interpretações não apenas passam completamente ao largo da questão, mas conseguem transformar as visões de Marx em seu *exato oposto*. Contudo, uma leitura atenta deixa muito claro que o objetivo de Marx é:

1. focar-se na distinção em si, enfatizando a importância vital de manter constantemente em mente as diferenças qualitativas nela implícitas;

2. insistir que a superestrutura não pode ser determinada com a mesma precisão que a estrita "transformação material das condições econômicas de produção";

3. indicar que como há uma interação dialética entre a superestrutura e a base material – e que, portanto, ambas afetam uma à outra de maneira profunda, assim constituindo conjuntamente um todo orgânico –, por implicação: o desenvolvimento geral de todo o complexo não pode ser "verificado fielmente com a ajuda das ciências físicas e naturais".

De modo estranho, no entanto, a passagem é interpretada como se Marx tivesse dito: "convém *nunca distinguir* entre a transformação material das condições econômicas de produção e as formas ideológicas". Quando tais qualificações vitais são desprezadas, está aberto o caminho para a construção de um edifício totalmente irreconhecível do marxismo, de acordo com uma visão de ciência tipo-fetichista. O resultado necessário desse tipo de leitura equivocada é uma distorção reducionista, a despeito do intento subjetivo por trás dela: seja o objetivo o de produzir algum "renascimento" estruturalista/marxista ou, ao contrário, aquele de suprir a agradecida plateia das expectativas culturais/políticas da burguesia com ainda outra "refutação final" do marxismo e seu alegado "historicismo".

Podemos ver as consequências de se identificar a concepção marxiana com um modelo de ciência natural no celebrado ataque de Popper ao marxismo. Em *A miséria do*

---

[14] Karl Marx, *Contribuição à crítica da economia política* (trad. Florestan Fernandes, São Paulo, Expressão Popular, 2008), p. 47-8.

*historicismo*[15] – título que, segundo o autor, "teve a intenção de aludir ao livro de Marx, *A miséria da filosofia*"[16] – ele orgulhosamente anuncia que "consegui[u] elaborar uma refutação do historicismo"[17]. E é de tal maneira que se desenrola a linha de raciocínio dessa tão aclamada "refutação":

> 1. O curso da história humana é fortemente influenciado pelo crescer do conhecimento humano. (A verdade dessa premissa tem de ser admitida até mesmo por aqueles para quem as ideias, inclusive as ideias científicas, não passam de meros subprodutos de desenvolvimentos *materiais* desta ou daquela espécie.)
> 2. Não é possível predizer, através de recurso a métodos racionais ou científicos, a expansão futura de nosso conhecimento científico. (Essa asserção pode ser logicamente demonstrada por meio de considerações que são feitas adiante.)
> 3. Não é possível, consequentemente, prever o futuro curso da história humana.
> 4. Significa isso que devemos rejeitar a possibilidade de uma *história teorética*, isto é, de uma ciência social histórica em termos correspondentes aos de uma *física teorética* [grifos de Popper]. Não pode haver uma teoria científica do desenvolvimento histórico a servir de base para a predição histórica.
> 5. O objetivo fundamental dos métodos historicistas está, portanto, mal colocado; e o historicismo aniquila-se.[18]

Como podemos ver, toda a "refutação" parte da invenção de um boneco de palha [*straw-man*] que depois pode ser nocauteado ou "aniquilado" com a maior facilidade. Esse prestativo boneco de palha é produzido pela substituição do complexo modelo dialético de base e superestrutura por uma caricatura absurdamente reducionista, segundo a qual as ideias "não passam de subprodutos de desenvolvimentos materiais". Esta é, obviamente, uma forma bastante grosseira de evitar a questão, posto que o autor pré-fabrica para seu próprio uso um alvo conveniente, que é "feito sob medida" para a refutação circularmente antecipada.

E esse é apenas o perímetro externo da teia de tautologias a partir da qual a "refutação" popperiana é construída. O próximo círculo é tecido ao *separar*, por definição – e, é claro, de forma arbitrária –, a produção do conhecimento das condições sociais e históricas de sua produção, de modo que se possa *opor* esse conhecimento artificialmente desencarnado às determinações e desenvolvimentos sociais/históricos.

Para ser exato, esse tipo de conhecimento desencarnado é imune às influências sociais e à possibilidade de previsão. Entretanto, ao definir circularmente o conhecimento de um modo que corresponda aos requisitos da "refutação" autoantecipadora, a realidade do conhecimento – com as condições reais de sua produção – devem desaparecer sem deixar rastros. Pois, no mundo real, o desenvolvimento do conhecimento é dialeticamente entrelaçado com os processos sociais, e é uma questão de *grau* quanto eles (a) *influenciam* e (b) são *previsíveis* no que se refere ao impacto recíproco que exercem um sobre o outro.

---

[15] Karl Popper, *A miséria do historicismo* (trad. Octany S. da Mota e Leonidas Henberg, São Paulo, Edusp, 1980).

[16] Ibidem, p. 6.

[17] Ibidem, p. 5.

[18] Idem.

Portanto, enquanto é de fato impossível prever o aparecimento desse ou daquele *item* particular de conhecimento em um determinado momento na história – assim como é impossível prever os eventos particulares pelos quais uma tendência social-histórica afirma a si mesma – não é de modo algum impossível apreender a conexão entre a emergência e o posterior desenvolvimento de um certo *tipo* de conhecimento e as determinações sociais-históricas de amplas bases das quais *tanto* o conhecimento científico de uma era *quanto* o quadro institucional/instrumental da formação social correspondente se articulam em seus detalhes múltiplos.

Significativamente, os dois qualificadores são omitidos das deduções de Popper. O *grau* em que o desenvolvimento do conhecimento pode ou não ser previsto torna-se uma *categórica negação* da possibilidade de sua previsão. Ao mesmo tempo, não é feita nenhuma tentativa de especificar o *grau* em que o desenvolvimento "não previsível" do conhecimento – que, em si, está sujeito às necessárias qualificações dialéticas" – invalida a previsão social/histórica em geral. (Em outras palavras, o que é rudemente distorcido aqui é que, como o desenvolvimento do conhecimento de fato é previsível *até certo grau* no sentido há pouco indicado, e como o avanço do conhecimento é, em si, apenas *um* dos fatores envolvidos no desenvolvimento social, a previsão histórica é de fato possível em um *grau bastante significativo*.) Soa muito melhor – e sustenta mais convincentemente a afirmação "consegui elaborar uma refutação do historicismo" – se se puder declarar *categoricamente* que, posto que o crescimento do conhecimento é imprevisível, por uma questão de impossibilidade lógica, portanto, a predição histórica é *a priori* impossível em outra que não a mais míope das escalas De todo modo, o problema é que a omissão demasiadamente entusiástica das qualificações necessárias torna falaciosa a "refutação"/dedução popperiana, mesmo em seus próprios termos de referência.

Mas talvez a parte mais reveladora da teia popperiana de tautologias seja seu círculo interno e "prova derradeira", como enunciado no ponto (4). Segunda esta, "não pode haver uma teoria científica do desenvolvimento histórico" porque nenhuma concepção histórica pode almejar ser como a "*física teorética*". Aqui, mais uma vez, uma medida arbitrária é assumida por definição como o princípio orientador autoevidente de todo discurso racional sobre a ciência e a história, e, portanto, a "refutação" é consumada ao concluir circularmente que o "historicismo" não equivale à medida arbitrariamente assumida.

Na verdade, a medida supostamente autoevidente é apenas uma peneira feita de enormes buracos – de fato tão grandes que até mesmo boa parte da *ciência natural* passaria por eles, sem mencionar a totalidade da *ciência social* – unida por nada mais firme e sólido que uma hostilidade ideológica cruzada [*crusading*] em relação ao marxismo.

O título de outro livro cruzado de Popper – *A sociedade aberta e seus inimigos*\* – fala por si só a esse respeito. Qualquer coisa que não se encaixe no padrão de apologeticamente remendar e encobrir as rachaduras da ordem estabelecida – especialmente a ideia do automanejo de uma sociedade socialista pelos produtores associados, em conformidade com um plano geral que eles estabelecem para si mesmos – é categoricamente rejeitada

---

\* Karl Popper, *A sociedade aberta e seus inimigos* (trad. Milton Amado, Belo Horizonte/São Paulo, Itatiaia, Edusp, 1987). (N. E.)

ao ser rotulada de "holismo" e "perfeccionismo pré-científico". Podemos ver o interesse ideológico sob a superfície desse exorcismo-por-rotulação nas seguintes linhas:

> Razão adicional para considerar o enfoque holista da ciência social como enfoque pré-científico está em que contém um elemento de perfeccionismo. Compreendendo que não podemos transformar a terra em um céu, mas que só podemos melhorar as coisas *um pouquinho*, também compreendemos que as coisas são passíveis de melhora *gradual, pouco a pouco*.[19]

A lógica desse procedimento "científico" é realmente reveladora. Primeiro, a ideia de melhorar as condições de vida por meio de grandes mudanças na sociedade é transformada em "um elemento de perfeccionismo" (e *ipso facto* condenado ao inferno como "pré-científico"). Em seguida, o alegado *elemento* do perfeccionismo é retoricamente igualado ao desejo de se ter, indiscriminadamente, "*a terra em um céu*" (e rejeitado como uma autoevidente absurdidade pela força da imagem em si). Tendo, pois, limpado o terreno – não por prova ou raciocínio, mas por retórica e rotulação – o autor pode agora apresentar a alegação totalmente insustentável (objetivo subjacente de todo o exercício) segundo a qual "só podemos melhorar as coisas *um pouquinho*". Por fim, o arbitrariamente assumido "pouquinho" estipula o único "método científico" concebível apropriado ao seu objeto: o "*pouco a pouco*" da "engenharia social" apologética confinada à manipulação tecnológica.

Naturalmente, a afinidade para com essa postura cruzada entorpece a sensibilidade filosófica daqueles que deveriam saber melhor – pelo menos no nível da lógica formal. Em vez disso, o verdadeiro caráter da "refutação" popperiana – o fato de que seu núcleo central é uma tautologia autorreferencial (o modelo mítico de "física teorética"), envolta numa dupla circularidade, como vimos anteriormente – continua escondido, e a iniciativa é aclamada como sabedoria derradeira. Portanto, graças em larga medida ao fetiche de "ciência" que é usado em suas "refutações" circulares, a gritante hostilidade ideológica – atrelada à falácia lógica – pode satisfatoriamente deturpar a si mesma como "a lógica da descoberta científica".

De modo característico, até mesmo a especulação mais rebuscada é seriamente contemplada nesse "discurso científico", contanto que prometa produzir alguma munição útil contra o adversário ideológico. Dessa forma, lemos em *A miséria do historicismo*:

> Há, por exemplo, uma tendência para a "acumulação de meios de produção" (como diz Marx). Dificilmente esperaremos, porém, que ela persista dentro de uma população que decresça rapidamente, e esse decréscimo talvez esteja na dependência de condições extraeconômicas, como, digamos, de invenções ou do direto impacto fisiológico (e talvez bioquímico) de uma zona industrial. Há, sem dúvida, a possibilidade da atuação de um número enorme de condições; e, para termos como examinar essas possibilidades, quando buscamos as verdadeiras condições de uma tendência, teremos sempre de tentar imaginar condições sob as quais a tendência em pauta desapareceria. Isso, contudo, é exatamente o que o historicista está impedido de fazer. Ele acredita firmemente em sua tendência favorita e não pode sequer pensar em condições sob as quais essa tendência deixaria de existir. A miséria do historicismo, seria cabível dizer, é uma pobreza de imaginação.[20]

Aqui, mais uma vez, é-nos apresentada uma caricatura de Marx como um materialista mecânico e um determinista grosseiro. Pois, a rigor, Marx não fala genericamente sobre

---

[19] Idem, Karl Popper, *A miséria do historicismo*, cit., p. 87, ênfase de Popper.
[20] Ibidem, p. 69.

uma "acumulação de meios de produção", mas define com grande precisão as condições objetivas da tendência historicamente identificada em termos de "composição orgânica do capital", de "taxa decrescente de lucro", de "centralização e concentração de capital" etc. O que ele "falha" em fazer, obviamente, é suprir os apologetas do capital com uma lista de "condições" grotescamente extravagantes (de maneira autocongratulatória elogiada por Popper como "imaginação"), que *invalidariam a priori* sua preocupação com as contradições internas do capital, prefigurando o colapso do sistema.

Certamente, Popper deve saber que se a ciência perdeu seu tempo especulando sobre possíveis "invenções" e sobre todas as "possibilidades concebíveis", bem como sobre as contrapossibilidades, nunca chegaríamos a levantar um dedo sequer para a realização de qualquer tarefa, pensando que "possivelmente" todas estariam fadadas ao fracasso como resultado de alguma contracondição interveniente "concebível". Afinal, assim como a atividade prática da vida real em geral – sujeita a uma multiplicidade de restrições objetivas –, a ciência, também, não está preocupada com a "má infinitude" das extravagantemente abstratas "possibilidades concebíveis", mas sim com *as possibilidades e probabilidades concretas*, definidas em termos de sua relevância mais ou menos direta mas pelo menos *alguma*, para os problemas em questão.

Portanto, rejeitar Marx numa era de população dramaticamente crescente como um historicista "que padece de uma deficiência de imaginação", por sua suposta falha em falar um século antes sobre uma "população que decresce rapidamente" como a sólida contracondição de sua própria teoria, é algo espantoso. Pois, mesmo se desprezarmos quanto os próprios contraexemplos de Popper erram seu alvo, permanece o fato de que a única forma de satisfazer as condições estipuladas pelo autor – a saber, diluir a validade das tendências sociais/econômicas identificadas, evocando possíveis "invenções" e "incontáveis condições extraeconômicas possíveis", bem como outras contracondições "imaginadas" e "concebíveis" – é não ter nenhuma teoria crítica sobre as reais tendências sociais/econômicas. Mas, é claro, esse é precisamente o propósito do tão celebrado empreendimento popperiano.

## 1.4 Conceitos e metáforas: um problema de método

Em contraste com todas as visões fetichistas de ciência e seus modelos grosseiros de causação – que equiparam a determinação social com a necessidade de uma ciência natural mecânica (daí sua noção de "inevitabilidade histórica") e com isso levam ao reducionismo, mesmo quando não motivado por hostilidade ideológica – é importante apreender a *causação social* preservando a grande complexidade das determinações envolvidas em suas múltiplas dimensões em interação. A teoria marxiana de base e superestrutura visa pôr em relevo tais dimensões, qualitativamente diferentes, e suas complicadas inter-relações, em vez de fornecer uma fórmula mágica para trazer tudo para o mínimo denominador comum, como fazem algumas interpretações enquanto tentam encontrar atalhos inadmissíveis[21].

---

[21] Por exemplo, ao sugerir que tudo pode ser "verificado fielmente com a ajuda das ciências físicas e naturais".

Admitidamente, é muito mais fácil trabalhar com nítidas reduções e modelos esquemáticos do que apreender o esquivo processo social de uma maneira que reproduza adequadamente, dentro do quadro categórico empregado, a dinâmica objetiva do movimento dialético. Além disso, na notação "taquigráfica" de nosso próprio pensamento, todos nós tendemos a resumir – geralmente por imagens e símiles – redes inteiras de complicadas interconexões categoriais, com referência à troca, e, por meio de sua reciprocidade, conjuntos significativos de relações. Tal taquigrafia é parte necessária da economia de pensamento, muito embora, obviamente, de modo algum destituída de suas próprias complicações e inconvenientes. Afinal, enquanto, por um lado, ela nos permite focalizar simultaneamente uma multiplicidade de interconexões, com suas complexas ramificações (que simplesmente não poderiam ser reunidas de nenhuma outra maneira com tal simultaneidade), contudo, por outro, tudo isso é realizado somente na forma de *implicações* e alusões mais ou menos óbvias. Estas, por sua vez, são abertas à futura expansão ou conclusão e estão sujeitas a diversas interpretações possíveis, à luz das quais membros particulares dos conjuntos interconectados são trazidos para o primeiro plano. De fato, a taquigrafia ou imagem gráfica em si pode até ser um obstáculo a uma compreensão apropriada das complexas relações em questão se não for acompanhada de uma articulação conceitual adequada dos constituintes relevantes envolvidos.

Nesse sentido, "base e superestrutura", "reflexo" ["*reflection*"] e até mesmo "ação recíproca" representam dificuldades intransponíveis se tomadas *de maneira literal*, como, infelizmente, parece ser o caso com bastante frequência. Pois, em sua imediaticidade, eles são apenas *símiles* (na linguagem cotidiana também descritos como "metáforas"[22]) cuja tradução conceitual direta é – necessariamente – unilateral, senão de todo mecânica.

A mais problemática dessas imagens, cercada por interminável controvérsia, é a teoria "do reflexo" ["*reflection*" *theory*] da arte e do conhecimento. Em suas raízes está a proposição segundo a qual as várias formas de consciência social *originam-se* no fundamento material do ser social, como explicitado em *A ideologia alemã* e no "Prefácio" de 1859, citados anteriormente: uma proposição bastante difícil de contestar em outros fundamentos que não os puramente especulativos, idealistas. No entanto, o símile do "reflexo", especialmente quando ligado à imagem do espelho, não pode evitar dar enfoque à questão na direção de uma explicação mecânica. Tomada em seu sentido literal/imediato, essa imagem gráfica não pode reproduzir a referida complexidade dialética dos múltiplos processos interativos, mas tende a comprimi-los em uma relação simples de um para um, da qual – para piorar as coisas ainda mais – a parte "refletida" é um constituinte meramente *passivo*.

Tampouco as dificuldades, *ipso facto*, desapareceriam apontando-se para uma "ação recíproca" entre os dois lados. Pois o problema principal reside no *significado mecânico literal* desse símile provisional em si, que pode somente servir de ponto de partida para a explicação flexível e dinâmica requerida. É de pouca consequência sugerir que o objeto não seja apenas refletido no espelho, mas também "reaja" sobre o espelho em si, pois é

---

[22] A esse respeito, ver meu ensaio "A metáfora e o símile", em *Filosofia, ideologia e ciência social* (trad. Ester Vaisman, São Paulo, Boitempo, 2008). Ver também o capítulo 3 deste livro, "Conceitos-chave na dialética de base e superestrutura".

muito difícil imaginar que significado, se é que existe algum, poderia ser atribuído a tal "reação" no sentido literal do símile.

Em todo caso, a ideia de uma "ação recíproca" de modo algum constitui por si só um qualificador dialético autoevidente, pois *prima facie* ela remonta à terceira lei do movimento da *mecânica* newtoniana, quadro dentro do qual a ideia adquiriu originalmente seu significado. O problema é que não só a situação real revela uma *multiplicidade* de elementos reciprocamente interpenetrantes e estruturalmente em modificação/modificados na dialética de base e superestrutura, mas que os vários constituintes envolvidos não são forças ou entidades *homogêneas*. Portanto uma complicação adicional deve ser encarada no sentido de que a "homogeneização" dos fatores materiais e ideais – ou algo equivalente a tal homogeneização – tem de primeiro ser estabelecida antes que se possa assumir a possibilidade de uma "ação recíproca" entre a base e a superestrutura.

De maneira semelhante, a noção de "base e superestrutura" nos apresenta toda uma gama de difíceis problemas. Como um símile espacial, ela se presta com particular facilidade a distorções mecânicas, sugerindo uma determinação ossificada, unidirecional, que, de forma alguma, pode ser retificada por um discurso vago e bastante incoerente a respeito da "sobredeterminação". Pois, uma vez que o resumo taquigráfico de "base e estrutura" – que representa uma grande variedade de determinações e interconexões dialéticas – é reduzido à simplicidade unilateral de seu significado *literal*, nenhum tipo de remendo transformará o esqueleto arquitetônico estático em um organismo vivo, de modo que corresponda ao caráter inerentemente dinâmico do metabolismo social, com todos os seus processos arteriais e capilares.

Metodologicamente, em todos esses casos as distorções não surgem simplesmente das imagens restritivas em si, mas do uso que é feito das imagens particulares. Símiles e analogias não podem deixar de ser o que são, e até mesmo os melhores deles estão fadados a falhar mais cedo ou mais tarde. Tampouco é concebível que se possa prescindir deles. Afinal, é uma característica inerente do processo de pensamento em si que ele proceda por estágios, exigindo diversas somas provisionais antes que o fim almejado possa ser atingido. Essas somas, por sua vez, representam platôs progressivamente mais altos ou "acampamentos de base" a partir dos quais o último ataque ao ponto mais alto escolhido pode ser eventualmente tentado. Enquanto tais, as somas provisionais não carregam o significado da iniciativa em si, apenas o de sua necessária instrumentalidade.

Obviamente, de modo algum todos os "acampamentos de base" são feitos de símiles, analogias etc., mesmo que muitos deles sejam. O que importa aqui é que *todas* essas somas provisionais – sejam elas de caráter gráfico ou não – devem ser posteriormente articuladas no decorrer da análise discursiva, de acordo com os requerimentos particulares dos contextos cambiantes aos quais elas estão relacionadas. Se, portanto, as imagens são restringidas à imediaticidade de seu significado literal, nenhuma articulação (e melhoria posterior) de sua conotação original é possível. Consequentemente, o "acampamento de base" torna-se um fim em si mesmo, e todos os dados recém-surgidos, bem como suas correlações, são manipulados de modo a comprimir tudo dentro de seus limites restritivos, racionalizando ao mesmo tempo essa prática "procustiana" de manipulação como se fosse o cumprimento da tarefa dada em sua integralidade. Por isso é essencial reconhecer o caráter estritamente sumário e provisional de todos os símiles e comparações, tratando-os com muito cuidado dentro dos limites de sua utilidade e descartando-os no exato momento em que tendam a restringir a articulação e a elucidação conceitual necessária para a qual até mesmo o melhor deles pode somente oferecer um ponto de apoio.

## 1.5 Determinismo tecnológico e dialética

Na concepção de Marx dos processos e transformações sociais, cada elemento singular é considerado em suas ligações dialéticas com todos os outros. O complexo geral pode ser visualizado como dialético somente porque seus "momentos" em si são constituintes dinamicamente interconectados de um todo estruturado. Em outras palavras, há uma coerência fundamental entre a estrutura global e suas "microestruturas", sem as quais somente seria possível falar de algum agregado caótico de elementos díspares, e não de uma totalidade social em desenvolvimento, com tendências identificáveis próprias.

Nesse sentido, a relação entre base e superestrutura pode ser dialética porque *ambos* os complexos são constituídos de uma maneira irredutivelmente dialética. Esquecer-se dessa verdade elementar leva a distorções mecânicas da concepção marxiana, como o "determinismo tecnológico" de Kautsky e Bukharin, bem como de muitas outras figuras menos conhecidas. Em um de seus primeiros ensaios, Lukács enfatizou corretamente que

> Bukhárin atribui à tecnologia uma posição muito determinante, que em absoluto capta o *espírito* do materialismo dialético. [...] Bukhárin salienta: "Todo sistema de técnica social *determina* (...) também as relações humanas de trabalho". Atribui o predomínio de uma economia natural na época clássica ao baixo nível do desenvolvimento *técnico*. Insiste: "Se muda a técnica, a divisão do trabalho na sociedade também muda". Afirma que, "em última instância", a sociedade depende do desenvolvimento da *técnica*, que é considerada como a "*determinante básica*" das "forças produtivas da sociedade" etc. É óbvio que esta identificação final entre a técnica e as forças de produção não é válida nem marxista. A técnica é uma *parte*, um momento naturalmente de grande importância, das forças produtivas sociais, mas não é, simplesmente, idêntica a elas nem, como algumas das primeiras observações de Bukhárin pareciam implicar, o momento final ou absoluto das mudanças dessas forças.[23]

Em abordagens desse tipo, a interpretação simplificada em demasia do modelo de base/superestrutura como uma rígida correspondência de um para um entre seus dois termos-chave de referência – estipulando uma determinação unilateral do mundo das ideias pelo mundo material – está fundada na redução mecânica da base em si a *um* de seus múltiplos constituintes, carregando consigo o desaparecimento de todas as ligações dialéticas relevantes e a substituição do conceito de *estrutura social* (ou estrutura socioeconômica) pelo conceito de "base" estritamente identificado com a objetividade fetichista da *tecnologia*.

Dessa forma, a interpretação literal injustificável do modelo de base/superestrutura revela uma rigidez conceitual no núcleo de todas essas teorias mecânicas/reducionistas. Não é o símile gráfico marxiano que impulsiona esse tipo de abordagem para a unilateralidade mecânica de seu determinismo tecnológico. Pelo contrário, é a visão fetichista de necessidade, ciência, objetividade e tecnologia de seus proponentes que alcança uma

---

[23] G. Lukács, "Tecnologia e relações sociais", em *Bukhárin, teórico marxista* (Belo Horizonte, Oficina de Livros, 1989), p. 45. [Grifos em "espírito", "determina" e "parte" são de Lukács. (N. E.)]

interpretação literal bruta de base e superestrutura como fundamento e legitimação oficiais de posições extremamente duvidosas.

Em completo contraste, Marx define a estrutura socioeconômica, na passagem anteriormente citada do "Prefácio" de 1859, como "a totalidade das relações de produção", que é um conceito inerentemente dialético. Além disso, a produção constitui o quadro necessário no qual todos os processos materiais e de trabalho são inseridos e imbricados [*embedded*], incluindo, é claro, toda forma concebível de tecnologia. Assim, há uma relação dialética inevitável entre as forças e as relações de produção, fundamento a partir do qual é possível pensar o todo social como um complexo estruturado de maneira dialética: um complexo composto de partes dinamicamente interativas que determinam umas às outras de maneira recíproca, e em todas as direções, por meio de sua "imbricação que se imbrica".

A dialética está em todos os lugares ou em lugar nenhum. Se a excluímos da determinação social das forças produtivas e da tecnologia, transformamos a dialética em um dispositivo conceitual pseudo-histórico incapaz de explicar as transformações sociais, privando assim também o modelo de base/superestrutura de seu valor explicativo.

O propósito dialético por toda parte implícito na concepção marxiana é energicamente/vigorosamente colocado em relevo quando Marx insiste na "*Dialética dos conceitos força produtiva* (meios de produção) *e relação de produção*, uma dialética cujos limites é preciso determinar e que não suprime as diferenças reais"[24]. É a dialética que torna as imagens gráficas aceitáveis e iluminadoras. Pois se no núcleo de uma teoria encontramos, em vez disso, um rígido, mecanicamente ligado conjunto de relações, nenhuma quantidade de floreio pictórico transformará essa visão da realidade em uma concepção dialética flexível. Justamente por isso, se um pensador "marxista mecânico" quiser encaixar as coisas em seu próprio esquema conceitual, ele também deve mudar radicalmente o modelo original de base/superestrutura, com todos seus corolários, de modo a torná-los compatíveis – por meio de uma interpretação e redução unilateral e "literal" – com o significado reducionista do determinismo tecnológico enquanto tal.

A abordagem dialética está preocupada em trazer à tona as conexões objetivas internas de um complexo enquanto traça as linhas necessárias de demarcação – definindo os *limites*, nas palavras de Marx – entre a multiplicidade dos "momentos" constitutivos que configuram a estrutura geral.

Os dois passos são vitalmente importantes. Concentrar-se na grande variedade de interconexões objetivas possibilita a apreensão do processo em constante desdobramento em seu dinamismo interno. Ao mesmo tempo, "determinar os limites" torna possível preservar as "*reais diferenças*" em suas especificidades tangíveis, sem o que o primeiro passo poderia não produzir uma aproximação dialética de seu objeto, mas somente um *fluxo caótico* de formas e tonalidades fundindo-se umas nas outras.

Uma carência "dialética" de linhas firmes de demarcação e "momentos predominantes [*über-greifenden*]" resultaria em nada mais que tautologia, ou em um truísmo nada esclarecedor segundo o qual "tudo está conectado a tudo". Afinal, é o caráter *determinado* do que

---

[24] Karl Marx, *Grundrisse*, cit., p. 109.

está conectado, bem como o *modo específico* das conexões predominantes que importa, e não o mero fato da conexão. Por conseguinte, o objeto de uma investigação dialética deve ser apreendido como uma totalidade cujas partes não estão meramente interconectadas, nem são igualmente importantes, mas constituem um todo *estruturado*, com sua *ordem* interna apropriada e *hierarquias* determinadas, ainda que estas devam ser entendidas como dinamicamente em mudança e transformação, em consonância com a natureza inerente de um complexo *dialético*.

A validade do modelo marxiano de base e superestrutura surge precisamente de sua capacidade de estabelecer limites sobre um firme fundamento, focando nas especificidades históricas relevantes no quadro estrutural das interconexões dialéticas: um procedimento que simultaneamente revela e coloca em perspectiva as diferenças reais. Posto que as determinações estruturais e históricas constituem uma unidade inseparável nessa concepção, não pode haver espaço para absolutos, para qualquer "eternização das relações de produção", muito menos para o seu oposto: um "relativismo histórico" totalmente desorientador.

O materialismo histórico, como o próprio nome implica, explica os vários processos sociais e desenvolvimentos intelectuais, em suas complexidades coerentemente ordenadas, em relação aos seus fundamentos materiais sem reduzi-los a alguma entidade material abstrata. Afinal, por um lado, ser dialeticamente *relacionado* a uma estrutura material é muito diferente de ser *idêntico* a ela; e, por outro, o fundamento material ao qual nos referimos tem em si um caráter inerentemente *histórico*.

Para reconhecer a posição antirrelativista e, ao mesmo tempo, a completa flexibilidade da abordagem de Marx, é preciso apresentar aqui as amplas linhas gerais de sua concepção das interdeterminações dialéticas.

O metabolismo social é o quadro de referência definitivo dessa concepção, pois abrange a totalidade das determinações, desde os processos materiais diretos às mais mediadas práticas intelectuais. O fundamento estrutural de todos os processos sociais é a objetividade *trans-histórica* das *determinações ontológicas sociais* em virtude do inevitável fato de que o metabolismo social é enraizado – e continua assim inclusive no mais alto nível concebível de desenvolvimento social e tecnológico – no *metabolismo entre humanidade e natureza*.

No entanto, duas ressalvas são necessárias aqui, de modo a evitar uma compreensão equivocada.

*Primeiro* – o que não pode ser repetido com frequência suficiente – que "trans-histórico" significa precisamente o que o próprio nome diz, isto é, *trans*-histórico, e não *supra*-histórico. O conceito de "trans-histórico" expressa a reprodução continuada – ainda que com peso e significância relativa mutáveis no que se refere à totalidade social dada – de processos ou condições determinadas *além* dos limites históricos, ao passo que a ideia de algo "*supra*-histórico" não passa de uma mistificação metafísica.

O *segundo* ponto a ser salientado é que embora as determinações materiais fundamentais da vida social persistam por toda a história, elas não ocupam, de maneira nenhuma, a mesma posição em todas as épocas na hierarquia geral das forças interativas que regulam o sempre historicamente específico metabolismo social. É claro que, até mesmo no mais alto nível concebível de desenvolvimento, elas continuam *latentes* e, portanto, podem vir à tona com uma subitaneidade brutal sob as circunstâncias de uma crise estrutural que a tudo abrange. Como, porém – graças aos avanços das transformações socioeconômicas progressivas – as determinações materiais mais elementares se tornam apenas latentes, fatores superestruturais muito mais mediados podem assumir uma posição-chave na ordem historicamente predominante das hierarquias estruturais.

Dessa forma, a totalidade social em qualquer momento particular da história é constituída a partir de uma multiplicidade de interdeterminações, com um peso relativo – mutável – de cada uma (daí o conceito de "*übergreifendes Moment*") no complexo geral. O peso relativo dos vários fatores e determinações depende das funções que são chamados a desempenhar no metabolismo social, que, por sua vez, depende tanto do grau atingido de desenvolvimento histórico/social da sociedade em questão quanto do funcionamento bem-sucedido do dado conjunto de determinações, na ordem predominante de hierarquias, para reproduzir as condições da existência dessa sociedade. Enquanto a função de reprodução for realizada com êxito, as determinações materiais "brutas" não precisam ser *diretamente* operativas, mas podem ser deslocadas pelos mecanismos e determinações superestruturais, como mencionado anteriormente. Contudo, elas são novamente *reativadas* nos momentos em que experimentamos uma séria perturbação no metabolismo social, requerendo assim uma grande reestruturação das hierarquias estruturais existentes.

### 1.6 A dialética da estrutura e da história

Para resumir, os seguintes pontos devem ser enfatizados:

1. o complexo social é definido como um todo rigorosamente estruturado (em contraste a todo "relativismo histórico") com suas – dinamicamente em mudança e transformação – hierarquias internas e momentos "*übergreifenden*" mais ou menos dominantes;

2. o símile marxiano do "reflexo" deve ser compreendido – em conjunção com o modelo de base/superestrutura e as múltiplas "reciprocidades" nele implícitas – no contexto de sua concepção flexível e historicamente articulada de hierarquias estruturais, e não como uma determinação *estática*, estabelecida de uma vez por todas numa ordem *mecânica* das coisas;

3. os complexos superestruturais – do direito e da política à arte e moralidade – somente se *originam* (como deixa claro *A ideologia alemã* e o "Prefácio" de 1859) nas determinações materiais básicas da vida social, mas nem sempre permanecem *diretamente* dependentes delas; daí a possibilidade de sua relativa *autonomia* e, em grande medida, desenvolvimento independente com respeito às determinações materiais originais; tentar dar um sentido a cada nuance ou permutação superestrutural particular nos termos das determinações materiais dadas é, portanto, bastante absurdo;

4. a relativa autonomia dos complexos superestruturais estabelece a *possibilidade* de romper a pressão das determinações materiais/econômicas diretas sob circunstâncias favoráveis; sem a relativa autonomia oriunda da interação das mediações superestrutu-

rais sobre as quais a possibilidade de uma ruptura se funda, o discurso marxiano sobre o socialismo – que estipula a necessidade de tal ruptura – seria totalmente incoerente;

5. as determinações materiais originais são progressivamente *deslocadas* no curso do desenvolvimento histórico, e sua severidade diminui muito paralelamente à multiplicação das forças produtivas; ao mesmo tempo, elas nunca são completamente superadas [*superseded*], mas continuam *latentes* sob a superfície dos mecanismos de deslocamento e modalidades consuntivas da reprodução social; na verdade, elas se reafirmam violentamente numa época de grande colapso do metabolismo social, com tanto mais intensidade quanto mais generalizáveis forem as condições causadoras do colapso num quadro global de reprodução social cada vez mais integrado;

6. as *mediações superestruturais* não estão suspensas no ar e seguem um curso inteiramente próprio, mas, não obstante sua *relativa* autonomia, são portadoras sócio-historicamente específicas de funções materiais determinadas com as quais são *reciprocamente imbricadas* por meio de formas e modos apropriados de mediação; essa imbricação é particularmente marcante nas fases iniciais do desenvolvimento social;

7. uma fase mais avançada do desenvolvimento social não é, de modo algum, sinônimo de um grau menor de determinação econômica, como demonstra o capitalismo; no entanto, essas formas "avançadas" da dominação da sociedade pelos processos materiais/econômicos só podem operar por meio de mediações institucionais altamente sofisticadas e complexas, englobando não só a base material como também a superestrutura em sua inteireza; da mesma maneira, a crise dessas formas de metabolismo socioeconômico necessariamente abarca todas as dimensões da vida social, salientando a necessidade de uma revisão radical da sociedade como um todo, com todas suas práticas vitais de reprodução. (Evidentemente, a passagem do consumo limitado a ser socialmente capaz de sustentar o "luxo" requer não apenas a provisão das condições estritamente materiais desses processos, mas também, ao mesmo tempo, a mobilização de uma grande variedade de mecanismos e mediações superestruturais, da moda e pesquisa de mercado à manipulação do gosto e a criação e consolidação de sistemas de valor "dirigidos ao consumidor". De maneira menos óbvia, talvez, as transações de mercado capitalistas implicam um sistema de Estado e de relações interestaduais altamente articulado, não obstante a mitologia da empresa "privada" e do incentivo "individual". A transição do manuseio de moedas para a transmissão eletrônica de somas de capital e montantes de lucro de companhias transnacionais de um terminal de computador para outro em diferentes partes do globo é dificilmente concebível sem um coenvolvimento massivo do Estado capitalista – como o derradeiro garantidor da viabilidade de todas essas operações –, seja diretamente ou por detrás do palco.)

8. a relativa autonomia das mediações superestruturais mencionada nos pontos (3) e (4) enfatizou a possibilidade de uma ruptura socialista com as determinações materiais do capital; no entanto, é necessário acrescentar a isso algumas considerações concernentes ao caráter político ambivalente dessa ruptura, por causa das seguintes circunstâncias: como a transição da dominação do capital para o "reino da nova forma histórica" envolve a reestruturação radical das hierarquias internas existentes dominadas pela economia, a *ruptura* necessária com as práticas dominantes, em primeiro lugar, deve

assumir uma forma diretamente política; mas enquanto a dominação material/econômica do capital está sendo exercida em uma escala *global*, a ruptura política – em vista da articulação estrutural da política como subsumida a Estados particulares – não pode ser outra coisa senão *limitada* em escopo e extensão nos seus estágios iniciais, em vez de ser global, em consonância com as exigências inerentes da tarefa a ser realizada.

Esses pontos colocados em conjunto põem categoricamente em relevo a inseparabilidade fundamental do estrutural e do histórico. Pois o *estrutural* está, por assim dizer, imerso na história, e o *histórico* é sempre articulado como um conjunto específico de *determinações estruturais*.

# 2
# TRANSFORMAÇÕES DIALÉTICAS: TELEOLOGIA, HISTÓRIA E CONSCIÊNCIA SOCIAL

## 2.1 Interação social e desenvolvimento desigual

Segundo Marx, o impacto potencial da interação entre a base material e a superestrutura pode ser tanto positivo como negativo, desde os primeiros estágios do desenvolvimento histórico até aquele ponto na história em que os seres humanos assumem conscientemente o controle das forças sociais conflitantes de sua situação. Daí o fato de a ideologia também aparecer em sua concepção com conotações diametralmente opostas. Por um lado, ela é apresentada em sua negatividade como uma força mistificadora e contraprodutiva, que retarda bastante o desenvolvimento. Por outro, contudo, ela também é vista como um fator positivo vital – empenhado em superar [*overcoming*] determinadas restrições e resistências sociais – sem a contribuição ativa da qual as potencialidades propulsoras da situação histórica dada pura e simplesmente não poderiam se desdobrar.

Alguns críticos veem uma "ambiguidade" nessa visão e tentam eliminá-la conferindo à ideologia uma conotação unilateralmente negativa. O problema com interpretações desse tipo é que elas terminam em uma definição circular, tanto de ciência quanto de ideologia, como opostas autorreferenciais uma da outra. Para citar um exemplo:

> A visão abrangente [da concepção marxiana de ideologia] sustenta que *todas* as formas filosóficas, políticas, legais etc. são ideológicas, embora isso não seja dito em muitas palavras. A interpretação restritiva sustenta que somente aquelas formas filosóficas, políticas, legais etc., *que são ideológicas*, é que podem ser opostas à ciência, sem implicar que elas são sempre necessariamente assim. Penso que tal interpretação é mais consistente com outros princípios de Marx, embora se deva aceitar que existe uma ambiguidade no texto de Marx.[1]

---

[1] Jorge Larrain, *Marxism and Ideology* (Londres, Macmillan, 1983), p. 172, grifos de Larrain.

Infelizmente, a evidência apresentada pelas pessoas que argumentam com base nessas linhas a favor de suas abordagens curiosas é bem frágil. Por isso lemos no mesmo livro: "no "Prefácio" de 1859, Marx se refere às 'formas sociais determinadas de consciência' que correspondem às estruturas econômicas, *mas ele não as equipara à ideologia, nem usa o termo superestrutura para se referir a elas*"[2].

Isso soa de fato bem sólido e conclusivo, estabelecendo, na visão do autor, a concepção negativa de ideologia sob a autoridade de Marx. Afinal, se é assim que Marx vê as coisas, então pareceria seguir-se, como de fato Larrain afirma posteriormente, que "a superestrutura das ideias se refere a um nível societal global de consciência, ao passo que a ideologia é apenas uma parte restrita da superestrutura que inclui formas específicas de *consciência distorcida*"[3].

Surpreendentemente, no entanto, nossa citação da página 171 continua da seguinte maneira: "*Não obstante, numa passagem subsequente,* Marx afirmou que" – e segue-se uma citação (do "Prefácio" de 1859) na qual Marx afirma claramente o extremo *oposto* do que supostamente teria dito antes na mesma passagem: nomeadamente, ele se refere em termos gerais às: "formas jurídicas, políticas, religiosas, artísticas ou filosóficas, em resumo, as formas ideológicas, sob as quais os homens adquirem consciência desse conflito e o levam até o fim". Por essa razão, não se pode realmente compreender o significado de "não obstante", nem da imprecisão de "numa passagem subsequente", que implica um segundo pensamento ambíguo por parte de Marx. Pois o fato é que a assim chamada "passagem subsequente" é parte do *mesmo parágrafo*, apenas algumas linhas depois da referência de Marx à correspondência entre a base material/econômica e as "formas sociais determinadas de consciência", escritas numa sentada só e representando a continuação lógica, e não o oposto ambíguo daquele pensamento.

Sendo assim, a proclamada ambiguidade não é uma característica da concepção marxiana. Em vez disso, ela é uma exigência do constructo que quer estabelecer a caracterização unilateralmente negativa de ideologia sob a autoridade de Marx, ao custo de simplificar em demasia suas visões, ao remover a alegada "ambiguidade" (na verdade, a complexidade dialética) da abordagem marxiana. Afinal, a real dinâmica e vitalidade das determinações dialéticas multidimensionais desaparecem sem deixar rastros quando se opta pela simplicidade tentadora de uma concepção "não ambiguamente" negativa de ideologia.

Na verdade, não pode haver nenhuma predeterminação apriorística no que se refere a como a dialética histórica se desdobrará tendo como base os correlatos originais do metabolismo social. Tampouco se pode prejulgar *a priori* o modo pelo qual novos fatores materiais e intelectuais – que emergem em estágios subsequentes do desenvolvimento histórico – afetarão o complexo geral em suas sínteses temporárias das forças interativas em um platô progressivamente mais alto a partir do qual avanços posteriores podem ser tentados.

Dizer que o platô é progressivamente mais alto – graças ao avanço cumulativo e, por vezes, dramático das forças sociais produtivas – não significa que exista algo que lembre, mesmo vagamente, uma progressão *linear*. Significa simplesmente que *se e quando* (ou

---

[2] Ibidem, p. 171.

[3] Ibidem, p. 173.

na medida em que) os "momentos" conflitantes da interação dinâmico-social *resolverem* suas tensões – por meio de devastações e recuperações, recaídas e melhoras qualitativas, destruição de algumas forças e comunidades e injeção de novos ânimos em outras; em suma: por meio da complicada trajetória do "desenvolvimento desigual" – então a humanidade encontrar-se-á em um nível mais alto da real realização produtiva, com novas forças e potencialidades de um avanço posterior ao seu dispor. No entanto, não pode haver nenhuma garantia de uma resolução positiva dos antagonismos sociais envolvidos, como as sugestões de que a luta pode terminar "pela destruição das duas classes em conflito"[4] e de que a alternativa histórica é "socialismo *ou* barbárie"[5] claramente reconhecem.

## 2.2 Caráter problemático da teleologia espontânea do trabalho

Olhando para trás e de uma certa distância para o desenvolvimento histórico real – distância a partir da qual os platôs *já consolidados* se destacam como "estágios necessários" de todo o itinerário, enquanto as múltiplas lutas e contradições específicas que levam a eles (e que contêm numerosos indicadores na direção de configurações alternativas possíveis) são relegadas a um segundo plano – pode-se ter a ilusão de uma progressão "logicamente necessária", correspondendo a algum desígnio escondido. Visto dessa perspectiva, tudo que é firmemente estabelecido adquire seu sentido *positivo*, e os estágios consolidados por definição devem se afigurar positivos/racionais – em virtude de sua real consolidação.

As imagens históricas concebidas dessa maneira representam um avanço bastante problemático, conforme manifesto nas concepções idealistas da história. É compreensível, portanto, que haja uma tendência em tratar a teleologia em geral como uma forma de teologia. Isso se deve em grande medida à conjunção há bastante tempo prevalecente das duas em uma importante corrente da tradição filosófica europeia, que formulou suas explicações em termos de "causas finais", identificando estas com a manifestação do propósito divino na ordem da natureza. Contudo, a equação sumária entre teleologia e teologia é bastante injustificável posto que a teleologia objetiva do trabalho é uma parte essencial de qualquer explicação materialista histórica coerente do desenvolvimento social. Uma tal explicação, que lida com fatores causais efetivamente em desdobramento e não com esquemas preconcebidos *a priori*, não tem absolutamente nada a ver com suposições *teológicas*, ainda que determinadas proposições *teleológicas* sejam inseparáveis dela.

De fato, a história humana não é inteligível sem algum tipo de teleologia. Mas a única teleologia consistente com a concepção materialista da história é a teleologia objetiva e com fim aberto do trabalho em si. No nível ontológico fundamental, essa teleologia está preocupada com a forma pela qual o ser humano – esse único "ser automediador da natureza" – cria e desenvolve a si próprio por meio de sua atividade produtiva dotada de propósito.

Nesse processo, o trabalho cumpre a função de mediação ativa no metabolismo progressivamente em mutação entre humanidade e natureza. Todas as potencialidades do ser humano socializado, bem como todas as características do intercâmbio social e

---

[4] Karl Marx e Friedrich Engels, *Manifesto Comunista* (trad. Álvaro Pina, São Paulo, Boitempo, 1998), p. 40.

[5] Expressão de Rosa Luxemburgo. Marx afirma quase a mesma coisa em *A ideologia alemã*.

do metabolismo social, surgem da teleologia objetiva dessa mediação. E como o trabalho envolvido nesses processos e transformações é o próprio trabalho dos homens, a mediação ativa entre humanos e natureza, também, não pode ser considerada outra que não a *automediação* que, como quadro de explicação, é radicalmente oposta a qualquer concepção teológica de teleologia.

Nesse sentido, a história deve ser concebida com fim necessariamente aberto, em virtude da mudança qualitativa que ocorre na ordem natural das determinações: o estabelecimento de um quadro único de necessidade [*necessity*] ontológica do qual a *teleologia humana automediadora* é, em si, parte integrante.

A abertura radical *historicamente criada* da história – história humana – é, portanto, inevitável no sentido de que não pode haver nenhuma maneira de *predeterminar* teórica ou praticamente as formas e modalidades da *auto*mediação humana. Pois as complexas condições teleológicas dessa automediação por meio da atividade produtiva só podem ser satisfeitas – posto que estão constantemente sendo criadas e recriadas – no decorrer dessa automediação em si. É por isso que todas as tentativas de produzir sistemas impecavelmente autônomos e fechados de explicação histórica resultam ou em alguma redução arbitrária da complexidade das ações humanas à simplicidade bruta das determinações mecânicas ou na superimposição idealista de um ou outro tipo de *transcendentalismo a priori* acerca da *imanência* do desenvolvimento humano.

No entanto, a abertura radical do processo histórico – que é responsável pela simultânea "negatividade positiva" e "positividade negativa" de seus resultados – não é, de modo algum, plenamente caracterizada pela ênfase na natureza *imanente* e *automediadora* da teleologia do trabalho. Há mais três importantes considerações que devem ser mencionadas nesse contexto:

1. De acordo com as características inerentes do processo de trabalho, o *propósito* almejado, em sua imediaticidade, só pode ser *parcial*, diretamente relacionado à tarefa a realizar, mesmo que as soluções parciais acumuladas sejam sempre inseridas em um contexto cada vez mais amplo. Daí que a "*positividade*" de uma solução bem-sucedida é necessariamente defectiva na medida em que não pode controlar as consequências e implicações *globais* de seu próprio sucesso que, de fato, pode vir a se tornar completamente desastroso, apesar da positividade originalmente postulada e implementada na atividade teleológica específica em questão.

À medida que a multiplicidade de projetos teleológicos limitados é realizada no curso da atividade produtiva prática, interligando e integrando os resultados específicos em um complexo geral mais ou menos coerente, de fato ocorre uma "totalização" de algum tipo. Contudo, trata-se de uma "totalização sem um totalizador"[6] e, portanto, os projetos parciais conscientes devem sofrer as consequências (negativas, inesperadas) de serem inseridos em um quadro geral "cego" que parece resistir à qualquer tentativa de ser controlado. Como resultado, não só o significado originalmente postulado dos

---

[6] Ver Sartre, *Crítica da razão dialética* (trad. Guilherme João de Freitas Teixeira, Rio de Janeiro, DP&A Editora, 2002), uma obra muito negligenciada. Ainda que as soluções de Sartre sejam bastante problemáticas, as questões que ele levanta na *Crítica* são de extrema importância.

projetos parciais é desviado e distorcido, como também, ao mesmo tempo, a totalização inconsciente dos resultados parciais – posteriormente racionalizados como a benevolente "mão invisível" da sociedade de mercado – torna-se a pressuposição necessariamente fundamental e estruturalmente invalidada (isto é, desde o início deformadora e alienante) e o princípio norteador das próprias atividades teleológicas parciais.

Sem dúvida, o desenvolvimento histórico – por meio da crescente divisão do trabalho, com a interconexão em desdobramento, na verdade integração da organização social da produção – torna os propósitos particulares almejados pelo processo de trabalho cada vez mais globais, mesmo em suas especificidades limitadas. Dessa forma, em um estágio altamente avançado (por exemplo, o capitalista) da divisão social do trabalho, não somente a *solução* de tarefas parciais não pode ser almejada sem colocar em jogo toda uma rede de processos científicos, tecnológicos e sociais, mas, em primeiro lugar, as *tarefas em si* não podem ser conceitualizadas sem que se tenha em mente uma rede igualmente complexa de ligações, tanto com a imediaticidade do dado processo de trabalho a partir do qual surgem as tarefas específicas quanto com o contexto mais amplo de suas *destinações* como produtos e *mercadorias*.

Não obstante, essa circunstância *per se*, conquanto suas implicações positivas potencialmente de longo alcance, não carrega consigo um controle efetivo maior sobre o metabolismo social como um todo, nem mesmo sobre uma orientação mais positiva das atividades parciais postuladas, que permanecem, de fato, mais estritamente do que nunca, subordinadas à irracionalidade das determinações globais predominantes.

O significado positivo dessa tendência objetiva em direção a uma integração global do processo de trabalho é que ela abre a possibilidade de um controle consciente sobre o metabolismo social como um todo. Afinal, este ou é controlado *em sua integralidade* ou, devido às contradições entre suas partes constituintes numa escala global, continua evadindo-se ao controle humano, não importa quão devastadoras sejam as consequências. Em um estágio primitivo do desenvolvimento social – quando a teleologia do trabalho é restringida de maneira irremediável pela imediaticidade bruta de sua atividade postulada como severamente confrontada e, em ampla medida, diretamente dominada pela natureza – a questão de um controle consciente sobre o metabolismo social não pode ser concebivelmente levantada. A remoção de tais restrições por meio do pleno desenvolvimento das forças de produção cria a potencialidade de homogeneizar as tarefas e processos parciais com as estruturas gerais, dessa maneira produzindo a possibilidade da ação consciente tanto no nível das tarefas imediatas/limitadas como naquele de um plano e uma coordenação social geral. Mas, obviamente, o desdobramento histórico da teleologia objetiva do trabalho gera somente a *potencialidade* de um controle bem-sucedido das condições da automediação e autorrealização humanas. Essa potencialidade só pode ser traduzida em *efetividade* por meio de uma *ruptura* radical com o sistema predominante de determinações, como resultado de uma *iniciativa humana consciente* que almeje a si mesma como seu próprio fim, em contraste com a modalidade atual da teleologia do trabalho, na qual a atividade postulada é dominada por fins alheios [*alien*], do fetichismo da mercadoria às contradições antagônicas entre os Estados.

2. Outra condição inevitável que reforça a abertura radical do processo histórico, com todas suas implicações positivas/negativas, bem como negativas/positivas, diz respeito à *permanente presença estrutural das determinações materiais básicas* no metabolismo social em mutação. Pois não importa até que ponto as determinações materiais diretas sejam deslocadas no curso do desenvolvimento histórico, elas permanecem sempre *latentes* sob a superfície dos mecanismos de deslocamento e podem ressurgir de maneira substancial no horizonte até mesmo da sociedade mais avançada, inclusive de uma genuinamente socialista. A questão pode ser encaminhada com grande eficácia, entretanto, a condição está fadada a reafirmar com uma eficácia ainda maior sua exigência original caso as condições necessárias para seu bem-sucedido banimento não sejam constantemente renovadas.

Também não se poderia considerar a expansão das carências [*needs*] historicamente criadas como uma garantia *a priori* a esse respeito. Trata-se exatamente do oposto disso. Pois o desenvolvimento de carências complexas – o "luxo" da economia política de outrora – pode de fato deslocar o reino da bruta, mas só pode fazê-lo ao custo de ativar uma nova, e muito mais extensiva, ordem de necessidade cujo controle se torna cada vez mais difícil no interior do quadro da lógica perversa do capital. Como resultado, temos que considerar não só a *latência* permanente das determinações materiais básicas, mas também a crescente *fragilidade* (ou vulnerabilidade) do metabolismo social cada vez mais globalmente entrelaçado. É por isso que, na atual conjuntura da história, a "negatividade positiva" e a "positividade negativa" do desenvolvimento social com fim aberto só podem ser retratadas na imagem de Jano, com uma de suas faces voltada na direção do triunfo da humanidade e a outra confrontando angustiada o inferno da autodestruição.

Mas, ainda que imaginemos o controle bem-sucedido da lógica perversa do capital, a latência das determinações materiais básicas continua sendo a premissa implícita de toda interação social futura, conquanto seu significado qualitativamente modificado. Pois a "história real" não é o *fim* da história, mas, ao contrário, uma plena *consciência* de sua abertura radical. Essa consciência, no entanto, por sua própria natureza, não pode desejar que a ambivalência paradoxal das determinações objetivas, inclusive a permanente vulnerabilidade estrutural de um metabolismo social globalmente entrelaçado e gerenciado – ou, para todos os efeitos, mal gerenciado – desapareça. Em vista da reprodução necessária dessa latência como o fundamento natural da existência humana, mesmo no mais alto nível concebível do desenvolvimento social, o caminho entre o sucesso e o fracasso está fadado a continuar extremamente estreito, senão ameaçado a todo momento pela irracionalidade inerente do capital. É possível almejar trilhar de modo bem-sucedido um caminho tão estreito somente *sob a condição* de que a plena consciência necessária do significado positivo/negativo da abertura radical da história afirme-se como a força orientadora permanente de toda iniciativa social.

3. O terceiro grande ponto a ser destacado está intimamente conectado aos dois anteriores. Ele diz respeito a uma característica que acaba sendo totalmente ignorada por todos os tipos de utopismo – independentemente de sua orientação política/ideológica –, inclusive as idealizações tecnológicas capitalisticamente inspiradas da "terceira

revolução industrial". O ponto é que qualquer aumento nos poderes de *produção* é também, simultaneamente, um aumento nos poderes de *destruição*. De fato, um exame cuidadoso do saldo da história a esse respeito revela o fato esclarecedor de que a tendência subjacente é o pior tipo de *"desenvolvimento desigual"*. Pois enquanto não é apenas irrealista, mas também totalmente inconcebível, imaginar uma tecnologia que resolva todos os problemas da humanidade de uma tacada só e de modo permanente, não obstante os postulados veleitários da ideologia "pós-industrial", nós *já* atingimos o estágio em que os dispositivos tecnológicos destrutivos existentes – plenamente implementados para de fato serem acionados com o apertar de um botão – poderiam, aqui e agora, pôr fim à vida humana neste planeta.

Dessa forma, a tecnologia, da forma como se constituiu no decorrer da história – longe de ser "neutra" –, é inerentemente *problemática* em si. E sua conexão com a ciência natural (em nome da qual as ideologias da manipulação tecnológica se legitimam) não são uma bênção, como muitas pessoas tentam nos fazer crer. De fato, a ciência natural em si, como a conhecemos, tem um lado gravemente problemático que é ignorado por todos aqueles que contrapõem sua "ciência" positivisticamente idealizada à "ideologia" *tout court*.

O que precisa ser ressaltado no presente contexto é que a inescapável realidade material dos poderes de destruição *necessariamente* surge de todo avanço na produtividade por nós conhecida. Evidentemente, o metabolismo entre os seres humanos e a natureza tem de subjugar a natureza com o próprio poder desta. Consequentemente, quanto mais extensivas e multiformes as carências da sociedade vis-à-vis à natureza (implicando necessariamente uma resistência equivalente e sempre crescente também por parte da natureza), maiores – e também potencialmente mais destrutivas – as forças que devem ser constantemente ativadas de modo a garantir suas satisfações. A ironia inerente nessa relação é que é totalmente indiferente para a natureza se suas forças explosivas movem montanhas e escavam canais navegáveis a serviço da humanidade, ou, irreversivelmente, destroem as condições elementares da própria existência humana.

Contudo, os problemas são posteriormente agravados pela forma em que a relação metabólica fundamental entre as carências socialmente produzidas e a natureza é articulada e reproduzida no curso do desenvolvimento histórico, com respeito aos instrumentos e forças produtivas, bem como à organização social da produção. A teleologia tanto da tecnologia quanto da ciência natural está enraizada na tecnologia primitiva do trabalho, e as limitações originais desta – os resultados restritivos da necessária *parcialidade* de sua atividade postulada anteriormente referida – são reproduzidas até mesmo na fase mais avançada dos desenvolvimentos capitalísticos. Essa parcialidade, que tende a cegar totalmente a tecnologia para as implicações destrutivas de seu próprio modo de operação, é grandemente agravada por três condições adicionais:

a. a teleologia tecnológica está necessariamente ligada a determinados instrumentos e estruturas materiais, com um tempo de vida útil limitado e um correspondente "imperativo econômico" (ciclo de amortização etc.) próprios; tais objetivações materiais limitadas inevitavelmente impõem sua lógica – a lógica problemática dos ditames materiais e econômicos – no processo de trabalho como um todo, tendendo a intensificar a parcialidade e fragmentariedade originais da posição teleológica do trabalho, em vez de pressioná-las na direção oposta;

b. a tecnologia combate a *latência* das determinações materiais básicas de acordo com sua própria *inércia* material: perseguindo a "linha da menor resistência" que melhor se adéqua a seus ditames materiais/econômicos diretos, mesmo que isso signifique produzir "apetites artificiais", mais ainda, uma tendência na direção da destruição de recursos não renováveis etc., em vez de soluções reais;

c. as características inerentemente limitadoras e problemáticas da tecnologia *per se* são devastadoramente melhoradas e multiplicadas por *sua imbricação na sociedade de classe*, articuladas a serviço dos dominantes de modo a garantir a subjugação permanente dos dominados; o desenvolvimento da tecnologia no curso da história é inseparável[7] dessa estrutura de dominação e subordinação: a divisão *tecnológica* do trabalho é um momento subordinado da divisão *social* do trabalho, e não o contrário, como é equivocadamente representado na *camera obscura* que produz as imagens invertidas da mistificação inspirada na classe dirigente[8]; os lados e implicações destrutivos dos desenvolvimentos tecnológicos, que de outra maneira seriam facilmente visíveis no terreno estritamente técnico e científico, são sistematicamente reprimidos e racionalizados como resultado dessa imbricação social desequilibrada da tecnologia na ordem dominante.

Naturalmente, o utopismo tecnológico – que se recusa a ver o lado negativo dos desenvolvimentos tecnológicos/científicos – não tem absolutamente nada a ver com a abordagem marxiana, mesmo que tenha penetrado no movimento da classe trabalhadora há muito tempo. Conforme observou corretamente Walter Benjamin:

> O conformismo, que sempre esteve em seu elemento na social-democracia, não condiciona apenas suas táticas políticas, mas também suas ideias econômicas. E uma das causas do seu colapso posterior. Nada foi mais corruptor para a classe operária alemã que a opinião de que ela nadava com a corrente. O desenvolvimento técnico era visto como o declive da corrente, na qual ela supunha estar nadando. Daí só havia um passo para crer que o trabalho industrial, que aparecia sob os traços do progresso técnico, representava uma grande conquista política. [...] Josef Dietzgen anunciava: 'O trabalho é o Redentor dos tempos modernos... No aperfeiçoamento... do trabalho reside a riqueza, que agora pode realizar o que não foi realizado por nenhum salvador'. Esse conceito de trabalho, típico do marxismo vulgar, não examina a questão de como seus produtos podem beneficiar trabalhadores que deles não dispõem. Seu

---

[7] Ver, a esse respeito, o excelente estudo de Stephen Marglin, "Origem e funções do parcelamento das tarefas. Para que servem os patrões?", em André Gorz (org.), *Crítica da divisão do trabalho* (3. ed., São Paulo, Martins Fontes, 1996), p. 37-77. Consultar também um livro bem documentado de Stewart Clegg e David Dunkerley, *Organization, Class and Control* (Londres, Routledge & Kegan Paul, 1980).

[8] Deve-se resistir à tentação de "personificar" a tecnologia como um mal autônomo; uma tentação à qual sucumbiram até mesmo algumas das principais figuras da "teoria crítica" do século XX. Subestimar a imbricação social da tecnologia inevitavelmente carrega consigo uma mudança de perspectiva naquela direção.

interesse se dirige apenas aos progressos na dominação da natureza, e não aos retrocessos na organização da sociedade...[9]

Sob o impacto desorientador do sucesso pós-guerra do capital, e influenciado pelas idealizações tecnologicamente orientadas desse sucesso pelo neopositivismo "científico", o marxismo estruturalista vulgar enveredou pela direção anteriormente seguida pela primeira social-democracia, mesmo que a bruteza de sua mensagem – ligada por algum tempo a uma retórica política pseudorradical – estivesse cuidadosamente embrulhada em diversas camadas de jargão hermético. As conversões "autocríticas" e os colapsos intelectuais que se seguiram meramente alinharam o radicalismo verbal da postura política original com a substância teórica desde o início completamente conformista.

Também não deveria ser surpreendente testemunhar as manifestações ideológicas da racionalização tecnológica do capital sob tantas formas tão diferentes – e aparentemente até contraditórias. Afinal, o campo prático em que tais ideologias são formuladas é dominado pelas poderosas estruturas materiais do capital, muitas das quais são explícita ou implicitamente assumidas, como premissas inquestionáveis, por essas conceitualizações racionalizantes do modo de ação "cientificamente" sólido e factível. E elas são assumidas seja por se identificarem positivamente com o domínio prático do capital, seja por tentarem elaborar, dentro de seu quadro de referências, estratégias de oposição limitada que permanecem estruturalmente restritas e efetivamente contidas pelas estruturas materiais criticadas. Não é de modo algum acidental que a forma indiscutivelmente mais durável de ideologia na era do capital globalmente articulado e tecnologicamente legitimado seja o *positivismo*, desde suas primeiras manifestações no século XIX (Comte, Taine, neokantismo etc.), passando pelo "sociologismo", "pragmatismo", "positivismo relativista", "análise linguística", "funcionalismo estrutural", "relacionalismo", "estruturalismo" etc., até as muito em voga "filosofias da ciência" neopositivistas.

## 2.3 Interdependência e controle global

Tudo isso nos leva de volta ao problema levantado no início deste capítulo, concernente à posição ambivalente da consciência social na inter-relação dialética entre base e superestrutura. Pois, enquanto todas as três restrições estruturais fundamentais discutidas acima – a saber, o caráter *parcial* da teleologia original do trabalho, a *latência permanente* das determinações materiais básicas na ontologia do ser social e a inseparável dimensão *destrutiva* de todo avanço produtivo – só são passíveis de uma solução *consciente*, parece não haver saída do dilema que essa solução nos apresenta, uma vez que a consciência social em si, como manifesta em toda a história humana que nos é conhecida, é severamente afetada e prejudicada pelas determinações predominantes de seu próprio fundamento: a base material da sociedade.

---

[9] "Teses sobre o conceito da história", em Walter Benjamin, *Obras escolhidas, v. 1. Magia e técnica, arte e política. Ensaios sobre literatura e história da cultura* (trad. Sérgio Paulo Rouane, São Paulo, Brasiliense, 1987), p. 222-32.

Não é difícil ver que o caráter parcial da posição teleológica do trabalho é constitucional para o processo do trabalho em si, na medida em que este não pode deixar de ser direcionado para tarefas específicas. Pois a dimensão abrangente só pode surgir posteriormente, com a coordenação consciente no mais alto nível, desde que os pré-requisitos materiais da coordenação estrutural sejam produzidos e reproduzidos de modo bem-sucedido – com um alto grau de homogeneidade e em escala global – por um estágio avançado do desenvolvimento social/econômico. Além disso, as próprias condições materiais, não importa quão avançadas, não podem ser mais que *meros pré-requisitos* para um controle consciente do metabolismo social em todas as suas dimensões, e nunca uma garantia *a priori* de seu sucesso continuado. As condições de um controle global bem-sucedido do intercâmbio social pela consciência devem ser constantemente reproduzidas, tanto quanto aquelas diretamente requeridas para o funcionamento tranquilo da infraestrutura material, e *nenhum* dos constituintes envolvidos nessa complexa relação dialética pode ser assumido. Essa é a real magnitude da tarefa a ser encarada pela consciência no que diz respeito à teleologia espontânea do trabalho e sua necessária – de fato qualitativamente diferente e superior – conclusão pela consciência social em si.

No que se refere à permanente latência das determinações materiais básicas na ontologia social do ser natural/humano, o papel da consciência em prever seu ressurgimento veemente é, obviamente, de fundamental importância. Pois a necessidade natural nunca pode ser *abolida*: somente *deslocada* pelas determinações materiais socialmente mediadas de complexidade cada vez mais alta. A tensão dialética entre carências [*needs*] socialmente criadas e as condições de sua gratificação significa que – como o processo de produção, por meio do desafio de atender à demanda inerente em um dado conjunto de carências, deve elevar-se acima de seu objeto imediato para ter êxito, e por isso pode, ele mesmo, gerar novas carências enquanto satisfaz carências antigas – o modo de reprodução das carências humanas não pode deixar de ser um modo constantemente *ampliado*. Isso implica não só a mobilização crescente dos recursos materiais disponíveis, mas simultaneamente também uma sempre crescente sofisticação em sua "elaboração", tanto como bens diretamente consumíveis quanto como instrumentos/habilidades/tecnologia e o quadro institucional/organizacional requerido pelo processo apropriado de produção e distribuição. Esperar que um *mecanismo material* lide com as crescentes complexidades dessa situação seria, obviamente, uma sugestão absurda. Quanto a se a consciência em si será ou não capaz de fazê-lo, isso permanece, até o momento, uma questão completamente em aberto. O que está claro, entretanto, é que *se* a consciência puder lidar com a situação que é chamada a confrontar, ela deverá ser uma consciência social adequadamente "totalizante": isto é, uma consciência livre das dimensões estruturalmente prejudiciais das determinações materiais antagônicas.

Igualmente, posto que o lado destrutivo do avanço produtivo não é simplesmente acoplado a processos e objetos isolados, mas ao complexo social como um todo, no qual as características parciais negativas se tornam cumulativas e reciprocamente intensificam uma à outra, um controle adequado da crescente ameaça só é concebível como o trabalho da consciência social globalmente coordenada. Portanto, em vista da medida e severidade das questões em jogo, defender sua solução pela "engenharia social paulatina" é tão racional quanto esperar derrotar os exércitos de Hitler disparando tiros no escuro com balas de festim.

## 2.4 As restrições estruturais da consciência social

Os problemas examinados até agora levam à desconfortável conclusão de que a precondição necessária para encontrar uma solução real para eles – no lugar de racionalizações e desvios manipulativos – é a capacidade (se for factível ter uma) de desafiar de maneira bem-sucedida o modo existente de interação entre a base e a superestrutura, com o objetivo de minimizar as determinações estruturalmente prejudiciais que emanam da base material da vida social. A relevância prática de compreender a dialética da base e superestrutura consiste em sua ajuda para identificar os mecanismos e constituintes deformadores dessa relação sem o que a questão de sua corrigibilidade (ou não) não pode ser seriamente levantada.

São as distorções da consciência social que podemos apontar por toda a história corrigíveis ou não? São as restrições estruturais objetivas que resultam em ardis de racionalização e "falsa consciência" contingentes às formas antagônicas da interação social, consequentemente em princípio removíveis, ou, ao contrário, são inerentes à "estrutura da consciência em si" e à necessária falha da consciência em sua tentativa de atingir qualquer objeto não imanente para sua autoconstituição individualista? Se esta última for o caso, como muitos filósofos argumentam[10], então os desafios e problemas fundamentais que encontramos não podem ser realmente enfrentados, exceto na forma de luta contra os *sintomas*, mas não contra as *causas*, produzindo dessa forma resultados necessariamente inconclusivos de acordo com a própria natureza de tais confrontações *a priori* fora dos trilhos.

Como vimos, todos os problemas discutidos anteriormente (que parecem escapar ao controle humano) implicam a necessidade da "totalização". Afinal, as contradições fundamentais inerentes às crescentes disfunções estruturais do metabolismo social são suscetíveis a uma solução somente no caso de um controle consciente da *totalidade* dos processos relevantes, e não meramente o mais ou menos bem-sucedido gerenciamento temporário de *complexos parciais*. No entanto, enquanto a posição teleológica em relação a objetos específicos, limitados, puder apontar para a consciência *individual* como sua portadora, o controlador de uma *totalidade* dos processos sociais será um conceito intensamente problemático.

Portanto, encontramo-nos em uma situação verdadeiramente paradoxal. Por um lado, a limitada teleologia da consciência individual é constitucionalmente incapaz de lidar com os desafios globais que devem ser encarados. Ao mesmo tempo, por outro lado, a base da "verdadeira consciência coletiva" – conforme contrastada com as conceitualizações coletivas socialmente determinadas que manifestam características mais ou menos marcantes da "falsa consciência" – não pode ser prontamente identificada. Ademais, enquanto as ideologias individualistas dominantes têm seu equivalente institucional – incluindo a teleologia prática do mercado e a "mão invisível" dessa instrumentalidade interacional "paralelogramática"[11] –

---

[10] Sartre, por exemplo. De fato, ele o faz não só em *O ser e o nada*, onde estipula a "solidão ontológica da consciência", mas mesmo em sua "marxizante" (expressão de Sartre) *Crítica da razão dialética*. Deve ser enfatizado, no entanto, que isso não é, de modo algum, uma característica especial de uma abordagem existencialista. Ao contrário, esta parece ser a regra, mais do que a exceção, nos últimos séculos de desenvolvimento filosófico dominado por concepções atomistas da relação entre indivíduo e sociedade.

[11] Termo usado por Engels, embora, em sentido mais amplo, proposto por ele para identificar o "resultado indesejado" das interações individuais em geral.

que efetivamente opera de acordo com as estruturas prevalecentes da inércia material, o funcionamento bem-sucedido de uma "verdadeira consciência" coletiva, envolvida em um controle global duradouro de suas tarefas, requer um quadro institucional *não inercial* em lugar nenhum hoje em vista, nem mesmo em uma forma embrionária.

Isso suscita diversas questões importantes que ajudam a definir o escopo da ideologia e esboçam a necessária linha de demarcação entre as modalidades de verdadeira e falsa consciência:

1. Em vista da crescente falha da "interação social inconsciente", descrita como uma "totalização sem um totalizador", é possível constituir um "totalizador coletivo" em um sentido que seja completamente livre das conotações idealistas da teleologia teológica; ou, de maneira mais precisa, como é possível imaginar as condições de uma *totalização coletiva consciente* e a articulação material de sua necessária *instrumentalidade não inercial*?

2. Como é possível a interação entre a base material e a superestrutura, por meio da qual a consciência social pode ativa e positivamente intervir na operação e transformação do metabolismo social fundamental?

3. Quais são as características proeminentes da ideologia, em seus sentidos positivo e negativo, e como é possível diferenciar entre as várias formas de verdadeira e falsa consciência?

4. Como se explica que a consciência se torna estruturalmente prejudicada por seu próprio fundamento material; ou, colocando de outra forma, quais são as determinações sociais contraditórias por meio das quais a consciência social adquire uma existência independente e, por meio de sua alienação, torna-se um instrumento predominantemente negativo de dominação e não de emancipação?

5. Como é possível minimizar a dimensão negativa da consciência social na base de uma história radicalmente aberta? Ou seja, como é possível conceber separar a consciência social de sua prejudicialidade estrutural por seu fundamento material sem ser aprisionado pelas contradições de se postular, por mais inadvertidamente, um "fechamento" e um fim da história?

Essas e outras questões relacionadas são discutidas em meus livros *O poder da ideologia* (1989)* e *Para além do capital* (1995)**, e são investigadas em considerável detalhe neste livro. Neste capítulo, o objetivo foi situar os problemas dentro do quadro social geral em que inevitavelmente surgem, e sublinhar sua importância para compreender a natureza dialética das transformações históricas.

---

\*   Ed. bras.: São Paulo, Boitempo, 2004. (N. E.)
\*\*  Ed. bras.: São Paulo, Boitempo, 2002. (N. E.)

# 3
# CONCEITOS-CHAVE NA DIALÉTICA DE BASE E SUPERESTRUTURA

## 3.1 Rejeição apressada do quadro conceitual marxiano

Nos últimos anos, a teoria de base e superestrutura de Marx esteve sujeita a muita crítica. Na realidade, tornou-se praticamente moda se envolver em uma rejeição indiscriminada do quadro conceitual marxiano. Além disso, essa rejeição é frequentemente atrelada às tentativas de substituir os conceitos marxianos criticados por alguma vaga noção neoweberiana de "cultura", ou por alguma fala ainda mais vaga – bem como circularmente autorreferencial – sobre "direitos materiais e imateriais" e sugestões similares.

No lugar de provas que deem suporte à defendida rejeição do quadro conceitual marxiano, nos são oferecidas declarações de fé e uma "crítica" que não passa de mero insulto. Na primeira categoria, encontramos esse curioso "argumento" a favor da recomendada posição neoweberiana: "Muitos marxistas que eu conheço admitirão, confidencialmente, serem weberianos enrustidos. Mas nunca em público"[1]. Um argumento que pode indicar algo sobre a consistência intelectual e o comportamento público questionáveis dos conhecimentos de seu autor, mas absolutamente nada sobre os respectivos méritos da posição marxiana ou weberiana.

Ao mesmo tempo, na segunda categoria, nos é apresentada a afirmação totalmente insustentada segundo a qual "A tentativa de preservar o modelo de base e superestrutura, e de impô-lo sobre todas as culturas, inevitavelmente implicou recorrer a casuísticas jesuíticas e contorções intelectuais e verbais do tipo empreendido por Engels"[2].

---

[1] Peter Worsley, *The Three Worlds: Culture and World Development* (Londres, Weidenfeld and Nicolson, 1984), p. 37.

[2] Ibidem, p. 32. Infelizmente, na realidade é o próprio Peter Worsley que acha necessário recorrer a distorções e "contorções verbais". Ele declara, em seu zelo refutador – que talvez seja também uma forma de autocrítica por seu próprio passado maoísta e marxista dogmático –, que "simplesmente não é verdade que o homem

No fim, a rejeição das visões de Marx sobre essas questões tende a ser categórica, mesmo quando sua apresentação é mais polida. Portanto, somos incitados a concordar com a espantosa proposição de que "A obstrução teórica básica [nos estudos do terceiro mundo] é um conceito incompatível com a sociologia dialética: a imagem materialista de base e superestrutura", com a "solução" do problema diagnosticado nos seguintes termos: "Agora é tempo de homenagear, um século depois da morte de Marx, sua própria criticalidade [...] *despachando aquele conceito* para o mesmo lugar ao qual Engels queria despachar o Estado: 'o *museu de antiguidades*, ao lado da roca de fiar e do machado de bronze'"[3]. E no mesmo espírito, embora com palavras designatórias admiravelmente menos açucaradas, outro escritor declara – na base de uma interpretação por demais literal dos conceitos debatidos – que a diferenciação marxiana entre base e superestrutura é "uma metáfora morta, estática, arquitetural, cujo potencial para esclarecer nunca foi muito grande e que há bastante tempo tem lançado apenas sombras sobre a teoria marxista e a prática marxista", concluindo suas reflexões com a questão retórica que indica claramente a resposta desejada: "Não seria a época de *despachá-la ao monte de lixo*?"[4].

A mim me parece mais infeliz e menos que produtivo que as pessoas devessem tentar resolver essas questões falando sobre casuísticas jesuíticas, "contorções intelectuais e verbais", "museus de antiguidades", "montes de lixo" e termos similares de desqualificação apriorística[5]. Particularmente porque, com bastante frequência, a rejeição é construída sobre a base de nada além de referências genéricas a "imagens", "modelo", "metáforas" etc. da base e superestrutura, em lugar de um exame concreto dos numerosos contextos em que Marx se volta para as questões relevantes.

---

deve comer antes de poder *pensar*. As pessoas realmente não encontrariam comida se não *pensassem*" (ibidem, p. 36).

Na verdade, no entanto, a crítica de Marx ao idealismo não está preocupada com o "pensar" enquanto tal, mas com a negação da primazia e da autonomia autorreferencial do *filosofar* sobre a produção e reprodução historicamente em desdobramento das condições materiais de existência humana, que, em si, é – por uma questão de truísmo – totalmente inconcebível sem o pensar. E até mesmo as formulações deliberadamente simplificadas de Engels da concepção materialista da história deixam realmente claro que a "refutação" de Worsley é uma caricatura grosseira. Pois é dessa forma que Engels coloca em seu "Discurso diante do túmulo de Marx": "os homens, antes de mais, têm primeiro que comer, beber, abrigar-se e vestir-se, antes de se poderem entregar à *política*, à *ciência*, à *arte*, à *religião etc.* (Karl Marx e Friedrich Engels, *Obras escolhidas*, cit., v. III, p. 179). Ademais, é uma pedra angular precisamente da tradição marxiana insistir que o *homo faber* (homem que trabalha e detém a ferramenta) não pode ser separado do, e oposto ao, *homo sapiens* (homem que pensa).

[3] Ibidem, p. 41.

[4] Steven Lukes, "Can the Base be Distinguished from the Superstructure?", em David Miller e Larry Siedentop (orgs.), *The Nature of Political Theory* (Oxford, Clarendon Press, 1983), p. 119.

[5] Para um contraexemplo esclarecedor, ver Raymond Williams "Base e superestrutura na teoria cultural marxista" (publicado pela primeira vez em 2002, na *Revista Espaço e Cultura*, Rio de Janeiro, n. 14, p. 7-21; republicado em *Revista USP*, n. 66, julho-agosto 2005, p. 210-2), bem como o seu *Marxismo e literatura* (trad. Waltensir Dutra, Rio de Janeiro, Jorge Zahar, 1979). Porquanto Williams é justificadamente crítico do reducionismo mecânico, ele também oferece uma alternativa positiva. Particularmente valiosa é sua análise da "incorporação", que integra o conceito de "hegemonia" de Gramsci no quadro teórico marxiano dos desenvolvimentos históricos e culturais.

Como regra, somente as suas breves observações do "Prefácio" de 1859 à *Contribuição à crítica da economia política* são levadas em conta. Contudo, devido à própria natureza dessa iniciativa particular – que tentou compactar uma nova concepção monumental de história em uns poucos parágrafos, consciente e explicitamente apresentados por Marx como uma popularização de sua teoria –, o tratamento da "base e superestrutura" não poderia deixar de ser resumido no "Prefácio" de 1859, ainda que de forma alguma não dialético, como reivindicam os críticos. Em sua obra como um todo, no entanto, encontramos muito mais sobre as complicadas inter-relações de base e superestrutura, desde *A ideologia alemã* até o *Capital* e *Teorias da mais valia*.

Enquanto as poucas linhas dedicadas à discussão de base e superestrutura no "Prefácio" de 1859 são indubitavelmente *compatíveis* com o resto dos escritos de Marx sobre esse complexo assunto, elas não são nada mais que isso, e, portanto, não deveriam ser usadas para obliterar as ideias que ele oferece noutros lugares como seus necessários corolários. Em outras palavras, a apresentação "telegráfica" da interconexão dialética entre base e superestrutura no "Prefácio" não poderia, de modo algum, ser considerada um *substituto* adequado para suas visões cuidadosamente qualificadas e "matizadas", conforme formuladas em diversos livros, artigos e cartas. Com efeito, como veremos adiante, as notáveis proposições do "Prefácio" de 1859 em si só adquirem seu significado apropriado se lidas em conjunção com a análise de alguns outros grandes aspectos da mesma problemática, ao passo que sem essa leitura é-se tentado a atribuir uma intenção mecânica à tão citada passagem.

Não se pode chegar a uma conclusão teoricamente viável acerca de tais categorias-chave sem levar em conta pelo menos os principais argumentos nos termos dos quais seu autor tenta articulá-las. Por isso é necessário nos familiarizarmos com algumas dimensões negligenciadas da explicação de Marx da relação em questão – que sequer são aludidas no "Prefácio" – antes de podermos realmente apreciar ou questionar o valor explicativo da "base e superestrutura".

Central a essas preocupações é a necessidade de se concentrar na distinção marxiana entre superestrutura *enquanto tal* e o conceito mais limitado de "superestrutura *jurídica e política*", que se refere a determinações e condições sócio-históricas qualitativamente diferentes. Os dois conceitos frequentemente são irremediavelmente fundidos, carregando consigo a falha em fazer a necessária distinção e uma tendência a oferecer explicações e interpretações mecânicas completamente implausíveis. Pois somente com referência à transformação historicamente constituída, e, em um certo estágio de desenvolvimento social, antagonicamente determinada, da superestrutura em uma esfera separada e cada vez mais alienada de dominação jurídica e política é que algumas das ideias seminais de Marx – inclusive sua crítica radical da política em si – podem se tornar de fato inteligíveis.

Contudo, antes de nos voltarmos a esses assuntos, é necessário primeiro abordar algumas questões metodológicas diretamente relevantes.

1. É um grande equívoco sugerir, em termos neoweberianos, que "as concepções marxistas do modo de produção, das instituições da sociedade civil e do Estado são, obviamente, todas *tipos ideais*. Tipos ideais são todos *abstrações*, modelos perfeitos que *raramente*

*ocorrem* na realidade"[6]. Longe de ser, "obviamente", relacionada às categorias marxianas, tal interpretação parece ser confusa até mesmo no que se refere ao significado do próprio conceito de Weber de "tipos ideais". Pois estes, nas palavras de seu autor, apenas tentam localizar "o *tipo puro* teoricamente concebido de *significado subjetivo* atribuído ao *ator ou atores hipotéticos* em um tipo dado de ação"[7].

Portanto, o "tipo ideal" weberiano não é uma "abstração", deduzida com a intenção de examinar as características específicas de situações reais (sejam elas raras ou frequentes), mas uma deliberada "construção de um curso de ação puramente racional"[8], concebida com o propósito explicitamente declarado de permitir que o sociólogo "explique o desvio da linha de conduta que seria esperado na hipótese de que a ação fosse puramente racional"[9]. Além do mais, Weber anseia por salientar, em outra obra, que seu tipo ideal ou puro "*nada* tem em comum com qualquer '*perfeição*', salvo com a de caráter *puramente* lógico"[10]. Consequentemente, falar sobre "tipos ideais" como "modelos perfeitos que ocorrem na realidade" é logicamente incoerente.

Tais tentativas confusas e mal colocadas de transformar as categorias marxianas em "tipos ideais" weberianos são pretensamente feitas em nome de uma síntese e apropriação crítica de Marx e Weber. Na verdade, no entanto, elas representam uma compreensão muito menos crítica das questões envolvidas do que aquilo que nos é oferecido mesmo nos *insights* parciais do conservador Talcott Parsons. Pois é reconhecido pelo defensor norte-americano do "funcionalismo estrutural" que

> A teoria do tipo ideal é, talvez, o nível mais difícil sobre o qual desenvolver um sistema generalizado coerente. Conceitos de tipo podem prontamente ser formulados *ad hoc* para inúmeros propósitos específicos e, dessa maneira, podem ter uma utilidade limitada. Isso não basta, contudo, para um sistema generalizado. Para este propósito, eles devem ser organizados e classificados numa ordem de relação definida. Só assim eles terão significância altamente generalizada em um nível teórico ou em um nível empírico. Tal sistematização não pode, no entanto, ser desenvolvida sobre uma base empírica *ad hoc*. Logicamente, ela envolve referência tanto a considerações de escopo empírico extremamente amplo quanto a categorias teóricas abrangentes.[11]

---

[6] Peter Worsley, cit., p. 28.

[7] Max Weber, *The Theory of Social and Economic Organization*, organização e introdução de Talcott Parsons (Nova York, The Free Press, 1964), p. 89. O itálico em "tipo puro" é de Weber.

[8] Ibidem, p. 92.

[9] Idem. É dessa maneira que Weber ilustra sua "análise científica tipológica", que tem como referencial o que ele chama de "um tipo de ação racional conceitualmente pura":
> Por exemplo, uma situação de pânico na bolsa de valores pode ser analisada da maneira mais conveniente pela tentativa de determinar primeiro qual *teria sido* o curso de ação se ele não tivesse sido influenciado por *afetantes irracionais*; é então possível introduzir os componentes irracionais como explicação para os observados *desvios de seu curso hipotético*. (Idem)

[10] Max Weber, A *"objetividade" do conhecimento nas ciências sociais* (1904) (trad. Gabriel Cohn, São Paulo, Ática, 2006) p. 86. Para uma discussão mais detalhada desses problemas, ver meu ensaio sobre "Ideologia e Ciência Social" (publicado em *Filosofia, ideologia e ciência social*, trad. Ester Vaisman, São Paulo, Boitempo, 2008), principalmente as seções 2: "Max Weber e 'ciência social axiologicamente neutra'", 3: "Caráter ideológico dos 'tipos ideais'" e 4: "Teoria e metateoria".

[11] Talcott Parsons, "Introduction", em Max Weber, *The Theory of Social and Economic Organization,* cit., p. 28.

A incompatibilidade fundamental da categorização weberiana com a explicação de Marx das categorias se torna clara se comparamos suas ideias sobre a natureza da capacidade de ação coletiva e a consciência coletiva.

Para Weber, "não existe algo como uma *personalidade coletiva* que 'age' [...] *somente* há um certo tipo de desenvolvimento das ações reais ou possíveis de pessoas individuais"[12]. Dado o fato de que a preocupação de Weber é "a *compreensão subjetiva* da ação dos componentes individuais"[13], no interior de seu quadro conceitual as "*coletividades* devem ser tratadas *unicamente* como *resultantes* e modos de organização dos *atos particulares de pessoas individuais*, posto que estas, sozinhas, podem ser tratadas como *agentes* em um curso de ação *subjetivamente* compreensível"[14]. Ele garante à categoria da "capacidade de ação coletiva" somente o *status* de ser a aplicação do "*conceito jurídico*"[15]. Isso porque ele quer descrever até mesmo o Estado moderno "como um complexo da interação social de *pessoas individuais* [...] orientadas para a crença de que ele [o Estado] existe ou *deveria existir*, portanto, que seus atos e leis são *válidos no sentido legal*"[16]. Dessa forma, à concepção weberiana de uma capacidade de ação "coletiva" meramente agregadora corresponde uma consciência "coletiva" igualmente agregadora cujo significado é esvaziado pela asseveração do reconhecimento das pessoas individuais (ou "pseudo" reconhecimento) de quão legítimos ou válidos são, por definição, os "atos" e as leis do Estado. Obviamente, essa concepção da capacidade de ação coletiva está tão fortemente encerrada no defendido modelo formal/jurídico que até mesmo Sartre – cujo pensamento foi formado dentro dos confins da mesma tradição individualista à qual Weber pertence – vai muito além de seu horizonte quando contrapõe à "serialidade" estritamente agregadora o "grupo-em-fusão" em seu *Crítica da razão dialética*.

Quanto às próprias visões de Marx com respeito à constituição dos grupos coletivos e a concomitante articulação da consciência coletiva, o contraste com Weber não poderia ser mais marcante. Pois, bem longe de estar satisfeito com a noção da "resultante" da interação individualista orientada para o Estado (um conceito estipulativo socialmente apologético) como a categoria explicativa das formações coletivas e dos modos de consciência, Marx define estes – o surgimento do proletariado, por exemplo, como uma "classe-em-si", e sua transformação em uma "classe-para-si" – em termos substantivos/materiais, sobre a base do desenvolvimento histórico real. Além disso, ele declara abertamente que as categorias – repetindo, longe de serem "tipos ideais" – "expressam *formas de ser*, determinações da existência"[17] da sociedade de fato em desenvolvimento. Por exemplo, o "trabalho" como uma categoria é produzido não pelo "trabalho cerebral" idealisticamente autorreferencial (ou "atividade da cabeça", *Kopfarbeit*, como Marx, caçoando, refere-se a ela nos *Grundrisse*), mas pelos desenvolvimentos materiais tangíveis conceitualizados pelo "trabalho cerebral" socialmente condicionado. Pois:

---

[12] Max Weber, *The Theory of Social and Economic Organization*, cit., p. 102. O itálico em "somente" é de Weber.
[13] Ibidem, p. 103.
[14] Ibidem, p. 101. O itálico em "unicamente" é de Weber.
[15] Ibidem, p. 102.
[16] Idem.
[17] Karl Marx, *Grundrisse*, cit., p. 106.

o "trabalho" é uma categoria tão moderna quanto as relações que geram essa simples abstração. O sistema monetário, por exemplo, põe a riqueza ainda muito objetivamente como coisa fora de si no dinheiro. Em relação a esse ponto de vista, houve um enorme progresso quando o sistema manufatureiro ou comercial transpôs a fonte da riqueza do objeto para a atividade subjetiva – o trabalho manufatureiro e comercial –, embora concebendo ainda essa própria atividade sob a forma estreita do simples ganhar dinheiro. Em contraste com esse sistema, o fisiocrático põe uma determinada forma de trabalho – agricultura – como a forma criadora de riqueza, e põe o próprio objeto não mais sob o disfarce do dinheiro, mas como produto em geral, como resultado universal do trabalho. [...] Foi um imenso progresso de Adam Smith descartar toda determinabilidade da atividade criadora de riqueza – trabalho simplesmente, nem trabalho manufatureiro, nem comercial, nem agrícola, mas tanto um como o outro. Com a universalidade abstrata da atividade criadora de riqueza, tem-se agora igualmente a universalidade do objeto determinado como riqueza, o produto em geral, ou ainda o trabalho em geral, mas como trabalho passado, objetivado. [...] A indiferença em relação ao trabalho determinado corresponde a uma forma de sociedade em que os indivíduos passam com facilidade de um trabalho a outro, e em que o tipo determinado do trabalho é para eles contingente e, por conseguinte, indiferente. Nesse caso, o trabalho deveio, não somente enquanto categoria, mas na efetividade, meio para a criação da riqueza em geral e, como determinação, deixou de estar ligado aos indivíduos em uma particularidade. [...] "trabalho em geral", trabalho puro e simples, o ponto de partida da Economia moderna, devém verdadeira na prática.[18]

Assim, a categoria geral de "trabalho" não é uma "*abstração mental*"; também não é, de fato, uma "construção" teórica que "serve aos sociólogos como um tipo"[19] em relação ao qual eles podem descrever o que consideram "desvios" de algum modelo weberiano estipulado. Antes, ela é uma "*abstração prática*" altamente significante, trazida para o interior da consciência teórica pela lógica objetiva dos próprios desenvolvimentos produtivos em avanço.

Igualmente, o conceito marxiano de "consciência de classe" não é um "tipo ideal"; tampouco é a "descoberta teórica de um novo continente". É o reconhecimento de uma determinada modalidade de ação coletiva consciente, tendo o interesse de classe hegemônico como sua força motriz, correspondendo às potencialidades e realizações históricas da idade capitalista, mas decididamente não às dos períodos anteriores[20]. Por conseguinte,

---

[18] Ibidem, p. 103-6.

[19] Max Weber, *The Theory of Social and Economic Organization*, cit., p. 102.

[20] Nesse sentido, não é de modo algum acidental que a categoria de "consciência de classe" seja tão recente. Pois da mesma forma que "trabalho em geral", ela é produzida pelo desenvolvimento histórico real, atingindo seu clímax na formação social capitalista. Portanto, historiadores e filósofos modernos "descobrem" sua relevância para a análise do conflito social quando a asserção da força motivadora da consciência de classe "devém verdadeira na prática". Isso não significa, é claro, que ela não seja aplicável – *mutatis mutandis* – a condições anteriores. No entanto, repetindo: da mesma forma que "trabalho em geral", o conceito de "consciência de classe", também, "só aparece *verdadeiro na prática* como categoria da *sociedade mais moderna*" (Karl Marx, *Grundrisse*, cit., p. 105). O princípio metodológico de Marx que contrasta a "anatomia humana" com a "anatomia do macaco" é relevante também a esse respeito. Como coloca ele:

> A sociedade burguesa é a mais desenvolvida e diversificada organização histórica da produção. Por essa razão, as categorias que expressam suas relações e a compreensão de sua estrutura permitem simultaneamente compreender a organização e as relações de produção de todas as formas de sociedade desaparecidas, com cujos escombros e elementos edificou-se, parte dos quais ainda carrega consigo como resíduos não superados,

quando Marx fala do conscientemente cumprido "papel histórico-mundial" que os "escritores socialistas atribuem ao proletariado instruído"[21], isso é totalmente diferente de descrever a consciência de classe nos termos de um suposto "desvio da linha de conduta que seria esperado na hipótese de que a ação fosse puramente racional", como requerido pelo quadro categorial weberiano de "tipos ideais". Afinal, Marx declara explicitamente que seu interesse é a *"penúria* absolutamente imperiosa – a expressão prática da *necessidade"*, que não é uma questão de "significado subjetivo" idealmente hipostasiado, muito menos "do que este ou aquele proletariado, ou até mesmo do que o proletariado inteiro pode *imaginar* de quando em vez como sua meta. Trata-se do que o proletariado *é* e do que ele será obrigado a fazer historicamente de acordo com o seu *ser*"[22]. Em outras palavras, no quadro conceitual marxiano, as categorias são tratadas como "formas de ser" (*Daseinsformen*) que condensam as "determinações [objetivas]\* de existência" em seu desdobramento histórico dinâmico, e não como "*conceitos reguladores*" que os teóricos podem derivar mais ou menos de acordo com sua vontade (ou *ad hoc*, caso se prefira usar a expressão ajustável de Talcott Parsons), com o objetivo da "perfeição puramente lógica", tendo em mente, como princípio norteador, o – explicitamente declarado por Weber – "mérito [intelectual]\*\* da compreensão clara e da falta de ambiguidade"[23] e nada mais.

2. De acordo com os críticos de Marx:

> A imagem de base e superestrutura é uma imagem, uma metáfora que usa *analogias extrassociais* para descrever arranjos sociais. Todas as imagens desse tipo, qualquer que seja seu valor em esclarecer o assunto, são também profundamente deformadoras. A *sociedade* não é uma máquina; não é um organismo, nem segue sequências de gestação e nascimento (imagem obstétrica predileta de Marx) ou de declínio e morte. [...] O modelo repousa na suposição de que a base econômica é material. Ela não é. [...] A organização de produção envolve a interiorização de, ou pelo menos a obediência a, normas de comportamento [...] normas de produção e condições de trabalho. Mas o sistema como um todo repousa sobre conceitos ainda mais fundamentais: do *direito* de algumas pessoas de possuírem os meios de produção e se apropriarem do produto.[24]

O que é esquecido ou deliberadamente desconsiderado em todo esse raciocínio é o fato de que *tanto* as transformações materiais *quanto* os sistemas estabelecidos de normas e direitos devem ser dialeticamente explicados em termos de sua *gênese histórica*, em vez de serem arbitrariamente assumidos como já dados, de modo que se possa concluir, com circularidade triunfante, que "homem livre e escravo, patrício e plebeu, senhor e servo, não são, de modo algum, categorias determinadas pela relação com os meios de produção:

---

parte [que] nela se desenvolvem de meros indícios em significações plenas etc. A anatomia do ser humano é uma chave para a anatomia do macaco. Por outro lado, os indícios de formas superiores nas espécies animais inferiores só podem ser compreendidos quando a própria forma superior já é conhecida. (Ibidem)

[21] Karl Marx e Friedrich Engels, *A sagrada família* (trad. Marcelo Backes, São Paulo, Boitempo, 2003), p. 49.
[22] Ibidem, p. 49. Itálicos de Marx.
\* Inserção de Mészáros. (N. E.)
\*\* Inserção de Mészáros. (N. E.)
[23] Max Weber, *The Theory of Social and Economic Organization*, cit., p. 102.
[24] Peter Worsley, *The Three Worlds: Culture and World Development*, cit., p. 36. Itálicos de Worsley.

são *status extraeconômicos dentro dos quais as pessoas nascem*"[25]. Contudo, ainda que se fale sobre os "*status* dentro dos quais as pessoas nascem", deixando de lado, por enquanto, a questão de se podem ou não esses *status* ser legitimamente considerados "extraeconômicos", a questão crucial permanece sem resposta: como tais "grupos de *status*" puderam (e podem) chegar a existir?

Substituir a análise marxiana das determinações e relações sociais *específicas* por referências vagas a uma "*sociedade*" genérica não nos leva absolutamente a lugar nenhum. Pois tais proposições genéricas sobre "sociedade" enquanto tal são geralmente apresentadas em forma puramente negativa, asseverando que "a sociedade não é isto" e "a sociedade não é aquilo", sem tentar indicar, ao mesmo tempo, em termos afirmativos, o que a sociedade realmente *é*, tendo por base os juízos negativos – em si completamente não esclarecedores – emitidos[26].

Para ser exato, se o referencial é uma "sociedade" genérica, diretamente equiparada ao agregado de indivíduos separados, nesse caso não há espaço para uma investigação histórica/genética da origem "obstétrica" e do ciclo de vida – incluindo não só o necessário período de "gestação", mas também o progressivo declínio e morte – de determinados complexos e formações sociais, uma vez que o sujeito a-historicamente assumido permanece, por definição, sempre o mesmo. "Para todos os estágios da produção há determinações comuns que são fixadas pelo pensamento como determinações universais; mas as assim chamadas *condições universais* de toda produção nada mais são do que esses momentos abstratos, com os quais nenhum estágio histórico efetivo da produção pode ser compreendido"[27].

Isso é ainda mais verdadeiro em relação à "sociedade em geral". Afinal, a sociedade existente é sempre uma totalidade historicamente específica e em evolução. Não existe algo como uma sociedade no abstrato, que pudesse, por definição, "abranger" tudo em sua atemporalidade apriorística, e, consequentemente, nenhuma perspectiva concebível de compreensão crítica poderia ser imaginada em relação a ela. A sociedade real existe apenas em sua concreta determinabilidade. Como tal, ela é feita de uma multiplicidade de complexos e totalidades historicamente em mutação, inclusive, obviamente, a totalidade constantemente dada dos indivíduos sociais reais. Os indivíduos sociais, isto é, que são inseparáveis dos complexos institucionais historicamente determinados dentro dos quais eles devem funcionar (e que definem, é claro, sua especificidade social), como opostos aos "*genus*-indivíduos" retratados por todos aqueles que, consciente ou inconscientemente, adotam "o ponto de vista da sociedade civil", desde os primórdios do pensamento burguês até os "seres humanos" abstratos das concepções neoweberianas recentes.

---

[25] Idem.

[26] É interessante notar que Peter Worsley, depois de declarar que a sociedade não é isto ou aquilo, imediatamente muda o assunto de "sociedade" para "seres humanos" quando tenta oferecer uma declaração afirmativa. Ele afirma: "A diferença crucial, como há muito insistem os antropólogos, é que os seres humanos possuem uma consciência desenvolvida e, coletivamente, uma cultura cumulativa, compartilhada" (Ibidem, p. 28). No entanto, simplesmente equiparar "sociedade" a "seres humanos" é gritantemente falacioso. Pois tal equiparação omite veleitariamente a *inércia institucional* – o "prático-inerte" de Sartre – que confronta e com frequência nega destrutivamente a "consciência desenvolvida" dos seres humanos.

[27] Karl Marx, *Grundrisse*, cit., p. 88.

Mesmo que algumas pessoas não gostem das "imagens obstétricas" de Marx, permanece o fato de que a própria natureza dos complexos sociais particulares constantemente cambiantes é praticamente definida dentro da totalidade social dada – correspondendo às inter-relações dialéticas multiformes do "estágio histórico efetivo da produção" – no sentido de que, em qualquer momento particular da história, alguns deles estão no processo de crescimento e desenvolvimento, enquanto outros, ao contrário, estão no caminho do "fenecimento", desintegração e declínio. Uma proposição que, obviamente, não poderia ser feita sobre a "sociedade enquanto tal" (uma "abstração da mente" das mais genéricas) em sua indeterminabilidade vazia. Ao mesmo tempo, a especificidade histórica do complexo social como um todo é, em si, praticamente definida e constantemente redefinida pela *configuração geral em mutação* e inter-relação dos complexos particulares e totalidades parciais entre si dentro da dinâmica objetiva das transformações em desdobramento. Ademais, embora a escala em si seja diferente, o complexo social como um todo também está sujeito às determinações que ocasionam, sob circunstâncias favoráveis, uma fase histórica de "ascensão", ao passo que, sob condições em que predominam distúrbios e antagonismos na configuração geral, elas põem em movimento a fase de "declínio" e subsequente desintegração. Isso não poderia ser diferente, pois a "*macroestrutura*" de qualquer formação social particular é, em si, feita de "*microestruturas*" inerentemente históricas que não podem escapar às necessárias limitações – e respectivos tempos de duração – de sua especificidade social.

Muito embora não se deva negar que toda analogia tenha seus limites, é possível levar longe demais a objeção implícita a variedades de comparações: em última instância, ao ponto da absurdidade, negando a legitimidade de usar *adjetivos* em geral, que acabam sendo "analogias" medíocres. Ainda que pareça estranho, as pessoas que são tão dogmáticas em sua rejeição da analogia alegadamente "extrassocial" de "base e superestrutura" ficam perfeitamente satisfeitas em louvar as imagens de sua própria escolha, tais como "consciência *desenvolvida*" e "cultura *compartilhada*". Contudo, não somente não há motivo pelo qual analogias sociais por si só deveriam ser capazes de lançar luzes sobre determinadas conexões sociais; igualmente, os proponentes dessa restrição apriorística não notam que não há nada inerentemente social em relação aos termos de comparação acatados, como "desenvolvida" ou "compartilhada". Afinal de contas, estes últimos são ambos aplicáveis ao universo natural em geral, e de maneira nenhuma apenas ao mundo social. A esse respeito é suficiente pensar em animais e plantas "totalmente desenvolvidos", ou no "compartilhamento" entre os membros de qualquer classe que seja objetivamente definida pelas mesmas determinações. Infelizmente, portanto, um exame mais próximo das imagens alternativas recomendadas termina com a tautologia singularmente não esclarecedora de que somente o desenvolvimento *socialmente desenvolvido* e o compartilhamento *socialmente compartilhado* podem ser considerados inerentemente sociais.

Simplesmente não é verdade que todas as analogias e imagens são "profundamente deformadoras". As que o são não deveriam, antes de tudo, ser usadas. No entanto, deve-se ressaltar novamente que a questão relevante – no que tange a legitimidade de usar símiles e analogias no discurso teórico – é se as formas e variedades de comparação adotadas são ou não adequadamente "traduzíveis" em uma mensagem significante e *discursivamente viável*, independentemente de quantas sentenças explicativas são necessárias para executar a conversão necessária. Em outras palavras, a legitimidade depende do fato de terem ou não uma *substância conceitual* totalmente transliterável – isto é, um *equivalente conceitual* real – que está condensado, resumido ou graficamente realçado pelo símile ou analogia relevantes. O objetável, em contraste, é a introdução de meros "floreios literários", ou de tipos de metáfora (usados apropriadamente na poesia) que sejam, e na poesia eles também devem ser, intraduzíveis em proposições literais, estritamente discursivas, em virtude da estrutura única da predicação – a saber, predicação recíproca – que caracteriza a sintaxe lógica das metáforas poéticas, em contradistinção a símiles e analogias.

A concepção de Marx de "base e superestrutura", assim como suas referências aos "sistemas *orgânicos*" e a suas condições dinâmicas de desenvolvimento etc., satisfazem plenamente essa exigência de "traduzibilidade". Sua função é centrar atenção nas relações sociais e interdeterminações significativas que podem ser averiguadas tendo como base a pesquisa histórica e empírica. Ao mesmo tempo, sua validade como "imagens" e analogias depende da viabilidade conceitual tanto das proposições complementares a elas nos próprios escritos de Marx quanto daquelas que nós mesmos podemos prontamente derivar dos "modelos" marxianos. Além disso, por sua vez, tais proposições e "traduções" são, todas elas, sujeitas às mesmíssimas condições de verificação prática que Marx indicou como critério necessário de avaliação para todo discurso teórico significativo.

A justificação para o uso da analogia de "base e superestrutura" é que, longe de ser uma restrição rígida e mecânica, ela oferece uma linha de demarcação dialética com referência à qual a totalidade mais abrangente da *superestrutura* pode adequadamente demarcar os limites históricos da superestrutura *jurídica e política* em sua especificidade socialmente definida. De modo semelhante, a caracterização da formação capitalista como um "*sistema orgânico*" não transforma esse complexo social em um *mecanismo natural* atemporal, como de fato ocorre com o uso da analogia orgânica no pensamento burguês. Ao contrário, ela permite que Marx levante a questão dos *limites* em cujos termos a formação histórica do capital pode ser dialeticamente compreendida, bem como *delimitada,* com respeito à sua viabilidade social na direção tanto do passado como do futuro. Para citar Marx:

> É preciso considerar que as novas forças produtivas e relações de produção não se desenvolvem do *nada*, nem do ar, nem do ventre da ideia que se põe a si mesma; mas o fazem no interior do desenvolvimento da produção existente e das relações de produção tradicionais herdadas, e em contradição com elas. Se no sistema burguês acabado cada relação econômica pressupõe a outra sob a forma econômico-burguesa e, desse modo, cada elemento posto é ao mesmo tempo pressuposto, o mesmo sucede em todo sistema orgânico. Como totalidade, esse próprio sistema orgânico tem seus pressupostos, e seu desenvolvimento na totalidade consiste precisamente em subordinar a si todos os elementos da sociedade, ou em extrair dela os órgãos que ainda lhe faltam. É assim que devém uma totalidade historicamente. O vir a ser tal totalidade constitui um momento de seu processo, de seu desenvolvimento.[28]

Como podemos ver, longe de ser "imagens profundamente deformadoras", o significado de "orgânico" é definido, com grande precisão conceitual, como um tipo de sistema em que "cada elemento posto é ao mesmo tempo pressuposto". Ao mesmo tempo, é

---

[28] Ibidem, p. 278.

corretamente reconhecido por Marx que, no sistema econômico *acabado*, "cada relação econômica pressupõe a outra", numa forma apropriada às exigências totalizantes do sistema – historicamente específico – que, em si, simplesmente não poderia se tornar um sistema *acabado* sem "subordinar [de maneira bem-sucedida]* a si todos os elementos da sociedade". A questão é, no entanto, apreender essas relações em seu dinamismo histórico, em cujos termos pode-se dar sentido ao inegável fato de que todos os sistemas de reprodução social são caracterizados por um grau muito alto de "*autorregulação*", "*reciprocidade*" e "*retroalimentação*", mesmo que as formas e modalidades de retroalimentação autorregulatória divirjam significantemente se comparadas ao longo da trajetória geral do desenvolvimento histórico.

O fracasso em avaliar a dada totalidade social em sua gênese histórica significa substituir a conceitualização dialética das relações parte/todo predominantes (nos termos das *Daseinsformen* do ser social em desenvolvimento) por "banais tautologias"[29] que podem ser derivadas da suposição da *perniciosa circularidade prática* da totalidade autorreguladora do capital – com todas as suas reificações caracteristicamente modernas – como *a priori* inseparável das exigências da reprodução social enquanto tal. Isso resulta não só em desprezar como a totalidade socioeconômica estabelecida "*devém uma totalidade*", mas também, simultaneamente, em obliterar o fato de que a antagônica "subordinação a si de todos os elementos da sociedade" por parte do capital necessariamente circunscreve o limite histórico de sua viabilidade social. Assim como a categoria "trabalho" é produzida dentro da lógica objetiva dos próprios desenvolvimentos socioeconômicos em desdobramento, da mesma maneira, a circularidade teórica dos economistas políticos, criticada por Marx, surge da *circularidade prática* do sistema orgânico dado, com suas *suposições objetivamente postas*, as quais os economistas assumem como premissas não mencionadas de suas generalizações. Ao mesmo tempo, significativamente, as relações parte/todo reais são arbitrariamente *invertidas* por eles em benefício da "eternalização das relações burguesas de produção". Conforme Marx aponta:

> a produção deve ser representada – veja, por exemplo, Mill –, à diferença da distribuição etc., como enquadrada em leis naturais eternas, independentes da história, oportunidade em que as relações *burguesas* são furtivamente contrabandeadas como irrevogáveis leis naturais da sociedade *in abstracto*. [...] Toda produção é apropriação da natureza pelo indivíduo no interior de e mediada por uma determinada forma de sociedade. Nesse sentido, é uma tautologia afirmar que propriedade (apropriação) é uma condição da produção. É risível, entretanto, dar um salto daí para uma forma determinada de propriedade, por exemplo, para a propriedade privada. (O que, além disso, presumiria da mesma maneira uma forma antitética, a não *propriedade*, como condição.) A história mostra, pelo contrário, a propriedade comunal (por exemplo, entre os hindus, os eslavos, os antigos celtas etc.) como a forma original, uma forma que cumpre por um longo período um papel significativo sob a figura de propriedade comunal.

---

\* Inserção de Mészáros. (N. E.)

[29] Marx costuma desdenhar as tautologias com a ajuda das quais até mesmo os clássicos da economia política burguesa "deduzem" o existente a partir de suas próprias suposições. A expressão citada ("banais tautologias") é da p. 86 dos *Grundrisse*.

[...] dizer que a produção e, por conseguinte, a sociedade são impossíveis onde não existe qualquer forma [de] propriedade é uma tautologia. Uma apropriação que não se apropria de nada é uma *contradictio in subjecto*. [...] Quando tais trivialidades são reduzidas ao seu efetivo conteúdo, expressam mais do que sabem seus pregadores. A saber, que toda forma de produção forja suas próprias relações jurídicas, forma de governo etc. A insipiência e o desentendimento consistem precisamente em relacionar casualmente o que é organicamente conectado, em reduzi-lo a uma mera conexão da reflexão.[30]

Portanto, as relações vigentes são viradas de ponta-cabeça em conceitualizações desse tipo. Pois a modalidade verdadeiramente *orgânica* e primordial das determinações sociais – que é *histórica* em seu sentido mais abrangente: isto é, naquele que abarca a totalidade das formações sociais, inclusive o mais alto estágio possível de socialismo – torna-se *acidental*, de modo a permitir que os economistas políticos transformem a especificidade histórica incomparavelmente mais *limitada* (e, nesse sentido, "casualidade") da formação burguesa na inalterável organicidade de uma suposta *ordem natural*.

Podemos agora ver a relevância das muito criticadas "imagens" marxianas. Pois tanto o "sistema orgânico" (ou "totalidade orgânica") quanto a "base e superestrutura" impõem uma relação estruturalmente ordenada entre o todo social e suas partes constituintes. Uma relação tornada inteligível por Marx com referência à dialética objetiva das *determinações recíprocas* historicamente articuladas. É isso que de fato está em questão sob a controvérsia acerca da "metáfora extrassocial" de base e superestrutura. A rejeição das "imagens" não é motivada por uma busca de maior precisão conceitual, mas por um desejo de abandonar o quadro teórico marxiano das *determinações objetivas*. O que a crítica considera intragável, de fato, é a proposição marxiana que acabamos de ver – a saber, que "toda forma de produção forja suas próprias relações jurídicas, forma de governo etc." – e não a analogia de "base e superestrutura" da qual a frase citada é um equivalente conceitual parcial e estritamente discursivo.

3. O último ponto, que pode ser tratado de forma bastante breve para os propósitos do presente contexto, concerne à primazia das determinações materiais e sua caracterização nos termos do "determinante *último*". Dito de outra forma, isso significa que as determinações que emanam da base material da sociedade prevalecem "em *última análise*".

Por uma questão de registro histórico, essa qualificação foi feita para se proteger do reducionismo mecânico e da unilateralidade, insistindo que o papel das determinações materiais deve ser avaliado dialeticamente, em conjunção com fatores ideais e ideológicos complexos que interagem com elas e modificam significantemente seu impacto potencial. Subsequentemente, contudo, a crítica começou a inquirir o valor heurístico dessa condição metodológica, terminando com a fórmula cética segundo a qual a hora da "última análise" (ou "última instância") *nunca chega*. Isso teve implicações bastante infelizes para a teoria marxiana como um todo. Pois, em vista da rejeição do qualificador dialético defendido, parecia que ou tínhamos de abandonar a primazia das determinações materiais em nome de alguma alternativa "culturalista" vaga, ou tínhamos de optar por empalar a nós mesmos precisamente na estaca do tipo estreito de reducionismo mecânico – posteriormente caracterizado como "marxismo vulgar" – que já fora enfaticamente condenado por Marx e Engels.

---

[30] Ibidem, p. 87-8.

Contudo, há razões muito boas para sustentar que a primazia das determinações materiais permanece válida. O campo de aplicação desse princípio é, na verdade, bifacetado:

*Primeiro*, ele se refere ao curso *histórico* original de desenvolvimento no quadro do qual, qualquer que seja a "cultura", esta foi criada pelo intercâmbio social das pessoas envolvidas, obviamente isso tinha de ser feito sobre fundações materiais e naturais tangíveis. Nesse sentido, a "última análise" em questão se aplica a um *passado histórico* remoto. Isto é, a um período em que a "base material" simplesmente não poderia deixar de ter uma primazia massiva direta sobre a consciência social lentamente emergente.

O *segundo* sentido, em contraste, abarca todas as dimensões da temporalidade, o presente tanto como o passado e o futuro. Afinal, ele diz respeito às mais profundas *determinações estruturais* da produção e reprodução social, incluindo o que Marx chama de seus "pré-requisitos naturais", como veremos logo adiante.

Teóricos que têm diante de si as características de estágios altamente avançados do desenvolvimento socioeconômico tendem a se esquecer de que a produção cultural em si precisa ser materialmente fundamentada. Eles tendem a se esquecer disso porque, sob suas próprias circunstâncias, as precondições materiais necessárias da atividade cultural podem ser assumidas com relativa justificação, pelo menos inicialmente. A situação pode mudar abruptamente, no entanto, no caso de uma profunda *crise estrutural* que afete o todo da sociedade e, de forma tangível, o modo de existência de cada indivíduo. É em épocas como essas que o "momento da verdade" surge até mesmo para as sociedades produtivamente mais avançadas, e com respeito às maiores riquezas acumuladas, cuja riqueza e poder produtivo podem entrar em colapso quase de um momento para o outro, refutando praticamente, com isso, a máxima de que a hora da última instância nunca chega. Pois a complexa multiplicidade das determinações sociais constitui um todo *estruturalmente ordenado* no qual a "facticidade" em último caso brutal dos pré-requisitos naturais e materiais do processo geral de reprodução não pode *nunca* ser permanentemente deixada para trás. Ela pode apenas ser mais intimamente integrada às determinações superestruturais do que aquilo que encontramos sob as condições de formações sociais anteriores.

Nesse sentido estrutural objetivo, os fatores elementares da determinação material preservam – quaisquer que possam ser as circunstâncias históricas dadas – sua primazia dialética "em última análise", posto que seu poder patente pode ser reativado e superimposto sobre tudo o mais se a contenção dos *pré-requisitos* naturais e materiais necessários da reprodução social sofrer um colapso estrutural. Isso continua sendo verdade apesar do fato de que, sob as condições "normais" (isto é, materialmente bem providas) de produção altamente desenvolvida, várias configurações da determinação superestrutural podem habitualmente predominar.

## 3.2 Reprodução das condições operacionais de produção

Consideremos agora uma importante, porém pouco conhecida, passagem de *O Capital*, de Marx. Ela trata da relação entre as condições objetivas e os requisitos necessários do processo de produção material, de um lado, e das formas específicas da superestrutura jurídica e política, de outro, descrita por Marx nos seguintes termos:

Que o produto do servo tenha de bastar aqui para repor, além de sua subsistência, suas condições de trabalho, é uma circunstância que permanece a mesma em todos os modos de produção, já que não resulta de sua forma específica, mas constitui condição natural de todo trabalho contínuo e reprodutivo em geral, de produção continuada que sempre é, ao mesmo tempo, reprodução, portanto também reprodução de suas próprias condições de atuação. (...)
Se não são proprietários privados de terra, mas, como na Índia, o Estado que se defronta diretamente com eles como proprietário de terras e, ao mesmo tempo, soberano, então renda e impostos coincidem, ou melhor, não existe nenhum imposto distinto dessa forma de renda fundiária. Nessas circunstâncias, a relação de dependência, tanto política quanto econômica, não necessita assumir nenhuma forma mais dura do que a comum a todos os súditos ante este Estado. O Estado é aqui o supremo senhor fundiário. Aqui, a soberania é a propriedade fundiária concentrada em escala nacional. Mas, em compensação, também não existe nenhuma propriedade privada da terra, embora haja a posse e o usufruto, tanto privados quanto públicos, do solo.
A forma econômica específica em que se suga mais-trabalho não pago dos produtores diretos determina a relação de dominação e servidão, tal como esta surge diretamente da própria produção e, por sua vez, retroage de forma determinante sobre ela. Mas nisso é que se baseia toda a estrutura da entidade comunitária autônoma, oriunda das próprias relações de produção e, com isso, ao mesmo tempo sua estrutura política peculiar. É sempre na relação direta dos proprietários das condições de produção com os produtores diretos – relação da qual cada forma sempre corresponde naturalmente a determinada fase do desenvolvimento dos métodos de trabalho, e portanto a sua força produtiva social – que encontramos o segredo mais íntimo, o fundamento oculto de toda a construção social e, por conseguinte, da forma política das relações de soberania e de dependência, em suma, de cada forma específica de Estado. Isso não impede que a mesma base econômica – a mesma quanto às condições principais – possa, devido a inúmeras circunstâncias empíricas distintas, condições naturais, relações raciais, influências históricas externas etc., exibir infinitas variações em sua manifestação, que só podem ser entendidas mediante análise dessas circunstâncias empiricamente dadas.[31]

Para apreender o significado da relação entre a superestrutura jurídica e política e a base material em sua complexidade dialética, é necessário entender o caráter preciso das diversas – qualitativamente diferentes – "correspondências" aqui referidas por Marx em sua tentativa de elucidar as interconexões dinâmicas subjacentes. De modo algum é suficiente simplesmente estipular uma "*reciprocidade*" entre a superestrutura e a base material. Afinal, por si só, isso não explicaria a *gênese* da "forma política das relações de soberania e de dependência", nem o seu modo de *funcionamento atual*, para não dizer suas *transformações* potenciais ou reais no futuro, incluindo a possibilidade de seu completo "fenecimento" como uma "forma política" separada (que acaba por constituir a preocupação central da teoria política de Marx). Falar genericamente sobre "reciprocidade", sem dar atenção ao necessário suporte materialista, bem como ao dinamismo histórico real das relações envolvidas, resultaria em nada mais que tautologia vazia.

Todos os complexos sócio-históricos reais caracterizados pela "reciprocidade" em seu modo de funcionamento têm algum "*uebergreifendes Moment*" (um "momento" ou fator de importância primordial) entre seus conjuntos interagentes das relações, tanto "absolutamente" – isto é, com respeito às suas determinações estruturais que transcendem a

---

[31] Karl Marx, *O capital* (São Paulo, Abril Cultural, v. III/2), p. 251-2.

forma histórica dada – quanto relativo às circunstâncias históricas particulares da formação social dentro da qual eles estão situados. É com referência ao *"uebergreifendes Moment"* apropriado que a categoria de reciprocidade adquire seu significado dialético, em contraste à circularidade vazia de toda fala sobre "determinação recíproca" que falha em indicar os aspectos dominantes estruturalmente articulados e historicamente válidos das inter-relações em questão. Se, portanto, é necessário salientar, como Marx o faz, que sob determinadas circunstâncias (na antiga Atenas e Roma) a *política*, e, na Idade Média, o catolicismo "dominavam", é igualmente importante situar tais variações históricas dentro de sua devida *perspectiva materialista ontológica*, insistindo que:

> a Idade Média não podia viver do catolicismo nem o mundo antigo da política. A forma e o modo como eles ganhavam a vida explica, ao contrário, por que lá a política, aqui o catolicismo, desempenhava o papel principal. De resto basta pouco conhecimento, por exemplo, da história republicana de Roma, para saber que a história da propriedade fundiária constitui sua história secreta. Por outro lado, Dom Quixote já pagou pelo erro de presumir que a cavalaria andante seria igualmente compatível com todas as formas econômicas da sociedade.³²

Portanto, não ajuda em nada continuar repetindo que as dimensões superestruturais adquirem proeminência, como obviamente acontece, sob certas circunstâncias históricas. Pois a verdadeira pergunta é *por quê?* – a não ser que desejemos tratar "política" ou "catolicismo" como *suposições* idealisticamente "autoexplicativas".

O que está em questão aqui é a *especificidade* das várias formações sociais em suas características definidoras gerais que afetam inevitavelmente o funcionamento das partes subordinadas do *todo social*. Nesse sentido, concentrar-se *somente* no mecanismo econômico, com a exclusão de todos os outros aspectos do complexo social geral, ou tentar derivar *diretamente* as várias dimensões deste último a partir dos imperativos e das forças

---

³² Karl Marx, *O capital*, cit., v. I, p. 77 (em nota de rodapé). Em vista de sua importância, essa passagem vale ser citada na íntegra: "Aproveito essa oportunidade para refutar, de forma breve, uma objeção que me foi feita, quando do aparecimento de meu escrito *Zur Kritik der Pol. Oekonomie*, 1859, por um jornal teuto--americano. Este dizia, minha opinião, que determinado sistema de produção e as relações de produção a ele correspondentes, de cada vez, em suma, 'a estrutura econômica da sociedade seria a base real sobre a qual levanta-se uma superestrutura jurídica e política, e à qual corresponderiam determinadas formas sociais de consciência', que 'o modo de produção da vida material condicionaria o processo da vida social, política e intelectual em geral' – tudo isso estaria até mesmo certo para o mundo atual, dominado pelos interesses materiais, mas não para a Idade Média, dominada pelo catolicismo, nem para Atenas e Roma, onde dominava a política. Em primeiro lugar, é estranhável que alguém prefira supor que esses lugares-comuns arquiconhecidos sobre a Idade Média e o mundo antigo sejam ignorados por alguma pessoa. Deve ser claro que a Idade Média não podia viver do catolicismo nem o mundo antigo da política. A forma e o modo como eles ganhavam a vida explica, ao contrário, por que lá a política, aqui o catolicismo, desempenhava o papel principal. De resto basta pouco conhecimento, por exemplo, da história republicana de Roma, para saber que a história da propriedade fundiária constitui sua história secreta. Por outro lado, Dom Quixote já pagou pelo erro de presumir que a cavalaria andante seria igualmente compatível com todas as formas econômicas da sociedade". O reconhecimento do "papel principal" desempenhado pela política, ou pelo cristianismo, sob determinadas condições históricas, tende a ser grandemente exagerado por aqueles que insistem, unilateralmente, na "autonomia" (pela qual querem dizer independência completa) de tais fatores superestruturais. Na verdade, no entanto, as referências pejorativas de Marx tanto à superficialidade dos "lugares-comuns arquiconhecidos" sobre a Idade Média e o mundo antigo – frases que querem atribuir à política e à religião um papel idealisticamente fora de sintonia com as dimensões materiais da vida social –

econômicas dadas, é algo irremediavelmente unilateral. Mas é também unilateral sugerir que, como nosso referencial é o *todo social*, devemos abandonar a ideia de que o fundamento econômico da sociedade continua sendo a base determinante *última* de todas as formações sociais (no sentido indicado no fim da seção 3.1).

Para explicar por que o catolicismo na Idade Média e a política no mundo antigo "desempenhavam o papel principal", precisamos concentrar atenção nos requisitos objetivos de reprodução das *condições operacionais* da produção. Pois é esta última que combina as determinações materiais/estruturais e superestruturais em um todo coerente e dialeticamente interdependente, definindo de maneira objetiva – por meio de sua modalidade historicamente desenvolvida de *mediação prática* – a *especificidade* do sistema dado de reprodução produtiva.

Como vimos com referência aos *Grundrisse*, um sistema social *particular – uma vez que* é historicamente constituído e articulado em suas principais dimensões, em cujos termos ele regula de modo bem-sucedido as múltiplas funções parciais do intercâmbio social – pode ser validamente considerado um "*todo orgânico*". Isso significa duas coisas. *Primeiro*, que a "organicidade" de uma dada totalidade social deve ser historicamente qualificada, de maneira que qualquer sistema social particular tanto *se torna* quanto, depois de um certo ponto, *deixa de ser* o regulador geral viável do metabolismo social sob todos os seus aspectos. ("*Regulador geral viável*" representa o significado literal de organicidade social.) E *segundo*, que dentro do quadro da formação social estabelecida, os diferentes níveis das determinações materiais/estruturais e superestruturais, não obstante suas tensões e até mesmo contradições, *coalescem* e *reforçam* um ao outro: desde que os *limites últimos* do sistema de produção material em si não sejam alcançados.

Por conseguinte, a razão de o catolicismo ou a política poderem "dominar" sob determinadas circunstâncias históricas não é alguma força cultural misteriosa, que estranhamente esclarece por um tempo os membros individuais das sociedades, preocupada somente em abandoná-los com igual estranheza em algum momento posterior. Em vez disso, o que encontramos nesses casos são formas específicas de regular o processo de produção em si, de tal modo que a *continuidade da produção*, simultaneamente com a reprodução das *necessárias condições operacionais* de reprodução social, seja garantida. E o princípio orientador implícito de todas essas formas de regulação metabólica, quaisquer que sejam as diferenças entre si, é atingir um grau tão alto quanto possível de *economia* e *estabilidade* em termos de forças, instrumentos e instituições socialmente disponíveis. (A "economia" e a "estabilidade" aqui referidas devem ser entendidas em

---

quanto à irrealidade da "cavalaria andante", vigorosamente reiteram sua posição geral, em vez de fornecer a ela um corretivo fundamental, como fora reivindicado.

O fato é que Marx sempre salientou a função inerentemente ativa das formas ideológicas na produção da mudança social (ver sua "Introdução" à *Crítica da filosofia do direito de Hegel* e os *Manuscritos econômico-filosóficos*, por exemplo), mas dentro do quadro da estrutura socioeconômica geral e nos termos da conjuntura histórica apropriada. E precisamente porque são necessárias qualificações históricas apropriadas para explicar a relativa proeminência de algum fator ideológico específico em determinadas épocas, a possibilidade do relativo domínio de componentes ideológicos do complexo social colocada em relevo por Marx na passagem supracitada salienta a validade de sua concepção geral, em vez de solapá-la, como alguns intérpretes sugeriram ou concluíram.

seus sentidos primordiais, dos quais as variantes capitalistas – orientadas na direção de salvaguardar a extração contínua da mais-valia e a expansão do valor de troca sob as condições da produção generalizada de mercadorias – são apenas instâncias particulares e historicamente muito limitadas.)

Enquanto as determinações estruturais e superestruturais *dominantes* coalescerem (ou agirem de modo relativamente imperturbado na mesma direção) no processo contínuo da reprodução social, será difícil esboçar uma linha de demarcação precisa entre as "condições operacionais de produção" e os vários fatores superestruturais. Enquanto dura a "fase ascendente" de desenvolvimento econômico, a impressão de "finalidade orgânica" tende a prevalecer nas várias conceitualizações que aceitam como inalteravelmente autossuficientes as premissas práticas da ordem dada. E até mesmo a fase de declínio gradual – marcada pela proeminência cada vez maior das chamadas "disfunções" – define a dimensão superestrutural das condições operacionais estritamente em termos dos "corretivos" necessários, de modo que a superestrutura enquanto tal pareça constituir um *círculo vicioso* de determinações engastadas com os imperativos materiais do sistema produtivo estabelecido e, portanto, não possa ser reconhecida como fator significantemente autônomo. Isso é particularmente evidente em épocas em que os ditames materiais de um sistema reprodutivo antagônico e internacionalmente articulado reduzem a margem de "intervenção superestrutural ativa" àquela de um papel de *apoio* acrítico, como claramente identificável desde o início da fase monopolista dos desenvolvimentos capitalistas. Nessas épocas, não só os representantes da ideologia dominante racionalizam o existente ao proclamar que "não há alternativa" para as medidas prescritas pelo sistema estabelecido de produção. Igualmente, as forças de oposição que articulam suas estratégias a partir da falsa premissa da vitalidade incontestável do capital acabam em becos sem saída "corretivos" e de apoio, do "socialismo evolutivo" de Bernstein às variedades recentes de democracia social inspiradas no "eurocomunismo" (ou o contrário).

Paradoxalmente, portanto, falar em "determinação *recíproca*" entre base e superestrutura sob as circunstâncias da "fase ascendente" do desenvolvimento socioeconômico parece ser um tanto redundante, posto que a reprodução do sistema dado – com suas requeridas condições operacionais – é considerada "organicamente" não problemática à luz de seu sucesso diariamente demonstrado. Do mesmo modo, durante a fase de declínio gradual, que pode envolver muitas décadas, as forças superestruturais *dominantes* podem exercer de maneira bem-sucedida suas funções reguladoras/reprodutivas em vista da "*circularidade prática*" que tende a prevalecer entre os imperativos materiais e as dimensões superestruturais de um sistema plenamente articulado – e, nesse sentido, orgânico. Não obstante, seria muito errado identificar a superestrutura em geral com suas partes constituintes que acabam sendo *dominantes* sob as circunstâncias históricas prevalecentes, por mais longas que possam ser. Pois assim como o sistema produtivo é dilacerado por antagonismos, a superestrutura em si está muito longe de ser uma entidade homogênea. Afinal de contas, não se deve esquecer de que, *grosso modo*, o mesmo período que foi responsável pelo surgimento e consolidação da democracia social revisionista também produziu as concepções revolucionárias e os movimentos políticos de Lenin e Rosa Luxemburgo.

É em períodos de transição de uma formação social para outra que a verdadeira relação entre a base material e sua superestrutura aparece de modo muito cristalino. Pois, sob tais condições, tanto o fundamento produtivo quanto a superestrutura da ordem estabelecida devem ser radicalmente reestruturados. Uma tarefa cuja realização é inconcebível sem a mais ativa intervenção de fatores superestruturais na resolução da crise de reprodução social por meio do estabelecimento de um novo conjunto de condições operacionais viáveis e regras praticáveis de "reciprocidade". Isso deve ser feito de modo que, repetindo, todos os níveis de prática social, inclusive as mais mediadas práticas "culturais", possam trazer à tona e coalescer em um novo quadro "orgânico" de intensificação da economia e da estabilidade. Nesse sentido, não é de modo algum acidental:

1. que as primeiras teorias coerentes da ideologia surgiram como consequência da Revolução Francesa, com o ato supremo da burguesia que conscientemente tentou se distanciar da ordem feudal, independentemente de quão "inconsciente" e acrítica ela permaneceu com respeito às contradições inerentes de sua própria formação social – capitalista; e

2. que algumas das contribuições mais originais ao desenvolvimento do marxismo no século XX, envolvendo um grande reexame dos problemas da ideologia e da "falsa consciência", surgiram depois da Revolução Russa, que colocou na agenda histórica não só os problemas práticos da transição para uma sociedade socialista, mas também o inevitável desafio de assumir uma postura crítica vis-à-vis às capacidades de ação social disponíveis e as estratégias defendidas de transformação radical.

Para nos voltarmos agora para uma questão particularmente importante, as reciprocidades entre a forma política dada e a estrutura social à qual corresponde aquela forma política não podem ser explicadas pelo mero fato de sua "correspondência". Elas devem ser explicadas por meio de um nível mais profundo de determinações dialéticas – a saber, a ontologia social de um ser natural autorreprodutor – que integre completamente os requisitos inevitáveis dos fatores *naturais* às condições específicas das relações *sociais* objetivamente em transformação. É possível falar sobre a correspondência (historicamente específica) entre uma dada estrutura social e sua forma política somente porque ambas são fundadas na "correspondência *natural*" entre o grau atingido de "produtividade social" e as relações de produção estabelecidas – isto é, a estrutura de dominação existente – resumidas sob seu denominador comum como a divisão social estrutural-hierárquica (e não simplesmente funcional) predominante do trabalho.

Existem, de fato, coisas como os *"requisitos naturais"* de todo "trabalho em geral" contínuo e reprodutivo, que permanecem em vigor "em todos os modos de produção". A saber: as condições absolutas do *metabolismo social enquanto tal* que correspondem às carências [*needs*] e determinações autorreprodutivas de um ser natural historicamente único. E posto que essas condições existem, o metabolismo em curso entre os seres humanos e a natureza necessariamente implica não só a bem-sucedida produção e reprodução material enquanto tal, mas simultaneamente também a reprodução efetiva das *"condições operacionais"* socialmente vitais da produção continuada, sem as quais a produção sustentável muito simplesmente poderia não ocorrer.

Em outras palavras, os imperativos do metabolismo social – à medida que baseados nos fundamentos historicamente "humanizados" (no sentido direto de serem afetados pelos seres humanos) e constantemente modificados da natureza – implicam não só um nível adequado de produtividade material, mas também a reprodução (ou manutenção) das *relações de poder* existentes, que regulam o modo de produção dado como suas "condições operacionais" inerentes. Os "*requisitos naturais*" da produção e reprodução continuadas (isto é, sua inevitabilidade determinada pela natureza) explicam a necessidade de tais "condições operacionais" regulatórias em sentido absoluto. Ao mesmo tempo, o dado grau de desenvolvimento das forças produtivas determina a modalidade relativa, historicamente específica de restrições regulatórias como mais ou menos diretamente unidas a determinadas *hierarquias sociais* para o todo que Marx chama de "pré-história da humanidade", com a exceção de seus estágios mais primitivos.

Admitidamente, conceber a substituição de tais hierarquias sociais estruturais pelo controle autodeterminado e consciente de seus intercâmbios por parte dos "produtores associados" (de quem se espera a instituição de um sistema qualitativamente diferente de "condições operacionais") pressupõe uma mudança suficientemente favorável nas restrições objetivas e necessidades [*necessities*] da produção material em si. Deve ser enfatizado, no entanto, que a apresentação desse problema como uma *sequência temporal,* na qual o avanço produtivo requerido *precede* – sobre a base de suas próprias determinações científicas/tecnológicas e "puramente econômicas" – a possibilidade de alterar radicalmente as forças motrizes e as condições operacionais da reprodução social, é uma concepção grosseira e mecânica que convém somente aos ideólogos da ordem dominante. Afinal, no espírito de seu "positivismo acrítico", eles eternizam o *presente* – do ponto de vista a partir do qual eles podem arbitrariamente reescrever inclusive o *passado*[33] – e situam a viabilidade de qualquer transformação socialmente significativa em um *futuro* que repousa muito além do tempo de vida dos indivíduos a quem esse discurso se dirige[34].

---

[33] John Maynard Keynes, por exemplo, idealiza a época capitalista a tal ponto que o resto da história humana é sumariamente (e circularmente) rejeitada por ele como a "ausência dos importantes progressos técnicos" e a "falha do capital de se acumular". "Economic Possibilities for our Grandchildren" (1930), em *Essays in Persuasion* (Nova York, Norton & Co., 1963), p. 360. De fato, ele chega ao ponto de dizer que "quase tudo que realmente importa e que o mundo possuía no começo da idade moderna já era conhecido pelo homem no despontar da história" (ibidem). [A maior parte dos textos de Essays in Persuasion encontra-se reunida em português em Tamás Szmrecsányi (org.), Keynes: economia, São Paulo, Ática, 1978. (N. E.)]

[34] Caracteristicamente, o mais influente de todos aqueles que desenvolveram as estratégias para a revitalização do capital no século XX, Keynes – cuja fidelidade ideológica é desavergonhadamente anunciada quando ele declara que "a *luta de classes* irá me declarar do lado da *burguesia* culta" (Keynes, "Am I a Liberal?" (1925), em *Essays in Persuasion*, cit., p. 324) –, oferece a mais rígida e dogmática separação do avanço material/produtivo ("a solução do *problema econômico*" em sua terminologia) e a melhoria das condições da existência humana em todos os aspectos, de acordo com as potencialidades dos objetivos conscientemente adotados. Ele descreve o processo de reprodução produtiva, que ele próprio chama, a partir do ponto de vista "materialista vulgar", de "a máquina econômica" (Keynes, "The End of Laissez-Faire" (1926), em *Essays in Persuasion*, cit., p. 319), argumentando que a ciência, a eficiência técnica e a acumulação de capital (e este último graças ao "princípio dos juros compostos" ("Economic Possibilities for Our Grandchildren", cit., p. 371), e não da exploração indígena e colonial) estão no caminho certo para resolver, "*gradualmente*", é claro, o "problema econômico da humanidade" que, em sua visão, deveria ser considerado "uma questão para os *especialistas* – como a odontologia" (ibidem, p. 373). Se ainda estivermos passando por dificuldades, como "a depressão mundial vigente" e a "anomalia do desemprego em um mundo cheio de quereres" (ibidem, p. 359), isso só acontece porque:

O caráter ilusório de tais idealizações (implícitas ou explícitas) da tecnologia surge da falha em reconhecer uma *necessidade estrutural* inerente a todas as formas sociais de reprodução produtiva. Em outras palavras, o falso diagnóstico, e concomitante prognóstico, de ser capaz de encontrar uma solução adequada para os problemas sociais profundamente arraigados por meio de realizações tecnológicas não se deve à ausência de ampla evidência em contrário. Ele se deve a uma matriz teórica defeituosa que oblitera o "lado anverso" – os custos sociais iníquos – dos avanços feitos em áreas limitadas em detrimento da maioria avassaladora. É assim que os pensadores mencionados terminaram por projetar a viabilidade das soluções *tecnológicas per se*, cuja implementação geral é, de fato, radicalmente incompatível com as *premissas sociais* da ordem produtiva estabelecida. Nesse sentido, muito além de questionar os méritos das proposições particulares e antecipações veleitárias

> Por *enquanto*, a própria rapidez destas mudanças [na eficiência técnica] nos aflige e provoca problemas difíceis de resolver. Aqueles países que não estão na *vanguarda do progresso* suportam-nas apenas relativamente. Estamos sendo atingidos por uma nova doença [...] ou seja, *o desemprego tecnológico*. [...] Trata-se, porém, de uma *fase temporária de desajustamento*. Afinal, tudo isto significa que a *humanidade está resolvendo seu problema econômico*. (Ibidem, p. 364)

Como podemos ver, a situação parece não ter mudado muito nos anos que se seguiram. Afinal, nosso desemprego crescente, igualmente, não deveria ser mais sério que "uma fase temporária de desajustamento", devido à "rapidez das mudanças na eficiência tecnológica", tudo pela boa causa de continuar na "vanguarda do progresso".

A diferença é que Keynes ainda pode confiantemente prever – em 1930 – que o "problema econômico da humanidade" será solucionado dentro de cem anos nos "países progressistas" (ibidem, p. 364). Contudo, por meio de suas qualificações, ocorre que, para Keynes, o conceito de "humanidade" envolvido no processo de resolver o problema econômico está confinado aos "países progressistas" e às "vanguardas do progresso". Isso, mais uma vez, salienta a total irrealidade de seu diagnóstico.

Ademais, em consonância com o antiquíssimo postulado da economia política burguesa, segundo a qual a própria natureza implantou a "motivação econômica" em todos os indivíduos, Keynes afirma que: "nossa evolução natural, com todos os nossos impulsos e os nossos mais profundos instintos, aconteceu *com o intuito de solucionar o problema econômico*. Uma vez solucionado, a humanidade ficaria privada do seu objetivo tradicional", (ibidem, p. 366). E, ainda, é dessa forma que ele descreve a mudança positiva porvir no que diz respeito aos mesmos indivíduos que, diz-se, estão profundamente determinados, pela própria natureza, em seus mais íntimos "impulsos e instintos":

> Quando a acumulação de riqueza deixar de ter um significado social importante, acontecerão mudanças profundas no código moral. [...] Ficaremos, finalmente, livres para nos desfazermos de todos os hábitos sociais e das práticas econômicas referentes à distribuição da riqueza e às recompensas e penalidades econômicas que hoje mantemos a todo custo, apesar de serem desagradáveis e injustas, dada sua inacreditável utilidade em fomentar a acumulação do capital. [...] Prestaremos homenagem a quem souber nos ensinar a acatar a hora e o dia com virtude, àquelas pessoas maravilhosas capazes de extrair um prazer direto das coisas, como dos lírios do campo, que não semeiam nem tecem. (Ibidem, p. 369-370)

A milagrosa transformação do fazedor de dinheiro instintivo da natureza, que aqui se prevê ocorrer aproximadamente um século depois de 1930, é, obviamente, uma sugestão totalmente gratuita. Pois sem qualquer fundamento corroborativo, mais ainda, contra seus próprios argumentos enunciados um pouco antes sob a autoridade da própria "natureza", Keynes contrapõe, com uma arbitrariedade veleitária, nada mais que o impotente mundo do "deve" à dada realidade do "é", salientando sua polaridade também por meio do abismo temporal que coloca entre eles.

Em todo caso, a redenção hipostasiada e quase religiosa não é o verdadeiro propósito do discurso keynesiano. Ele oferece o incentivo moralizador/religioso da "derradeira recompensa" aos indivíduos – para os quais a terra prometida repousa no mundo do além, posto que em cem anos estarão todos mortos – sob a

dos diversos economistas e teóricos sociais, nós nos preocupamos aqui com uma questão teórica geral de importância bastante fundamental.

O ponto é que as *condições operacionais* de produção não podem ser simplesmente identificadas com, ou subsumidas à, produção enquanto tal. As duas constituem um complexo dialético cujos elementos – mesmo sob as melhores circunstâncias possíveis – não podem resultar em uma relação de *identidade*, mas somente em uma *unidade* interativa e, em sociedades de classe, necessariamente contraditória.

Dependendo da configuração precisa dos constituintes de tal interação, essa unidade pode ser mais ou menos estável e duradoura. Igualmente, dependendo de quão distante um dado sistema de reprodução social acabe por estar, em um ponto específico no tempo, de

---

condição de que troquem sua busca por uma possível mudança radical no futuro não tão distante por seu *adiamento* para muito além de sua própria expectativa de vida, aceitando assim, com santificada resignação, a ordem estabelecida das coisas. Por conseguinte, Keynes, imediatamente depois das linhas que acabamos de citar, nos leva de volta, com um senso altamente desenvolvido de hipocrisia, à sua própria visão bastante prosaica e completamente mistificadora da realidade. Pois é dessa forma que ele continua seu "Ensaios de persuasão", depois de enaltecer os lírios no campo:

> Mas cuidado! O momento ainda não é chegado. Pelo menos outros cem anos deveremos fingir para nós mesmos e para todos os outros que o certo está errado e o errado está certo, porque *aquilo que está errado é útil e o que é certo não é*. Avareza, agiotagem, prudência têm de ser nosso lema ainda por um pouco de tempo, porque somente esses princípios podem nos tirar do subterrâneo da *necessidade econômica* para a luz do dia. (Ibidem, p. 372)

Keynes mistifica seu público ao deliberadamente fundir (e confundir) "*útil*" com *lucrativo* (o verdadeiro termo operativo por trás de sua fraseologia diversionária). Ele está convencido (ou antes, ele quer *nos* convencer) de que os problemas da "necessidade econômica" são problemas *técnicos*, que devem ser destinados aos nossos "*especialistas*" na gestão da agiotagem e extração econômica de dentes. Nesse espírito, Keynes insiste que os especialistas "modestos, porém competentes", recomendados por ele estão destinados a nos conduzir para fora do "subterrâneo da necessidade econômica" para nosso próprio "destino da glória econômica" (ibidem, p. 373), contanto que nos entreguemos aos cuidados deles – da mesma forma que ninguém que sofre de dor de dente, em sã consciência, questionaria o bom-senso de se entregar à competência dos dentistas em aliviar a dor. Na verdade, Keynes está tão convencido da validade de sua visão odontológica/especialista do "problema econômico" que ele conclui seu ensaio com estas palavras: "Se os economistas conseguissem se fazer vistos como pessoas modestas e competentes, no mesmo nível dos dentistas, seria esplêndido" (ibidem).

Infelizmente, no entanto, há meros dezenove anos de atingirmos nosso prometido destino da glória econômica, estamos muito mais distantes da saída do subterrâneo do que há oitenta e um anos, *apesar* dos tremendos avanços na produtividade alcançados em todas essas décadas. O motivo disso ser assim é que o "problema econômico" do qual Keynes fala não é, na realidade, o da "necessidade econômica" – que, em sua visão, está fadado a ser automaticamente eliminado no devido tempo pelo glorioso "acúmulo de riqueza" – mas sim um problema profundamente *social* (ou *socio*econômico). Pois nenhum montante de riqueza acumulada é capaz sequer de começar a remover as restrições paralisantes das determinações socioeconômicas agora prevalecentes se a crescente riqueza social é despejada – como acontece nos dias de hoje – no poço sem fundo do complexo militar-industrial, bem como no de outras variedades perdulárias de absorção de riqueza, em vez de satisfazer a carência humana. Similarmente, apesar do tratamento keynesiano autoabsolvente – e, na nossa época, pelas mesmas razões, altamente popular – do problema, não há algo como um "*desemprego tecnológico*". Pois o desemprego em massa – muito maior hoje do que em 1930, quando Keynes nos prometeu a luz do dia "logo" depois do subterrâneo – poderia ser eliminado, em princípio, praticamente *da noite para o dia*. Não pelos milagres criadores de novos empregos de uma "terceira" e "quarta revolução industrial", mas pela estratégia social conscientemente adotada de reduzir a jornada de trabalho cumprida pelos membros da sociedade, de acordo com as verdadeiras carências e objetivos produtivos da força de trabalho disponível.

seus limites últimos de avanço produtivo, o quadro regulatório da produção material pode aparentar ser puramente "orgânico" e não problemático – como de fato a idealizada "mão invisível" parecia ser na época do *"laissez-faire"* – ou exibir sinais de "disfuncionalidade" e "desajustamento" até mesmo na visão de seus fervorosos defensores.

Ainda assim, as condições operacionais da reprodução produtiva não podem *nunca* ser reduzidas à produção em si, posto que elas não são meramente *tecnológicas*, mas simultaneamente também *sociais*. Elas possuem uma dimensão relativamente *autônoma* que, longe de ser apenas "disfuncional", pode, com efeito, ser extremamente perturbadora no que diz respeito aos requisitos objetivos de todo o sistema produtivo sob determinadas circunstâncias históricas.

---

A intenção apologética por trás da racionalização keynesiana da relação entre os desenvolvimentos materiais e a emancipação humana é bastante óbvia uma vez que reunimos seus constituintes. O mesmo é válido para os apologetas do capital que são mais recentes e mais grosseiros que Keynes, como Daniel Bell e Robert Tucker, por exemplo. A única diferença é que para os últimos o futuro já se tornou presente em nossa assim chamada "sociedade pós-industrial", que, afirma-se, resolveu o "problema econômico". Dessa forma, eles declaram que "o conceito de comunismo de Marx é mais aplicável aos EUA de hoje, por exemplo, do que seu conceito de capitalismo" (Robert Tucker, *Philosophy and Myth in Karl Marx*, Cambridge, Cambridge University Press, 1961, p. 235), o que nos deixa meramente com os problemas da abundância e do "lazer" que já preocupavam Keynes em sua descrição do mundo da "luz do dia" para além do subterrâneo econômico.

Contudo, o otimismo mecânico que tomou por certa a realização da abundância tecnologicamente produzida não esteve, de modo algum, restrito aos fiéis defensores das contradições do capital. Na verdade, ele foi extremamente difundido entre os intelectuais em geral no auge da prosperidade pós-guerra e do consenso político. Foi bastante surpreendente, no entanto, o fato de o mesmíssimo otimismo ter infectado até mesmo algumas destacadas figuras marxistas ocidentais. Elas parecem ter se esquecido de que declarar, como fizeram, que o triunfo da abundância sobre a escassez estava no caminho certo para resolver todos os nossos problemas materiais, deve ser algo aplicável ao mundo social globalmente interconectado – e, nesse sentido, deve ser generalizável –, em vez de ser uma projeção veleitária das condições que acabavam por prevalecer, na época, em áreas relativamente pequenas até mesmo de seus próprios países privilegiados, neocolonialmente exploradores. Para tomar um exemplo, até mesmo o distinto marxista canadense C. B. Macpherson argumentou que:

> O *trunfo sobre a escassez* é agora não só previsível, mas *na verdade previsto*. [...] Nas condições de escassez material que até o momento sempre prevaleceram, a propriedade tem sido uma questão de direito para uma renda material. Com o *triunfo sobre a escassez* que é agora previsto, a propriedade pode se tornar antes um direito a uma *renda imaterial*, uma renda de fruição da qualidade de vida. Uma tal renda não pode ser calculada em quantidades materiais. (C. B. Macpherson, "A Political Theory of Property", em *Democratic Theory: Essays in Retrieval*, Oxford, Clarendon Press, 1973, p. 138-9)

Encontramos uma perspectiva semelhantemente desorientada nos escritos da Escola de Frankfurt. A significância objetiva das condições operacionais necessárias da reprodução capitalista é ignorada, produzindo uma avaliação totalmente irrealista da tecnologia e produção capitalistas. Além disso, como essa principal dimensão da dialética de base e superestrutura é deixada de fora, a crítica ideológica da "sociedade industrial avançada", articulada pelos representantes dessa escola, sofre da mesma maneira, posto que ela não pode apontar para nenhum fundamento exceto si mesma. A negatividade moralizante em evidência em tantos trabalhos da "teoria crítica" é a consequência necessária de tal omissão.

Adorno, por exemplo, define as condições de uma sociedade emancipada nos termos de ser "tão organizada quanto *seria permitido diretamente, aqui e agora*, pelas forças produtivas, e quanto as condições de produção *de ambos os lados* evitaria implacavelmente" (Theodor Adorno, *Negative Dialectics*, Nova York, The Seabury Press, 1973, p. 203).

A necessidade do estabelecimento de um quadro relativamente autônomo das condições operacionais surge, no caso de uma produção social, por duas razões – historicamente intranscendíveis. *Primeiro*, porque cada parte constituinte do processo contínuo de produção requer um conjunto de regras feitas pelo homem, por mais primitivas que sejam (por exemplo, a simples repetição), uma vez que o trabalho intervém no processo metabólico entre o "animal que faz ferramentas" e a natureza, embarcando assim nos primeiros passos emancipatórios na direção de superar [*overcoming*] a dominação direta do ser da natureza pela natureza em si. E *segundo*, a multiplicidade de unidades produtivas deve ser, de alguma maneira, coordenada e protegida – por meio de modos de cooperação e reciprocidade, por mais rudimentares que sejam – de forma a garantir suas chances de sobrevivência e avanço diante das forças que têm de confrontar, sejam elas grupos de homens hostis ou

---

São três as fraquezas dessa concepção. Primeiro, a *miséria global* sobre a qual as aparentemente bem--sucedidas forças produtivas são construídas não é seriamente levada em conta, e com isso a questão vital de quão generalizável é a tecnologia produtiva dominante – o que no fim decide se ela é realmente viável, sem falar de seu real emprego para fundamentar a necessária transformação socialista – sequer é levantada. Segundo, na medida em que o nível disponível de tecnologia produtiva é declarado como adequado até mesmo para os propósitos de uma sociedade emancipada, suas condições objetivas profundamente arraigadas – inerentes às necessárias condições operacionais do modo estabelecido de reprodução produtiva, que a conduzem em uma direção perigosa e, portanto, restringem-na em todos os seus aspectos principais, "aqui e agora", com implicações em última instância explosivas, no que se refere ao seu desenvolvimento futuro – escapam a toda crítica. E terceiro, posto que na relação *capital/ trabalho* a responsabilidade por "evitar implacavelmente" o surgimento da almejada sociedade emancipada, sobre os fundamentos já dados da tecnologia produtiva, é atribuída tanto a um lado quanto ao outro, a possibilidade de encontrar uma capacidade de ação da emancipação que equivalha à tarefa desaparece completamente. Uma vez que, no entanto, a situação é diagnosticada nesses termos, Adorno é compelido a uma postura duvidosa de uma denúncia moral genérica do existente a partir do ponto de vista de sua "dialética negativa" elitisticamente concebida.

Apesar de algumas diferenças de ênfase e terminologia, a posição de Marcuse não é fundamentalmente diferente da de Adorno. Pois embora o autor de *A ideologia da sociedade industrial: o homem unidimensional* deteste o sistema capitalista e tenha grande simpatia pelos "miseráveis da terra", sua perspectiva é baseada praticamente no mesmo diagnóstico equivocado das realizações e potencialidades inerentes do capital. Ele, também, as subestima enormemente, afirmando que, como resultado da "maior felicidade e diversão acessíveis para a maioria da população" (Marcuse, *An Essay on Liberation,* Londres, Allen Lane/The Penguin Press, 1969, p. 13), "a classe trabalhadora [...] se converteu em um fator conservador, inclusive *contrarrevolucionário*" (ibidem, p. 17).

Paradoxalmente, Marcuse admite estar aprisionado pelo "círculo vicioso: a ruptura com o conservador *continuum* autopropulsor das necessidades deve *preceder* a revolução que há de desembocar em uma sociedade livre, mas tal ruptura só pode ser concebida em uma revolução" (ibidem, p. 18, itálico de Marcuse). Assim, ele só pode oferecer um imperativo moral abstrato – o misterioso "aflorar de uma moral que pode precondicionar o homem para a liberdade" (ibidem, p. 10) – como uma saída de seu autoimposto "círculo vicioso", defendendo a estratégia de "passar de Marx a Fourier" (ibidem, p. 22) e até mesmo a Kant ["Aqui, também, a teoria estética de Kant conduz às *noções mais avançadas*: o belo como 'símbolo' da moral" (ibidem, p. 32)].

Para piorar as coisas para si próprio, Marcuse não só assevera categoricamente "a integração das classes trabalhadoras organizadas (e não só as organizadas) no sistema do capitalismo avançado" (ibidem, p. 14), como também tenta oferecer uma sustentação *biológica* para a fatídica integração alegada, afirmando que "é precisamente esta *excessiva adaptabilidade do organismo humano* que impele à perpetuação e extensão da *condição de mercadoria*" (ibidem, p. 17), no lugar da explicação marxiana da forma dominante – histórica e socialmente qualificada – de "falsa consciência" em termos de "fetichismo de mercadoria". Além disso,

o poder da natureza. A "sociedade das abelhas" não precisa de nenhuma das duas, posto que determinações naturais diretas regulam sua atividade "produtiva", tanto internamente (por meio de mecanismos instintivos) quanto em relação à totalidade da natureza.

Portanto, o fundamento estrutural da superestrutura não é a *materialidade* em sua *imediaticidade*, mas a necessidade fundamental de estabelecer condições operacionais apropriadamente reguladas, mesmo no caso das formas mais primitivas de produção social. Condições operacionais, ou seja, que não podem deixar de ser *relativamente autônomas* em suas funções reguladoras assumidas desde o exato momento de sua criação.

Esta é uma questão de grande importância teórica. Pois, com efeito, essas condições operacionais relativamente autônomas de produção constituem o fundamento material sobre o qual a superestrutura pode historicamente surgir. Naturalmente, a superestrutura não pode ser simplesmente identificada com as condições reguladoras em si, assim como estas não poderiam simplesmente ser subsumidas à produção enquanto tal. As condições operacionais relativamente autônomas de produção constituem o *fundamento mediador* objetivo entre as determinações estritamente materiais e especificamente estruturais do intercâmbio social. Consequentemente, a relativa autonomia da superestrutura não é uma reflexão subjetiva tardia, concebida por Engels com "casuísticas jesuítas"[35] de modo a extricar a concepção materialista de história dos dilemas autoimpostos de seu suposto "reducionismo mecânico". Pelo contrário, trata-se de uma *categoria dialética do ser social* que faz sua primeira aparição nas condições operacionais da reprodução produtiva já num estágio bem inicial do desenvolvimento histórico.

O avanço da produção social e a multiplicação das carências humanas historicamente criadas intensificam enormemente essa autonomia relativa, especialmente quando as

---

Marcuse também insiste que as "possibilidades utópicas" que ele defende "são implícitas às *forças técnicas e tecnológicas* do capitalismo avançado" na base das quais se "acabaria com a pobreza e a *escassez* em um futuro muito previsível" (ibidem, p. 4). Assim como Macpherson hipostasiou que a questão da "renda material" é agora obsoleta e que, portanto, devemos nos preocupar, em vez disso, com as dificuldades da "renda imaterial", Marcuse afirma que "a questão já não é mais: como pode o indivíduo satisfazer suas necessidades sem causar dano aos demais, mas sim: como pode satisfazer suas necessidades sem causar dano a si mesmo" (idem).

Dadas essas suposições, Marcuse termina com uma descrição que assemelha-se muito aos postulados tecnologicamente fundados de John Maynard Keynes que vimos acima. Estas são as palavras de Marcuse:

> É concebível tal mudança na "natureza" do homem? Eu creio que sim, porque o *progresso técnico* alcançou um estágio em que a realidade já não precisa ser definida pela extenuante competição por sobrevivência e progressos sociais. Quanto mais essas *capacidades técnicas* transcendem o quadro de exploração dentro do qual permanecem confinadas e violentadas, mais *elas impulsionam as tendências* e aspirações do homem a um ponto em que as *necessidades da vida deixam de requerer* as atuações agressivas de "ganhar o sustento", e o "não necessário" se torna um prêmio vital. (Ibidem, p. 5)

Portanto, similarmente ao diagnóstico keynesiano, uma mudança radical na "natureza humana" é postulada. E assim como em Keynes, nenhuma indicação é dada sobre como tal mudança poderia realmente acontecer. Apenas que "essa mudança qualitativa *deve* modificar as necessidades, a infraestrutura do homem" (ibidem, p. 4), ao ponto de que o estipulado "dever" moral da "rebelião teria se enraizado, então, na própria natureza, na 'biologia' do indivíduo" (ibidem, p. 5), estabelecendo no "organismo" em si "a base instintiva da liberdade" (ibidem, p. 4) e "a necessidade biológica da liberdade" (ibidem, p. 10).

[35] Peter Worsley, cit., p. 32.

divisões internas das práticas reprodutivas iniciais se consolidam com o auxílio direto do quadro regulador em si. Portanto, uma vez que as divisões internas são estruturalmente articuladas e salvaguardadas, a questão do controle se define objetivamente sob três aspectos principais:

1. como controlar o processo de produção em si com a ajuda do conjunto disponível de regras e dispositivos reguladores;

2. como garantir as posições estratégicas de controle no sistema estabelecido de reprodução produtiva para um grupo ou classe social particular e não para outro/a; e

3. como assumir o verdadeiro controle sobre as condições operacionais em si, que parecem ter vida própria e resistir até mesmo às "estratégias corretivas" das forças socialmente dominantes.

Paralelamente à difusão geral da divisão social do trabalho como inextricavelmente ligada às condições estruturalmente impostas da dominação de classe, a superestrutura – cada vez mais articulada formalmente como uma superestrutura jurídica e política – assume um papel cada vez maior no quadro regulador geral da reprodução produtiva. Por conseguinte, ela não só *surge* e *repousa* na base material da formação socioeconômica dada, como também, simultaneamente, se *superimpõe* àquela base, demonstrando graficamente, também a esse respeito, sua relativa autonomia.

Para ser exato, seu poder de superimposição só pode prevalecer – pela força das funções reguladoras necessárias efetivamente cumpridas pela superestrutura no sistema de reprodução social – desde que os interesses do metabolismo social fundamental não sejam ameaçados. Não obstante, com a exceção de uma crise estrutural elementar, o poder da superestrutura – para melhor ou pior – é verdadeiramente imenso. Afinal, em virtude de suas funções reguladoras vitais, ela constitui um *complexo intimamente engastador* – um verdadeiro círculo vicioso na sociedade capitalista – com sua base material de reprodução produtiva. É por isso que o tão alardeado triunfo da "ciência e dos juros compostos" (Keynes[36]) sobre a escassez dentro dos parâmetros estruturais da sociedade capitalista é, quando muito, uma alucinação. Pois a condição elementar para dar mesmo os primeiros passos na direção daquele triunfo é quebrar o círculo

---

[36] Keynes apresenta uma racionalização quase inacreditável até mesmo da pilhagem colonial britânica em termos de "juros compostos". Eis como ele defende sua causa:

> O valor dos investimentos britânicos no exterior atualmente é avaliado em cerca de 4 bilhões. Isto nos proporciona uma renda à taxa de cerca de 6,5%. A metade disso trazemos para casa e desfrutamos; a outra metade, 3,25%, deixamos acumulados no estrangeiro a juros compostos. Algo assim vem ocorrendo há cerca de 250 anos. Calculo que o início dos investimentos britânicos no exterior esteja no tesouro que Drake roubou da Espanha em 1580 (...). A rainha Elizabeth viu-se com cerca de 40 mil libras em mãos, as quais ela investiu na Levant Company – que prosperou. Com os lucros da Levant Company, a East Índia Company foi fundada, e os lucros desta grande empresa formam a base dos investimentos subsequentes da Inglaterra no exterior. Essas 40 mil libras, acumulando-se a juros compostos de 3,25%, correspondem aproximadamente ao volume real dos investimentos da Inglaterra no exterior em várias datas, e realmente atingiram hoje o total de 4 bilhões de libras, que já citei como sendo o que representa nossos atuais investimentos no exterior. Portanto, cada libra que Drake trouxe, em 1580, corresponde agora a 100 mil libras. *Esse é o poder dos juros compostos*. ("Economic Possibilities for Our Grandchildren", cit., p. 361-2)

vicioso entre a produção material capitalista e suas necessárias condições operacionais. Atingir esse objetivo só é concebível como um processo dialético de reciprocidade, por meio do qual ambas as dimensões do complexo engastador são radicalmente – e simultaneamente – reestruturadas, em contraste com a fantasia de se estabelecer uma sequência temporal entre elas, independentemente de qual das duas deveríamos colocar em primeiro lugar na ordem cronológica.

De acordo com essa linha de raciocínio, as formas superestruturais historicamente em mutação podem "corresponder", no sentido marxiano, às especificidades da estrutura social dada precisamente porque elas constituem o *quadro regulador necessário* de reprodução continuada, interagindo dialeticamente com esta e *codeterminando* suas transformações, tendo como base a "correspondência natural" entre as forças dadas e as relações de reprodução produtiva.

Na mesma lógica, as reciprocidades da interação também podem se manifestar, e de fato explodir, na forma de *contradições agudas*, no caso de intervenções reguladoras em si contribuírem seriamente para o surgimento e agravamento de *bloqueios estruturais* no sistema de reprodução continuada, em vez de ajudar a aumentar a produtividade da sociedade dada. Isso acontece quando o quadro existente de intervenções reguladoras não é mais suficiente para deslocar as várias manifestações das contradições do sistema, em contraste com as fases anteriores de seu desdobramento, quando elas ainda podem ser tratadas como meras "disfunções", corrigíveis com relativa facilidade dentro dos parâmetros estruturais objetivos da ordem estabelecida. Portanto, sob tais circunstâncias, as formas superestruturais em si, normalmente estabilizadoras, paradoxalmente, abalam a dinâmica da "correspondência-por-ajustes-recíprocos" e, como resultado, por fim, ameaçam até mesmo os requisitos mais elementares do metabolismo social básico.

Devemos distinguir entre os níveis muito diferentes de "correspondência" que constituem um sistema integrado de determinações, estruturada em uma ordem ascendente de momentos "*uebergreifenden*". Ao mesmo tempo, deve-se enfatizar que até mesmo os níveis mais mediados "reagem sobre" os mais fundamentais, contribuindo dialeticamente para a transformação histórica do complexo social como um todo.

Os principais aspectos desse sistema de correspondências e interações recíprocas podem ser descritos, em sua ordem ascendente, da seguinte maneira:

1. os *requisitos naturais* de *todos* os modos de produção e de todo trabalho contínuo e reprodutivo em geral;

2. a *correspondência natural* entre as forças e as relações de produção *dadas*, de acordo com o nível historicamente atingido de produtividade social;

3. a correspondência entre a *estrutura social* historicamente específica e sua *superestrutura*, que assume a forma de superestrutura *jurídica e política* sob uma variedade de formações sociais;

4. a correspondência entre determinadas *ideias* e *formas de consciência social* e a *base material* da sociedade em questão como *mediada* por, e articulada por meio de, instituições e instrumentos inextricavelmente materiais, bem como ideológicos, dessa sociedade no quadro geral de sua superestrutura.

Sem apreender a problemática da "reciprocidade" e "correspondência" dialéticas no sentido mencionado acima – isto é, como um complexo integrado de determinações materiais e ideais, com a prioridade *última* conferida à primeira – terminaríamos com alguma concepção estrutural-funcionalista tautológica que estipula um sistema infalivelmente bem-sucedido de "ajustes recíprocos", com a eliminação necessária das "disfunções sociais", no interesse da apologética social.

Nesse sentido, uma concepção dialética das complexas interações e determinações recíprocas entre base e superestrutura significa, antes de tudo, apreender os vários fatores envolvidos como um conjunto *objetivamente estruturado e ordenado* de relações, com um peso relativo precisamente definível preso a cada elemento em qualquer época dada, bem como trans-historicamente. (O último de acordo com as prioridades pertencentes aos diferentes constituintes estruturais em virtude de sua localização mais ou menos estratégica com respeito a um ou outro no quadro geral do metabolismo social básico. Em outras palavras, o que compreendemos por tendências *trans-históricas* de desenvolvimento – por exemplo, a obstinada persistência das formações de classe, não obstante suas múltiplas contradições, sobre um período muito longo de tempo – na verdade correspondem a alguns interesses e determinações *estruturalmente primordiais* do intercâmbio social. Sua natureza e função dentro dos parâmetros estruturais estabelecidos da sociedade são tais que, por enquanto, não importa por quanto tempo, eles devem ser reproduzidos na dialética histórica entre continuidade e descontinuidade, predominantemente pautada pela *continuidade*, dada a constituição objetiva do sistema metabólico estabelecido e das condições operacionais inerentes à sua modalidade profundamente entrincheirada de reprodução produtiva.)

Tal abordagem dialética das interconexões entre base e superestrutura requer, obviamente, a mais cuidadosa avaliação dos vários níveis e principais relações estruturais em si, com particular atenção às qualificações históricas necessárias que concernem à formação social específica em sua totalidade. Como vimos anteriormente, a observação de Marx sobre a política de Atenas e Roma e sobre o catolicismo da Idade Média salienta vigorosamente a importância de identificar as especificidades históricas de determinadas formações sociais no nível de seus mecanismos superestruturais/ideológicos e modos de interação com a base material, sem enfraquecer, ainda que minimamente, o suporte materialista de seu quadro explicativo como um todo.

Essas considerações, preocupadas com algumas características centrais das diferentes formações sociais, adquirem sua plena significância somente em relação às "inúmeras circunstâncias empíricas distintas" – tais como as características das "condições naturais, relações raciais, influências históricas externas etc." – que são responsáveis por criar aquelas "infinitas variações em sua manifestação" que constituem a realidade tangível de qualquer situação histórica no quadro geral da formação social dada. Contudo – e isso deve ser fortemente enfatizado, posto que é negligenciado com frequência –, a avaliação concreta das "inúmeras circunstâncias empíricas distintas" torna-se significativa (e sobretudo possível) somente dentro desse quadro geral firmemente ordenado das relações estruturais da formação social enquanto tal, e não o contrário. Isso equivale a dizer que, não importa quão arduamente tentemos, nunca seremos capazes de arrancar do exame de numerosas circunstâncias empíricas, por mais "completas" que sejam, um quadro teórico coerente capaz de esclarecer as várias formações sociais, tanto por si só quanto em relação uma à outra.

As duas juntas: isto é, o inventário completo dos dados empíricos relevantes de um lado, e o quadro conceitual de "base e superestrutura" de outro, como a condição de situar e avaliar o primeiro, fornecem os constituintes necessários de uma explicação teórica adequada dessas complexas relações dialéticas. Dessa forma, torna-se possível atribuir o devido peso tanto aos fatores estritamente materiais quanto aos fatores não diretamente materiais, desde a produtividade natural da terra à coerção e tradição, e da gênese da "lei expressa", como principal força regulatória do metabolismo social sob diversas formações socioeconômicas diferentes, ao funcionamento sutil até mesmo das mais mediadas formas de consciência social.

## 3.3 Costumes, tradição e lei expressa: limites históricos da superestrutura jurídica e política

Ao falar sobre o surgimento da renda, por exemplo, Marx ressalta a importância vital de: (1) um excedente suficientemente amplo da força de trabalho, e (2) a produtividade natural da terra, como condições necessárias para introduzir a renda.

Ao mesmo tempo, ele acrescenta que: "Essa possibilidade não cria a renda: isso só ocorre pela *coerção*, que faz da possibilidade uma realidade. Mas a própria possibilidade está presa a condições naturais subjetivas e objetivas"[37].

A partir dessas considerações, ele avança para uma avaliação do papel da *tradição* e do surgimento da *lei*, em termos dos requisitos do metabolismo social fundamental, ao dizer que:

> Está, no entanto, claro que nas situações naturais e não desenvolvidas, em que se baseia essa relação social de produção e seu correspondente modo de produção, a tradição precisa desempenhar papel preponderante. Além disso, está claro que aqui, como sempre, é do interesse da parte dominante da sociedade consagrar o que já existe como lei e fixar como legais as barreiras estabelecidas pelo uso e pela tradição. Fazendo-se abstração de todo o resto, isso se realiza, aliás, por si só assim que a reprodução constante da base das condições imperantes, da relação que lhe é subjacente, assume com o correr do tempo uma forma regulada e ordenada; e essa regra e essa ordem são elas mesmas um fator imprescindível de cada modo de produção que pretenda assumir solidez social e independência do mero acaso ou da arbitrariedade. São exatamente a forma de sua consolidação social e, por isso, de sua relativa emancipação da mera arbitrariedade e do mero acaso. Elas atingem essa forma no caso de situações estanques tanto do processo de produção quanto das relações sociais a ele correspondentes, pela mera reprodução repetida de si mesmo. Caso estas tenham perdurado por certo tempo, cristalizam-se como uso e tradição, sendo, por fim, consagradas como lei expressa.[38]

Como podemos ver, enquanto a categoria verdadeiramente extraeconômica da *coerção patente* não precisa de nenhuma explicação histórica (o exercício espontâneo da força bruta sobre a base da força natural diferenciada é suficiente para colocá-la em movimento), a manifestação da coerção *legalizada* (isto é, coerção legalmente sancionada e institucionalmente imposta) é uma questão completamente diferente.

---

[37] Marx, *O capital*, cit., v. III/2, p. 252.
[38] Ibidem, p. 252-3.

Para explicar a gênese da lei, é necessário colocar em jogo vários fatores bem diferentes, desde os requisitos elementares do metabolismo social enquanto tal até mecanismos superestruturais muito mais mediados. "Reprodução continuada", "regulação e ordem", "solidez social" e "independência do mero acaso ou da arbitrariedade" são todos requisitos vitais de qualquer modo de produção, independentemente de seu grau relativo de desenvolvimento histórico. Portanto, "regulação" e "reprodução ordenada" surgem como os imperativos materiais elementares da estabilidade social enquanto tal, anteriores a qualquer regulação legal concebível. A lei em si deve ser primeiro estabelecida sobre a mesma base material antes que possa determinar a forma específica em que a interação social subsequente pode ocorrer legitimamente. Como ponto de partida para uma explicação teoricamente viável, não é possível assumir mais que o mero fato da "*repetição*" como condição necessária de qualquer reprodução societal bem-sucedida. (Até este ponto, obviamente, isso pode ser corretamente assumido, posto que é simplesmente inconcebível imaginar qualquer modo de reprodução socioeconômica, não importa quão "inovador", na qual a "repetição" – ou a "continuidade" – não exerça um papel significativo.)

A prática social (e a categoria correspondente) da "repetição" representa o necessário ponto de partida em direção ao estabelecimento da lei, por meio da mediação de "*usos*", "*costumes*" e "*tradição*". Uma vez que a reprodução é reforçada e estabilizada por meio da repetição continuada de seus processos fundamentais, ao ponto de se tornarem "usos e costumes" bem estabelecidos da sociedade dada – com isso garantindo e salvaguardando a "forma regulada e ordenada" de reprodução no interesse da estabilidade social –, a transição das *determinações materiais diretas* (sujeitas ao domínio do "mero acaso ou da arbitrariedade") para a intervenção ativa dos constituintes *superestruturais* é, de fato, alcançada de modo bem-sucedido. Pois na medida em que os usos e costumes "*cristalizam-se*" e adquirem o poder de *tradição*, a porta para codificar formalmente a normatividade aceita de modo mais ou menos geral (e, de todo modo, efetivamente operante) da tradição em lei expressa está totalmente aberta, com a possibilidade da manipulação das crenças associadas a todas as formas de costume e tradição. Pela mesma lógica, aqueles que estejam em alguma posição central no que diz respeito à implementação de costumes e tradição (como guardiães das práticas rituais associadas, por exemplo) *ipso facto* não apenas têm um *interesse* próprio em reforçar sua própria posição relativamente privilegiada, como também a *capacidade* para fazê-lo.

Outro ponto de grande importância é que a existência de um sistema regulador de costumes e tradição torna não só possível (e relativamente fácil) estabelecer a "lei expressa" como o cão de guarda da ordem dominante, como também que a tradição facilite a tarefa desta última ao exercer muitas de suas funções controladoras, reduzindo assim ao mínimo a necessidade de uma intervenção repressiva direta (legal) em áreas sobre as quais os costumes e a tradição possam manter o controle efetivo. Consequentemente, há sempre uma relação dialética entre a tradição e a lei, porque:

1. nenhuma sociedade pode regular a si mesma de modo duradouro somente pelo poder da "lei expressa";

2. há uma "via de mão dupla" entre lei e tradição na medida em que uma pode reforçar a outra; ou assumir algumas funções da outra quando esta falha em exercê-las de modo efetivo; ou dar início a algumas novas funções e depois atribuí-las à outra etc.;

3. quanto mais bem-sucedidamente abrangentes forem os costumes e a tradição, menos a lei explícita ou codificada precisa de regulação;

4. o quadro amplo da lei em si é poderosamente condicionado pelo sistema existente de costumes e tradição (isto é, nenhum sistema legal pode se opor diametralmente ao sistema estabelecido de costumes e tradição sem perder sua própria credibilidade e eficácia);

5. grandes mudanças socioeconômicas dão início a transformações correspondentes na tradição e na lei da mesma maneira, mas o efetivo desdobramento e implementação de tais mudanças podem ser atrasados por um período de tempo considerável pelo poder de inércia da tradição;

6. por definição, a lei pode responder mais rapidamente que a tradição às determinações socioeconômicas básicas (e, em geral, à necessidade de uma mudança social significativa); contudo, devido às interdeterminações mencionadas no ponto (4), o ritmo em que a lei pode efetivamente responder aos requisitos da grande mudança social não pode ignorar as limitações (e potencialidades) da tradição em si como uma parte integrante da transformação geral;

7. *em última análise*, na relação dialética entre *lei* e *tradição*, esta é estruturalmente mais importante, mesmo que a rigor, estritamente, a lei tenha assumido a posição dominante no curso da história. Essa consideração vital com respeito à inversão histórica alienante da primazia estrutural objetiva da tradição sobre a superestrutura jurídica e política resulta no fato de que a transcendência progressiva da lei expressa – concebida por Marx de modo a eliminar sua dimensão negativa, repressiva: inseparável da lei e do "Staatswesen"[39] independentemente articulados enquanto tais – é concebível somente se a sociedade puder transferir todas as funções reguladoras da lei expressa à "autoatividade" (isto é, os "costumes e tradição" conscientes ou espontâneos) do corpo social em si.

Também está claro, a partir da explicação marxiana, que a superestrutura deve ser constituída e articulada dentro do quadro de costumes e tradição *bem antes* de poder assumir a forma de "superestrutura jurídica e política". A proeminência das determinações jurídicas e políticas no exercício das funções essenciais do metabolismo social é característica das *sociedades de classe*, incluindo o longo período histórico de transição da formação social capitalista para a "fase superior da sociedade socialista" (ou comunista). Segundo Marx, somente esta pode trazer uma mudança radical a esse respeito, quando – para além das primeiras restrições reguladoras – a interação autodeterminada dos indivíduos sociais é governada pelo princípio: "a todos de acordo com suas necessidades", em vez de pela regra

---

[39] O termo geralmente usado por Marx, *Staatswesen* – em vez de simplesmente *Staat*, isto é, "Estado" –, traduzível aproximadamente por "ordenamento estatal" refere-se a diversas funções específicas exercidas pelas instituições estatais que articulam as relações materiais de soberania e dependência em uma forma política. Muitas dessas funções são absolutamente vitais para o processo de reprodução social, mas de modo algum na forma que assumem nas sociedades de classe. Portanto, o projeto da transformação socialista é definido por Marx, a esse respeito, como a *restituição* das funções metabólicas vitais do "*Staatswesen*" separado para o corpo social em si, superando [*superseding*] com isso seu caráter alienado.

institucionalizada de um sistema legal separado e sua correspondente "forma-Estado", seja ela do tipo mais esclarecido.

Uma vez que a superestrutura assume a forma característica de "superestrutura jurídica e política" no curso do desenvolvimento histórico – uma forma apropriada a vários modos de reprodução "ordenada" dentro dos confins da divisão hierárquico-estrutural do trabalho – o todo da superestrutura, até mesmo suas dimensões mais mediadas (crenças religiosas, práticas artísticas, concepções filosóficas etc.) devem ser sujeitas às suas determinações, embora, obviamente, no sentido dialético anteriormente visto do termo. Pois a superestrutura jurídica e política é, por sua própria natureza, uma estrutura "totalizante", que a tudo abrange. Ela desce até os níveis mais fundamentais do intercâmbio social, regulando o metabolismo social em si ao impor e salvaguardar as relações de propriedade do modo de produção dado.

Devemos relembrar, nesse contexto, a caracterização de Marx da ordem capitalista concluída como uma totalidade historicamente constituída e, enquanto tal, um "sistema orgânico"[40]. Dentro do quadro desse "sistema orgânico", tudo deve estar em consonância com as necessárias *pressuposições práticas* do modo dominante de produção, baseado em uma forma pervertida de *"universalidade"*. Trata-se, na realidade, de uma pseudouniversalidade, posto que ela é determinada negativamente, pela via da *exclusão*, de modo que a cidadania, por exemplo, é circunscrita em referência às barreiras e condições de desqualificação; e, da mesma maneira, o conceito pseudopositivo de "conformidade com a lei" é definido nos termos das condições de sua violação, com um conjunto de sanções mais ou menos arbitrariamente estipuladas. Tudo isso, obviamente, em perfeito acordo com os ditames das *relações de propriedade exclusivísticas* (em vez de apenas privadas) que atribuem o controle sobre as funções reprodutivas vitais a uma pequena minoria, em agudo contraste com as relações de propriedade *comunais* genuína e que a tudo incluem, que abarcam todos os membros da sociedade.

Como o desenvolvimento de tais formações sociais ocorre sobre as fundações materiais (e premissas reguladoras) da sociedade de classe estruturalmente dividida, aquelas partes do "sistema orgânico" em questão possuem a maior relevância estratégica – e uma capacidade correspondente de estender seu poder sobre todas as esferas – e são as mais diretamente envolvidas na reprodução dos *parâmetros estruturais* iníquos e condições operacionais do complexo social geral. Essa é a principal razão de a superestrutura *jurídica e política* adquirir sua importância primordial no curso do desenvolvimento histórico.

Paralelamente à consolidação da posse da propriedade exclusivística e ao surgimento da necessidade por parte da ordem dominante de uma redefinição radical da universalidade, no sentido mencionado acima, a superestrutura jurídica e política torna-se o *"uebergreifendes Moment"* (e, no fim, um constituinte unilateralmente dominante) da superestrutura como um todo. Afinal, nenhuma outra parte da superestrutura pode satisfazer essa necessidade – absolutamente vital, do ponto de vista da ordem dominante – com uma eficiência prática comparável.

---

[40] Ver a passagem citada anteriormente das páginas 86-7 dos *Grundrisse*.

A religião e a arte, por exemplo, devem sustentar suas reivindicações à universalidade comunalmente compartilhada e que potencialmente a tudo inclui e (da qual, em princípio, nem mesmo os membros do Estado estrangeiro mais hostil podem ser excluídos), por mais ilusórios e "de outro mundo" que possam ser os seus termos, caso não queiram contradizer sua autodefinição e, portanto, perder sua autenticidade e credibilidade. Da mesma maneira, o papel prático que lhes é permitido representar deve ser, de modo geral, subsidiário, com respeito aos parâmetros estruturais e às condições operacionais da sociedade estabelecida. Quanto mais assim for, de fato, maior será a complexidade das interconexões reprodutivas dentro de um quadro socioeconômico cada vez mais integrado e, no fim, globalmente entrelaçado.

Nesse sentido, pode-se dizer verdadeiramente que diversas dimensões da superestrutura tornam-se "marginalizadas" e condenadas a um papel essencialmente de apoio no curso do desenvolvimento histórico, em proporção direta ao surgimento da superestrutura jurídica e política. Ao mesmo tempo, a "razão prática" sob todos esses aspectos deve permanecer sujeita aos requisitos normativos materialmente determinados, diretamente manifestos na função coordenadora e "totalizante" do *uebergreifendes Moment* jurídico e político. Não é de modo algum acidental, a esse respeito, que precisamente aquelas dimensões da superestrutura não jurídica/política, que acabam por ser as mais sensíveis do ponto de vista do processo de reprodução societal, sejam submetidas ao controle direto da cada vez mais poderosa superestrutura jurídica e política (em contraste com o passado pré-capitalista, quando elas eram muito mais diretamente influentes), conforme evidenciado não só na relação entre o Estado moderno e as igrejas (não obstante todo o discurso sobre sua separação), mas também na forma pela qual as instituições artísticas e educacionais da sociedade estão sendo controladas.

Como vimos anteriormente, o domínio normativo da lei e da política torna-se possível somente em um estágio relativamente recente do desenvolvimento histórico. A constituição original e a prolongada transformação dos princípios reguladores necessários para a reprodução social contínua podem ser identificadas nos seguintes termos:

1. a exposição das comunidades primitivas ao domínio do acaso e da arbitrariedade; *coerção patente* como a única força reguladora factível, com todo seu *desperdício* e *instabilidade*; total ausência de normatividade;

2. o surgimento de fatores estabilizadores por meio da *repetição*, sobre a base da "tentativa e erro", representando os primeiros passos – *espontâneos* – na direção da emancipação do acaso e da arbitrariedade;

3. a consolidação das realizações positivas da repetição na forma de *usos específicos* – instrumentalmente orientados;

4. a coordenação de uma multiplicidade de usos recorrentes dentro de um corpo coerente de *costumes*; a normatividade ainda está primeiramente preocupada com os requisitos objetivos da produção e reprodução, isto é, com a imposição de necessidades predominantemente instrumentais; isso continua sendo o caso por um longo período de tempo, mesmo que os imperativos associados à reprodução das condições operacionais de produção (articuladas como um conjunto de costumes bem definidos)

introduzam um forte elemento de normatividade social, preparando o solo para uma divisão social do trabalho muito mais problemática;

5. a integração dos costumes mais variados e há muito estabelecidos na *tradição universalmente respeitada* da comunidade dada, representando um modo de regulação que enfatiza fortemente os *valores* transmitidos de geração em geração, com o reforço ritual que envolve a participação ativa de todos; sociedades reguladas pela normatividade da tradição podem permanecer, por um período indefinido de tempo, em caráter completamente igualitário, como mostram os registros históricos, embora o entrincheiramento das novas modalidades reguladoras abra as portas para o desenvolvimento de formas separadas de imposição institucional e para as hierarquias estruturais que as acompanham;

6. o surgimento da *lei expressa*; a tradição *seletivamente* elevada ao *status* de lei, com suas *sanções* e órgãos separados de imposição das leis a serviço da *ordem dominante*; os interesses minoritários exploradores da formação social estabelecida, codificados como "a lei", redesenhando autointeressadamente os limites do intercâmbio social legítimo e redefinindo o significado de "sociedade", "comunalidade" e "universalidade" de acordo com os requisitos aprioristicos da *dominação estrutural*, de modo que o conceito de "organismo social" adquira um significado profundamente conservador e apologético; ao mesmo tempo, as forças sociais potencialmente dissidentes são estritamente (e punitivamente) subordinadas ao novo sistema, um tanto abstrato e instrumentalmente imposto, de coordenação geral e normatividade; daí a articulação inevitavelmente *negativa* do quadro regulador jurídico e político.

Dessa forma, enquanto é indubitavelmente verdade que os vários "momentos" aqui referidos se tornam não só praticamente, mas também formalmente *subsumidos* à superestrutura jurídica e política plenamente articulada, eles permanecem, não obstante, direta ou indiretamente *operacionais* dentro do quadro totalizador desta, por mais desagradável que isso possa soar para aqueles que continuam a idealizar e "eternizar" o triunfo do "Leviatã" como equivalente à existência humana civilizada em si, desde os primeiros teóricos do "contrato social" aos apologistas atuais do Estado capitalista. Pois a máquina reguladora jurídica e política historicamente recente simplesmente não poderia cumprir suas funções metabólicas vitais sem colocar efetivamente em jogo também todos os outros momentos – estruturalmente mais fundamentais –, redefinidos como partes subordinadas de sua própria autoconstrução "ordenada". Até mesmo a *coerção patente* permanece uma parte integrante da superestrutura jurídica e política (não importa quão "refinada"), por mais conveniente que pudesse ser ignorar esse fato no que tange a ordem socioeconômica estabelecida, posto que ela acaba por entrar em conflito com a automitologia dos interesses dominantes. Como Marx observou corretamente:

> Os economistas burgueses têm em mente apenas que se produz melhor com a polícia moderna do que, por exemplo, com o direito do mais forte. Só esquecem que o direito do mais forte também é um direito, e que o direito do mais forte subsiste sob outra forma em seu "estado de direito.[41]

---

[41] Ibidem, p. 88.

Com efeito, o direito do mais forte – isto é, o necessário domínio daqueles que detêm e/ou controlam os meios de produção – deve prevalecer, em última instância a qualquer custo, posto que a estabilidade das *relações* de produção (o suporte material da superestrutura jurídica e política) é crucial para a reprodução bem-sucedida das condições operacionais de produção, como vimos anteriormente. A lei e as instituições de sua imposição são eminentemente compatíveis com tal papel sob as condições do antagonismo social: quando, isto é, o gerenciamento das estruturas reprodutivas essenciais da sociedade permanece irreconciliavelmente contestado. Consequentemente, somente a superação [*supersession*] dos antagonismos sociais poderia eliminar a *coerção patente* e a violência institucionalizada, por mais "civilizadas" e liberalmente "sofisticadas" que possam ser, as quais devem ser pelo menos "implícitas" – e, em momentos de grande crise, abertamente reativadas – em todas as formas de "lei expressa"[42].

Tudo isso, no entanto, não altera o fato de que o momento historicamente primordial e ontologicamente fundamental – e, nesse sentido, "absoluto" – é a necessidade de *regulação*

---

[42] O surgimento do fascismo a partir da crise do capitalismo liberal-democrático na Itália e na Alemanha fala por si a esse respeito, assim como a violenta destruição do regime democrático de Allende no Chile, em 1973, ou a tentativa conspiratória, por ninguém menos que o presidente da república italiana, Pietro Segni – supostamente o guardião da Constituição –, de derrubar a "república constitucional", ou mesmo, um pouco depois, uma outra tentativa, com o mesmo objetivo em mente, por parte do primeiro-ministro Tambroni: as duas falharam não por falta de empenho, mas graças à bem-sucedida mobilização das forças populares. Bem menos conhecida, mas igualmente grave em seu impacto geral, foi a destruição do sindicalismo militante nos Estados Unidos com a ajuda da violência armada, apoiada pelas instituições estatais não só na forma de fechar os olhos para os atos ilegais dos exércitos privados, mas também por meio da intervenção direta dos próprios órgãos impostores da lei na luta para suprimir qualquer oposição radical ao domínio do capital.

As leis antissindicalistas na Grã-Bretanha, sob o governo de Margaret Thatcher, somente seguiram a bem estabelecida tradição para criar um quadro atualizado em que o "pleno poder da lei" pudesse ser "legitimamente" exercido contra o trabalho no caso de crise e confronto, como demonstraram claramente as armas usadas contra os mineiros em sua greve de um ano de duração. Um caso mais recente – do magnata da imprensa Rupert Murdoch e suas empresas autometamorfoseantes contra o sindicato dos tipógrafos – salientou o caráter opressivo da lei criada para facilitar o desempenho do truque do "*capitalista evanescente*" com a finalidade de emascular o movimento sindicalista. O ponto é que, graças à lei em questão, os capitalistas envolvidos em disputas sindicais podem agora "desaparecer", por meio do conveniente recurso de uma ficção legal, e reaparecerem de uma única vez em uma forma apropriadamente transubstanciada – sob uma diferente razão social; os *mesmos* capitalistas, confrontando os *mesmos trabalhadores* – ao que a outrora legítima disputa sindical dos trabalhadores torna-se subitamente *ilegal*, de modo que o pleno poder da lei pode ser revertido contra eles. Dessa forma, a violência institucionalizada e legalmente imposta é apenas o outro lado da moeda da "lei expressa" enquanto tal.

Também devemos notar aqui que o truque do *capitalista evanescente*, levado a cabo com a ativa cumplicidade da lei, é apenas a adaptação "*legal*" da prática *material* bastante consagrada e muito difundida da fraudulência capitalista – a normalidade da "sociedade civil" capitalista – em relação aos requisitos reguladores das relações de classe em mutação na esfera da política. Pois há uma óbvia *homologia estrutural* entre a ficção legal que permite que empresas capitalistas "deixem de existir" para reaparecerem quase instantaneamente – sob um novo nome, com os mesmos "atores" controlando a exploração continuada, às vezes abertamente, às vezes apenas dos bastidores –, mas graças à sua reconstituição fictícia, convenientemente liberadas, aos olhos da lei, de suas responsabilidades materiais e obrigações legais anteriores. Portanto, a primazia da base material afirma a si própria também sobre esse terreno, produzindo recursos legislativos para a dominação política no modelo das ubíquas estruturas materiais capitalistas.

*ordenada*, em benefício do avanço socioeconômico e da expansão e satisfação das carências historicamente produzidas a partir desse avanço, e não sua *forma específica*. Muito menos quando a forma em questão pode apenas assegurar a requerida reprodução ao custo social devastador de reproduzir, ao mesmo tempo, as hierarquias e os antagonismos estruturais da ordem estabelecida, tanto numa escala crescente quanto com intensidade cada vez maior, o que traz graves implicações para o futuro.

O aspecto mais problemático do modo de regulação social historicamente evoluído e, até o momento, dominante (do qual muitos outros derivam) é que a *apropriação* cai sob o domínio da propriedade, e da legalidade alienada que sustenta tal propriedade na forma de poder político separadamente constituído, controlada pela minoria. Com efeito, um dos círculos viciosos que podemos identificar nessa esfera é que a superestrutura jurídica e política separadamente articulada implica necessariamente o domínio material da propriedade exclusivística/controlada pela minoria (e a correspondente modalidade de apropriação iníqua em todos os planos) e vice-versa. Portanto, nas sociedades de classe, a forma jurídica e política é tanto um regulador do intercâmbio social quanto um usurpador a serviço dos usurpadores da riqueza social. E até mesmo depois da pretendida ruptura pós-revolucionária com o passado, extricar a nova sociedade dos "produtores associados" das amarras dessas determinações, que tendem a resistir ou subverter precisamente sua autodefinição prática enquanto produtores associados, representa um dos maiores desafios.

Não é de modo algum surpreendente, portanto, que enquanto a forma legal permanece dominante, as iniquidades estruturais da apropriação discriminatória são reproduzidas com ela. Isso é particularmente revelador à luz de algumas grandes reviravoltas testemunhadas pela história moderna. Pois, no curso dos levantes revolucionários, esforços conscientes às vezes são feitos para introduzir alguns princípios verdadeiramente igualitários para a regulação da produção e da apropriação – como, por exemplo, durante a fase inicial da Revolução Russa – que posteriormente são revertidos, paralelamente à reconstituição do Estado, que surge mais poderoso do que nunca da crise. Tais reversões, enraizadas no círculo vicioso entre a legalidade separada e a apropriação iníqua, destaca a inútil insuficiência de explicar esses problemas nos termos da "burocratização pós-revolucionária" – e categorias associadas – que, quando muito, apenas evitam a questão. Não se pode reduzir toda uma gama de determinações objetivas estruturais a defeitos subjetivos[43].

Historicamente, o surgimento e a consolidação da superestrutura jurídica e política seguem paralelamente à conversão da apropriação comunal em propriedade exclusivística. Quanto mais extensivo o impacto prático desta sobre a modalidade prevalecente de reprodução social (especialmente na forma de propriedade privada fragmentada), mais pronunciado e institucionalmente articulado deve ser o papel totalizador da superestrutura

---

[43] O lendário senso de realismo de Lenin nunca lhe permitiria oferecer explicações sobre o modelo da "revolução traída". Contudo, ele próprio teve de encarar alguns dilemas intransponíveis com respeito à relação entre o poder estatal pós-revolucionário e os produtores associados em suas recomendações concernentes ao que ele chamou de "distribuição centralizada da força de trabalho". Para uma discussão desses problemas, ver meu ensaio "Poder político e dissidência nas sociedades pós-revolucionárias", *Revista Ensaio*, n. 14, 1985, republicado na parte 4 de *Para além do capital*.

jurídica e política. Dessa forma, não é de modo algum acidental que o Estado *capitalista* centralizador e que burocraticamente a tudo invade – e não um Estado definido em vagos termos geográficos como o "moderno 'Estado' ocidental" – adquira sua preponderância no curso do desenvolvimento da produção generalizada de mercadorias e da instituição prática das relações de propriedade em consonância com ela, não obstante a mitologia de seus beneficiários do "livre mercado" e do "*laissez-faire*". Uma vez que essa conexão é omitida, como de fato, por razões lógicas, tem de ser no caso daqueles que conceituam esses problemas a partir de um ponto de vista da ordem dominante, terminamos com o mistério de como o Estado assume o caráter que acaba por ter sob as circunstâncias da produção generalizada de mercadorias. Um mistério que se torna uma completa mistificação quando Max Weber tenta desvendá-lo ao sugerir que "foi o trabalho dos juristas que deu origem ao moderno 'Estado' ocidental"[44]. O idealismo de Hegel pelo menos nos oferecia os bons serviços do "Espírito do Mundo" na explicação de tais milagres monumentais, e não o brumoso "*Kopfarbeit*" de juízes embriagados.

Quanto mais plenamente articulada é a superestrutura jurídica e política, mais intimamente ela abarca e domina não só as práticas materiais, mas também, simultaneamente, as mais variadas "formas ideais" de consciência social. Como resultado, as formas teóricas, filosóficas, artísticas etc. de atividade não podem refletir diretamente, ou responder às, necessidades e demandas da base social. Elas devem fazê-lo via *mediação* necessariamente *enviesada* da superestrutura jurídica e política.

Dois grupos de questões são particularmente importantes a esse respeito. O *primeiro* diz respeito à natureza das mediações práticas dentro do quadro capitalístico da reprodução social, e o *segundo* à perversa configuração geral dessa formação como um "sistema orgânico".

Como esses problemas são discutidos bem detalhadamente em *Para além do capital*, será suficiente dizer aqui de forma breve, com respeito ao primeiro grupo, que as mediações em questão – as quais afetam negativamente a produção de todas as formas e modalidades da consciência social – são as *mediações de segunda ordem* estruturalmente invalidadas e reificadas de TRABALHO ASSALARIADO, PROPRIEDADE PRIVADA E INTERCÂMBIO, impondo-se por meio do poder controlador do capital (que surge de seu monopólio sobre os meios de produção) e a correspondente divisão social hierárquica do trabalho. Naturalmente, dado o modo pelo qual a sociedade de classe é constituída sobre contradições objetivas (mantidas juntas por uma multiplicidade de determinações engastadas), a superestrutura jurídica e política regula e reforça formalmente essa rede de mediações de segunda ordem alienadas, angariando em sua tarefa também a contribuição de todas as outras partes da superestrutura, e desempenha, portanto, um papel vital na reprodução bem-sucedida de todo o sistema.

Quanto ao segundo grupo de problemas, o que é diretamente relevante no presente contexto é que o papel praticamente crucial da superestrutura jurídica e política no processo geral de reprodução – que a transforma no "*uebergreifendes Moment*" da superestrutura inteira – confere à superestrutura jurídica e política um *status* altamente privilegiado no "sistema orgânico" da ordem social estabelecida. Como resultado, as outras partes da

---

[44] Max Weber, em H. H. Gerth e C. Wright Mills (orgs.), *Max Weber: ensaios de sociologia* (Rio de Janeiro, LTC, 1982), p. 343.

superestrutura não podem ter acesso aos meios necessários de sua própria atividade sem o selo de aprovação (explícito ou implícito) da superestrutura jurídica e política. Nesse sentido, o "sistema orgânico" do capital se articula também no plano da superestrutura como uma complexa rede de subordinações e subjugações, ainda que os intelectuais tendam a se esquecer das relações paradoxais da dependência superestrutural na qual estão, enquanto indivíduos, inevitavelmente inseridos.

Em ambos os casos, portanto, a "emancipação plena" da arte, filosofia etc. do domínio do capital é inseparável do "fenecimento" da superestrutura jurídica e política enquanto tal. Uma vez que sob o sistema prevalecente, como já mencionado, as partes não jurídicas/políticas da superestrutura só podem ter acesso às condições de seu funcionamento efetivo por meio da mediação necessariamente enviesada da superestrutura jurídica e política, há uma tensão *prima facie* entre as duas. Sob circunstâncias favoráveis, essa tensão pode assumir a forma de contestação crítica emancipatória. Com efeito, pode-se corretamente afirmar que há um interesse emancipatório genuíno no lado da arte, da teoria social crítica etc., oposto à superestrutura jurídica e política sempre que esta mantiver sua preponderância normativa no processo global de reprodução. Tal interesse emancipatório, entretanto, deve estar localizado em uma capacidade de ação social empiricamente identificável como sua portadora, em vez de hipostasiado em um terreno ideal/intelectual ficticiamente autoapoiador, como costuma acontecer com os representantes da Escola de Frankfurt, incluindo a desesperada, ainda que misteriosamente emancipatória, "Dimensão Estética" de Marcuse[45]. Ademais, posto que, por sua própria natureza, a "lei expressa" não pode nunca adquirir o caráter de *autoatividade*, de modo que ela deve colocar-se acima de todos os membros da sociedade em suas espúrias reivindicações à validade universal, a realização prática da emancipação socialista almejada por Marx é, em princípio, impensável dentro das restrições estruturais da superestrutura jurídica e política enquanto tal. Em outras palavras, de acordo com a concepção marxiana, a superestrutura jurídica e política, não só em sua forma capitalista como também *em todas as formas concebíveis*, deve ser considerada o alvo necessário da prática social emancipatória.

Em relação a essas considerações, torna-se claro por que os limites históricos da superestrutura jurídica e política devem ser traçados com muito cuidado, tanto com respeito ao passado quanto como na direção do futuro. Afinal, como ninguém pode seriamente contestar, nenhuma sociedade pode reproduzir adequadamente a si mesma e avançar em sua capacidade de satisfazer uma gama crescente de carências [*needs*] humanas sem criar instituições e estruturas normativas confiáveis, de acordo com os requisitos reguladores cumulativos de um metabolismo social cada vez mais complexo e entrelaçado. Nesse sentido, uma vez que a fase regulada pelas determinações materiais mais brutas é deixada para trás, o intercâmbio social é inconcebível sem a intervenção crescente dos fatores superestruturais, com suas correspondentes formas de normatividade. Tampouco é concebível eliminar a normatividade enquanto tal numa sociedade socialista. Com efeito, seu papel, ao contrário, está fadado a aumentar com o controle das necessidades [*necessities*] materiais e a remoção bem-sucedida das restrições externas. Pois a *reciprocidade* plenamente

---

[45] Ver, Herbert Marcuse, *Die Permanenz der Kunst* (Munique, Carl Hanser, 1977). [Ed. bras.: *A dimensão estética* (trad. Maria Elisabete Costa, São Paulo, Martins Fontes, 1977).]

reconhecida dos indivíduos sociais interagentes enquanto "produtores associados" implica necessariamente, como sua precondição, a *normatividade interna* de um novo modo de ação, orientado para, e almejando a reprodução de, um quadro societal geral conscientemente adotado a partir do qual o predomínio apriorístico (materialmente prejulgado e invalidado) dos interesses parciais tenha sido removido no curso do desenvolvimento histórico.

Portanto, enquanto a "nova forma histórica" – a designação de Marx para uma sociedade verdadeiramente socialista – é totalmente impensável sem sua superestrutura propriamente articulada, a questão é de fato outra no que se refere à superestrutura jurídica e política. Pois a normatividade desta, muito longe de ser *interna* e, portanto, apropriada para o exercício da reciprocidade conscientemente perseguida e plenamente equitativa, é, na verdade, uma normatividade *externa* e alienada *par excellence*.

Com respeito ao passado, o limite histórico da superestrutura jurídica e política é definido pelo radical deslocamento e dominação (embora, por razões já indicadas, de modo algum a liquidação) das primeiras formas – em seus primórdios participativas e que a tudo abrangem – de normatividade. Além disso, no decorrer de sua longa história, a superestrutura jurídica e política é caracterizada pela reprodução prática de um outro círculo vicioso um tanto paradoxal. Por meio desse círculo ela *sustenta* o domínio da propriedade controlada pela minoria, e, ao mesmo tempo – no que diz respeito à sua *sanção* última, que fundamenta materialmente (pelo menos em princípio) seu próprio poder de dominação sobre todos os indivíduos particulares – *ela própria é sustentada pela propriedade*, na forma de sua negação seletivamente exercida do direito de determinados indivíduos de desfrutarem de sua propriedade e das liberdades associadas a suas posses, sem abalar, ainda que minimamente, sua própria subserviência à classe ou classes dominantes no nível das relações coletivas.

Quanto ao futuro, o limite histórico da superestrutura jurídica e política só pode ser traçado em termos práticos pela crise estrutural do modo de intercâmbio social que deve se basear na propriedade controlada pela minoria como a principal força motivadora de seu sistema de reprodução produtiva. Pois na medida em que as condições operacionais da produção social permanecem atadas às hierarquias estruturais da divisão social do trabalho estabelecida, o ciclo vicioso ao qual acabamos de nos referir está fadado a ser reproduzido com elas, mesmo que numa forma alterada.

Isso significa que, sob tais circunstâncias, o domínio da normatividade alienante da lei – profundamente enraizada nos próprios processos reprodutivos – não pode ser superado [*superseded*]. Ao mesmo tempo, também está claro que a retenção da normatividade alienante da superestrutura jurídica e política é totalmente incompatível com a ideia da emancipação socialista. Não é surpreendente, portanto, que o projeto marxiano tivesse de ser explicitado desde o início como uma crítica revolucionária do Estado. Uma crítica que almejava a completa transcendência do Estado já nos primeiros escritos de Marx (como a *Crítica da filosofia do direito de Hegel*, entre outros), reiterando o mesmo ponto com grande ênfase na avaliação da significância histórica da Comuna de Paris e em algumas passagens da *Crítica do programa de Gotha* que almejam a necessária superação [*supersession*] histórica da forma-Estado e a transcendência radical da lei (ou "lei expressa") enquanto tal. Portanto, não pode haver nenhuma concessão no que se refere ao "fenecimento do Estado" e à progressiva "*Aufhebung*" da superestrutura jurídica e política – em prol de uma superestrutura qualitativamente redefinida e correspondentemente reestruturada. Nos termos da visão marxiana, qualquer acomodação nesse ponto resulta no abandono da ideia de uma transformação socialista da sociedade como um todo.

É por esse motivo que a preocupação com a relação entre a base material e a superestrutura das várias formações sócio-históricas ocupa um lugar tão importante na concepção marxiana.

Como vimos, de acordo com Marx, a "superestrutura", em seu sentido primordial, é *radicalmente diferente* da superestrutura articulada como "superestrutura jurídica e política". O surgimento e a consolidação de um quadro jurídico e político separado, ao qual todas as outras partes da superestrutura têm de estar sujeitas, deve-se a determinações e fatores sócio-históricos muito mais recentes que a constituição original da *superestrutura como costumes e tradição*. Apropriadamente, portanto, esta assume uma significância particular na avaliação das questões em jogo. Pois ela continua sendo o constituinte estrutural e ontologicamente fundamental, não obstante a posição dominante da lei e da política ao longo da história das sociedades de classe.

Por fim, é o modo marxiano de traçar a linha de demarcação entre a *superestrutura* ontologicamente intranscendível e a superestrutura *jurídica e política* historicamente limitada que torna possível prever o "fenecimento" do Estado e o fim da dominação da vida social por parte da legalidade separada e da normatividade abstrata, com todo o potencial emancipatório inerente a tal "fenecimento", no que diz respeito tanto às práticas materiais primordiais quanto às correspondentes práticas reguladoras e superestruturais dos "produtores livremente associados".

# 4
# TRANSFORMAÇÕES MATERIAIS E FORMAS IDEOLÓGICAS

## 4.1 Condições históricas e limites da "produção espiritual livre"

Poderia ser uma surpresa para os detratores de Marx que ele cogitasse a noção de "produção espiritual livre" sequer por um momento. Contudo, ele argumenta enfaticamente no *Teorias da mais-valia* que:

> A distinção entre trabalhos produtivos e trabalhos improdutivos é de importância decisiva para o que Smith examina: a produção da riqueza *material* e mais precisamente determinada forma dessa de produção, o modo *capitalista* de produção. Na produção *intelectual*\*, outra espécie de trabalho se revela produtivo. Mas Smith não a considera. Por fim, *a interação e a conexão interna* de ambas as produções tampouco entram no âmbito de sua análise, e o exame delas só pode ultrapassar o palavrório quando se observa a produção material segundo a própria forma. Ao falar de trabalhadores produtivos mediatos, só o faz quando têm eles participação *direta* no consumo da riqueza material, mas não na produção.
>
> Mesmo Storch, na *Théorie de la civilisation*, embora com observações esporádicas inteligentes – por exemplo, a divisão material do trabalho é a condição prévia da divisão do trabalho intelectual – atém-se a frases triviais. *Tinha de* ser assim, nem de longe *formulara* ele a própria tarefa, para não falarmos da solução, o que decorre de uma circunstância *única*. Para observar a conexão entre a produção intelectual e a material, é mister antes de tudo apreender esta não como categoria geral, mas em forma *histórica definida*. Assim, por exemplo, ao modo de produção capitalista corresponde produção intelectual de espécie diferente daquela do modo de produção medieval. Se não se concebe a própria produção material na forma *histórica específica*, é impossível entender o que é característico na produção intelectual correspondente

---

\* Mészáros opera com o conceito de "produção espiritual" [*spiritual production*], retirado da edição em inglês do *Teorias da mais-valia*; já a edição brasileira traz "produção intelectual", ambos a partir de "*geistige Produktion*", em alemão. Será mantida, por conta disso, a terminologia adotada por Mészáros – "produção espiritual" –, exceto quando ele estiver citando Marx. (N. E.)

e a interação entre ambas. Fora disso, fica-se em lugares-comuns. O que inclui a retumbante palavra "civilização".

E mais: da forma específica da produção material resulta: 1) determinada *estrutura* da sociedade e 2) determinada relação dos homens com a *natureza*. As duas determinam o governo* [*Staatswesen*] e a *visão intelectual* dos homens. Em consequência, também o gênero da *produção intelectual*.

*Por fim, Storch* entende por produção intelectual todas as espécies de atividade profissional da classe dominante, as quais preenchem funções *sociais* na qualidade de negócio. A existência dessas camadas, como a função delas, só pode ser entendida a partir da estrutura histórica específica de suas relações de produção.

Por não conceber a própria produção material no *domínio histórico*, por considerá-la produção de bens materiais em geral e não uma forma definida, *historicamente desenvolvida e específica da produção*, Storch priva-se a si mesmo da única base que possibilita entender os *componentes ideológicos* da *classe dominante* e ainda a *produção intelectual livre* dessa dada *formação social*. Não pode ir além de medíocres generalidades. Em consequência, as relações não são tão simples quanto ele, de antemão, imagina. Por exemplo, a produção capitalista é *hostil* a certos setores da *produção intelectual*, como a *arte e a poesia*. Sem aquele requisito chega-se às quimeras dos franceses no século XVIII, fixadas em deliciosa sátira de Lessing. Se na mecânica etc. estamos à frente dos antigos, por que não poderemos escrever uma epopeia? E ter *Henriade* em lugar da *Ilíada*?[1]

Diversas considerações importantes surgem dessa passagem:

(I) A "conexão interna" e a "interação" (ou "interação entre ambas") dos dois tipos básicos de produção: "produção material" e "produção intelectual".

(II) Apreender o caráter *histórico* determinado (ou "forma histórica específica") dos diferentes *modos de produção* (por exemplo, o capitalista em contraste àquele da Idade Média) é uma condição vital para compreender a natureza dos diferentes tipos de produção espiritual que *correspondem* a qualquer modo dado de produção material. (Tal "correspondência" deve ser entendida, obviamente, no sentido de uma *reciprocidade* ativa – conforme enfatizado no ponto (I) – cujos termos de referência devem ser definidos posteriormente, com todas as qualificações dialéticas necessárias.)

(III) Qualquer forma dada de produção material articula-se como:

1. uma *estrutura social* específica (ou "estrutura da sociedade", isto é, uma relação historicamente específica dos *seres humanos com outros seres humanos*); e

2. uma relação específica dos *seres humanos com a natureza* (correspondendo às várias restrições de suas forças produtivas e da relação estruturalmente assegurada entre eles mesmos);

Esses dois *juntos* determinam:

---

* Colchetes inseridos por Mészáros. "Governo", na edição brasileira, corresponde a "*state*" [Estado] na edição em inglês. Acerca do sentido de "*Staatswesen*", consultar a nota 39 do capítulo 3 deste livro. (N. E.)

[1] Karl Marx, *Teorias da mais-valia: história crítica do pensamento econômico (livro IV de O capital)* (trad. Reginaldo Sant'Anna, Rio de Janeiro, Civilização Brasileira, 1980, v. 1), p. 267. Marx está se referindo, na última linha, ao *Hamburgische Dramaturgie* [A dramaturgia de Hamburgo], de Lessing, que contém a crítica a Voltaire.

a. seu *governo*, como *Staatswesen* (ou a "superestrutura jurídica e política", conforme o "Prefácio" de 1859);

b. sua "visão intelectual" (ou ideias); e

c. sua "produção intelectual" (que é a articulação concreta e a materialização daquelas ideias, os "*discursos*" historicamente específicos, do discurso moral e político à arte e literatura, de acordo com as características específicas dos instrumentos e formas institucionais empregadas no processo dessa "produção intelectual").

Por uma questão de maior precisão, é necessário salientar aqui – antes de passarmos para o (IV) – que o "Prefácio" de 1859 fala de uma determinada "*estrutura econômica*" que corresponde à "totalidade das *relações de produção*". A "*estrutura econômica*"/ "totalidade das *relações de produção*", por sua vez, "corresponde" ao dado grau de desenvolvimento das *forças produtivas materiais* sobre as quais a superestrutura jurídica e política se erige, com as "formas sociais determinadas de consciência", mais uma vez, em uma relação de correspondência e reciprocidade *dialéticas*. Portanto, o "Prefácio" de 1859 subsume um conjunto de complexas relações sob o termo "estrutura econômica", por uma questão de brevidade e simplicidade. Isso deve ser constantemente mantido em mente se quisermos fazer justiça à concepção dialética de Marx da relação de "base material" e "superestrutura", com seus múltiplos aspectos e "reciprocidades" ativas, com suas "correspondências" altamente complexas, que são frequentemente reduzidas até mesmo na marxologia complacente, para não falar de suas variedades hostis amplamente promovidas, a alguma "*correspondência de um para um*" mecânica entre a economia e as ideias brutamente/mecanicamente determinadas.

Em contraste, os termos essenciais de referência a esse respeito são:

1. as forças produtivas materiais historicamente específicas;

2. a igualmente específica "*estrutura* da sociedade";

3. a relação historicamente prevalente (isto é, determinada, "historicamente desenvolvida e específica") dos seres humanos com a natureza;

4. a "*estrutura histórica* específica das relações de produção";

5. a "estrutura econômica" da sociedade (ou "o fundamento real"): um termo que, de fato, *resume os quatro primeiros complexos*;

6. a *superestrutura* jurídica e política (resumidamente apresentada às vezes como o Estado ou "*Staatswesen*");

7. a "visão intelectual" (*geistige Anschauung*) dos seres humanos historicamente determinada e em mutação, que inclui a conceitualização de sua relação com a natureza;

8. os diferentes tipos e modos de "produção intelectual" (*geistige Produktion*);

9. as "formas sociais determinadas de consciência" em sua especificidade histórica, e também em sua articulação detalhada, sob determinadas condições históricas, como formas conflitantes de ideologia.

Repetindo, o número

(9) pode ser considerado um *resumo do (7) e do (8)*, visto que as determinadas "formas sociais de consciência" incorporam as variedades historicamente factíveis da "visão intelectual" (ou "visão de mundo") nos termos da qual as classes opostas de pessoas

que levam seus conflitos até o fim, de acordo com, e com a ajuda dos, instrumentos e instituições disponíveis de "produção intelectual".

(IV) Uma forte distinção é traçada entre os "componentes ideológicos da classe dominante" e a "produção intelectual livre de uma dada formação social". Esta última indica os limites relevantes tanto em sentido negativo quanto positivo:

a. *Positivamente* ela marca as potencialidades objetivas da formação social em questão – suas realizações genuínas no campo da produção espiritual em direção a um grau maior de liberdade e *insight* intelectual correspondente, quando comparadas àquelas de uma formação social anterior, sobre a base das conquistas em avanço das novas formações no campo da produção material e do controle da natureza – que também estão disponíveis aos intérpretes intelectuais da classe dominante, independentemente dos interesses materiais predominantes.

b. *Negativamente* ela indica algumas limitações características da formação social como um todo, independentemente da situação de classe e da posição ideológica dos intelectuais envolvidos. Daí a referência ao capitalismo enquanto tal sendo "hostil à arte e à poesia" em geral, em vez de levá-las a um grau mais alto de desenvolvimento de acordo com as realizações produtivas da base material, frustrando, portanto, as tentativas de Voltaire e outros de produzir grande poesia épica no solo de uma formação social que *objetivamente* opõe-se a tais tentativas, quem quer que possa ser o artista envolvido.

(V) A expressão "*componentes ideológicos da classe dominante*" precisa de outras qualificações. Pois não se pode simplesmente assumir que os limites que surgem das determinações de classe em si permaneçam – para melhor ou pior – os mesmos ao longo da história. Tampouco que se deveria, de fato, ser capaz de falar de algum desenvolvimento *unilinear* com respeito às potencialidades e necessárias limitações da "consciência da classe dominante", mecanicamente em paralelo ao fato de que a classe assume uma posição cada vez mais parasitária na estrutura da produção.

Em primeiro lugar, portanto, uma importante distinção deve ser feita entre as diferentes *fases de desenvolvimento* da mesma formação social. Por conseguinte, algumas páginas depois, no *Teorias da mais-valia*[2], Marx contrasta os arautos contemporâneos (chamando-os de "porta-vozes") da classe dominante aos seus "intérpretes" em uma fase anterior do desenvolvimento. Com referência a Nassau Senior e outros, ele escreve:

> Essa literatura insípida desses cavalheiros, quando polemizam contra Smith, só mostra que representam o "capitalista educado", enquanto Smith era o *intérprete* do burguês adventício, francamente brutal. O burguês educado e seu porta-voz são ambos tão estúpidos que medem o efeito de cada atividade pela repercussão no bolso. Ademais, são tão educados que *aprovam* as funções e atividades que nada têm a ver com a produção de riqueza, e na verdade aprovam porque "indiretamente" elas aumentam sua riqueza etc., em suma, exercem uma função "útil" para a riqueza.[3]

---

[2] Ibidem, p. 270.

[3] Idem.

O valor de tais "teorias" apologéticas e, com frequência, meramente tautológicas, baseadas em suposições arbitrárias, não é mais que a *racionalização* autosserviente e a justificação ideológica descarada do estado dado de coisas. Os economistas políticos aqui mencionados justificam incondicionalmente o modo predominante de intercâmbio socioeconômico e cultural como o único factível, com sua própria participação nesse intercâmbio como a necessária "superestrutura de camadas ideológicas, cuja atividade – *seja ela boa ou má* – é boa porque necessária"[4].

Ao mesmo tempo, a complexidade dessas inter-relações claramente nos alerta contra qualquer tentativa de explicação na forma de reducionismo. A complexidade que deve ser reconhecida manifesta-se também no sentido de que, em um estágio historicamente mais progressivo ou menos propenso à crise da sociedade, o nível de consciência da classe dirigente não é, de modo algum, *ipso facto* mais alto. Na verdade, o exato oposto pode ser o caso sob determinadas circunstâncias históricas. Dessa forma, em meio à grande turbulência da Revolução Francesa, por exemplo, a burguesia tem uma motivação poderosa, e também uma relativa justificação, para apresentar seus próprios interesses como o "interesse geral" da sociedade. Esse tipo de representação equivocada do estado verdadeiro de coisas – paradoxalmente, não somente *apesar de*, mas, ao contrário, precisamente *graças à* óbvia "falsa consciência" nela envolvida – é um dos fatores mais importantes no sucesso da burguesia sob as circunstâncias históricas prevalecentes na época.

Em um sentido mais geral, uma situação de *crise* não carrega necessariamente consigo um *decréscimo* no nível de consciência da classe dominante. Pois, no que se refere à burguesia, por exemplo, sob circunstâncias normais, o capital "de forma alguma tem consciência sobre a natureza de seu processo de valorização e só tem interesse em ter tal consciência nas *crises*"[5]. Portanto, sob o impacto da crise – mas, obviamente, dependendo da exata natureza da crise em questão (que deve ser sempre apreendida concretamente em sua especificidade sócio-histórica) – o grau de autoconsciência da classe dominante pode, de fato, ser *elevado*, ao invés de diminuído, fortalecendo assim, em primeiro lugar, a eficácia de seu domínio, em vez de imediatamente solapá-lo.

Pela mesma lógica, no que se refere ao trabalho, no outro lado da irreconciliável cisão social, seria totalmente ingênuo, para dizer o mínimo, esperar uma dramática intensificação da consciência da classe trabalhadora combativa sob o impacto imediato da crise em si. Pois, sob tais circunstâncias, há uma tendência de seguir "a linha de menor resistência", em vez de embarcar na perigosa jornada pelo território inexplorado que deve ser trilhada pelo antagonista hegemônico do capital na direção da ordem alternativa radical. De fato, as institucionalmente/organizacionalmente condicionadas e restritivas tendências políticas atuais, por causa da relação de forças historicamente ainda prevalecente, fortemente a favor do capital, podem induzir os representantes do trabalho a seguir na direção oposta, tornando-se assim responsáveis por um *abandono contraproducente* da necessária posição militante, como vimos no passado recente.

---

[4] Ibidem, p. 269.
[5] Karl Marx, *Grundrisse*, cit., p. 374.

As relevantes implicações dessas condições, especialmente se tomadas em conjunção umas com as outras – ou seja, acrescentando a eficácia melhorada do controle da sociedade por parte da classe dominante, como um resultado de sua autoconsciência ampliada e maior senso de realidade, às consequências negativas de o adversário histórico do capital, o trabalho, "seguir a linha de menor resistência" sob a pressão da crise em desdobramento – devem ser óbvias para a elaboração das estratégias revolucionárias.

Naturalmente, as condições históricas objetivas da produção espiritual livre não podem ser contornadas ou desprezadas por qualquer pensador ou artista criativo. Isso porque não importa quão avançado seja um estágio do desenvolvimento societal no qual eles possam aparecer no curso geral do desenvolvimento histórico, e, é claro, também independente de quão progressista seja uma postura que eles possam assumir enquanto indivíduos responsáveis em relação aos antagonismos sociais fundamentais da formação social particular da qual eles são participantes ativos, com aqueles na extremidade mais conservadora das determinações valorativas conflitantes da ordem estabelecida em todas as sociedades de classe.

Nesse sentido, estar situado em um estágio histórico mais avançado não dá a um pensador ou a um artista criativo, *ipso facto*, nenhuma garantia de uma realização intelectual mais viável e duradoura. Mesmo colocando de lado a consideração negativa mencionada por Marx, a saber que "a produção capitalista é *hostil* a certos setores da *produção* intelectual, como a *arte e a poesia*", a questão permanece: o que ele ou ela é capaz de *ativamente produzir* a partir das disponíveis condições de produção espiritual livre, quaisquer que sejam elas sob as circunstâncias históricas dadas em seu caráter mais profundo? A famosa comparação de Lukács do "grande elefante das planícies" (seja ele um Goethe ou um Balzac da formação social capitalista) com a "lebre no Himalaia" de uma sociedade socialista – comparação pela qual ele foi severamente censurado por seus críticos stalinistas – tentou condensar tanto as dimensões sociais gerais quanto as pessoais criativas dessa relação.

A importante correlação nesse contexto é que, no mundo realmente existente, ninguém pode de fato evitar assumir uma determinada posição com respeito aos interesses societais dominantes – que em todas as sociedades de classe são, inevitavelmente, interesses de classe, e conflitos correspondentes, carregados de valores –, não importa até que ponto eles possam continuar nutrindo as bem conhecidas ilusões da "neutralidade de valores" sobre a posição que ativamente assumem como suas. Ao mesmo tempo, no entanto, eles não podem reivindicar uma isenção das implicações que sua posição adotada objetivamente carrega, estejam eles conscientes ou não de tais implicações, para o desenvolvimento histórico e social em desdobramento.

Compreensivelmente, há uma grande diferença a esse respeito entre os economistas políticos da grande tradição do Iluminismo escocês (como Adam Smith) e os economistas vulgares da fase descendente do desenvolvimento histórico do sistema capital, sarcasticamente criticados por Marx. Pois estes presumem para si mesmos enquanto pensadores, bem como para a ordem econômica exploradora de sua sociedade, a qual não hesitam em idealizar sequer por um momento, que a causa de sua admiração sem limites não poderia ser de modo algum questionada, porque, "*seja boa ou má*", ela tinha de ser "*boa porque necessária*". Esse tipo de autoidentificação dos pensadores preocupados com a "necessidade" cegamente aceita das determinações estruturais da ordem estabelecida, como autoevidentemente *boa*, representou a forma mais bruta de apologética social. Em sua formulação teórica, ela foi irremediavelmente defectiva não só por conta de conferir valor positivo aos aspectos mais problemáticos, até mesmo destrutivos, e contradições antagônicas da reprodução societal, mas também com respeito à sua mais rasa noção de "necessidade".

Não obstante, não só os economistas vulgares, mas até mesmo figuras intelectuais notáveis da burguesia que conceitualizaram o mundo a partir do ponto de vista do capital em sua fase ascendente de desenvolvimento do sistema, como Kant, Adam Smith e Hegel, mostraram sua inclinação para igualar o que consideravam louvável, apesar de seu caráter problemático e até mesmo mais iníquo, a algum tipo de necessidade. E a necessidade por eles estipulada variava do que chamavam de necessidade natural àquela da pretensa Providência Divina, e até mesmo a necessidade asseverada pela Razão Absoluta do Espírito do Mundo hegeliano. Desse modo Kant poderia abertamente justificar as relações sociais mais iníquas sobre o fundamento estipulado de que os seres humanos eram feitos de "madeira distorcida", conforme ordenado pelo Legislador da Natureza[6], enquanto Adam Smith não via nenhuma dificuldade em asseverar que a ordem socioeconômica do capital, benevolentemente guiada pela "mão invisível" em seu misterioso trabalho pelo bem de cada indivíduo na sociedade, constituía nada menos que "o sistema *natural* da *liberdade e justiça completas*"[7].

O mesmo problema apareceu na filosofia hegeliana, ainda que de uma forma mais complicada, devido aos levantes sociais e políticos muito maiores da Revolução Francesa e das guerras napoleônicas sob cujas circunstâncias tal filosofia foi concebida. Pois Hegel, por um lado, estava perfeitamente disposto a destacar que "É tão insensato presumir que uma filosofia ultrapasse seu mundo presente quanto presumir que um indivíduo salta além de seu tempo, que salte sobre Rhodes"[8]. Por outro lado, no entanto, ele pôde facilmente reconciliar essa visão genuinamente histórica com seu postulado filosófico reconciliatório absolutizado, segundo o qual "*o que é racional, isto é efetivo; e o que é efetivo, isto é racional*"[9]. Portanto, o interesse de reconciliação teve, no final, de prevalecer. Como resultado, no universo filosófico especulativo de Hegel, a dimensão histórica das questões humanas, incluindo as condições reais da produção espiritual livre, teve de ser obliterada pelas determinações autodelimitadas da temporalidade do "eterno presente" do Espírito do Mundo, conforme concebido a partir do ponto de vista incuravelmente eternizável do capital, compartilhado por Hegel até mesmo com as maiores figuras da economia política clássica. Dessa maneira, o processo histórico poderia ser proclamado

---

[6] Nas palavras dele: "De uma madeira tão retorcida, da qual o homem é feito, não se pode fazer nada reto". Immanuel Kant, *Ideia de uma história universal de um ponto de vista cosmopolita* (trad. Rodrigo Naves e Ricardo R. Terra, São Paulo, Brasiliense, 1986), p. 16.

[7] Adam Smith, *A riqueza das nações* (trad. Luiz João Baraúna, São Paulo, Nova Cultural, 1996, v. II), p. 100.

[8] G. W. F. Hegel, *Filosofia do direito*, cit., p. 43.

[9] Ibidem, p. 41.

por Hegel como sendo "a verdadeira teodiceia, a justificação de Deus na história"[10], intimamente ligado à caracterização igualmente absolutizada e atemporal do domínio político como "a verdadeira *reconciliação* se tornou objetiva, que desdobra *o Estado* até ser a imagem e a efetividade da *razão*"[11].

A diferença fundamental entre as figuras intelectuais notáveis da burguesia e os economistas políticos vulgares da fase descendente do desenvolvimento do capital é que estes "medem o efeito de cada atividade pela *repercussão no bolso*"[12]. Isso é o que decide tudo em suas visões, em conformidade com as regras autosservientes da apologética social crassa.

Na conceitualização hegeliana do mundo, as imagens religiosas, como a *Teodiceia*, em sua afinidade com sua visão monumental do Espírito do Mundo e do Espírito Absoluto, eram perfeitamente genuínas. Eram parte integrante da apresentação da progressão dialética, do mundo oriental para a projetada permanência do presente germânico (que incluía em sua concepção a bem-sucedida colonização inglesa), com seu clímax no "princípio protestante" e seu "Estado racional". Mas no momento em que atingimos nossas próprias circunstâncias históricas, com Hayek – apropriadamente o guru e "companheiro de honra" de Margaret Thatcher – como um dos porta-vozes grotescamente idealizados da ordem estabelecida, até mesmo a potencialidade da religião teve de ser medida por sua temida "repercussão no bolso capitalista", embora hipocritamente embrulhada como uma parcela de "preocupação" dissimulada pelas pessoas, o que contradizia diretamente os principais princípios econômicos-políticos de Hayek de insensível desprezo por suas condições. Portanto, ele condenou a Teologia da Libertação – assim como o fez o papa João Paulo II, com seu "Defensor da Fé"[13], o cardeal Ratzinger (que, de maneira reveladora, tornou-se seu sucessor como papa Bento XVI) – da seguinte maneira: "a Teologia da Libertação poderá fundir-se com o nacionalismo, para produzir uma nova e poderosa religião com consequências desastrosas para os povos já em horríveis dificuldades econômicas"[14]. Ao mesmo tempo, sem surpresa, Hayek guardou para si o segredo; como poderia ser justificável glorificar, da forma como ele fez, o sistema do capital – como a melhor "ordem econômica espontânea" concebível – na qual, em sua visão, a maioria esmagadora das pessoas encontravam-se "já em horríveis dificuldades econômicas"? Tampouco Hayek poderia conter-se de mais uma glorificação sem limites da ordem dominante, ao responder sua própria questão retórica, dirigida às pessoas trabalhadoras, que encontram-se, no mundo inteiro, verdadeiramente "em horríveis dificuldades econômicas", dessa forma descaradamente apologética do capital:

---

[10] G.W. F. Hegel, *Filosofia da história* (trad. Maria Rodrigues e Hans Harden, Brasília, UnB, 1995) p. 373.

[11] Idem, *Filosofia do direito*, cit, p. 313.

[12] Karl Marx, *Teorias da mais-valia*, cit, p. 270.

[13] O gabinete vaticano do "Defensor da Fé", durante muitos anos liderado pelo cardeal alemão extremamente conservador Joseph Ratzinger, é a entidade contemporânea em sucessão direta à "Santa Inquisição". Não é de se estranhar que os representantes latino-americanos da Teologia da Libertação, inclusive um dos grandes poetas de nosso tempo, Ernesto Cardenal, tiveram de ser condenados por ele, e até tratados com excomunhão.

[14] Friedrich August von Hayek, *A arrogância fatal: os erros do socialismo*, cit., p. 187.

Se perguntarmos o que os homens devem em primeiro lugar às práticas morais dos chamados *capitalistas* a resposta é: *sua própria vida*. [...] Embora essas pessoas possam se *sentir*[15] exploradas, e os políticos possam estimular e jogar com esses sentimentos para ganhar poder, a maior parte do *proletariado ocidental* e dos milhões que vivem no *mundo em desenvolvimento* deve sua existência às oportunidades que os países avançados criaram para eles[16].

Não é de se admirar que sua pupila política de alta consideração, a ex-primeira-ministra britânica Margaret Thatcher, tenha respondido no espírito de Hayek a uma crise de grande magnitude do sistema do capital da seguinte maneira: "Tivemos de combater *o inimigo de fora* nas Ilhas Malvinas. Temos sempre estar atentos ao *inimigo de dentro*, que é mais perigoso para a *liberdade*"[17].

Para ser exato, a maneira brutamente apologética de atualizar para a nossa época as formas ideológicas no interesse do domínio continuado do capital sobre a sociedade, no espírito do "neoliberalismo" agressivamente reacionário, corresponde às transformações materiais realizadas nas últimas décadas, bem em consonância com a crise estrutural cada vez mais profunda da ordem social metabólica estabelecida. Mas, independentemente disso, quando consideramos o sistema capital em sua totalidade, encontramos, a esse respeito, um grande problema que não pode ser satisfatoriamente resolvido nem mesmo pelos grandes pensadores burgueses do passado mais distante. Ele diz respeito à forma pela qual a *necessidade* em geral é concebida – e *deve ser concebida* – a partir do ponto de vista do capital, até mesmo da fase mais progressiva do desenvolvimento do sistema.

A novidade e caráter emancipatório radicais da concepção marxiana são impressionantes a esse respeito. O contraste das visões de Marx sobre a viabilidade da intervenção humana no processo histórico, quando comparadas com a posição assumida até mesmo pelos notáveis pensadores do Iluminismo, no que diz respeito à questão crucial de como se deve visualizar a *necessidade* e sua relevância para o desenvolvimento societal real, é absolutamente fundamental. Esta é uma questão seminal porque tantas outras dependem dela em todas as teorias, quer sejam formuladas a partir do ponto de vista do capital ou da perspectiva de sua alternativa hegemônica. Ela é da maior importância porque assumir uma posição reconciliatória, em nome do mesmo tipo de concepção absolutizada (frequentemente ambígua) de necessidade – seja ela postulada como "necessidade natural" (como, por exemplo, na economia política de Adam Smith) ou de um tipo especulativo (como em Kant e Hegel) – pode muito bem estar associado com uma reivindicação explícita à realização da liberdade. E isso carrega consigo uma tendência a aprisionar em um labirinto conceitual o leitor desatento, que está condicionado pelas ideologias dominantes a reagir com consentimento automático à simples menção das palavras "liberdade" [*freedom*] e "liberdade" [*liberty*], não importa quão instável seja o terreno sobre o qual se assentam. Ao mesmo tempo, no entanto, a concepção marxiana, que avalia a espinhosa questão da necessidade de uma maneira totalmente emancipatória,

---

[15] Ênfase de Hayek.
[16] Friedrich August von Hayek, *A arrogância fatal*, cit., p. 176.
[17] Pronunciamento de Margaret Thatcher sobre os mineiros britânicos grevistas em 1984.

em seu contexto praticamente vital e historicamente em mutação, é rejeitada – às vezes como resultado de genuína ignorância e desorientação teóricas, mas, na maioria dos casos, por meio de hostil representação ideológica deturpada – com os rótulos de "determinismo mecânico" e "determinismo econômico". Contudo, nada poderia estar mais distante do alvo almejado que tal rejeição. Afinal, nenhum pensador em toda a história formulou uma visão mais libertadora das complexas questões concernentes à avaliação da necessidade que Marx. Ele a formulou em sua abordagem *profundamente* dialética do assunto, não somente atribuindo o peso apropriado às *determinações objetivas* manifestas tanto na necessidade natural quanto na histórica, mas também ao colocar essas determinações em *perspectiva histórica*, sem a qual elas poderiam ter apenas um sentido dos mais distorcidos. É assim que Marx poderia estabelecer o fundamento teórico para aquilo que apaixonadamente defendeu e chamou de "*o reino da liberdade*".

As concepções problemáticas de necessidade que encontramos nos escritos das grandes figuras da filosofia e economia política burguesas podem ser resumidas ao destacar, por um lado, que elas tendem a *fundir* necessidade natural e necessidade histórica e, por outro, que elas estendem a validade desses conceitos para muito além dos limites aos quais eles poderiam ser legitimamente aplicados. E essas figuras formulam tais teorias em conjunção com uma explicação *puramente individualista* oferecida para os conflitos percebidos naquilo que chamam de "sociedade civil". Conflitos que são decretados como diretamente atribuíveis à "*natureza humana*", ou a alguma outra forma de suposta necessidade. É assim que a fusão de um modo *historicamente determinado* de comportamento humano (o "egotismo" dos indivíduos na "sociedade civil") com a simulada "*necessidade natural*" da "*natureza humana*" inalterável, arbitrária e falaciosamente estipulada, é eternizada e cumpre, em tais concepções, sua reveladora função ideológica.

Desse modo, alguns dos pensadores aqui referidos *bloqueiam* quase que completamente a visão – enquanto outros a *obliteram* inteiramente – dos *antagonismos estruturais* irreconciliáveis da ordem social metabólica que representam a partir do ponto de vista do capital. Ademais, a tendenciosa fusão teórica que encontramos em suas teorias de modo algum se restringe à necessidade natural e histórica. Ela está intimamente conectada a outros exemplos de ilegitimamente unir uns nos outros alguns conceitos claramente distinguíveis de importância central no funcionamento do modo estabelecido da reprodução societal[18]. Isso é feito a serviço da

---

[18] Para citar apenas duas das mais importantes dessas representações teóricas equivocadas, é necessário destacar a fusão tendenciosa dos conceitos seminais de *trabalho* (o exercício da muito necessária potencialidade criativa dos seres humanos mesmo na mais avançada forma de uma ordem socialista futura) com *trabalho assalariado* capitalista, e, igualmente, a produção vitalmente necessária dos *valores de uso* (novamente uma exigência absolutamente necessária também na ordem hegemônica alternativa do trabalho em relação à ordem estabelecida) e os *valores de troca* capitalisticamente dominantes. Essas duas fusões características servem à *eternalização* da ordem reprodutiva historicamente específica do capital, arbitrariamente transfigurando-a, portanto, na ordem socioeconômica "*natural e insubstituível*". As duas figuras notáveis da economia política burguesa, Adam Smith e David Ricardo, são os exemplos mais reveladores desse tipo de fusão, como veremos mais ao fim desta seção.

Ver também a seção 8 ("A dominância do contravalor nas relações de valor antinômicas") do capítulo 6 de *A determinação social do método* (trad. Luciana Pudenzi, Francisco Raul Cornejo e Pablo Cezar Castanheira, São Paulo, Boitempo, 2009), principalmente as p. 131-5, que abordam a fusão hegeliana – no mesmo espírito – dos meios de *produção* da classe privilegiada com os genéricos meios de *subsistência*, bem como

mesma causa de atenuação de conflitos e da transfiguração dos antagonismos estruturais do sistema do capital, o que é, sem dúvida, ideologicamente bastante compreensível (ainda que muito longe de ser justificável) nas teorias formuladas a partir do ponto de vista do capital. Dessa maneira, a forte impressão de *estabilidade* é criada em todas essas teorias, por causa dos conflitos puramente individualistas – e, consequentemente, em princípio, reconciliáveis com relativa facilidade – dos indivíduos na "sociedade civil", tal como os encontramos nas concepções formuladas a partir do ponto de vista do capital, diretamente ligadas ao, e totalmente sancionadas pelo, imaginado "sistema natural" – ou pela "Providência Divina", pelo "Legislador da Natureza", pelo "Espírito do Mundo" e afins –, estabelecendo, portanto, validade e permanência atemporais da ordem social metabólica do capital da reprodução sobre uma base "racionalmente inquestionável".

Naturalmente, a abordagem de Marx dos mesmos problemas não poderia ter sido mais diferente desde o princípio. Como observador arguto e participante dos conflitos políticos e sociais em desdobramento em toda a Europa em sua época, ele estava interessado em uma mudança radical para a iníqua ordem societal estabelecida. Portanto, ele submeteu, em sua análise, a um escrutínio crítico que a tudo abrange cada constituinte das complexas relações envolvidas na manutenção, apesar de seus antagonismos estruturais explosivos, da ordem dominante. Ele o fez de modo a ser capaz de identificar as influências que tinham de ser apreendidas a fim de que a requerida mudança se realizasse.

Compreensivelmente, nesse sentido, a questão da *gênese histórica* tinha de estar no centro de sua atenção, em vista de sua grande relevância teórica e *prática*. Pois foi totalmente impensável conceber uma solução viável para a questão premente de como intervir no processo histórico real a não ser que se pudesse atribuir seu peso apropriado às forças materiais e intelectuais que se confrontavam uma à outra – incluindo, até aquele momento, a primeira articulação do trabalho como o promissor antagonista estrutural do capital – em meio à turbulência política do início da década de 1840, quando Marx começou a formular sua nova concepção.

Uma visão fixa da necessidade natural, e sua "natureza humana" correspondente, que constituiu a muleta útil e o preconceito autosserviente de algumas importantes teorias do passado, poderia ter sido apenas uma pedra amarrada ao pescoço de um pensador revolucionário que estava procurando por respostas sustentáveis sob aquelas circunstâncias. Da mesma maneira, a teoria defendida por Marx teve de ser *histórica* do início ao fim, com a investigação proposta das condições objetivas e subjetivas necessárias para a formação da capacidade de ação histórica transformadora – o sujeito social potencialmente revolucionário do trabalho organizado – em seu centro. Todos os seus primeiros escritos – desde os *Manuscritos econômico-filosóficos* e *A sagrada família* até *A ideologia alemã* e o *Manifesto Comunista* – deixaram isso muitíssimo claro. Foi essa também a razão por que a crítica radical das teorias da "sociedade civil", com suas teorizações irreais dos conflitos puramente individuais, colocados em relevo tanto na

---

*trabalho* com *trabalho socialmente dividido*, justificando-os – de forma bastante surpreendente para um filósofo idealista – sobre o fundamento de que "a *desigualdade* entre os homens [é] posta pela *natureza*" (G. W. F. Hegel, *Filosofia do direito*, cit., p. 198).

filosofia quanto na economia política, teve de se tornar parte integrante do empreendimento emancipatório marxiano. Assim, a questão multilateral da *necessidade*, tanto natural quanto histórica, tem de ser colocada em seu lugar apropriado nessa nova perspectiva, almejando a instituição do modo radicalmente diferente do trabalho de controlar a reprodução societal como a alternativa hegemônica à ordem social estabelecida do capital.

Tal reavaliação da necessidade teve de ser feita, em parte, para se adquirir uma concepção adequada do desenvolvimento histórico passado, pretendida por Marx como a clara articulação de uma explicação profundamente dialética, tanto das determinações naturais quanto históricas, em suas relações com a ativa capacidade de ação humana de desenvolvimento social, explicitadas pelo jovem filósofo alemão em agudo contraste às doutrinas idealistas especulativas, bem como materialistas mecânicas, em voga na época. Mas a crítica radical das teorias dominantes teve de prosseguir, sobretudo, com o intuito de demonstrar, de maneira tangível, a viabilidade de uma estratégia emancipatória muito necessária, para o presente e para o futuro, liberta das amarras das concepções falsas paralisantes autosservientemente assumidas de necessidade *natural* ou *metafísica* especulativa. A crítica concludente de uma das teses sobre Feuerbach de Marx, escrita no primeiro semestre de 1845, resumiu tudo isso ao insistir que "Os filósofos apenas *interpretaram* o mundo de diferentes maneiras; o que importa é transformá-lo"[19].

Na concepção dialética de Marx, cada aspecto da vida social teve de ser explicado em termos de sua gênese e transformações históricas. O ponto de partida autoevidente somente poderia ser o fato de que os seres humanos são parte integrante da natureza e, portanto, devem continuar a reproduzir as condições de sua existência por meio de um intercâmbio metabólico produtivamente viável com a natureza. E o intercâmbio metabólico em questão, para que fosse realmente factível, tinha de incluir uma relação socialmente sustentada, ainda que por um longo período histórico antagônica, dos indivíduos humanos, bem como dos grupos e classes sociais aos quais os indivíduos realmente pertenciam, entre si.

Essa visão, preocupada não só com as prospectivas positivas, mas também com as limitações potencialmente destrutivas dos desenvolvimentos históricos em desdobramento, não poderia ser derivada de um mundo totalmente inexplicável de "*necessidade natural*" e "*natureza humana*", confiando na misteriosa "mão invisível" para sua viabilidade, conforme decretado pelos economistas políticos, "nem do ventre da ideia que se põe a si mesma"[20], conforme postulado pela filosofia especulativa. Além disso, em vista do imenso poder produtivo e destrutivo à disposição dos seres humanos na época em que a concepção marxiana foi formulada, sob as condições do impulso expansionista aparentemente irresistível do capital na direção de sua integração global – quando falar sobre "história mundial" havia se tornado significativo no sentido mais tangível[21] –, não foi somente le-

---

[19] Karl Marx e Friedrich Engels, *A ideologia alemã* (São Paulo, Boitempo, 2007), p. 535. Ênfase de Marx.

[20] Karl Marx, *Grundrisse*, cit., p. 278.

[21] Como lemos em *A ideologia alemã*, cit., p. 40: "Ora, quanto mais no curso desse desenvolvimento se expandem os círculos singulares que atuam uns sobre os outros, quanto mais o isolamento primitivo das nacionalidades singulares é destruído pelo modo de produção desenvolvido [...] tanto mais a história torna-

gítimo como também imperativo levantar a questão: por quanto tempo mais foi possível para os seres humanos continuar reproduzindo suas condições de existência em uma forma de controle social metabólico caracterizada por *antagonismos estruturais* sem pôr um fim em sua própria história[22]?

O domínio sem limites da *necessidade natural* estava confinado, nessa visão, à fase *mais primitiva* do desenvolvimento humano, quando nossos ancestrais, devido ao seu confronto imensamente desigual com as forças da natureza, tiveram de viver literalmente "da mão à boca"\*, de acordo com a satisfação renhida das carências mais elementares, capaz de assegurar não mais que a simples sobrevivência.

Pode-se falar sobre os primeiros passos no processo histórico somente em conjunção com as carências em mutação. As mudanças envolvidas a esse respeito resultaram em certo grau de deslocamento – ainda que, a princípio, apenas um deslocamento mínimo – das determinações estritamente naturais. No entanto, já em relação àquele momento do tempo e das circunstâncias, quando, passando-o em revista, é possível identificar apenas a satisfação da carência mais elementar à simples sobrevivência, por meio da interação dos seres humanos com a natureza, é necessário trazer para a cena uma visão *dialética* das mudanças em desdobramento, que *começam* a abrir caminho em direção ao seu desenvolvimento histórico genuíno. Pois "a satisfação dessa primeira necessidade\*\*, a ação de satisfazê-la e o instrumento de satisfação já adquirido conduzem a novas necessidades – e essa *produção de novas necessidades constitui o primeiro ato histórico*"[23]. Quanto à pertinente questão "*Por que história?*", ela foi respondida com as seguintes palavras: "Os homens têm história porque precisam *produzir* sua vida, e têm de fazê-lo de modo *determinado*"[24].

É assim que a criação de novas carências [*needs*] na história humana começa a fazer retroceder os limites que originalmente marcam a tirania absoluta da *necessidade natural*. Tal transformação segue adiante deslocando de maneira progressiva a necessidade natural por meio de um conjunto qualitativamente diferente de determinações. Pois, no novo tipo de determinações, a capacidade de ação humana – essa parte *única* da natureza cujos mem-

---

se história mundial, de modo que, por exemplo, se na Inglaterra é inventada uma máquina que na Índia e na China tira o pão a inúmeros trabalhadores e subverte toda a forma de existência desses impérios, tal invenção torna-se um fato histórico-mundial".

[22] "No desenvolvimento das forças produtivas advém uma fase em que surgem forças produtivas e meios de intercâmbio que, no marco das relações existentes, causam somente malefícios e *não são mais forças de produção, mas forças de destruição*" (ibidem, p. 41). "Chegou-se a tal ponto, portanto, que os indivíduos devem apropriar-se da totalidade existente de forças produtivas, não apenas para chegar à autoatividade, *mas simplesmente para assegurar a sua existência*" (ibidem, p. 73).

\* No original, "*from hand to mouth*", expressão que se refere a viver em circunstâncias precárias ou de grande escassez, sob as quais se tem acesso apenas ao mínimo necessário à sobrevivência imediata. (N. E.)

\*\* O que na edição brasileira de *A ideologia alemã* aparece sob o termo "necessidade", na edição utilizada por Mészáros aparece sob o termo "*need*". (N. E.)

[23] Ibidem, p. 33

[24] Ibidem, p. 34, nota a.

bros não são *genus*-indivíduos fundindo-se diretamente com sua espécie[25] – está *ativamente* envolvida como *sujeito* da história, no sentido apropriado do termo. Dessa forma, o sujeito histórico *começa* a acometer-se na estrada imensamente longa e contraditória em direção à sua *potencial autoemancipação*, graças ao avanço dos poderes produtivos e à "aquisição dos instrumentos" exigidos para a satisfação das novas carências historicamente produzidas.

Portanto, uma nova forma de *causalidade*, e um correspondente novo tipo de necessidade – ou seja, a *necessidade histórica* gerada pelos seres humanos –, entra na ordem da natureza via o domínio reprodutivo societal. Trata-se de um tipo qualitativamente diferente de causalidade/necessidade que aponta – muito à frente no tempo – para a possibilidade da plena emancipação humana. Paradoxalmente, no entanto, o mesmo tipo de necessidade também é capaz de impor *sua própria forma de tirania* sobre os indivíduos sociais, ameaçando-os, inclusive, com a autoaniquilação coletiva, porquanto, em termos de processo histórico, eles sejam incapazes de trazer sua *necessidade* contraditória *autoimposta* – algo inicialmente inevitável, mas, com o avanço dramático dos poderes produtivos da humanidade, cada vez menos justificável – sob seu *controle consciente*.

A diferença fundamental entre a necessidade natural original e esse novo tipo de causalidade é que a primeira, bem no início da história, domina diretamente a espécie humana inteira. Mas somente a princípio, em contraste com todas as outras espécies naturais de animais, que de maneira nenhuma têm como mediar produtivamente a relação entre seus membros particulares, nem sua relação com a natureza como um todo, daí que devam sempre permanecer *genus*-indivíduos. Da mesma forma, seu caráter – que no caso delas lhes é diretamente conferido pela natureza – nunca poderia ser descrito na forma pela qual Marx definiu a "natureza humana" relevante para sua própria época: como *o conjunto das relações sociais historicamente em transformação*. Pois, no mundo animal, tudo deve ser regulado pela necessidade natural continuada, até mesmo a "arquitetura perfeita" das abelhas. Não é o caso com os indivíduos humanos. Pois humanos são capazes de articular a *automediação* vitalmente importante e potencialmente mais emancipatória de sua relação entre si e a natureza em geral, bem como entre si enquanto grupos e indivíduos sociais em desenvolvimento.

Ao mesmo tempo, no entanto, os seres humanos também são responsáveis pela *mediação antagônica – discriminatória hostil* e estruturalmente/hierarquicamente imposta – de suas relações reprodutivas entre si, na forma das *mediações de segunda ordem alienantes* que eles instituem e perpetuam em todas as sociedades de classe, e de modo algum apenas em sua variante capitalista. O que distingue o sistema do capital das formações reprodutivas anteriores é que ele introduz e eleva a uma perversa perfeição uma forma historicamente específica de mediações de segunda ordem antagônicas que a tudo abrangem numa escala global totalmente estendível, com suas implicações destrutivas em última análise ilimitadas – e, na verdade, enquanto esse sistema permanecer dominante, ilimitáveis – em uma escala igualmente global. Ademais, e de modo bastante compreensível, na relação mediadora bifacetada (entre a

---

[25] "O animal é imediatamente um com a sua atividade vital. Não se distingue dela. É *ela*. O homem faz da sua atividade vital mesma um objeto da sua vontade e da sua consciência. Ele tem atividade vital consciente. Esta não é uma determinidade (*Bestimmtheit*) com a qual ele coincide imediatamente." Karl Marx, *Manuscritos econômico-filosóficos*, cit., p. 84. Ênfase de Marx.

natureza e os seres humanos em geral, de um lado, e entre os indivíduos sociais ordenados pela classe, de outro) a primazia recai sobre a última de uma maneira nada reconfortante sob as circunstâncias historicamente prevalecentes. Como resultado, a modalidade *antagônica* de mediar suas relações reprodutivas, por parte dos indivíduos e de seus grupos sociais entre si, sob o domínio do capital *subverte* totalmente a relação vital da humanidade com a natureza, ameaçando esta com destruição em uma escala monumental, que é completamente compatível com os poderes devastadores historicamente adquiridos dos seres humanos, e consequentemente ameaça, ao mesmo tempo, a humanidade como um todo com a autodestruição.

Entretanto, precisamente porque a necessidade problematicamente autoimposta que acompanha as mediações de segunda ordem antagônicas do sistema do capital é *histórica* e não uma *necessidade natural*, não pode haver nenhuma dúvida sobre determinações fatalisticamente intransponíveis, uma vez que a necessidade é muitas vezes falaciosamente conceitualizada na filosofia e na teoria política. A natureza dinâmica das relações históricas é incompatível com qualquer ideia de *fixidez*, seja no modelo das *leis naturais*, como a lei da *gravidade*, ou projetadas na forma de *absolutidade metafísica*, do modo como a encontramos retratada na filosofia idealista especulativa.

Na concepção marxiana, a necessidade histórica é entendida de uma maneira bem diferente, em virtude de ser *histórica* em sua determinação mais profunda. Concebida dessa maneira, significa que a necessidade histórica deve ser almejada para prevalecer sob as condições específicas que não somente *definem* seu *poder* efetivo, mas também, ao mesmo tempo, *fixam-lhe* alguns *limites* historicamente determinados e claramente identificáveis. Consequentemente, tal necessidade deve deixar o lugar por ela outrora ocupado na história, quando as próprias condições objetivas – que, em algum momento no tempo, lhes proporcionaram surgimento, e que incluem, obviamente, a contribuição (não importa quão problemática e, no decorrer de toda a longa história das sociedades de classe, antagônica, muito embora, não obstante, sempre ativa) por parte do sujeito humano da história – são efetivamente *superadas [superseded]*[26]. É por essa razão que Marx chama esse tipo de necessidade de "*simplesmente* necessidade histórica", tornando também explícito que, no devido tempo, em conformidade com sua natureza em transformação, considerada inerentemente *histórica*, trazida à existência pelo sujeito histórico sob determinadas circunstâncias, ela *tem de se tornar uma "necessidade em desaparição"* (isto é, "*eine verschwindende Notwendigkeit*", em alemão). Definir essas importantes questões da maneira como as vimos discutidas por Marx – destacando o papel da *dialética* em suas inter-relações, em contraste às rígidas "determinações *naturalistas*" – é parte integrante da concepção emancipatória marxiana do desenvolvimento humano, como veremos mais detalhadamente no capítulo 5.

---

[26] "A história nada mais é do que o suceder-se de gerações distintas, em que cada uma delas explora os materiais, os capitais e as forças de produção a ela transmitidas pelas gerações anteriores; portanto, por um lado ela continua a atividade anterior sob condições totalmente alteradas e, por outro, *modifica com uma atividade completamente diferente as antigas condições*. [...] Essa concepção [marxiana] da história consiste, portanto, em desenvolver o processo real de produção. [...] Ela não tem necessidade, como na concepção idealista da história, de procurar uma categoria em cada período, mas sim de permanecer constantemente sobre o solo da história real. [...] Portanto, *as circunstâncias fazem os homens, assim como os homens fazem as circunstâncias*." Karl Marx, *A ideologia alemã*, cit., p. 40-3.

Se olharmos agora para a fusão dos conceitos de *trabalho* em geral com *trabalho assalariado* capitalista, e de produção dos *valores de uso*, necessária em todas as formas de sociedade, com os *valores de troca* capitalisticamente dominantes, como mencionado na nota 18 deste capítulo, veremos que, com Adam Smith,

> [...] o trabalho é a fonte dos valores, bem como da riqueza, mas no fundo põe mais-valor tão somente à medida que, na divisão do trabalho, o excedente aparece como *dádiva natural*, como força natural da sociedade, como a terra, nos fisiocratas. Daí a grande importância que A. Smith confere à *divisão do trabalho*. Por outro lado, nele o *capital* – porque ainda que Smith, com efeito, conceba o trabalho como criador de valor, concebe o próprio trabalho entretanto como valor de uso, como produtividade para si, como força natural *humana* em geral (o que o distingue dos fisiocratas), mas não como trabalho assalariado, não em sua determinação formal *específica* em contraposição ao capital – não aparece originariamente contendo em si mesmo de forma antitética o momento do trabalho assalariado.[27]

De maneira semelhante, Ricardo concebe a relação de trabalho assalariado e capital

> [...] não como forma social *histórica determinada*, mas como forma social *natural* [...] da mesma maneira que a própria riqueza, em sua forma como *valor de troca*, aparece como *simples mediação formal* de sua existência *material*; daí por que o caráter determinado da riqueza *burguesa* não é compreendido – exatamente porque ela aparece como a forma *adequada da riqueza em geral* [...] mas não se fala nada além da repartição do produto universal do trabalho e da terra entre as três classes, como se na riqueza fundada sobre o *valor de troca* se tratasse apenas do *valor de uso* e como se o valor de troca fosse apenas uma forma *cerimonial*, que em Ricardo desaparece da mesma maneira que o dinheiro como meio de circulação desaparece na troca.[28]

Portanto, por esses dois grandes representantes da economia política burguesa, o historicamente específico é transformado no alegadamente "natural", e, portanto, àquilo que na realidade é necessariamente *transiente*, em seu sentido marxiano de inevitável "necessidade em desaparição", graças à ação superadora [*superseding action*] historicamente factível dos seres humanos que a provocaram, é dado o *status* de *necessidade natural* incontestável. Da mesma maneira, em consonância com a *eternalização* do modo de controle social metabólico do capital que encontramos até mesmo nos clássicos da economia política, que consideram sua ordem produtiva muito semelhante à *ordem natural*, na qual as leis, como a lei da *gravidade*, funcionam e inalteradamente prevalecem; em tal visão, somente a projeção gratuita de um sistema de reprodução societal – racionalmente injustificável –, baseado em um conjunto totalmente diferente de leis naturais como seu fundamento causal, poderia oferecer uma alternativa (obviamente inconcebível).

Uma vez que prevaleça uma concepção desse tipo, reificando o sistema capitalista historicamente produzido no modelo da lei natural da gravidade, a arbitrariedade e a irresponsabilidade na busca dos alvos produtivos podem facilmente acompanhá-la. Principalmente quando os antagonismos estruturais da ordem estabelecida afirmam-se a si mesmos com uma intensidade sempre maior na fase descendente dos desenvolvimentos capitalistas. Quando,

---

[27] Karl Marx, *Grundrisse*, cit. p. 329.
[28] Ibidem, p. 331.

em outras palavras, o escopo originalmente quase ilimitado para o crescimento econômico e para a acumulação do capital se revela cada vez mais problemático e insustentável, devido a *limitações sistêmicas*, e não a uma *crise conjuntural* mais ou menos facilmente remediável. De modo nada surpreendente, portanto, sob tais circunstâncias, torna-se impossível adotar uma *medida* apropriada – dado o impulso *a todo custo* autoexpansionista e voltado para o lucro do capital, independentemente das consequências – que pudesse julgar o que poderia ser historicamente viável e sustentável até mesmo no mais longo prazo, em vez de perdulário e totalmente destrutivo. Como resultado, a outrora idealizada "destruição *produtiva*" do sistema do capital tende a se impor sobre a sociedade na forma de uma *produção destrutiva* historicamente insustentável e, em última instância, explosiva.

Colocar essa perspectiva em relevo, que está tangivelmente em desdobramento diante de nossos olhos, não é de modo algum uma injustificável objeção "niveladora por baixo" que tenderia a confinar as potencialidades produtivas dos seres humanos. Longe disso. Pois o avanço produtivo é considerado um valor positivo na teoria socialista, posto que surge de uma base humanamente significativa e historicamente viável. Marx deixou isso muito claro em sua discussão sobre "luxo" e "necessidade natural". É assim que ele coloca a questão:

> O *luxo* é o contrário do *naturalmente necessário*. As necessidades naturais são as necessidades do indivíduo, ele próprio reduzido a um sujeito natural. O desenvolvimento da indústria abole esta necessidade natural, assim como aquele luxo – na sociedade burguesa, entretanto, o faz somente de modo *antitético*.[29]

Claramente, portanto, em vista do fato de que no curso do desenvolvimento socioeconômico o "luxo" de um estágio mais atrasado da produção é transformado em um objeto normal e até mesmo necessário de "consumo produtivo", desse modo estimulando potencialmente o desenvolvimento posterior, a verdadeira questão diz respeito ao imperativo superar [*overcome*] a *forma antitética* na qual a produtividade desdobra-se sob o domínio do capital, e não à restrição das potencialidades produtivas positivas e humanamente enriquecedoras.

Contudo, se uma medida apropriada de avaliação para a viabilidade da atividade produtiva estiver ausente, uma vez que não pode ser instituída na forma de alvos produtivos conscientemente planejados, baseados nas *carências humanas genuínas*[30], nesse caso o *desperdício* está fadado a ser incontrolável, como experimentamos hoje, *multiplicando* a *escassez* da forma mais absurda, por meio do *círculo vicioso* criado entre *escassez e desperdício*, em vez de relegar progressivamente ao passado a escassez enquanto tal.

Na verdade, não deveríamos nos esquecer de que a imposição desse círculo vicioso em nossa ordem reprodutiva existente não está confinada ao que é rotineiramente descartado

---

[29] Ibidem, p. 527-8.

[30] Devemos recordar, nesse contexto, a advertência de Marx, que firmemente sublinhou que, de acordo com o desenvolvimento em desdobramento do capital, "a expansão dos produtos e das carências o torna [o homem] escravo *inventivo* e continuamente *calculista* de desejos não humanos, requintados, não naturais e *pretensiosos*". Karl Marx, *Manuscritos econômico-filosóficos*, cit., p. 139. Ênfases de Marx.

pela vida cotidiana da "sociedade do descarte" de cada país capitalisticamente avançado, devido à busca irracional da taxa decrescente de utilização irresponsavelmente orientada para o lucro, na produção tanto quanto no consumo. Ela abarca os *propósitos diretamente destrutivos* aos quais os recursos naturais e sociais estão sendo submetidos, afetando a humanidade como um todo, numa escala assustadora, incluindo as duas guerras mundiais do século XX e as guerras genocidas de nosso próprio tempo, como sabemos muito bem a partir da experiência histórica real.

Naturalmente, não é difícil visualizar o impacto negativo de tais práticas destrutivas nos desenvolvimentos intelectuais e políticos. Tais práticas prevalecem sob nossas circunstâncias históricas particularmente graves, quando a necessidade de *conscientemente* encarar essas perigosas mudanças, mobilizando também os recursos emancipatórios potenciais da "produção intelectual livre" à nossa disposição, é obviamente maior do que nunca. No entanto, esse tipo de intervenção consciente no processo histórico em desdobramento seria possível somente se as várias forças e relações nele envolvidas pudessem ser apreendidas em sua perspectiva apropriada. E isso exigiria abordar as questões em si dentro do quadro de suas complexas interdeterminações dialéticas.

Nesse sentido, de modo compreensível, a natureza da "produção intelectual livre" só pode ser tornada realmente inteligível em sua relação íntima com as condições históricas reais e suas transformações materiais subjacentes em *qualquer* formação social. Pois as condições históricas em questão também estabelecem os limites específicos dentro dos quais a "produção intelectual livre" em si torna-se factível e praticável.

Portanto, se, por algumas razões ideológicas relevantes, surgidas do sistema dos antagonismos sociais agora dominante, as correlações reais e as complexas interdeterminações são ignoradas ou tendenciosamente distorcidas nas teorias concebidas a partir do ponto de vista do capital, nesse caso o historicamente específico está fadado a ser transformado em um *absoluto atemporal*. E, a esse respeito, não faz diferença nenhuma se o absoluto postulado é justificado em nome de uma proclamada "*ordem natural*" ou de um tipo *metafísico especulativo*, como tivemos a oportunidade de ver, anteriormente, em algumas de suas distintas variedades, e até mesmo nos escritos de algumas das maiores figuras da filosofia e economia política clássica. O que realmente importa é que a transfiguração eternizadora do capital do historicamente específico no absoluto atemporal carrega inevitavelmente consigo implicações de longo alcance tanto para a teoria quanto para a relevante prática socioeconômica e política.

Por essa razão é importante manter em mente as palavras de Marx segundo as quais "caso se tenha *partido* do trabalho como *trabalho assalariado*" – como, é claro, *tem* de se partir do ponto de vista autosserviente do capital –,

> [...] de tal modo que a coincidência do trabalho em geral com o trabalho assalariado apareça como *óbvia e natural*, então o capital e a terra monopolizada também precisam aparecer como *forma natural* das condições de trabalho em relação ao *trabalho em geral*. Ser capital aparece como *forma natural* dos *meios de trabalho* e, daí, como tendo caráter puramente material e originário de sua função no *processo de trabalho em geral*.[31]

---

[31] Karl Marx, *O capital*, cit., v. III/2, p. 276.

Como podemos ver, aqui a questão não é somente uma distorção das relações reais historicamente observáveis, mas sua ideologicamente mais reveladora *completa inversão*. Se, no entanto, esse tipo de inversão das condições históricas reais e das relações estruturais correspondentes entre capital e trabalho, conforme descrito por Marx em nossa última citação, não é contestada, tanto teórica quanto praticamente, nesse caso, todas as ideias e esforços emancipatórios estão fadados a permanecer irremediavelmente aprisionados na pior forma de círculo vicioso, do qual não há escapatória. Afinal, a completa inversão que encontramos nessa relação de cabeça para baixo entre capital e trabalho não é simplesmente uma invenção mistificadora das teorias concebidas a partir do ponto de vista e no interesse do capital. Ela é abundantemente visível na prática social cotidiana, na aparência reificada de uma perversa "absolutidade natural" com a qual as pessoas, em todas as esferas de vida, tornam-se "naturalmente" acostumadas.

As formas ideológicas/teóricas representam a *materialização ativa* das poderosas *transformações materiais e históricas* que *produziram praticamente* – por meio de sua *primazia*, que, no entanto, não deveria ser tendenciosamente confundida com algum tipo de *exclusividade* mecânica unilateral – a inversão duradoura das inter-relações originais em questão no curso do desenvolvimento histórico real, transformando com isso o trabalho em si na "*propriedade de seu próprio produto*" por meio da imposição estrutural de tal *fetichismo prático* na sociedade como um todo.

É por isso que o significado de "produção intelectual livre" não pode ser compreendido em um sentido idealisticamente absolutizado, não importa quão grande seja a tentação de fazê-lo. Pois até mesmo na obra das maiores figuras intelectuais, sejam eles artistas criativos ou teóricos, incluindo os clássicos da filosofia e economia política burguesas, a produção espiritual continua *respondendo à sua própria maneira* – na forma de uma *reciprocidade dialética* – às condições realmente dadas, ao exercer *seu próprio impacto significativo* sobre as transformações emergentes do existente. Esse é e continuará sendo o indiscutível caso, mesmo que, compreensivelmente, a produção espiritual tenha de fazer sua própria contribuição dentro do quadro bem definido das condições históricas *gerais*.

Não obstante, a "produção intelectual livre" é *livre* em um sentido genuíno – e, pela mesma razão, também possui uma grande *responsabilidade* como um empreendimento intelectual – precisamente em virtude de seu inegável *papel ativo* na intervenção, *para melhor ou pior*, no processo histórico em desdobramento do qual ela é uma *parte integrante*.

## 4.2 Aspectos-chave da mediação na dialética de base e superestrutura

O famoso "Prefácio" de 1859 de Marx à *Contribuição à crítica da economia política* ofereceu uma avaliação concisa da relação entre a superestrutura e a base material da sociedade com referência ao modo de reprodução societal do capital. Naturalmente, a questão é muito mais ampla, como podemos vê-la discutida em algumas outras obras de Marx, incluindo as importantes passagens dos *Grundrisse* e do *Capital* citadas no capítulo 3 deste livro.

No que se refere ao modo de reprodução social metabólica sob o domínio do capital, a relação em questão é, em última análise, determinada pelo imperativo absoluto da *dominação estrutural permanente*, a todo custo, do trabalho. Tudo deve ser subordinado àquele interesse sistêmico circunscritivo do capital que inevitavelmente desvirtua todas as determinações e inter-relações estruturais. Pois o capital não é *absolutamente nada* nessa relação – *não simétrica* – entre si e a classe do trabalho vivo sem a inalterável *imposição hierárquica estruturalmente assegurada* dos *imperativos reprodutivos autoexpansivos* de seu sistema de controle social metabólico sobre seu adversário histórico, ignorando cruelmente até mesmo as mais destrutivas consequências sobre a sociedade como um todo.

Isso significa que todas as funções de *direção e comando* – totalmente em consonância com as *premissas práticas* e os imperativos objetivos vitais da inquestionada, e totalmente inquestionável, *expansão do capital* (cuja falha faria o sistema implodir) – devem ser expropriadas e exercidas pelas "personificações do capital" cegamente subservientes, não simplesmente às custas da classe do trabalho, mas, em geral, às custas da sociedade em sua totalidade. Esse deve ser o caso não importa quão mais irracional e instável se torne a *imposição estrutural antagônica*, a todo custo, dos imperativos práticos autoexpansivos do capital sobre a sociedade com a passagem do tempo histórico da fase ascendente para a fase perigosamente descendente do desenvolvimento do sistema. A anteriormente mencionada correlação fetichista, pela qual a própria possibilidade do exercício economicamente necessário da força de trabalho está a serviço da, e sob a privilegiada *"propriedade de seu próprio produto"* – sobre o fundamento abusivo da expropriação e alocação autoservientes estruturalmente impostas das criações da atividade humana produtiva por uma força alheia que se origina no, e lhe confronta de maneira hostil, trabalho vivo em si – condensa bem não só a absurdidade institucionalizada dessa forma de regular a reprodução societal expandida, mas também sua total insustentabilidade mais a longo prazo.

Naturalmente, a articulação e a mediação incuravelmente desvirtuadas da relação entre a base material da sociedade e sua superestrutura sob o domínio do capital é um constituinte essencial de fazer prevalecer os imperativos fundamentais desse sistema. O caráter incuravelmente desvirtuado da relação que nos é apresentada sob as condições estabelecidas surge do fato de o intercâmbio entre capital e trabalho ser – e deve sempre permanecer, apesar de toda manipulação e mistificação em contrário, incluindo as fantasias constantemente propagandeadas do "capitalismo do povo" – um intercâmbio insuperavelmente *antagônico*.

Para ser exato, nenhuma relação de reprodução societal continuada é concebível sem seu próprio tipo de *mediação* dos intercâmbios entre os seres humanos e a natureza, de um lado, e entre os indivíduos sociais em si, bem como entre os grupos aos quais pertencem, de outro. Isso também vale, autoevidentemente, para o sistema do capital. Além disso, tal circunstância, por si, não é de modo algum a circunstância necessariamente desvirtuadora a esse respeito. O problema insolúvel surge do caráter historicamente específico dos *tipos de mediação* que são inseparáveis do modo de reprodução social metabólica do capital.

O tipo historicamente específico dos intercâmbios mediadores necessários ao sistema do capital, que acaba por ser anti-historicamente eternizado até mesmo pelas maiores figuras intelectuais que conceitualizam o mundo a partir do ponto de vista do capital, é o da modalidade das – em princípio globalmente extensíveis – *mediações de segunda ordem antagônicas*, sem as quais essa ordem societal reprodutiva não poderia de modo algum funcionar. É precisamente a necessidade de fazer prevalecer, em uma base permanente, as determinações antagônicas mais profundas do sistema do capital que incuravelmente desvirtua a relação em desdobramento global entre a base material da sociedade e sua superestrutura. Cada constituinte das inter-relações e determinações sistêmicas do capital, incluindo, obviamente, a poderosa superestrutura, deve devotar-se a esse propósito operacional literalmente vital.

Ademais, de modo bastante compreensível, essa relação entre a base material da sociedade e sua superestrutura, enquanto intimamente entrelaçada às mediações de segunda ordem antagônicas do capital, é, indiscutivelmente, a mais complexa de toda a história. E ela o é, sobretudo, por causa da inexorável tendência em direção à dominação *global* por parte do sistema do capital como modo de reprodução societal, o primeiro da história.

Ao mesmo tempo, no entanto, o caráter intensamente contraditório do impulso expansionista global – posto que *estruturalmente necessário* – único do capital deve também ser colocado em relevo. Pois o *impulso global* estruturalmente necessário do capital de modo algum significa que tal impulso possa também prevalecer como uma dominação global *produtivamente viável e historicamente sustentável* de reprodução societal numa base permanente, como gostariam de nos fazer crer os eternizadores teóricos e ideológicos do sistema. Longe disso, posto que precisamente no momento em que esse sistema historicamente específico se amplia ao seu máximo poder, ele também extrapola imensamente a si próprio.

Essa extrapolação em questão afirma a si mesma com consequências de longo alcance no domínio vital da mais problemática articulação da superestrutura jurídica e política antagônica do sistema do capital, carregando consigo a ativação de massivos *impedimentos estruturais* – com suas inevitáveis implicações para nada menos que a destruição das condições elementares da existência humana em si – para sua dominação global continuada, como veremos a seguir.

Conforme mencionado no início desta seção, a relação entre a superestrutura e a base material da sociedade é muito mais ampla do que a forma como a encontramos articulada sob as circunstâncias históricas específicas do modo de reprodução societal do capital. Há também uma importante dimensão trans-histórica quanto a isso, na base da qual é possível almejar a superação [*supersession*] das contradições atualmente predominantes dessa relação.

Entretanto, antes de nos voltarmos para a discussão desses problemas, é necessário esclarecer as principais características do intercâmbio profundamente restritivo entre a base material da sociedade e sua superestrutura sob o domínio do capital. Com respeito à dimensão *trans*-histórica de nosso problema, será suficiente por agora antecipar que, de modo semelhante à questão concernente à dimensão intranscendível da atividade produtiva em si – isto é, "produção em geral" ou "trabalho enquanto tal", sem o que a vida humana nesse planeta seria inconcebível, o que significa que, a esse respeito, devemos centrar nossa atenção na relação entre a (sempre necessária) *atividade produtiva útil*, com seus *materiais e meios de produção*[32], e não só na relação historicamente

---

[32] Nas palavras de Marx, "O *trabalho enquanto tal*, em sua simples definição como *atividade produtiva útil*, refere-se aos meios de produção não em sua determinação da forma social, mas em sua substância material, como materiais e meios do trabalho". *O capital,* cit., v. III/2, p. 276.

única entre *trabalho assalariado* e *capital*. E isso significa que, em virtude da dimensão trans-histórica aqui relevante, a eliminação da diferença estruturalmente evidente entre a base material enquanto tal e sua superestrutura é inconcebível, ainda que superar [*overcome*] os aspectos destrutivos historicamente gerados de sua relação seja tanto necessário quanto factível. A dimensão trans-histórica a esse respeito permanece em vigor, no sentido de que a superestrutura enquanto tal nunca poderia ser assimilada pela, muito menos reduzida à, base material da sociedade, exceto nas teorias mecanicistas que se entregam à violação grosseira não só da dialética, mas também da lógica elementar. Pela mesma lógica, somente nas mais grotescas fantasias apologéticas do capital da "sociedade pós-industrial" é que se pode projetar a realização "totalmente automatizada" da atividade produtiva materialmente necessária como a base não problemática do "ócio sem limites".

A verdadeira questão para nós é a superação [*supersession*] radical da *tirania* desumanizadora da base material, tal como manifesta sob o domínio do capital, e não a remoção fictícia das distintas características e determinações da materialidade em si da vida dos seres humanos (que são, e devem sempre continuar sendo, uma parte integrante da natureza – ainda que uma parte unicamente automediadora e, com isso, potencialmente autoliberadora em sentido genuíno). Marx, que frequentemente é acusado de ilusões utópicas, sempre insistiu, com o maior senso de realidade, na necessidade de se reconhecer as determinações objetivas que devem ser respeitadas em todas as questões humanas, incluindo, obviamente, o intercâmbio dos seres humanos com a natureza. Ele o fez com grande clareza até mesmo enquanto traçava firmemente a linha de demarcação entre a humanidade sendo inevitavelmente sujeita ao poder da necessidade e as prospectivas da emancipação realmente factível, sublinhando que

> Assim como o selvagem tem de lutar com a Natureza para satisfazer suas necessidades, para manter e reproduzir sua vida, assim também o civilizado tem de fazê-lo, e tem de fazê-lo em todas as formas de sociedade e sob todos os modos de produção possíveis. Com seu desenvolvimento, amplia-se esse reino da necessidade natural, pois se ampliam as necessidades; mas, ao mesmo tempo, ampliam-se as forças produtivas que as satisfazem. Nesse terreno, a liberdade só pode consistir em que o homem social, os produtores associados, regulem racionalmente esse seu metabolismo com a Natureza, trazendo-o para seu controle comunitário, em vez de serem dominados por ele como se fora por uma força cega; que o façam com o mínimo emprego de forças e sob as condições mais dignas e adequadas à sua natureza humana. Mas este sempre continua a ser um reino da necessidade. Além dele é que começa o desenvolvimento das forças humanas, considerado como um fim em si mesmo, o verdadeiro reino da liberdade, mas que só pode florescer sobre aquele reino da necessidade como sua base.[33]

Ainda assim, não obstante a clareza com a qual esses assuntos são explicitados por Marx, sua concepção da relação entre a base material da sociedade e sua superestrutura é, com frequência, tendenciosamente deturpada da forma mais absurda, como convém aos requisitos hostis da ideologia apologética do capital. Assim, para tomarmos um exemplo, afirma-se, em uma descrição particularmente bruta da "explicação histórica", que, na

---

[33] Ibidem, p. 273.

visão de Marx, "os pensamentos e ideias das pessoas são um tipo de *vapor* [...] que surge misteriosamente do 'fundamento material'"[34].

Mas, mesmo quando a caracterização da concepção marxiana não é tão primitiva e descaradamente hostil quanto essa, a atribuição mecânica de uma *correlação de um para um* entre a base material da sociedade e sua superestrutura frequentemente tende a prevalecer na retratação da posição marxista. Às vezes encontramos esse tipo de abordagem apresentada não apenas sem nenhum intento hostil, mas também mesmo com total aprovação, devido simplesmente à predileção mecânica dos próprios pensadores que propõem tais visões. Desse modo, no entanto, as *mediações dialéticas*, que formam uma parte essencial desse vital complexo explicativo dos desenvolvimentos em desdobramento, desaparecem completamente da vista. Como resultado, a inter-relação dinâmica entre os fatores e as determinações materiais e superestruturais que caracterizam a gênese e as transformações históricas do sistema do capital não pode ser feita inteligível de maneira nenhuma.

O que é particularmente importante a esse respeito é a superestrutura jurídica e política institucionalmente assegurada e salvaguardada em seu papel intermediário vital entre o fundamento material da sociedade e "as formas jurídicas, políticas, religiosas, artísticas ou filosóficas, em resumo, as *formas ideológicas*, sob as quais os homens adquirem consciência desse conflito e o levam até o fim"[35]. Da mesma maneira, o que realmente nos interessa aqui não é uma correspondência *de um para um mecanicamente* projetada entre a materialidade e as ideias, mas uma inter-relação *tripla* característica desse complexo social vital que *dialeticamente* constitui o intercâmbio dinâmico entre a base material e a superestrutura da sociedade.

Nesse sentido, *primeiro*, temos as "relações de produção" que constituem "a estrutura econômica da sociedade, a base real". *Segundo*, sobre essa *base real* "se eleva uma superestrutura jurídica e política". E o *terceiro* fator essencial é constituído pela múltipla variedade das "formas ideológicas" que entram em cena como "formas sociais determinadas de consciência" e, como tais, "correspondem à superestrutura jurídica e política"[36].

Da mesma maneira, a "correspondência" em questão não é aquela entre a base material e as ideias (ou formas ideológicas por meio das quais a consciência social prática da humanidade é articulada e afirmada no curso da história), mas aquela entre a *superestrutura jurídica e política*, de um lado, e as várias *formas ideológicas* em si, de outro. As ideias como tal não podem surgir, muito menos podem causar impacto no mundo real, a partir do nada. Tampouco poderiam elas derivar "do ventre da ideia que se põe a si mesma"[37], conforme a filosofia idealista especulativa circularmente postula sua aparição. Especialmente não sob as condições do sistema do capital globalmente em desdobramento, com sua tendência contraditória à máxima centralização de seus processos produtivos e distributivos, bem como à subjugação que a tudo invade até mesmo das mais sublimes ideias por parte dos interesses

---

[34] Patrick Gardiner, *The Nature of Historical Explanation* (Londres, Oxford University Press, 1961), p. 138.

[35] Karl Marx, *Contribuição à crítica da economia política* (trad. Florestan Fernandes, São Paulo, Expressão Popular, 2008), p. 47-8.

[36] Idem. Todas as citações conforme a formulação de Marx.

[37] Karl Marx, *Grundrisse,* cit., p. 278.

próprios estruturalmente arraigados. Afinal, as ideias surgem e afirmam a si mesmas, caso tenham a força para fazê-lo, no interior desse quadro triplo dos intercâmbios dialéticos, conforme retratado por Marx.

O que também é importante de ser aqui colocado em relevo é que, no curso do desenvolvimento histórico, as "formas ideológicas" mencionadas anteriormente também assumiram a forma de tipos determinados de *discurso*: dos *discursos políticos* e *morais* aos *religiosos* e *estéticos*. Todos estes têm características definidoras próprias claramente identificáveis, nos termos das quais respondem, e materializam em seu próprio quadro específico, trans-historicamente consolidado, ao mundo real, afetando de maneira profunda o comportamento dos seres humanos em seu domínio claramente articulado.

Nesse sentido, o entendimento da religião, política e moral, ou a apreciação apropriada da natureza e do desenvolvimento da arte e da literatura, é impossível sem centrar a atenção à constituição e às características estruturalmente relevantes desses discursos específicos. Além disso, tais discursos, em sua constituição objetiva, não deveriam ser confundidos com as correspondentes *teorias dos discursos* – que variam da teologia e da filosofia política à teoria ética e estética –, as quais surgem legitimamente da base praticamente operativa dos próprios discursos práticos socialmente articulados.

A função das teorias dos discursos particulares é generalizar, em seus próprios termos, conceituais, de referência, os princípios operativos que se manifestam objetivamente nos discursos práticos bem circunscritos. Dessa maneira, essas teorias dos discursos transformam os respectivos princípios operativos práticos, de acordo com as condições históricas relevantes e exigências que confrontam os pensadores particulares interessados – conforme encontramos, por exemplo, na monumental visão hegeliana da Estética, que acaba sendo uma parte intimamente integrada de seu sistema filosófico datado como um todo –, em concepções historicamente determinadas ligadas de maneira orgânica ao panorama ideológico de sua própria época.

Duas importantes considerações precisam ser acrescentadas aqui. A primeira é que os discursos práticos vitais, sem os quais a vida social desenvolvida é impensável, não são de modo nenhum inteligíveis por si sós. Em outras palavras, eles não são inteligíveis sem suas ligações íntimas ao quadro institucional dado da superestrutura jurídica e política historicamente dominante. A "*correspondência*" entre os vários discursos e a superestrutura jurídica e política em questão pode ser afirmada de maneira correta precisamente sobre essa base.

Esse tipo de interconexão é perfeitamente óbvio quando falamos sobre a realidade prática do *discurso político*, que acaba por ser inseparável das práticas políticas frequentemente mais diretas do Estado. Como exemplo, basta pensar na promoção e justificação da forma parlamentar de legislação e tomada de decisão enquanto tal. Essa forma de inter-relação está em claro contraste com o modo muito mais indireto de articular as várias *teorias do discurso político*.

Não obstante, quando a conexão não é tão óbvia quanto no caso do discurso político prático, com sua preocupação essencial com a garantia da mais efetiva relação *meios/fins* para a reprodução societal *geral*, ainda assim determinações muito semelhantes prevalecem. Portanto, por exemplo, quando pensamos nas práticas religiosas, elas também são inimagináveis como simplesmente a adesão espontânea dos indivíduos a determinados rituais e crenças. Pois tais crenças e rituais são na verdade adotados e mantidos praticamente, bem como modificados de maneira significativa, dentro do complexo quadro institucional das várias *igrejas* (e seus equivalentes organizacionais menos formalmente definidos) que, por sua vez, estão elas próprias intimamente ligadas, e, em alguns casos, até abertamente integradas, à superestrutura jurídica e política e ao Estado moderno[38]. O princípio outrora radicalmente proclamado da "separação da Igreja e do Estado" nunca foi traduzido em prática social no sentido originalmente pretendido. Sua realidade mostrou-se ser, em última análise, uma maior propensão, por parte de diversos órgãos religiosos, em aceitar a *preeminência* da superestrutura jurídica e política.

Quanto à prática do *discurso moral*, não deveríamos ser iludidos pelo fato de que seu quadro institucional é mais difuso do que aqueles do discurso político e até mesmo do religioso. Afinal, também nesses domínios, as ligações com a superestrutura jurídica e política são muito intensas. A esse respeito, basta nos lembrarmos da forma pela qual todas as *práticas educacionais* e órgãos dados da sociedade são regulados pelo Estado moderno, desde a família até todos os níveis do aprendizado institucionalizado, incluindo os jardins de infância numa ponta e as universidades na outra. Tampouco deveríamos nos esquecer da forma como também as várias instituições religiosas da sociedade participam – frequentemente sob regulamentação legislativa direta – da educação moral dos indivíduos. Por meio de sua rede institucional mais difusa, elas também estão todas envolvidas na transmissão dos valores dominantes da ordem social estabelecida da geração presente para as gerações futuras. E, obviamente, ao regulamentar essa transmissão do sistema de valores dominantes da sociedade do presente em direção ao futuro, a superestrutura jurídica e política exerce o papel regulatório preeminente.

Ao mesmo tempo, até mesmo a prática social altamente mediada do *discurso estético* é uma parte integrante desses processos que não podem ser de modo algum separados da superestrutura jurídica e política da ordem social prevalecente. Isso ocorre apesar das bastante conhecidas ilusões características das épocas históricas mais recentes (a partir da segunda metade do século XIX), incluindo o credo artístico programaticamente explicitado sob o *slogan l'art pour l'art*, por exemplo. Significativamente, Platão não faz uso de nenhuma dessas ilusões. Ao contrário, ele deixou bastante claro que queria integrar as várias práticas do esforço artístico no quadro educacional vital de seu *A república*.

De todo modo, afinal de contas, a produção e o consumo das obras de arte e literatura, da forma como as conhecemos hoje, são também bastante inimagináveis sem o impacto regulatório de longo alcance da superestrutura jurídica e política. Isso vai desde a supervisão política direta e indireta da produção teatral e de outras produções literárias, incluindo a publicação de livros e revistas, bem como programas de televisão e a indústria cinematográfica – e tudo isso não só sob modos abertamente autoritários de controle, mas também sob as formas democráticas liberais do Estado e, de mais a mais,

---

[38] A Igreja Católica Romana tem não apenas sua própria formação de Estado como também sua elaboradíssima rede financeira e econômica, na forma do Vaticano, na Itália, além de manter ligações interativas muito próximas com uma multiplicidade de Estados ao redor do mundo. Ao mesmo tempo, ainda que de modo um tanto farsesco, não obstante, por razões históricas, compreensível, o chefe da Igreja Católica da Inglaterra hoje, no século XXI, não é outro senão o chefe da família real britânica.

de modo algum apenas como algo confinado aos departamentos regulatórios abertamente censores existentes deste último, mas, de modo ainda mais revelador, sob as sutis variedades da promoção da efetiva autocensura –, além do rígido controle legislativo da rede educacionalmente importante de museus do Estado. Além disso, a superestrutura jurídica e política dominante da sociedade participa ativamente inclusive do empreendimento, obviamente orientado para o lucro, e pretensamente mais independente, das galerias privadas de arte, que não poderiam se sustentar por nenhum período de tempo sem receber os benefícios diretos e indiretos da rede financeira nacional e internacional regulada pelo Estado. Naturalmente, tudo isso não poderia ser ulteriormente removido das ilusões ideologicamente convenientes da "arte livre", e sua reivindicada "soberania", como separada das funções sociais praticamente relevantes. Uma visão fictícia promovida como regra a serviço dos poderosos interesses próprios da classe dominante.

As ilusões associadas à negação da interconexão vital entre a superestrutura jurídica e política e as formas ideológicas de consciência social tendem a ser reforçadas pela diferença objetiva entre as *formas* de discurso – isto é, a realidade operacional *diretamente prática* do discurso político, moral, religioso e estético enquanto tal – e as correspondentes *teorias* dos discursos dentro das quais as respectivas *ideias* são mais ou menos sistematicamente explicitadas. Afinal, em contraste com as *formas práticas do discurso* específicas, que, em acréscimo à obra de notáveis figuras representativas particulares, incluem também a arte e a cultura populares, bem como atividades políticas espontâneas e outras atividades participativas e respostas de massa aos desenvolvimentos contínuos, sem ter à frente nenhum "autor individual" claramente identificável, as várias *teorias dos discursos* são elaboradas e combinadas em algum tipo de sistema (periodicamente em mutação) por parte de filósofos, teóricos políticos e morais e teólogos *individuais*, com uma tendência pronunciada a colocar em relevo sua própria "soberania" em relação ao assunto de sua análise.

É por essa razão que Marx teve de destacar que "os filósofos apenas interpretaram o mundo de diferentes formas; o que importa é transformá-lo". Mas, mesmo no momento em que os pensadores em questão declinaram da ideia de *transformar* o mundo, como Hegel explicitamente o fez, quando comparou o papel da filosofia à "coruja de Minerva" abrindo suas asas somente com a "irrupção do crepúsculo", ele contribuiu de uma forma muito poderosa para a *preservação* da ordem existente. Portanto, direta ou indiretamente, também as notáveis figuras intelectuais "soberanas" dos últimos séculos que formularam suas relevantes teorias dos discursos, muito embora o tenham feito ao inevitavelmente participar da mesma inter-relação entre as formas ideológicas e a superestrutura jurídica e política de sua época, mesmo quando não tinham a menor intenção de transformar a ordem que viam e teorizavam a partir do ponto de vista do capital. Não deveríamos nos esquecer de que Hegel foi responsável não só pela criação da maior teoria do discurso estético até sua época, mas também pela elaboração da concepção mais abrangente e ilimitadamente apologética do Estado capitalista moderno em sua *Linhas fundamentais da filosofia do direito*, que conserva sua importância e papel representativo até hoje.

Embora os autores individuais que concebem suas *teorias* dos discursos diretamente *reflitam sobre*, e generalizem ao longo da história, a natureza dos vários discursos práticos em sua própria atividade intelectual, o fato de pensarmos em suas avaliações da atividade política praticamente imbricada e sua configuração organizacional, ou nas características seminais da criação e do consumo artístico – e com isso, em certo sentido, elas estão "um passo mais longe" da conexão direta de seu objeto de investigação com a institucionalizada superestrutura jurídica e política – só torna essa conexão ainda mais complicada e mais mediada, mas não pode alterar fundamentalmente seu caráter.

A circunstância inegável aqui referida só destaca as complexas *mediações dialéticas* evolvidas nessas atividades, alertando ao mesmo tempo contra qualquer tentativa de reducionismo mecanicista. Também nesse sentido a retratação marxiana da relação realmente prevalecente nessas questões põe claramente em relevo que, não obstante todas as acusações tendenciosamente deformadoras em contrário, não pode haver a esse respeito nenhuma sugestão de uma correlação direta, de um para um, entre a *materialidade e as ideias*. Pelo contrário, posto que as ideias precisam ter seus veículos apropriados por meio dos quais podem afirmar sua viabilidade, os dois tipos nitidamente diferentes de atividade – isto é, os discursos praticamente operativos da consciência social, de um lado, desde a política e a religião até a moral e a criatividade artística, e as relevantes teorias dos discursos que refletem sobre, e generalizam ao longo da história, as características definidoras específicas dos discursos práticos em si, do outro –, *juntos*, são partes integrantes das *formas ideológicas dialeticamente mediadas de consciência social*. Portanto, elas constituem *conjuntamente* a inter-relação dialética que, em si, não pode ser separada do complexo explicativo vital da superestrutura jurídica e política enquanto cumpre seu papel dinâmico no curso da mudança social. Este é o caso independentemente de quão problemático possa ser o papel da superestrutura jurídica e política sob determinadas circunstâncias socioeconômicas no desenvolvimento histórico geral.

A anteriormente mencionada segunda importante consideração que precisa ser sublinhada no presente contexto, antes de podermos nos voltar para os pontos finais desta seção, é um corolário da primeira. De fato, ela serve para colocar a dimensão trans-histórica do nosso problema – preocupada com a natureza inerente dos vários discursos práticos enquanto tais – em sua perspectiva apropriada. Pois deve sempre ser lembrado que tudo nas questões humanas tem, e deve ter, sua *gênese* e transformações *históricas*.

Para ser exato, os vários discursos práticos, de religião e política à arte e literatura, têm suas características definidoras claramente identificáveis. Essas importantes características definidoras não estão, de modo nenhum, confinadas a um período histórico particular. Elas abarcam todos aqueles nos quais as respectivas atividades que objetivamente definem os discursos em questão são conduzidas de um jeito ou de outro. É por isso que podemos corretamente nos referir à dimensão *trans*-histórica de todos os discursos práticos com os quais nos preocupamos aqui.

Contudo, é também um aspecto óbvio de sua natureza mais íntima que nenhum deles poderia derivar "do ventre da ideia que se põe a si mesma", como sabemos. Todos tiveram de ser *constituídos* na forma de suas características substantivas claramente identificáveis no curso do *desenvolvimento histórico real*. Nesse sentido, as determinações objetivas *trans*-históricas dos discursos práticos – que nunca deveriam ser subsumidas a algum tipo de projeção especulativa *supra*-histórica, como, infelizmente, com frequência acaba por acontecer – são inseparáveis das características *históricas* igualmente objetivas de sua *constituição real*. De fato, nada pode haver de misterioso sobre as determinações trans-históricas de sua realidade. Elas representam, no interior do quadro específico de qualquer uma delas, a *reprodução* e *consolidação* persistentes de determinadas formas de *relação prática* com o existente, com uma visão para influenciar de maneira significativa o comportamento humano em seus respectivos domínios.

Este é indubitavelmente o caso, quer pensemos na realidade prática do discurso político ou na intervenção prática menos direta da arte e da literatura na vida social. Nesse sentido, todas elas são trans-históricas *e históricas* ao mesmo tempo. E encontramos a mesma determinação de características simultaneamente trans-históricas e históricas também na realidade prática da religião. Isso está em óbvio contraste com as concepções e generalizações *teológicas* frequentemente bastante unilaterais que encontramos nas múltiplas *teorias* do discurso religioso. Pois não importa quão unilateralmente estas teorizem sobre a poderosa *realidade prática* do discurso religioso enquanto tal – e independentemente de fazerem isso em harmonia com a realidade institucional de sua respectiva igreja ou em agudo conflito com ela, conflitos que encontramos explicitados nos escritos programáticos dos primeiros representantes do protestantismo dissidente, por exemplo –, ninguém poderia seriamente sugerir-nos que o extraordinário movimento, nas práticas religiosas, dos virtualmente incontáveis deuses da mitologia Grécia, bem como de outras mitologias, até chegar à atual prevalência esmagadora do monoteísmo, como um exemplo, não tenha nada a ver com o desenvolvimento histórico real.

Portanto, a significativa realidade da dimensão *trans*-histórica é sempre feita de *constituintes inerentemente históricos*. Essa circunstância é muito importante para uma compreensão apropriada das determinações estruturais necessárias da sociedade – sua continuidade na mudança, e mudança na continuidade – se quisermos apreender, em uma perspectiva viável, suas interações dialéticas que a tudo abrangem, que se estendem da base material das estruturas reprodutivas elementares até as inter-relações múltiplas da superestrutura, mediadas da maneira mais complexa, conforme indicado acima.

Ao mesmo tempo, a mesma circunstância é igualmente importante para tornar inteligível o processo histórico em mutação como um todo, não simplesmente em termos das inevitáveis restrições e limitações em funcionamento. Se delimitarmos nossa atenção somente às inevitáveis restrições socio-históricas, isso nos oferecerá apenas um lado da cena. Para termos uma concepção historicamente precisa, devemos simultaneamente ter em mente também as potencialidades emancipatórias objetivamente fundamentadas dos desenvolvimentos em desdobramento ao longo da história. Pois o que é mais relevante a esse respeito – e que não pode ser destacado com frequência suficiente, em vista de sua costumeira negligência – é o fato de que o que é *historicamente constituído* no curso das transformações dinâmicas contínuas da sociedade está, em princípio, também *sujeito a uma transformação histórica futura em potencial*, uma vez que as condições objetivas e subjetivas apropriadas sejam satisfeitas. Isso ocorre ainda que, sem nenhuma surpresa, a cena histórica genuína esteja em agudo contraste com as *eternizações* autosservientes dos estados de coisas estabelecidos, como caracteristicamente representado a partir do ponto de vista do capital.

Sem essa importante inter-relação dialética, que objetivamente define a conexão entre o *histórico* e o *trans-histórico* como sendo inseparáveis um do outro, nós não poderíamos ter nenhum avanço histórico genuíno. Tampouco poderíamos ter, obviamente, na base de tal avanço, a factibilidade da mudança emancipatória real.

Além disso, ao centrar a atenção na inseparabilidade do histórico em relação ao trans-histórico, também podemos ganhar *insight* quanto a dialética vitalmente importante do *histórico* e do *estrutural*. Pois a *consolidação trans-histórica* estruturalmente significante e renovada de algumas grandes determinações e características *históricas* do processo em desdobramento do desenvolvimento societal tem uma relevância direta para os *limites sócio-ontológicos* últimos dentro dos quais uma formação social específica – como, por exemplo, o sistema do capital como um modo de controle social metabólico que a tudo abrangem – pode manter sua viabilidade histórica, ou cambalear sob o peso de seus irreprimíveis antagonismos por meio da erupção de sua *crise estrutural*.

Naturalmente, esse intercâmbio dialético entre os fatores estruturais e históricos da transformação societal funciona em ambas as direções. A princípio, na fase ascendente do desenvolvimento de um sistema, a consolidação trans-histórica de algumas importantes determinações históricas e estruturais reforça positivamente seu poder controlador geral e as potencialidades de seu avanço produtivo autoafirmativo. Isso acontece apesar do fato de que o desenvolvimento em questão poderia muito bem estar associado a uma tendência compreensível (e não simplesmente míope, mas até mesmo destrutivamente cega) a desprezar as implicações mais distantes do *tipo de produtividade* do sistema reprodutivo dado, como de fato ocorre sob o modo de controle social metabólico do capital, com sua demanda em última análise insatisfazível por recursos materiais e humanos.

Na fase descendente de desenvolvimento sistêmico, no entanto, inevitavelmente, até mesmo as implicações de mais longo prazo veem à tona com veemência, não importa quão elaborado possa ser o mecanismo e a correspondente ideologia de eternalização. Dessa forma, no curso da fase descendente, as determinações em desdobramento contribuem negativamente para aprofundar a crise estrutural em si, paradoxalmente por meio do impacto das planejadas "medidas remediadoras" que *contradizem mais ou menos diretamente* o resultado projetado. Afinal, tais medidas não podem funcionar, em última análise, na fase descendente, pela simples razão de não poderem se encaixar nos *limites estruturais*, uma vez que são objetivamente sobre-excedidas – e dessa forma violadas – pelo sistema em questão, visto que ele se tornou *anacrônico* em um sentido histórico global. Um exemplo impressionantemente óbvio para o caráter contraproducente das "medidas remediadoras" irracionalmente adotadas e implacavelmente impostas hoje em dia é a forma pela qual as agressivas personificações do capital tentam reparar em vão a *destrutividade* crescente do sistema do capital em nossa época, por meio da constante *intensificação da destrutividade*, não só no domínio *econômico e financeiro*, mas também no *político/militar*.

No que se refere à inter-relação entre a superestrutura jurídica e política e as formas ideológicas de consciência social, a determinação mais problemática é que no curso dos desenvolvimentos históricos reais dos últimos quatro para cinco séculos, a superestrutura jurídica e política em si adquiriu um *papel preponderante*. Dessa maneira, na dialética objetiva do estrutural e do histórico, ela se tornou responsável pela produção de algumas características crescentemente negativas – e, em última análise, extremamente destrutivas – com o passar do tempo, devido ao fato de os antagonismos afirmarem a si mesmos de uma forma cada vez mais pronunciada na *fase descendente* do desenvolvimento do sistema do capital, culminando, em nossa época, na crise estrutural que a tudo penetra. Concomitante a essa crise sistêmica geral, sob as presentes circunstâncias, a superestrutura jurídica e política é caracterizada por uma sempre extensa *selva legislativa,* que domina todos os processos de reprodução societal e – em vez de positivamente melhorá-los – lança sobre toda a sociedade a obscura sombra da incontrolabilidade.

Naturalmente, tudo isso é o corolário antagônico dos processos materiais capitalistas que devem prevalecer na forma da dominação sempre mais destrutiva até mesmo das formas mais perdulárias do *valor de troca* sobre o *valor de uso* humanamente significativo. Em sua negatividade, eles afirmam-se atualmente não só por meio do domínio do complexo militar/industrial diretamente destrutivo, mas também por meio do aventureirismo institucionalizado da especulação financeira insensatamente parasitária. E, obviamente, tanto o complexo militar/industrial quanto o aventureirismo financeiro especulativo de nossa época requerem os generosos serviços facilitadores da superestrutura jurídica e política capitalista, com o propósito de tornar suas operações racionalmente impenetráveis e incontroláveis. Comparadas a essa realidade dolorosa, que podemos claramente identificar e tangivelmente apontar na sociedade capitalista realmente existente, as afirmações de até mesmo alguns dos grandes pensadores burgueses, como Max Weber – que nos convida a aceitar que a selva legislativa aparentemente irrefreável, com o exército crescente de seus "burocratas virtuosos" (expressão de Weber), deve ser positivamente aclamada no sentido segundo o qual "foi o trabalho dos juristas que deu origem ao moderno 'Estado' ocidental"[39], como mencionado anteriormente –, possuem não só um caráter grotescamente superficial e idealista, mas são também teorizações apologéticas desavergonhadas, e que evitam a questão, do Estado capitalista moderno.

Desnecessário dizer que até mesmo a superestrutura normativamente reguladora, a qual em nossa época temos de confrontar, em sua forma altamente desenvolvida e perigosamente preponderante, como superestrutura jurídica e política, com seu impulso em direção à autoafirmação global, era bem diferente em sua origem histórica. No passado distante de sua constituição original, ela teve de surgir das *condições operacionais* socioeconomicamente essenciais do processo de reprodução material, com o qual formou, a princípio, uma unidade orgânica, conforme vimos no capítulo anterior[40]. Foi preciso o transcorrer de muitos séculos antes que algumas das determinações regulatórias originais do desenvolvimento produtivo pudessem ser separadas de sua configuração orgânica e transformadas na preponderância hoje ubíqua da superestrutura jurídica e política, sob os requisitos do modo de reprodução social metabólica do capital.

Ao mesmo tempo, quando nos referimos a essa circunstância, também é importante colocar em relevo que, com respeito à constituição real da superestrutura jurídica e política, a anteriormente mencionada relação vital entre o *histórico* e o *trans-histórico* não deveria ser concebida de maneira equivocada, no sentido de atribuir à forma capitalisticamente dominante um papel unilateralmente *supra*-histórico, como é o caso em suas autosservientes conceitualizações a partir do ponto de vista do capital. Afinal, por implicação, isso resultaria na aceitação das determinações hoje prevalecentes do existente como insuperáveis.

---

[39] H. H. Gerth e C. Wright Mills (orgs.), *Max Weber: ensaios de sociologia,* cit., p. 343.
[40] Ver seção 3.2 do capítulo 3: "Reprodução das condições operacionais de produção".

Naturalmente, não deveríamos desprezar ou subestimar, a esse respeito, a relevância e a natureza das determinações *estruturalmente primárias*. Em outras palavras, não deveríamos desconsiderar a realidade duradoura tanto da base material quanto da correspondente superestrutura nessas equações, atribuindo um papel efêmero à segunda a partir da compreensão errônea de sua definição como superestrutura. Pois, devido à efetividade de sua constituição e aos seus necessários intercâmbios dialéticos contínuos, nem a base material da reprodução societal, nem a superestrutura enquanto tal, podem ser conceitualizadas como historicamente superadas [*superseded*] numa base permanente em algum ponto futuro do desenvolvimento.

A realidade insuperável da *superestrutura* em si, em sua correlação dialética ao sempre necessário fundamento do processo de reprodução societal da humanidade sob o alicerce da *base material* apropriada, só pode ser falaciosamente – e *anti-historicamente* – igualada à *superestrutura jurídica e política específica* da formação social do capital. Isso ocorre porque a constituição histórica real da superestrutura jurídica e política altamente formalizada da formação social do capital é simplesmente inconcebível sem o correspondente *processo de trabalho*, com sua inexorável tendência em direção à dominação que a tudo abrange do *trabalho abstrato* orientado para a *quantificação* universal e para as correspondentes *equalizações formais redutoras* da produção generalizada de mercadorias. Além disso, é claro, essas determinações estão organicamente ligadas à complexidade sempre em expansão das características relações *contratuais* (exigidas pelo processo de trabalho do modo de reprodução social metabólica do capital) que devem surgir do irrepreensível – ainda que, em última análise, insuperavelmente contraditório – impulso do sistema do capital, de suas unidades *locais* de produção em direção à intentada integração *global*[41].

A irrepressivelmente crescente *selva legislativa* da hoje obviamente preponderante superestrutura jurídica e política – e aqui é irrelevante se essa selva é um tanto circularmente condenada, à esquerda, como uma "burocratização" alegadamente autoexplicativa, ou se idealizada, não só por Marx Weber, mas, ao seu próprio modo, também por Hegel, como o domínio do alegadamente mais benéfico "estamento universal" dos servidores do governo veleitariamente postulado por ele –, é a necessária materialização desse processo desde o seu princípio. Esse é o verdadeiro fundamento para a constituição e massiva expansão do Estado do sistema do capital, e não o trabalho cerebral ficticiamente declarado soberano dos juristas ocidentais.

É a diferença fundamental entre a *superestrutura enquanto tal* e a superestrutura jurídica e política *historicamente específica* e incorrigivelmente antagônica da formação social do capital que nos permite almejar extricar a reprodução societal da destrutividade do Estado dominador, com as amplamente penetrantes mediações de segunda ordem

---

[41] O requisito crescentemente problemático da contratualidade necessariamente implica a provisão de um sistema – em última instância impraticável – de *garantias* por parte dos Estados nacionais rivais, para assegurar o projetado mercado global do capital. Naturalmente, espera-se que o Estado não só estipule legalmente essas garantias, mas, sob as circunstâncias de antagonismos que se agudizam, também as imponha pela força militar em uma ordem internacional instável, com consequências potencialmente catastróficas. Contra o pano de fundo do imperialismo moderno e suas violentas colisões do passado, incluindo duas devastadoras guerras mundiais no século XX, a grande falha histórica em constituir o Estado global do sistema do capital é, portanto, agudamente colocada em relevo.

do sistema do capital em geral. Sem a diferença fundamental entre a efetividade trans-historicamente remodelada da superestrutura em geral e sua variedade historicamente específica e limitada sob o domínio do capital, não poderia haver nenhuma forma de superar [*overcoming*] a "jaula de ferro" do sistema do capital. Claramente, no entanto, isso está muito longe de ser simplesmente uma questão política, apesar das preconcepções sectárias reducionistas e, em última análise, autoderrotistas defendidas nesse sentido. A ênfase exclusivista na política, ao custo das estratégias muito mais amplas da transformação estruturalmente viável a ser historicamente sustentada em todos os domínios reprodutivos, não pode ser uma abordagem viável a essas questões, não importa quão importante seja o papel que a intervenção política radical deva inicialmente desempenhar no processo emancipatório geral, especialmente na época de ruptura com a pressão da política alienada sobre a mudança societal.

Ao almejarmos um avanço qualitativo para a "nova forma histórica" defendida por Marx, estamos preocupados com *toda* a complexidade da reprodução societal, repousando sobre uma base material segura que deve ser capaz de manter uma relação harmoniosa com a natureza. Isso significa, em outras palavras, que sem a profunda reestruturação da totalidade das relações reprodutivas da sociedade – desde os pré-requisitos materiais elementares do processo de trabalho aos mais mediados intercâmbios reguladores no domínio da consciência social e a produção emancipatória de ideias, incluindo a mudança qualitativa da hoje dominante modalidade de normatividade externamente imposta para a avaliação internamente adotada e positivamente buscada dos objetivos conscientemente escolhidos pelos indivíduos[42] – é impossível esperar, nos termos da base duradoura requerida, a solução dos problemas que temos de encarar.

Posto que o intercâmbio dialético anteriormente mencionado entre fatores e determinações estruturais e históricos afirma a si mesmo, necessariamente, tanto de forma positiva quanto negativa, de acordo com a fase ascendente ou descendente de desenvolvimento de um sistema social reprodutivo – isto é, melhorando suas potencialidades produtivas na fase ascendente (enquanto o impacto problemático das práticas reprodutivas adotadas seria visível somente a partir de uma perspectiva mais distante), ou intensificando significantemente suas contradições antagônicas, ao ponto de causar explosões, quando até mesmo os esforços mais desperdiçadamente aplicados para assegurar a dominação continuada da ordem dominante em questão como um sistema que a tudo abrange de controle social metabólico, para além dos limites estruturais objetivos de sua viabilidade produtiva, só podem fazer piorar a crise sistêmica –, o papel da superestrutura é muito importante na contribuição para o resultado futuro. É nesse contexto que o significado transformador potencial da superestrutura enquanto tal se torna claramente visível também com respeito à instituição de um futuro radicalmente diferente.

---

[42] Em relação à importante questão concernente à requerida mudança da modalidade de normatividade *externa* historicamente dominante – com sua imposição de cima para baixo de regras de comportamento sobre os indivíduos – para a modalidade *interna* qualitativamente diferente modelada por eles numa sociedade socialista avançada, temos de retomar a seção 3.3 do capítulo 3: "Costumes, tradição e lei expressa: limites históricos da superestrutura jurídica e política".

Desnecessário dizer que a articulação estrutural historicamente específica da ordem estabelecida pode funcionar de modo bem-sucedido como o *suporte estrutural* vital para as estratégias societais reprodutivas buscadas sob as circunstâncias favoráveis de sua genuína viabilidade reprodutiva. Naturalmente, no entanto, ela também pode afirmar seu poder na direção oposta, na forma de alguns *distúrbios e impedimentos estruturais* de grande magnitude – e, de fato, até mesmo como *bloqueios estruturais* intransponíveis que causam devastação no funcionamento do sistema como um todo – quando, por assim dizer, a "maré se inverte", e a *sustentabilidade histórica* continuada das práticas reprodutivas societais prevalecentes, em contraste com o o *sucesso ou fracasso* estritamente *conjuntural* de seu modo costumeiro de operação, é colocada em questão. A grave *crise estrutural* de uma ordem social metabólica que a tudo abrange é definida precisamente nos termos de sua *viabilidade e sustentabilidade históricas gerais,* medidas em escala *histórica*, e não tomando por base suas crises e vicissitudes *conjunturais periódicas* mais ou menos facilmente superáveis [*superable*].

Este é o ponto em que podemos retornar às considerações iniciais desta seção. A saber, que a questão concernente à relação estrutural e historicamente vital entre a base material de qualquer sociedade particular e sua superestrutura é muito mais ampla que sua breve caracterização no "Prefácio" de 1859 de Marx ao seu *Contribuição à crítica da economia política*. Esse "Prefácio" foi pensado apenas como uma avaliação concisa da especificidade histórica desse tema, com referência ao modo único e necessariamente transiente de reprodução societal do capital.

Se quisermos almejar uma solução realmente factível para os problemas agora encontrados – e em constante agravamento – do modo antagônico de controle social metabólico do capital, com suas cada vez mais perigosamente piores, e, a esta altura, perdulárias de maneira suicida, mediações de segunda ordem do requerido processo de reprodução societal, teremos de reavaliar a relação entre a base material inescapável da vida humana e suas determinações superestruturais potencialmente positivas a partir de uma perspectiva de muito mais longo prazo. Uma perspectiva capaz de sujeitar a uma *crítica radical* a superestrutura jurídica e política em si, em nossa época destrutivamente preponderante, do sistema do capital.

Isso deve ser feito em vista da transformação não só destrutiva, mas em última análise até *autodestrutiva*, do capital de sua ordem reprodutiva outrora *orgânica* – que dantes assegurava de maneira natural seu avanço produtivo na fase *ascendente* de seu desenvolvimento sistêmico – para o *círculo vicioso* de suas práticas produtivas historicamente não mais sustentáveis, que, em nossa época, intenta-se serem impostas em escala global. Um círculo vicioso no qual quanto mais plenamente o capital obtiver sucesso em atingir seus almejados alvos autoexpansionistas, pior é para os prospectos da sobrevivência humana, em vista das restrições proibitivas impostas a todos os domínios pelas contradições antagônicas do sistema, sob a progressiva supremacia autoritária do Estado.

Precisamente por essa razão, não é de modo algum surpreendente que Marx tenha almejado – e, por uma questão de consistência teórica vital, *teve de almejar* – o "fenecimento do Estado" como a única solução factível para os antagonismos estruturais de nossa ordem social existente. Aqueles desejosos por abandonar essa ideia marxiana em seu conjunto, como temos visto acontecer pronta e frequentemente no movimento trabalhista desde sua aguda *Crítica do programa de Gotha*, deveriam também enfrentar as necessárias implicações de tal abandono para o futuro. Pois ao voltar as costas para a difícil tarefa de fazer sua requerida contribuição ao "fenecimento do Estado", por qualquer motivo, eles abandonam ao mesmo tempo – sabidamente ou não – o projeto estratégico marxiano engajado na transformação socialista da sociedade. Nossa experiência histórica no século XX é um terrível alerta a esse respeito.

O resultado positivo de uma transformação socialista historicamente sustentável é inconcebível sem a mais *ativa* contribuição por parte da superestrutura para a realização do objetivo almejado. A concepção marxiana a esse respeito não é apenas diferente de suas tendenciosas deturpações, quando seus críticos a descrevem como um "reflexo mecânico" da materialidade – sem falar do insulto irresponsável dirigido contra Marx, segundo o qual, em sua visão, "os pensamentos e as ideias das pessoas são um tipo de *vapor* [...] que surge misteriosamente do 'fundamento material'", conforme citado anteriormente –, mas *diametralmente oposta* à explicação dinâmica de sua caracterização profundamente dialética do complexo desenvolvimento histórico, atribuindo todo o peso nessa relação às várias formas e modalidades de consciência social. Somente o tipo mais bruto de reducionismo poderia retratar essas questões sob um ângulo diferente, em vista do papel e da natureza inerentemente ativos dos múltiplos, e dialeticamente mediados, fatores e determinações superestruturais que se afirmam no processo histórico geral.

No entanto, reconhecer plenamente o papel ativo da superestrutura, tal como deve ser feito, não significa que a superestrutura em si possa ser isenta das mudanças realmente fundamentais, conforme requerido pela almejada transformação qualitativa do complexo societal em sua totalidade. Pois o desafio histórico inevitável de se reestruturar radicalmente o sistema do capital envolve necessariamente a superação [*overcoming*] da *preponderância* da superestrutura jurídica e política, com suas raízes profundas não só no passado histórico, mas também nos constituintes reprodutivos materiais existentes do processo social metabólico dominante. O fato de que no curso da fase descendente do desenvolvimento histórico do capital a unidade anteriormente *orgânica* dos vários fatores materiais e ideais – que outrora contribuíam grandemente para o avanço produtivo positivo do sistema – tenha sido transformada no *círculo vicioso* da imposição cancerosamente expansionista de seu poder sobre a sociedade, atolando-se cada vez mais no lamaçal das *mediações de segunda ordem antagônicas* da ordem socioeconômica do capital ao mesmo tempo que desconsidera completamente as consequências, um doloroso fato que não pode ser reparado sem a superação [*superseding*] da perigosa preponderância da superestrutura jurídica e política, com sua agregação militarista em constante crescimento desde o início do imperialismo moderno.

A preocupação com o necessário "fenecimento do Estado" é inseparável dessas considerações. A questão reveladora e politicamente difícil de por que a teorização marxiana do necessário "fenecimento do Estado" foi ubiquamente[43] descartada no século XX terá

---

[43] O escrito frequentemente citado de Lenin sobre *O Estado e a revolução* dificilmente poderia ser considerado uma exceção a esse respeito. Longe de ser uma obra acabada, ela foi escrita – inteiramente no espírito de Marx – próximo do fim da guerra, com uma perspectiva otimista sobre como a esperada "ruptura no elo mais fraco da corrente do imperialismo" iniciaria uma revolução bem-sucedida em todo o mundo.

de ser enfrentada um dia. Ela virá à tona novamente quando a necessidade de seguir na direção de sua realização se tornar muito mais premente que no passado, como está fadado a acontecer no devido tempo.

O grande problema para o futuro da humanidade é como se liberar da camisa de força das mediações de segunda ordem antagônicas do capital, constantemente reforçadas por sua poderosa superestrutura. Pois o potencial outrora positivo do *sistema orgânico* do capital – caracterizado na fase ascendente pelo *apoio recíproco* de suas partes constituintes entre si, que tornaram possível assegurar naqueles dias o avanço produtivo da reprodução societal como um todo – foi transformado no *círculo vicioso* de defesa a todo custo até mesmo das determinações sistêmicas mais perdulárias e destrutivas, sob as circunstâncias de antagonismos que se agudizam e da crise estrutural que se aprofunda. De modo compreensível, portanto, a articulação presente da superestrutura jurídica e política do capital, graças ao seu poder preponderante, com o Estado capitalista em seu cimo, desempenha um papel massivo na preservação e no domínio global da ordem social metabólica estabelecida. A esse respeito, também, o mais *ativo papel da reciprocidade superestrutural* é claramente visível, mesmo que este se afirme não de maneira positiva, para o melhor, mas para o pior.

Entretanto, não está escrito em nenhum livro sagrado que as mediações de segunda ordem antagônicas do sistema do capital, com sua perversa reciprocidade, deveriam sempre prevalecer. A *superestrutura enquanto tal* pode ser equiparada somente de uma maneira falaciosa e anti-histórica, com sua variante – em nossa época, mais retrógrada – da superestrutura jurídica e política sob o domínio do capital. Igualmente, somente a partir do ponto de vista dos interesses próprios mais tacanhos é que a necessidade trans-histórica da *mediação* social metabólica enquanto *tal* pode ser equiparada às *mediações de segunda ordem antagônicas* do sistema do capital. Afinal, conforme já foi discutido, os seres humanos também são capazes de articular a *automediação* potencialmente emancipatória da sua relação entre si e a natureza em geral, bem como entre si, enquanto grupos

---

O curto Posfácio acrescentado à primeira edição, depois da revolução (datado de 30 de novembro de 1917) foi concebido ainda no mesmo espírito otimista. No entanto, a guerra imperialista de intervenção e a grave crise econômica e social associada às tentativas no intuito de assegurar a sobrevivência da revolução causaram um descarrilamento massivo, alterando fundamentalmente a perspectiva original e retirando totalmente de vista a questão do "fenecimento do Estado" já nos últimos anos de vida de Lenin, sem falar de seu destino sob a liderança do Partido e do Estado por Stalin. Nas poucas linhas do Posfácio otimista de Lenin, ele mencionou o título da pretendida continuação de seu trabalho – "A experiência das revoluções russas de 1905 e 1917" – e acrescentou: 'é mais útil e mais agradável fazer 'a experiência de uma revolução' do que escrever sobre ela". (Vladimir I. Lenin, *O Estado e a revolução*. São Paulo, Expressão Popular, 2007, p. 139.) É uma questão de profundo pesar o fato de ele não ter podido completar esse trabalho. Pois à luz de nossa experiência do Estado pós-revolucionário, escrever sobre isso, no espírito marxiano, como Lenin sempre fez, seria de fundamental importância não só no que se refere ao passado histórico, mas também em relação aos desafios que devem ser encarados pelas forças socialistas no futuro. Com respeito a esses desenvolvimentos, ver meu artigo sobre "Poder político e dissidência nas sociedades pós-revolucionárias", publicado pela primeira vez em inglês na *New Left Review*, n. 108 (março/abril, 1978) [e em português na revista *Ensaio*, n. 14, 1985] e republicado na parte IV de *Para além do Capital* (trad. Paulo Cezar Castanheira e Sérgio Lessa, São Paulo, Boitempo, 2002), p. 1012-31.

sociais em desenvolvimento e indivíduos. Isso é o que lhes confere seu *status* único na ordem da natureza[44].

No ápice de seu desenvolvimento produtivo, o sistema orgânico do capital foi responsável por avanços e transformações sociais sem precedentes, graças à *reciprocidade positiva* e interdependência de seu processo reprodutivo, no qual sua dimensão superestrutural – do comprometimento político antifeudal à grande contribuição emancipatória da arte e da literatura, bem como às aspirações universalistas genuínas, ainda que de certa forma ingênuas e, por fim, malogradas, da filosofia iluminista – desempenhou um papel dos mais significativos. Tudo isso mudou dramaticamente com o passar do tempo. Mas não importa quão contrastante e problemático acabe por ser, atualmente, o impacto geral do modo estabelecido de controle social metabólico, a ordem socialista não pode definir a si mesma simplesmente nos termos de dizer não ao controle sistêmico do capital. Pois o projeto socialista não pode constituir uma alternativa viável à ordem reprodutiva estabelecida a não ser que seja com sucesso e articulado de maneira positiva, como um *sistema orgânico* historicamente sustentável, com seu próprio tipo de reciprocidade baseada na *automediação consciente* de seus indivíduos sociais. É essa forma de automediação potencialmente emancipatória que, na alternativa socialista, espera-se que tome o lugar do círculo vicioso das interativas partes constituintes do sistema do capital, as quais atribuem à superestrutura jurídica e política em nossa época um papel totalmente apologético.

Conforme já sublinhado, a necessidade [*necessity*] histórica amplamente restritiva, e, sob as atuais circunstâncias, de muitas maneiras contraprodutiva, que continua a prevalecer por meio das mediações de segunda ordem antagônicas do sistema do capital, é a afirmação de uma – mutável – *causalidade feita pelo homem*, imposta pelos seres humanos sobre si mesmos no curso do desenvolvimento histórico. Paradoxalmente, em primeiro lugar, essa forma qualitativamente diferente de causalidade, em contraste com as mais estritas determinações da lei natural, foi imposta pelos seres humanos sobre si mesmos, como um passo adiante na contraditória estrada em direção à sua *potencial autoemancipação*, paralelamente à articulação cada vez mais complexa da totalidade de suas formas e instrumentos de intercâmbios reprodutivos, incluindo a superestrutura sempre mais mediada de sua atividade vital desde aquela época. Consequentemente, esse novo tipo de causalidade – da necessidade histórica criada pelo homem – não é de modo algum inteligível sem que se centre atenção no mais ativo papel da superestrutura em mutação em sua constituição e renovada afirmação. A solução historicamente factível para esse desafio é trazer sob controle a necessidade autoimposta em questão, pela superação [*overcoming*] das mediações de segunda ordem antagônicas do sistema do capital, por meio de uma alternativa automediada – porque conscientemente autogerida. Naturalmente, o papel emancipatório potencial da superestrutura qualitativamente reconstituída não poderia ser maior nesse sentido.

---

[44] É bastante válido repetir aqui as palavras de Marx: "O animal é imediatamente um com a sua atividade vital. Não se distingue dela. É *ela*. O homem faz da sua atividade vital mesma um objeto da sua vontade e da sua consciência. Ele tem atividade vital consciente. Esta não é uma determinidade (*Bestimmtheit*) com a qual ele coincide imediatamente". Karl Marx, *Manuscritos econômico-filosóficos*, cit., p. 84. Ênfase de Marx.

## 4.3 Ideologia e "falsa consciência"

Uma das concepções errôneas mais frequentes sobre ideologia é sua tentativa de identificação direta com a falsa consciência. Vimos no capítulo 2 que, mesmo sem qualquer intenção hostil, a posição de Marx é, às vezes, completamente mal citada e distorcida, de modo a se enquadrar naquele tipo de redução simplista da ideologia à falsa consciência[45].

Na verdade, a ideologia aparece, na concepção marxiana, não em um sentido unilateral, mas com conotações diametralmente opostas. Em um sentido ela é apresentada, em sua negatividade, como uma força mistificadora e contraproducente, que, em grande medida, impede o desenvolvimento social. Por outro lado, no entanto, ela também é vista como um fator positivo vital – servindo ao propósito de superar [*overcoming*] determinadas restrições e resistências sociais – sem cuja ativa contribuição as potencialidades produtivas da situação histórica dada não poderiam se desdobrar e afirmar a si mesmas.

As tentativas equivocadamente concebidas de reduzir a ideologia à falsa consciência estão frequentemente associadas a uma visão rígida, fetichista de ciência. Os defensores dessa visão tendem a desconsiderar ou ignorar até mesmo as diferenças mais óbvias entre a ciência *natural* e as ciências *sociais*. No entanto, quando evocamos as visões de Marx diretamente relevantes a esse respeito, ele deixou absolutamente claro que, na análise dos complexos intercâmbios dialéticos da vida social, nem tudo pode ser verificado fielmente com a ajuda das ciências naturais. Isso foi colocado por ele da seguinte maneira:

> A transformação que se produziu na base econômica transtorna mais ou menos lenta ou rapidamente toda a *colossal superestrutura*. Quando se consideram tais transformações, *convém distinguir sempre* a transformação material das condições econômicas de produção – que podem ser *verificadas fielmente com a ajuda das ciências físicas e naturais* – e as formas jurídicas, políticas, religiosas, artísticas ou filosóficas, em resumo, as *formas ideológicas*, sob as quais os homens adquirem consciência desse conflito e o levam até o fim.[46]

Nada poderia ser mais claro e teoricamente mais preciso que essa forma de contrastar as "formas ideológicas" – por meio das quais se torna possível "levar até o fim" o conflito entre as forças hegemônicas rivais da sociedade: uma forma de estabelecer muitas questões socioeconômicas e políticas vitais, que acabam por ser características do desenvolvimento sob as condições do domínio de classe – e a análise do fundamento econômico (a base material) a partir do qual as mais variadas formas ideológicas surgem, em um sentido dialético, como já vimos discutido. Mas, obviamente, a concepção fetichista de ciência, e a completa deturpação das próprias visões de Marx nesse espírito, torna impossível compreender tanto a natureza da *ideologia enquanto tal* quanto o verdadeiro problema da *falsa consciência* em seu próprio contexto apropriado. As duas – isto é, ideologia e falsa consciência – *podem ou não* estar inseparavelmente unidas sob determinadas circunstâncias. No entanto, é precisamente a especificidade social e histórica dessas circunstâncias que decide a questão.

---

[45] Ver seção 2.1 do capítulo 2, "Interação social e desenvolvimento desigual".
[46] Karl Marx, *Contribuição à crítica da economia política* (trad. Florestan Fernandes, São Paulo, Expressão Popular, 2008), p. 47-8.

Naturalmente, o reconhecimento correto e apropriado de que, no campo da investigação social, nem tudo pode ser verificado fielmente com a ajuda das ciências naturais não significa que esses aspectos das preocupações críticas, as quais não podem ser verificadas daquela maneira, possam ser deixadas à mercê de juízos arbitrários e gratuitos, pois fazer isso poderia servir à conveniência de alguns interesses próprios. Mas, certamente, isso significa que, em relação ao campo particular em questão, que está sendo investigado ou contestado, os critérios e o método aplicados para resolver os problemas que surgem devem ser *apropriados* à natureza dos problemas em si em sua *plena complexidade e conflitualidade societal*. E, obviamente, a *investigação dialética* da estrutura social, com as formas e modalidades de intercâmbio que devem ocorrer dentro de seu quadro, incluindo a grande variedade das formas ideológicas de consciência social, requer uma maneira apropriada de lidar com o mais alto nível de complexidade.

É altamente relevante a esse respeito que em seu Posfácio à segunda edição alemã de *O capital*, Marx cite com aprovação o comentador russo que escreveu sobre o método marxiano que

> Os antigos economistas confundiam a natureza das leis econômicas quando as compararam às leis da *física* e da *química*. (...)* Uma análise mais profunda dos fenômenos demonstrou que *organismos sociais* se distinguem entre si tão fundamentalmente quanto organismos vegetais e animais. (...) Sim, um mesmo fenômeno rege-se por leis totalmente diversas em consequência da estrutura diversa desses organismos, da modificação em alguns de seus órgãos, das condições diversas em que funcionam [...]. [De acordo com Marx] Com o desenvolvimento diferenciado da força produtiva, modificam-se as circunstâncias e as leis que as regem. [...] O valor científico de tal pesquisa reside no esclarecimento das *leis específicas* que regulam nascimento, existência, desenvolvimento e morte de dado *organismo social* e a sua substituição por outro, superior. E o livro de Marx tem, de fato, tal mérito.[47]

E nesse ponto, Marx acrescenta: "Ao descrever de modo tão acertado e 'meu verdadeiro método', o que descreveu ele senão *o método dialético*?"[48]. Em outras palavras, posto que não pode haver, nas questões humanas, um nível mais alto de complexidade do que o complexo societal geral, interagindo – e, sob as condições da sociedade de classe, *interagindo conflituosamente* – com sujeitos sociais indivíduos e coletivos, a aplicação do *método dialético* diz respeito à *especificidade* social e histórica dos intercâmbios relevantes e seu decorrente resultado na forma de seu *desdobramento dinâmico*. Portanto, qualquer tentativa de reduzir essa abordagem dialética vital a uma visão fetichista de ciência natural, de modo a ser capaz de simplisticamente desqualificar, sobre essa base, a ideologia, não faz absolutamente nenhum sentido.

No que se refere à ideologia, um aspecto importante dessas questões torna-se visível quando consideramos as afirmações científicas associadas às ciências sociais. A *busca da verdade* na investigação científica nunca pode ser evitada. Portanto, o exame crítico das

---

* Os recortes feitos por Marx no texto do comentador russo então indicados por parênteses e os recortes feitos por Mészáros estão indicados por colchetes. (N. E.)

[47] Karl Marx, *O capital*, cit., v. I, p. 20.

[48] Idem.

afirmações que dizem respeito ao seu próprio valor de verdade não é menos importante nas ciências sociais do que nas ciências naturais.

Ao falar sobre a natureza de um importante domínio das ciências sociais, a economia política, Marx coloca firmemente em relevo o modo pelo qual a *luta de classes* tem um grande impacto sobre as potencialidades e limitações científicas da economia política burguesa. É evidente que tal impacto direto não poderia ser encontrado na *física* e na *química*, com as quais o comentador russo anteriormente citado de *O capital*, com a aprovação de Marx, contrastou seu próprio relato do método dialético marxiano em 1871. É assim que Marx caracteriza a relação vital entre a busca da verdade e a luta de classes:

> À medida que é burguesa, ou seja, ao invés de compreender a ordem capitalista como um estágio historicamente transitório de evolução, a encara como a configuração última e absoluta da produção social, a economia política só pode permanecer como *ciência* enquanto a l*uta de classes permanecer latente* ou só se manifestar em episódios isolados. [...] [Entretanto, por volta de 1830] A burguesia tinha conquistado poder político na França e Inglaterra. A partir de então, a luta de classes assumiu, na teoria e na prática, formas cada vez mais explícitas e ameaçadoras. Ela fez soar o sino fúnebre da *economia científica burguesa*. Já não se tratava de saber se este ou aquele teorema era ou não verdadeiro, mas se, *para o capital, ele era útil ou prejudicial*, cômodo ou incômodo, subversivo ou não. No lugar da pesquisa desinteressada entrou a *espadacharia mercenária*, no lugar da *pesquisa científica imparcial* entrou a *má consciência* e a má intenção da *apologética*. [...] A revolução continental de 1848 também repercutiu na Inglaterra. Homens que ainda pretendiam ter algum significado científico e que queriam ser algo mais do que meros sofistas e sicofantas das classes dominantes procuravam sintonizar a economia política do capital com as reivindicações não mais ignoráveis do proletariado. Daí surge um sincretismo desprovido de espírito, cujo melhor representante é Stuart Mill. É uma declaração de falência da economia "burguesa", que o grande erudito e crítico russo N. Tchernichveski já evidenciou magistralmente em sua obra *Delineamentos da economia política segundo Mill*.[49]

Nesse sentido, a busca da verdade é profundamente afetada pela luta de classes. Ela pode ser afetada tanto em sentido negativo quanto positivo. Pois a questão em si é inseparável das determinações objetivas do *interesse de classe* e da avaliação teoricamente válida – ou de fato falsa – da própria posição de classe, por parte dos pensadores considerados, em relação ao papel *historicamente sustentável*, ou, ao contrário, *historicamente retrógrado*, da classe social em si, cujo ponto de vista eles adotam sob as circunstâncias da luta de classes que se agrava. Por conseguinte, quando, em vez de buscar a questão da *verdade* com integridade científica – de acordo com os requisitos da *pesquisa científica imparcial* –, eles reduzem sua própria iniciativa teórica ao que "*para o capital*, era *útil ou prejudicial*, cômodo ou incômodo", sob a pressão do antagonismo de classes que se agudizam e os correspondentes *interesses próprios* de sua classe, eles transformam-se em *apologetas* e na "*espadacharia mercenária*", abandonando com isso a vocação outrora claramente visível no, e benéfica para o, campo da ciência social no qual são ativos. É assim que a economia política clássica da fase ascendente do desenvolvimento do capital é transformada na "*economia vulgar*" (na terminologia de Marx) da fase descendente.

---

[49] Ibidem, p. 16-7.

Em contraste com o impacto negativo dessas determinações na economia política e em outros campos das ciências sociais, o desdobramento e a agudização da luta de classes também podem ser positivos para o desenvolvimento teórico. Por essa razão, é impossível imaginar até mesmo o simples esboço da abordagem marxiana, para não falar de suas coerentes realizações sintetizadoras, sem o estágio antes inimaginável na luta de classes historicamente em desenvolvimento – caracterizada na época pela explosão dos antagonismos estruturais cada vez mais profundos do sistema, na forma de revoluções por toda a Europa –, sem a época de fermento socioeconômico e político na qual *insights* teóricos radicalmente diferentes tornaram-se factíveis a partir de um novo ponto de vista. Mas, repetindo, essa questão não pode ser separada da viabilidade e da sustentabilidade históricas objetivas dos interesses sociais subjacentes. É por isso que Marx insiste, na mesma análise do impacto necessário da luta de classes sobre a factibilidade de avanços científicos duradouros, que a *crítica* da economia burguesa, no intuito de ser teoricamente viável, deve ser intimamente ligada aos interesses sociais apropriados (isto é, viáveis em um *sentido histórico*). Nas palavras de Marx: "À medida que tal crítica representa, além disso, uma classe, ela só pode representar a classe cuja missão histórica é a derrubada do modo de produção capitalista e a abolição final das classes – o proletariado"[50].

Naturalmente, a questão concernente à *busca da verdade* aplica-se também à avaliação da ideologia. De fato, é precisamente essa questão que ajuda a traçar a linha de demarcação – da maneira mais nítida, em contraste com a obliteração confusa dessa importante linha de demarcação – entre a *ideologia positivamente sustentável* de um lado, e a *ideologia como falsa consciência*, de outro.

Obviamente, a busca da verdade não é o único critério pelo qual julgamos a validade histórica de uma ideologia prospectiva. Ela é um requisito *necessário* que deve ser complementado por outros, ainda que a ideologia como *falsa consciência* esteja muito aquém de sua reivindicada autojustificação, em vista da necessária *ausência da verdade* desde o seu núcleo.

Nesse sentido, uma das principais características definidoras de ideologia é que ela é visceralmente *orientada para a prática*. Nenhuma ideologia pode escapar desse tipo de determinação, que surge das condições históricas sob as quais a ideologia, como uma forma de consciência social, surge e deve afirmar suas reivindicações de validade. Isso é válido se uma ideologia particular definir a si mesma com respeito à sua *orientação valorativa* fundamental no espírito de uma visão prospectiva progressista, ou, ao contrário, de uma visão retrógrada conservadora da ordem social. Pois acaba por ser uma condição inevitável de nossa vida que vivamos em – e tenhamos de enfrentar os problemas e antagonismos profundamente arraigados da – *sociedade de classes*.

O modo como Marx ressalta o impacto negativo da luta de classes que se agudiza para as potencialidades científicas das teorias concebidas a partir do ponto de vista da ordem dominante – em contraste às circunstâncias menos abertamente conflituosas, quando "a *luta de classes permanece latente* ou só se manifesta em episódios isolados" – adquire sua

---

[50] Ibidem, p. 18.

relevância sobre aquela base histórica inescapável. Essa base é o que radicalmente separa a *ideologia emancipatória positiva* – incluindo a concepção marxiana em si, apaixonadamente comprometida com a perspectiva de vida tornada possível na "nova forma histórica" – da *falsa consciência* da ideologia socialmente apologética, e, em nossa época histórica, inevitavelmente *apologética do capital*, atrelada à defesa e à manutenção *eternizada*, por parte da "espadacharia mercenária", de uma ordem da reprodução social metabólica *anacrônica* e, sob as determinações agora prevalecentes, também tangivelmente *destrutiva*.

Assim, a ideologia é a *consciência prática inevitável das sociedades de classe*, preocupada com a articulação e afirmação dos *conjuntos rivais de valores e estratégias*. Não em nome de alguma "reflexão teórica separada" pseudocientífica, e nada mais, autoilusoriamente fantasiada sob o lema autocentrado da "prática [estritamente]* teórica", mas pelo propósito vital de *levar até o fim o conflito fundamental* na arena social, posto que os conjuntos rivais de valores são inseparáveis das *alternativas hegemônicas* objetivamente identificáveis da situação histórica dada. É assim que a *visão socialista* – materializada de maneira prática na *alternativa hegemônica historicamente sustentável* do trabalho à ordem estabelecida, orientada com grande precisão programática na direção da *igualdade substantiva* de todos os indivíduos sociais em sua confrontação radical com a *dominação exploradora hierárquica do capital* sobre a sociedade – firmemente define a si mesma em termos conscientes, abarcando a determinação de classe de seu *mandato* com combatividade desafiadora. Retire-se a luta de classes dessa cena – como todas as projeções absurdas da *"terceira via"* tentaram fazer durante muito tempo, desde o chavão recorrente do "capitalismo do povo" até suas variantes sociodemocratas em vão propagandeadas no decorrer do século XX – e não nos resta mais nada.

Na verdade, as determinações de classe antagônicas de nossa ordem social tornam impossível fugir da dura realidade do *conflito histórico hegemônico estruturalmente* ancorado, não importa quão insistentemente as várias ideologias *"pacificadoras"* estejam tentando impor tal perspectiva às massas do povo. É por isso que as questões fundamentais de nossa época devem encontrar suas manifestações nas "formas ideológicas [praticamente orientadas]**, sob as quais os homens adquirem consciência desse conflito e o *levam até o fim*"[51]. E essa maneira de traçar a linha fundamental de demarcação deve prosseguir enquanto a humanidade continuar vivendo sob os conflitos e antagonismos estruturalmente determinados da sociedade de classes.

O papel da ideologia – como parte integrante da superestrutura enquanto tal, em contraste com as restrições da especificidade histórica capitalista da superestrutura – só pode mudar sob circunstâncias históricas radicalmente diferentes, no sentido em que foi discutido na última seção, no contexto da relação dialética entre os aspectos *históricos* e *trans-históricos* das questões subjacentes. Essa é uma questão não só das determinações estruturais objetivas vitais do processo histórico, mas, ao mesmo tempo, também do *envolvimento consciente* dos indivíduos sociais na realização das potencialidades positivas

---

\* Inserção de Mészáros. (N. E.)

\*\* Inserção de Mészáros. (N. E.)

[51] Karl Marx, *Contribuição à crítica da economia política*, cit., p. 47-8.

das condições históricas em desdobramento, sem as quais a nova ordem estrutural não poderia ser almejada.

De modo compreensível, o desafio prático fundamental para todos aqueles que se identificam com um determinado conjunto de valores, conservador ou progressista – incluindo, é claro, os valores associados à visão emancipatória da ordem histórica alternativa almejada –, é como levar a uma *conclusão bem-sucedida* o grande conflito no qual as forças sociais rivais estão envolvidas. Inevitavelmente, portanto, a questão do *interesse* perseguido pelas forças rivais não pode ser excluída da avaliação da natureza do confronto em questão, com uma visão para julgar a ideologia das classes em contenda. Pois as partes conflitantes são material, política e ideologicamente interessadas no resultado de sua confrontação hegemônica, afirmando sua posição a favor de seu próprio lado, com todos os meios à sua disposição.

Contudo, essa circunstância em si não transforma a ideologia delas em *falsa consciência*. O que decide a questão, de um jeito ou de outro, é a *viabilidade* e *sustentabilidade* (ou não) da *posição* ocupada pelas forças sociais rivais na *situação histórica objetiva*. E essa não pode ser uma questão de autointeresse peremptoriamente proclamado e imposto, mas deve ter algum fundamento objetivo. O que transforma a ideologia das personificações do capital em *falsa consciência* marcadamente pronunciada é o *anacronismo histórico objetivamente prevalecente* da ordem social em si, cujos valores insustentáveis continuam a afirmar na conjuntura crítica da fase descendente do desenvolvimento de seu sistema. Ou seja, em uma época em que os valores outrora sustentáveis da bem-sucedida expansão produtiva do capital foram transformados, pelo próprio processo histórico, objetivamente em desdobramento, nos perigosos *contravalores* de uma forma cada vez mais destrutiva de controlar o modo de reprodução social metabólica.

É por isso que a questão da *verdade* deve ser eliminada de cena pela "espadacharia mercenária" do capital, substituída pelos estritos interesses próprios de sua ideologia retrógrada, articulada como falsa consciência, no lugar da busca pela pesquisa científica imparcial. O que na "espadacharia mercenária" do capital, Hayek, por exemplo, proclama ser eternamente válido sob tais circunstâncias é um tipo particularmente regressivo de falsa consciência que – nas palavras de Marx – pode assumir até mesmo a forma de "*má consciência* e a má intenção da *apologética*". Isso acontece não apenas como resultado de alguma falha pessoal mais ou menos facilmente corrigível, mas porque o *sistema do capital em si* perdeu efetivamente seu *mandato histórico* outrora progressista no curso do desenvolvimento sócio-histórico objetivamente prevalecente. Portanto, por causa da transformação do sistema do capital enquanto tal em um *anacronismo histórico* que, por sua continuada autoafirmação, desconsiderando totalmente as consequências até mesmo em seu impacto sobre a natureza, ameaça a própria sobrevivência da humanidade, é por essa razão que a ideologia das personificações do capital, quer estas exerçam seu papel como "grandes industriais" ou "espadacharia mercenária" no campo da economia política, não pode ser outra senão *falsa consciência*.

O mesmo critério do *mandato histórico objetivo* se aplica à avaliação da ideologia da classe social rival, que apresenta sua reivindicação e seu projeto para a instituição de uma alternativa sustentável à ordem reprodutiva do capital. Por conseguinte, também no caso daqueles que se identificam com os valores emancipatórios que conduzem à "nova forma histórica", a validade da ideologia adotada por eles com o propósito de levar o conflito hegemônico à sua conclusão bem-sucedida dependerá da posição que eles ocupam no curso do desenvolvimento objetivamente em desdobramento.

Também a esse respeito, a questão é decidida sobre a base do *mandato* e da *vocação* histórica desafiadores e objetivamente emergentes da força social que é chamada a instituir uma ordem reprodutiva qualitativamente diferente. Isso significa vocação e mandato históricos pelos quais a classe oposta ao capital define sua própria ideologia e papel emancipatório no sentido não simplesmente de superar [*overcoming*] seu *antagonista de classe*, de modo a se entrincheirar como a *nova classe dominante* no lugar da classe derrotada, mas de superar [*overcoming*] radicalmente o anacronismo histórico do controle da reprodução societal sobre o fundamento estruturalmente entrincheirado das divisões e confrontos de classe antagônicos e produtivamente perdulários. É por isso que Marx define a natureza da única forma historicamente viável de *crítica prática* insistindo, conforme citado anteriormente, que "à medida que tal crítica representa, além disso, uma classe, ela só pode representar a classe cuja *missão histórica* é a derrubada do modo de produção capitalista e a *abolição final das classes* – o proletariado".

Não há dúvida de que o papel histórico de uma força social progressista não pode ser abstraído da avaliação e apreciação do que está envolvido na realização prática de seu *autointeresse*. De fato, a ideologia da classe do trabalho que luta por sua própria emancipação sequer pode ser imaginada sem o exercício efetivo de tal autointeresse vital. Sem ele, a defesa dessa ideologia não poderia resultar em nada mais que alguma retórica especulativa abstrata, não convencendo ninguém e não alcançando absolutamente nada. No entanto, a questão fundamental a esse respeito é se o autointeresse em questão *exclui* o interesse legítimo dos outros ou, ao contrário, é capaz de *abarcá-los e reforçá-los* no decorrer de sua própria autoafirmação emancipatória combativa, como uma parte integrante da *perspectiva geral* que guia seu próprio modo de "levar até o fim" o conflito. E isso é, repetindo, uma questão de o que é *objetivamente realizável* pelo antagonista histórico do capital por meio das potencialidades do processo em desdobramento. Pois a viabilidade da perspectiva geral adotada pelo antagonista histórico do capital implica carregar consigo todas aquelas forças com as quais a causa comum pode ser positivamente mantida no curso da almejada constituição da "nova ordem histórica", em afinidade com sua própria visão da alternativa hegemônica sustentável.

Em vista do irreversível anacronismo histórico do sistema do capital, que instituiu a forma mais sofisticada de *exploração de classes* na história, atingindo em nossa época os limites de seu horizonte produtivo outrora esmagadoramente bem-sucedido, é imperativo encontrar uma solução radicalmente diferente para a afirmação do autointeresse estruturalmente condicionado da ordem dominante, em oposição às formas conhecidas de *interesse próprio* explorador. Mas a única maneira de trazer para um *denominador comum* o *autointeresse genuíno* da hoje subjugada classe do trabalho e *o interesse geral da sociedade* como um todo – sobre a base do *desenvolvimento histórico objetivamente em desdobramento*, para além dos antagonismos das destrutivas mediações de segunda ordem do capital – é por meio da instituição da *igualdade substantiva* de todos os indivíduos sociais, factível somente em uma sociedade sem classes.

Isso significa instituir a igualdade substantiva não como um desiderato especulativo abstrato, mas como o mandato e a vocação históricos que surgem com força prática das *tendências objetivas de desenvolvimento* das relações societais reprodutivas. O nível de desenvolvimento atingido em nossa época torna *possível* a instituição de uma ordem produtiva baseada na igualdade substantiva, contanto que essa ordem produtiva qualitativamente diferente seja planejada de forma consciente e gerida pelos produtores associados. Ao mesmo tempo, os antagonismos destrutivos e o desperdício catastrófico do anacronismo histórico irreversível do capital tornam a instituição desse tipo de controle social metabólico também *necessária*. É por isso que o tipo de ideologia que "leva até o fim" o conflito na direção desse fim, na medida em que é consciente de seu mandato transformador essencial, não pode ser identificada com a falsa consciência. Somente a forma mais bruta de reducionismo mecânico pode equiparar a ideologia em geral com a falsa consciência. Pois é precisamente o fundamento objetivo da determinação sócio-histórica tangível, em sua inseparabilidade das tendências do desenvolvimento dinamicamente em desdobramento, que contrapõe de maneira vigorosa a natureza *positiva* da ideologia emancipatória à *necessária falsa consciência* de toda a ideologia atrelada à causa de defender a todo custo os interesses da ordem estabelecida – historicamente anacrônica.

Os critérios de viabilidade são, portanto, definidos nos termos das tendências objetivas históricas de desenvolvimento. Os mesmos critérios foram usados por Marx quando ele contrastou sua compreensão da natureza do movimento comunista com as retóricas idealistas de Feuerbach e outros. Ele falou sobre esse problema já em um de seus primeiros escritos, no mesmo espírito em que o vimos discuti-lo em nossa citação anterior de *O capital*. Ele coloca a questão da seguinte maneira: "O comunismo não é para nós um *estado de coisas* [*Zustand*] que deve ser instaurado, um *Ideal* para o qual a realidade deverá se direcionar. Chamamos de comunismo o movimento *real* que supera o estado de coisas atual. As condições desse movimento [...] resultam dos pressupostos atualmente existentes"[52].

Admitidamente, as dificuldades que precisam ser superadas [*overcome*] incluem a relevante circunstância, colocada em relevo por Marx, de que como a classe dominante controla os meios de produção material, ela também pode controlar os meios de produção intelectual. Por conseguinte, "as ideias da classe dominante são, em cada época, as ideias dominantes"[53]. No entanto, o controle da produção intelectual pela classe dominante, não importa quão poderosa possa ser sob determinadas circunstâncias sócio-históricas em termos materiais e políticos, não pode nunca ser *absoluto*. O próprio conjunto da obra revolucionária de Marx é uma demonstração clara dessa importante – e, para a ordem dominante, bastante desconfortável – verdade.

A dominação das ideias por parte da classe dominante não pode ser absoluta precisamente porque as tendências objetivamente em desdobramento da transformação histórica – que melhoram significativamente as potencialidades produtivas do sistema do capital em sua

---

[52] Karl Marx, *A ideologia alemã*, cit., p. 38, nota a. Ênfases de Marx.
[53] Ibidem, p. 47.

fase ascendente de desenvolvimento – tornam isso impossível quando a modalidade de "*destruição produtiva*" do capital é objetivamente transformada em *produção destrutiva* no estágio em que o mesmo sistema atinge seu irreversível *anacronismo histórico*. Não obstante, mesmo sob tais circunstâncias históricas, a mudança fundamental requerida não pode ser realizada sem colocar em jogo o *papel ativo da ideologia*. Para ser exato, não ideologia como falsa consciência, mas como a *ideologia emancipatória* profundamente engajada na *busca da verdade*. Mais ainda, a forma de ideologia engajada na busca da verdade como a condição necessária para "levar o conflito à sua conclusão bem-sucedida", no interesse de estabelecer uma ordem social reprodutiva historicamente sustentável.

### 4.4 Transformação radical da superestrutura jurídica e política

Diversos aspectos do necessário "fenecimento do Estado", como almejado por Marx, são discutidos no último capítulo deste livro e alhures. No presente contexto, somente sobre a dimensão mais abrangente do complexo de problemas ao qual pertencem as questões historicamente específicas do Estado capitalista é que podemos nos deter. Isso é feito em relação direta com o tema central do presente capítulo, concernente ao intercâmbio dialético entre as transformações materiais e as formas ideológicas. Pois é precisamente esse intercâmbio dialético que estabelece os limites históricos gerais dentro dos quais o inevitável desafio para o fenecimento do Estado, por meio da transformação radical da superestrutura jurídica e política como um todo, deve ser encarado e realizado no devido tempo.

Como sabemos, o Estado moderno não foi formado como *resultado* de alguma determinação econômica direta, como um afloramento mecânico superestrutural, em conformidade com uma visão reducionista da *dominação material supostamente unilateral* da sociedade, como apresentada na concepção marxista vulgar dessas questões. Em vez disso, ele foi dialeticamente constituído por meio de sua necessária *interação recíproca* com a base material altamente complexa do capital. Nesse sentido, o Estado não só foi *moldado* pelos fundamentos econômicos da sociedade, mas ele também foi *moldando da maneira mais ativa* a realidade multifacetada das manifestações reprodutivas do capital no decorrer de suas transformações históricas, tanto na fase ascendente quanto na fase descendente de desenvolvimento do sistema do capital.

Nós também vimos que, nesse complexo processo dialético de intercâmbio recíproco, as determinações históricas e trans-históricas têm sido intimamente entrelaçadas[54], ainda que no curso da fase descendente do desenvolvimento do sistema do capital tenhamos de testemunhar uma violação crescente da dialética histórica, especialmente sob o impacto da *crise estrutural* que se aprofunda. Pois a defesa a todo custo do modo estabelecido de reprodução societal, não importa quão perdulário e destrutivo seja seu impacto, agora até mesmo sobre a natureza, só pode sublinhar o *anacronismo histórico* e a correspondente insustentabilidade de um modo outrora todo-poderoso de reprodução societal, que tenta

---

[54] Ver seções 3.2 e 3.3 do capítulo 3, e seção 4.2 do capítulo 4.

estender seu poder de uma *"forma globalizada"* numa época em que os *limites sistêmicos absolutos*[55] do capital estão sendo ativados em escala global.

Além disso, o fato de a fase histórica do imperialismo moderno, que costumava prevalecer antes da e durante a Segunda Guerra Mundial – uma forma de imperialismo em que diversos *poderes rivais* afirmavam a si mesmos no mundo, em disputa uns com os outros, conforme teorizado por Lenin durante a Primeira Guerra Mundial –, ser agora substituída pelo *imperialismo hegemônico global* dos Estados Unidos da América, tentando impor-se em todos os lugares como *o Estado global do sistema do capital em geral*, não resolve absolutamente nenhuma das contradições subjacentes. Pelo contrário, isso só salienta a gravidade dos perigos inseparáveis da crise estrutural do modo de o capital controlar a reprodução societal. Pois a imposição do imperialismo hegemônico global de nossa época pelo hoje dominante poder militar não é menos insustentável mais a longo prazo do que a tradicional rivalidade dos Estados imperialistas que produziu duas guerras mundiais devastadoras no século XX. Longe de constituir de maneira bem-sucedida o Estado do sistema do capital em geral, como uma vã tentativa de remediar a grande falha histórica do capital a esse respeito, o imperialismo hegemônico global dos Estados Unidos, com sua crescente dominação militar do planeta como um *Estado-nação agressivo*, a fase atual do imperialismo é, potencialmente, a mais mortal.

Conforme já mencionado, no curso do desdobramento histórico do sistema do capital, a superestrutura jurídica e política assumiu um papel cada vez mais *preponderante*. A fase atual do imperialismo hegemônico global é a manifestação mais extrema disso, marcando, ao mesmo tempo, o fim de uma estrada, por enquanto praticável, mas mais a longo prazo absolutamente insustentável, dada a relação de forças ainda prevalecente, na qual alguns países com população maciça e potencial militar equivalente, inclusive a China, são marginalizados. Afinal, nada poderia ser mais preponderante em termos de sua dominação de todos os aspectos da vida social – desde as condições elementares da reprodução material e seu grave impacto na natureza até as formas mais mediadas de produção intelectual – do que a operação de um sistema de Estado que direta e indiretamente ameaça o todo da humanidade com o destino da autodestruição. Até mesmo um retorno às violentas confrontações anteriormente vivenciadas entre Estados é possível no futuro não muito distante, o que certamente acabaria com a vida humana neste planeta, se os antagonismos destrutivos do sistema do capital não forem resolvidos de maneira historicamente sustentável dentro do tempo ainda a nosso dispor. Por conseguinte, somente uma *transformação qualitativa* da superestrutura jurídica e política estabelecida em sua totalidade, com a reestruturação radical de sua não mais viável base material, pode mostrar um caminho para fora desse beco sem saída. Isso significa uma *transformação que a tudo abrange* que só é concebível no espírito da almejada alternativa hegemônica socialista ao modo de controle social metabólico do capital.

A superestrutura jurídica e política historicamente específica e necessariamente transiente do capital, não importa quão preponderante, surgiu no curso do desenvolvimento

---

[55] Sobre essa questão vital, ver o capítulo 5, "A ativação dos limites absolutos do capital", do livro de minha autoria *Para além do capital*, cit., p. 216-346.

sistêmico em conjunção com alguns requisitos estruturais vitais do complexo societal geral em desdobramento.

Em agudo contraste com o tipo feudal de relação produtiva material e política, que teve de ser substituído pelo sistema do capital, um *controle político direto* das incontáveis unidades produtivas particulares – os *microcosmos* localmente articulados da base material recentemente desenvolvida, com sua força de trabalho *abstrata* e "livre" (isto é, abstrata também no sentido de ser desprovida de propriedade, porque totalmente destituída dos meios de produção, e "livre" em sua concomitante determinação estrutural hierárquica de ser forçada pela *coerção econômica*, e não pela *servidão política direta*, para colocar sua força de trabalho a serviço do novo sistema produtivo) – não era factível, tampouco conducente, para o irresistível processo de expansão do capital. Ele foi controlado da maneira mais *contraditória* pelas "personificações [individuais]* do capital"[56] enquanto senhores de seus empreendimentos *particulares*, que, no entanto, não poderiam, de modo algum, controlar, enquanto capitalistas individuais agindo no domínio econômico, o sistema do capital como um todo.

Portanto, no curso do desenvolvimento histórico, nós testemunhamos o surgimento de um sistema material produtivo inerentemente *centrífugo*, no qual os microcosmos particulares dinamicamente interagiram uns com os outros, e com a sociedade como um todo, seguindo os interesses auto-orientados e autoexpansivos do capital. Esse tipo de prática produtiva foi, obviamente, ficcionada na forma da reivindicada "soberania" das personificações individuais do capital, e até mesmo idealizadas no último terço do século XVIII – por um dos maiores economistas políticos de todos os tempos, Adam Smith – com a sugestão estipulativa ingênua segundo a qual era necessário *excluir os políticos* da lógica reprodutiva do sistema, posto que o sistema em si deveria funcionar insuperavelmente bem sob a condução benéfica da mítica "mão invisível". Contudo, nenhum postulado ficcional da "soberania empresarial", muito menos a projeção idealizada da misteriosa, embora por definição necessariamente e para sempre bem-sucedida, "mão invisível", poderia na verdade remediar o *defeito estrutural* do microcosmo produtivo do sistema do capital: sua *centrifugalidade* auto-orientada e autoafirmadora, destituída de uma *coesão* geral/totalizante sistematicamente sustentável.

É aqui que podemos ver claramente a *necessária inter-relação recíproca* entre a base reprodutiva material em desdobramento e *sistematicamente em consolidação* do capital e sua formação de Estado historicamente específica. Afinal, era inconcebível que a nova modalidade de reprodução, com seus microcosmos produtivos materiais inerentemente centrífugos, pudesse ser capaz de consolidar a si mesma na realidade, como um *sistema abrangente*, sem adquirir uma *dimensão coesiva* apropriada. Ao mesmo tempo, não era menos inconcebível que a requerida dimensão totalizante/coesiva – a resposta ao *imperativo objetivo* para remediar de alguma maneira, não importa quão problematicamente, o *defeito estrutural* da centrifugalidade potencialmente mais perturbadora – deveria ser capaz

---

* Inserção de por Mészáros. (N. E.)

[56] Conforme Marx coloca, em sua concepção só se trata de indivíduos, incluindo, obviamente, os capitalistas individuais, "na medida em que são *personificações de categorias econômicas*, portadoras de determinadas relações de classe e interesses". Karl Marx, *O capital*, cit., v. I, p. 13.

de surgir da *materialidade direta* das práticas produtivas buscadas pelas personificações individuais do capital nos microcosmos econômicos particulares.

No que se refere às unidades produtivas materiais do capital, o tamanho das empresas era (e continua sendo) de importância secundária a esse respeito. Como sabemos demasiadamente bem, até mesmo em nossa época, as gigantescas corporações transnacionais quase monopolistas, caracterizadas por um grau extremamente alto de centralização do capital, mantêm o severo defeito estrutural em questão. Portanto, dada a determinação *insuperavelmente centrífuga* do microcosmo produtivo material do capital, somente o Estado moderno poderia assumir e cumprir a requerida função vital de ser a *estrutura de comando geral* do sistema do capital. A *dimensão coesiva*, sem a qual até o tipo potencialmente mais dinâmico de unidades produtivas não poderia constituir um *sistema* reprodutivo sustentável, foi portanto obtida pelo modo de controlar a reprodução societal do capital nessa forma historicamente específica e única.

Por conseguinte, o processo criticamente importante da expansão do capital – não apenas com respeito ao tamanho cada vez maior das unidades produtivas particulares, mas, de maneira muito mais importante, nos termos da penetração sempre mais intensa dos novos princípios produtivos, com a incontestável dominação do *valor de troca sobre o valor de uso*, com seus *corolários*[57] fundamentais – para todos os domínios foi possibilitado por meio desse *intercâmbio recíproco* entre os microcosmos econômicos e a superestrutura jurídica e política, produzindo, assim, o modo de reprodução social metabólica do capital em sua integralidade como um *sistema geral coesivo*. Naturalmente, a reciprocidade dialética teve de prevalecer também na outra direção, por meio da transformação dinâmica e expansão maciça da formação de Estado do capital em si.

Essa transformação e expansão da superestrutura jurídica e política teve de acontecer paralelamente à crescente centralização e concentração do capital no microcosmo econômico. Pois esse tipo de expansão econômica – nos termos de sua lógica expansionista autosserviente, em princípio ilimitável – não poderia deixar de pôr exigências sempre maiores sobre a dimensão política que a tudo abrange dessa modalidade historicamente única de controle social metabólico. Nesse sentido, esperava-se que o Estado capitalista moderno respondesse favoravelmente, da maneira mais ativa, às demandas expansionistas aparentemente ilimitáveis que emanam da base material da reprodução societal.

O Estado deveria cumprir seu papel dinâmico – e, apesar de toda mitologia neoliberal de "fazer recuar os limites do Estado", cada vez mais *diretamente intervencionista* durante a fase descendente de desenvolvimento do sistema do capital – de acordo com sua própria lógica. E essa lógica só poderia resultar numa preponderância jurídica/política, e até mesmo militar (consequentemente, no caso dos mais poderosos Estados, inevitavelmente imperialista), sempre maior. Ademais, esse tipo de desenvolvimento poderia ser prontamente imposto sobre a sociedade somente enquanto cumprir o papel amplamente invasivo do Estado, com seu recíproco intercâmbio com a base material do capital, fosse praticável sob as circunstâncias globalmente prevalecentes. Isso é o que teve de ser tornado insustentável

---

[57] Teremos de retornar a essa questão no final deste capítulo.

em nossa época por meio do perigo militar direto da autodestruição da humanidade, de um lado, e por meio da contínua destruição da natureza, de outro.

Contudo, bem antes da ativação dos limites absolutos do capital, em íntima conjunção com o desenvolvimento – inconcebível em épocas históricas anteriores – das unidades materiais reprodutivas do sistema, o Estado moderno adquiriu dinamismo e importância próprios sempre maiores. Nesse importante sentido, como uma poderosíssima afirmação e articulação de sua própria lógica, o Estado moderno capitalista historicamente em desdobramento não pode ser abstraído das determinações recíprocas e do dinamismo objetivo do sistema do capital em desenvolvimento como um todo. Por conseguinte, o Estado moderno sempre mais poderoso é inteligível em seu surgimento e transformações históricos somente como constituinte de uma *unidade orgânica* com o sistema como um todo, inseparavelmente de sua contínua inter-relação com o domínio reprodutivo material em constante expansão.

Essa é a realidade tangível do avanço do capital, sustentável durante toda a fase ascendente de seu desenvolvimento sistêmico como uma ordem reprodutiva dinâmica. De fato, isso não pode ser enfatizado com força suficiente: o desenvolvimento produtivo em desdobramento do sistema do capital foi um avanço histórico que seria inconcebível sem a contribuição maciça da superestrutura jurídica e política para com as determinações estruturais que a tudo abrangem do sistema como um todo.

No entanto, deve-se ter em mente que ao mesmo tempo que a tendência anteriormente mencionada da superestrutura jurídica e política do capital em *adquirir uma preponderância amplamente penetrante* foi uma condição essencial deste mesmo avanço desde o início. Também não podemos ignorar o necessário corolário desse tipo de desenvolvimento sistêmico, a saber, que a *tendência* à preponderância amplamente penetrante teve, em última instância, de *fugir do controle*, carregando consigo grandes problemas para o futuro. Pois o impacto da superestrutura jurídica e política tendencial e amplamente invasiva sobre o desenvolvimento societal geral foi bem diferente nas duas fases contrastantes das transformações históricas.

Na fase ascendente do desenvolvimento do capital, o remédio oferecido para o defeito estrutural da centrifugalidade das unidades reprodutivas materiais particulares – por meio do Estado fornecendo a dimensão *coesiva* ausente na forma de uma estrutura de comando político geral extremamente dinâmica – *melhorou objetivamente* as potencialidades expansionistas positivas do sistema em sua totalidade. Paradoxalmente, o apetite crescente do Estado pela apropriação de quantidades significativas de recursos, no interesse de sua própria ampliação, foi, por um longo período histórico, uma parte integrante desse dinamismo reprodutivo, posto que foi benéfico para a expansão material interna, bem como para a extensão global da ordem social metabólica do capital.

Em contraposição, na fase descendente do sistema do capital, os constituintes em última análise incuravelmente *negativos* desse tipo de envolvimento *imperativo do Estado* e a transformação correspondente da reprodução societal tornaram-se sempre mais dominantes, e, com respeito aos crescentes *desperdício e destrutividade*, totalmente insustentáveis mais a longo prazo. Impor tal desperdício e destrutividade sobre a sociedade sob as circunstâncias hoje prevalecentes, enquanto se deixa de lado toda preocupação com as consequências, seria impossível sem o papel mais ativo, e muitas vezes diretamente autoritário, do Estado capitalista. O anteriormente mencionado intervencionismo direto, em escala crescente, do Estado na economia, e o aventureirismo militar progressivo, justificado sob falsos pretextos, são as necessárias manifestações das contradições subjacentes. É por isso que a transformação radical da superestrutura jurídica e política é um requisito vital para a constituição de uma alternativa hegemônica historicamente sustentável ao sistema do capital.

Vimos anteriormente quão vigorosamente a superestrutura jurídica e política do capital invadiu, e continua a dominar, cada parcela da consciência social[58]. Os vários discursos práticos sem os quais a reprodução societal não poderia de modo algum funcionar estão agora intimamente ligados às, e profundamente afetados pelas, determinações esmagadoras da superestrutura jurídica e política. Nesse mesmo sentido, a causa da emancipação humana inevitavelmente requer também a liberação dos vários discursos práticos das severas limitações impostas sobre eles, tendo como base os interesses próprios do capital, por parte da cada vez mais preponderante superestrutura jurídica e política em si.

O mesmo vale não só para a necessidade de emancipar o discurso moral, político e estético[59] de sua dominação por parte das determinações imperativas do Estado, mas também para o discurso religioso e para a Teologia da Libertação. Isto é, a Teologia da Libertação comprometida em lutar pela emancipação dos incontáveis milhões de explorados e oprimidos. A observação de Marx sobre religião é com frequência citada de maneira deliberadamente truncada, omitindo cinicamente a continuação de suas palavras sobre "o ópio do povo" quando ele sublinha fortemente que a religião é "*o ânimo de um mundo sem coração*". Esse papel da religião é o que torna possível para os socialistas criarem uma base comum com os teólogos da libertação que tentam fazer jus aos requisitos de unir a teoria à prática, no sentido marxiano de não só interpretar, mas também transformar o mundo, ao se dedicarem à causa da emancipação humana em nosso mundo sem coração.

O papel crescentemente negativo da superestrutura jurídica e política nos processos reprodutivos materiais, prevalecente no curso da fase descendente do desenvolvimento do sistema do capital, não é somente óbvio, mas também extremamente perigoso. Pois ele afeta diretamente, no sentido literal do termo, os prospectos de sobrevivência da humanidade. O desdobramento histórico do *imperialismo monopolista* na fase descendente indica claramente a perigosa natureza desses desenvolvimentos, incluindo as duas guerras mundiais do século XX, além de incontáveis conflitos menores, e o perigo derradeiro da total aniquilação humana caso as contradições antagônicas do sistema não sejam superadas [*overcome*] em um futuro não tão distante.

Além disso, em nossa época, o Estado capitalista é ainda o *comprador direto* da *produção destrutiva* catastroficamente perdulária do complexo industrial militar. Desse modo, o Estado moderno do sistema do capital não só facilita (por meio de sua crescente selva legislativa) como também legitima hipocritamente a mais fraudulenta – e, é claro, imensamente lucrativa – expansão do capital da produção militarista em nome do "interesse nacional".

---

[58] Ver a seção 4.2 anterior, principalmente as páginas 125-34 deste capítulo.

[59] Como vimos nas palavras de Marx: "a produção capitalista é *hostil* a certos setores da *produção intelectual*, como a *arte e a poesia*". Karl Marx, *Teorias da mais-valia* (trad. Reginaldo Sant'anna, Rio de Janeiro, Civilização Brasileira, 1980, v. 1), p. 267.

Contrário até mesmo à mais elementar *racionalidade econômica*, não parece importar às personificações do capital hoje em dia que a *bancarrota material global* surja com grande intensidade no final dessa estrada. Pois, em consonância com isso, as personificações já estão obstinadas a impor a bancarrota moral e política sobre a sociedade, na forma dos *contravalores* do sistema, até mesmo na forma de guerras genocidas, em nome da eternalização da dominação historicamente não mais sustentável do capital. Portanto, prioridades totalmente falsas de destruição militar direta devem prevalecer, sob os falsos pretextos decretados pelo Estado preponderante, com a destruição contínua da natureza. Além disso, como uma amarga ironia, a humanidade é forçada a sofrer em nossa época até mesmo a *crise alimentar global* insensivelmente imposta, com a prospectiva de causar a fome de incontáveis milhões, *no auge do desenvolvimento produtivo do capital*. Essa é a realidade desumanizadora da "globalização de todo benéfica" da ordem estabelecida, colocando em relevo a conclusão do círculo destrutivo completo do capital.

A transformação radical da superestrutura jurídica e política só pode ser realizada em sua perspectiva histórica efetivamente em desenvolvimento ao refutar os antagonismos destrutivos da ordem estabelecida como um modo de reprodução social metabólica a partir do ponto de vista de sua alternativa hegemônica factível.

A realização dessa tarefa requer, no devido tempo e numa base contínua, a *gestão consciente* da totalidade das práticas societais reprodutivas, de modo que seja capaz de superar [*overcome*] a irracionalidade ilimitada da nova ordem atualmente existente. Pois a única maneira pela qual o defeito estrutural da centrifugalidade tem sido gerenciado no curso do desenvolvimento histórico do capital somente poderia significar a *alienação completa* dos poderes da *tomada geral de decisão* dos indivíduos sociais.

Não poderia haver exceção a isso. A tomada de decisão geral imperativa do Estado do sistema do capital, como remédio mais problemático para a centrifugalidade que, no devido tempo, teve de fugir ao controle, não foi de modo nenhum a realização da visão abrangente de um sujeito social consciente. Pelo contrário, ela foi a imposição necessária de um *imperativo estrutural* objetivo, mas em última análise cego – a reflexão distorcida e a preservação autosserviente do *defeito estrutural* subjacente – em oposição antagônica ao único *sujeito real* factível da reprodução societal historicamente sustentável, o trabalho[60]. Até mesmo as personificações econômicas particulares do capital tiveram de ser estritamente obrigadas a levar a cabo os *imperativos estruturais* de seu sistema. Pois, no caso de falharem em fazê-lo, rapidamente encontrar-se-iam marginalizadas, e – como "excedentários" falidos – até mesmo completamente excluídas do processo de reprodução material. O Estado moderno, portanto, em sua inseparabilidade da necessária base material do sistema do

---

[60] O trabalho, com respeito à sua perspectiva de realização futura emancipada, não como uma entidade sociológica particular, mas como uma *condição universal* das práticas reprodutivas societais historicamente viáveis – porque não antagônicas e positivamente cooperativas – planejadas de maneira consciente e autocriticamente controladas pelos próprios indivíduos sociais. Essa forma de regular o metabolismo social é factível somente sobre a base da plena instituição e franca observação do princípio operativo vital da *igualdade substantiva* em todos os domínios.

capital enquanto tal, teve de ser o *paradigma da alienação* no que se refere aos poderes da *tomada de decisão abrangente/totalizante*.

Posto que a totalidade combinada das determinações reprodutivas materiais e a estrutura de comando político que a tudo abrange do Estado moderno *juntas* constituem a realidade esmagadora do sistema do capital, é necessário submeter a uma crítica radical às complexas *interdeterminações* do sistema inteiro, de modo a podermos almejar uma mudança societal historicamente sustentável. Isso significa que a articulação material geral historicamente específica do sistema do capital deve ser *qualitativamente* mudada, por meio de um laborioso processo de reestruturação abrangente, tanto quanto a sua correspondente dimensão política multifacetada. Cumprir a tarefa de uma transformação socialista coerente da materialidade direta da ordem estabelecida é absolutamente vital a esse respeito.

A necessária transformação radical da preponderante superestrutura jurídica e política do capital não é concebível de nenhuma outra maneira. Mudanças políticas parciais, incluindo até mesmo a expropriação legislativa dos capitalistas privados expropriadores dos frutos do trabalho, só podem constituir o primeiro passo na direção almejada. Pois tais medidas são mais ou menos facilmente reversíveis, no interesse da restauração capitalista, se a *totalidade combinada* das interdeterminações – materiais diretas, bem como as correspondentes, porém altamente mediadas, interdeterminações políticas – profundamente enraizadas do sistema forem tratadas de maneira voluntarista politicamente reduzida, mesmo que esse tipo de abordagem seja buscada sob o peso de difíceis circunstâncias históricas. Nossa dolorosa experiência histórica no século XX forneceu um alerta inequívoco a esse respeito.

Em nossa própria época, vemos uma *simbiose* particularmente danosa entre o quadro jurídico/político e a dimensão produtiva material, bem como financeira, da ordem estabelecida, gerenciadas frequentemente com práticas totalmente corruptas por parte das personificações do capital privilegiadas. Afinal, não importa quão transparentemente corruptas tais práticas possam ser, elas estão em plena consonância com os *contravalores institucionalizados* do sistema, e por isso legalmente bastante permissíveis, graças ao papel facilitador da *selva legislativa impenetrável* do Estado também no domínio financeiro. A fraudulência, em uma grande variedade de suas formas praticáveis, é a normalidade do capital. Suas manifestações extremamente perturbadoras não são, de modo algum, confinadas à operação do complexo militar industrial. A essa altura, o papel direto do Estado capitalista no mundo parasitário das finanças não só é fundamentalmente importante, em vista de sua magnitude proibitiva amplamente penetrante, mas também potencialmente catastrófico.

A gravidade desse fato foi recentemente destacada pela monumental crise financeira nos Estados Unidos da América no setor bancário e hipotecário (em junho/julho de 2008), incluindo a bancarrota inutilmente camuflada e a inadimplência *de facto* de algumas empresas gigantescas, como o Bear Stearns, a IndyMac Bancorp da Califórnia e, sobretudo, a Fannie Mae (fundada como a pedra fundamental da mais acessível e segura empresa de habitação durante a presidência de Roosevelt, em 1938) e a Freddie Mac. Sob as atuais circunstâncias de crise, até mesmo o jornal semanal econômico e político londrino comumente mais apologético e hipócrita, o *The Economist*, foi forçado a admitir que "Na

Fannie e na Freddie – e, de modo chocante, nos bancos de investimentos – *os lucros foram privatizados, mas os riscos foram socializados*"[61].

Ao mesmo tempo, é assim que o *The Economist* tenta justificar, de maneira transparentemente cínica, mas completamente ridícula, a intervenção maciça do Estado, que vai contra toda a automitologia neoliberal:

> O capitalismo apoia-se num *princípio claro*: os que lucram devem arcar com a dor. Para que o sistema funcione, os banqueiros às vezes precisam perder seus empregos e os investidores suas camisas. Fosse um Bear Sterns ou uma Fannie Mae em colapso a disseminar a destruição *pelo bem do princípio*, impor-se-ia um preço terrível em empregos e produtos perdidos sob todos os demais. A verdade intragável é que no momento em que chega uma crise financeira, o Estado geralmente tem de *se comprometer* – a impor tanta dor quanto puder, *obviamente*, mas, não obstante, arcar com grande parte dessas perdas.[62]

A total hipocrisia de se falar sobre "princípio", enquanto balança na frente do leitor o próprio coração ferido do *The Economist* pelas "perdas de emprego", que supostamente deveriam justificar rapidamente o descarte do – totalmente fictício, porque nunca realmente observado – "claro princípio do capitalismo"! Ela mostra a inquestionável subserviência da "espadacharia [ideológica]* do capital" (nas palavras de Marx) para com o seu sistema. Até mesmo o uso das palavras "compromisso" e "obviamente" é revelador. Pois o assim chamado "compromisso" do Estado em repartir a dor, "obviamente", e, ao mesmo tempo, arcar com "uma grande parte das perdas" – como se o Estado tivesse um bolso cheio dos frutos de seus próprios esforços produtivos –, "gentilmente" evita mencionar, ou melhor, caracteristicamente desvia a atenção da questão: quem sofre a dor, e quem realmente paga pelas perdas; tanto para as maciças perdas financeiras quanto para as concomitantes e ainda maiores perdas de emprego na economia capitalista como um todo? Dessa vez, de fato *obviamente*, nem os banqueiros; tampouco as gigantescas empresas hipotecárias nos Estados Unidos, como Fannie Mae e Freddie Mac (que foram corruptamente apoiadas e generosamente abastecidas com garantias lucrativas por parte, em primeiro lugar, da *selva legislativa* do Estado americano, bem como por meio de serviços pessoais de corrupção política[63]); e muito menos o Estado

---

[61] "Twin Twisters" [Tornados gêmeos], *The Economist*, 19-25 de julho de 2008, p. 13.

[62] Idem.

* Inserção de Mészáros. (N. E.)

[63] A selva legislativa sempre cada vez mais densa do Estado é o legitimador "democrático" da fraudulência institucionalizada em nossa sociedade. Os editores e jornalistas do *The Economist* estão perfeitamente familiarizados com as práticas corruptas que, no caso das gigantescas empresas hipotecárias norte-americanas, recebendo de seu Estado um tratamento ultrajantemente preferencial, "permitiram que a Fannie e a Freddie operassem com *quantidades ínfimas de capital*. Os dois grupos tinham o capital básico (conforme definido por sua agência reguladora) de US$ 83,2 bilhões no final de 2007; isso deu suporte a US$ 5,2 trilhões de débitos e garantias, uma *alavancagem financeira numa razão de 65 para um*. Segundo o grupo de pesquisas CreditSights, a Fannie e a Freddie foram parceiras em transações derivativas no valor de U$ 2,32 trilhões, relacionadas a suas *atividades de cobertura*. De maneira nenhuma um banco teria permissão para ter um balancete tão alavancado, nem se *qualificaria para o mais alto índice AAA de crédito*. [...] Eles usaram seu *financiamento barato* para adquirir *ativos mais rentáveis*" ("Fannie Mae and Freddie Mac: End of Illusions" [Fim das ilusões], *The Economist*, 19-25 de julho de 2008, p. 84).

capitalista em si. O fardo da dor crescente e das perdas monumentais deve ser carregado pelas grandes massas do povo.

Sob as circunstâncias da *crise estrutural* cada vez mais profunda do sistema do capital, de maneira compreensível, mas de modo algum justificável, sem o mais ativo papel facilitador e apoiador do Estado capitalista, em sua pronunciada relação *simbiótica* com o incorrigível quadro material da *produção destrutiva* em todos os domínios, incluindo o mundo parasitário da especulação financeira, a realidade extremamente problemática da ordem social metabólica hoje dominante não poderia ser mantida sob domínio por nenhum intervalo de tempo. Suas contradições explosivas irrompem de tempos em tempos, até mesmo na forma de escândalos com ramificações globais, que atraem manchetes, como o famoso caso da Enron, bem como em crises econômicas de grande magnitude ameaçando "derreter" o sistema financeiro internacional. No entanto, até agora vimos somente a ponta do colossal iceberg sob o nível da água do peçonhento mar do capital. Não é de se admirar, portanto, que, como uma réplica à última crise espetacular, "os investidores no mercado de CDS (*credit-default swaps*) recentemente *apostaram no impensável: que a América pode inadimplir sua dívida*"[64]. Tais investidores reagem até mesmo a eventos dessa natureza e gravidade da única maneira possível: extraindo deles lucro.

O problema para o sistema do capital é, contudo, que *a inadimplência da América não é, de modo algum, impensável*. Pelo contrário, ela é – e tem sido há muito tempo – uma certeza vindoura. É por isso que eu escrevi há muitos anos que:

> Num mundo de enorme *insegurança* financeira, nada se ajusta melhor à prática de apostar quantias astronômicas e criminosamente sem garantias na bolsa de valores do mundo – fazendo prever um terremoto de magnitude 9 ou 10 da escala Richter financeira – do que dar o nome de "gerência de valores [*securities*]" às empresas que se aplicam a esse jogo [...]. Exatamente quando, e em que forma – pois muitas são as formas, todas mais ou menos diretamente brutais –, os Estados Unidos irão inadimplir sua dívida astronômica, hoje ainda não é possível prever. Há somente duas certezas: a primeira é a de que *a inevitabilidade da inadimplência norte-americana* vai afetar a vida de todos neste planeta; a segunda, que a posição hegemônica dos Estados Unidos continuará a ser afirmada de todas as formas possíveis, forçando o mundo todo a pagar a dívida norte-americana enquanto tiver condições de fazê-lo.[65]

Naturalmente, o problema agravante hoje é que o resto do mundo – mesmo com a historicamente mais irônica maciça contribuição chinesa para o balancete do Tesouro norte-americano – é cada vez menos capaz de preencher o "buraco negro" produzido numa escala sempre crescente pelo apetite insaciável dos Estados Unidos pelo financiamento

---

Além disso, "Com tanta coisa em jogo, não é de se admirar que as empresas tenham construído uma formidável máquina *lobista*. *Ex-políticos ganharam empregos*. Os críticos podiam esperar tempos difíceis. As empresas não tinham medo de morder as mãos que as alimentavam" ("A Brief Family History: Toxic Fudge", *The Economist*, 19-25 de julho de 2008, p. 84.) Não ter medo de "morder as mãos que as alimentavam" se refere, obviamente, ao Estado norte-americano. Mas por que deveriam temer? Pois empresas gigantescas como essas constituem uma *total simbiose* com o Estado capitalista. Esta é uma relação afirmando-se corruptamente a si mesma até mesmo nos termos do pessoal envolvido, por meio do ato de contratar políticos.

[64] "Fannie Mae and Freddie Mac: End of Illusions" [Fim das ilusões], *The Economist*, cit., p. 84.

[65] Ver subitem "Postscript 1995: o que significam as segundas-feiras (e as quartas-feiras) negras", em meu livro *Para além do capital*, cit., p. 1091-3, publicado originalmente em Londres, em 1995.

da dívida, conforme demonstrado pelas reverberações globais da recente crise bancária e hipotecária no país. Isso traz a necessária inadimplência da América, em uma de suas "formas mais ou menos brutais", a esse nível de proximidade.

A verdade dessa dolorosa questão é que não pode haver saída dessas contradições em última instância suicidas, que são inseparáveis do *imperativo da infindável expansão do capital* – arbitrária e mistificadoramente confundida com *crescimento enquanto tal* –, sem mudar radicalmente nosso modo de reprodução social metabólica, pela adoção das muito necessárias práticas racionais responsáveis da *única economia viável*[66]. Contudo, é nesse ponto que o impedimento esmagador das interdeterminações autosservientes do capital devem ser confrontadas. Pois a adoção absolutamente necessária, e o apropriado desenvolvimento futuro, da única economia viável é inconcebível sem a transformação radical da superestrutura jurídica e política de nossa ordem existente.

Para entender as grandes dificuldades envolvidas na tentativa de superar [*overcome*] o *círculo vicioso* das interdeterminações autosservientes do capital, em sua inseparabilidade do poder preponderante da superestrutura jurídica e política, o caráter único e a articulação desorientadamente complexa desse sistema devem ser colocados em sua perspectiva histórica apropriada.

O dinamismo anteriormente inimaginável do sistema do capital desdobrou-se sobre a base da separação radical da atividade produtiva a partir das determinações primordiais do *uso* e o grau correspondente de *autossuficiência* nas unidades reprodutivas anteriores (feudais e precendentes), no interesse da troca de mercadorias sempre mais ampliada. Isso significou a total subordinação do *valor de uso* aos requisitos ilimitáveis do *valor de troca*, sem o que a *produção generalizada de mercadorias* seria impossível. Pois a natureza paradoxal, e, de fato, em última instância contraditória de maneira insustentável do modo de reprodução societal do capital é que

> Todas as mercadorias são não valores de uso para seus possuidores e valores de uso para seus não possuidores. Elas *precisam*, portanto, universalmente mudar de mãos. Mas essa mudança de mãos constitui sua troca e essa troca as refere como valores entre si e as realiza como valores. As mercadorias têm que realizar-se, portanto, como *valores*, antes de poderem realizar-se como *valores de uso*.[67]

Inevitavelmente, portanto, a produção generalizada de mercadorias é dominada por uma *relação de valor formalizada abstrata*, que deve ser sustentada numa *escala* apropriada *que perpasse toda a economia*, como uma condição vital de sua factibilidade operacional e expansão continuada.

Contudo, o anteriormente discutido *defeito estrutural* dessa ordem reprodutiva societal – a *insuperável centrifugalidade* de seus microcosmos econômicos – *impede* a realização da relação de valor dominante na necessária escala que perpasse toda a economia, contradizendo assim a

---

[66] Ver, a esse respeito, "Crescimento qualitativo em utilização: a única economia viável", seção 9.5 do meu livro *O desafio e o fardo do tempo histórico* (trad. Ana Cotrim e Vera Cotrim, São Paulo, Boitempo, 2007), p. 244-61.

[67] Karl Marx, *O capital*, cit., v. I, p. 80.

potencialidade sistêmica do capital. Pois a relação de valor deve ser, em princípio, ilimitável, de acordo com as determinações mais profundas do sistema do capital em desdobramento, de modo que se torne um *sistema coesivo*. Portanto, posto que a coesão necessária não pode ser alcançada sobre a base *substantiva* dos microcosmos materiais autoexpansivos em si, somente a *universalidade formal* das determinações *imperativas do Estado* podem completar o modo de reprodução social metabólica do capital como um sistema, oferecendo dessa maneira uma saída da contradição da insuperável centrifugalidade. E mesmo essa saída única só é factível numa base estritamente temporária. Isto é, até que os *limites estruturais/sistêmicos gerais* desse tipo de reprodução societal sejam historicamente atingidos, tanto nos termos dos requisitos *materiais* necessários de seus ilimitáveis microcosmos produtivos autoexpansivos (afetando profundamente, de maneira destrutiva, a própria natureza), bem como em relação à *superestrutura jurídica e política nacionalmente restringida*, que reúne as unidades produtivas e as impulsiona adiante à sua própria maneira, como seu poder abrangente/totalizante de tomada de decisão e condição de avanço sistêmico.

No entanto, o inexorável impulso autoexpansivo das unidades produtivas materiais não é trazido para um ponto de descanso ao ser contido dentro dos limites nacionais. A projeção veleitária da *globalização não problemática*, mais poderosamente promovida hoje em dia pelos Estados Unidos, como *Estado-nação agressivo* dominante, é a manifestação dessa contradição, em vista da falha histórica do capital em criar o *Estado do sistema do capital enquanto tal*. Mas, ainda que os Estados-nação existentes pudessem ser de alguma maneira colocados sob o mesmo guarda-chuva – pela força militar ou por algum tipo de acordo político formal –, isso só poderia ser algo efêmero, deixando a contradição subjacente sem solução. Pois ainda manteria o *defeito estrutural* mais profundo do sistema do capital – a *necessária centrifugalidade autoexpansiva* de seu microcosmo reprodutivo material – em seu lugar, totalmente destituído de uma racionalidade operacional efetiva e coesiva. Na verdade, isso removeria até mesmo a *coesão negativa* limitada e razoavelmente *espontânea* diante de um "inimigo comum" identificado, gerado dentro dos limites nacionais particulares a partir de alguns interesses compartilhados e/ou ressentimentos, conforme demonstrado sob as circunstâncias de uma grande emergência, como a guerra.

Esse tipo de coesão negativa relativamente espontânea pode ser efetiva não só *através das fronteiras de classe*, conforme experienciado na desalentadora maneira pela qual os partidos social-democratas europeus ficaram do lado de seus antagonistas de classes na eclosão da Primeira Guerra Mundial, mas também entre as em geral competitivamente/adversariamente relacionadas personificações do capital em posições de controle econômico central nas empresas econômicas particulares, testemunhado durante a Segunda Guerra Mundial[68]. O impacto coesivo relativamente espontâneo de encarar o declarado "inimigo comum" foi intentado até mesmo como algo moralmente justificado, embora de maneira

---

[68] Ver o relato de Harry Magdoff da forma pela qual os cabeças das gigantescas empresas capitalistas resolutamente redirecionaram a atividade econômica de suas empresas de acordo com os pedidos econômicos e políticos que receberam das fontes ministeriais, no interesse do esforço de guerra centralmente planejado. Harry Magdoff, entrevistado por Huck Gutman, "Criando uma sociedade justa: lições da planificação na URSS e nos EUA", 2002. [Disponível em: <http://resistir.info/mreview/magdoff_54_port.html>. Acesso em março de 2011. (N. E.)]

extremamente questionável, em vista das implicações destrutivas, pelo próprio Hegel. Ele retorquiu – em indisfarçada referência irônica ao postulado de Kant de uma Liga das Nações, da qual esperava-se a garantia da paz mundial – dizendo que "o movimento dos ventos preserva os mares da podridão, em que uma calma durável os mergulharia, como faria para os povos uma paz durável ou inclusive uma paz perpétua"[69].

Em nossa época, a principal iniciativa militar em nome da assim chamada "guerra contra o terror", sem um inimigo proporcional identificável, conforme buscado e imposto pelo Estado-nação imperialista dominante da América do Norte sobre os outros, carece da habilidade de gerar até mesmo a mínima coesão negativa entre as populações de seus parceiros duvidosamente "dispostos"; e, em virtude da autodefinição e da justificação insustentáveis do verdadeiro propósito por trás de tais operações, também entre uma parte muito significativa de sua própria população. É assim que a promoção da "globalização benéfica" revela a si mesma como a aventura imperialista do Estado-nação por ora militarmente mais poderoso, de acordo com a lógica autocontraditória do capital, colocando em relevo não um desenvolvimento isolado e contingente, mas uma manifestação particularmente grave da crise estrutural cada vez mais profunda da ordem estabelecida de reprodução social metabólica.

Em sua perspectiva histórica, os desenvolvimentos que conduzem a esse perigoso tipo de beco sem saída são inseparáveis da contradição fundamental manifesta na forma pela qual o *substantivo* é reduzido ao *formal* no sistema do capital. Para ser mais preciso, o desenvolvimento sistêmico do capital necessariamente envolve a redução fetichista das *determinações substantivas* dos objetos e relações sociais em características *formalmente generalizáveis*, tanto no domínio reprodutivo material quanto no nível da superestrutura jurídica e política correspondente. Pois essa é a única forma pela qual a *parcialidade* auto-orientada e autoafirmativa das relações de mercadoria do capital, centrifugamente operadas nos *microcosmos* produtivos – exigindo em, e por meio de, seus intercâmbios a aparentemente absurda *equação de incomensurabilidade*[70] – pode ser transformada na *pseudouniversalidade* das relações de valor abstratas formalmente homogeneizadas que coalescem em um *macrocosmo* sistêmico[71]. E tudo isso no interior do quadro que a tudo abrange das práticas legais e políticas totalizantes do Estado capitalista moderno, que

---

[69] G. W. F Hegel, *Filosofia do direito*, cit., p. 298, § 324.

[70] Conforme aponta Marx, nas equações fetichistas do sistema do capital, a irracionalidade domina ao ponto da absurdidade. Pois "a relação entre parte da mais-valia, a renda em dinheiro [...], e o solo é em si absurda e irracional, pois são grandezas *incomensuráveis* que aqui se medem entre si: por um lado, determinado *valor de uso*, um terreno com tantos pés quadrados, e, por outro, *valor*, especialmente *mais-valia*. [...] *Prima facie* a expressão é, porém, a mesma, como se se quisesse falar da relação entre uma *nota de 5 libras e o diâmetro da Terra*". Karl Marx, *O capital*, cit., v. III/2, p. 241.

Nesse sentido, nada poderia ser mais absurdo que a equação fetichista do *trabalho* – a atividade potencialmente mais positiva e criativa dos *seres humanos vivos* – com a *mercadoria*, como os manipuláveis "fator objetivo da produção" e "custo da produção", comprados como qualquer outra mercadoria e dispensados com extrema frieza quando o autointeresse do capital assim ditar.

[71] Ver, a esse respeito, o capítulo 2 , "A tendência geral ao formalismo", no volume que acompanha esta obra, *A determinação social do método*, cit., p. 27-46.

repousa sobre os princípios *formais* de reivindicada *racionalidade universal*. É isso que Hegel proclama resultar na "*racionalidade da efetividade*".

Hegel afirma que

> O povo enquanto Estado é o espírito em sua *racionalidade substancial* e em sua *efetividade imediata*, por isso a *força absoluta* sobre a *terra*; um Estado está consequentemente em face a outros na autonomia *soberana*. Ser *enquanto tal para outro*, isto é, *ser reconhecido* por ele, é sua primeira legitimação absoluta.[72]

Contudo, ele deve introduzir uma qualificação, imediatamente acrescentando que "essa legitimação é puramente *formal* [...] e o reconhecimento, enquanto contém uma identidade de ambos, *repousa* do mesmo modo na maneira de ver e na vontade do outro"[73].

A solução de trabalhar com princípios "puramente formais" deixa a porta bem aberta para a mais violenta e efetiva *negação da soberania de outras nações*, por meio da realidade material da guerra, totalmente aprovada pelo próprio Hegel, em total acordo com a prática normal das relações inter-Estados do capital até o presente momento. E é assim que Hegel racionaliza a mais *arbitrária* prática de ruptura com as obrigações do tratado "puramente formal", por parte dos Estados mais poderosos, à custa daqueles que eles podem subjugar:

> Mas quais violações, que podem produzir-se facilmente e em grande número no seu amplo domínio englobante e nas vinculações multilaterais através de seus concidadãos, sejam consideradas como ruptura determinada dos tratados ou como violação do reconhecimento e da honra, isso permanece algo *indeterminável em si*, visto que um Estado pode colocar *sua infinitude e sua honra* em cada uma de suas singularidades e que está tanto mais inclinado a essa suscetibilidade quanto mais uma forte individualidade é levada, por uma *longa tranquilidade interna*, a buscar e a criar *externamente uma matéria de atividade*.[74]

Portanto, até mesmo um dos maiores pensadores de toda a história é empurrado para a beira da apologética cínica quando tem de encontrar justificação para a bruta violação [*violation*] de seu próprio princípio solene: a soberania irrestrita e a autonomia incondicional do Estado-nação. Pois ele tem de fazê-lo totalmente em consonância com a fase expansiva *imperialista colonial* do desenvolvimento do sistema do capital, decretando que a "Europa é o fim da história universal" e aceitando a imposição de formas extremas de violação [*injury*] – impostas "em sua efetividade racional" – sobre os Estados mais fracos. Caracteristicamente, Hegel deve adotar tal posição quando formula sua monumental concepção histórica a partir do ponto de vista do capital, com sua teoria do Estado encontrando autojustificação até mesmo para os feitos mais brutais por parte dos mais poderosos, sobre a base das violações "*indetermináveis em si*" que podem ser (e obviamente são) proclamadas de forma arbitrária pelo "centro histórico do mundo".

Naturalmente, é totalmente incoerente predicar a condição de todo benéfica da globalização e a permanência da paz a ela necessária nas relações internacionais positivas ao

---

[72] G. W. F. Hegel, *Filosofia do direito*, cit., p. 301.

[73] Ibidem, p. 301-2.

[74] Ibidem, p. 304.

mesmo tempo que se mantém, como sabemos pela experiência histórica, a irrestringível dinâmica autoexpansiva da base reprodutiva material do sistema do capital. Para introduzir a requerida mudança no domínio das relações inter-Estados, de modo a realizar a condição agora absolutamente imperativa de salvaguardar a paz em escala global, seria necessário reconstituir radicalmente os princípios operacionais elementares das práticas materiais do sistema do capital, desde as menores células dos microcosmos produtivos até as estruturas mais abrangentes da produção transnacional e do comércio internacional, com o quadro jurídico e político inteiro do Estado moderno. Qualquer outra maneira de projetar a globalização bem-sucedida e a concomitante paz duradoura em todos os lugares do mundo é, na melhor das hipóteses, apenas uma alucinação. E esse tipo de reconstituição radical dos princípios operativos do sistema do capital exigiria a transferência do efetivo *poder de tomada de decisão* para os indivíduos sociais numa base *substantiva* em todos os campos de atividade. Pois a superestrutura jurídica e política preponderante do capital, que é incorrigível em seus próprios termos de referência, como amplamente o demonstrou o fracasso do reformismo no decorrer do século XX, foi articulada desde o início sobre a base da mesma transformação contraditória e, em última análise, bastante insustentável do *substantivo* em *formal*. Inevitavelmente, esse tipo de transformação deve prevalecer em todos os domínios da dimensão reprodutiva material do sistema, solapando fatalmente, no fim, o processo histórico. Portanto, a necessária reconstituição da dialética histórica é inconcebível sem o estabelecimento e a manutenção das relações humanas numa base sustentável, dentro do quadro geral de um modo radicalmente diferente de reprodução social metabólica.

A dramática expansão da produção *para a troca*, sob a ordem social em desdobramento do capital, foi possível somente por meio da satisfação de duas condições vitais:

1. o estabelecimento de um *quadro geral* de operação para a produção material que possibilitaria, como uma questão de rotina diária, a *equalização lucrativa das incomensurabilidades* em todos os lugares, em consonância com o grande dinamismo expansivo implícito na mudança radical do *valor de uso para o valor de troca* sob o novo sistema. Essa mudança possibilitou trazer para o domínio da expansão lucrativa do capital não só a gama virtualmente inexaurível de "*apetites artificiais*", mas até mesmo objetos e relações anteriormente inimagináveis a serem subsumidos às determinações da exploração comercial "prosaica", incluindo, entre outras coisas, a criação e a distribuição das obras de arte; e

2. a *capacidade política de assegurar* os intercâmbios autoexpansivos benéficos dos microcosmos produtivos particulares entre si, dentro dos limites bastante expansíveis e apropriadamente protegidos do mercado idealizado, em agudo contraste com os perigos da interferência arbitrária encontrada sob as condições da "anarquia feudal". A constituição do *Estado-nação moderno*, e a articulação final de sua lógica inerente dentro do quadro da *rivalidade imperialista* – por fim explodindo na forma de duas guerras mundiais devastadoras – foi a consequência necessária do processo subjacente.

Com respeito à primeira condição vital, o problema aparentemente insolúvel da *incomensurabilidade* derrotou até mesmo um gigante da filosofia como Aristóteles. Ele captou com grande *insight* a contradição inerente à postulada equalização das incomensurabilidades bem antes que uma solução perversa, porém fetichisticamente funcional, pudesse ser dada para ela. Esse tipo de solução foi instituída por meio da transformação redutiva praticamente dominante da variedade virtualmente infinita dos *valores de uso* nas determinações abstratas do *valor* uniformemente manipulável, sob as condições da *produção generalizada de mercadorias*, muitos séculos depois.

A derrota de Aristóteles, a esse respeito, foi inevitável, apesar do fato de ele ter sido o "grande pesquisador que primeiramente analisou a forma de valor, assim como muitas formas de pensamento, de sociedade e da natureza"[75]. Pois Aristóteles, para quem a categoria básica era *substância*, considerou impossível aceitar o problema mistificador da equalização formalizada de objetos substantivamente/qualitativamente incomensuráveis. A ideia de equalização objetivamente fundamentada na força de trabalho dos seres humanos politicamente iguais estava muito além do horizonte de pensadores até mesmo de sua grandeza, numa ordem produtiva baseada na escravidão[76]. Então, Aristóteles teve de concluir suas reflexões sobre o assunto de equalizar uma casa a cinco camas (o exemplo que ele usou) dizendo, de maneira um tanto ingênua, que é, "porém, em verdade, impossível [...] que coisas de espécies tão diferentes sejam *comensuráveis*, isto é, qualitativamente iguais. Essa equiparação pode apenas ser algo estranho à verdadeira natureza das coisas, por conseguinte, somente um '*artifício para a necessidade prática*'"[77].

Outra razão fundamental por que Aristóteles não pôde contemplar a equalização das incomensurabilidades foi seu conceito de ser humano como um "*zoon politicon*" – um animal social* – que implicava a necessária integração dos humanos na sociedade. Essa visão não poderia ter estado em maior contraste com a imagem do *indivíduo isolado*, adequada para a apropriada operação da produção generalizada de mercadorias. Tal produção só foi possível sobre a razão da redução homogeneizante dos seres humanos produtivos – com suas determinações *qualitativas/substantivas* – à condição de *trabalho abstrato quantitativamente comensurável*. Dessa forma, os indivíduos particulares poderiam ser convenientemente inseridos no quadro *contratual* – *economicamente forçado*, mas – *formalmente equitativo* da ordem reprodutiva social do capital. Pois, caracteristicamente, nessa ordem, os capitalistas e os trabalhadores, como indivíduos isolados, deveriam supostamente desfrutar de uma "igual-

---

[75] Karl Marx, *O capital*, cit., v. I, p. 61.

[76] "A sociedade grega baseava-se no trabalho escravo e tinha, portanto, por base natural a desigualdade entre os homens e suas forças de trabalho. O segredo da expansão de valor, a igualdade e a equivalência de todos os trabalhos, porque e na medida em que são *trabalho humano em geral*, somente pode ser decifrado quando o conceito da *igualdade humana* já possui a consciência de um preconceito popular. Mas isso só é possível numa sociedade na qual a forma de mercadoria é a forma geral do produto de trabalho, por conseguinte também a relação das pessoas umas com as outras enquanto possuidoras de mercadorias é a relação social dominante. O gênio de Aristóteles resplandece justamente em que ele descobre uma relação de igualdade na expressão de valor das mercadorias. Somente as limitações históricas da sociedade, na qual ele viveu, o impediram de descobrir em que consiste 'em verdade' essa relação de igualdade." Karl Marx, *O capital*, cit., v. I, p. 62.

[77] Ibidem, p. 62.

* Mészáros traduz por "animal social" [*social animal*] a designação aristotélica de *zoon politicon*. (N. E.)

dade [ficcional]* como compradores e vendedores", quando, na realidade, eles ocupavam posições de poder radicalmente diferentes no processo de reprodução societal.

Ainda assim, suas posições sociais foram racionalizadas como sendo formalmente/contratualmente iguais a partir do ponto de vista e no interesse da relação do capital em desdobramento, no espírito dos abstratos "Direitos do Homem". Por conseguinte, no microcosmo reprodutivo material do capital, graças à redução dos seres humanos vivos à condição de trabalho abstrato, a comensurabilidade prática dos valores de uso qualitativamente incomensuráveis – ao transformá-los em valor abstrato quantificável – tornou-se possível não como um duvidoso "artifício para a necessidade prática", mas como plenamente em concordância com a lei do valor. Dessa forma, o trabalho abstrato se tornou tanto o *fundamento objetivo* quanto a *medida* pela qual a equalização das incomensurabilidades poderia ser operada, subordinando dinamicamente a produção do *valor de uso* aos requisitos do *valor de troca*, no interesse fetichista da expansão contínua do capital.

É assim que a primeira condição vital para a dramática expansão da produção para a troca – e com isso a requerida subsunção e dominação do valor de uso pelo valor de troca – foi satisfeita, por meio da equalização praticamente sustentável das incomensurabilidades na ordem socioeconômica do capital.

Satisfazer a segunda condição vital mencionada acima – a *capacidade política de assegurar* os intercâmbios autoexpansivos benéficos dos microcosmos produtivos particulares entre si – foi igualmente importante para o desenvolvimento da nova modalidade de produção do capital como um sistema coerente.

De modo compreensível, os necessários limites dentro dos quais se esperava que a dinâmica expansiva internamente/materialmente irrestringível fosse mantida numa base contínua tiveram de ser vigorosamente *assegurados e protegidos* da intrusão *externa*. Ao mesmo tempo, alguma proteção e estabilização teve de ser fornecida também *internamente*, contra as consequências potencialmente mais perturbadoras da evitável intrusão mútua por parte dos microcosmos econômicos autoafirmativos. Pois, na ausência de tal proteção de todo benéfica, algum dano considerável seria sofrido dentro dos limites local e nacionalmente circunscritos – limites bem protegidos que eram, obviamente, altamente relevantes, em primeiro lugar, para o estabelecimento e para a consolidação dos mercados necessários para a expansão – pelos constituintes mais fracos dos microcosmos produtivos do sistema do capital. O Estado-nação emergente e ubiquamente em expansão do sistema do capital foi o quadro jurídico e político óbvio e produtor direto e indireto mais apropriado de tais desenvolvimentos.

Para ser exato, esses desenvolvimentos dinâmicos da produção generalizada de mercadorias – que eram, graças à rede legislativa que a tudo abrange e em constante crescimento do Estado-nação moderno, por uma questão de suprema importância, não só vigorosamente protegidos contra a intrusão de fora, mas também cada vez mais regulados no interesse da coesão interna – desdobraram-se historicamente por meio da *reciprocidade dialética* do domínio reprodutivo material e da superestrutura jurídica e política do sistema do capital.

---

\* Inserção de Mészáros. (N. E.)

Transformações dessa magnitude eram inconcebíveis nos períodos anteriores da história. Ademais, desenvolvimentos socioeconômicos desse tipo seriam, também em sua própria configuração mais avançada, totalmente ininteligíveis sem o *contínuo intercâmbio recíproco* das forças envolvidas na modelagem das mudanças relevantes do sistema geral – enquanto um quadro *orgânico* da reprodução societal que a tudo abrange na qual as várias partes *sustentam* fortemente uma à outra – ao longo da história. Ao mesmo tempo, em vista do fato de que a existência do novo sistema reprodutivo material internamente irrestringível da produção generalizada de mercadorias não poderia ser mantida sem sua dramática expansão numa base contínua, também foi inconcebível confinar o quadro jurídico e político correspondente do Estado-nação moderno a algo menos que uma forma comparavelmente dinâmica de irrestringíveis relações de poder.

Dessa forma, o Estado foi essencial tanto pela coesão interna das unidades produtivas contra o excesso evitável por parte de seus poderosos congêneres (o que seria, obviamente, detrimentoso para o potencial expansivo do sistema como um todo) quanto por proteger a ordem estabelecida da interferência externa, em vista da necessidade vital de *preservar corretivamente* o constituinte dinâmico de sua centrifugalidade – não só orientada para a expansão, mas também asseguradora da expansão. O desenvolvimento assombroso e a expansão irrestringível do Estado moderno capitalista em si, independentemente de quão problemático seu desenvolvimento histórico teve, em última análise, de se tornar em nossa época de colisões potencialmente catastróficas, encontram sua explicação nessa *dialética histórica objetiva* – entre as *necessidades internas* da base material do capital e as condições jurídicas e políticas requeridas, sob as quais as *potencialidades* do sistema puderam ser transformadas em *realidade* –, e não no fantasioso trabalho cerebral de "juristas ocidentais" circularmente projetado por Max Weber.

Naturalmente, essa relação de reciprocidade dialética entre a base material e a superestrutura jurídica e política não foi, de modo algum, simplesmente uma questão das magnitudes irrestringivelmente em expansão envolvidas em seus intercâmbios. Ela necessariamente dizia respeito também a suas *determinações internas* mais fundamentais, conforme o domínio reprodutivo material do sistema do capital e sua dimensão jurídica e política seguiram seus respectivos cursos de desenvolvimento histórico, em íntima conjunção um com o outro. De fato, o intercâmbio recíproco envolveu – e, obviamente, ao mesmo tempo, também afetou profundamente – as determinações internas mais fundamentais tanto da base material quanto de sua superestrutura jurídica e política. Somente por meio desse intercâmbio dinâmico de reciprocidade dialética é que poderia se tornar possível para o sistema como um todo expandir-se de acordo com sua plena potencialidade, graças ao modo pelo qual as dimensões material e superestrutural do sistema orgânico do capital puderam interagir e vigorosamente impulsionar uma à outra.

Podemos ver o profundo impacto dessa reciprocidade entre o domínio material e o Estado moderno focando a atenção na conexão inerente entre as relações de troca *universais* em desdobramento sob o domínio da produção generalizada de mercadorias do capital e as determinações *formais* que permitem (porque *têm de* permitir) a equalização sistemicamente necessária das incomensurabilidades. Pois essa relação, baseada no predomínio universal do trabalho abstrato na ordem social metabólica dada, deve ser sustentada em todos os níveis dos intercâmbios sociais, formalmente ofuscando e fetichisticamente obliterando, em todos os lugares, a incomensurabilidade substantiva.

Naturalmente, isso inclui o modo pelo qual os indivíduos envolvidos na produção e troca são gerenciados na ordem reprodutiva social estruturalmente preordenada – e, nesse sentido, como uma questão de determinação sistêmica inalterável, tanto hierárquica/iníqua quanto incuravelmente *antagônica* – mas, em outro sentido, *formalmente equitativa* (e ideologicamente racionalizada na imagem fictícia do "capitalismo do povo", como até mesmo a *posse harmoniosa de ações*) do capital.

Como sabemos, a produção generalizada de mercadorias e a troca são impensáveis sem a *relação universal de valor* que deve ser constantemente realizada sobre a base das práticas reprodutivas materiais do capital. A *homogeneização redutiva formal* de todas as relações substantivas – e, dessa forma, as *mediações das formas irracionais*\* colocadas em relevo por Marx, como vimos alhures[78] – é seminalmente importante a esse respeito. Ela é crucial para a compreensão da profunda interconexão entre os processos reprodutivos materiais e a constituição historicamente específica da superestrutura jurídica e política sempre mais poderosa do capital, exigida para a operação sustentável do sistema como um todo. Afinal, visto simplesmente do ângulo das unidades particulares, as relações de troca sempre mais complexas do microcosmo reprodutivo material em expansão – surgindo da irrestringível centralização e concentração do capital autoexpansivo – geram demandas constantemente maiores para a coesão e o suporte sistêmicos que elas próprias, enquanto estruturas produtivas localmente confinadas, são totalmente incapazes de satisfazer. E a implicação causal dessa circunstância para o desenvolvimento do quadro jurídico e político em si pareceria ser, de modo bastante errado, uma determinação unilateral do complexo societal geral por parte da base material.

Contudo, precisamente porque as recém-mencionadas demandas crescentes das unidades produtivas orientadas para a expansão não poderiam ser de modo nenhum satisfeitas pelos microcosmos reprodutivos materiais particulares em si, as complexas relações de troca historicamente emergentes – com as quais estamos todos familiarizados – não poderiam ser, em primeiro lugar, estabelecidas sem que o quadro jurídico e político do capital, como a *condição necessária* de coesão e desenvolvimento sistêmicos, fosse colocado totalmente em jogo. Sem o envolvimento apoiador direto ou indireto da dimensão política do sistema do capital, até mesmo as necessidades expansivas mais genuínas dos microcosmos reprodutivos teriam de se manter como nada mais que requisitos abstratos frustrados, em vez de serem transformadas em demandas efetivas. Isso ressalta fortemente, mais uma vez, as determinações recíprocas da dialética histórica na verdadeira articulação tanto da base reprodutiva material do capital como um sistema coerente quanto de sua formação de Estado.

---

\* Essa expressão advém de uma passagem marxiana – mais precisamente de *O capital*, cit., v. III/2, p. 241 –, que aparece, na edição inglesa (utilizada por Mészáros), traduzida por "*the reconciliation of irrational forms*" [reconciliação das formas irracionais]. (N. E.)

[78] Devemos retomar, em relação a essa questão, os capítulos 2 e 4 do livro de minha autoria *A determinação social do método*, cit.

Nesse sentido, o desdobramento da universalidade formal/jurídica do Estado e a mercadorização universal do capital são inseparáveis. A insuperável *hierarquia estrutural substantiva* da base material do capital encontra sua equivalente no nível das relações jurídicas e políticas, clamando pela defesa a todo custo da mais iníqua ordem estabelecida. Racionalizações e medidas *formais*, não importa quão engenhosas, não podem obliterar as desigualdades *substantivas* e os antagonismos estruturais.

Com efeito, a necessidade da racionalização ideológica apologética nesse aspecto torna-se sempre mais pronunciada paralelamente ao movimento da fase ascendente de desenvolvimento do capital para a fase descendente. Por conseguinte, Kant ainda não carece de cinismo ou hipocrisia quando contrasta a *igualdade estritamente formal* da lei factível sob o domínio do capital com a *desigualdade substantiva* necessária para gerenciar a ordem social antagônica dada. Portanto, ele escreve, sem nenhuma camuflagem, que:

> Esta *igualdade universal* dos homens num Estado, como seus súbditos, é totalmente compatível com a *maior desigualdade* na qualidade ou nos graus da sua *propriedade*, quer na superioridade física ou intelectual sobre os outros ou em bens de fortuna que lhe são exteriores e em *direitos em geral* (de que pode haver muitos) *em relação aos outros* [...]. Mas, segundo o direito (que enquanto expressão da vontade geral só pode ser um único e que concerne à *forma* do direito, não à *matéria* ou o objecto sobre o qual se tem um direito), são porém, enquanto súbditos, *todos iguais*.[79]

Da mesma maneira, Adam Smith não é, de modo algum, tentado, pela necessidade, a esconder que "até que haja *propriedade* não pode haver *governo*, cuja finalidade última é *proteger a riqueza* e *defender os ricos dos pobres*"[80]. Contudo, no momento em que atingimos a "espadacharia mercenária do capital", Hayek, na fase descendente de desenvolvimento do sistema, tudo é virado de cabeça para baixo, como vimos anteriormente. As práticas exploradoras impostas sobre "a maior parte do proletariado ocidental e dos milhões no mundo em desenvolvimento"[81] – defendidas pelo Estado neoliberal com todos os meios ao seu dispor contra as pessoas que ousam opor-se a ele – são glorificadas como "*práticas morais*", e nos é peremptoriamente dito por Hayek que, "se perguntarmos o que os homens devem em primeiro lugar às práticas morais dos chamados *capitalistas*, a resposta é: *sua própria vida*"[82]. A ironia particular a esse respeito é que Hayek afirma escrever no espírito de Adam Smith quando, de fato, diametralmente o contradiz. Contradiz, sem vergonha nenhuma, o mesmo gigante intelectual Adam Smith, da fase ascendente do desenvolvimento do sistema do capital, que não hesitou em denunciar, em sua época, o deplorável fato – imposto hoje, tanto quanto no passado, por meio das pretensas "práticas morais" dos capitalistas idealizados por Hayek aos "milhões no mundo em desenvolvimento" que vestiram o mundo em condições de trabalho estarrecedoras, em

---

[79] Immanuel Kant, "Sobre a expressão corrente: isto pode ser correto na teoria, mas nada vale na prática" (1793), em *A paz perpétua e outros opúsculos* (trad. Artur Morão, Lisboa, Edições 70, 2008), p. 78-81.

[80] Adam Smith, "Lectures on Justice, Police, Revenue, and Arms", em Herbert W. Schneider (org.), *Adam Smith's Moral and Political Philosophy* (Nova York, Hafner, 1948), p. 291.

[81] Friedrich August von Hayek, *A arrogância fatal*, cit., p. 176.

[82] Ibidem, p. 176.

fábricas transnacionais extremamente exploradoras – ao dizer que *"as pessoas que vestem o mundo estão, elas próprias, em farrapos"*[83].

Adam Smith percebeu muito claramente que o injusto sistema de propriedade de seu tempo só poderia ser sustentado numa base duradoura se o governo da ordem estabelecida continuasse defendendo a riqueza dos ricos contra os pobres. Dessa forma – ao ver o mundo com honestidade a partir do ponto de vista do capital – ele percebeu que a base material do sistema no qual ele acreditava firmemente e seu Estado político governante eram inseparáveis um do outro. O que era impossível para Adam Smith explicitar a partir do ponto de vista do capital era a implicação radical de seu próprio *insight*. Nomeadamente, para derrubar a injustiça percebida e denunciada a respeito das "pessoas que vestem o mundo [mas] est[ão], elas próprias, em farrapos", a base material e o Estado político protetor do sistema, que *mantinham-se* unidos, devem *cair* juntos.

A preponderância crescente da superestrutura jurídica e política ao longo da história moderna está muito longe de ser um desenvolvimento de contingência corrigível. Pelo contrário, ela se deve ao caráter mais íntimo e à constituição objetiva do Estado. Pois o Estado-nação moderno é *absolutamente irrestringível* nos próprios termos de referência do capital, por uma questão de determinação estrutural insuperável. O fracasso completo de todas as tentativas visando uma reforma socialmente significativa do Estado no decorrer do último século e meio fala inequivocadamente a esse respeito.

Para tornar as coisas piores, a base material estruturalmente arraigada do sistema do capital *também é irrestringível*, bem como, em um sentido socialmente significativo, *irreformável*. Repetindo, não como uma questão de contingência histórica corrigível, mas como resultado de sua determinação estrutural fundamental. De fato, as dimensões reprodutivas materiais e as jurídicas/políticas do sistema têm uma relação extremamente paradoxal. Pois contribuem poderosamente, ao longo de seus intercâmbios históricos recíprocos, para a imensa *expansão* umas das outras, e com isso também de si mesmas, mas são totalmente incapazes de exercer um impacto *restringente* significativo umas sobre as outras, para não dizer sobre si mesmas. A lógica interna desse tipo de desenvolvimento é que, como resultado, somos sujeitos às consequências em última instância de todo destrutivas de uma perigosa *direcionalidade unilateral,* que conduz a um *beco sem saída* potencialmente suicida. Isso ocorre porque um sistema de economia societal responsável [*societal husbandry*]que, por sua constituição mais íntima e determinação estrutural, não é capaz de identificar e reconhecer nenhum *limite*, nem mesmo quando fazê-lo seria, como hoje, *absolutamente imperativo* – em vista da *destruição* sempre mais intensificada *da natureza*, bem como dos recursos energéticos vitais e das fontes estratégicas de matéria-prima requeridas para a reprodução continuada da humanidade – não pode oferecer nenhuma solução viável para o futuro.

A lógica perversa do sistema do capital é que as dimensões material e jurídica/política podem *complementar* uma à outra somente de uma maneira em última instância insustentável. Pois, embora a dimensão jurídica/política possa *restringir a centrifugalidade* no interesse

---

[83] Adam Smith, "Lectures on Justice, Police, Revenue, and Arms", cit., p. 320.

da *expansão sistêmica geral*, ela é absolutamente incapaz de introduzir a *restrição racional* em seu próprio modo de operação. Isso acontece porque ela é incompatível com o conceito de *racionalidade sistemicamente circunscritiva* necessário para a restrição significativa.

Essa é a razão fundamental pela qual a articulação final da lógica inerente do Estado-nação capitalista tem de assumir a forma de *rivalidade imperialista* – irrompida em duas guerras mundiais do século XX – que persiste hoje, apesar das negações verbais, tanto quanto antes. Hegel, um século antes do desdobramento das guerras globais, não tinha ilusões de nenhum tipo referentes à questão da restritividade. Ele declarou com notável franqueza que "O povo enquanto Estado é o espírito em sua *racionalidade substancial* e em sua *efetividade* imediata, por isso a *força absoluta* sobre a terra"[84]. Ideias contrárias, como a projeção kantiana da "paz perpétua" e sua proposta instrumentalidade de uma Liga das Nações, provaram ser nada mais que um nobre pensamento veleitário [*wishful thinking*] sobre a base material do capital. Conforme dolorosamente demonstrou nossa experiência histórica real, uma tal Liga das Nações não pôde fazer nada para prevenir a erupção da Segunda Guerra Mundial, apesar do fato de ter sido concebida e estabelecida à luz de todas as consequências por demais obviamente devastadoras da Primeira Guerra Mundial.

A lógica insustentável dos microcosmos reprodutivos materiais do capital é: "cresça eternamente ou imploda"! A projeção veleitária persistente nos dias de hoje da "globalização" de todo benéfica é a racionalização ideológica dessa lógica. Ao mesmo tempo, a imposição opressora do poder do imperialismo hegemônico global em nosso tempo – com seu inesitante engajamento em guerras maciçamente destrutivas, incluindo as guerras realizadas há não muito tempo no Vietnã, e agora no Oriente Médio, e, de fato, sem enjeitar-se até mesmo da ameaça do uso de armas nucleares contra Estados que não detêm tais armas – é a áspera lógica correspondente, longe de ser a "efetividade racional", do capital.

A grave contradição nas raízes de tais desenvolvimentos é que, em nosso período histórico de desenvolvimentos globais materialmente/produtivamente sempre mais entrelaçados, nos têm sido oferecidas *racionalizações globalizantes* dentro do horizonte do *Estado-nação agressivo* dominante, os Estados Unidos da America e seu complexo militar-industrial, mas nenhuma solução viável para os antagonismos do capital, nem em termos da base material do sistema do capital, nem no nível de suas *formações de Estado rivais*. A dolorosa verdade da questão é que – em vista do necessário fracasso histórico do capital em constituir o *Estado do sistema do capital enquanto tal*, permanecendo, em vez disso, inextricavelmente atado à lógica destrutiva dos Estados-nação imperialistas rivais, mesmo sob as condições mais extremas da "destruição mutuamente assegurada" literalmente insana\*, totalmente em consonância com os antagonismos estruturais da base material do sistema – nenhuma solução sustentável é concebível dentro do quadro racional de modo algum restringível da ordem social do capital.

Ademais, o fracasso histórico de criar o Estado do sistema do capital enquanto tal não é, em si, de modo algum uma contingência corrigível. Afinal, o quadro jurídico e

---

[84] G. W. F. Hegel, *Linhas fundamentais da filosofia do direito*, cit., p. 301.

\* A expressão "destruição mutuamente assegurada" advém da expressão *mutually assured destruction*, cuja sigla é MAD – termo que em inglês significa "louco", "insano" –, daí o "literalmente". (N. E.)

político globalmente requerido de interação regulatória, mesmo que almejado como confinado a um período relativamente curto de transição no caminho em direção a uma normatividade positivamente em funcionamento (no sentido de conscientemente autorreguladora), precisaria de *racionalidade abrangente* desde o princípio, de modo a se tornar historicamente sustentável. O sistema do capital, no entanto, é incompatível com qualquer outra coisa que não seja a forma mais parcial e restritiva de racionalidade. É por isso que a lógica insustentável do Estado-nação capitalista em nossa época, afirmando a si mesma, assim como antes, na forma de rivalidade imperialista independentemente de quanto possam mudar de tempos em tempos os seus "atores" principais, permanece conosco até mesmo sob as atuais condições de colisões potencialmente catastróficas.

As palavras de Hegel são muito instrutivas também a esse respeito. Não só porque ele insistiu que "o povo enquanto Estado é o espírito em sua *racionalidade substancial* e em sua *efetividade* imediata, por isso a *força absoluta* sobre a terra". O fato de ele ter expressado seu juízo de forma idealista, projetando-o especulativamente no "futuro" atemporal do "eterno presente" do Absoluto, é aqui de importância secundária. Pois, ao complementar o seu juízo com as requeridas qualificações históricas, é indubitavelmente verdade que o Estado-nação capitalista, em sua autodeterminação *substantiva* e *efetividade* imediata, afirma a si mesmo – inevitavelmente dentro do horizonte do sistema do capital – com todas as suas implicações extremas destrutivas, como a "força absoluta sobre a terra". E, para ser exato, nada poderia ser mais absoluto que o absoluto, não só para Hegel, mas também nos termos da autodefinição do capital.

O grande problema não é a efetividade por demais óbvia da autoafirmação absoluta – irrestringível – do Estado-nação capitalista ao longo de toda sua história, mas as implicações devastadoras dessa autoafirmação incontrolável para o nosso tempo. Pois, no passado, a irrestringibilidade estrutural em questão sempre assumiu a forma de guerras de intensidade e escala crescentes, sempre que algumas restrições limitadoras intentaram ser impostas por Estados-nação particulares, uns sobre os outros, a partir de fora. Tais guerras foram até moralmente justificadas por Hegel, como vimos anteriormente, sem questionar minimamente a irrestringibilidade absoluta enquanto tal do Estado-nação "germânico" (incluindo o colonialmente muito bem-sucedido Estado-nação inglês). Tampouco o foi, em contraste com o nosso tempo, totalmente proibitivo, em termos estritamente militares, projetar, na época de Hegel, a finalidade idealizada da missão histórica do Estado-nação de instituir a permanente dominação colonial imperialista do mundo, ao dizer que "a Europa é o fim da história universal". Esse tipo de abordagem pertenceu à *normalidade* da fase imperialista colonial do desenvolvimento do sistema do capital. De fato, ela acabou por ser perfeitamente sustentável sob as circunstâncias então prevalecentes, proeminentemente teorizada até mesmo como a correlação *inalterável* entre *guerra e política* pelo destacado estrategista militar prussiano, o general Karl Marie von Clausewitz, famoso contemporâneo de Hegel.

No entanto, o que se tornou totalmente insustentável em nossa época foi a velha modalidade irreformável dos Estados-nação dominantes de "buscar e [...] criar *externamente uma matéria de atividade*"[85] por meio de suas guerras imperialistas, sob o pretexto das "*violações*

---

[85] Ibidem, p. 304.

*indetermináveis em si, ainda que singulares"*, as quais eles mesmos reivindicavam ter sofrido, como Hegel ainda estava desejoso por explicitar em termos claros, correspondendo à lógica absolutamente autoafirmativa da formação do Estado moderno do capital. Isso é o que exige um reexame fundamental e uma mudança estrutural hoje, em contraste à *dominação material* persistente e à *iniciativa política/militar* de incontáveis guerras (calculadas em aproximadamente duzentas intervenções militares em assuntos de outros Estados depois da Segunda Guerra Mundial) por parte do mais agressivo Estado-nação de nosso tempo: os Estados Unidos da América, descrito como "a única nação necessária" nas notórias palavras do presidente Clinton. E, obviamente, essa realidade desalentadora é acoplada à cínica ideologia difundida sob os pretextos da globalização de todo benéfica.

Como sabemos, o sistema dos Estados-nação modernos, com a mais iníqua hierarquia estrutural entre seus membros, foi historicamente constituído sobre a *base material substantiva discriminatória do capital,* ainda que mais tarde esse sistema se tornasse ideologicamente racionalizado – tanto internamente quanto em suas relações inter-Estados – no espírito da racionalidade "puramente formal" e dos abstratos (e nunca instituídos) "Direitos dos Homens". Portanto, o desafio a esse respeito para o futuro da humanidade é superar [*overcome*] a *irrestringibilidade cega* dos Estados-nação do capital, por meio da *controlabilidade racional* de um sistema radicalmente diferente de intercâmbios globalmente viáveis em termos substantivos. Naturalmente, encarar esse desafio, pela instituição de uma forma historicamente sustentável de *internacionalismo socialista* é factível somente por meio da superação [*super-session*] real dos agravos sofridos pelos Estados menores no curso de sua longa dominação histórica pelo assim chamado "centro histórico do mundo"[86]. E isso só é possível superando [*overcoming*] ao mesmo tempo, em termos substantivos duradouros, a *hierarquia estrutural* opressiva sem a qual a ordem reprodutiva societal do capital é inconcebível, seja em suas *relações* internas *de classe* ou em suas práticas agressivas *inter-Estados*.

Para ser exato, a realização dessa tarefa não é simplesmente uma questão política. A condição objetiva fundamental de instituir uma solução historicamente sustentável nesse domínio é a transformação qualitativa da *base material antagônica* da ordem socioeconômica do capital, que continua a produzir, por uma questão de *necessidade estrutural*, o impulso para a irrestringível dominação global dos constituintes mais fracos do sistema por parte dos mais poderosos, não só em termos reprodutivos materiais exploradores, sob os pretextos da globalização, mas também na arena política/militar. É essa determinação estrutural profunda, a qual eclode na forma dos antagonismos destrutivos de nossa época, que deve ser despachada ao passado numa base permanente.

Portanto, a requerida transformação radical da superestrutura jurídica e política é inseparável da *reconstituição da dialética histórica* que foi perigosamente distorcida, e em última análise *subvertida*, no curso da fase descendente do desenvolvimento do capital, degradando, com isso, o impulso autoexpansivo outrora positivo do sistema para a condição de incontrolabilidade cega.

---

[86] A dificuldade quase proibitiva em relação a esse problema é que as relações equitativas entre Estados e nações *nunca* foram instituídas no decorrer da história. Almejar uma solução socialista é factível somente sobre a base de um modo de reprodução societal radicalmente diferente – substantivamente equitativo em sua constituição mais íntima.

A diferença central em relação a esse problema é que o sistema do capital foi estabelecido, em primeiro lugar, sobre a base da *desigualdade substantiva* estruturalmente salvaguardada, graças também à exacerbada violência em larga escala da "acumulação primitiva", que foi amplamente facilitada, em sua forma clássica, na Inglaterra, pelo Estado absolutista de Henrique VIII. Em completo contraste à desigualdade substantiva profundamente arraigada do capital em todos os domínios, das relações materiais diretas às mais mediadas relações culturais, o necessário modo alternativo – socialista – de reprodução metabólica não pode ser considerado historicamente viável a menos que seja *qualitativamente reconstituído* e firmemente mantido em sua nova organização social sobre a base da *igualdade substantiva*.

Enfatizar esse contraste vital entre as características definidoras *substantivas* dos modos históricos alternativos de reprodução social metabólica de nosso tempo é o que de mais importante há para nós, porque em suas autoimagens ideologicamente bastante difundidas, o capital sempre proclamou sua programática adesão, desde que seus termos legislativos fossem considerados, à *igualdade contratual*, assim como em termos reprodutivos materiais práticos, ele reivindicou regular a ordem socioeconômica sobre a base da *relação universal de valor*. No entanto, como vimos anteriormente em detalhes reveladores, todas essas práticas têm sido realmente perseguidas sobre a base da transformação redutiva das *incomensurabilidades substantivas* em relações apenas *formalmente equalizáveis*, sob o domínio ubíquo da produção generalizada de mercadorias e seu *trabalho abstrato* fetichisticamente equalizável.

As relações *substantivas* profundamente iníquas e estruturalmente salvaguardadas de dominação exploradora e subordinação puderam, portanto, continuar imperturbadas nas práticas reprodutivas societais do capital por um longo tempo, até o início de algumas grandes crises, à época da fase imperialista monopolista do desenvolvimento do sistema. E mesmo nessa época, apesar do fato de as crises em eclosão em questão terem sido de magnitude considerável – cuja correção foi caracteristicamente intentada posteriormente, por parte dos Estados imperialistas mais poderosos, muito embora sem sucesso duradouro, por meio da maciça iniciativa militar, como as duas guerras mundiais do século XX – elas apontaram apenas *tendencialmente* para a *crise estrutural*, em última análise inevitável, do sistema.

Nesse meio-tempo, a normalidade havia muito persistente da relação universal de valor, sob o domínio da produção fetichisticamente generalizada de mercadorias, obteve sucesso em conferir o halo da "liberdade-igualdade-fraternidade" às conceitualizações ideológicas do sistema do capital. A superestrutura jurídica e política cada vez mais preponderante do capital, desdobrando-se no curso da história com sua selva jurídica em inexorável expansão, que atingiu o clímax em nossa época, teve uma contribuição vital para o sucesso continuado desse modo de reprodução societal. Ela cumpriu seu problemático papel estabilizador da maneira mais autoritária na fase descendente do desenvolvimento sistêmico do capital. Por conseguinte, ela contribuiu de todas as maneiras que tinha ao seu dispor – incluindo a legitimação cinicamente aberta da invasão monopolista no campo da produção econômica, e o envolvimento ativo nos mais descarados adventurismo imperialista e violência no domínio político/militar, em nome da "igualdade democrática" – para a subversão sempre mais perigosa da dialética histórica.

Antes da articulação do sistema do capital moderno e sua formação de Estado, a questão da igualdade não surgiu, de maneira alguma, em relação à dimensão socioeconômica e política da reprodução societal. Como sabemos, a "democracia grega" podia sustentar suas práticas notadamente avançadas de tomada de decisão política sobre o fundamento da *escravidão* como sua base reprodutiva material bastante duradoura. Uma forma de escravidão regulada como modo de reprodução social metabólica em que os seres humanos poderiam ser caracterizados, por um pensador tão importante quanto Aristóteles, como nada mais que "ferramentas animadas". Ademais, até mesmo em um estágio muito posterior do desenvolvimento histórico, o Estado feudal, em seus bastante conhecidos esforços autolegitimadores, não hesitou em reivindicar uma *ascendência divina* em favor de seu privilegiado grupo dominante. Essa forma de conceitualizar a ordem do mundo não representou nenhum problema, tanto para a escravidão antiga quanto para o sistema feudal da Idade Média. Afinal, em ambos os casos, qualquer preocupação com a igualdade, não só igualdade substantiva, mas até mesmo a formal, era totalmente irrelevante para a maneira pela qual as condições de existência dos membros da sociedade eram realmente produzidas e reproduzidas em uma base contínua.

Em completo contraste, a preocupação do Estado capitalista com a igualdade, desde o início de seu desenvolvimento histórico, estava enraizada nas *equalizações formais* de sua base material, e, enquanto tal, esse tipo de preocupação com a igualdade era tanto *necessária* quanto *genuína* em seus próprios termos de referência. O fato complicador foi que a *relação do capital* em si – baseada na alienação do trabalho e sua materialização em capital – poderia ser *circularmente pressuposta* nas conceitualizações autosservientes do capital como o único modo factível da ordem reprodutiva "natural", no nível dos princípios operativos cotidianos do sistema. Por conseguinte, a igualdade contratual e a relação universal de valor poderiam ser coerentemente proclamadas como constituintes do *modus operandi* efetivo do sistema do capital por parte de seus maiores representantes intelectuais, inclusive Adam Smith e Hegel. Essa abordagem tornou-se insustentável somente quando a questão da *gênese histórica* do sistema teve de ser suscitada, precisamente com uma visão para a reavaliação de sua viabilidade no que se refere ao futuro, à luz de sua desigualdade substantiva estruturalmente arraigada, que passou a ser contestada por um movimento social de classe crescente, como resultado da Revolução Francesa e das guerras napoleônicas.

Naquele momento, quando a questão do tempo surgiu no horizonte com respeito tanto ao *passado* quanto ao *futuro*, a pressuposição circular anterior dos princípios operativos em si – ideologicamente racionalizada e eternizada sobre a base em que o foram na "efetividade racional" hegeliana demonstradamente em funcionamento – teve de fracassar em cumprir sua função costumeira. Pois, em agudo contraste com a *igualdade formalmente estipulada*, que pode ser ideologicamente racionalizada sob todos os tipos de postulados totalmente insustentáveis, como vimos ser feito até mesmo por um filósofo grandioso, como Kant, a *igualdade substantiva*, com suas determinações qualitativas, não pode ser tratada *circularmente*, de modo a vindicar sua exclusão apriorística da louvável normatividade social por meio da *autorreferencialidade* arbitrariamente proclamada, oferecida como um juízo "conclusivo" *por definição*.

Inevitavelmente, portanto, uma vez que a questão da igualdade substantiva enquanto tal é suscitada em relação ao *Estado moderno*, ela traz consigo o desafio de confrontar o difícil problema do necessário *fenecimento do Estado* em sua efetividade historicamente continuada. Pois nos confins historicamente determinados do Estado moderno – que deve ser hierarquicamente ordenado tanto internamente quanto em suas relações inter-Estados, materializando assim a radical alienação do poder da tomada abrangente de decisão dos indivíduos sociais – a ideia mesma de igualdade substantiva é, necessariamente, *estruturalmente negada*.

Contudo, a instituição de uma ordem reprodutiva social substantivamente equitativa representa um desafio fundamental para o *nosso futuro*, exigindo a transformação radical da superestrutura jurídica e política em si hierarquicamente estruturada, com suas premissas práticas e pressuposições materiais. Como mencionado, a grande expansão do sistema do capital foi possibilitada em primeiro lugar pelo avanço progressivo de um sistema de dominação incontestável do *valor de uso* pelo *valor de troca*, por meio do qual a relação universal de valor tornou-se o princípio operante dinâmico assegurador da expansão da reprodução societal sob o domínio da produção generalizada de mercadorias. Como parte vitalmente importante de um *sistema dicotômico*, a troca pôde exercer um papel *dominante* no processo de reprodução material, muito independentemente das consequências negativas surgidas mais a longo prazo a partir de sua supremacia sobre a produção e sobre as demandas que poderia impor – "por trás das costas dos indivíduos produtores" – até mesmo sobre os recursos naturais necessariamente finitos. Em última análise, portanto, um sistema desse tipo tinha de fugir ao controle, uma vez que os limites sistêmicos objetivos do modo de reprodução social metabólica do capital tinham sido ativados.

Ademais, o que tornou as coisas piores foi o fato de a dominação alienante do uso humano pelos requisitos fetichistas da troca de mercadorias não ter sido sustentada simplesmente pela dada relação de troca em si e por si. O domínio da troca sobre o uso teve seus *corolários* igualmente problemáticos que, *juntos*, constituíram um sistema em última instância ingerenciável. Um sistema de dicotomias a-dialéticas que afirmavam a si próprias com peremptoriedade categórica, tanto materialmente quanto no domínio político. De fato, o mesmo tipo de dicotomias a-dialéticas, característico do sistema do capital como um todo, teve de prevalecer por meio da dominação da *quantidade sobre a qualidade*, do *abstrato sobre o concreto*, e do *formal sobre o substantivo*, da maneira como vimos no domínio necessariamente reificador do *valor de troca sobre o valor de uso* sob a relação universal de valor da ordem reprodutiva estabelecida.

Para ser exato, nas raízes de todas essas relações inevitavelmente deformadoras – ainda que, para os propósitos de produção generalizada de mercadorias, absolutamente necessárias – de dominação e subordinação unilaterais, encontramos a politicamente assegurada e salvaguardada *subordinação estrutural do trabalho ao capital*, racionalizada por meio da mais absurda, porém fetichisticamente bastante funcional por um longo período histórico, prática reprodutiva de homogeneização formal/redutora, que transforma em mercadoria e equipara redutivamente os seres humanos vivos com o *trabalho abstrato*. Não é de modo algum surpreendente, portanto, que a superestrutura jurídica e política sempre mais preponderante do sistema tenha desempenhado, e continue a desempenhar, um papel apoiador cada vez mais irracionalista em atrasar o "momento da verdade". Esse momento, não obstante, chega quando se torna inevitável pagar pelas consequências destrutivas dos perigosos desenvolvimentos em desdobramento em escala global, tanto no domínio produtivo material quanto no plano político/militar. Como as coisas andam hoje, dado seu poder preponderante, o "Estado democrático" pode cumprir seu papel apoiador irracional ao deixar de lado, com um autoritarismo cinicamente orquestrado – seja "neoliberal" ou "neoconservador" – qualquer preocupação, até mesmo sobre as grandes colisões militares que eclodem regularmente.

Nesse sentido, a transformação radical da superestrutura jurídica e política, como uma exigência literalmente vital de nosso tempo, requer uma mudança fundamental numa base material sustentável a longo prazo. Isso significa superar [*overcoming*] a dominação dicotômica a-dialética de um dos lados das relações há pouco mencionadas sobre o outro, a partir do domínio em última instância autoderrotista da troca sobre o uso, bem como do abstrato sobre o concreto, até chegar à obliteração historicamente não mais sustentável das determinações qualitativas vitais de qualquer modo de reprodução societal viável a longo prazo por parte do fetichismo da quantificação universal e a decorrente equalização das incomensurabilidades.

A reconstituição da dialética histórica sobre uma *base equitativa substantiva estruturalmente assegurada* não é, portanto, um postulado filosófico especulativo, mas sim uma exigência objetiva central de nossas condições atuais de existência. Pois a perigosa subversão da dialética histórica coincidiu com a fase descendente cada vez mais antagônica do desenvolvimento do sistema do capital e com a ativação de sua *crise estrutural*, trazendo consigo o desacato, e o desprezo prático e irracionalista, em relação até mesmo às condições mais elementares da vida humana sustentável neste planeta. Naturalmente, a superestrutura jurídica e política até mesmo do Estado mais autoritário, não importa quão inflado e protegido ele possa ser, não só por seu arsenal militar catastroficamente perdulário, mas também por sua selva jurídica sempre mais densa, não pode de modo algum deter permanentemente o caráter premente dessas determinações e exigências objetivas.

O modo de controle social metabólico do capital pôde prevalecer por um longo período histórico porque constituiu um *sistema orgânico* no qual a base material da reprodução social e sua dimensão reguladora jurídica/política abrangente encontravam-se inextricavelmente entrelaçadas de um modo dinâmico expansivo, tendendo para uma integração global que a tudo abrange. De fato, durante quase três séculos, o impulso expansivo do sistema do capital pôde prosseguir quase desimpedido. Contudo, um dos *limites estruturais* insuperáveis desse sistema, sobrecarregado com a lógica em última análise autodestrutiva de sua *formação irrestringível de Estado-nação*: a necessidade de desenvolvimentos *monopolistas* e a associada *rivalidade imperialista* entre os Estados dominantes, teve de tornar o sistema em si historicamente inviável, numa era em que a busca por guerra global poderia somente resultar na autodestruição da humanidade. E o outro *limite estrutural* insuperável do sistema do capital não é menos grave. Afinal, no plano da reprodução material, seu impulso autoexpansivo *racionalmente irrestringível*, fortemente promovido pela formação de Estado do capital, inevitavelmente chegou ao ponto de colisão com os limites objetivos de nossos recursos planetários, exigindo a adoção das práticas reprodutivas societais qualitativamente diferentes da única economia viável – *econômica* de uma *maneira humanamente significativa* – em nossa residência planetária. Naturalmente, com respeito ao imperativo de encarar os desafios que surgem dessas limitações estruturais fundamentais do sistema do capital, a transformação radical de sua superestrutura jurídica e política – com sua base material, no espírito indicado nesta seção – é um requisito absolutamente vital.

# 5
# KANT, HEGEL, MARX: NECESSIDADE HISTÓRICA E O PONTO DE VISTA DA ECONOMIA POLÍTICA

## 5.1 Preliminares

Em sua "Crítica da dialética e da filosofia hegelianas em geral", Marx sugere que "Hegel se coloca no ponto de vista dos modernos economistas nacionais"[1]. Hegel compartilha essa posição com muitos outros, inclusive – à primeira vista, surpreendentemente – com o próprio Kant, como veremos mais adiante.

O que nos é importante a esse respeito é entender que tipo de concepções históricas são tanto compatíveis com o ponto de vista da economia política quanto corroboradas por ele. Pois é bastante errôneo tratar Kant e Hegel, como ocorre com frequência, meramente como variedades racionalistas da filosofia da história abertamente teológica (e de maneira alguma verdadeiramente histórica) de Santo Agostinho. Dizer que o "conceito hegeliano de 'astúcia da razão' é um substituto para os misteriosos e inescrutáveis caminhos de Deus na história"[2] é não compreender totalmente a questão. Pois uma tal visão oblitera sem deixar rastros as especificidades e os avanços históricos genuínos da posição hegeliana. Concentrando-se nas analogias superficiais, ela gera a escuridão proverbial na qual "todos os gatos são pardos", de modo a ser capaz de eliminar a substância social da dialética marxiana ao sustentar que "a famosa lei dos três estágios, adotada por Marx e Comte, também é uma revisão secular da dialética religiosa em Santo Agostinho e Joaquim de Flora"[3]. Uma vez que essa escuridão se abata sobre nós, torna-se possível levar adiante as proposições mais espantosas, agrupando

---

[1] Karl Marx, *Manuscritos econômico-filosóficos* (trad. Jesus Ranieri, São Paulo, Boitempo, 2004), p. 124. [À época dos *Manuscritos econômico-filosóficos*, Marx utilizava o conceito de "economia nacional" (*Nationalökonomie*), apenas posteriormente passando a utilizar o de "economia política" (*politischen Ökonomie*). (N. E.)]

[2] Hans Meyerhoff (org.), *The Philosophy of History in Our Time* (Nova York, Doubleday Anchor Books, 1949), p. 6.

[3] Idem.

pensadores irreconciliáveis ao definir "a herança intelectual de Marx, Comte, Burckhardt, Pareto, Sorel e Freud" sobre a base de suas supostas identidades, sustentando que "os fatores emotivos e irracionais [...] permearam a história e a sociedade"[4].

O saber por trás de tais generalizações teóricas é extremamente débil. Em uma nota de rodapé dessa mesma obra, encontramos: "A grande obra de Herder é o amplo estudo chamado *Ideas for a Philosophical History of Mankind* [Ideias para uma história filosófica da humanidade], que suscitou o artigo crítico de Kant (1874) intitulado 'Ideia de uma história universal de um ponto de vista cosmopolita'"[5]. Naturalmente, a questão não é a data, que pode ser um erro de impressão onde deveria constar 1784. Antes, somos desviados do ponto substantivo, e a reversão da real cronologia entre Kant e seu ex-pupilo, Herder[6], minimiza a importância da história no sistema kantiano, fazendo parecer como se ela tivesse sido uma reflexão posterior menor para Herder. De fato, mais adiante lemos: "Descartes especificamente excluiu a história de seu *Discurso do método*; e *essa escolha prevaleceu entre seus sucessores filosóficos, incluindo Kant*"[7].

Portanto, não nos preocupamos aqui com um deslize acidental, mas com uma sintomática representação deturpada do verdadeiro estado de coisas, que vira de cabeça para baixo a verdadeira relação entre a genuína tentativa do século XVIII de compreender o desenvolvimento histórico e a predominância dos extremados relativismo histórico e ceticismo de meados do século XIX em diante. Dessa forma, algumas linhas depois, nos é oferecida a conclusão que afirma que a investigação da natureza do conhecimento histórico "não se tornou um interesse sério para historiadores ou filósofos até o grande despertar da história como uma disciplina empírica e/ou científica no século XIX"[8].

Afinal de contas, a preocupação de Kant com a natureza da história não estava confinada a um artigo crítico específico, mas era parte integrante de sua concepção como um todo. Da mesma forma que em muitos de seus projetos, o tempo transcorrido entre os primeiros germes de suas ideias sobre o homem e a história e o produto final foi considerável. Mas, mesmo no que tange o ensaio particular sobre "A ideia para uma história universal com propósito cosmopolita" (*Idee zu einer allgemeinen Geschichte in weltbürgerlicher Absicht*), sua preparação remonta a 1783, apresentado impresso em 1784; isto é, um tempo razoavelmente longo antes da obra de Herder e dos dois artigos críticos subsequentes de Kant sobre o assunto. Para citar um livro italiano de exemplar sabedoria:

> A edição de 11 de fevereiro do *Gotasche Gelehrte Zeitungen* mencionou, em um artigo não assinado, que uma das ideias favoritas de Kant era que o fim derradeiro da história humana deveria ser o estabelecimento da melhor constituição política possível. A esse respeito, o escritor continuou, Kant esperava que houvesse um historiador capaz de oferecer uma história da humanidade a partir do ponto de vista filosófico, para mostrar quão longe ou perto, nas diversas épocas, nós estivemos desse fim e quanto ainda restou por ser feito para atingi-lo. Kant falou

---

[4] Ibidem, p. 15.

[5] Ibidem, p. 5.

[6] De todo modo, a segunda parte da obra de Herder só foi publicada em 1785, por isso Kant não poderia tê-la examinado em 1784.

[7] Hans Meyerhoff (org.), *The Philosophy of History in Our Time*, cit., p. 12.

[8] Idem.

nesses termos em uma conversa com um pesquisador que o visitou em Königsberg. Tendo sido envolvido pela discussão, Kant se sentiu obrigado a, em público, deixar claras suas ideias sobre o assunto. Na edição de novembro do *Berlinische Monatschrift* de Biester – periódico iluminista de Berlim – foi publicado o seu "Ideia de uma história universal de um ponto de vista cosmopolita", uma exposição, em nove teses, de uma filosofia da história fundada no princípio do advento progressivo e universal do campo do direito.[9]

Os artigos críticos de Kant sobre a obra de Herder – que não devem ser confundidos com as nove teses sobre "História universal de um ponto de vista cosmopolita" – apareceram em 1785, no *Allgemeine Literaturzeitung* de Jena. No entanto, seu interesse em entender a história da humanidade como uma unidade *sui generis* não parou aí. A mesma preocupação teve um papel vital não só em alguns de seus escritos que abordam diretamente o assunto, mas também em sua concepção de moral em geral. Com efeito, as duas se interpenetram tão profundamente que nem sua visão de história é compreensível sem sua concepção de moral, nem o contrário.

Na verdade, é importante traçar as necessárias linhas de demarcação não só entre figuras como Vico, Kant, Herder e Hegel, de um lado, e o relativismo histórico pessimista de muitos pensadores dos séculos XIX e XX, de outro, mas ainda mais entre Marx e toda a tradição intelectual que compartilha o ponto de vista da economia política. Pois as concepções históricas compatíveis com esse ponto de vista são severamente restringidas pelas limitações intransponíveis do ponto de vista em si – ou seja, do ponto de vista característico do capital –, até mesmo nas obras de seus maiores representantes. O que é particularmente relevante a esse respeito é a concepção deles de *necessidade* [*necessity*], conforme manifestado no processo histórico em desdobramento. Para colocar de maneira bem breve, eles trabalham com uma ideia de "necessidade histórica" – ou "necessidade na história" – que, comparada a Marx, *não é coerentemente histórica de modo nenhum*. Nem mesmo na mais monumental concepção histórica de toda a tradição: a filosofia hegeliana da história. Contudo, por mais curioso que pareça, é Marx que é acusado de "determinismo histórico", da "idealização da necessidade histórica", de "determinismo econômico" e afins.

O principal propósito deste capítulo é tentar reparar o equilíbrio em ambas as direções. Primeiro, precisamos ver por que as determinações inerentes no ponto de vista da economia política trazem, *no fim*, uma conceitualização totalmente a-histórica da necessidade [*necessity*] estrutural *dada* como necessidade *para sempre* insuperável, embora, paradoxalmente, a *intenção subjetiva* dos pensadores interessados seja demonstrar como a liberdade é progressivamente realizada ao longo da história da humanidade em desdobramento. E segundo, este capítulo centrará a atenção no objetivo geralmente ignorado do projeto de Marx de desafiar não só o impacto de mais longo ou mais curto prazo da necessidade histórica do capital, mas da *necessidade histórica em geral*. Isso está claramente evidenciado na caracterização marxiana de necessidade histórica como "*simplesmente* necessidade histórica" ou "necessidade *em desaparição*" que, sob as atuais condições, constitui um ultraje contra as potencialidades positivas dos verdadeiros indivíduos sociais.

---

[9] Augusto Guerra, *Introduzione a Kant* (Roma/Bari, Laterza, 1980), p. 88.

## 5.2 Teologia, teleologia e filosofia da história

Como já destacado no capítulo 2, olhando para trás e de uma certa distância para o desenvolvimento histórico real – distância a partir da qual os platôs *já consolidados* se destacam como "estágios necessários" de todo o itinerário, enquanto as múltiplas lutas e contradições específicas que levam a eles (e que contêm numerosos indicadores na direção de configurações alternativas possíveis) são relegadas a um segundo plano –, pode-se ter a ilusão de uma progressão "logicamente necessária", correspondendo a algum desígnio escondido. Visto dessa perspectiva, tudo que é firmemente estabelecido adquire seu sentido *positivo*, e os estágios consolidados por definição devem se afigurar positivos/racionais – em virtude de sua real consolidação.

As imagens históricas concebidas dessa maneira representam um avanço bastante ambíguo. Elas são simultaneamente históricas e a-históricas, e em um sentido específico até mesmo "teológicas", em consonância com as determinações contraditórias do fundamento social do qual elas surgem. Pois, por mais estranho que pareça, ao tratar as pressuposições historicamente criadas da ordem dada como *absolutamente* dadas – e, portanto, estruturalmente intranscendíveis –, a situação que precedeu a realização das condições absolutizadas pode ser reconhecida, a partir do ponto de vista desta última, como sujeita a *qualificações históricas necessárias*, na medida em que a posição rejeitada é tida como objetivamente oposta aos interesses do estágio mais avançado, como seu adversário social anacrônico. Consequentemente, uma possibilidade genuína é aberta para a retratação do aspecto e da dimensão do desenvolvimento social *negados* como históricos, no sentido significativo que almeja sua *superação [supersession] prática*.

Ao mesmo tempo, posto que a posição recém-assumida é acriticamente absolutizada, a partir de sua perspectiva, tudo que é anterior a ela (ou está em conflito com ela) deve se afigurar como momentos estritamente subordinados de uma teleologia *a priori* autorrealizadora. Para tomar um exemplo: esses aspectos estão ambos em evidência quando Kant rejeita radicalmente o restritivo princípio hereditário do *feudalismo* como contrário à Razão, e simultaneamente aprova a nova irracionalidade da *alienação da terra pela venda*, bem como suas subdivisões fragmentárias, como condições que estão em perfeita harmonia com "o princípio supremo do estabelecimento de uma constituição civil"[10].

---

[10] Immanuel Kant, "Sobre a expressão corrente: isto pode ser correto na teoria, mas nada vale na prática", cit., p. 87.

Assim como Rousseau, Kant também favorece firmemente o "meio-termo" e se opõe à grande concentração de riqueza. Portanto, sua denúncia da irracionalidade feudal está ligada a uma crítica bastante romântica desse processo de concentração, incapaz de encontrar, no entanto, qualquer arma prática contra ela, a não ser a expectativa ingênua de que "um voto para o proprietário, independentemente da importância das posses" faria alguma diferença a esse respeito. É dessa forma que ele defende seu caso: "seria já *contradizer* o precedente *princípio da igualdade* se uma *lei* lhes concedesse o *privilégio do seu estado*, de modo que seus descendentes ou haviam de permanecer sempre grandes proprietários (de feudos), sem lhes ser permitido *vender* ou *partilhar* seus bens por herança e, portanto, para utilidade de mais alguns no povo, ou então, em *tais partilhas*, ninguém poderia adquirir algo a não ser que pertencesse a uma certa classe de homens arbitrariamente constituída para isso. Ou seja, o grande proprietário suprime tantos proprietários menores com os seus sufrágios [na riqueza comum] quantos os que poderiam ocupar o seu lugar; por isso, ele não vota em seu nome e, por conseguinte, tem apenas um voto. [...] É preciso avaliar o número dos votos

Mas, ainda assim, não se pode tratar a teleologia kantiana ou hegeliana do desenvolvimento histórico simplesmente como a tradução racionalista da concepção teológica de Santo Agostinho. Pois os aspectos "teológicos" da teleologia histórica de Kant e Hegel surgem das limitações de um horizonte social determinado, e não de um quadro teológico conscientemente assumido. Em outras palavras, os elementos teológicos exibem as – longe de serem desejadas – *contradições* de suas abordagens, e não seu intento inerente positivo. Eles entram em jogo quando, em consonância com os limites intransponíveis do horizonte social em questão, a história deve ser *trazida para um fim*, em vez de representar o quadro explicativo de toda a teoria. Desse modo, eles constituem apenas uma *parte* maior ou menor da concepção inteira – quer dizer, comparativamente maior em Kant do que em Hegel –, mas não os preceitos centrais e os princípios unificadores das tentativas de explicação histórica, algo muito diferente das visões aberta e deliberadamente teológicas do propósito e intervenção divinos no mundo histórico, de Santo Agostinho a Bossuet e Friedrich Schlegel, bem como a seus descendentes do século XX.

Há uma tendência em tratar a teleologia em geral como uma forma de teologia. Isso se deve em grande medida à conjunção há bastante tempo prevalecente das duas em uma importante corrente da tradição filosófica europeia, que formulou suas explicações em termos de "causas finais" e identificou estas com a manifestação do propósito divino na ordem da natureza. Contudo, a equação sumária entre teleologia e teologia é bastante injustificável, posto que, como será mostrado adiante, a teleologia objetiva do trabalho é uma parte essencial de qualquer explicação materialista histórica coerente do desenvolvimento social. Uma tal explicação, que lida com fatores causais efetivamente em desdobramento e não com esquemas preconcebidos *a priori*, não tem absolutamente nada a ver com suposições *teológicas*, ainda que determinadas proposições *teleológicas* sejam inseparáveis dela.

Mas, mesmo com respeito às filosofias de Kant e Hegel, nas quais alguns elementos teológicos indubitavelmente reafirmam a si mesmos, é necessário colocar a questão em perspectiva. Não ver nada além de teologia em suas concepções teleológicas seria como afirmar sobre a Teologia da Libertação o truísmo absolutamente não esclarecedor de que ela tenha sido influenciada pelo ensinamento de Jesus Cristo. Pois, qualquer que seja a verdade genérica de tais afirmações, elas falham em apreender a especificidade teórica e a determinabilidade sócio-histórica das respectivas visões. A verdade da questão é que, é claro, os teólogos da libertação também estudaram Marx e tentaram incorporar algumas de suas ideias em seu quadro conceitual. E é precisamente seu ponto de contato com Marx que acaba por ser o fator decisivo sob as circunstâncias. Afinal, obviamente, eles não foram ameaçados de excomunhão pelo papa Wojtyla por terem aderido ao ensinamento de Jesus Cristo.

Considerações similares aplicam-se à avaliação de Kant e Hegel. Para ser exato, ninguém deveria negar que seus sistemas teleológicos são totalmente incompatíveis com a teleologia marxiana, em vista de sua *necessária* recaída em uma teologia – socialmente específica. De fato, essa curiosa recaída na teologia cumpre a função altamente reveladora de congelar a

---

aptos para a legislação segundo a cabeça dos que se encontram na condição de possidentes, e não segundo a importância das posses". (Ibidem, p. 86-7.) [Colchetes inseridos por Mészáros. (N. E.)]

história nas concepções históricas kantianas e hegelianas em um ponto no tempo ideologicamente conveniente, com isso racionalizando a temporalidade a-histórica do presente, com a ordem social burguesa idealizada. No entanto, o problema que realmente importa é como explicar as determinações sócio-históricas por trás de tal recaída, em vez de meramente afirmar a permanência da teleologia teológica como uma condição assumida *a priori*. Pois, como veremos logo a seguir, tanto em Kant quanto em Hegel, a teologia em questão é a "teologia" autolegitimadora de uma *sociedade civil* a-historicamente concebida, trazida para dentro de seus sistemas sobre a base de determinações ideológicas, e não com o propósito de afirmar os méritos absolutos do credo religioso cristão.

## 5.3 A concepção kantiana de desenvolvimento histórico

Vejamos de maneira breve a "Ideia de uma história universal de um ponto de vista cosmopolita", que é diretamente relevante a esse respeito. Um dos aspectos mais importantes da concepção de história de Kant é que ela traz à tona o princípio do *trabalho* [*work*], insistindo que o desenvolvimento histórico acaba sendo tão determinado que todas as coisas "tiveram de ser inteiramente sua própria *obra* [...] como se ela [a natureza] quisesse dizer que o homem devia [...] ter o mérito exclusivo disso"[11]. A inteligibilidade paradoxal da relação entre os inumeráveis indivíduos particulares e a espécie humana, e o desenvolvimento estranho, porém coerente, resultante dessa relação é descrito por Kant nos seguintes termos:

> [...] do mesmo modo que as inconstantes variações atmosféricas, que não podem ser determinadas de maneira particular com antecedência, no seu todo não deixam, todavia, de manter o crescimento das plantas, o fluxo dos rios e outras formações naturais num curso uniforme e ininterrupto, os homens, enquanto indivíduos, e mesmo povos inteiros mal se dão conta de que, enquanto perseguem propósitos particulares, cada qual buscando seu próprio proveito e frequentemente uns contra os outros, seguem inadvertidamente, como a um fio condutor, o propósito da natureza, que lhes é desconhecido, e trabalham para sua realização, e, mesmo que conhecessem tal propósito da natureza, pouco lhes importaria.[12]

Dessa forma, uma dicotomia intransponível é criada entre o indivíduo e a espécie[13]. Ao mesmo tempo, a "racionalidade" do processo geral é assegurada por Kant em nossa última

---

[11] Immanuel Kant, *Ideia de uma história universal de um ponto de vista cosmopolita* (trad. Rodrigo Naves e Ricardo R. Terra, São Paulo, Brasiliense, 1986), p. 12.

[12] Ibidem, p. 10.

[13] Kant insiste, em mais de uma ocasião, que, de acordo com seu esquema das coisas, "aquelas disposições naturais que estão voltadas para o uso de sua razão devem desenvolver-se completamente apenas na *espécie* e não no *indivíduo*". (Ibidem, p. 11.) Isso conduz a outros dilemas. Pois ele tem de admitir que, na administração racional da sociedade civil, a reconciliação de egoísmo e justiça representa um problema praticamente insolúvel. Em suas palavras: "Essa tarefa é, por isso, a mais difícil de todas; sua solução perfeita é *impossível*: de uma madeira tão retorcida, da qual o homem é feito, não se pode fazer nada reto. Apenas a aproximação a esta ideia nos é ordenada pela natureza". (Ibidem, p. 16.)

Tomar essa visão, com a exclusão radical de Kant da consideração de "*felicidade*" como uma questão meramente "*empírica*" do campo de suas preocupações – caracterizada dessa forma de modo a ser capaz de se

citação de uma maneira que antecipa a "*List der Vernunft*" (a "astúcia da Razão") hegeliana, que, afirma-se, prevalece contra as intenções conscientes dos indivíduos particulares.

Quanto à caracterização kantiana dos seres humanos, ela é bem similar àquela de todos os grandes teóricos da "sociedade civil", colocando bastante em destaque o "*antagonismo dos homens na sociedade*". Citando Kant mais uma vez: "Eu entendo aqui por antagonismo a *insociável sociabilidade* dos homens, ou seja, a tendência dos mesmos a entrar em sociedade ligada a uma *oposição geral* que ameaça constantemente dissolver essa sociedade. Essa disposição é evidente *na natureza humana*"[14].

Com efeito, no plano do desenvolvimento histórico geral, Kant dá conotações *altamente positivas* às características e aos traços negativos da "natureza humana". Pois, segundo ele,

> Sem aquelas qualidades da insociabilidade – em si nada agradáveis –, das quais surge a oposição que cada um deve necessariamente encontrar às suas pretensões egoístas, todos os talentos permaneceriam eternamente escondidos, em germe, numa vida pastoral arcádica, em perfeita concórdia, contentamento e amor recíproco: os homens, de tão boa índole quanto as ovelhas que apascentam, mal proporcionam à sua existência um valor mais alto do que o de seus animais; eles não preencheriam o vazio da criação em vista de seu fim como natureza racional. Agradeçamos, pois, à *natureza* pela *intratabilidade*, pela *vaidade que produz a inveja competitiva*, pelo sempre *insatisfeito desejo de ter* e também *de dominar*! Sem os quais todas as excelentes disposições naturais da humanidade permaneceriam sem desenvolvimento num sono eterno.[15]

De modo semelhante, a contradição entre liberdade e "natureza egoísta" é tratada quase da mesma maneira que nos escritos de seus grandes predecessores, os quais compartilham o ponto de vista da sociedade civil:

> O homem é um animal que, quando vive entre outros de sua espécie, tem necessidade de um senhor. Pois ele certamente *abusa de sua liberdade relativamente a seus semelhantes*; e, se ele, como criatura racional, deseja uma *lei* que *limite a liberdade de todos*, sua *inclinação animal egoísta* o conduz a excetuar-se onde possa. Ele tem *necessidade de um senhor* que quebre sua vontade particular e o obrigue a obedecer à *vontade universalmente válida*, de modo que todos possam ser livres.[16]

Como podemos ver, enquanto conserva diversos elementos da abordagem de Hobbes, Kant vai além desta ao incorporar em seu próprio sistema também as ideias seminais de Rousseau. No entanto, a visão que o localiza historicamente, com a maior precisão, na companhia dos principais economistas políticos da época, é o papel atribuído à troca e ao comércio no curso do desenvolvimento histórico na direção de uma condição mais

---

concentrar no princípio formal vazio que estipula a "igualdade universal dos homens num Estado, como seus súbditos", enquanto aceita a permanência da "maior desigualdade na qualidade ou nos graus da sua propriedade", sobre o fundamento de "tudo que é coisa (não concernente à personalidade)" (Immanuel Kant, "Sobre a expressão corrente...", cit., p. 81-3) –, torna a leitura realmente desconsoladora. Pois tais ideias racionalizam e legitimam os parâmetros estruturais da ordem social estabelecida como o horizonte inquestionável da vida humana em si.

[14] Immanuel Kant, *Ideia de uma história universal...*, cit., p. 13.

[15] Ibidem, p. 14.

[16] Ibidem, p. 15-6.

avançada de vida na "sociedade civil". Esta é a passagem central sobre o assunto em "Ideia de uma história universal de um ponto de vista cosmopolita", de Kant:

> A liberdade civil hoje não pode mais ser desrespeitada sem que se sintam prejudicados todos os *ofícios*, principalmente o *comércio*, e sem que por meio desse também se sinta a diminuição das forças do Estado nas relações externas. Mas *aos poucos* essa *liberdade se estende*. Se se impede o cidadão de procurar seu bem-estar por todas as formas que lhe agradem, desde que possam coexistir com a liberdade dos outros, tolhe-se assim a vitalidade da atividade geral e com isso, de novo, as forças do todo [Estado]\*. Por isso as restrições relativas à pessoa em sua conduta são paulatinamente retiradas e a *liberdade universal* de religião é concedida; e assim surge aos poucos, em meio a ilusões e quimeras inadvertidas, o *Iluminismo*.[17]

Assim, "alcançar uma sociedade civil que administre universalmente o direito [*Recht*]", em escala mundial, representa, aos olhos de Kant, "a mais elevada tarefa da natureza para a espécie humana"[18], e é ocasionada pelo funcionamento das determinações materiais complexas e pelos processos interativos contraditórios que ele identifica entre os indivíduos, e até "mesmo povos inteiros". Naturalmente, deve-se atribuir muito, nessa concepção, aos mistérios do "plano oculto da natureza"[19]. No entanto, os mistérios não derivam de alguma exigência teológica, declarada ou indeclarada. Ao contrário, eles surgem do *modelo kantiano de sociedade civil em si*, no qual os processos interativos individuais contraditórios não podem ser tornados inteligíveis por si só. Eles não podem ser tornados inteligíveis de modo algum precisamente por causa das limitações inerentes do ponto de vista individualista que Kant compartilha com muitos outros. Afinal, tal ponto de vista só pode gerar a ideia da extrema inconstância das condições climáticas flutuantes, a ser comparada com a realidade da eficácia produtiva e uniformidade misteriosamente benevolente da natureza, conforme caracterizado pelo próprio Kant.

Como veremos, apesar de seu caráter problemático em outros aspectos, a abordagem de Hegel representa um avanço significativo em relação à filosofia kantiana da história. Pois, na medida em que retrata uma fase anterior e menos consolidada no desenvolvimento da "sociedade civil" do que o hegeliano, o sistema kantiano permanece atado a algumas características morais abstratas na tentativa de explicar as forças motrizes do desenvolvimento histórico da humanidade.

Não é de modo algum acidental que Kant insista na "*primazia da razão prática*" como o princípio estruturador centralmente importante de seu sistema. Pois esse princípio o permite "resolver" os dilemas e as contradições da vida social por meio dos postulados do "mundo inteligível" e a supremacia legislativa da *universalidade formal* sobre todas as restrições concebíveis da *existência material* e *empírica*. O mesmo modelo é aplicado à avaliação do mundo do direito e à relação entre igualdade formal e desigualdade substantiva:

---

\* Inserção de Mészáros. (N. E.)

[17] Ibidem, p. 20-1.

[18] Ibidem, p. 14-5. Para uma análise do conceito kantiano de "sociedade civil" como conceito essencialmente jurídico/político, ver Norberto Bobbio, "Sulla nozione di 'società civile'", *De homine*, n. 24-5, 1968. Ver também "Kant e le due libertà", em Noberto Bobbio, *Da Hobbes a Marx* (Nápoles, Morano, 1965).

[19] Immanuel Kant, *Ideia de uma história universal...*, cit., p. 20.

O direito é a limitação da liberdade de todos, enquanto esta é possível segundo uma lei universal; e o direito público é o conjunto das leis exteriores que tornam possível semelhante acordo universal. [...] A constituição civil é uma relação de homens livres, que (sem dano de sua liberdade no todo de sua religação com os outros) se encontram no entanto sujeitos a leis coercivas: porque a própria razão assim o quer e, sem dúvida, a razão que *legifera a priori*, a qual *não toma em consideração qualquer fim empírico* (todos os fins dessa espécie se encontram englobados no nome geral de felicidade) [...] Essa *igualdade universal* dos homens num Estado, como seus súbditos, é totalmente compatível com a *maior desigualdade* na qualidade ou nos graus de sua *propriedade*, quer na superioridade física ou intelectual sobre os outros ou em bens de fortuna que lhe são exteriores e em *direitos em geral* (de que pode haver muitos) *em relação aos outros*; de maneira que o bem-estar de um depende muito da vontade do outro (*o do pobre depende da do rico*), *um deve obedecer* (como criança aos pais, ou mulher ao homem) e o outro dá-lhes ordens, um serve (como jornaleiro), o outro paga etc. Mas, segundo o direito (que enquanto expressão da vontade geral só pode ser um único e que concerne à *forma* do direito, não à *matéria* ou ao objecto sobre o qual se tem um direito), são porém, enquanto súbditos, *todos iguais*.[20]

A mesma orientação guia Kant em suas reflexões sobre a história. Por conseguinte, ele constrói um desdobramento muito mais apriorístico do processo histórico a partir de seus postulados do que Hegel, em conformidade com os requisitos do imperativo categórico.

Isso fica claro se nos lembrarmos que, mesmo na última fase de seu desenvolvimento filosófico – quando, sob o impacto da Revolução Francesa e suas consequências igualmente turbulentas, ele tenta encarar algumas das contradições do mundo real em sua filosofia –, Kant não consegue se livrar das severas limitações de seu transcendentalismo apriorístico. Ele estabelece uma dura *dicotomia* entre o "*político moral*" e o "*moralista político*"[21], optando pelo primeiro, por conta de sua conformidade com a lei moral, contra o segundo, que altera as considerações morais para que sirvam ao benefício do homem de Estado.

Portanto, as determinações abstratas de "dever e dever" (*Pflicht* e *Sollen*)* são voluntaristicamente superimpostas tanto à política quanto à história. As ações políticas,

---

[20] Immanuel Kant, "Sobre a expressão corrente...", cit., p. 78-81.

Como podemos ver, muitas coisas estão de cabeça para baixo no constructo kantiano. É-nos dito que "[o bem-estar] do pobre depende da [vontade] do rico" – em vez do contrário –, de modo a conferir às relações de poder material estabelecidas a solidez permanente de uma ordem natural e o halo de sua conformidade aos ditames da razão. Por conseguinte, as relações de dependência implacavelmente impostas são justificadas sobre o fundamento "racional" de que "um deve obedecer (como criança aos pais, ou mulher ao homem) e o outro dá-lhes ordens". De modo semelhante, é-nos simplesmente dito que é favorável e apropriado que "um serve [...], o outro paga", sem questionar a legitimidade histórica dúbia de tal relação de dependência material desumanizadora, nem tampouco da fonte da riqueza autoperpetuadora, da qual uma fração é usada para pagar "aquele que serve". Em vez disso, elas são circularmente assumidas como já dadas, com uma finalidade incontestável, par e passo com as relações entre a criança e seus pais e a esposa e seu marido, no espírito do patriarcado.

Naturalmente, seria um enorme exagero sugerir que Hegel pode oferecer uma solução satisfatória para esses problemas. No entanto, pelo menos ele os percebe como *problemas* – ver, sobretudo, sua discussão sobre a relação entre "dominação e escravidão" na *Fenomenologia do espírito* –, ainda que o "estamento universal [...] que se dedica ao serviço do governo", como cão de guarda da imposição do "interesse geral" na *Filosofia do direito*, de Hegel, seja destituído de qualquer substância.

[21] Immanuel Kant, *A paz perpétua e outros opúsculos*, cit., p. 36.

* Em inglês, *duty* e *ought* – substantivo e verbo, respectivamente. (N. E.)

assim como as buscas individuais, são avaliadas de acordo com o princípio *formal* que *universaliza* diretamente a máxima subjetiva do indivíduo como uma lei universal[22]. A questão do direito é suscitada "em relação a uma política cognoscível *a priori*"[23]. Liberdade, igualdade etc. são estabelecidas como "deveres" [*duties*][24], e o "mal moral" é declarado como "autodestrutivo" por sua própria natureza[25]. De maneira semelhante, é estipulado que "o direito dos homens deve considerar-se sagrado", mesmo que isso signifique grandes sacrifícios aos poderes dominantes[26].

Em harmonia com a determinação apriorística da política – que também é designada a "harmonizar a filosofia prática consigo mesma"[27], de acordo com o princípio anteriormente mencionado da *primazia da razão prática* no sistema kantiano como um todo –, o estipulado "político moral" supostamente deve servir ao próprio propósito da história: ao buscar o objetivo da "paz perpétua" não como um "bem físico", mas como um "dever [*duty*] moral", desejado por si mesmo e "também como um estado nascido do reconhecimento do dever [*duty*]"[28].

Ademais, a finalidade objetiva postulada por Kant torna-se necessária para sustentar o constructo moral geral, em vista de sua deficiência estrutural em tentar derivar a *objetividade* da lei universalmente válida (um substituto formalista abstrato para a objetividade interpessoal da ação na esfera social) a partir de *máximas subjetivas* de indivíduos isolados. De um lado, declara-se que, paralelamente à expansão das carências [*needs*] individuais, encontramos na história um necessário *decréscimo* na possibilidade de suas satisfações (ideia muito similar à visão malthusiana de desenvolvimento socioeconômico), do que se deduz que, em uma *proporção inversa* à satisfação *empírica* dos *indivíduos*, cresce a figura *moral* do *todo*, aproximando, portanto, o domínio da razão prática, o domínio da moral. E, de outro lado, a "finalidade" original da natureza de fazer os homens viverem em todos os lugares na Terra, usando a *guerra* como seu "instrumento" para realizar esse fim[29], é, diz-se, progressivamente deslocada pela teleologia do "*próprio proveito recíproco*" e do "*espírito comercial*" (*Handelsgeist*: conceito emprestado de Adam Smith) a ele correspondente. Por conseguinte, é postulado que "*o espírito comercial* que *não pode coexistir com a guerra* [sic!!], mais cedo ou mais tarde, se apodera de todos os povos"[30], apontando assim na direção correta da inexorável marcha da história rumo à perfeição moral e à paz perpétua no quadro dos Estados harmoniosamente coexistentes.

Como podemos ver, o horizonte de Kant também é irremediavelmente restringido pelo "ponto de vista da economia política", isto é, pelo ponto de vista do capital que poderosamente afirma a si mesmo. Tanto que, de fato, até mesmo em meio às conflagrações

---

[22] Ibidem, p. 166.

[23] Ibidem, p. 172.

[24] Ibidem, p. 173-4.

[25] Ibidem, p. 174.

[26] Ibidem, p. 175.

[27] Ibidem, p. 172.

[28] Ibidem, p. 173.

[29] Ibidem, p. 155.

[30] Ibidem, p. 161.

sempre em intensificação na Europa – e a despeito da crescente evidência com respeito às suas determinações materiais – ele idealiza o "espírito comercial" ao ponto de desconsiderar completamente que o exato oposto de suas expectativas veleitárias (isto é, a destruição total da humanidade) poderia se tornar verdade sobre a base das potencialidades negativas extremas implícitas nesse "espírito".

Portanto, é a contradição entre a realidade histórica dada e o "espírito comercial" idealizado que produz o constructo moral kantiano de política e história. Pois tal abordagem resolve as notáveis contradições entre o ideal enfeitado e a realidade cruelmente prosaica, por meio de um discurso abstrato sobre a história como uma "aproximação constante"[31] do estado de paz perpétua e do domínio universal da lei moral.

## 5.4 A abertura radical da história

Ao conceitualizar um estágio anterior do desenvolvimento social e identificar-se com a atitude iluminista para com a Razão como o determinante final da ação humana na escala universal da espécie, a concepção kantiana presta muito menos atenção às características reconhecíveis da história real do que a hegeliana. Pois Hegel incorpora de maneira notavelmente realista muitos detalhes do desenvolvimento humano em seu grandioso esquema especulativo.

Mas, mesmo assim, não importa quão significativo seja o avanço de Hegel sobre Kant, ele falha ao conceitualizar a *abertura radical da história*, uma vez que as determinações ideológicas de sua posição estipulam a necessidade de uma reconciliação com o presente e, portanto, o *fechamento* arbitrário da dinâmica histórica no quadro do Estado moderno. (Daí a necessária identificação da "racionalidade" e da "efetividade", de que se pode derivar a equiparação de efetividade e *positividade*.) Dessa forma, a teleologia "teológica" característica da "sociedade civil", em sua reciprocidade circular com o Estado burguês, afirma a si mesma como o derradeiro quadro de referência reconciliatório – e um "ponto de repouso" – do constructo hegeliano.

Assim como no caso de Kant, seu grande predecessor, a responsabilidade final pelo fechamento reconciliatório da concepção de Hegel reside nas determinações ideológicas, e não simplesmente no idealismo da teleologia hegeliana *per se*. No entanto, esta é um veículo e um complemento metodológico muito aceito do ponto de vista social da economia política, do qual surgem as determinações ideológicas apologéticas.

Para ser exato, a história humana não é inteligível sem algum tipo de teleologia, como vimos no capítulo 2. Mas a única teleologia consistente com a concepção materialista da história é a teleologia objetiva e com fim aberto do trabalho em si. No nível ontológico fundamental, essa teleologia está preocupada com a forma pela qual o ser humano – esse único "ser automediador da natureza" – cria e desenvolve a si próprio por meio de sua atividade produtiva dotada de propósito.

Nesse processo, o trabalho cumpre a função de mediação ativa no metabolismo progressivamente em mutação entre seres humanos e natureza. Todas as potencialidades do ser humano

---

[31] Ibidem, p. 52.

socializado, bem como todas as características do intercâmbio social e do metabolismo social, surgem da teleologia objetiva dessa mediação. E como o trabalho envolvido nesses processos e transformações é o dos próprios seres humanos, a mediação ativa entre indivíduos e natureza não pode ser considerada outra que não a *automediação* que, como quadro de explicação, é radicalmente oposta a qualquer concepção teológica de teleologia.

Consequentemente, é óbvio, já nesse nível, que a história deve ser concebida com fim necessariamente aberto, em virtude da mudança qualitativa que ocorre na ordem natural das determinações: o estabelecimento de um quadro único de necessidade [*necessity*] ontológica, do qual a *teleologia humana automediadora* é, em si, uma parte integrante.

A abertura radical *historicamente criada* da história – história humana – é, portanto, inevitável no sentido de que não pode haver nenhuma maneira de *predeterminar* teórica ou praticamente as formas e modalidades da *auto*mediação humana. Pois as complexas condições teleológicas dessa automediação por meio da atividade produtiva só podem ser satisfeitas – posto que estão constantemente sendo criadas e recriadas – no decorrer dessa automediação em si. É por isso que todas as tentativas de produzir sistemas impecavelmente autônomos e fechados de explicação histórica resultam ou em alguma redução arbitrária da complexidade das ações humanas à simplicidade bruta das determinações mecânicas, ou na superimposição idealista de um ou outro tipo de *transcendentalismo a priori* acerca da *imanência* do desenvolvimento humano.

## 5.5 Crítica da filosofia hegeliana da história

É bem sabido que Marx creditou o idealismo – em contraste ao materialismo tradicional – como o primeiro a conceitualizar o "lado ativo e subjetivo" do desenvolvimento histórico. No entanto, em vista das pressuposições acríticas dos filósofos interessados, com respeito à ordem estabelecida, o idealismo poderia almejar a intervenção ativa na história em desdobramento somente de uma maneira extremamente abstrata. Isto é, tinha de superimpor suas "categorias" preconcebidas sobre os eventos históricos e personalidades afins, substituindo as determinações objetivas das mudanças sociais reais pelo "autodesenvolvimento da ideia".

Ainda assim, não pode haver dúvida de que concentrar a atenção no lado subjetivo e ativo do processo multifacetado dos intercâmbios sócio-históricos constituiu um grande avanço no caminho para tornar inteligível a dinâmica geral do desenvolvimento histórico nos termos da intervenção humana *consciente* – mesmo que, no que se refere aos indivíduos particulares, somente paradoxal e contraditoriamente consciente – na complexa ordem de determinações.

Foi devido aos requisitos internos do "ponto de vista da economia política" que até mesmo o auge de tal concepção da história – a filosofia hegeliana – teve de continuar aprisionado dentro das contradições de suas categorias teleológicas necessariamente abstratas e preconcebidas. Pois, embora Hegel tenha corajosamente afirmado que "a história universal nada mais é que o desenvolvimento do conceito de liberdade"[32], essa grandiosa

---

[32] G. W. F. Hegel, *Filosofia da história*, cit., p. 373.

declaração soou totalmente vazia por causa de sua postura meramente *contemplativa*[33]. Ademais, ela também padeceu por conta do caráter autocontraditório de sua tendência apologética que via a "autorrealização" final da ideia no Estado capitalista moderno[34], não obstante as divisões internas e os antagonismos deste. Antagonismos que, em grande medida, a filosofia hegeliana em si não poderia deixar de reconhecer.

Como resultado, Hegel equiparou o desenvolvimento histórico, que supostamente teria alcançado sua completude final no Estado moderno, com nada menos que a "justificação de Deus na história". É assim que Hegel resume sua visão do desenvolvimento histórico:

> A questão de saber qual *determinação em si da razão* desaparece se a razão é considerada em relação ao mundo, juntamente com a questão a respeito do que seja o *objetivo final do universo*; essa expressão aproxima o feito, a realização.[35]

No entanto, apesar da fraseologia religiosa, Hegel não estava expressando aqui uma preocupação religiosa enquanto tal. Pelo contrário, ele considerou um grande avanço histórico – realizado pelo "mundo germânico" em nome do todo da humanidade, como o clímax do desdobramento da "história universal" – o fato de ter sido "por intermédio da Igreja protestante que se deu a reconciliação da religião com o direito. Não havia nenhuma consciência santa ou religiosa que pudesse ser separada do direito profano, ou mesmo que a ele se opusesse"[36].

Portanto, ele apresentou uma interpretação profana da história – uma que culmina na efetividade racional do Estado germânico – como a *verdadeira teodiceia*. Estas foram as palavras finais de seu *Filosofia da história*:

> A história universal é o processo desse desenvolvimento e do devir real do espírito no palco mutável de seus acontecimentos – eis aí a *verdadeira teodiceia*, a justificação de Deus na história. Só a percepção disso pode *reconciliar* a história universal com a realidade: a certeza de que *aquilo que aconteceu, e que acontece todos os dias*, não apenas não se faz sem Deus, mas é essencialmente Sua obra.[37]

---

[33] "A filosofia diz respeito ao esplendor da ideia que se reflete na história universal. Na realidade, ela tem que se *abster* dos movimentos tediosos das paixões. Seu interesse é conhecer o processo de desenvolvimento da verdadeira ideia, ou seja, da *ideia* da liberdade que é somente a *consciência* da liberdade."(Idem.)

[34] "Na história universal só se pode falar dos povos que formam um Estado. É preciso saber que tal Estado é a realização da liberdade, isto é, da finalidade absoluta, que ele existe por si mesmo; além disso, deve-se saber que todo valor que o homem possui, toda realidade espiritual, ele só o tem mediante o Estado. [...] Pois o verdadeiro é a unidade da vontade universal e subjetiva. No Estado, o universal está nas leis, em determinações gerais e racionais. Ele *é a ideia divina, tal qual existe no mundo.*"(Ibidem, p. 40.)
"O Estado é a liberdade racional, que se sabe objetiva e que existe para si mesma."(Ibidem, p. 45.)
"A liberdade objetiva ou real – aqui se encontram a liberdade da propriedade e a liberdade da pessoa. [...] faz parte da verdadeira liberdade a liberdade de trabalho. [...] ele [o governo] é responsável pelo bem-estar do Estado e de todas as suas classes – o que é chamado de administração –, pois se deve atentar não só para que o cidadão possa praticar a sua profissão; ele também tem que obter *lucro*. [...] além disso, [não existe] nada mais sublime ou *sagrado* [...] *que seja diferente da constituição estatal.*" (Ibidem, p. 366-7.)

[35] Ibidem, p. 23.

[36] Ibidem, p. 373.

[37] Idem.

Outros podem ter tido sua – estritamente teológica – visão da teodiceia, mas isso não era do interesse de Hegel. Seu significado de *"verdadeira teodiceia"* foi deixado perfeitamente claro em sua recapitulação do clímax do processo histórico, que precedeu as linhas que acabamos de citar:

> Foram abolidas as relações feudais; os princípios da liberdade, da propriedade e da pessoa tornaram-se fundamentais. Todo cidadão tem acesso a cargos estatais; todavia, talento e habilidade são condições indispensáveis. O governo repousa no funcionalismo, mas a decisão pessoal do monarca está acima de tudo [...]. No entanto, nas leis fixas e na organização definida do Estado, a decisão única do monarca foi abandonada. [...] Todos podem participar do governo – todo aquele que tiver conhecimento, habilidade e vontade moral. Os sábios devem governar. [...] A liberdade objetiva – as leis da liberdade real – exige a submissão da vontade fortuita, pois esta última é meramente formal. Quando a objetividade é racional em si mesma, a visão da razão tem que lhe corresponder, e assim existe também o momento essencial da liberdade subjetiva.[38]

Nesse sentido, o que valia aos olhos de Hegel como a verdadeira teodiceia era a realização da liberdade objetiva na efetividade do Estado moderno. E o processo histórico em si foi definido como o estabelecimento da identidade do objetivo e do racional, bem como da liberdade subjetiva e dos requisitos da lei, reconciliando ao mesmo tempo os indivíduos particulares com a "efetividade racional", orientada para o Estado, do presente.

Para ser exato, nessa concepção, o espaço para as determinações históricas reais – isto é, determinações que reconheceriam o peso objetivo do passado e do presente sem anular o futuro – teve de ser extremamente limitado. A "atividade" em si, no sentido idealisticamente respeitável do termo, teve de ser feita sinônima de *autocontemplação*, de modo a beneficiar a caracterização definicional de "espírito". Pois, segundo Hegel, "a essência do espírito é a atividade; por intermédio dela, ele concretiza suas potencialidades, torna-se seu próprio feito, seu próprio trabalho e, consequentemente, seu próprio objeto"[39].

Tal determinação definicional da natureza do desenvolvimento histórico, de acordo com uma finalidade *quase* teológica, assumida *a priori*, de "sociedade civil" e seu Estado correspondente, inevitavelmente invalidou, igualmente, a concepção hegeliana de necessidade e temporalidade. A "necessidade" foi evocada por uma fusão de lógica e efetividade, superimpondo as categorias abstratamente preconcebidas da "*Ciência da lógica*" sobre as transformações e os movimentos históricos reais, por vezes da forma mais grotesca[40]. A "temporalidade", por outro lado, no fim teve de ser transformada de uma determinação tridimensional de passado, presente e futuro em um *presente* essencialmente *unidimensional*, em parte por razões apologéticas e em parte como resultado dos requisitos conceituais internos do sistema hegeliano dominado pela lógica[41].

---

[38] Ibidem, p. 372-3.

[39] Ibidem, p. 68.

[40] Ver, a esse respeito, a discussão da análise de Hegel do "caráter dos negros", com sua defesa de uma estritamente "gradual abolição da escravatura", mais adiante.

[41] Essas duas razões, obviamente, estão interconectadas de maneira profunda e só podem ser separadas para propósitos analíticos.

Isso pode ser visto pelo fato de que, apesar de definir a história como "a fundamental – e ideal – necessidade de transição"[42], Hegel pôde também sustentar que "a história universal vai do leste para o oeste, pois *a Europa é o fim da história universal*"[43], ao associar o glorificado Estado moderno (germânico) em seu sistema geral à *"meta final"* do desenvolvimento histórico real. As "sequências necessárias"[44] dessa "transição", longe de ter um fim aberto, foram todas modeladas sobre a lógica[45], que convenientemente também serviu aos requisitos apologéticos da compactação da dinâmica tridimensionalidade do tempo histórico real em um presente miticamente inflado e metaforicamente enfeitado:

> O espírito é, essencialmente, resultado de sua atividade: a atividade de transcender a existência imediata, simples e irrefletida* [*the negation of that existence, and the returning into itself* ]. Podemos compará-lo às sementes, de onde *surge* a planta, mas que são, também, *resultado* de toda a vida da planta. [...] Já discutimos a *meta final* dessa progressão. Os *princípios* das sucessivas fases do espírito que anima os povos – em uma *sequência necessária de níveis* – são apenas momentos do desenvolvimento de um único espírito universal, que por meio deles se eleva e completa na história, até se tornar uma *totalidade* abrangente em si.
>
> Quando lidamos com a ideia do espírito e consideramos tudo na história universal como a sua manifestação, ao percorrermos o passado – não importando qual a sua extensão –, só lidamos com o *presente*. A filosofia, ao ocupar-se do verdadeiro, só tem a ver com o *eternamente presente*. Para a filosofia, tudo que pertence ao passado é resgatado, pois a ideia é *sempre presente* e o espírito é imortal; para ela *não há passado nem futuro, apenas um agora essencial*. Isso dá a entender, necessariamente, que a forma presente do espírito abrange em si todos os estágios anteriores. Estes se desenvolveram independentemente, mas o que o espírito é, ele *sempre foi* em sua essência – as diferenças estão apenas no desenvolvimento dessa natureza essencial. A vida desse espírito atual é um *círculo* de estágios que, vistos por um lado, existem simultaneamente, e, por outro, *aparecem* como já passados. Os estágios que o espírito *parece* ter já ultrapassado, ele ainda possui em sua *profundidade atual*.[46]

Contudo, nenhuma quantidade de floreio metafórico, nem mesmo o que surge do solo do gênio linguístico e filosófico de Hegel, poderia transformar a "autoatividade" abstrata do espírito – o "retorno a si mesmo" por meio de sua conformidade *a priori* em relação aos "princípios" atemporais e requisitos categoriais de uma lógica especulativa – em

---

[42] G. W. F. Hegel, *Filosofia da história*, cit., p. 71.

[43] Ibidem, p. 93.

[44] Ibidem, p. 71.

[45] "Tal como foi demonstrado anteriormente, a história universal representa a evolução da consciência do espírito no tocante à sua liberdade e à realização efetiva de tal consciência. A evolução traz consigo uma *gradação* crescente, uma série de determinações mais amplas da liberdade que decorrem do conceito do objeto: a natureza lógica e, principalmente, dialética do conceito que se autodetermina, que cria determinações e as supera, e, mediante essa superação, ganha uma característica afirmativa, até mesmo mais rica e mais concreta. Essa *necessidade* e a *sequência necessária das determinações conceituais puramente abstratas* são assuntos tratados no campo da *lógica*."(Ibidem, p. 60).

* Na edição utilizada por Mészáros aparece um trecho que não consta na edição brasileira: "*the negation of that existence, and the returning into itself*" [a negação daquela existência e o *retorno a si próprio*]. Itálicos de Mészáros. (N. E.)

[46] Ibidem, p. 71-2.

história real. Pois a semente simplesmente não cai do céu, mas vem a ser por meio dos processos reais da matéria inorgânica e orgânica, antes que possa se reproduzir como um *novo* início, e não como uma coincidência lógica abstrata das *categorias* de fim e início. As determinações históricas reais têm de *explicar a gênese e as subsequentes transformações históricas* das estruturas sociais/históricas, em todas as três dimensões do tempo histórico real, em vez de convenientemente assumi-las por meio da circularidade autorreferencial do "espírito retornando a si mesmo", em consonância com a "natureza essencial" logicamente estipulada de sua "presencialidade essencial" e "totalidade abrangente em si mesma".

Comparavelmente ao papel da "primazia da razão prática" no sistema de Kant em geral, e em sua filosofia da história em particular, foi por causa da hierarquia interna do sistema hegeliano como um todo – com a *Filosofia do direito* e sua correspondente formação de Estado como seu ápice – que o "presente eterno" e seus círculos multiformes tiveram de se tornar dominantes na concepção de determinação histórica de Hegel. É por isso que a *Filosofia da história* teve de atingir seu clímax em sua apoteose do Estado moderno, assim como a *Filosofia do direito* teve de culminar em uma explicação identicamente circular da história universal como a "autorrealização da razão" na forma do Estado. A história, segundo Hegel, podia existir no passado – embora, ainda assim, somente "em sua [do espírito] *profundidade atual*", antecipando portanto as estruturas do "*sempre presente*" –, mas não no futuro: e especialmente não no nível da "sociedade civil" eternamente presa na política pseudouniversal do Estado moderno. Por essa razão, apesar da admiração sem limites de Hegel pelo mundo grego – particularmente marcante no que se refere à arte, que ele pôde localizar em seu esquema de coisas em um estágio anterior da "autoatividade" do espírito –, ele não pôde encontrar nada positivo para dizer sobre a dimensão política daquela civilização. Ele teve de sustentar que, na política, "o antigo e o atual não possuem juntos um princípio essencial comum"[47]. Pois, se possuíssem, o processo de desenvolvimento sociopolítico teria de ter sido admitido como inerentemente contraditório, daí como necessariamente com fim aberto, em vez de ser concluído em sua "forma germânica", numa Europa "civilizadora" (isto é, imperialisticamente dominante) definida como "o fim da história universal".

Nessa glorificação filosófica das relações de poder estabelecidas – que, de fato, agudamente contradiziam as reivindicações hegelianas com respeito à realização historicamente irreprimível do "princípio de liberdade" – a opressão nacional e a colonial foram declaradas como perfeitamente de acordo com os requisitos internos do "espírito retornando a si mesmo" como "espírito totalmente desenvolvido". Os Estados imperialistas dominantes receberam sua legitimação filosófica *vis-à-vis* aos "pequenos Estados" que oprimiram – e por meio de tal legitimação poderiam, em princípio, oprimir *corretamente* para sempre – ao dizer que "*Os pequenos Estados* têm garantida a sua existência, de certa forma, graças aos outros; por isso, *não* são Estados realmente *autônomos*, e não têm que passar pela *prova de fogo da guerra*"[48].

---

[47] Ver o tratamento sumariamente negativo de Hegel sobre esse problema em seu *Filosofia da história*, cit., p. 46.

[48] Ibidem, p. 373.

A ideia de tal "prova de fogo da guerra" como "luta de vida ou morte", dita como necessária porque "só mediante o pôr a vida em risco, a liberdade se comprova"[49], apareceu no pensamento de Hegel em um estágio muito anterior. Contudo, em contraste com a *Filosofia da história*, bem como com a *Filosofia do direito*, na *Fenomenologia do espírito* hegeliana ela constituiu somente um *momento* limitado e necessariamente transcendido da dialética objetiva do "senhor e escravo". De fato, na *Fenomenologia* o escravo era capaz de afirmar a si mesmo contra o senhor inicialmente dominante à sua maneira, por meio do *poder do trabalho*, dessa forma não apenas limitando, mas *invertendo* totalmente a relação original:

> Ali onde o senhor se realizou plenamente, tornou-se para ele algo totalmente diverso de uma consciência independente; para ele, não é uma tal consciência, mas uma consciência *dependente*. Assim, o senhor não está certo do ser-para-si como verdade; mas sua verdade é de fato a consciência inessencial e o agir inessencial dessa consciência.
> A *verdade* da consciência *independente* é por conseguinte a consciência *escrava*. Sem dúvida, esta aparece de início *fora* de si, e não como a verdade da consciência-de-si. Mas, como a dominação mostrava ser em sua essência o *inverso* do que pretendia ser, assim também a escravidão, ao realizar-se cabalmente, vai tornar-se, de fato, o *contrário* do que é imediatamente; entrará em si como consciência recalcada sobre si mesma e se converterá em *verdadeira independência*. [...] Encontra-se a si mesma [a consciência] por meio do *trabalho*. [...] A relação negativa para com o objeto torna-se *forma* do mesmo e *algo permanente*. [...] Esse meio-termo negativo ou *agir* formativo é, ao mesmo tempo, a *singularidade*, ou o puro ser-para-si da consciência, que agora no trabalho se transfere *para fora de si* no *elemento do permanecer*; a consciência trabalhadora, portanto, chega assim à intuição do *ser independente*, como [*intuição*] *de si mesma*. [...] No formar, o ser-para-si se torna para ele como *o seu próprio*, e assim chega à consciência de ser ele mesmo em si e para si.[50]

Horrorizado pelas implicações explosivas da dialética objetiva do "senhor e escravo" – que afirmava a existência adequadamente autossustentadora e o caráter "*and und für sich*" [em si e para si] do trabalho, com a necessária superação [*supersession*] histórica da "dominação": apontada como totalmente supérflua nos termos do próprio relato de Hegel –, o autor de *Fenomenologia do espírito* tenta desesperadamente retirar sua conclusão já na metade da última página do capítulo sobre "dominação e escravidão", com a ajuda de um malabarismo linguístico e sofisma conceitual.

O problema para Hegel é que

> A forma não se torna um *outro* que a consciência pelo fato de se ter *exteriorizado*, pois justamente essa forma é seu puro ser-para-si, que nessa exteriorização vem-a-ser para ela verdade. Assim, precisamente no *trabalho*, onde parecia ser apenas um *sentido alheio*, a *consciência*, mediante esse *reencontrar-se de si por si mesma*, vem-a-ser "*sentido próprio*".[51]

Portanto, neste ponto, estamos perigosamente próximos de distinguir de forma clara, e opor uma à outra, *exteriorização* e *alienação*, solapando com isso a impossibilidade conceitual da autoemancipação do trabalho por meio da transcendência da alienação.

---

[49] G. W. F. Hegel, *Fenomenologia do espírito* (trad. Paulo Menezes, 4. ed., Petrópolis, Vozes, 2007), p. 145.
[50] Ibidem, p. 149-50. [A ênfase nas palavras "forma" e "verdade" é de Hegel. (N. E.)]
[51] Ibidem, p. 151. [A ênfase na palavra "sentido próprio" é de Hegel. (N. E.)]

Hegel extrica-se dessa dificuldade ao simplesmente *declarar* no próximo – e último* – parágrafo de "Dominação e escravidão" que é "*necessário*" o momento "*do medo e do serviço em geral*", bem como "a *disciplina do serviço e da obediência*" com o "formar" de uma "maneira universal". Portanto, a dimensão *temporal* da dialética histórica é radicalmente liquidada, e suas fases tornam-se "momentos" permanentes da estrutura pseudouniversal externalizada da dominação, na qual o trabalho é "completamente afetado" pelo medo interior, muito mais que pelo exterior.

Para ser exato, o entusiasmo hegeliano pelo "formar universal", como um "conceito absoluto" que deve estender seu domínio sobre "a essência objetiva em sua totalidade"[52], é histórico no sentido de que ele rejeita as reivindicações historicamente não mais sustentáveis da *servidão feudal* – e correspondente ociosidade – a partir do ponto de vista da economia política. No entanto, sua crítica do passado é inseparável do "positivismo acrítico" com o qual os "momentos" atemporais de dominação estrutural tornam-se características definidoras da noção hegeliana de "formar universal".

O problema é que enquanto a *disciplina* é de fato um requisito absolutamente necessário de todo formar bem-sucedido, a questão é bem outra quando "medo e serviço", bem como "obediência", estão envolvidos. Não há uma conexão necessária entre o formar disciplinado e o medo/serviço/obediência, posto que o formar em questão é determinado pelos próprios "produtores livremente associados", os quais também determinam a *autodisciplina* apropriada aos seus próprios objetivos e à natureza inerente da atividade em si por eles adotada.

Hegel, naturalmente, a partir do ponto de vista da economia política do capital, não pode adotar essa perspectiva. Tampouco pode encontrar, obviamente, qualquer coisa para fornecer a "universalidade" de um sistema inerentemente particularista e iníquo de "formar" que conserva a dominação de uma classe pela outra na "sociedade civil". É por isso que a profunda dialética histórica de "dominação e escravidão" no fim é liquidada, em parte pela transformação de suas fases históricas reais em "momentos" atemporais e "categorias" lógicas, em parte por declarações arbitrárias (das "conexões necessárias" inexistentes que acabamos de ver) e dispositivos linguísticos igualmente arbitrários. Como exemplo destes, basta pensar no uso que Hegel faz da expressão "sentido próprio" [*der eigne Sinn*] em seu precário argumento. Pois ele declara categoricamente que se o trabalho não estiver em conformidade com a conexão necessária estipulada entre medo/serviço/obediência e o formar, "então será apenas um sentido próprio vazio" [*so ist es nur ein eitler Sinn*]. De fato, algumas linhas adiante Hegel brinca com a conexão (estritamente alemã, puramente linguística) entre "sentido próprio" e "*obstinação*" [*eigne Sinn = Eigensinn*], de modo a desacreditar qualquer desvio da ideia de "formar universal" – enquanto unido a medo, serviço e obediência – que reafirme a dependência permanente do trabalho.

No momento em que chegamos à *Filosofia da história* (e à *Filosofia do direito*), as primeiras dúvidas internas de Hegel, reveladas na *Fenomenologia*, desaparecem completa-

---

* Na edição brasileira da *Fenomenologia do espírito*, o parágrafo indicado por Mészáros é desmembrado em dois, de modo que os trechos citados advêm do penúltimo e último parágrafos da seção. (N. E.)

52 Idem.

mente, e a racionalização ideológica da brutal autoafirmação da ordem social material e politicamente dominante por meio da "prova de fogo da guerra" adquire, na concepção hegeliana, a rigidez antidialética de um postulado metafísico arbitrário.

Como vimos, Kant defendeu e postulou a regra universal de uma "constituição perfeita", a intuição bem-sucedida da "paz perpétua", e a coexistência harmoniosa de todos os Estados dentro do quadro de uma Liga das Nações igualmente benéfica a todos. Ele formulou esses postulados sobre o fundamento explicitamente declarado de que o "espírito comercial que não pode coexistir com a guerra", elevando desse modo ao nível dos assim chamados "princípios *a priori* da razão" o pensamento veleitário e as *ilusões universalistas* do capital "ilustrado": incuravelmente *particularista*, na verdade, em sua constituição objetiva, até o âmago.

Hegel, representando – com um sentido de realismo muito maior – um estágio muito mais consolidado no desenvolvimento histórico do capital, não fez nenhum uso da ilusão kantiana da "paz perpétua", que seria supostamente estabelecida em um certo ponto do avanço humano, graças aos ditames esclarecidos do "espírito comercial". Ele não hesitou em dizer de forma bastante categórica que "O *povo enquanto Estado* é [...] a força *absoluta* sobre a terra", e que "aquela determinação *universal* permanece no *dever-ser*"[53]. Consequentemente, segundo Hegel, a necessidade de estabelecer disputas por meio da guerra tinha de afirmar sua primazia absoluta no fundamento material da "sociedade civil". E ele insistiu que a realização da ideia de paz – um mero "dever-ser", muito embora tenha sido arbitrária e circularmente *assumido* por Kant como a necessária culminação do desenvolvimento histórico – "*pressupõe* a concordância dos Estados, que repousaria em razões e considerações morais, religiosas ou outras, em geral, repousaria sempre na vontade soberana particular e, por isso, permaneceria *afetada de contingência*"[54].

Nesse sentido, Hegel ansiava por manter à distância a dimensão do "dever-ser" em sua explicação do desenvolvimento histórico e por concentrar-se, em vez disso, nas tendências dominantes da "efetividade", mesmo que no fim ele sempre transubstanciasse estas em manifestações específicas da "racionalidade" autorrealizadora da ideia. Não é surpreendente, portanto, que em sua discussão da materialização historicamente mais avançada do "espírito comercial", o lugar de honra teve de ser atribuído à Inglaterra imperialisticamente em expansão. Pois, de acordo com Hegel,

---

[53] G. W. F. Hegel, *Filosofia do direito*, cit., p. 301-3. Hegel é, de fato, realista sobre a guerra quase ao ponto do cinismo: "A Guerra como situação em que se torna algo sério a vaidade dos bens e das coisas temporais, que antes costuma ser um modo de falar edificante, é assim o momento em que a idealidade do *particular recebe seu direito* e torna-se efetividade; – ela tem a significação superior, como já mencionei em outro lugar [*Über die wissenschaftlichen Behandlungsarten der Naturrechts*], de que por ela 'a saúde ética dos povos é mantida, em sua indiferença frente ao solidificar das determinidades finitas, como o movimento dos ventos preserva os mares da podridão, em que uma calma durável os mergulharia, como faria para os povos uma paz durável ou inclusive uma paz perpétua'. [...] o mesmo se apresenta no fenômeno histórico, entre outros, sob a figura de *guerras felizes que impediram perturbações internas* e consolidaram o *poder interno do Estado*. [...] Mas, à medida que o Estado como tal, sua autonomia, entre em perigo, assim a obrigação chama todos os seus cidadãos para sua defesa. Quando assim o todo se tornou força e é arrancado de sua vida interna dentro de si para fora, com isso a *guerra defensiva passa à guerra de conquista*."(Ibidem, p. 298-9.)

[54] Ibidem, p. 303.

A existência material da Inglaterra baseia-se *no comércio e na indústria*, e os ingleses assumiram a grande tarefa de ser os *missionários da civilização* em todo o mundo, pois seu *espírito comercial* impulsiona-os a revistar todos os mares e todos os países, a ter ligações com os povos bárbaros, a *despertar neles necessidades e atividades* e, principalmente, a estabelecer, entre eles, as *condições para o comércio*: a abolição das violências e *o respeito perante a propriedade e a hospitalidade*.[55]

E a todos aqueles que por ventura criticaram a inerente amoralidade de sua concepção, ele retorquiu firmemente que a doutrina daqueles repousava "na superficialidade das representações da moralidade, da natureza do Estado e de suas relações com o ponto de vista moral"[56].

Posto que foi o próprio Kant quem formulou a oposição irreconciliável entre o "político moral" e o moralmente repreensível "moralista político", dificilmente poderíamos deixar de ver, a esse respeito, a contradição entre essas duas notáveis figuras da filosofia alemã. De fato, Hegel estava totalmente convencido de que sua própria filosofia representava a superação [*supersession*] radical da concepção kantiana como um todo.

Ainda assim, um olhar mais próximo às filosofias kantiana e hegeliana da história revela que a contradição entre as duas, no que se refere às perspectivas últimas de desenvolvimento, é muito mais aparente que real. Pois ambas as concepções baseiam suas conclusões na premissa material da "sociedade civil", assumida por eles, de uma maneira totalmente acrítica, como o horizonte absoluto de toda vida social concebível enquanto tal.

Hegel, embora um arguto observador de uma fase posterior do desenvolvimento histórico, não é de modo algum mais histórico a esse respeito que Kant, que simplesmente postula a transcendência radical das contradições identificadas da "natureza humana" e "sociedade civil" pela benéfica autoafirmação do "espírito comercial" e a decorrente realização de um sistema ideal de relações entre Estados. No entanto, enquanto o "dever" kantiano indubitavelmente não é nada mais que a contraimagem moralista de uma realidade que ele não pode concebivelmente criticar a partir do "ponto de vista da economia política" (que ele apoia totalmente; mais ainda: idealiza), Hegel tem sua própria forma de glorificar a ordem social da "sociedade civil" burguesa, em conformidade com um estágio historicamente mais avançado – e também mais obviamente antagônico – de desenvolvimento, conceitualizado por ele de maneira representativa[57].

Os postulados morais genéricos da solução kantiana não são mais reveladores sobre sua aceitação acrítica dos horizontes sociais do "espírito comercial" do que sobre o caráter – tanto no plano interno quanto no internacional –, até aquele momento longe de plenamente articulado e consolidado, da ordem socioeconômica que o ponto de vista da economia política expressa. Na época em que Hegel escreve sua *Filosofia*

---

[55] Idem, *Filosofia da história*, cit., p. 372.
[56] Idem, *Filosofia do direito*, cit., p. 305.
[57] O caráter histórico datado da fase conceitualizada por Hegel é claramente indicado quando ele contrasta a "sociedade civil" e o Estado, sugerindo que "na sociedade civil-burguesa, [...] os [indivíduos] singulares estão em *dependência recíproca*, segundo as mais variadas considerações, visto que, pelo contrário, os *Estados autônomos* são principalmente *totalidades que se satisfazem dentro de si*." (Ibidem, p. 302.) Hoje, obviamente, ninguém poderia afirmar isso em sã consciência.

*da história* e a *Filosofia do direito*, bem depois da conclusão das guerras napoleônicas e da consolidação da nova ordem social, os antagonismos da "sociedade civil" e sua formação de Estado estão demasiado em evidência para que se possa reafirmar as ilusões iluministas de Kant. Portanto, a determinação contraditoriamente "indeterminada" do comportamento do Estado por meio dos interesses materiais da "sociedade civil" deve ser reconhecida pelo que ela parece ser do ponto de vista da economia política em si. Nas palavras de Hegel:

> Mas quais violações, que podem produzir-se facilmente e em grande número no seu *amplo domínio englobante e nas vinculações multilaterais* através de seus concidadãos, sejam consideradas como ruptura determinada dos tratados ou como violação do reconhecimento e da honra, isso permanece algo *indeterminável em si*.[58]

Assim como na metáfora de Kant sobre as "inconstantes manifestações atmosféricas", o *"princípio de indeterminação"* também domina a explicação de Hegel acerca dos desenvolvimentos contínuos. E o motivo pelo qual, tanto para Kant quanto para Hegel, a lei subjacente deve permanecer o mistério de uma teleologia quase teológica deve-se ao fato de eles assumirem a permanência absoluta da "sociedade civil", em toda sua contraditoriedade, como a premissa necessária de toda explicação futura. A difícil coalescência dos constituintes multifários do processo histórico é descrita por Hegel com imagens gráficas:

> Na relação dos Estados uns frente aos outros, porque eles estão aí como *particulares*, entra o jogo extremamente móvel da particularidade interna das paixões, dos interesses, dos fins, dos talentos e das virtudes, da violência, do ilícito e dos vícios, assim como o da contingência externa nas maiores dimensões do fenômeno – um jogo no qual a totalidade ética mesma, a autonomia do Estado, está exposta à contingência. Os princípios dos *espíritos dos povos*, por causa de sua particularidade, em que eles têm sua efetividade objetiva e sua autoconsciência enquanto indivíduos *existentes*, são, em geral, delimitados.[59]

Ao mesmo tempo, o "espírito do mundo" é postulado como a resolução imaginária das multiformes contradições reais, sem se questionar minimamente, no entanto, o mundo social da "sociedade civil". Estados, nações e indivíduos particulares, diz-se, são "*instrumentos inconscientes* e membros dessa ocupação interna"[60], e os "indivíduos, enquanto subjetividades", são caracterizados como os "*instrumentos vivos*" do que é, em substância, a façanha do espírito do mundo, e, portanto, estão de acordo com esse feito, por mais que este se "lhes oculta e *não lhes é objeto e fim*"[61].

Dessa maneira, repetindo, um *insight* genuíno encontra-se inextricavelmente ligado a uma mistificação apologética. Por um lado, reconhece-se que há uma legalidade inerente no processo histórico que necessariamente transcende as aspirações limitadas e auto-orientadas dos indivíduos particulares. Por conseguinte, o caráter objetivo das determinações históricas é apreendido da única maneira possível a partir do ponto de vista da economia política e da "sociedade civil": como o conjunto paradoxalmente consciente/inconsciente de inte-

---

[58] Ibidem, p. 303.
[59] Ibidem, p. 305.
[60] Ibidem, p. 309.
[61] Idem.

rações individuais efetivamente dominado pela totalizante "astúcia da razão". Por outro lado, entretanto, a lei histórica estipulada deve ser atribuída a uma força – seja ela a "mão invisível" de Adam Smith, o plano providencial da "natureza" de Kant ou a "astúcia da razão" de Hegel – que afirma a si mesma e impõe seus próprios objetivos *contra* as intenções, desejos, ideias e desígnios conscientes dos seres humanos, mesmo que supostamente ela aja *misteriosamente por meio deles*. Pois almejar a possibilidade de uma *subjetividade coletiva* real como o agente histórico – materialmente identificável e socialmente eficaz – é radicalmente incompatível com o ponto de vista eternalizado da "sociedade civil".

Isso tem a bem-vinda consequência, a partir do ponto de vista da concepção hegeliana, de que a história – cujo dinamismo interno é atribuído ao desígnio da "razão que retorna a si mesma" – pode ser trazida para um fim na conjuntura ideologicamente necessária na história real, independentemente do que as pessoas possam pensar dessa solução. Pois qualquer rejeição consciente da ideia hegeliana do fim da história pode ser prontamente dispensada, com referência à mesma "astúcia da razão", como nada mais que a conceitualização individual inconsciente das formas ocultas nas quais o "espírito do mundo" – sobrepujando, por definição, o indivíduo particular – afirma seu objetivo último de preservar a finalidade absoluta de sua finalidade agora alcançada. Por conseguinte, a possibilidade de qualquer crítica real – isto é, abrangente – do esquema apologético defendido é rechaçada e desacreditada *a priori*. E as conclusões radicalmente antidialéticas que mencionam a Europa da época do próprio Hegel como "absolutamente o fim da história" podem ser deturpadas como a completude final da dialética histórica.

Dessa maneira, ironicamente, apesar dos avanços significativos de Hegel pormenorizadamente em relação a Kant, terminamos, em sua filosofia da história, com a finalidade fictícia do "reino germânico", que, diz-se, representa o *"ponto de inflexão absoluto"*. Pois é afirmado que no reino germânico o espírito do mundo apreende "o princípio da unidade da natureza humana e divina, a reconciliação enquanto verdade e liberdade objetivas que apareceram no interior da autoconsciência e da subjetividade, que, para realizar-se, foi confiada ao princípio nórdico dos povos germânicos"[62].

Hegel aclama os desenvolvimentos sob o princípio nórdico dos povos germânicos – incluindo os ingleses construtores de impérios, animados, como vimos anteriormente, pelo "espírito comercial" como a "reconciliação e dissolução de toda oposição", e resume suas afirmativas no que está no processo de ser realizado nos seguintes termos:

> O *presente* despoja-se de sua barbárie e de seu arbítrio ilícito, e a *verdade* despoja-se de seu além e de sua violência contingente, de modo que a *verdadeira reconciliação* se tornou objetiva, que desdobra *o Estado até ser a imagem e a efetividade da razão*, no qual a autoconsciência encontra no desenvolvimento orgânico a efetividade de seu saber e de seu querer substanciais.[63]

Hegel costumava protestar contra a intrusão do "dever-ser" na filosofia. Na verdade, no entanto, o que poderia ser mais descaradamente dominado pelo "dever" do pensamento veleitário que sua própria maneira de fazer o desenvolvimento histórico culminar no Estado moderno identificado com a imagem e a efetividade da razão?

---

[62] Ibidem, p. 313.
[63] Ibidem, p. 314.

Um dos aspectos mais contraditórios da concepção hegeliana é sua apreensão perspicaz do caráter irresistivelmente *global* do desenvolvimento contínuo e, ao mesmo tempo, sua transubstanciação em uma categoria abstrata lógica/filosófica – a categoria da "universalidade do espírito do mundo que antecipa a si mesma" – por meio da qual o dinamismo objetivo de todo o processo pode ser congelado na finalidade estática do presente estabelecido, sob a hegemonia absoluta dos "povos germânicos". O uso da *lógica* a serviço de tal fim é altamente sintomático. Pois uma vez que o desenvolvimento categorial antecipado é concluído – de acordo com os requisitos estipulados do "círculo dialético" hegeliano – e o estágio lógico/histórico da "universidade" é alcançado, não pode haver nenhum avanço concebível para além dele. Desse momento em diante, o "princípio nórdico dos povos germânicos" – declarado como sendo o princípio plenamente adequado do estágio consumado da universalidade – adquire sua significância representativa e validade historicamente intransponível. Portanto, enquanto o desdobramento real da história é radicalmente incompatível com a ideia de seu fechamento, a identificação arbitrária de seu "estágio germânico" com a categoria da "universalidade" realiza de maneira bem-sucedida o propósito ideológico apologético de finalizar a história no presente. Por conseguinte, a categoria hegeliana de "universalidade" torna-se a legitimadora absoluta das relações de poder dominantes, bem como a juíza presunçosa de tudo que não corresponde ao seu padrão, favorecedor de si mesmo e nada mais.

Podemos ver as consequências intelectuais devastadoras das determinações ideológicas que produzem tal racionalização pseudouniversal dos interesses sociais mais estreitamente particularistas na discussão de Hegel sobre o "caráter africano". Ele parte da declaração de que

> O caráter tipicamente africano é, por isso, de difícil compreensão, pois para apreendê-lo temos que renunciar ao princípio que acompanha todas as nossas ideias, ou seja, a categoria da universalidade. A principal característica dos negros é que sua consciência ainda não atingiu a intuição de qualquer objetividade fixa. [...] O negro representa, como já foi dito, o homem natural, selvagem e indomável. Devemos nos livrar de toda reverência, de toda moralidade e de tudo que chamamos sentimento, para realmente compreendê-lo. Neles, nada evoca a ideia do caráter humano.[64]

Quanto à evidência necessária para substanciar tais afirmações, Hegel não se envergonha de se basear – o que em outro lugar ele descartaria, com o maior desdém, como "boato e preconceito popular", se não coisa muito pior – nos "extensos relatórios dos missionários"[65]. E eis um exemplo dos "relatos", cujo nível intelectual não é mais alto que a pior espécie de imbecilidade missionária, a qual Hegel, não obstante, incorpora com toda seriedade em sua "avaliação filosófica" do "caráter africano":

> Em tempos remotos, um Estado de mulheres ficou bastante conhecido por suas conquistas: era um Estado em cuja posição mais elevada estava uma mulher. Ela triturou o próprio filho num almofariz, untou-se com o sangue dele e ordenou que houvesse sempre sangue de crianças à volta. Os homens, ela expulsou ou matou, e ordenou matar todas as crianças do sexo

---

[64] Idem, *Filosofia da história*, cit., p. 83-4.
[65] Ibidem, p. 84.

masculino. Essas fúrias destruíam tudo nos povoados vizinhos e eram levadas a contínuos saques, pois não cultivavam a terra. Os prisioneiros de guerra masculinos eram utilizados para a procriação; as mulheres grávidas tinham que se afastar do acampamento durante a gravidez, e caso tivessem um filho do sexo masculino, tinham que eliminá-lo. Esse famigerado Estado desapareceu mais tarde.[66]

Todos os alegados defeitos e traços negativos do "caráter africano" são atribuídos à ausência fatal de qualquer consciência de universalidade. Portanto, de acordo com Hegel,

> [...] os negros demonstram esse desprezo total com relação ao homem, que sob o ponto de vista jurídico e moral constitui a determinação básica. Também não existe o conhecimento da imortalidade da alma, apesar de surgirem fantasmas dos falecidos. A carência de valor dos homens chega a ser inacreditável. A tirania não é considerada uma injustiça, e comer carne humana é considerado algo comum e permitido. Se o instinto não nos permite comer carne humana – e se é que se pode falar apropriadamente de instinto entre os humanos –, entre os negros isso não acontece, e devorar humanos está ligado ao princípio geral africano.[67]

Se um pensador da estatura de Hegel entrega-se a tais fantasias racistas absurdas, não se pode simplesmente enfrentar isso ao afirmar circularmente que se trata de algum tipo de "erro" da parte dele. Pois há muito mais a dizer sobre essa ânsia ideológica em acreditar no inacreditável do que "ingenuidade" e "erro" filosófico. De fato, a verdadeira motivação por trás de sua avaliação da "raça africana" revela-se na discussão de Hegel sobre a *escravidão*. Ela está cheia de contradições lógicas elementares, pelas quais ele não teria hesitado reprovar seus alunos do primeiro ano da escola secundária quando ensinou filosofia no Ginásio de Nüremberg.

Por um lado, ele declara que, "se voltamos nossa atenção agora para os *elementos da constituição política* desse povo, vemos que a *própria natureza deles impede* a existência de qualquer constituição desse tipo"[68]. E mais uma vez: "sobressai a natureza indomável que distingue o caráter dos negros. Desse Estado *nada se desenvolve* e nele nada se forma – e, como hoje percebemos, *os negros sempre foram assim*"[69]. Contudo, embora insista categoricamente – como uma questão de determinações absolutas, raciais – na *impossibilidade* de melhoria e avanço com respeito à "África [...] sem história"[70], ao mesmo tempo ele pode tanto "se opor" à escravidão quanto defendê-la em nome da condição – *a priori* insatisfazível – da "maturação progressiva", dizendo que "a escravidão é, em si e por si, injustiça, pois a essência humana é a liberdade. Mas, para chegar à liberdade, o homem tem que *amadurecer*. Portanto, a abolição *progressiva* da escravidão é algo mais apropriado e correto do que sua abrupta anulação"[71]. Uma "lógica" de fato digna de Ian Smith da Rodésia, em seu pior.

---

[66] Ibidem, p. 87.
[67] Ibidem, p. 85.
[68] Ibidem, p. 86.
[69] Ibidem, p. 88.
[70] Idem.
[71] Idem.

Nas raízes dessa filosofia da história descaradamente autocontraditória encontramos não só o arrogante "princípio nórdico dos povos germânicos" – que domina a maior parte do mundo ainda hoje –, mas, repetindo, a glorificação do Estado moderno. Pois é em relação à "racionalidade inerente" deste que Hegel tem a petulância de sustentar que os "negros" estão em melhor condição na escravidão dentro do quadro do Estado germânico do que entre si mesmos, sob sua "condição natural" inferior:

> Os negros são escravizados pelos europeus e vendidos na América. Entretanto, em sua própria terra, sua sorte é, na prática, ainda pior. [...] A única relação essencial que os negros tiveram – e têm – com os europeus é a escravatura. Os negros não a consideram algo inadequado ou incomum; e os ingleses, que tanto fizeram pela abolição do comércio de escravos, são tratados por eles como inimigos. [...] O ensinamento que extraímos *dessa situação* de escravidão dos negros, e que nos interessa, é essa ideia de que o estado natural é o estado da injustiça absoluta e completa [...] Existente mesmo *no Estado*, a escravidão é uma fase de *educação*, um momento de *passagem* de uma existência isolada e sensível para um tipo de *participação* futura, *em uma moralidade mais sublime* e na cultura associada e essa moralidade.[72]

E isso não é tudo. Pois dentro do quadro de referência da racionalidade alegadamente mais alta do Estado germânico, tudo pode ser virado de cabeça para baixo, sempre que o interesse de justificar ideologicamente o injustificável o exigir. Por conseguinte, é-nos dito por Hegel que se os europeus exterminam milhares de africanos, a responsabilidade e a culpa por tais atos devem ser atribuídas à "não estima à vida" dos que resistem aos seus invasores:

> No que tange ao desprezo do negro pelo homem, não é tanto o desprezo pela morte como a não estima à vida que o caracterizam. A não estima à vida resulta nessa coragem dos negros, que apoiados em imensa força física permitem, com indiferença, que os europeus atirem em milhares deles na guerra. Para eles, a vida só tem valor quando existe algo sublime como fim.[73]

E, obviamente, a "coragem dos negros" é totalmente inútil por conta de sua falha em fazer jus aos requisitos aprioristicos que medem o "teor" de tudo na vida pública, nos termos de sua conformidade ou não com os interesses acriticamente assumidos do Estado germânico. Afinal, "o teor da valentia, enquanto disposição de espírito, reside no fim último absoluto verdadeiro, a soberania do Estado"[74]. Como se poderia possivelmente argumentar contra a "imagem e efetividade da razão" defendida nesses termos?

A peculiaridade das filosofias kantiana e hegeliana da história foi que elas não puderam se contentar com a reivindicação da *necessidade* sobre o fundamento das determinações naturais. Ao encarar, como eles o fizeram, o objeto de suas aspirações, o mundo idealizado do "espírito comercial", da distância de um país economicamente e politicamente subdesenvolvido – uma distância que dolorosamente sublinhava o fato de que sua "necessidade" era em grande medida um mero *desiderato* em seu próprio país – eles tiveram de fortalecer suas reivindicações por meio de referências aos "princípios *a priori* da razão" e às "determinações absolutas" da "ciência da lógica". Em contraste, os clássicos da economia

---

[72] Ibidem, p. 85-8.
[73] Ibidem, p. 86.
[74] Idem, *Filosofia do direito*, cit., p. 299-300.

política inglesa, como veremos mais adiante, não precisaram de modo algum das muletas da "necessidade lógica" idealista. Contemporâneos do poder em desdobramento do capital e de sua revolução industrial, eles puderam, sem delongas, confidentemente elevar à ordem da necessidade incontestável as alegadas características da "natureza humana" e as contingências prevalecentes do modo de produção capitalista. Tampouco precisavam idealizar o Estado moderno. Ao contrário, eles estavam interessados precisamente em assegurar a maior margem de ação possível às autoexpansivas forças econômicas em si. Isso implicou, obviamente, o mais severo encurtamento do poder de interferência direta do Estado no metabolismo socioeconômico, que, dizia-se, era, em todo caso, idealmente regulado pela benevolente "mão invisível" em si.

A transubstanciação hegeliana da contingência particularista da "sociedade civil" em "necessidade lógica" e "universalidade", e a identidade estipulada dessa universalidade com o "princípio do mundo moderno" também foi, portanto, a expressão de fraqueza e uma busca pelos aliados ideais sob as condições material e politicamente precárias da "miséria alemã" (Marx). Paradoxalmente, no entanto, essa posição precária revelou-se ser uma grande vantagem, de algumas maneiras, no desenvolvimento da filosofia alemã. Pois a distância imposta das determinações imediatas do dinamismo em desdobramento do capital permitiu que os maiores representantes da filosofia alemã – sobretudo o próprio Hegel – elaborassem os princípios fundamentais do pensamento dialético, mesmo que de forma mistificada. (Veremos, a esse respeito, na próxima seção, a relativa superioridade de Hegel em relação a Ricardo, no que tange à relação dialética entre conteúdo e forma.)

Não obstante, a racionalização idealista das contingências materiais – e com isso sua elevação às alturas da "necessidade ideal" – impôs suas consequências negativas a todos os níveis da filosofia hegeliana. Até mesmo os processos materiais mais óbvios tiveram de ser virados de cabeça para baixo e distorcidos de modo a que se fosse capaz de "deduzi-los" a partir da autodeterminação da ideia, de acordo com o "princípio" e a "categoria" idealmente estipulados do período histórico ao qual pertenciam. Como um exemplo, podemos pensar na forma pela qual até mesmo a tecnologia do combate hostil [*warfare*] moderno foi deduzida por Hegel a partir do "pensamento e do universal". Pois, segundo ele,

> O *princípio do mundo moderno*, o pensamento e o universal, deram à valentia uma figura superior de que sua externação parece ser *mais mecânica* e não aparece como um atuar dessa pessoa particular, porém apenas enquanto membro de um *todo*, – igualmente de que ela não é mais dirigida contra as pessoas singulares, porém contra um *todo* hostil em geral, com isso a coragem *pessoal não* aparece como *pessoal*. *Por causa disso*, esse *princípio inventou a arma de fogo*, e a invenção *contingente* dessa arma não transformou a mera figura pessoal da valentia numa figura mais *abstrata*.[75]

Dessa forma, por meio de sua derivação direta do "princípio do mundo moderno", a contingência material do combate hostil moderno cada vez mais poderoso, enraizado em uma tecnologia capitalista globalmente em expansão, adquiriu não só sua "necessidade ideal", mas também foi simultaneamente estabelecido acima de toda crítica concebível, em virtude

---

[75] Ibidem, p. 301.

de sua plena adequação – a "racionalidade da efetividade" – àquele princípio. E como a coragem como "teor" era em si inextricavelmente ligada ao "fim último absoluto verdadeiro, a soberania do Estado", como vimos acima, o círculo apologético da história, que atinge sua culminação no Estado germânico "civilizador", com seu combate hostil moderno cruelmente eficaz, "inventado pelo pensamento" em nome da realização, de uma forma convenientemente "não pessoal", da "imagem e efetividade da razão", estava totalmente fechado.

Inevitavelmente, portanto, tal concepção de história e do Estado só poderia produzir, no sistema hegeliano, uma dialética truncada, com o "Espírito que retorna a si mesmo" como seu princípio orientador, e a *circularidade* como seu concomitante necessário, no que se refere às verdadeiras determinações históricas. A conceitualização circular da ordem estabelecida, estipulando que "o que é racional, isto é efetivo; e o que é efetivo, isto é racional"[76], dissolveu cada contradição do "agora essencial", ao escapar do real para a "liberdade interior" do pensar, deixando ao mesmo tempo intacto o mundo prático, com todas as suas contradições, em sua necessária "alteridade": como, por definição, o campo de uma permanente – porém filosoficamente irrelevante – alienação[77]. Ao mesmo tempo, ela teve de concluir com apologética resignação que "reconhecer a razão como a rosa na cruz do presente e, com isso, *alegrar-se com esse*, tal *discernimento racional é a reconciliação com a efetividade*"[78].

Se Hegel teve de reconhecer que havia um "frio desprezo", como vinha defendendo, ele sempre poderia escapar dessa dificuldade insistindo que há uma "paz mais calorosa"[79] em sua reconciliação da "razão" com a efetividade do que haveria de outra maneira. Em determinado momento, em consonância com sua caracterização lógico/antropológica[80] dos estágios do desenvolvimento histórico – que servem às suas conclusões apologéticas em outros aspectos, indicando que não poderia haver nenhum avanço concebível para além da fase final da "velhice", correspondendo à formação do Estado germânico – ele teve de admitir que a comparação era inerentemente problemática. Mas teve sucesso ao extricar-se até mesmo desse encurralamento, por meio de um sofisma definicional, ao dizer que: "A velhice natural é *fraqueza*, mas a velhice do espírito é a *perfeita maturidade e força*; nela, ele retorna à unidade consigo, em seu caráter totalmente desenvolvido como espírito"[81].

Contudo, nenhuma engenhosidade poderia remover a *resignação* da defendida reconciliação com o mundo estabelecido. Pois a afirmação anteriormente citada de que "a

---

[76] Ibidem, p. 41.

[77] "O interesse prático precisa dos objetos, *consome-os* [destaque: não *os produz*]; o *teórico observa-os* com a segurança de que eles não são diferentes entre si. Assim, o *ápice* da interioridade é o pensamento. *O homem não é livre se não pensa*, apenas mantém com o mundo à sua volta uma relação com *uma outra forma de ser*". Idem, *Filosofia da história*, cit., p. 361. [Na edição utilizada por Mészáros, o termo "*alien*" aparece quando Hegel afirma que os objetos "não são diferentes entre si" (*they present no alien element*) e quando se refere a "uma relação com uma outra forma de ser" (*to another, and alien form of being*). (N. E.)]

[78] G. W. F. Hegel, *Filosofia do direito*, cit., p. 43.

[79] Ibidem, p. 44.

[80] Esse quadro de deduções lógicas/antropológicas é adotado não só na *Filosofia do direito* e na *Filosofia da história*, mas também na *Filosofia do espírito*.

[81] G. W. F. Hegel, *Filosofia da história*, cit., p. 97.

verdadeira *reconciliação* se tornou objetiva, que desdobra o Estado até ser a imagem e a *efetividade da razão*"[82] não poderia ser separada da metáfora pessimista de Hegel da "coruja de Minerva". Essa conclusão apareceu na mesma obra que reiterou, na oposição mais estranha possível ao "dever", a aceitação do imperativo frio de uma "paz com o presente", ao reconhecer que tudo só acontece ao acaso:

> Sobre ensinar como o mundo deve ser, para falar ainda uma palavra, de toda maneira a filosofia chega sempre tarde demais. Enquanto pensamento do mundo, ela somente aparece no tempo depois que a efetividade completou seu processo de formação e se concluiu. Aquilo que ensina o conceito mostra necessariamente do mesmo modo a história, de que somente na *maturidade da efetividade* aparece o ideal diante do real e edifica para si esse mesmo mundo, apreendido em sua substância na figura de um *reino intelectual*. Quando a filosofia pinta seu cinza sobre cinza então uma figura da vida se tornou velha e, com cinza sobre cinza, ela *não se deixa rejuvenescer*, porém apenas conhecer; a coruja de Minerva somente começa seu voo com a irrupção do crepúsculo.[83]

Portanto, o reconhecimento de um estado de coisas inerentemente problemático não poderia ser levado mais adiante, pois teria solapado o constructo filosófico inteiro e sua eficácia social. Como tantas vezes na filosofia hegeliana, o "interesse teórico" do conhecimento – um *insight* dialético genuíno sobre uma contradição objetiva – colidiu com o "interesse prático" de sustentar a ordem estabelecida como dada, não importa quão agudas suas contradições.

É por isso que, em última instância, a concepção histórica de Hegel teve de tropeçar nos obstáculos de seu próprio horizonte social – o horizonte da "sociedade civil", em consonância com o ponto de vista da economia política –, que não poderia oferecer nenhuma solução para as contradições percebidas. Pois embora no *trabalho*, por exemplo, ele tenha reconhecido, com um tremendo *insight*, tanto o fundamento da história quanto a condição deplorável da individualidade alienada, Hegel produziu uma pseudossolução para essa contradição objetiva, preservando-a na realidade enquanto transferia sua imagem fantasma para o "reino intelectual" da filosofia especulativa, com isso esvaziando-a totalmente de sua dimensão histórica e poder explicativo reais. Como ele não podia ver nenhuma saída da condição contraditória, em virtude da qual "o homem [no sentido lógico/antropológico hegeliano geral do termo], ao contrário, vive na busca de um fim objetivo, que persegue de forma consequente, mesmo que, *contra a*

---

[82] Idem, *Filosofia do direito*, cit., p. 313-4. A passagem continua reivindicando que "a autoconsciência [no Estado] encontra no desenvolvimento orgânico a efetividade de seu saber e de seu querer substanciais" (idem).

[83] Ibidem, p. 44. É importante notar que o conceito de "maturidade da efetividade", nesta passagem – assim como a "perfeita maturidade do espírito" na *Filosofia do espírito*, de Hegel –, é um conceito totalmente apologético. De fato, esses dois conceitos – "maturidade" do espírito e "maturidade da efetividade" – estão intimamente ligados e podem adquirir seu pleno significado somente em relação um ao outro. Da mesma forma, a analogia orgânico/antropológica das "idades do homem" (de novo, na *Filosofia do espírito*) em sua ligação com o desdobramento do espírito – uma analogia que permanece uma mera externalidade, posto que desconsidera completamente as determinações históricas reais e pressuposições objetivas dos *organismos reais* – torna-se inteligível nos termos das funções ideológicas apologéticas que ela tem de cumprir na concepção hegeliana.

*sua individualidade*"⁸⁴, ele teve de acabar com a quimera da "autoatividade do espírito", cumprindo seu "destino histórico" no reino totalmente a-histórico do "eternamente presente", conforme inventado pela lógica especulativa.

## 5.6 Concepções naturalista e dialética da necessidade

As concepções materialistas que se originam no fundamento social da "sociedade civil" – idealizadas a partir do ponto de vista da economia política do capital – são igualmente restringidas por seu ponto de vista característico. Não é surpreendente, portanto, que Marx não seja menos crítico das conceitualizações materialistas do desenvolvimento histórico do que de suas contrapartidas idealistas. Pois, enquanto os predecessores materialistas de Marx operaram com modelos *naturalistas* da vida social, o pensador alemão conscientemente define sua própria posição como dialética, e por isso irreprimivelmente histórica.

Em nenhum outro lugar a oposição irreconciliável entre materialismo dialético e materialismo naturalista é mais intensa que em suas respectivas concepções de *necessidade* [*necessity*]. A concepção dialética coloca em relevo a dinâmica e a *especificidade históricas* do processo analisado. Em contraste, a abordagem naturalista tende a obliterar as especificidades históricas e transubstanciá-las em características e determinações declaradas *naturais*.

Marx ilustra claramente essa oposição em sua crítica dos economistas políticos, salientando a função ideológica apologética da abordagem geral destes. Desse modo, Malthus, por exemplo,

> [...] considera a superpopulação nas diferentes fases do desenvolvimento econômico como algo da mesma espécie; não entende sua diferença *específica* e, por isso, reduz estupidamente essas relações muito complicadas e variáveis a uma única relação, em que se confrontam como duas *séries naturais*, de um lado, a reprodução *natural* do ser humano e, de outro, a reprodução *natural* dos vegetais (ou meios de subsistência), uma das quais se reproduz geometricamente, a outra, aritmeticamente. Desse modo, transforma as relações *historicamente distintas* em uma relação *numérica abstrata*, tirada simplesmente do nada, que não se baseia nem em leis naturais nem em leis históricas. Haveria uma diferença natural, por exemplo, entre a reprodução do ser humano e a dos cereais. O imbecil subentende com isso que o aumento do ser humano é um *processo puramente natural* que precisa de *limitações*, controles *externos* para não continuar em uma progressão geométrica. [...] Os limites *imanentes, historicamente mutáveis*, do processo de reprodução humana, Malthus transforma em *obstáculos externos*; as limitações externas da reprodução natural, em limites imanentes ou *leis naturais* da reprodução.⁸⁵

Como podemos ver, a transubstanciação do historicamente específico em uma determinação "natural" atemporal e a concomitante *inversão* da relação entre os limites imanentes e os obstáculos externos em prol da invenção de uma alegada "lei natural" não são simples "equívocos" ou "confusões conceituais". Pelo contrário, elas cumprem a função ideológica óbvia de "eternizar" a ordem social/econômica dada: transferindo suas características históricas, e portanto mutáveis, para um plano "natural" ficticiamente permanente.

---

⁸⁴ Idem, *Filosofia da história*, cit., p. 189.
⁸⁵ Karl Marx, *Grundrisse*, cit., p. 605-7.

Isso acaba sendo o caso não só em Malthus, o "clérigo imbecil", mas até mesmo nas notáveis figuras da economia política burguesa – incluindo Adam Smith e Ricardo – que são frequentemente exaltados por Marx. Assim, Adam Smith trata o trabalho e a divisão do trabalho como força *natural* humana em geral, a-historicamente ligando esta ao capital e à renda, e construindo a partir desses elementos um "círculo vicioso" de pressuposições autossustentadoras das quais não pode haver escapatória.

Com Adam Smith

[...] o trabalho é a fonte dos valores, bem como da riqueza, mas no fundo põe mais-valor tão somente à medida que, na divisão do trabalho, o excedente aparece como *dádiva natural*, como força natural da sociedade, como a terra, nos fisiocratas. Daí a grande importância que A. Smith confere à *divisão do trabalho*. Por outro lado, nele o capital (porque ainda que Smith, com efeito, conceba o trabalho como criador de valor, concebe o próprio trabalho, entretanto, como *valor de uso*, como produtividade para si, como *força natural humana em geral* (o que o distingue dos fisiocratas), mas não como *trabalho assalariado*, não em sua determinação formal *específica* em *contraposição ao capital*) não aparece *originariamente* contendo *em si mesmo de forma antitética* o momento do trabalho assalariado, mas tal como ele *provém da circulação*, como dinheiro e, em consequência, tal como ele devém capital a partir da *circulação por meio da poupança*. Por conseguinte, o capital originalmente não se valoriza a si mesmo – justamente porque a *apropriação de trabalho alheio* não está incorporada em seu próprio conceito. Tal apropriação só aparece *posteriormente*, depois que o capital já é *pressuposto* como capital – *círculo vicioso* –, como *comando sobre trabalho alheio*. Em virtude disto, de acordo com A. Smith, o trabalho deveria na verdade ter como salário o seu próprio produto, o salário deveria ser = ao produto, portanto, o trabalho não deveria ser trabalho assalariado e o capital não deveria ser capital. Por isso, para introduzir o *lucro* e a *renda* como elementos *originais* dos custos de produção, i.e., para fazer sair um *mais-valor* do processo de produção do capital, Smith os *pressupõe* da forma mais rudimentar. O capitalista *não pretende* ceder de graça o uso de seu capital para a produção; o mesmo vale para o proprietário fundiário e suas terras. Eles exigem algo em troca. Desse modo, eles são *assimilados*, com suas *pretensões*, como fatos históricos não *explicados*.[86]

Portanto, esse comportamento "rudimentar" de um grande pensador – a pressuposição descaradamente circular do que deve ser historicamente traçado e explicado – produz o resultado ideologicamente bem-vindo de transformar as condições específicas do processo de trabalho capitalista nas *condições naturais* atemporais da produção de riqueza em geral. Ao mesmo tempo, uma necessidade *social/histórica* determinada – com a temporalidade apropriada a ela – é transformada em uma necessidade *natural* e uma condição *absoluta* da vida social enquanto tal. Ademais, como a questão da *origem* do capital é circularmente evitada – isto é, sua gênese a partir da "apropriação de trabalho alheio", em permanente *contraposição* ao trabalho –, o caráter inerentemente *contraditório*, de fato em última instância explosivo, desse modo de produzir riqueza permanece convenientemente escondido da visão, e a conceitualização burguesa do processo de trabalho capitalista, predicando a finalidade absoluta das condições "naturais" dadas, não pode ser perturbado pelo pensamento da dinâmica histórica e suas contradições objetivas.

---

[86] Ibidem, p. 329-30.

Da mesma maneira, David Ricardo concebe a relação de trabalho assalariado e capital

[...] não como forma social *histórica determinada*, mas como forma social *natural* para a produção da riqueza como valor de uso, i.e., [para Ricardo] a sua forma enquanto tal, precisamente porque é *natural*, é indiferente, e não é concebida em sua relação *determinada* com a forma da riqueza, da mesma maneira que a própria riqueza, em sua forma como *valor de troca*, aparece como *simples mediação formal* de sua existência *material*; daí por que o caráter determinado da riqueza *burguesa* não é compreendido – exatamente porque ela aparece como a forma *adequada* da *riqueza em geral*, e daí por que também economicamente, ainda que se tenha partido do valor de troca, as formas econômicas determinadas da própria troca não desempenham absolutamente nenhum papel em sua Economia, mas não se fala nada além da repartição do produto universal do trabalho e da terra entre as três classes, como se na riqueza fundada sobre o *valor de troca* se tratasse apenas do *valor de uso* e como se o valor de troca fosse apenas uma forma *cerimonial*, que em Ricardo desaparece da mesma maneira que o dinheiro como meio de circulação desaparece na troca.[87]

Novamente, o historicamente específico é transformado no alegadamente "natural" e, portanto, àquilo que é na realidade *transiente* é dado o *status* de uma *necessidade natural*. A fusão entre "valor de uso" e "valor de troca" – que podemos testemunhar também em Adam Smith – não é de modo algum acidental. Pois graças a tal fusão, uma forma altamente problemática (de fato *contraditória*, e em última instância *explosiva*) de riqueza – uma que necessariamente subordina a produção do valor de uso à expansão, não importa quão perdulária, do valor de troca – pode ser apresentada como "a forma *adequada* da *riqueza em geral*". O método usado é igualmente revelador. Ele consiste na separação e na oposição não dialéticas de conteúdo e forma[88] por meio da qual o aspecto potencialmente crítico da forma de valor dada (a *dualidade* de valor de uso e valor de troca) pode ser reduzido a uma irrelevância simplesmente "formal", ao passo que a dimensão apologética da mesma forma histórica de valor (valor de troca deturpado como valor de uso) é elevada a ser uma substância "*material*" e "*natural*", de modo a lhe conferir o *status* de uma necessidade absoluta.

---

[87] Ibidem, p. 331.

[88] A esse respeito, podemos identificar claramente a superioridade de Hegel, pois ele apresenta *insights* genuínos sobre a inter-relação dialética entre conteúdo e forma. Significantemente, no entanto, esses *insights* são possibilitados não *apesar* do, mas, pelo contrário, *por causa* do caráter abstrato-especulativo da filosofia hegeliana. Pois as determinações ideológicas do "ponto de vista da economia política" burguesa afirmam a si mesmas de uma única vez, com grande imediaticidade, quando se deve descer das alturas do reino da abstração para um terreno onde se deve confrontar as questões tangíveis de exploração e dominação tal como manifestas nas contradições internas da forma de valor. Nesse terreno, compreender as determinações materiais objetivas subjacentes às mudanças na forma pela qual, por exemplo, o trabalho vivo é transformado em capital/trabalho armazenado e domina a si mesmo de maneira hostil, sob a aparência de um poder externo intranscendível, torna-se bastante perigoso para os beneficiários do ponto de vista da economia política. Pois o *inverso* das mesmas transformações – no sentido de o trabalho vivo assumindo o controle sobre suas próprias condições materiais – poderia ser almejado sob o impacto das contradições persistentes e sempre em intensificação. É relativamente fácil ver a verdade de determinadas interconexões conceituais quando não dói. Tudo muda radicalmente, no entanto, quando revelar as complexidades e interdeterminações dialéticas objetivas de conteúdo e forma tende a solapar os interesses de algum intento apologético. Nesse caso, o *status quo* está muito mais bem apoiado quando a dinâmica das transformações dialéticas podem ser congeladas pela oposição do meramente "formal" à "substância material" declarada permanente, transformando num mistério a separação estipulada *a priori*.

A obliteração da dialética histórica, a eliminação das especificidades sócio-históricas em nome da produção de necessidades naturais imaginárias – a serviço da "eternalização" das relações burguesas de produção – é um dos principais objetos da crítica marxiana. O que está implícito nessa crítica é a preocupação com a autoemancipação dos produtores associados em relação ao "poder [fetichista]* das coisas" (um tema recorrente nos escritos de Marx, desde a juventude até a velhice), opondo à "reificação" capitalista as potencialidades objetivamente em desdobramento de um modo de ação genuinamente autônomo. Enfrentar a questão da "necessidade" – no sentido tanto de traçar a linha de demarcação entre necessidade natural e social quanto no de determinar com precisão o caráter histórico, portanto transitório, desta última – é uma parte integrante dessa preocupação.

Referindo-se à definição de Ricardo de capital fixo e circulante, nos termos de seu grau relativo de perecibilidade, Marx escreve:

> De acordo com isso [essa visão], um bule de café seria capital fixo, mas o café, circulante. O *materialismo tosco* dos economistas, de considerar como qualidades *naturais* das *coisas* as *relações sociais* de produção dos seres humanos e as determinações que as coisas recebem, enquanto subsumidas a tais relações, é um *idealismo* igualmente tosco, um *fetichismo* que *atribui às coisas relações sociais* como determinações que lhes são imanentes e assim as *mistifica*.[89]

A questão é que as coisas não se tornam capital – seja circulante ou fixo – em virtude de suas propriedades *naturais*, mas sim por conta de serem *subsumidas* a determinadas relações sociais. Se fosse realmente esse o caso, como Adam Smith, Ricardo e outros afirmaram, de que o modo de produção historicamente dado fosse a expressão "adequada" das características *naturais* das coisas e da "*lei natural*" do intercâmbio e da produção sociais enquanto tais, então não poderia haver saída do "círculo vicioso" de se pressupor *a priori* o capital de modo a viver com ele para sempre. Esse "materialismo tosco" e idealismo fetichista dos economistas políticos – sua capitulação, de um jeito ou de outro, ante o poder das coisas – serve precisamente ao fim ideológico apologético de declarar inquebrável seu círculo vicioso. É por isso que a tarefa de "desmistificação" é inseparável de uma definição precisa do natural e do social, do "absoluto" (isto é, duradouro à maneira da natureza) e do especificamente histórico, apreendendo as necessidades envolvidas dentro de seus parâmetros sociais/históricos, e não como absolutos intranscendíveis, por conta de seu fundamento "natural" arbitrariamente imputado.

## 5.7 Carência e necessidade na dialética histórica

Um dos aspectos mais importantes desse complexo de problemas diz respeito à relação entre *carência* [*need*] e *necessidade* [*necessity*]; e na verdade ao caráter inerentemente *histórico* de ambas. Nada ilustra isso de maneira mais clara do que a razão mutável entre necessidades naturais e carências sociais no curso da redução do tempo de trabalho

---

\* Inserção de Mészáros. (N. E.)
[89] Ibidem, p. 687.

necessário e da adoção crescente de "luxos" como necessidades sociais. A necessidade envolvida nessas transformações:

> [...] é mutável, uma vez que as necessidades [*needs*]* são produzidas tanto quanto o são os produtos e as diferentes habilidades de trabalho. Há variações para mais ou para menos no âmbito dessas necessidades [*needs*] e trabalhos necessários. Quanto mais as *necessidades* [*needs*], elas próprias *historicamente* postas – necessidades [*needs*] geradas pela própria produção, as *necessidades* [*needs*] *sociais* –, necessidades [*needs*] que são elas próprias o resultado da produção e relação sociais, são postas como *necessárias*, tanto mais elevado é o desenvolvimento da *riqueza real*. Materialmente considerada, a riqueza consiste unicamente da *diversidade das necessidades* [*needs*]. [...] Essa remoção do *solo natural* sob o solo de toda indústria e a transposição de suas condições de produção para fora dela em uma conexão universal – por conseguinte, a transformação daquilo que aparece *supérfluo* em algo *necessário*, em *necessidade* [*necessity*] historicamente produzida – é a tendência do capital. A própria troca universal, o *mercado mundial* e, em consequência, a totalidade das atividades, do intercâmbio, das necessidades [*needs*] etc., dos quais ela consiste, devêm o fundamento universal de todas as indústrias. O *luxo* é o contrário do *naturalmente necessário*. As necessidades [*needs*] naturais são as necessidades [*needs*] do indivíduo, ele próprio *reduzido a um sujeito natural*. O desenvolvimento da indústria *abole essa necessidade* [*necessity*] *natural*, assim como aquele luxo – na sociedade burguesa, entretanto, o faz somente de *modo antitético*, uma vez que ela própria repõe uma certa norma social como a norma necessária frente ao luxo.[90]

Pode soar estranho ouvir que a necessidade é "mutável", até que nos lembremos de que o ser natural ao qual se aplica essa condição é um ser natural único, que introduz um modo totalmente novo de causalidade na ordem da natureza por meio de sua atividade produtiva. Daí as relações naturais originais não serem meramente modificadas até certo grau, mas poderem ser radicalmente invertidas no curso do desenvolvimento histórico. É dessa maneira que aquilo que é a princípio naturalmente necessário torna-se *historicamente superado* [*superseded*] por meio da produção de *novas carências* em si. Consequentemente, prender-se à noção do "natural" atemporal não passa de uma mistificação que implica a absurda *redução* do indivíduo humano a um "sujeito natural", irreconhecivelmente bruto, à semelhança de um animal.

O outro lado da mesma moeda é que, assim como a necessidade natural original é historicamente deslocada e se torna uma restrição *supérflua* e intolerável a partir do ponto de vista tanto do indivíduo quanto do metabolismo social em geral, da mesma forma, o "luxo" anteriormente supérfluo e geralmente inacessível torna-se vitalmente necessário não apenas do ponto de vista dos indivíduos separados, mas, sobretudo, com respeito à reprodução continuada das condições elementares recém-criadas da vida social enquanto tal. Pois, por meio do avanço das forças produtivas, o estritamente natural progressivamente retrocede, e um novo conjunto de determinações entra em seu lugar. Consequentemente, a remoção dos "luxos" recém-adquiridos e estruturalmente incorporados (difusos, generalizados) do quadro de produção existente carregaria consigo o colapso de todo o sistema de produção.

---

\* Todos estes colchetes foram inseridos de modo a evidenciar a diferenciação terminológica, que consta na edição inglesa dos *Grundrisse*, e que serve de fundamento à explicação de Mészáros. (N. E.).

[90] Ibidem, p. 527-8.

Não se trata aqui de um processo não problemático, longe disso, posto que a transformação do anteriormente necessário em supérfluo, e vice-versa, simultaneamente remove todos os tipos de restrições objetivas e abre a possibilidade não somente de avanços históricos genuínos, mas também de descoberta de "soluções" bastante arbitrárias e manipuladoras para os problemas e contradições recém-gerados da vida social/econômica. Daí a distinção necessária entre o crescimento de riqueza como o desenvolvimento da "diversidade das necessidades", de um lado, e a produção e a imposição manipuladoras dos "apetites artificiais", do outro, posto que estes surgem das carências perdulárias de um processo de produção alienado, e não das carências do "indivíduo socialmente rico". Pois contanto que o processo de produção siga suas próprias determinações na multiplicação de riqueza, divorciado do desígnio humano consciente, os produtos desse procedimento alienado devem ser superimpostos sobre os indivíduos como "seus apetites", no interesse do sistema de produção prevalecente, independentemente das consequências mais a longo prazo. Como resultado, a "remoção do solo natural sob o solo de toda indústria" traz consigo não uma liberação da *necessidade* enquanto tal, mas a imposição cruel e a difusão universal de um novo tipo de necessidade.

## 5.8 A fusão entre necessidade natural e necessidade histórica

Do ponto de vista da ordem social burguesa, esse novo tipo de necessidade é tão *absoluto* quanto era a necessidade natural antes de ser deslocada pelo desenvolvimento histórico. É por isso que os economistas políticos não podem conceitualizar o verdadeiro potencial liberador das transformações sociais/econômicas contínuas. E, em vez disso, eles precisam fundir a necessidade histórica prevalecente com a "necessidade natural", de modo a poder defender a *necessidade* em última instância *desnecessária* do processo de trabalho capitalista como *necessidade absoluta* e horizonte natural intranscendível de toda vida social.

Essa fusão do "natural" e do "necessário" é realizada não para se prestar a mínima atenção à natureza em si, mas, ao contrário, de modo a poder contradizê-la da maneira mais descarada: declarando as necessidades autopropulsoras do modo de produção prevalecente como sendo "naturais/absolutas", decretando com isso a "naturalidade" inquestionável de até mesmo os apetites mais artificiais que surgem das carências alienadas do valor de troca autoexpansível.

Se a "natureza humana" fixa, arbitrariamente estipulada – com seu "egotismo" necessário (Hobbes, Kant etc.) e "propensão à troca e à permuta" (Adam Smith) –, não pode estabelecer a declarada ligação entre "natureza/necessidade" e os apetites artificiais perdulariamente proliferantes, outros conceitos míticos e suposições arbitrárias vêm em socorro. Por conseguinte, o mito da "busca da *diversidade*" – tal como "implantada pela natureza em todos os indivíduos" – é postulado de modo a subsumir sob a força de ainda outro apriorismo as pressões e exigências específicas de até mesmo a fase mais parasitária de desenvolvimento. Essa determinação *a priori* da "diversidade", então, funciona convenientemente como o rótulo universal sob o qual toda e qualquer coisa pode ser explicada e justificada, desde as platitudes e o formalismo autosservientes da teoria política liberal até a colocação de listras na pasta de dentes e a modelagem da parte traseira de carros na forma de caudas de peixe: tudo em nome da "soberania individual" e da "soberania do consumidor" de uma "sociedade livre", em perfeita harmonia com a natureza, é claro.

A questão é que, no entanto, tanto o "natural" quanto o "necessário" devem ser questionados como resultado do desenvolvimento histórico. Em uma extremidade, a *necessidade natural* progressivamente cede seu lugar para a necessidade historicamente criada, e, na outra, a *necessidade histórica* em si torna-se *necessidade potencialmente desnecessária* por meio da vasta expansão da capacidade produtiva e da riqueza real da sociedade. Dessa forma, a necessidade histórica é, de fato, "*simplesmente* necessidade *histórica*": uma necessidade necessariamente em desaparição, ou "necessidade evanescente" [*eine verschwindende Notwendigkeit*][91] que deve ser conceitualizada como inerentemente *transiente*, em oposição à *absolutidade* das determinações estritamente naturais (como a *gravidade*).

No entanto, a necessidade natural e a necessidade histórica são inextricavelmente entrelaçadas na dinâmica objetiva do desenvolvimento social em si, o que torna uma conceitualização adequada de sua relação extremamente difícil. Como a necessidade em desaparição da necessidade histórica só é visível a partir do ponto de vista capaz de e propenso a reconhecer a necessidade em última instância *desnecessária* das necessidades sociais/econômicas dadas, não pode haver nenhum entendimento real da intricada historicização da natureza no contexto humano, se o caráter necessariamente transiente de todas as formas de produção, nos termos das quais essa historicização torna-se possível em primeiro lugar, é negado de modo a se conseguir manter a *necessidade permanente* do modo capitalista de produção.

Não é possível apreender o significado de "necessidade histórica" sem questionar simultaneamente, no contexto humano, também a "necessidade natural". E vice-versa: não é possível entender o verdadeiro significado de "necessidade natural" – isto é, a distinção vital entre as condições *absolutas* de produção, os requisitos *elementares* do metabolismo social em si[92] e as condições e determinações naturais *historicamente transcendíveis* da vida social – sem questionar radicalmente, ao mesmo tempo, os limites históricos (isto é, a validade estritamente *relativa*) de toda necessidade histórica. O fracasso nesse entendimento, devido a algum interesse social prevalecente, carrega consigo, em todas as concepções históricas burguesas – até mesmo na maior delas, como vimos no caso de Hegel –, a contradição de terminar com uma negação da história, apesar das intenções originais dos teóricos interessados, substituindo assim a história real por uma "natureza" idealizada, ou por algum outro esquematismo abstrato. Em vista dessas determinações, não é de modo algum acidental que os economistas políticos recorram à fusão do social e do natural, do historicamente necessário e do naturalmente necessário, do sócio-historicamente transiente e do absoluto. Eles não podem ter uma visão clara de *nenhum* desses conceitos,

---

[91] Ibidem, p. 831-2.

[92] Esses conceitos são de importância central para toda teoria séria da ecologia preocupada em identificar a ameaça inerente ao desenvolvimento econômico contínuo com respeito às condições elementares do metabolismo social em si. O problema é a incapacidade *necessária* do capital em fazer a real distinção entre o seguramente transcendível e o absoluto, posto que ele deve afirmar – independentemente das consequências – seus próprios requisitos, historicamente específicos, como *absolutos*, seguindo os ditames cegos do valor de troca autoexpansível.

pois lhes é inconcebível perceber o domínio do capital como uma necessidade em última instância desnecessária, e, portanto, potencialmente em desaparição.

A fusão da necessidade natural e da necessidade histórica, e a concomitante obliteração do caráter inerentemente *histórico* de toda necessidade histórica nas concepções burguesas, corresponde aos processos objetivos do metabolismo social/econômico do capital, que subjuga cruelmente tudo sob sua "determinação férrea", desde a articulação da infraestrutura material à produção de arte e filosofia como mercadorias vendáveis. É possível falar, na teoria marxista, da lei quase natural do modo capitalista de produção somente porque o capital em si objetivamente afirma suas determinações internas dessa maneira, recusando-se a aceitar quaisquer limites, e sobrepujando todos os obstáculos à sua própria autoexpansão.

Ironicamente, no entanto, os ideólogos liberais tentam combinar sua capitulação total a essa "necessidade férrea" da lei quase natural do capital – a crença de que "*não pode haver nenhuma alternativa*" aos processos de reprodução produtiva prevalecentes do capital – com a mitologia da "liberdade", seja confinada às alturas de algum reino imaginário, como o "autoentendimento da razão" hegeliano, ou às margens prosaicas do funcionamento em submissão às determinações reificadas do capital, enquanto mantém a ilusão da "soberania do consumidor" e da "liberdade individual". E como a teoria marxiana desafia abertamente tanto o determinismo objetivo do capital quanto a correspondente capitulação ideológica ante sua reivindicada "necessidade natural", é, obviamente, a concepção marxiana de liberdade e autoemancipação humana, e não os alvos de sua crítica, que deve aparecer, nesse mundo de cabeça para baixo da ideologia burguesa, como "*determinismo histórico e econômico*" e a negação da liberdade.

### 5.9 A necessidade em desaparição da necessidade histórica

Na realidade, no entanto, a concepção marxiana de história aponta na direção oposta. Longe de permanecer presa dentro do horizonte de qualquer determinismo, ela indica, de fato, um movimento na direção da superação [*supersession*] não só das determinações econômicas *capitalistas*, mas do papel preponderante da *base material enquanto tal*. Nas palavras de Marx (imediatamente depois de definir a necessidade histórica como "*simplesmente* necessidade histórica", "necessidade *evanescente*"): "o resultado e o *fim* (*imanente*) desse processo é *abolir essa própria base*"[93].

O "fim" aqui referido não é nenhum "destino" oculto, prenunciado desde os tempos imemoriais, mas o *telos objetivo* do processo histórico em desdobramento que, em si, produz tais possibilidades da autoemancipação humana em relação à tirania da base material. Possibilidades que não são, de modo algum, antevistas desde o início. Tampouco é simplesmente uma determinação material autopropulsora que produz o resultado positivo da abolição da base material em si outrora completamente predominante. Pelo contrário, em um ponto crucial no curso do desenvolvimento histórico, uma *ruptura consciente* deve

---

[93] Ibidem, p. 832.

ser feita de modo a alterar radicalmente o curso destrutivo do processo contínuo. Essa condição não pode ser enfatizada com força suficiente.

Como vimos anteriormente, a dinâmica histórica das carências [*needs*] sempre em expansão e das forças produtivas correspondentemente crescentes remove o solo natural sob o solo de toda indústria e transpõe objetivamente as condições de produção para *fora* dela, para o plano dos intercâmbios em última instância *globais*. Esse deslocamento progressivo da necessidade natural por parte da "necessidade historicamente produzida" abre a possibilidade de um desenvolvimento universal das forças produtivas, envolvendo a "totalidade das atividades"[94] dentro do quadro da crescente divisão internacional do trabalho e do mercado mundial sempre em expansão. Como, no entanto, as condições de produção estão fora das empresas industriais particulares – fora até mesmo das mais gigantescas corporações transnacionais e de monopólios estatais –, a "tendência universalizante" do capital revela-se realmente uma faca de dois gumes. Pois enquanto, por um lado, ela cria a *potencialidade* genuína da emancipação humana, por outro, ela representa as maiores complicações possíveis – implicando o perigo de até mesmo colisões totalmente destrutivas –, posto que as condições de produção e controle acabam por estar *fora*, portanto, como em um pesadelo, em todos os lugares e em parte alguma. Conforme argumenta Marx:

> O limite do capital é que todo esse desenvolvimento procede de modo contraditório e o aprimoramento das forças produtivas, da riqueza universal, do conhecimento etc., aparece de tal forma que o próprio indivíduo que trabalha se aliena [*entäussert*]; se relaciona às condições elaboradas a partir dele não como suas próprias condições, mas como condições de uma riqueza alheia e de sua própria pobreza. Todavia, essa própria forma contraditória é evanescente e produz as condições reais de sua própria abolição [*Aufhebung*]. O resultado é: o desenvolvimento universal, de acordo com sua *tendência* e δυνάμει [potencialmente] – da riqueza em geral – como base, bem como a universalidade do intercâmbio e, portanto, do mercado mundial, como base. A base como *possibilidade* do desenvolvimento universal dos indivíduos, e o efetivo desenvolvimento dos indivíduos a partir dessa base como contínua abolição de seu limite, que é reconhecido como limite, e não passa por *limite sagrado*. A universalidade do indivíduo não como *universalidade pensada ou imaginária*, mas como universalidade de suas relações reais e ideais. Por esse motivo, também a compreensão de sua própria história como um processo e o *conhecimento* da natureza (existente também como poder prático sobre ela) como seu corpo real. O próprio processo de desenvolvimento posto e reconhecido como pressuposto de si mesmo. No entanto, para isso é necessário, sobretudo, que o *pleno desenvolvimento* das forças produtivas tenha se tornado *condição de produção*; e não que condições de produção *determinadas* sejam postas como *limite* para o desenvolvimento das forças produtivas.[95]

Portanto, a tendência universalizante do capital não pode *nunca* tornar-se fruição real dentro de seu próprio quadro, posto que o capital deve declarar as barreiras que não pode transcender – a saber, suas próprias limitações estruturais – como sendo "limites

---

[94] Essa expressão – da página 528 dos *Grundrisse* – refere-se a um dos *insights* seminais de Marx, articulado detalhadamente já na época da *Ideologia alemã*. Nesse trabalho, Marx enfatizou fortemente as implicações destrutivas da contradição entre as forças e as relações de produção e concluiu que "o moderno intercâmbio universal não pode ser subsumido aos indivíduos senão na condição de ser subsumido a todos". (*A ideologia alemã*, cit., p. 73.)

[95] Karl Marx, *Grundrisse*, cit., p. 541-2.

sagrados" de toda produção. Ao mesmo tempo, o que deveria ser de fato reconhecido e respeitado como determinação objetiva vitalmente importante – a natureza, em toda sua complexidade, como o "próprio corpo do homem" – é totalmente desconsiderado na subjugação, degradação e destruição sistêmicas últimas da natureza. Pois os interesses da expansão continuada do capital devem dominar até mesmo as condições mais elementares da vida humana, diretamente enraizadas na natureza[96].

Se a "possibilidade do desenvolvimento universal dos indivíduos" torna-se ou não fruição, isso depende, portanto, do *reconhecimento* consciente das barreiras existentes. Por conseguinte, "o resultado e o fim (imanente) desse processo", mencionados por Marx, não podem ser o resultado não problemático de algum mecanismo material. Pois sua realização requer tanto o reconhecimento consciente das barreiras/contradições prevalecentes quanto a capacidade de instituir um novo modo de intercâmbio social não alienado sobre a base desse reconhecimento. Em outras palavras, o que está em jogo é uma intervenção consciente nos processos materiais de modo a *romper* o círculo vicioso de seu caos autoafirmativo em *escala global*, em vez de nos adaptarmos ao curso dos mecanismos materiais prevalecentes, no espírito de uma confiança tola em um novo tipo de benevolente "mão invisível" ou "astúcia da razão", conforme manifesto por meio do mercado mundial e da divisão internacional do trabalho plenamente realizada.

De fato, a descrição de Marx da lógica inerente desses procedimentos culmina na indicação de um modo de intercâmbio social cujo contraste com o domínio das determinações materiais autoafirmativas não poderia ser maior. É desta maneira que ele avalia o desenvolvimento contínuo e suas implicações:

> Aqui aparece a tendência universal do capital que o diferencia de todos os estágios de produção precedentes. Embora limitado por sua própria natureza, o capital se empenha para o desenvolvimento universal das forças produtivas e, desse modo, devém o *pressuposto de um novo modo de produção*, fundado não no desenvolvimento das forças produtivas para reproduzir e, no máximo, ampliar um estado determinado, mas onde o próprio desenvolvimento das forças produtivas – *livre, desobstruído, progressivo e universal* – constitui o pressuposto da sociedade e, por isso, de sua reprodução; onde o único pressuposto é a superação do ponto de partida.[97]

Portanto, assim como a remoção do solo natural sob o solo de toda indústria – isto é, a necessidade sempre retrocedente da necessidade natural – transpõe as condições de produção para fora dela, da mesma forma, a necessidade progressivamente em desaparição da necessidade histórica transpõe a potencialidade positiva da tendência universalizante do capital para fora dela, para um modo radicalmente novo de intercâmbio e produção sociais. Sem uma ruptura *consciente* em relação à *tirania da base material*, tornada necessária por essa transposição, a "tendência universalizante" que podemos testemunhar no engastar sempre mais caótico do intercâmbio social global só pode afirmar suas potencialidades *destrutivas*, dada a impossibilidade de um *controle geral* viável sobre a base dos próprios "pressupostos" do capital. E ninguém poderia descrever seriamente o

---

[96] A esse respeito, aplicam-se as mesmas considerações mencionadas na nota 92, p. 211.
[97] Karl Marx, *Grundrisse*, cit., p. 540.

projeto de articular as concepções e correspondentes intuições necessárias para um *controle global consciente* das condições da autorrealização humana como o desdobramento espontâneo da *inevitabilidade material*.

O desenvolvimento "livre, desobstruído, progressivo e universal" da vida social sob as condições de um novo modo de produção implica o *fim das determinações materiais unilaterais*, e, portanto, também uma relação radicalmente nova entre a base material anterior e sua superestrutura – sua efetiva "*fusão*" – no novo "*reino da liberdade*". E esse é precisamente o significado fundamental do discurso marxiano sobre base e superestrutura. Afinal, Marx não está simplesmente preocupado em fornecer uma explicação realista, bem como flexível/dialética, da relação complexa entre as estruturas materiais e as ideias, por mais importante que tal explicação possa ser no contexto da teoria cultural. Sua principal preocupação é mapear o curso da emancipação humana e os obstáculos – materiais, institucionais, ideológicos – desse caminho. Naturalmente, a emancipação inclui a libertação das ideias, também, do poder das determinações materiais cegas. Pois seria de fato um "reino da liberdade" bem estranho aquele onde tudo pudesse ser produzido livremente, exceto as ideias.

Assim como não é possível falar sobre liberdade individual sem se opor fortemente à subsunção dos indivíduos em suas próprias classes, e não meramente sua dominação pela classe dominante, da mesma maneira, também não é possível levar a sério a ideia do futuro "reino da liberdade" sem almejar, ao mesmo tempo, a emancipação das várias formas de consciência em relação às restrições preponderantes da base material enquanto tal. É por esse motivo que a necessidade em desaparição da necessidade histórica é tão importante na dialética do desenvolvimento histórico.

# 6
# ESTRUTURA E HISTÓRIA:
# A INTELIGIBILIDADE DIALÉTICA DO DESENVOLVIMENTO HISTÓRICO

## 6.1 Preliminares

Vimos no último capítulo que nos escritos dos grandes pensadores que viram o mundo historicamente dado – e, de maneira *eternizante*, legitimaram suas práticas reprodutivas societais *antagônicas* – a partir do ponto de vista do capital, incluindo Adam Smith e Hegel, a relação entre *necessidade histórica* (em princípio sujeita à mudança) e *necessidade natural*[1] foi caracteristicamente *fundida*. Essa estranha fusão foi realizada por eles porque poderia produzir o tipo de conclusões racionalizantes – falaciosas em termos estritamente lógicos, porém ideologicamente pertinentes ao extremo – carregadas de valores em seus esquemas de coisas. Tais "conclusões" acabaram sendo – como *tinham de ser* a partir do ponto de vista adotado da economia política do capital – bem em consonância com as determinações objetivas e os requisitos autopropulsores da "sociedade burguesa" capitalista, idealizada pelos economistas políticos e filósofos em questão. Suas racionalizações ideológicas assumiram a forma reveladora de transfigurar suas *suposições* indefensáveis em *conclusões* peremptoriamente decretadas.

Essa forma de os pensadores de destaque na burguesia teorizarem o mundo, já na fase ascendente do desenvolvimento histórico que tudo abrange do capital, foi particularmente revelador no caso de Hegel, como indicado anteriormente de maneira breve. Pois, como um grande filósofo *idealista*, que definia todas as suas principais categorias em relação ao "espírito absoluto", Hegel não poderia achar nada sequer minimamente problemático, muito menos teoricamente inconsistente, sobre justificar sua defesa *ideologicamente* – e só ideologicamente – bem compreensível da *desigualdade social historicamente criada e*

---

[1] Devemos nos lembrar aqui de que, no contexto humano, também as determinações da *necessidade natural* podem e devem ser questionadas, sempre que algumas delas forem realmente modificadas e potencialmente até superadas [*superseded*], no curso do desenvolvimento histórico, da maneira como vimos esses problemas discutidos nas seções 5.6, 5.7, 5.8 e 5.9 do capítulo anterior.

*consolidada* ("*da habilidade, do patrimônio*", em suas palavras) em nome da necessidade *natural*. Portanto, na *Filosofia do direito*, Hegel proclamou que

> Pertence ao *entendimento vazio*, que toma seu abstrato e seu dever-ser pelo real e racional, opor a exigência de igualdade ao objetivo direito da particularidade do espírito contido na ideia, o qual não apenas não suprassume na sociedade civil-burguesa a *desigualdade* entre os homens *posta pela natureza* – o elemento da desigualdade –, porém a produz *a partir do espírito* e a eleva até uma *desigualdade da habilidade, do patrimônio*, e mesmo da *cultura intelectual e moral*.[2]

Até mesmo a afirmação segundo a qual há uma "*desigualdade* entre os homens posta pela natureza" é tipicamente autosserviente, equiparando falaciosamente *diferença* com "desigualdade natural". Pois indubitavelmente os seres humanos são feitos de algumas formas *diferentes* por natureza, mas de modo algum *desiguais* no sentido hegeliano de *desigualdade social* apologética do capital. Esse tipo de determinação é *imposto* sobre a classe dos trabalhadores individuais pelos requisitos discriminatórios de sua ordem reprodutiva societal estabelecida. Mas, obviamente, Hegel não estava de modo algum sozinho ao extrair afirmações moralmente justificáveis das determinações estruturais injustificáveis do mais iníquo sistema do capital.

Em todas essas abordagens, defendidas pelos gigantes intelectuais da burguesia em ascensão, alguns princípios-chave foram apresentados como se tivessem valor de verdade autoevidente, sem qualquer tentativa de substantificá-los, no interesse de declarar a permanência racionalmente inquestionável da ordem estabelecida. No auge do desenvolvimento intelectual do movimento iluminista europeu, os principais princípios ideológicos assumidos dessa maneira pelos pensadores envolvidos variavam da retratação de Adam Smith da ordem capitalista como "*sistema natural da liberdade e justiça completas*"[3], benevolentemente gerenciada pela misteriosa "mão invisível", passando pela proclamação de Kant da incurável "*insociável sociabilidade*" e do "*egotismo*" dos seres humanos – declarados por ele como sendo devidos à inalterável produção da humanidade a partir da "madeira retorcida" – até chegar não só à recém-citada pretensa justificação "natural" de Hegel da *desigualdade estrutural de classes* historicamente imposta e perpetuada na "sociedade civil", declarada como estando em plena conformidade com a "efetividade racional" do espírito absoluto, mas também ao seu misterioso conceito explicativo da "*astúcia da razão*" como o princípio fundamental da inteligibilidade do desenvolvimento histórico-mundial como um todo.

Essa forma de conceitualizar o mundo foi inevitável por parte dos pensadores aqui referidos. Pois o que era absolutamente incompatível com o ponto de vista do capital – e isso não pode ser salientado com força suficiente: incompatível não só na fase regressiva e sempre mais destrutiva do desenvolvimento sistêmico do capital, mas também em sua época de ascendência – era o conceito vital da mudança *estrutural*, sem o qual uma visão *histórica* coerente do mundo humano é impensável. Ou seja, uma visão histórica *aberta*, em direção ao *futuro estruturalmente alterável*, por uma questão de suas determinações mais profundas. Isso é o que teve de estar, desde o início, além do horizonte das represen-

---

[2] G. W. F. Hegel, *Filosofia do direito*, cit., p. 198.
[3] Adam Smith, *A riqueza das nações*, (trad. Luiz João Baraúna, São Paulo, Editora Nova Cultural, 1996, v. 2), p. 100.

tativas figuras intelectuais do capital, e, em suas concepções do mundo, continua sendo sempre algo bastante nocivo à lógica inalterável da subordinação e dominação estrutural hierárquica de seu sistema.

Eternizar o mundo historicamente criado dessa maneira não foi, de maneira alguma, a questão da corrigibilidade factível de uma concepção teórica que poderia ser remediada pelo processo de esclarecimento filosófico. Pois a inteligibilidade histórica não pode ser derivada apenas dos recursos *internos* da filosofia. Algumas *condições objetivas* cruciais devem ser satisfeitas como o *fundamento sustentador* da inteligibilidade do movimento histórico real.

Para tornar possível almejar a ideia de *mudança estrutural* como o conceito explicativo necessário na teoria histórica, o *mundo real* em si, ao qual se refere o conceito de "mudança estrutural irrepreensível", deve ser concebido como *objetivamente dinâmico e historicamente determinado* em seus próprios termos de referência. E essa condição necessária implica que a visão histórica adotada deve ser *radicalmente aberta em direção ao futuro sobre a base das determinações estruturais objetivas do desenvolvimento em desdobramento em si*. Este é o significado tangível do princípio filosófico que afirma a *primazia dialética do ser social sobre a consciência*.

Nesse sentido, a ideia de mudança não poderia ser sustentada como verdadeiramente histórica se estivesse restrita a reconhecer as transformações somente *dentro* dos parâmetros do *quadro estrutural estabelecido*, não importa quão fundamental; assim como, por exemplo, o avanço qualitativo representado pela Revolução Industrial no desenvolvimento do capitalismo, em contraste a suas fases históricas anteriores à revolução. Em outras palavras, para que se qualifique como uma visão histórica com *fim aberto*, o necessário termo-chave de referência da *mudança estrutural* teve de ser concebido como *histórico*, abarcando de maneira *dialética*, e, portanto, *que não pode ser fechada*, não apenas a época histórica *dada*, mas *todas as épocas*, inclusive aquelas que estão fadadas a surgir, no curso do desenvolvimento humano ainda em desdobramento, *no futuro*.

Portanto, a validade das determinações históricas teve de ser definida em termos objetivos significativos. Não como conjunturalmente gerenciável, e, com o agravamento da fase descendente do desenvolvimento de um sistema reprodutivo societal, imponível apenas violentamente, se não puder ser "sutilmente" manipulado, mas como *historicamente sustentável*. Uma vez que a *sustentabilidade real* das forças sociais dominantes, característica de uma época histórica específica, torna-se problemática – como acaba por ser o caso sob nossas próprias circunstâncias da ordem reprodutiva sempre mais destrutiva do capital –, o movimento para um conjunto de determinações históricas não marginalmente, mas fundamentalmente diferente, é ativado de maneira objetiva dentro do horizonte temporal da humanidade, não importa quão conscientemente, ou não, o sujeito histórico responda às mudanças emergentes. Por conseguinte, o requisito societal objetivo crucial da *sustentabilidade histórica* carrega consigo, em teoria, a necessidade de apreender e explicar os problemas do desenvolvimento histórico humano não em termos de algum horizonte temporal cósmico abstrato, mas sobre a base da *dialética societal/histórica objetiva*.

Dessa maneira, na visão marxiana, o conceito de *mudança histórica estruturalmente evidenciada* – como qualificador vital na constituição de uma visão histórica genuína do desenvolvimento da humanidade – teve de ser definido como *mudança histórica*, no sentido *mais abrangente* do termo. Essa forma de abordar o problema foi essencial para que se pudesse identificar não só a fase *ascendente*, mas também a *descendente* do desenvolvimento da época histórica dada, e assim também os aspectos cada vez mais problemáticos do sistema socioeconômico dentro de seu quadro. Pois as deficiências estruturais e as contradições em última instância insolúveis de uma *fase sistêmica* descendente de intercâmbio reprodutivo podem se tornar propriamente enfatizadas somente a partir do ponto de vista societal de uma *alternativa histórica* mais avançada.

Nesse sentido, o ponto de vista histórico, para fazer jus ao nome, teve de combinar sua síntese elaborada a partir "de dentro" das determinações sistêmicas do quadro histórico estrutural dado com a capacidade de ir "para fora" dela, no interesse de uma avaliação crítica apropriada dos limites históricos emergentes e agravantes em si. E essa maneira de encarar esses problemas significou necessariamente a investigação da dialética objetiva das determinações históricas *que a tudo abrangem* – mas, ao mesmo tempo, *com fim irreprimivelmente aberto*. Ou seja, teve de significar a adoção de uma "perspectiva histórica que a tudo abrange", no sentido de almejar o desenvolvimento sucessivo de épocas históricas qualitativamente diferentes e potencialmente mais avançadas de reprodução societal.

A "totalização histórica" não poderia qualificar como realmente histórica a não ser que fosse orientada na direção da *totalidade com fim aberto* do desenvolvimento histórico humano factível, sobre a base do necessário intercâmbio social metabólico da humanidade com a natureza. Tal visão da totalização histórica foi chamada a avaliar o significado de fases e instâncias *particulares* da transformação, incluindo o movimento estruturalmente bastante identificável de uma época histórica para a seguinte, no sentido mais abrangente da dialética histórica objetiva que a tudo abrange.

Portanto, a capacidade de ver as forças sistêmicas dominantes tanto a partir de "dentro" quanto de "fora", no interesse de garantir uma concepção com fim verdadeiramente aberto do desenvolvimento histórico, teve de significar não só o almejar da mudança em si, mas a necessidade da *mudança estrutural histórica* como uma mudança que surge da *dinâmica interna* objetiva da ordem dada. Ela também significou a necessidade de almejar novas transformações históricas em algum tempo apropriado no futuro, sobre a base interna das determinações objetivamente prevalecentes, cujos constituintes – apontando na direção do futuro – já estavam em funcionamento no presente realmente existente, pelo menos de forma embrionária. Afinal, em vista das mais profundas determinações dialéticas de *continuidade* e *descontinuidade* – ou seja, *continuidade na mudança* e *mudança na continuidade* – a dimensão *histórica* das questões humanas não poderia ser artificialmente separada dos, muito menos apologeticamente oposta aos, constituintes *trans-históricos* da mudança.

A inteligibilidade dialética do desenvolvimento histórico não poderia ser concebida de nenhuma outra maneira. Pois o *trans-histórico* é parte integrante das transformações históricas gerais. Mas, obviamente, as determinações dinâmicas do *trans*-histórico – sejam elas positivas, como o avanço cumulativamente emancipatório da humanidade, ou negativas, como o poder explorador da *dominação de classes* ao longo de uma variedade de formações sociais – não deveriam ser confundidas, ou especulativamente misturadas, com o *supra*-histórico, no interesse da apologética eternizante.

Naturalmente, esse tipo de *progressão histórica com fim sempre aberto* – a unidade dialética do histórico e do trans-histórico – não poderia ser legitimamente definido por algum princípio apriorístico ou desígnio preconcebido. Seu único fundamento objetivo factível de determinação não pode ser outro exceto o tempo de vida realmente sustentável da humanidade, em sua inseparabilidade do intercâmbio social metabólico em mutação – mais ou menos adequadamente assegurado em qualquer ponto particular no tempo, mas, por uma questão de exigência *absoluta*, a ser sempre renovado – com a natureza. Não pode haver nenhuma concepção histórica teoricamente sustentável como alternativa a isso. Nem mesmo se o princípio apriorístico ou o desígnio preconcebido adotados sejam metafisicamente enaltecidos como "o espírito do mundo".

Como vimos anteriormente, o *fechamento* do movimento histórico pôde ser conceitualmente almejado, e tornado inteligível em seus próprios termos de referência, no sistema hegeliano. Isso pôde ser feito até mesmo na forma da idealização da Europa imperialisticamente dominante como *"fim da história universal"*[4].

Vimos acima que essa concepção foi explicitada com referência à "teodiceia do espírito do mundo"[5] e sua "astúcia da razão", que, dizia-se, seriam capazes de determinar – ao usar os "indivíduos histórico-mundiais", como Júlio César e Napoleão, como *seus instrumentos* – o curso do desenvolvimento histórico-mundial na direção da realização de *seu próprio fim*, prefigurado desde o início.

Naturalmente, esse tipo de solução – e *qualquer forma de fechamento*, não importa de que maneira pudesse ser justificada – é totalmente inadmissível quando a análise histórica é centrada na base real da *dialética histórica objetiva*. Portanto, contrário às acusações levantadas contra a concepção histórica de Marx[6], não pode haver nenhuma questão sobre um fechamento idealizante da história por meio da chegada da almejada *época histórica socialista*. A ordem mundial socialista defendida por Marx, como uma época histórica – descrita, nas próprias palavras de Marx, como "a nova forma histórica", em contraste ao que ele chama de sua "pré-história" –, deve ser radicalmente aberta em seus parâmetros históricos abrangentes e determinações internas correspondentes, ou não poderia ser qualificada de modo algum como histórica.

Os fatores objetivos e subjetivos do atual desenvolvimento histórico, explicados nos termos da *inter-relação dialética* dos complexos determinantes materiais e culturais que constituem o quadro estrutural geral em mutação da reprodução social metabólica, abarcando todas as épocas do passado e historicamente abertos ao futuro, têm seu peso e significado apropriados a esse respeito. É por isso que a dialética histórica objetiva não pode ser legitimamente impulsionada na direção de uma conclusão veletariamente projetada, nem mesmo pelo esquema teórico mais engenhoso. Tampouco poderia ela ser explicada pelas bastante conhecidas categorias e princípios formulados a partir do ponto de vista do capital, como a "mão invisível" postulada por Adam Smith (e muito

---

[4] G. W. F. Hegel, *Filosofia da história*, cit., p. 93.

[5] Teodiceia, nas palavras de Hegel: "a justificação de Deus na história". Ibidem. p. 373.

[6] Vale evocar aqui as acusações infundadas usadas contra Marx por Hannah Arendt e outros, discutidas detalhadamente no capítulo 5 de *A determinação social do método*. cit.

celebrada inclusive no século XX, com extremo intento conservador), ou a ideia kantiana de "providência da natureza" que vigia os movimentos egoístas paradoxalmente preordenados da criatura feita de "madeira retorcida". Muito menos pelo mais flexível desses princípios na elucidação especulativa dos eventos e desenvolvimentos históricos do mundo: a "astúcia da razão" hegeliana.

A única maneira de tornar inteligível o curso do desenvolvimento histórico real é adotar como ponto de partida teoricamente necessário as transformações dinâmicas da carência [*need*] e da necessidade [*necessity*] objetivamente existentes – e, antes de tudo, *categoricamente impostas pela natureza em si* –, com referência à *autoconstituição* progressiva e à *automediação* potencialmente emancipatória da capacidade de ação humana. Isto é, explicando na teoria histórica a mudança estruturalmente significativa por meio da intervenção do *sujeito humano real da história*, não como um "criador soberano" ficticiamente inflado da mudança histórica – para a conclusão arbitrária das condições objetivas extremamente pesadas, descobertas pelos indivíduos sociais em seu ponto de chegada, e, de forma parcialmente modificada, deixada para que a próxima geração viva com elas e as modifique – mas como *parte* vital e genuinamente *ativa* (e somente uma parte, não importa quão importante) do processo geral.

Nesse sentido, o problema desafiador da inteligibilidade dialética na teoria histórica requer que se foque no processo real do ser humano *tornando-se* o sujeito da história num sentido apropriadamente definido. Esse tipo de autoconstituição significativa do sujeito histórico acontece no curso do desenvolvimento *progressivo* do ser humano de sua capacidade para superar significativamente – não somente em princípio, mas em sua *prática transformadora* cada vez mais estendida sobre a natureza e a sociedade – as graves limitações da necessidade. Não só as limitações da "necessidade cega", que acabam por ser, desde o início, impostas à humanidade pela natureza em si, mas também a *necessidade histórica autoimposta*, e, sob as condições produtivamente mais avançadas do desenvolvimento, bastante injustificável, que surge da mediação reprodutiva societal antagônica exigida pela modalidade prevalecente, porém historicamente superável, do controle social metabólico.

Isso é o que podemos identificar como processo histórico de transformação emancipadora da humanidade, desde as primeiras instâncias da *gênese* e autoconstituição do sujeito ativo da história até seu desenvolvimento *integral* mais avançado. Mas esse processo está muito longe de corresponder à projeção veleitária de algum "progresso" linear.

Para ser exato, os resultados desse processo da dialética histórica são cumulativamente materializados no quadro geral dos sistemas socioeconômicos em mutação, graças às complexas interdeterminações dos fatores objetivos e subjetivos em funcionamento na mudança estrutural histórica. No entanto, a verdade é que estamos falando sobre um *processo histórico* que combina avanços e recaídas, às vezes da maneira mais desconcertante. Pois a prevalência dos avanços emancipatórios desse processo histórico humano é apenas uma grande *potencialidade* positiva. Ela não pode ser transformada em *efetividade historicamente durável* sem que se obtenha um *controle consciente* sobre os *constituintes destrutivos* do mesmo desenvolvimento. Ou seja, os constituintes destrutivos que são partes objetivas da *dialética histórica* geral tanto quanto as forças criadoras autoemancipatórias do homem.

Portanto, de modo a tornar dialeticamente inteligível o curso em desdobramento do desenvolvimento histórico humano, em sua abertura para o futuro historicamente em mutação, todas essas forças e determinações conflitantes – que alertam, em nosso tempo, para o perigo crescente da autodestruição potencial da humanidade e clamam por garantias historicamente viáveis contra ela – devem ser levadas em conta.

## 6.2 As dinâmicas da carência, necessidade e mudança estrutural historicamente sustentada

O tempo cósmico é *irreversível*, no sentido de que segue seu próprio curso de desdobramento – de acordo com as determinações e transformações que emanam de suas *forças constituintes objetivas* – na escala cósmica mais abrangente. Na cosmologia essa escala é chamada de "universo", mas – em contraste com as metafísicas religiosamente inspiradas no "Big Bang" – deveria ser apropriadamente qualificada como "a parte do universo agora acessível aos nossos atuais meios de observação"[7]. Nesse sentido objetivo, o tempo cósmico irreversível afirma sua lógica inexorável em consonância com a interação – absolutamente irrestringível por parte dos seres humanos – de mudança e necessidade em sua configuração incomensuravelmente cósmica.

Isso está muito longe de ser o caso com o horizonte temporal mais ou menos controlável da humanidade. Pois o tempo histórico humano se desdobra de acordo com seus próprios termos de referência, dos quais a *subjetividade humana* – de algum ponto em diante no desenvolvimento da humanidade – é parte integrante. Além disso, o tempo histórico humano pode prevalecer de maneira predominante, para melhor ou pior, somente em nosso *próprio planeta*, e pode exercer, até certo ponto, seu impacto no ambiente interplanetário mais amplo que nos cerca, extremamente limitado se comparado à vastidão do universo hoje acessível aos nossos meios de observação.

Essa diferença fundamental torna o tempo histórico socialmente articulado em princípio *racionalmente controlável* pelos seres humanos. Mas, obviamente, essa afirmação também carece de qualificação. Pois, por um lado, é verdade que o tempo histórico humano torna-se racionalmente controlável em um nível crescente, em nosso próprio ambiente, ao longo da história. Por outro lado, no entanto, o desdobramento do tempo histórico simultaneamente também torna os intercâmbios reprodutivos societais da humanidade – entre os membros da sociedade e com a natureza – mais ou menos diretamente afetados pela *irracionalidade* potencialmente bastante devastadora. Uma irracionalidade característica que surge da falha determinada por classe por parte dos indivíduos sociais em superar [*overcome*] os antagonismos estruturais de sua forma dada de controle reprodutivo societal.

---

[7] Ver o capítulo 4, sobre "cosmogênese", em um importante e recente livro do destacado pensador social e físico teórico grego Eftichios Bitsakis, chamado *La matière et l'spirit* (Atenas, 2008). Conforme Bitsakis afirma nesse livro, "Il ne s'agit pas de 'univers'. Toutes ces hypothèses se réfèrent à *la partie de l'univers accessible aux moyens actuelles d'observation*" [Não se trata do "universo". Todas essas hipóteses se referem *à parte do universo acessível aos meios atuais de observação*], p. 135.

Não obstante, deve ser salientado aqui que a irracionalidade em questão é – mais uma vez, pelo menos em princípio – evitável ou superável.

Quanto ao implícito contraste fundamental com a irreversibilidade do tempo cósmico, o tempo histórico humano – no qual o *avanço emancipatório* é um conceito profundamente significativo e seminalmente importante – não é só *reversível*, como evidenciado por muitos avanços *e recaídas* narrados no curso do desenvolvimento histórico real, mas também *totalmente destrutível* por meio da potencial *atividade autodestrutiva do sujeito histórico humano*. Esse é o verdadeiro significado do *fechamento* histórico irreversível, e não o "fim da história" especulativamente hipostasiado na "efetividade racional" apologeticamente posta do "presente perpétuo" do capital.

O termo "catástrofe" é um conceito proeminentemente *antropomórfico*, aplicável no domínio do tempo cósmico apenas em um sentido *analógico*, tomado emprestado da sociedade humana. No mundo humano, no entanto, a palavra "catástrofe" tem um significado preciso de *opressiva finalidade negativa*. Ele representa o impacto destrutivo experienciado periodicamente de algumas forças imensas – da natureza ou da sociedade – sobre a vida humana, como um terremoto ou inundação de grandes proporções, ou em sua forma concebivelmente mais devastadora, ele representa a possibilidade do *potencial término da história humana em si*, como a *catástrofe derradeira*.

Portanto, o contraste entre tempo histórico humano e tempo cósmico não poderia ser maior também nesse sentido ameaçadoramente negativo, mas ao mesmo tempo historicamente mais relevante. Longe de oferecer a *sustentabilidade histórica* das condições hoje existentes, o estágio atual do desenvolvimento do tempo histórico humano impõe sobre a humanidade, com uma urgência inadiável, uma determinação orientadora jamais vista, porém *absolutamente inelutável*. Pois como resultado de um tipo específico de desenvolvimento reprodutivo societal sistêmico, historicamente produzido, *sob o domínio do capital*, a reversibilidade do *tempo histórico humano* na conjuntura atual da história teve de assumir a forma – que acaba por estar muito longe de uma possibilidade teórica vaga e abstrata – do *agudo perigo prático* do *término* do tempo histórico da humanidade em seu conjunto. E, para destacar a gravidade desse desafio histórico *radicalmente novo*, todos os meios e poderes potencial e amplamente destrutivos necessários para realizar esse processo de catástrofe derradeira estão totalmente à disposição dos interesses próprios irracionais realmente existentes e estruturalmente arraigados do capital. Esta é uma grave condição identificável pela primeira vez na história.

Como pode ocorrer essa reviravolta aparentemente autocontraditória dos eventos e desenvolvimentos históricos, no auge do mais alto avanço produtivo da humanidade? Quais são os fundamentos sobre os quais a potencialmente fatídica, e, diante disso, realmente absurda – resultando nas mais que factíveis destruição e negação total da história humana em si –, culminação da história que surgiu a partir do curso dos sucessos produtivos da humanidade, e até mesmo dos avanços emancipatórios parciais indubitáveis, como a abolição da antiga escravatura e da servidão feudal? Há alguma maneira de racionalmente explicar de fato a aparição histórica dessa última forma de irracionalidade, com uma visão de contra-atacar efetivamente o imenso poder incontrolável das forças sociais destrutivas subjacentes – e também autodestrutivas?

O que é bem óbvio é que nenhuma *necessidade natural* poderia ser considerada responsável pelo surgimento desse perigo grave, historicamente específico, ocasionado pela perigosa fase descendente do sistema – pretensamente *natural* – do capital para a destruição das condições elementares da existência humana em si nesse planeta. Um perigo claramente identificável que, em nossa época, representa um tapa na cara da glorificação de Adam Smith do capital como *"sistema natural da liberdade e justiça completas"*.

Esse perigo, para ser exato, não é de modo algum o resultado da necessidade natural. Pois nos termos da necessidade natural, realmente prevista pela ciência, seriam necessários *bilhões* de anos até que o planeta Terra fosse destruído sob o impacto das mudanças físicas que afetam inevitavelmente o Sol no futuro bem distante.

Contudo, estamos falando aqui não sobre algum floreio retórico, criado em nome da conveniência política e da correspondente lucrativa exploração econômica pseudoverde, nem sobre alguma ameaça cósmica misteriosa ou alerta bíblico, proferido na forma de "arrependa-se ou ...". O que temos de enfrentar nessas questões, na atual conjuntura do desenvolvimento histórico da humanidade, com uma urgência inadiável, é na verdade a *necessidade* hostil, mesmo que ela resulte ser um tipo de necessidade que, em princípio, seja contrariável pela intervenção consciente e – contanto que certas condições fundamentais sejam realmente satisfeitas – também historicamente superável em seu devido tempo. Na verdade, contrário às distorções ideologicamente motivadas e "relatos pretensamente objetivos" da teoria marxiana como "determinismo histórico" e "determinismo econômico" toscos, nada ilustra melhor a verdadeira natureza da *necessidade histórica* – tanto seu *poder* objetivo de induzir mudanças significativas nas relações humanas quanto seus *limites* inerentes – do que a afirmação marxiana de que tal necessidade deve ser concebida como uma *"verschwindende Notwendigkeit"*[8] em potencial, como mencionado anteriormente.

A condição vital que explica de maneira racional a reviravolta aparentemente autocontraditória que leva à destruição mais que factível da história humana em si em nossa época não é de modo nenhum a *necessidade natural*. É o fato crucialmente importante de que, por meio do desdobramento do desenvolvimento humano, um *novo tipo de necessidade* – a *necessidade histórica sui generis* característica da mudança societal significante, com sua

---

[8] Ou seja, nas palavras de Marx, "*simplesmente* necessidade *histórica*, uma necessidade *evanescente*" (*Grundrisse*, cit., p. 832). No mesmo contexto em que Marx descreve necessidade histórica como "*simplesmente histórica*", ele também deixa bem claro o que deveria ser considerado *absoluto* com respeito ao processo de trabalho enquanto tal. Ele salienta, em uma crítica ao "ponto de vista do capital" adotado pelos economistas políticos e por Hegel, que a *exteriorização* do trabalho, em todos os momentos da história, é uma "*necessidade absoluta da produção*" (idem), mas a *alienação do trabalho* – isto é, sua *exteriorização alienada* – é historicamente específica e superável. Ela é superável ainda que seja inevitável sob determinadas condições sócio-históricas, quando "a tônica não recai sobre *ser-objetivado*, mas sobre o *ser-estranhado*, ser-alienado, ser-venalizado [das *Entfremdet-*, Entäussert-, Veräussertsein] – o não pertencer-ao-trabalhador, mas às *condições* de produção *personificadas*, i.e., ao capital, o enorme poder objetivado que o próprio trabalho social contrapôs a si mesmo como um de seus momentos" (ibidem, p. 831). Tipicamente, no entanto, o que deve ser considerado pelas personificações e pelos intérpretes do capital como "determinismo econômico" imperdoável não é sua própria *absolutização* totalmente arbitrária da alienação do trabalho historicamente específica e prevalecente do sistema do capital, veleitariamente projetada por eles como uma determinação insuperável, para sempre prescrita pela natureza, mas a demolição teórica por parte de Marx de sua declarada sustentabilidade eterna.

*causalidade* objetiva associada, inseparável da realização prática do *desígnio humano* mais ou menos controlável, em contraste com o tipo de causalidade manifesta na *lei da gravidade* natural, por exemplo – fez sua aparição na ordem da natureza. Por seu caráter mais íntimo, esse novo tipo de necessidade – fundamentado no mais complexo conjunto de reciprocidades dialéticas e determinações sociais passadas e presentes, posto em movimento pelo sujeito humano em um ambiente irreprimivelmente objetivo, porém mutável, e na verdade historicamente em mutação – afirma a si mesmo na direção do futuro com fim aberto por quanto tempo a humanidade for capaz de sustentar suas condições de existência como parte *unicamente ativa* da ordem planetária.

Portanto, o desdobramento do tempo histórico humano enquanto *necessidade histórica* é caracterizado pela interação de uma grande variedade de movimentos e determinações de complexidade cada vez maior, desde o local mais simples ao global mais abrangente, impactando em última instância o todo do nosso planeta. As manifestações multiformes do tempo histórico humano variam de *antecipações* dos objetivos reprodutivos societais a serem atingidos, com a ajuda de *instrumentos* e modalidades de *ação* concebidos para esse propósito, às realizações mais ou menos bem-sucedidas – ou até mesmo totalmente fracassadas –, seguidas de ajustes *corretivos*, por mais que primitivos no início, factíveis sob as condições prevalecentes do desenvolvimento produtivo e da correspondente relação das forças.

Inevitavelmente, a intervenção ativa dos seres humanos na tentativa de solucionar até mesmo seus problemas mais limitados traz consequências com sua própria lógica e poder objetivo de recalcitrância, as quais poderiam ser confrontadas em algum momento no futuro, ainda que não imediatamente na próxima virada dos acontecimentos. Com efeito, a ausência de um impacto negativo imediato muitas vezes é a força motivadora para seguir determinado curso, dadas as limitações socialmente/tendenciosamente determinadas do *insight* por parte dos interesses próprios dominantes em relação às consequências e implicações de longo prazo da ação adotada. Mas, obviamente, o poder das determinações objetivas não pode ser ignorado e evitado a longo prazo.

Ademais, o ponto de partida de todo o processo – anterior ao desdobramento progressivo da *necessidade histórica* posto em movimento, com suas próprias características definidoras, pelos seres humanos – é inevitavelmente a ordem da natureza em si, com suas *necessidades naturais* das quais nossos ancestrais são uma parte maciçamente dominada nos estágios mais primitivos do desenvolvimento. Por conseguinte, é condição elementar do avanço histórico que os movimentos envolvendo os primeiros passos emancipatórios carreguem consigo a transformação rudimentar das dadas *necessidades e contingências da natureza* em uma forma útil para a satisfação de uma gama em expansão das carências humanas.

Isso significa superar de maneira gradual as *restrições* originalmente *absolutas* das determinações impostas pela natureza que, a princípio, correspondem diretamente aos requisitos da *mera sobrevivência*. Em outras palavras, no sentido mais óbvio, o processo em desdobramento significa *recuar* os limites da mais severa necessidade natural. Dessa forma, no curso desse desenvolvimento, as *necessidades naturais* originais – compartilhadas por nossos ancestrais primitivos com o mundo animal – são ativamente transformadas em *carências humanas internalizáveis*. E estas podem ser, em algum momento no seu curso de transformação, legitimamente de *carências humanamente internalizáveis*, traçando a linha de demarcação que separa o "único ser automediador da natureza" do mundo animal, contrastando-o qualitativamente com todas as espécies animais cujos membros são apenas "*genus*-indivíduos" (nas palavras de Marx), que compartilham totalmente suas características e limitações, no que se refere a suas funções reprodutivas vitais, com outros membros de sua espécie.

Dessa forma, por um lado, as restrições originais absolutas são superadas com a ajuda das *atividades* e *instrumentos* concebidos pelo ser automediador da natureza para a satisfação das mais elementares carências determinadas pela natureza. Ao mesmo tempo, por outro lado, esse processo dialético de *intercâmbio* realmente *ativo* com a natureza, com a ajuda de instrumentos, não importa quão primitivos desde o início, também significa a criação e a satisfação de novas carências capazes de se expandir ainda mais. Isso vai muito além das limitações extremas da mera sobrevivência, de acordo com as determinações objetivas que surgem do processo histórico em desdobramento em si sob o fundamento objetivo tanto das necessidades diretamente impostas pela natureza quanto da força *acumulável*, bem como do *conhecimento* crescente representado pelas funções específicas dos instrumentos utilizados. Esse é o processo dialético em desdobramento pelo qual o mais primitivo *homo faber* já se torna ao mesmo tempo *homo sapiens*, cuja inseparabilidade Gramsci corretamente ressaltou[9].

Obviamente, as contingências e necessidades naturais continuam sempre sendo o insubstituível *substrato natural* para a sobrevivência desse ser único – progressivamente *automediador* e *autodesenvolvedor* – da natureza, o ser humano surgente. Igualmente, os instrumentos e modos de ação usados para a satisfação das carências reprodutivas societais de complexidade crescente também devem estar de acordo com esse substrato natural para que sejam realmente sustentáveis a longo prazo. Mas essa combinação das *contingências naturais* objetivamente dadas e os modos socialmente definidos de *interação metabólica* com elas, em conjunção com os *instrumentos* produtivos emergentes, também fornecem ao ser humano automediador o escopo necessário para o avanço, desde que as condições elementares do metabolismo com a natureza não sejam violados. Dessa maneira, durante muito tempo na história, as potencialidades e forças objetivas da ordem da natureza em si são positivamente liberadas e utilizadas no interesse do desenvolvimento produtivo, em contraste à violação imprudente da natureza circundante, a qual experienciamos em nossa época numa escala sempre maior e mais assustadora.

Essa diferença entre nossa situação atual cada vez pior e o passado mais remoto também se deve, obviamente, à circunstância de que os necessários recursos reprodutivos materiais, por uma questão de *contingência natural favorável*, estiveram outrora longe de ser ameaçados de exaustão pela demanda imposta a eles em escala planetária. Mas contingências naturais favoráveis não podem ser assumidas como eternas, dado o impacto inevitável da intervenção humana na ordem da natureza. Consequentemente, a observância das

---

[9] Ver Antonio Gramsci, *Os intelectuais e a organização da cultura* (trad. Carlos Nelson Coutinho, Rio de Janeiro, Civilização Brasileira, 1968), p. 7.

regras da *economia racional responsável* [*rational husbandry*] propriamente econômica é um requisito *absoluto* em um *planeta* necessariamente *limitado*.

Isso acontece porque as limitações – que não podem de modo algum se estender para sempre – dos recursos planetários acabam sendo simultaneamente não só nossas *contingências* naturais autoevidentes, mas também o horizonte externo de nossas *necessidades naturais inevitáveis*. Além disso, a perigosa violação contínua do subtrato natural da existência humana em si, que não poderia ser negada nos dias de hoje exceto pelos apologistas mais insensíveis da ordem socioeconômica estabelecida, não se deve a alguma fatalidade da natureza. Pelo contrário, ela pode afirmar a si mesma graças ao *círculo vicioso* prepotentemente glorificado da "destruição *produtiva*" ou criativa do capital tornando-se *produção destrutiva*, para servir à multiplicação do *desperdício lucrativo* e à ativa *geração da escassez*, numa escala absurdamente crescente.

A esse respeito, testemunhamos no curso do desenvolvimento histórico uma transformação extremamente *paradoxal* da relação entre a humanidade e a natureza por meio do surgimento de um novo tipo de causalidade e sua afirmação na forma da necessidade histórica, objetivamente prevalecente, porém instituída pelos seres humanos. Afinal, graças ao poder ativo do ser automediador da natureza para modificar seu entorno e dispor *seletivamente* as forças da natureza ao seu próprio uso, partes do sistema originalmente dado das *necessidades naturais* são diferenciadas no sentido de que se tornam apenas "*contingências*", a serem utilizáveis pelo *desígnio humano*, antes totalmente ausente da ordem da natureza em si.

A utilização seletiva de *algumas* forças objetivas da natureza contra outras torna possível esse tipo de avanço. Por conseguinte, no lado da natureza em si encontramos, de um lado, *necessidades naturais* absolutamente inalteráveis por parte dos seres humanos e, de outro – precisamente graças à *utilizabilidade seletiva* de algumas forças contra outras –, a serviço dos propósitos humanos, uma gama cada vez mais extensa de *contingências naturais* flexíveis. Ao mesmo tempo, quando consideramos a transformação histórica sendo realizada no mundo social, encontramos, no lado do *sujeito humano*, a redefinição bilateral das condições naturais de sua autoprodução como

1. *necessidades naturais* determinadas diretamente pela natureza (e, nessa forma, persistentes) e

2. *carências humanas e naturais* progressivamente expansíveis e qualitativamente transformadas[10].

No entanto, é uma pressuposição autoenganadora, perpetuada a serviço das mediações de segunda ordem antagônicas do capital, que as *contingências naturais* exploradoramente usadas pela ordem dominante não continuem sendo ao mesmo tempo *necessidades naturais*, que deveriam ser respeitadas enquanto o *substrato absolutamente fundamental da existência*

---

[10] Marx destacou vigorosamente a natureza dialética desses desenvolvimentos complexos e transformações qualitativas manifestas nas carências humanas em mutação dizendo que "Fome é fome, mas a fome que se sacia com carne cozida, comida com garfo e faca, é uma fome diversa da fome que devora carne crua com mão, unha e dente. Por essa razão, não é somente o objeto do consumo que é produzido pela produção, mas também o modo do consumo, não apenas objetiva, mas também subjetivamente. A produção cria, portanto, os consumidores". Karl Marx, *Grundrisse*, cit., p. 92.

*humana em si*, e não ultrajadas. Portanto, em determinado momento no tempo histórico, como resultado da transgressão de alguns limites objetivos vitais, as *necessidades naturais* retornam com *intensidade*[11] na forma de determinações potencialmente autodestrutivas, reafirmando sua *primazia* – na forma inconfundível das *necessidades naturais* literalmente vitais – em relação ao tratamento altamente irresponsável dos recursos e relações naturais enquanto "*meras contingências*" que podem ser espezinhadas à vontade.

Ademais, dada a inter-relação objetiva irrepreensível entre as necessidades naturais e as carências humanas, a fase no desenvolvimento histórico atual, quando tal irresponsabilidade é incontrolável – nosso tempo presente, correspondente em termos históricos à fase descendente do desenvolvimento do capital –, também é caracterizada pela *subversão, determinada pelo sistema, das carências humanas*. Como resultado, elas são sujeitas aos imperativos fetichistas da expansão do capital a todo custo, trazendo consigo a *degradação* das carências humanas em *apetites artificiais lucrativamente manipulados*, impostos sobre a sociedade naquela forma em nome da justificação da produção do *desperdício* ilimitado e da *escassez* perigosamente ampliada. A imposição autoritária dos interesses próprios do complexo militar-industrial em nossa sociedade – com o mais ativo envolvimento do "Estado ético" idealizado por Hegel – é um exemplo particularmente notável tanto do desperdício ilimitado quanto da escassez produzida artificialmente sob o domínio do capital.

A lógica *objetiva* e em última instância *inviolável* do processo de reprodução social metabólica, e correspondente intercâmbio com a natureza – isto é, inviolável no sentido de que sua violação grosseira está fadada a carregar consigo consequências potencialmente catastróficas –, são a constituição e afirmação necessárias da *necessidade histórica* cada vez mais complexa e, em sua tendência geral, facilitadora do avanço, com suas próprias formas de legitimidade, em contraste com as *necessidades naturais* originais nas quais nossos ancestrais distantes estão predominantemente submersos no alvorecer do tempo histórico. Para ser exato, a necessidade histórica tem suas próprias restrições – de algumas maneiras também *trans*-historicamente prevalecentes, mas todavia, em última análise, *historicamente transcendentes* – que surgem dos antagonismos autoimpostos da dominação de classe no decorrer de milhares de anos da história humana.

Evidentemente, essa dominação de classe tão duradoura é a dolorosa dimensão negativa da continuidade trans-histórica do desenvolvimento humano. Mas esse não é o fim da história. Seria algo inconsolavelmente sombrio se o fosse. A verdade é que, ao mesmo tempo que o poder estruturalmente imposto da dominação de classe indubitavelmente persiste decorrerão longo de incontáveis séculos de história, o caráter cumulativo dos

---

[11] A *permanente presença estrutural das determinações materiais básicas* no metabolismo social em mutação, com suas profundas raízes na natureza, foi fortemente destacada em um capítulo anterior deste livro. Pois não importa até que ponto as determinações materiais diretas sejam deslocadas no curso do desenvolvimento histórico humano por instrumentos produtivos mais avançados e correspondentes práticas produtivas, elas permanecem sempre *latentes* sob a superfície dos mecanismos de deslocamento e podem ressurgir substancialmente no horizonte até mesmo da sociedade mais avançada, inclusive de uma genuinamente socialista. A esse respeito, deve-se manter em mente que a questão pode ser encaminhada com grande eficácia, mas a condição está fadada a reafirmar sua exigência original caso as condições necessárias para seu bem-sucedido banimento não sejam constantemente renovadas. Sobre essa questão, ver capítulo 2, seção 2.2: "Caráter problemático da teleologia espontânea do trabalho".

poderes trans-historicamente adquiridos da humanidade, na forma de conhecimento e instrumentos produtivos, oferece um resultado potencial muito mais reconfortante do que a permanência da subordinação e dominação estrutural. Pois precisamente porque – graças ao cumprimento de algumas condições objetivas possibilitadas pela criação de necessidades historicamente novas e poderes favoráveis para assegurar sua satisfação – as determinações da necessidade histórica autoimposta da humanidade (incluindo também sua dimensão trans-histórica negativa) são em princípio transcendíveis, mesmo que as condições resultantes mais avançadas tragam novas restrições a serem confrontadas em seu devido tempo. Portanto, o processo geral em questão também tem a *dinâmica positiva* da transformação emancipatória produtivamente em desdobramento.

Desnecessário dizer, a necessidade instituída pelos seres humanos no curso da história enquanto necessidade histórica, com seu próprio tipo de causalidade historicamente transcendível e qualitativamente diferente da absolutidade da lei natural manifesta na forma da lei da gravidade, por exemplo, pode ser tanto *positiva*, intensificadora e facilitadora do avanço, quanto *negativa*, até mesmo opressivamente destrutiva.

De fato, o lado negativo preponderante dos desenvolvimentos narrados durante milhares de anos da história humana é a afirmação da necessidade histórica imposta pelos seres humanos sobre si mesmos na forma da modalidade *antagônica* de mediar a relação dos indivíduos sociais entre si e com a natureza. Essa forma de mediação antagônica em última instância insustentável mantém firmemente sob seu domínio os indivíduos sociais determinados por classe, que também são levados a acreditar ao mesmo tempo que sua mistificadora forma adversa de regular seus intercâmbios socioeconômicos é o resultado de alguma *lei inalterável da natureza*. Parece-lhes se tratar de uma lei natural opressora, porque aqueles expostos ao seu poder são incapazes de controlá-la.

No entanto, como demarcou corretamente o jovem Engels em um artigo brilhante[12], que exerceu uma influência significativa e plenamente reconhecida também sobre Marx, a força incontrolável, na realidade, é *seu próprio fazer* e de modo algum uma lei imposta pela natureza. É a relação adversariamente competitiva/antagônica dos indivíduos entre si, correspondendo ao que Engels chamou nesse artigo de "*estado de inconsciência da humanidade*"[13]. Isso presumiu que a lei manifesta seu poder com um impacto inegável sobre o todo da sociedade, como se fosse uma lei natural genuína, provocando seu impacto prejudicial em meio às crises econômicas que estouram periodicamente sobre todo o mundo capitalista. E Engels pôs isso claramente em relevo na sua caracterização das crises do comércio de sua época, que foram tratadas pelos economistas políticos liberais – cujo papel explicativo reduzia-se a fornecer uma justificação automática de seu sistema, absolvendo-o de toda responsabilidade – como uma lei natural insuperável

> Naturalmente, estas revoluções comerciais confirmam a lei: confirmam-na ao seu nível mais alto, mas de uma maneira diversa daquela que o economista nos queria fazer crer. Que pensar

---

[12] Friedrich Engels, "Esboço de uma crítica da economia política", escrito em 1843.

[13] Friedrich Engels "Outlines of a Critique of Political Economy" foi acrescentado como apêndice aos *Manuscritos econômico-filosóficos*, de Marx.

de uma lei que só se pode estabelecer através de revoluções periódicas? É justamente uma lei natural que se *baseia na ausência de consciência dos interesses*. [...] Produzam com consciência, como homens e não como *átomos dispersos*, ignorantes de sua espécie, e escaparão de todas estas *oposições artificiais e insustentáveis*. Mas por tanto tempo quanto continuarem produzindo como hoje, de forma *inconsciente* e irrefletida, *abandonada aos caprichos da sorte*, as crises subsistirão; e cada uma delas que vier deverá ser *mais universal* e, pois, *pior* do que a precedente.[14]

Inevitavelmente, pertence à lógica inerente desses desenvolvimentos que as crises se tornem *mais universais* e *piores* com o passar do tempo, aumentando enormemente os riscos, paralelamente ao mundo sendo trazido em sua totalidade sob o domínio do capital "globalizante".

Em estágios relativamente remotos do desenvolvimento histórico, quando o impacto dos seres humanos sobre seu entorno é ainda muito limitado, dado sua quantidade modesta em relação à totalidade da natureza que os cerca, suas atividades reprodutivas adotadas podem corresponder sem muita dificuldade à inevitável contingência/necessidade da natureza. A situação muda dramaticamente, no entanto, quando a *produção destrutiva* do capital afirma a si mesma no todo do planeta, com a automitologia do "*crescimento*" incondicional do sistema como a panaceia absoluta, embora na realidade tal crescimento seja buscado somente em nome da expansão lucrativa do capital, independentemente das consequências.

Esse é o momento em que o modo de tratar o substrato natural da existência humana como "mera contingência da natureza" torna-se totalmente insustentável, e a violação continuada das regras prescritas pelos requisitos da reprodução social metabólica sustentável torna-se *potencialmente suicida*, em contradição com a busca da economia racional responsável em nosso próprio planeta. Esse é decididamente o momento no tempo em que "*estado de inconsciência da humanidade*" e a pretendida "*lei natural que se baseia na ausência de consciência dos interesses*" devem ser permanentemente relegadas ao passado, com as conceitualizações ideologicamente mais enviesadas das práticas socioeconômicas dominantes na forma de "oposições artificiais e insustentáveis", como a falsa oposição entre *monopólio* e *competição* na economia política[15].

Sob as circunstâncias da dominação que a tudo abrange da reprodução societal do capital no todo do planeta, os riscos não são mais *parciais*. Consequentemente, os remédios para os problemas e contradições identificados não podem ser almejados na forma de *ajustes corretivos parciais*. A *invasão global destrutiva* do capital só pode ser contra-atacada obtendo-se um *controle consciente e abrangente* sobre a afirmação cega da necessidade his-

---

[14] Ibidem, p. 19.

[15] No mesmo "Esboço de uma crítica da economia política", Engels também ressaltou vigorosamente a inter-relação entre competição e monopólio, que é caracteristicamente transformada em outra dessas "oposições artificiais e insustentáveis" pelos economistas políticos liberais. Comentou ele: "A concorrência assenta no lucro e o lucro origina, em troca, o monopólio; em breve, a concorrência se transforma em monopólio. [...] De fato, a concorrência pressupõe o monopólio, isto é: o monopólio da propriedade privada – e aqui a hipocrisia dos liberais aparece de novo: e enquanto subsistir o monopólio da propriedade, a propriedade do monopólio será justificada" (ibidem, p. 17-8). "O monopólio engendra a livre concorrência, e esta, por sua vez, o monopólio, por isso, é preciso que ambos desapareçam e que estas dificuldades sejam ultrapassadas pela supressão do princípio que as gera" (ibidem, p. 27).

tórica que emana dos imperativos práticos das mediações de segunda ordem antagônicas do sistema do capital em sua totalidade.

Como vimos no capítulo 4, Marx caracterizou o início da história humana na *Ideologia alemã* dizendo que "a satisfação dessa primeira necessidade [*need*]\*, a ação de satisfazê-la e o instrumento de satisfação já adquirido conduzem a novas necessidades [*needs*] – e essa produção de novas necessidades [*needs*] constitui o primeiro ato histórico"[16].

O caminho do "primeiro ato histórico" – realizado pela criação de novas carências [*needs*] – à plena emancipação humana é, obviamente, extremamente árduo e cheio de suas próprias contradições e antagonismos. O resultado positivo defendido não é de modo algum postulado como seguro na concepção marxiana, em contraste à projeção apriorística hegeliana da teleologia idealista quase teológica da história do mundo.

Em Hegel, o desdobramento do desenvolvimento histórico-mundial é preordenado pela providência divina. Por conseguinte, "*a sabedoria divina, isto é, a razão*, é idêntica nas grandes e pequenas coisas"[17]. Portanto, uma vez proclamada essa pressuposição apriorística, a filosofia deve se adaptar ao seu esquema geral ao afirmar que "nosso conhecimento visa ganhar *noção* de que o *fim da sabedoria eterna se produziu* à base da natureza e do espírito real e ativo no mundo. Nossa observação é, em certa medida, uma *teodiceia, uma justificação de Deus*"[18].

Aqui, mais uma vez, a "noção conclusiva", concebida como a "justificação de Deus", pode simultaneamente justificar e racionalizar em sentido absoluto a modalidade insustentável do capital de *mediar antagonicamente* a efetividade potencialmente catastrófica dos intercâmbios societais da ordem estabelecida. Desse modo, o *existente* pode ser idealizado em nome da razão, que é equiparada com a "sabedoria divina" capaz de ter tudo como "fim de sua sabedoria eterna" e, por definição, também capaz de realmente produzir tudo que for assim pretendido. Consequentemente, podemos ser legitimamente incitados a "*alegrar-se com esse* [o presente], tal *discernimento racional é a reconciliação com a efetividade*"[19]. As mediações antagônicas e em última instância autodestrutivas do existente não representam nenhuma dificuldade, porque em grande esquema da *Ciência da lógica* hegeliana, a mediação deve "curvar o seu fim sobre seu início" de modo a completar o "círculo dos círculos"[20], realizando especulativamente com isso a necessária "*mediação transcendente*"[21] que mantém as historicamente insustentáveis mediações antagônicas de segunda ordem do sistema não só de pé, mas até mesmo aclamadas por sua declarada coincidência com "a justificação de Deus". Pois, na concepção filosófica hegeliana, supõe-se que o curso da história corresponde a nada menos que "*a determinação em si da razão*", que supostamente

---

\* Serão novamente inseridos os colchetes para evidenciar a diferenciação terminológica presente na edição utilizada por Mészáros. (N. E.)

[16] Karl Marx, *A ideologia alemã*, cit., p. 33.
[17] G. W. F. Hegel, *Filosofia da história*, cit., p. 21.
[18] Idem.
[19] G. W. F. Hegel, *Filosofia do direito*, cit., p. 43.
[20] G. W. F. Hegel, *Science of Logic*, cit., v. II, p. 484.
[21] Ibidem, p. 485.

é, como insiste Hegel, o "*objetivo final do universo*"²² no mundo realmente existente²³, em conjunção com "a realização completa do espírito na existência: o Estado"²⁴: uma parte crucial de sua concepção racionalizadora.

Na visão hegeliana, o Estado capitalista "germânico" (mas não estritamente alemão) realmente existente, que representa para ele o "*universo ético*"²⁵, poderia ser categoricamente declarado "*a ideia divina, tal qual existe no mundo*"²⁶. Ao adotar essa visão, Hegel decretou veleitariamente, ao mesmo tempo, a solução ideal para os problemas e contradições que ainda poderiam existir. Sua solução consistiu em estipular que

> [...] o verdadeiro é a unidade da vontade universal e subjetiva. No *Estado*, o *universal* está nas leis, em determinações gerais e racionais. [...] Quando a vontade subjetiva do homem se *submete* às leis, a oposição entre *liberdade e necessidade* desaparece.²⁷

Tudo isso não poderia ser diferente na teleologia hegeliana do espírito do mundo que se autodesenvolve, porque o propósito subjacente do desenvolvimento histórico-mundial – o *objetivo final do universo* segundo ele, desde o princípio, como vimos ser constantemente reafirmado por Hegel – é a abertura reconciliatória do "Estado até ser a imagem e a efetividade da razão"²⁸. A legitimidade da requerida "submissão da vontade subjetiva" real das pessoas à "universalidade racional" do Estado supostamente ético prosseguiu com validade absolutamente inquestionável no esquema hegeliano das coisas a partir desse desígnio apriorístico ideal.

No mundo realmente existente, no entanto, não só a contradição entre "*liberdade e necessidade*", mas também os problemas fundamentais pertencentes às diferenças objetivas entre *carência e necessidade* devem ser abordados e assegurados em relação à *base histórica materialmente viável* e *historicamente sustentável*. E isso tem de significar, em termos de uma concepção materialista dialética da história – explicitamente contrastada por Marx com o "materialismo naturalista"²⁹ –, a elaboração de um relato apropriado da complexa inter-relação entre os fatores objetivos e subjetivos que afirmam a si mesmos por meio da *única causalidade não naturalista da necessidade histórica*, instituída pelos seres humanos.

Por conseguinte, a *inteligibilidade dialética* objetivamente sustentável do desenvolvimento histórico no relato marxiano clama pelo entendimento da constituição e das transformações da necessidade histórica por parte do ser automediador da natureza, o

---

22. G. W. F. Hegel, *Filosofia da história*, cit., p. 23.
23. Daí a equiparação reconciliatória de Hegel entre "racionalidade" e "efetividade".
24. G. W. F. Hegel, *Filosofia da história*, cit., p. 23.
25. G. W. F. Hegel, *Filosofia do direito*, cit., p. 42.
26. G. W. F. Hegel, *Filosofia da história*, cit., p. 40.
27. Idem. Em outra parte da *Filosofia da história* (p. 367), Hegel insistiu que deve haver uma disposição positiva dos indivíduos para o Estado, subordinando suas opiniões "perante o substancial do Estado", pois "[não existe] nada mais sublime ou sagrado (...) que seja diferente da constituição estatal".
28. G. W. F. Hegel, *Filosofia do direito*, cit., p. 313.
29. "Objeções ao materialismo dessa concepção. Relação com o *materialismo naturalista*. [...] *Dialética* dos conceitos 'força produtiva' (meios de produção) e 'relação de produção', uma *dialética* cujos limites é preciso determinar e que não suprimem as diferenças reais". Karl Marx, *Grundrisse*, cit., p. 109.

sujeito humano. Uma forma de necessidade que é inseparável do desígnio humano, não importa quão rudimentar a princípio, em contraste às grandes antecipações especulativas e soluções autorreconfortantemente preordenadas que podem ser deduzidas do conceito de "presente perpétuo" do espírito do mundo. Este último, obviamente, é sinônimo de totalização histórico-mundial pelo totalizador ideal, imaginado apenas de forma especulativa[30]. Na concepção materialista da história, em contraste, a *inteligibilidade dialética* do desenvolvimento, que se desdobra de acordo com a causalidade única da necessidade histórica – resultando até o presente na *totalização sem totalizador*, para usar a expressão apropriada de Sartre[31] –, só pode ser sustentada colocando-se em destaque não só as *determinações inevitáveis, materialmente restritivas* do contínuo processo histórico com fim aberto, mas ao mesmo tempo as genuínas *potencialidades emancipatórias* do mesmo processo. Tanto as determinações materiais restritivas quanto as potencialidades emancipatórias são materializadas nas dimensões profundamente interconectadas – incluindo as dimensões culturais/intelectuais e espirituais mais complexas discutidas no capítulo 4 – das práticas reprodutivas societais buscadas pelo sujeito humano automediador.

Graças às potencialidades emancipatórias do desenvolvimento em desdobramento, o sujeito histórico em si – responsável por constituir e transformar a reprodução societal por meio de sua atividade estendida de maneira dinâmica, dentro do quadro dialético complexo da continuidade e descontinuidade trans-histórica – torna-se no devido tempo capaz de um *controle geral consciente* dos requisitos globalmente entrelaçados da reprodução social metabólica. Isso é o que encontramos prenunciado na discussão de Marx sobre as características definidoras da "nova forma histórica", em contraste à história das sociedades de classe antagônicas.

Inevitavelmente, no entanto, com a extensão global do processo de reprodução societal, a abarcar em sua tendência geral o todo de nosso planeta, o controle consciente do metabolismo social se torna, e tem de se tornar, não uma possibilidade abstrata, mas uma condição elementar da sobrevivência humana em si. Pois sem a elaboração e a operação prática de uma modalidade *historicamente viável* de controle social metabólico consciente em *escala global* – um desafio jamais encarado pela humanidade – a *incontrolabilidade* das mediações de segunda ordem antagônicas do sistema do capital, já afirmando a si mesma com uma severidade crescente em seu cenário nacional e interestatal muito mais limitado nos dias de hoje, só pode resultar em *crises estruturais crônicas*, perpetuadas enquanto o escalonamento de uma crise para a outra puder ser mantido, e em *derradeira destruição*. Naturalmente, a realização dessa forma de controle reprodutivo societal geral, consciente e historicamente sustentável, é possível somente na *condição primária* de que o sujeito

---

[30] "Hegel caiu na *ilusão* de conceber o *real como resultado do pensamento* que sintetiza-se em si, aprofunda-se em si e *movimenta-se a partir de si mesmo* [...]. O *todo* como um *todo de pensamentos*, tal como aparece na cabeça, é um produto da cabeça pensante que se apropria do mundo do único modo que lhe é possível, um modo que é diferente de sua apropriação artística, religiosa e prático-mental. O *sujeito real*, como antes, continua a existir em sua autonomia fora da cabeça; isso, claro, enquanto a cabeça se comportar *apenas de forma especulativa, apenas teoricamente*. Por isso, também no método teórico o *sujeito*, a *sociedade*, tem de estar continuamente presente como pressuposto da representação". Karl Marx, *Grundrisse*, cit., p. 101-2.

[31] Desenvolvido por Jean-Paul Sartre na *Crítica da razão dialética*, cit. Mais detalhes sobre esses problemas na seção 6.3 deste capítulo.

histórico seja bem-sucedido em assegurar o *substrato natural* da existência humana no ambiente planetário com uma viabilidade histórica duradoura. E isso requer a reavaliação crítica prática da *carência* e da *necessidade* historicamente criadas dentro do quadro dialético objetivo da necessidade histórica humanamente constituída, e, desse modo, também transcendível – em outras palavras, em um sentido *histórico* apropriado.

Tanto a *carência* quanto a *necessidade* devem ser concebidas nesse quadro teórico de orientação prática em um sentido inerentemente *histórico*, ao colocar em relevo suas transformações e correlações dialéticas no curso da história humana. Ao mesmo tempo, a relevância das realizações históricas obtidas no curso do desenvolvimento da humanidade em termos de carência e necessidade deve ser definida em termos precisos como pertencente ao sujeito *individual*, bem como ao *coletivo*.

Na verdade, a única forma de tornar *dialeticamente inteligível* o caráter real do sujeito histórico – com sua constituição original sobre o fundamento natural[32] do qual ele deve surgir, com suas *carências em mutação* que se desdobram do mundo da *necessidade natural* que domina a princípio todas as criaturas vivas, inclusive nossos ancestrais distantes –, é a *unidade atual* do particular e do geral, do indivíduo e do coletivo/social. Não é essa *unidade dialética* objetivamente constituída do indivíduo e do social que precisa de explicação, mas as conceitualizações tendenciosas daquela relação que postula – e tenta justificar – a separação e até mesmo a oposição entre os dois, quaisquer que sejam as complicadas razões ideológicas para conceber tais imagens de subjetividade unilateral.

A esse respeito, as concepções teóricas elaboradas por algumas das maiores figuras intelectuais da burguesia são particularmente problemáticas. Pois o *ponto de vista eternizante do capital* – em afinidade com a projeção de uma noção do *indivíduo isolado* nos confins mais remotos do passado, no interesse de traçar uma linha direta de continuidade com as práticas produtivas e distributivas glorificadas do presente capitalista por todo o tempo que virá – é incompatível com uma visão histórica consistente. Portanto, nessas concepções, quer pensemos a esse respeito em Adam Smith ou em seus seguidores, acabamos com uma noção a-historicamente idealizada do "indivíduo natural", com uma "natureza humana" arbitrariamente postulada, como convêm às autoimagens de um desenvolvimento socioeconômico que começa sua ascendência no século XVI e chega à maturidade no século XVIII.

> Nessa sociedade da *livre concorrência*, o indivíduo aparece desprendido dos laços naturais etc. que, em épocas históricas anteriores, o faziam um acessório de um conglomerado humano determinado e limitado. [...] Tal indivíduo do século XVIII [...] aparece como um ideal cuja existência estaria no passado. Não como um *resultado histórico*, mas como *ponto de partida* da história. Visto que o *indivíduo natural*, conforme sua representação da *natureza humana*, não se origina na história, mas é *posto pela natureza*. [...] Quanto mais fundo voltamos na história, mais o indivíduo, e por isso também o *indivíduo que produz*, aparece como dependente, como membro de um todo maior [...] Somente no século XVIII, com a "sociedade burguesa", as diversas formas de conexão social confrontam o indivíduo como *simples meio* para seus fins *privados*, como *necessidade exterior*. Mas

---

[32] Marx afirmou claramente que "evidentemente, o ponto de partida [deve ser] da *determinabilidade natural*; subjetiva e objetivamente". *Grundrisse*, cit., p. 110.

a época que produz esse ponto de vista, o ponto de vista do *indivíduo isolado*, é justamente a época das relações *sociais* (universais desde esse ponto de vista) mais desenvolvidas até o presente. O ser humano é, no sentido mais *literal*, um ζωον πολιτικόν*, não apenas um animal social, mas também um animal que *somente pode isolar-se em sociedade*.[33]

Portanto, a *contradição* entre o real estado de coisas e sua retratação teórica é impressionante. Pois a *inseparabilidade objetiva* dos indivíduos de seu domínio social *tem sido maior* e mais superabrangente para o todo da humanidade. Ao mesmo tempo, no entanto, as *ilusões* associadas aos poderes "soberanos" ficcionalizados de tomada decisão do *indivíduo isolado* continuam a ser afirmados na economia política com total irrealidade. Por uma questão de desenvolvimento econômico sempre em expansão, os laços sociais realmente prevalecentes nunca foram mais intensos em toda a história, no sentido de que as *limitações* anteriores dos *elos* locais outrora dominantes são progressivamente *superadas* [*superseded*] pela inexorável tendência do sistema do capital orientada para a *invasão global* de suas práticas reprodutivas. Contudo, a imagem autosserviente do único modo viável ("natural") de reprodução social metabólica, centrada na postulada relação de troca "livre e equitativa" dos indivíduos isolados, deve ser preservada. Isso deve ser feito mesmo ao custo de distorcer grosseiramente todas as determinações fundamentais realmente existentes que concernem à *dialética objetiva* manifesta na *unidade necessária* do *indivíduo* e do *social*, bem como na relação historicamente em mutação de *carência* e *necessidade*, com respeito às condições de existência dos indivíduos sociais tanto quanto da humanidade como um todo. Mas, obviamente, essa contradição entre o estado de coisas realmente existente e suas conceitualizações a partir do ponto de vista da economia política do capital não se dá sem algumas razões bem importantes – ainda que teoricamente injustificáveis e praticamente incorrigíveis.

O núcleo dessa insuperável contradição pode ser deixado bem claro ao salientar que, em contraste à mistificação capitalista da riqueza que emana do fetichismo de mercadoria, "*materialmente considerada, a riqueza consiste unicamente da diversidade das necessidades*"[34].

Nesse sentido, o avanço histórico produtivamente instituído da humanidade é possibilitado ao recuar o limite da necessidade *natural* estrita e substituí-lo progressivamente pela necessidade *histórica* potencialmente emancipatória e as correspondentes criação e transformação da *carência humana*. Por conseguinte,

> [...] essa remoção do *solo natural* sob o solo de toda indústria e a transposição de suas condições de produção para fora dela em uma conexão universal – por conseguinte, a transformação daquilo que parece supérfluo em algo necessário, em *necessidade historicamente produzida* – é a tendência do capital.[35]

Mas faz um mundo de diferença a maneira pela qual as carências historicamente em mutação dos indivíduos, bem como da sociedade como um todo, são tratadas.

---

\* *Zoon politicon.* (N. E.)
[33] Karl Marx, *Grundrisse*, cit., p. 83-4.
[34] Ibidem, p. 527.
[35] Ibidem, p. 528.

O contraste a esse respeito entre uma ordem coletiva socialista e o sistema produtivo sujeito à dominação completa do valor de troca não poderia ser maior. Na ordem coletiva socialista, descrita por Marx como *"consciência de si positiva* do homem"[36],

> o lugar da *riqueza* e da *miséria* nacional-econômicas é ocupado pelo *homem rico* e pela *necessidade (Bedürfnis) humana rica*. O homem *rico* é simultaneamente o homem *carente de uma totalidade da manifestação humana de vida*. O homem, no qual a sua efetivação própria existe como *necessidade (Notwendigkeit) interior*, como *falta (Not)* .[37]

Em contraste, sob o domínio fetichista do valor de troca sobre o valor de uso, a *carência* deve manter seu caráter *externo*, dominando tanto os indivíduos[38] quanto a sociedade como um todo[39]. É por isso que a imposição historicamente produzida da *necessidade exterior* do sistema do capital – uma forma de necessidade cuja imposição sobre os membros da sociedade é *absolutamente* necessária para o funcionamento normal do sistema – deve ser transfigurada de maneira teórica e operada de forma prática como se fosse uma *necessidade imposta pela natureza*, emanando de uma lei natural misteriosa. Essa é a forma de identificar falaciosamente o declarado requisito *absoluto* de um *sistema historicamente específico* com a absolutidade inalterável da *lei da natureza*. Pois ao transfigurar o especificamente histórico dessa maneira, a "lei natural" declarada inalterável torna-se apropriada a *idealizar* a ordem reprodutiva do capital como "sistema natural da liberdade e justiça completas", nas famosas palavras de Adam Smith, decretando esse sistema como estando em plena conformidade com a "*natureza humana*" enquanto tal. Ao mesmo tempo, a "lei natural" proclamada arbitrariamente também pode ser usada para *absolver* o sistema do capital – por causa de seu "caráter natural perfeito" – de toda a culpa pelas desumanidades nele identificadas pelos mesmos pensadores, que ainda desejam reconhecer na fase ascendente de desenvolvimento do capital que "as pessoas que vestem o mundo todo estão elas mesmas vestidas de farrapos"[40] (Adam Smith de novo).

---

[36] Karl Marx, *Manuscritos econômico-filosóficos*, cit., p. 114.

[37] Ibidem, p. 112-3. [As ênfases em "riqueza", "miséria" e na segunda aparição de "rico" são de Marx. (N. E.)]

[38] Ou seja, dominando os indivíduos *que produzem* – que são excluídos do *controle* das condições da reprodução societal pelo "*monopólio da propriedade*" estruturalmente arraigado, como o jovem Engels destacou corretamente – tanto quanto os "*consumidores* soberanos" ficcionalizados, que devem aceitar e internalizar como suas próprias carências genuínas os "apetites artificiais" impostos sobre eles pelos imperativos fetichistas do sistema do capital.

[39] Essa dominação da reprodução social metabólica pelas carências autoperpetuadoras do capital, como *necessidade exterior* à qual todos os membros da sociedade devem se submeter de maneira inquestionável, torna-se particularmente evidente em momentos de grandes crises econômicas, quando a necessidade de assegurar a expansão do capital – até mesmo na forma de "nacionalizar" magnitudes astronômicas da bancarrota capitalista pelo Estado – é imposta à sociedade como um todo. E esse requisito de submissão inquestionável aos ditames do sistema deve incluir também as personificações totalmente perplexas do capital, que nesses momentos de grande crise choramingam "falta" e gritam "socialismo" em protesto contra as medidas de emergência adotadas de "recapitalização" dos órgãos necessários da reprodução capitalista continuada por *seu próprio Estado*, imposta à sociedade no interesse do *modo* continuado predominantemente *econômico* de extração do trabalho excedente como *mais valia* estabilizado pela intervenção capitalista do Estado.

[40] Adam Smith, *A riqueza das nações*, cit., v. I, p. 33.

As carências das pessoas que estão vestidas de farrapos não contam nada no idealizado "sistema natural da liberdade e justiça completas", apesar do fato de serem reconhecidas como pessoas que vestem o mundo. O mesmo vale para a abordagem especulativamente transubstanciada de Hegel a esse problema. Na verdade, na filosofia de Hegel, a insensível exclusão do *"homem carente"*\* que trabalha (reconhecido por ele como carente) dos benefícios conferidos àqueles que têm privilégios estruturalmente garantidos e salvaguardados de *propriedade*, convenientemente consagrados e protetoramente observados pelo "Estado ético" hegeliano, é justificada sobre o fundamento ideológico retorcido, porém extremamente revelador, de que "para a propriedade, [materializada] enquanto *ser-aí* da personalidade"[41]. O fato histórico real de que a constituição capitalista, a expropriação e a concentração de propriedade é totalmente incompreensível sem relacioná-lo à ilimitada violência sangrenta da "acumulação primitiva" – com o papel mais brutal desempenhado nela pelo surgimento do Estado moderno, numa distância astronômica da lenda filosófica que decreta a propriedade como sendo a "para a propriedade, [materializada] enquanto *ser-aí* da personalidade", imposta e eticamente justificada[42] – obviamente também não serve para nada nas autoimagens da ordem burguesa idealizada.

O grave corolário do desenvolvimento sob as condições do sistema produtivamente mais poderoso em toda história é que o avanço potencialmente emancipatório deve ser ao mesmo tempo *negado* pela *modalidade antagônica* dos interesses próprios autoexpansivos do capital. Pois esta só pode prevalecer no modo *antitético*, ao impor o *valor de troca* a todo custo sobre o valor de uso e a correspondente *carência humana*, ou do contrário implodiria como um sistema produtivo confinado à sua aterrorizante "condição estacionária"[43].

O capital, graças ao monopólio estruturalmente salvaguardado da propriedade, na realidade, incorpora não a "vontade livre" – como declarada pela autojustificativa lenda

---

\* Na edição brasileira da *Filosofia do direito*, essa expressão não aparece. (N. E.)

[41] G. W. F. Hegel, *Filosofia do direito*, p. 89. [Na edição inglesa, essa passagem aparece como "property is the embodiment of the free will of others". Já a edição brasileira, o mesmo trecho (retirado do parágrafo 51) aparece como "para a propriedade, enquanto *ser-aí* da personalidade, minha representação e minha vontade *interiores* de que algo deva ser *meu* não são suficientes, porém se exige, além disso, a *tomada de posse*", portanto, bastante diferente da edição utilizada por Mészáros, daí a inserção dos colchetes. (N. E.)]

[42] Ainda em meados do século XIX, o "homem carente" que ousou roubar um carneiro teve de sofrer uma *punição capital* ao ser enforcado na Inglaterra por "crime abominável". Sir Thomas Morus escreveu com uma ironia mordaz em seu *Utopia* (1516), na época da "para a propriedade, [materializada] enquanto *ser-aí* da personalidade" por meio dos bons serviços da "acumulação primitiva" que "os carneiros estão devorando os homens". Portanto, o estranho apetite dos carneiros de devorar os homens – e sempre os pobres explorados – pôde ser mantido bastante satisfeito por mais de três séculos de reino iluminado do capital, graças à *"realização completa do espírito na existência: o Estado"*.

[43] John Stuart Mill admitiu que o sistema capitalista deve enfrentar em algum momento futuro o preocupante problema de sua "condição estacionária". Mas ele só pôde oferecer um remédio totalmente ilusório ao postular uma "melhor *distribuição*" sem alterar a ordem *produtiva*, que é a base necessária e o principal determinante de toda distribuição possível. E, obviamente, ele queria manter tanto a produção quanto a distribuição sob o controle elitista das "maiores inteligências" também em sua postulada ordem futura. Ver John Stuart Mill, *Princípios da economia política: com algumas de suas aplicações à filosofia social* (trad. Luiz João Baraúna, São Paulo, Abril Cultural, 1983), p. 251-4.

filosófica especulativa – mas a *função crucial do controle reprodutivo societal alienado dos produtores*. E precisamente porque a função de todo importante do controle social metabólico é radicalmente separada dos, e, de uma forma alienada hostil, imposta aos produtores, ela deve ser mantida dessa maneira como uma relação estrutural *antitética*, que afeta profundamente tudo, inclusive a produção e satisfação da carência humana.

Dessa forma, o recuo potencialmente emancipatório dos limites da necessidade natural estrita e a "transformação daquilo que parece *supérfluo* em algo necessário, em *necessidade historicamente produzida*" carrega consigo resultados contraditórios e consequências em última instância autodestrutivas. O problema é que a contradição objetiva entre o avanço potencialmente emancipatório para o todo da humanidade [*humanity*] e a ameaçada destruição da humanidade [*humankind*] pela degradação autoinduzida do substrato natural da existência em si em nosso planeta, devido aos antagonismos internos nocivos do desenvolvimento contínuo, não pode ser resolvida dentro dos confins do sistema do capital que se estende globalmente. Pois

> A própria *troca universal*, o *mercado mundial* e, em consequência, a *totalidade das atividades*, do *intercâmbio*, das *necessidades* etc., dos quais ela consiste, devêm o fundamento universal de todas as indústrias. O luxo é o contrário do naturalmente necessário. As *necessidades naturais* são as necessidades do indivíduo, ele próprio *reduzido a um sujeito natural*. O desenvolvimento da indústria abole essa necessidade natural, assim como aquele luxo – na sociedade burguesa, entretanto, o faz somente de modo *antitético*, uma vez que ela própria *repõe uma certa norma social como a norma necessária* frente ao luxo.[44]

Evidentemente, uma sociedade de complexidade e tamanho cada vez maiores, sem mencionar uma sociedade globalmente integrada, não pode funcionar sem algum tipo de *troca*. Mas, repetindo, faz um mundo de diferença que tipo de troca é usado para garantir o modo de reprodução societal. Ela pode assumir as formas contrastantes da

1. produção historicamente sustentada de *riqueza real*, correspondendo à anteriormente mencionada "*diversidade das necessidades*" apropriada desejosamente pelos indivíduos sociais, como essencial para sua autorrealização, ou

2. a reprodução interminável da *necessidade exterior* imposta sobre os membros da sociedade, de modo a perpetuar uma *forma alienada de relação de troca* e a correspondente submissão da carência humana ao fetichismo de mercadoria, a serviço da autorreprodução cada vez mais *perdulária*, *destrutiva* e *incontrolavelmente estendida* do capital.

Esta é, de fato, uma falácia bastante reveladora, totalmente em consonância com as determinações antitéticas da economia política do capital, *equiparar a troca de mercadorias reificada* com o requisito necessário geral da *troca em geral*, de modo a se conseguir pressupor, por meio dessa falsa equiparação, a legitimidade absoluta do valor de troca dominando o valor de uso. Como resultado, a real relação de troca *alternativa* – a *troca de atividades* humanamente emancipadora e liberadora correspondente à autorrealização dos indivíduos sociais, em uma ordem social livre e abrangentemente planejada – é categoricamente excluída do conceito de troca pela falsa equiparação em questão, que

---

[44] Karl Marx, *Grundrisse*, cit., p. 528.

é tendenciosamente proclamada como *absoluta* do ponto de vista da filosofia e da economia política do capital. Esse modo de conceitualizar o problema, até mesmo pelas maiores figuras intelectuais da burguesia, é inevitável, porque o tipo de relação de troca absolutizada nele *acaba sendo* praticamente dominante no processo de reprodução societal estabelecido. De modo mais importante, porque do ponto de vista adotado do capital, a relação de troca *de facto* historicamente criada, mas agora absolutizada, *tem de permanecer para sempre dominante* naquela forma, desde que corresponda às características definidoras essenciais e aos requisitos operacionais insubstituíveis do modo dado de controle do metabolismo social em si.

Naturalmente, essa forma de equacionar a *troca enquanto tal* com o valor de troca só é sustentável na *sociedade de mercadorias* antagonicamente reproduzida, sobre a *premissa prática* imposta que separa *posse* e *controle* da atividade produtiva numa forma historicamente determinada. Pois sob o domínio do capital, correspondendo a uma separação *historicamente única* de posse e controle dos produtores no processo societal metabólico da *produção generalizada de mercadorias* – que inclui pela primeira vez na história a *mercadorização universal do trabalho vivo* –, "todas as mercadorias são não valores de uso para seus *possuidores* e valores de uso para seus *não possuidores*. *Elas precisam*, portanto, *universalmente mudar de mãos*. [...] As mercadorias têm que realizar-se, portanto, como valores, antes de poderem realizar-se como valores de uso"[45]. É por isso que o *valor de troca reificado* deve absolutamente dominar o *uso*, frustrando dessa maneira a satisfação da carência humana sob a supremacia da *necessidade exterior* continuada, até mesmo no estágio concebivelmente mais alto do avanço produtivo capitalista, negando e nulificando ao mesmo tempo as *potencialidades emancipatórias* do desenvolvimento histórico.

O perigoso "*modo antitético*", no qual o capital "*repõe uma certa norma social como a norma necessária*" (isto é, como socialmente intranscendível) no mais alto estágio de seu desenvolvimento histórico, em *escala global*, é, por decreto – em nome de sua "*globalização*" pretensamente suprema –, sua própria fase historicamente alcançada (porém historicamente *in*sustentável) de desenvolvimento, tomada como *absolutamente intransponível*. Contudo, o que está no processo de desdobramento histórico sob a tendência inexorável do desenvolvimento global do capital carrega consigo a *armadilha explosiva* da totalidade das atividades, do intercâmbio, das necessidades etc. dentro do quadro antagonicamente executado da mediação de segunda ordem que a tudo abrange do sistema: o *mercado mundial* que prescreve a permanência da impassível troca de mercadorias em escala universal. E isso significa a reafirmação potencialmente catastrófica da *necessidade absoluta* – o pior tipo de *necessidade histórica externa já criada pelos seres humanos* – da *autoexpansão incontrolável permanente* do capital, o que contradiz diretamente as *limitações necessárias do nosso planeta*, e solapa, portanto, os requisitos naturais elementares do processo de reprodução societal. É por isso que o grande potencial emancipatório do avanço produtivo em toda a história deve ser em última instância nulificado pelas *limitações estruturais absolutas* do sistema do capital em si no mais alto estágio de seu desenvolvimento global, devido à separação desse

---

[45] Karl Marx, *O capital*, cit., v. I, p. 80.

sistema em relação à carência humana, nele necessariamente invalidada pelos imperativos fetichistas da troca universal de mercadorias.

O imenso dinamismo produtivo do capital no decorrer da história se deveu em grande medida à sua capacidade de se livrar dos grilhões restritivos que cercam o processo de produção sob a escravidão e a servidão. Dessa maneira, o trabalho *formalmente* emancipado apareceu no horizonte histórico – como o "trabalho livre" da "escravidão assalariada" economicamente forçada e explorada – capaz de entrar "livremente" na *relação contratual* capitalisticamente estipulada e legalmente sancionada de troca universal de mercadorias que *teve de* incorporar o *trabalho vivo mercadorizado*.

A *premissa prática* necessária dessa relação de troca, que postula a subordinação do valor de uso ao valor de troca, foi a separação da posse de propriedade – e, portanto, o controle de produção – da classe social dos produtores. Desse modo, o valor de troca teve de adquirir domínio absoluto. Isso foi necessário porque os valores de uso são inseparáveis das *qualidades*, e portanto são *inquantificáveis* para os propósitos da produção generalizada de mercadorias. Somente alguns filósofos utilitaristas liberais tentaram fazer o impossível: quantificar valores qualitativamente diferentes em nome de sua própria conveniência ideológica.

No entanto, era condição absolutamente necessária da produção generalizada de mercadorias, sob o domínio do capital, que todas as mercadorias entrassem na relação alienada de troca de maneira *comensurável/quantificável*. As mercadorias tinham de ser *equalizáveis* na relação de troca capitalista, o que era impossível por meio de valores de uso *qualitativamente diferentes* – e portanto incomensuráveis – que correspondiam a carências humanas específicas. Em contraste, o valor de troca, perfeitamente apropriado para a desconsideração da carência humana, poderia cumprir a função da *quantificação e equalização formal* requerida pela relação fetichista da troca de mercadorias.

Naturalmente, a separação do valor de troca e do valor de uso aplicava-se, acima de tudo, ao *trabalho vivo mercadorizado,* sem o qual a viabilidade do sistema do capital em si era inconcebível. A capacidade de usar *autonomamente* seu valor de uso enquanto produtores foi *absolutamente negada* aos trabalhadores, que haviam sido privados dos meios de produção necessários para controlar o processo de produção em si. Sob o domínio do capital tudo tinha de ser negociado por meio da primazia e *supremacia* do valor de troca das mercadorias. Elas tinham de ser trocadas devido ao fato mencionado anteriormente de que as "mercadorias são não valores de uso para seus possuidores e valores de uso para seus não possuidores". Além disso, elas tinham de ser trocadas numa base *formalmente equiparada*, ainda que de alguma maneira assombrosamente fictícia. Pois a premissa prática necessária dessa "livre relação contratual" é a *expropriação material real* da classe de trabalhadores, e sua *subordinação estrutural hierárquica* à classe do capital personificado no processo de reprodução societal.

Por conseguinte, o domínio do valor de troca sobre o valor de uso carrega consigo

1. a supremacia da determinação *estritamente formal* da relação de troca, na qual as *qualidades incomensuráveis (valores de uso)*, transmutadas em valores de troca quantificáveis (no caso das habilidades produtivas específicas dos trabalhadores, transmutadas em *força de trabalho* genérica vendável), tinham de ser *formalmente equiparadas* no proces-

so sempre em expansão da produção generalizada de mercadorias[46] e correspondente contabilidade do capital; uma forma de contabilidade econômica não só *incapaz de*, mas, pior que isso, *incompatível com* considerações humanas qualitativas, *e*

2. em conjunção íntima com as determinações fetichistas da contabilidade do capital, a *carência humana* teve de ser frustrada e sujeitada ao domínio da *necessidade exterior* por meio do *pré-requisito* de uma transação de mercadorias bem-sucedida. Tal transação teve de ser imposta sobre os trabalhadores pela coerção econômica absolutamente inevitável, restringida também pelas vicissitudes do mercado de trabalho na forma da insegurança das oportunidades de trabalho, antes que pudesse ser satisfeita até mesmo como a carência elementar dos indivíduos produtivos por comida e abrigo em sua forma de mercadoria alienada, sempre determinada pelo lucro.

Não obstante, as determinações economicamente incontestáveis da *escravidão assalariada* do sistema do capital provaram ser historicamente muito superiores aos grilhões politicamente restritivos da escravidão e servidão. Pois enquanto a escravidão e a servidão *cercavam* o desenvolvimento produtivo, a coerção econômica imposta sobre o trabalho agia na direção oposta, como uma força motivadora vital para a produção da *mais ativa contribuição* do sujeito ao processo dinâmico de expansão em si.

A produção generalizada de mercadorias, dependente do quadro comercial autorregulador – e não externamente/politicamente supervisionado – da troca, era incompatível com o controle político direto do trabalho produtivo. A coerção econômica, que tinha de ser internalizada com uma dolorosa inevitabilidade – isto é, voltada para a própria *força que exerce a si mesma* – por parte dos indivíduos produtivos, era incomparavelmente mais eficaz a esse respeito. Por conseguinte, em comparação à escravidão e servidão, a compulsão econômica e o movimento propulsor do trabalho mercadorizado sob o domínio do capital provaram ser *irresistíveis*, demolindo todos os obstáculos que restringiam a expansão do capital no decorrer dos últimos quatro séculos de desenvolvimento histórico.

A contradição insuperável do sistema – que leva, em determinado ponto nesse desdobramento, à ativação de seus limites absolutos – emanou não de alguma limitação externa politicamente imposta da produtividade do trabalho, mas do mais profundo caráter sistêmico do capital em si. Foi devido à condição objetiva irremediável que a expansão do capital – de uma forma ou de outra, incluindo suas variedades mais parasitárias e cronicamente perdulárias – foi, e continua sendo, não só *irresistível*, mas também *incontrolável*. Ou seja, incontrolável ao ponto de sua própria autodestruição potencial em seu antagônico estágio globalizado de desenvolvimento.

É aqui que podemos ver a necessidade de reafirmar criticamente a falsa identificação da relação de troca societal em geral com a troca de mercadorias, que postula com isso a subordinação absoluta do valor de uso – e correspondente carência humana – aos

---

[46] Um corolário vitalmente importante dessa dimensão do processo reprodutivo material do capital no domínio político é o correspondente desenvolvimento do *Estado moderno*, com sua *igualdade formal, liberdade etc.*, idealizado nos *"direitos do homem"*. A determinação estritamente formal dos "direitos do homem" está em reveladora consonância com a *negação* radical *da igualdade substantiva, liberdade* etc. na relação de *classes*, estruturalmente salvaguardada, incorrigivelmente *iníqua*, entre capital e trabalho no processo de reprodução societal geral da ordem material estabelecida.

requisitos fetichistas do valor de troca orientado para o lucro e, no fim, a expansão do capital destrutivamente incontrolável. Pois na realidade há um limite para tudo, inclusive para a *incontrolabilidade*. Esse limite é atingido quando, no caso da autoexpansão do capital, a panaceia do *crescimento não qualificado e racionalmente irrestringível* continua sendo idealizada e forçosamente imposta sobre a sociedade pelo capital na forma de *crescimento canceroso destrutivo*.

A esse respeito, a alternativa fundamental ao sistema reificado do valor de troca, que necessariamente prevalece sobre o valor de uso e sobre a carência sob o domínio do capital, são as *atividades de troca*. Essa não é uma questão de acordos técnicos/tecnológicos. A *divisão social do trabalho estruturalmente assegurada* e alienante em nossa sociedade costuma ser deturpada dessa maneira, de modo a esconder o caráter historicamente insustentável da *dominação do trabalho hierarquicamente imposta* do capital. Ao adotar essa linha, pode-se fingir que a divisão capitalista do trabalho surge da necessidade absoluta da separação técnica/tecnológica produtivamente vantajosa dos elementos díspares do processo de trabalho. Contrário a tal conceitualização tendenciosa desses problemas, temos de considerar aqui a necessidade de uma *mudança sistêmica* radical, sem a qual qualquer sociedade historicamente viável e sustentável do futuro – além dos antagonismos destrutivos da ordem presente – é impensável.

A mudança sistêmica radical da agora dominante relação de troca fetichista para um *sistema coletivo* qualitativamente diferente, baseado na troca racionalmente planejada e organizada de atividades, requer, na realidade, a *liberação* das atividades humanamente satisfatórias em todos os domínios. Essa é a verdadeira aposta, e não algum tipo de melhora tecnológica veleitariamente projetada que pode ser manipulativamente imposta, de cima, aos modos do passado. Em outras palavras, a mudança em questão deve abarcar e redefinir de maneira emancipatória o significado das atividades no campo material produtivo tanto quanto no domínio intelectual e artístico, de modo a possibilitar a realização das potencialidades positivas dos indivíduos sociais automediadores.

Esse tipo de mudança só é possível sobre a base da *igualdade substantiva*, no lugar do sistema *substantivamente mais iníquo* de *equalizações formais* mistificadoras pertencentes às características definidoras essenciais da troca e da produção generalizada de mercadorias que negam a carência humana em todos os lugares.

A condição necessária dessa *mudança qualitativa* é a instituição e a operação sustentadas do sistema coletivo de produção e consumo pelos "produtores livremente associados". Ela só pode ser definida na forma da troca plenamente cooperativa de suas atividades pelos indivíduos sociais, dentro do quadro de uma *organização substantivamente equitativa e racional do trabalho*, no lugar da classe de trabalho sendo governada de maneira autoritária, como deve ser sempre, sob todas as variedades concebíveis do sistema do capital, pela *divisão social do trabalho estruturalmente imposta e politicamente salvaguardada*. Essa transformação prática fundamental da reprodução societal em sua totalidade é a única maneira de atingir a *integração global* necessária das formas antagonicamente divididas da sociedade pela primeira vez na história.

Para citar a caracterização de Marx desse modo qualitativamente diferente de organizar a produção e o consumo:

O caráter coletivo da produção faria do produto, desde o início, um produto coletivo, universal. A troca que originalmente tem lugar na produção – que *não seria uma troca de valores de troca, mas de atividades, as quais* seriam determinadas pelas *necessidades coletivas, por fins coletivos* – incluiria, desde o início, a participação do indivíduo singular no mundo coletivo dos produtos.[47]

Essa mudança qualitativa que a tudo abrange também tem como propósito superar [*overcome*] a dominação da carência humana pela *autoperpetuadora necessidade exterior* inseparável da produção e troca generalizada de mercadorias. Esse sistema de produção e consumo dita suas próprias regras, que devem ser obedecidas por todos os membros da sociedade. Como vimos anteriormente, numa citação dos *Grundrisse*, sob o domínio do capital, os elos sociais reificados – assumindo a forma da incontrolável objetificação alienada do trabalho – "confrontam o indivíduo como simples meio para seus fins privados, como necessidade exterior". Como resultado dessa reviravolta completa da relação real entre os produtores e o controle da produção, a objetificação alienada do trabalho em si domina a reprodução societal da maneira mais absurda, impondo cruelmente sobre os trabalhadores uma "situação fetichista em que o *produto* [trabalho alienado: capital] é o *proprietário do produtor*".[48]

A frustração total e a dominação alienada da carência humana sob as circunstâncias do trabalho vivo mercadorizado só podem ser removidas ao superar [*overcome*] historicamente o antagonismo entre produção e seu controle alienado. É por isso que

> [...] o lugar da riqueza e da miséria nacional-econômicas é ocupado pelo homem rico e pela necessidade (*Bedürfnis*) humana rica. O homem rico é simultaneamente o homem *carente de uma totalidade da manifestação humana de vida*. O homem, no qual a *sua efetivação própria* existe como *necessidade* (*Notwendigkeit*) *interior*, como *falta* (*Not*).[49]

Portanto, o significado fundamental da ordem social coletiva de reprodução social, racionalmente planejada e conscientemente gerida pelos indivíduos sociais como sua troca cooperativa das atividades automediadoras e autorrealizadoras, é a *transcendência* historicamente sustentável da *necessidade exterior*.

Essa *necessidade histórica exterior* foi, em sua própria época, criada e imposta pelos seres humanos sobre si mesmos, e não por alguma lei natural inalterável. Esta é autosservientemente proclamada como um absoluto econômico e político – correspondendo a um "sistema natural da liberdade e justiça completas" – do ponto de vista da economia política do capital, a serviço da *eternização* da ordem social estabelecida. Em contraste completo, na visão do fato de que a necessidade em questão foi criada pelos próprios seres humanos, esse tipo de necessidade histórica também pode ser historicamente superada [*superseded*] por eles, desde que redefinam radicalmente suas condições atuais da reprodução social metabólica.

---

[47] Karl Marx, *Grundrisse*, cit., p. 71.

[48] Karl Marx e Friedrich Engels, *A ideologia alemã*, cit., p. 109. Ênfase de Marx. Na mesma obra, Marx também aponta que "as *condições objetivas de trabalho*, não aparecem subsumidas no operário; antes, este é que aparece subsumido nelas. O capital emprega o trabalho [*capital employs labour*]. Já esta relação e, na sua simplicidade, *personificação das coisas e coisificação das pessoas*" (Karl Marx, *Capítulo inédito d'O capital*, Escorpião, Porto, 1975, p. 109). [Os itálicos em "condições objectivas de trabalho" e "emprega" são de Marx. (N. E.)]

[49] Karl Marx, *Manuscritos econômico-filosóficos*, cit., p. 112-3.

E não há nada de misterioso nisso, em total contraste com o trabalho alegadamente benevolente, mas totalmente misterioso, da "mão invisível" e suas últimas conceitualizações, igualmente misteriosas na filosofia burguesa, como a "astúcia da razão"[50] de Hegel. As soluções gerais reconfortantes da filosofia e da economia política burguesas concebidas a partir do ponto de vista do capital não poderiam ser formuladas sem uma grande dose de mistério, mesmo na fase ascendente do desenvolvimento histórico do sistema. A "Crítica da economia política"[51] marxiana – subtítulo recorrente de todas as suas principais obras – teve de ser assumida de modo a remover esse *mistério* ao expor seu *fundamento objetivo de mistificação*, cristalizada na relação de troca de mercadorias. E obviamente foi necessário assumir essa posição para o propósito de mudar radicalmente o metabolismo social buscado sob o domínio do capital.

Nesse espírito, a reestruturação qualitativa e superação [*supersession*] consciente da ordem estabelecida, com sua incontrolabilidade fetichista e destrutividade crescente, significa assegurar de uma maneira viável na prática – numa base contínua, na forma de uma ordem histórica com fim aberto[52] – as condições materiais e culturais da reprodução societal. Não na forma de uma *coletividade abstrata* que confronta e domina os indivíduos particulares[53] mais ou menos isolados, mas sim tornando *consciente* e *humanamente satisfatória* a *unidade dialética do indivíduo e do social*. E isso só é possível sobre a base coletiva da realização dos objetivos escolhidos dos indivíduos sociais reais. Pois o "ζῷον πολιτικόν [...] somente pode *isolar-se em sociedade*", como vimos destacado por Marx em uma citação anterior. E, obviamente, a forma mais apropriada de os indivíduos sociais se isolarem é quando podem fazê-lo com uma positiva solidariedade cooperativa entre si mesmos.

Esse é o significado tangível do programa socialista cujo objetivo é transcender a *necessidade exterior* pela *necessidade adotada internamente* dos indivíduos sociais reais, correspondendo à sua *carência humana autorrealizadora*. Essa *unidade necessária* historicamente em desdobramento do *indivíduo* e do *social* – imposta durante muito tempo pelos seres humanos sobre si mesmos de maneira inconsciente e antagônica – é, portanto, um constituinte vital da *inteligibilidade dialética geral* do desenvolvimento histórico enquanto processo social metabólico com fim aberto.

Carência e necessidade estão intimamente entrelaçadas no processo histórico real em todos os estágios do desenvolvimento da humanidade, incluindo o mais alto possível. Isso acontece porque o *sujeito da história* é o *ser humano sensível*, com *carências* elementares determinadas pela natureza, impostas sobre ela como *necessidades exteriores* enquanto não puderem ser progressivamente superadas [*overcome*] pela criação histórica de novas carên-

---

[50] Retornaremos em breve a algumas ramificações importantes desse problema.

[51] Como sabemos, já em sua primeira grande obra, Marx caracterizou também Hegel como um filósofo que compartilha o ponto de vista da economia política do capital. Ver *Manuscritos econômico-filosóficos,* cit., p. 124.

[52] Isso é o que Marx chamou de "a nova forma histórica".

[53] Marx protestou vigorosamente nos *Manuscritos econômico-filosóficos* contra a ideia de se estabelecer uma oposição abstrata entre "sociedade" e indivíduo. Eis as palavras de Marx: "Acima de tudo é preciso evitar fixar mais uma vez a 'sociedade' como abstração frente ao indivíduo. O indivíduo é o *ser social*". (Ibidem, p. 107.) Ênfase de Marx.

cias pelo avanço produtivo. Qualquer tentativa de abalar ou solapar, a serviço de alguns interesses socioeconômicos próprios, a relação fundamental objetivamente entrelaçada de carência e necessidade só pode levar ao desastre e, em última instância, à catástrofe da autodestruição da humanidade.

A questão decisiva a esse respeito não é simplesmente a interconexão necessária entre carência e necessidade, mas as implicações relevantes do aumento progressivo do poder autoemancipatório da humanidade no curso do desenvolvimento histórico. Pois graças a esse desenvolvimento histórico, o *supérfluo, obsoleto,* e, para os propósitos da reprodução societal viável, os constituintes *anacrônicos* da necessidade histórica outrora objetivamente autoimposta *podem ser* prosperamente relegados ao passado – na forma mencionada anteriormente de *"verschwindende Notwendigkeit"*, isto é: "necessidade evanescente" – de maneira humanamente sustentável. A transformação dialética objetivamente assegurada e historicamente sustentável da *necessidade exterior* em *necessidade interior* da *carência autorrealizadora* dos indivíduos sociais é a *modalidade positiva* de atingir esse tipo de mudança emancipatória.

Por outro lado, no entanto, devido à inércia social que emana das forças profundamente arraigadas da dominação hierárquica estrutural, unida aos interesses próprios materiais, políticos e culturais das personificações do capital, o curso de ação diametralmente oposto pode ser imposto sobre a sociedade, defendendo cegamente até mesmo a mais extrema forma de *anacronismo histórico e obsolescência destrutiva* em vez de despachá-las ao passado.

A consequência inevitável de seguir esse curso negativo de ação dentro da relação objetivamente entrelaçada de carência e necessidade, no presente estágio do desenvolvimento histórico, é a perigosa *reviravolta* da conexão entre os fatores *absolutos* e os *relativos*: uma correlação pela qual todos os seres objetivos – como o ser humano da natureza, com suas determinações humanas mais íntimas, bem como naturais – permanecem sujeitos *sob todas as circunstâncias*. E essa perigosa reviravolta da mais fundamental de todas as relações assume a forma de *relativizar irresponsavelmente o absoluto* – o substrato natural inescapável da existência humana em si – visando *absolutizar o relativo*. Ou seja, visando absolutizar a ordem reprodutiva social historicamente atingida e *historicamente anacrônica*, cada vez mais destrutiva, do sistema do capital.

Isso carrega consigo o perigo acentuado de violar grosseiramente a *necessidade real* continuada das correlações e determinações objetivas, em conjunção com a *carência humana real*. Trata-se de algo particularmente grave na fase presente do desenvolvimento histórico. Pois em relação à carência humana real, é necessário, em nossa época, adotar algumas estratégias conscientes para conseguirmos assegurar sua satisfação em um mundo finito, cujas limitações foram postas em relevo pela demanda proibitiva imposta sobre elas de maneira global – e de maneira bem insustentável[54]. Contudo, em vez da adoção de estratégias racionais de produção e reprodução societal, encontramos a sujeição continuada da carência humana à arbitrariamente proclamada *necessidade absoluta do domínio do capital, catastroficamente perdulário, porém eternizado*.

Significativamente, na língua espanhola, por exemplo, a mesma palavra – *necesidad* – é usada para cobrir tanto "carência" [*need*] quanto "necessidade" [*necessity*] no sentido básico.

---

[54] Isso é reconhecido até mesmo oficialmente, pelas personificações do capital no campo político, no cínico porém lucrativo *slogan* de "diminuir a pegada de carbono".

Formas alternativas de transmitir o significado de necessidade em contextos mais específicos são oferecidas pelas palavras "*imperativo*", "*imprescindibilidade*", "*inevitabilidade*" e também "*requerimiento*" e "*requisito*". Uma conexão similarmente próxima, que expressa a relação entre "carência" e "necessidade", é dada na língua alemã pelo uso da raiz compartilhada de "*Not*" e "*Notwendigkeit*", enquanto a categoria mais específica que indica as carências dadas dos seres sensíveis é coberta pela palavra "*Bedürfnisse*".

A linguagem comum, via de regra, incorpora vigorosamente e coloca em relevo as relações objetivas fundamentais dessas categorias, geralmente em contraste revelador à especulação filosófica. Como Marx escreveu em uma de suas cartas a Engels com um tom de ironia sobre a preocupação especulativa de Hegel com as categorias filosóficas:

> [...] o que diria o velho Hegel no próximo mundo se tivesse ouvido que a *geral* (*Allgemeine*) em alemão ou escandinavo antigo significaria nada mais que a terra comum (*Gemeinland*) e a *particular* (*Sundre, Besondere*), nada mais do que a propriedade isolada, dividida da terra comum? Aqui, as *categorias lógicas* estão surgindo muito bem de "*nosso intercâmbio*", afinal de contas.[55]

Para ser exato, o mesmo tipo de relação prevalece entre "nosso intercâmbio" e suas conceitualizações válidas nas categorias de carência e necessidade. Nenhuma conceitualização teórica pode ser considerada válida a não ser que reflita e realce fielmente a dialética objetiva das relações analisadas.

Contudo, distorções ideologicamente motivadas também são muito frequentes. A esse respeito – mistificando irremediavelmente a relação objetiva entre o *natural* e o *histórico* – um dos argumentos empregados com mais frequência a favor da defesa da ordem dominante, independentemente de quão consciente e abertamente ele seja formulado com esse intento, é oferecer uma explicação desconcertante para as contradições que não podem ser negadas na sociedade capitalista, culpando por elas a "*natureza humana*" dos assim chamados indivíduos egoisticamente conflituosos.

Naturalmente, isso não é, de modo algum, uma explicação. Trata-se apenas de uma vã tentativa de fugir dos problemas em si, negando ao mesmo tempo – explicitamente ou por insinuação – tanto sua origem social quanto a possibilidade de encontrar um remédio histórica e socialmente viável para eles. Pois, uma vez que a noção vaga e genérica de "*natureza humana egoística*" inalterável entra no quadro, com a pressuposição associada da *conflitualidade individualista*, tudo pode continuar como é, mesmo que a *pregação retórica* sobre os "defeitos lamentavelmente persistentes" ainda seja admissível em nome da satisfação da consciência das "maiores inteligências liberais", capazes tanto de apontar os defeitos quanto simultaneamente se isentar de qualquer responsabilidade por eles.

Desse modo, a unidade dialética do indivíduo e do social não é só ofuscada, mas completamente obliterada em nome de uma fictícia "natureza humana". Ao mesmo tempo, e precisamente porque uma *determinação natural* supostamente imutável é apontada de maneira autosserviente como a causa explicativa dos conflitos admitidos como existentes, mas separados de sua dimensão social, a possibilidade da *intervenção histórica* para contra-

---

[55] Karl Marx, "Carta a Engels", 25 de março de 1868, em *Formações econômicas pré-capitalistas* (trad. João Maia, São Paulo, Paz e Terra, 1977, p. 131). A ênfase em "geral" e "particular" são de Marx. (N. E.)]

-atacar e superar [*overcome*] os problemas inegáveis em algum momento futuro é excluída *a priori*. Portanto, a obliteração da dimensão social necessária da individualidade genuína – colocada em relevo por Marx ao dizer que "ο ζωον πολιτικόν [...] somente pode isolar-se em sociedade" – carrega consigo a tendenciosa *negação da história*.

O papel dessa abordagem para justificar o injustificável em nome da natureza humana é razoavelmente óbvio em relação ao presente. No entanto, a concepção filosófica abstrata que representa seus primórdios tem vários séculos de idade, ainda que em sua origem ela não tivesse a mesma função social cruamente apologética. Não obstante, Marx já havia destacado, no primeiro semestre de 1845, em sua crítica a Ludwig Feuerbach, a total insustentabilidade de se postular uma "essência humana" especulativa a-histórica e socialmente vazia como o quadro explicativo adotado dos problemas criticados. Segundo Marx,

> Feuerbach dissolve a essência religiosa na *essência humana*. Mas a essência humana *não é uma abstração intrínseca ao indivíduo isolado*. Em sua realidade, ela é o *conjunto das relações sociais*. Feuerbach, que não penetra na crítica dessa essência real, é forçado, por isso:
> 1. a fazer abstração do *curso da história*, fixando o sentimento religioso [*Gemüt*] *para si mesmo*, e a pressupor um *indivíduo humano abstrato – isolado*;
> 2. por isso, nele a essência humana pode ser compreendida apenas como "*gênero*", como *generalidade* interna, *muda*, que une muitos indivíduos *de* modo meramente *natural*.[56]

Portanto, o defeito fundamental da concepção de Feuerbach é sua falha em ser *crítica* do "*conjunto das relações sociais*" que define a natureza real do ser humano, no meio de sua realidade social historicamente criada e mutável. Essa falha em ser crítica do alvo social necessário da transformação em um período de grande crise por toda a Europa – uma falha que se deve à adoção de Feuerbach do ponto de vista compartilhado pelos pensadores burgueses – é o que o induz a fazer a abstração do real *curso da história*. No espírito do ponto de vista adotado, ele deve postular, em vez disso, como quadro explicativo da crítica filosófica da religião, "um *indivíduo humano abstrato – isolado*", definido nos termos de sua "*generalidade muda*", caracterizando-a especulativamente como um *genus*-indivíduo, misturado genericamente a algumas determinações naturais fictícias que supostamente são comuns a *todos os genus*-indivíduo.

Conceitualizar o mundo dessa maneira, o que acaba por ser amplamente difundido na filosofia burguesa, é obviamente completamente *inútil para transformar o mundo*. Pois faz-se desaparecer o mundo social realmente existente nessas concepções, com os indivíduos sociais reais, pelo postulado arbitrário de uma *permanente essência humana conflituosa*, em problemática harmonia com o existente.

O contraste com a definição marxiana da natureza dinamicamente em mutação do ser humano como um "conjunto das relações sociais" não poderia ser maior. De acordo com essa visão, a natureza humana é baseada, para ser exato, nos fundamentos dados aos nossos ancestrais mais distantes como um *ser da natureza*. Mas é qualitativamente transformada no curso da história pelo *único ser automediador da natureza* – que é o *ser humano* produ-

---

[56] Karl Marx, "VIª Tese sobre Feuerbach", em Karl Marx e Friedrich Engels, *A ideologia alemã*, cit., p. 538.

tivamente *autodesenvolvedor* – por meio da transformação contínua do *conjunto de relações sociais,* de acordo com a inteligibilidade dialética do desenvolvimento histórico.

A redução especulativa dos indivíduos em *genus*-indivíduo elimina não só a dimensão histórica e social da sociedade realmente existente, mas também a *individualidade* genuína dos indivíduos sociais reais. Pois é a automediação produtivamente em desenvolvimento dos indivíduos humanos entre si e com a natureza – em contraste total com o mundo animal, incapaz de tal automediação produtiva: uma limitação intransponível que confina seus membros particulares à condição de sempre permanecerem, por natureza, "*genus--indivíduo*" limitados – que lhes permite *isolar-se em sociedade,* e somente na sociedade historicamente em mutação.

A ausência reveladora da consciência histórica e social da filosofia de Feuerbach – um defeito compartilhado por muitos outros filósofos que adotam o mesmo ponto de vista socioeconômico de sua classe – e a necessária falha associada em ser *crítica* da ordem reprodutiva societal estabelecida, é o principal alvo da crítica marxiana do *genus*-indivíduo abstratamente determinado pela natureza. Não é, portanto, de modo algum acidental que as teses sobre Feuerbach, de Marx, sejam concluídas pelo destaque vigoroso de que "Os filósofos apenas *interpretaram* o mundo de diferentes maneiras; porém, o que importa é *transformá*-lo"[57].

No que se refere ao postulado gratuito da "individualidade egoística" como fundamento explicativo do desenvolvimento social, fundamento diretamente determinado pela natureza, a única coisa para que ele serve é para obliterar algumas diferenças cruciais objetivas, ao trazer grotescamente para um denominador comum os membros das classes sociais antagonicamente opostas que, na realidade, têm funções produtivas e interesses diametralmente opostos. O comportamento egoístico que convém aos membros individuais da classe capitalista é, em contraste acentuado com qualquer outra coisa remotamente possível, até mesmo para as personificações do trabalho. É por isso que Marx argumentou que "o trabalho só pode aparecer como trabalho assalariado quando as suas próprias condições objetivas com ele se defrontam como *potências autônomas, propriedade alheia, valor que existe por si mesmo e tudo chama a si mesmo*; em resumo, capital"[58]. Mas, obviamente, mesmo as personificações do capital enquanto "potências autônomas" nada têm a ver com "*genus*-individualidade" diretamente determinada pela natureza, tampouco com "*conflitualidade individual*", que necessariamente se aplicaria também aos membros individuais da classe de trabalho. Se fosse devido à *genus*-individualidade e *conflitualidade* determinada pela natureza, o *sistema do capital em si* seria colocado além da crítica: o postulado mais ou menos consciente de tais conceitualizações. Pois

> As funções que o capitalista exerce não são mais do que as *funções do próprio capital* (...) exercidas *com consciência e vontade.* O capital só funciona enquanto *capital personificado,* [o capitalista] é o capital enquanto pessoa; do mesmo modo, o operário funciona unicamente como *trabalho personificado.* (...) A autovalorização do capital – a criação de mais-valia – é pois objectivo determinante, predominante e avassalador do capitalista, impulso e conteúdo absoluto de suas

---

[57] Karl Marx, "XIª Tese sobre Feuerbach", em Karl Marx e Friedrich Engels, *A ideologia alemã,* cit., p. 539.
[58] Ibidem, p. 413.

acções (...). Conteúdo absolutamente mesquinho e abstrato, que, sob certo ponto de vista, faz o capitalista aparecer como que submetido a uma servidão para com relação ao capital que é igual, embora também de outra maneira, à do seu polo oposto, à do operário.[59]

Portanto, não só do lado do trabalho é absurdo postular o egotismo determinado pela natureza da *genus*-individualidade, no interesse de encontrar um *denominador comum fictício* entre capital e trabalho, mas também do lado do capital em si. Pois a afirmação egocêntrica (mesmo a mais cruelmente egocêntrica) do "*poder egoístico*" das personificações individuais do capital para a exploração de seus trabalhadores, no interesse de maximizar seu lucro, deve-se primariamente à *função social* historicamente específica que eles *devem* cumprir – "*propriedade alheia, valor que existe por si mesmo e tudo chama a si mesmo*" – não por uma questão de *inclinação individual*, mas sobre a dor de serem incerimoniosamente expulsos no caso de não conseguirem cumpri-la, pela bancarrota, de sua própria classe, que está *objetivamente* no comando do processo de reprodução societal.

O fato de a filosofia burguesa conceitualizar essas questões em termos de *genus*-individualidade, vinculando ao quadro explicativo geral um *conceito vazio de igualdade (formal)* totalmente contrário ao seu sentido substantivo, fala amplamente por si mesmo, com o caráter reveladoramente *datado* – contudo *eternizante* em seu intento – da abordagem adotada.

Aristóteles sequer chegou a designar os escravos trabalhadores como *indivíduos humanos*. Nem mesmo como "*genus*-indivíduo", já que uma caracterização semelhante postularia algum tipo de *igualdade*. Ele os chamou de "ferramentas animadas" sem qualquer disfarce de suas condições de existência, pois sua atenção estava claramente voltada ao seu *status substantivo* realmente dado na sociedade possuidora de escravos, em contraste à transubstanciação da *escravidão assalariada* capitalista em *igualdade real* nos tempos modernos.

Tampouco o senhor feudal consideraria, sequer por um momento, seus *servos* como seus *iguais*, em nenhum sentido da palavra. Nem como iguais sobre a base da "natureza humana", muito menos como resultado de algum acordo institucional. O magnífico romance satírico de Gogol pinta um quadro devastador das relações sociais em que os servos podiam aumentar o *status* do senhor feudal simplesmente por seus números absolutos; uma circunstância explorada de forma bem-sucedida nesse romance por um autopromotor esperto e cínico que conduz de maneira empreendedora a coleta na Rússia feudal das "*Almas mortas*" (ou seja, os servos mortos recentemente que ainda sobrevivem nominalmente nos títulos originais contidos nos cofres dos senhores feudais).

Nenhum conceito que lembre a *genus*-individualidade teria qualquer utilidade para Aristóteles – que rejeitou sem hesitar a própria ideia de transações de troca *substancialmente equiparáveis* que teriam de igualar produtos *qualitativamente diferentes*: ele chamou essas transações de "*somente um artifício para a necessidade prática*"[60] – ou para a sociedade feudal.

---

[59] Ibidem, p. 44-5. [Grifos em "próprio" e "com consciência e vontade" são de Marx. (N. E.)]

[60] Ver a discussão desses problemas na seção 4.4 deste livro.

É de certa forma bastante espantoso que a ideia de *genus*-individualidade atemporalmente determinada pela natureza e sua correspondente *conflitualidade individual* devessem ser de fato seriamente cogitadas como um conceito-chave explicativo, contraditado ao mesmo tempo pela óbvia *especificidade histórica* relevante apenas para a sociedade burguesa moderna. A razão de ela ser – e, na verdade, dever ser – sustentada dessa maneira, apesar da contradição óbvia em questão, é porque seu postulado repetido constantemente dá suporte de maneira conveniente ao interesse ideológico de *eternizar* a ordem capitalista, declarada como sendo tanto natural quanto permanente, apesar de suas inegáveis origens e transcendentalidade históricas. Na verdade, essa ordem é proclamada como sendo permanente em absoluto precisamente sobre o fundamento arbitrariamente declarado de sua correspondência aos requisitos da natureza. À serviço desse interesse ideológico de classe esmagador da ordem dominante autolegitimadora, não pode haver, obviamente, nenhuma relutância à confiança no *mistério completo* para "explicar" os reais funcionamentos da ordem estabelecida.

Nesse sentido, deve ser considerado na verdade um *total mistério* o porquê de a ordem social dominante não ruir se na realidade é a *conflitualidade individual* que determina seu funcionamento. Por que o resultado é o *desenvolvimento de fato* – sem falar no desenvolvimento reivindicado como o único insuperavelmente vantajoso e para sempre sustentável – e não o *caos e a desintegração completos* devido à colisão determinada pela natureza dos *genus*-indivíduos egoístas? Aqueles que continuam a propor hoje em dia a ideia de *conflitualidade individual* como a causa explicativa da reprodução societal naturalmente vantajosa, sem mais nenhuma qualificação, estão de fato sustentando uma noção totalmente incoerente. Essa visão é bem parecida com a consideração "*pouco a pouco*" da reforma social positiva, sem nenhuma ideia do *quadro geral* em que uma multiplicidade de pequenas mudanças fetichisticamente idealizadas não poderia trazer absolutamente nenhuma melhora, em vez de um acréscimo ao completo desastre.

Quando Hobbes afirmou a *bellum omnium contra omnes* – a guerra de cada um contra todos – determinada pela natureza, ele não deixou suspensa nenhuma questão. Como um grande filósofo de seu tempo, representando interesses políticos e socioeconômicos determinados, ele completou seu quadro postulando o (e tomando o partido do) caráter irrestringível do *Leviatã*: o Estado todo-poderoso cujo papel era trazer ordem para o caos autodestrutivo. Portanto, a concepção geral idealizada por Hobbes era intelectualmente coerente, não importa quão problemática em termos de sustentabilidade histórica. Naturalmente, no momento em que Hegel apresentou sua própria ideia de "Estado ético" como o corretivo necessário para a conflitualidade dos indivíduos na "sociedade civil", em um estágio muito mais avançado do desenvolvimento histórico do capital, o Estado teve de ter seu poder reduzido a uma entidade "constitucional", deixando muito pouco espaço na visão hegeliana para o poder de decisão da monarquia dominante (quase nada, em suas próprias palavras explícitas), como vimos anteriormente.

Para ser exato, o mistério não desapareceu das soluções postuladas mesmo no trabalho dos maiores pensadores da burguesia, que se identificavam com o ponto de vista do capital substantivamente iníquo, na fase ascendente do desenvolvimento do sistema. O que é relevante, no entanto, é o fato de – ao contrário dos apologistas toscos de nossa época – os Adam Smiths e Hegels não estarem de modo algum satisfeitos com a proposição de que a *conflitualidade individual* dos *genus*-indivíduos pudesse ser sustentada *por si só* como o quadro explicativo confiável do funcionamento bem-sucedido da ordem econômica estabelecida. Mesmo que de diferentes maneiras, de Hobbes a Hegel, todos eles ofereceram uma *visão totalizante* que postulava a manutenção do sistema geral, apesar de suas partes constituintes *necessariamente centrífugas*. Portanto, eles afirmaram tanto a *estrutura celular individualisticamente conflituosa* da ordem social retratada – em seus elos com a *genus*-individualidade, seja de um tipo natural claro ou de uma variedade especulativa idealista – quanto a simultânea *coesão totalizante*, colocada em termos de algum princípio ou força geral inexplicada e inexplicável, porém necessário, como a "mão invisível" de Adam Smith.

A função teórica do regulador geral projetado era precisamente afirmar a sustentabilidade permanente do *todo* – no famoso dito de Hegel "o verdadeiro é o todo" – apesar de suas multiformes contradições particularistas (mas, em suas visões, somente individualista, não estrutural). Os corretivos estipulados, porém inexplicáveis, concebidos a partir do ponto de vista da economia política para tornar plausível a *coesão totalizante* do sistema capital foram necessários por duas razões principais:

1. a *impossibilidade de mencionar* o *controle antagônico de classe* realmente existente da ordem reprodutiva socioeconômica dada, baseado nas *relações materiais de poder* estruturalmente asseguradas e brutalmente iníquas – materializadas nos meios de produção e controle expropriados dos produtores –, protegidas naquela forma alienada pelo Estado capitalista. Isso acabava por ser (e obviamente continua sendo) uma *relação de poder* extremamente iníqua e estruturalmente arraigada do domínio e subordinação de *classe*. Isso contradiz *diretamente* (e continua absolutamente a contradizer) a ideia postulada da *igualdade* dos produtores que adentram – no espírito de suas deliberações que supostamente surgem de sua *livre vontade individual* – a necessária "*relação contratual entre iguais*" com o capital enquanto *trabalho livre*, totalmente em consonância com os "direitos do homem", e

2. a necessária *transfiguração* da *dominação hierárquica de classe* estruturalmente salvaguardada e o correspondente *antagonismo de classe* irreconciliável dentro da *conflitualidade* estritamente *individual* – esta como supostamente deve ser, devido ao fato de os indivíduos humanos serem feitos em geral da "madeira retorcida" pelo "legislador da natureza", nas palavras de Kant, ou devido a alguma outra determinação *apriorística* que dura para sempre – que deveriam (e conceitualmente poderiam) tanto manter a *irreconciliabilidade* afirmada na "sociedade civil", em uma base individualista, e ao mesmo tempo *justificar* a permanência absoluta de uma ordem política e socioeconômica geral *incuravelmente exploradora*. Justificá-la como nada menos que "*sistema natural da liberdade e justiça completas*", o que supostamente deveria ser insuperavelmente benéfico para todos os indivíduos que, na realidade, eram *iguais* apenas em um *sentido puramente formal*, e mesmo assim com qualificações severamente restritivas[61].

---

[61] Vale a pena lembrar mais uma vez a afirmação de Kant citada anteriormente de que "Esta *igualdade universal* dos homens num Estado, como seus súbditos, é totalmente compatível com a *maior desigualdade* na

Como o *verdadeiro controlador* do processo social metabólico não podia sequer ser sugerido, quanto mais abertamente reconhecido, em sua *especificidade histórica exploradora de classe*, material e politicamente determinada, algum tipo de *controlador geral especulativo* inexplicável teve de ser inventado em seu lugar, de modo a oferecer uma *visão tranquilizadora* da coesão totalizante necessariamente atemporal ("eternizável") da sociedade. Somente esse tipo de controlador especulativo geral poderia conciliar as contradições inseparáveis dessas concepções, sem nenhuma referência aos *antagonismos estruturais*, em última instância *explosivos*, da ordem reprodutiva societal estabelecida.

Encontramos a gama de longe mais elaborada e especulativa de corretivos especulativos para a conflitualidade individual autorreferencial no sistema hegeliano. A visão de Hegel concernente a esse assunto, ainda que muito problemática em sua orientação geral ideologicamente motivada, é, não obstante, muito superior às versões posteriormente dominantes da conflitualidade puramente individualistas – ainda que miraculosamente de todo benéficas –, teorizadas da maneira apologética mais primitiva do capital, afirmando a viabilidade de um intercâmbio reprodutivo societal que, na realidade, só poderia resultar no caos. Em contraste revelador com esse tipo de apologética, representada em nossa época pelos Hayeks deste mundo, os corretivos hegelianos altamente complexos foram concebidos a partir do ponto de vista da economia política do capital na fase histórica de desenvolvimento ainda ascendente do sistema, em afinidade genuína com o trabalho de Adam Smith, que influenciou diretamente o grande filósofo alemão.

De modo significativo, Hegel elaborou suas principais ideias logo depois da Revolução Francesa e das guerras napoleônicas, o que também sinalizou a aparição da classe trabalhadora no cenário histórico como uma força política e social independente. Pois foi nesse período que a classe do trabalho começou a enfaticamente apresentar suas reivindicações assertivas para além das restrições ofuscantes do heterogêneo "Terceiro Estado", da qual ela costumava fazer parte, ainda que necessariamente desapontada. Compreensivelmente, portanto, muito teve de ser reavaliado na era de grande turbulência da qual Hegel foi uma testemunha muitíssimo arguta.

Os corretivos hegelianos para a ideia conceitualmente incoerente do desenvolvimento histórico/societal na base da "individualidade imediata" – explícita e intensamente rejeitada por Hegel – eram quádruplos:

1. ele colocou no centro de sua atenção, como forma de explicar o curso do desenvolvimento, "*o processo do gênero com o indivíduo*"[62], insistindo que a "*individualidade imediata*" deve se tornar "*conforme ao universal*"[63], e acrescentando ao mesmo tempo

---

qualidade ou nos graus de sua *propriedade* [...] e em *direitos em geral* (de que pode haver muitos) *em relação aos outros* [...]. Mas, segundo o direito (que enquanto expressão da vontade geral só pode ser um único e que concerne à *forma* do direito, não à *matéria* ou o objeto sobre o qual se tem um direito), são porém, enquanto súbditos, *todos iguais*. (Immanuel Kant, "Sobre a expressão corrente: Isto pode ser correto na teoria, mas nada vale na prática", em *A paz perpétua e outros opúsculos*, cit., p. 81.)

[62] G. W. F. Hegel, *Philosophy of Mind*, cit., p. 64.
[63] Ibidem, p. 55.

que "*o gênero* é verdadeiramente realizado na *mente*, no *Pensamento*, nesse elemento que é *homogêneo com o gênero*"[64]. Ao conceber o quadro conceitual das soluções ideologicamente exigidas de seu modo idealista elevado, embora em plena conformidade com a ordem dominante, Hegel pôde propor em relação ao mundo da "sociedade civil" – na qual a conflitualidade individual tinha de prevalecer inevitavelmente, e de modo algum repreensivelmente, em sua visão – um resultado filosófico reconciliatoriamente incondicional, porém extremamente sofisticado. Este último foi realizado em seu sistema graças a um "*movimento dialético*" imaginário[65], pelo qual tudo poderia permanecer, na ordem reprodutiva societal existente, exatamente como era antes, em harmonia com a "efetividade racional"[66]. O suposto "movimento dialético" não foi, obviamente, conceitual, mas um passo importante para distanciar explicitamente a abordagem hegeliana da posição teoricamente primitiva da "individualidade imediata";

2. o segundo principal corretivo apresentado por Hegel, em sincronia com a "mão invisível" de Adam Smith, foi a "*List der Vernunft*" (a "*astúcia da razão*"), representando para ele o princípio geral de regulação global do desenvolvimento histórico-mundial e explicando os eventos do passado, bem como o funcionamento do presente; um princípio puramente assumido de controle que a tudo abarca e era, *a priori*, destinado a prevalecer sobre as ações dos indivíduos *particulares*. Hegel não hesitou em chamar de "*astúcia absoluta*" esse princípio postulado da regulação global que ele equiparou à "*Providência divina* [...] [que] leva somente *o seu* fim à realização", destacando que "pode-se dizer que a Providência divina se comporta como a astúcia absoluta em relação ao mundo e a seus processos"[67];

3. E isso estava longe de ser suficiente para Hegel, em sua tentativa de tornar plausível o funcionamento da ordem histórica mundial retratada. Pois ele acrescentou ainda outro

---

[64] Ibidem, p. 56.

[65] Eis as palavras de Hegel sobre esse assunto: "o *egoísmo subjetivo* transforma-se em contribuição para *a satisfação dos carecimentos de todos os outros* – na *mediação* do particular pelo universal, enquanto *movimento dialético*, de modo que adquire, produz e frui para si, e *ele* precisamente nisso produz e adquire para a fruição dos *demais*". (G. W. F. Hegel, *Filosofia do direito*, cit., p. 197.) Seria muito difícil, senão impossível, imaginar um conceito socialmente mais apologético de *mediação*. Pois é extremamente problemático afirmar a "*satisfação dos carecimentos de todos os outros*", realizada pelo "egoísmo subjetivo", quando Hegel deve admitir alhures, como de fato o fez, a existência e as condições precárias de vida do "*homem carente*". Para sair dessa contradição, seria necessário encarar as *mediações de segunda ordem antagônicas* da ordem estabelecida, em vez de projetar a mediação imaginária entre a particularidade e a universalidade no abstrato, em nome de um "*movimento dialético*" puramente especulativo, ignorando a especificidade histórica da *dominação de classe* pelas personificações do capital. Obviamente, no entanto, a elaboração desse conceito de mediação seria possível somente na base de uma redefinição radical da relação da humanidade com a *riqueza*, em vez de uma glorificação especulativa da *expropriação da riqueza da classe* por meio do altissonante princípio autojustificativo de acordo com o qual a "*Para a propriedade,* [*materializada*] *enquanto ser-aí da personalidade*", como vimos anteriormente. [Novamente, "homem carente" não aparece na edição brasileira da obra de Hegel e os colchetes, nessa última citação, foram inseridos porque há grande diferença entre a tradução inglesa e a brasileira da obra citada. (N. E.)]

[66] Ver, em relação a esses problemas, uma discussão mais detalhada das visões de Hegel no capítulo 7 do meu livro *A determinação social do método*, cit., especialmente a seção 7.2: "O processo do *genus* com o indivíduo".

[67] G. W. F. Hegel, *Logic*, cit., p. 272. [A ênfase em "o seu" é de Hegel. (N. E.)]

corretivo – conceitualmente mais importante – à ideia de conflitualidade puramente individualista à sua própria maneira de demonstrar a autorrealização do "Espírito Absoluto" como o Sujeito-Objeto idêntico da história. Isso ele fez ao estipular que a astúcia absoluta da Providência Divina (correspondente ao modo pelo qual o "Espírito Absoluto" afirmou sua força com plena adequação no mundo humano) na realidade estava usando as figuras históricas de destaque – os "indivíduos histórico-sociais", como Alexandre o Grande, Júlio César, Lutero e Napoleão – para a realização *de seus próprios fins*, enquanto aqueles indivíduos estavam convencidos de que eles mesmos eram os originadores de suas próprias ações e objetivos transformadores. Desse modo, Hegel podia sustentar que não só os indivíduos, mas também os Estados e as nações particulares, eram "*instrumentos inconscientes* e membros dessa ocupação interna"[68], trazendo para o que ele considerava ser um denominador comum eternamente funcional – embora o fizesse, obviamente, somente de modo especulativo – a *inconsciência* dos seres humanos e suas instituições realmente existentes de um lado, e a altamente concebível *consciência supra-humana do espírito do mundo*[69] do outro, como o responsável último da única ordem sustentável em vez do caos. É assim que ele propôs reconciliar a insuperável e totalmente insustentável – porém claramente reconhecida por Hegel[70] – *irracionalidade/inconsciência* da ordem capitalista eternizada da "sociedade civil" e seus *genus*-indivíduos, com suas nações e Estados particulares, com a *consciência* enquanto tal, essencial para qualquer concepção viável de história;

4. O acréscimo corretivo mais importante apresentado por Hegel – para o propósito de justificar a permanência absoluta da realidade material da "sociedade civil" capitalista, não obstante a inextirpável conflitualidade dos "*genus*-indivíduos" – foi sua concepção de "*Estado ético*", que poderia subsumir o processo de reprodução egoísta e a correspondente satisfação das carências dos indivíduos e da sociedade sob uma ordem superior totalmente condizente com o Espírito do Mundo. Sem isso, a "sociedade civil" não seria de modo algum sustentável. No entanto, graças à combinação necessária com a ordem mais elevada do "Estado ético", a "sociedade civil" em si, em sua *efetividade dada*, correspondendo aos requisitos da ordem idealizada do capital, tornou-se plenamente

---

[68] G. W. F. Hegel, *Filosofia do direito*, cit., p. 307.

[69] Hegel caracterizou os "indivíduos enquanto sujeitos" não como os sujeitos reais da história, mas como as "*vitalidades*" – quase da maneira como Aristóteles caracterizou os escravos como "*ferramentas animadas*" – "vitalidades do ato substancial do *espírito do mundo* e, assim, *imediatamente idênticas com o mesmo*, ela lhes é *oculta* e *não lhes é objeto e fim*". (Ibidem, p. 309.) A grande diferença em relação a Aristóteles foi que Hegel descreveu as "vitalidades" em si como *propriamente humanas*, colocando acima delas o "Espírito do Mundo" como o único sujeito *supra-humano* real da história que faz os instrumentos vivos humanos representarem – na e através da história até o presente, da maneira mais paradoxal – *seu próprio fim* de realizar na "efetividade racional" o próprio *presente perpétuo*.

[70] É importante ressaltar aqui, como um dos principais feitos de Hegel enquanto pensador, que ele – mais do que qualquer outra figura representativa da burguesia – reconheceu a insuperável irracionalidade/inconsciência da ordem reprodutiva societal do capital, ainda que tenha combinado de maneira reconciliatória sua explicação de *inconsciência necessária* do processo imaginado pelos indivíduos, incluindo os maiores "indivíduos históricos do mundo" e seus desígnios propostos "conscientemente", cujo significado real era completamente oculto também deles, com sua idealização especulativa da "efetividade racional" do "presente perpétuo" do espírito do mundo.

harmonizável com o processo de autorrealização do Espírito do Mundo. Essa conexão com o "estado ético" – sendo o Estado declarado como "a ideia divina, tal qual existe no mundo"[71] – removeu qualquer sombra de dúvida sobre a viabilidade eterna da ordem estabelecida. Na verdade mais que isso, ela simultaneamente também desqualificou o "vazio" do "entendimento"[72] (em nome do mais elevado princípio dialético da "razão") sobre qualquer melhora possível a ser introduzida no realmente existente pela reforma dirigida à *igualdade real*, tendenciosamente rejeitada por Hegel como um mero "dever--ser". Pois no "Estado ético" hegeliano foi atribuído, *por definição* (posto que isso só poderia ser feito por definição), um papel principal ao totalmente fictício "estamento universal", idealistica e ficticiamente posto como protetor do *interesse de todos*, e portanto apropriadamente *harmonizando* a ordem histórico-mundial, não obstante as contradições insolúveis – mas enobrecidas pela profunda inter-relação com o "Estado ético", e por isso legitimamente eternizadas – da "sociedade civil".

Paradoxalmente, em vista da explicação vital e do papel justificador que o "Estado ético" foi chamado a cumprir no sistema hegeliano como um todo, numa época de levantes e conflitos jamais experienciados numa escala, nem mesmo em escala remotamente comparável, Hegel foi desafiado a elaborar uma das maiores teorias da política e do Estado no curso de toda a história da filosofia. Pois nada menor que algo dessa magnitude poderia ser apropriado a cumprir o papel que ele atribuiu conscientemente, e teve de atribuir, ao Estado, como o pilar circunscritivo de seu monumental sistema reconciliatório. Seu avanço também a esse respeito mantém-se em acentuado contraste ao plano apologético prosaico oferecido pelos proponentes da "individualidade imediata", que foram incapazes de produzir qualquer coisa, até mesmo minimamente relevante, para compreender a natureza do Estado moderno na fase descendente de desenvolvimento sistêmico do capital.

Havia algo de grandioso sobre a quádrupla concepção corretiva geral elaborada por Hegel. Afinal, ele tentou colocar a individualidade egoísta e a satisfação das carências factíveis em sua base, em perspectiva. Na verdade, ele tentou colocá-las em uma perspectiva histórica mundial, em contraste a se satisfazer com a apologética crassa do que ele desdenhosamente chamou de "individualidade imediata". Hegel criticou tais visões – uma crítica aplicável não só a alguns pensadores anteriores a Hegel, mas ainda mais a muitos apologistas do capital posteriores a ele – sobre o fundamento de que assumir a plausibilidade de uma posição puramente individualista era filosoficamente bastante insustentável, em vista do descaso dessa abordagem para a relação necessária entre o *particular* e o *universal*. E, em termos filosóficos gerais, Hegel estava perfeitamente certo quanto a isso, independentemente de quão especulativos seus termos de referência tiveram de ser em sua racionalização idealista filosófica do existente.

O problema intransponível para Hegel surgiu de sua concepção de "*universal*", com a qual tudo teve de estar de acordo no curso do desenvolvimento histórico no mundo realmente existente da reprodução societal, de modo a se qualificar para o *status* nobre de "efetividade racional". Pois nos termos do *mundo real* da história e da sociedade – em

---

[71] G. W. F. Hegel, *Filosofia da história*, cit., p. 40.
[72] G. W. F. Hegel, *Filosofia do direito*, cit., p. 198.

contraste com o domínio especulativo de suas abstrações categoriais engenhosas, e mais poderosas nos termos de sua coerência idealista, retratando o quadro do processo de autorrealização do Espírito do Mundo, de acordo com seu inalterável "*presente perpétuo*" – o "*universal*" hegeliano tendeu a coincidir com a *parcialidade incorrigível do capital*.

Nesse mundo de parcialidade incorrigível, que constitui a necessária premissa sistêmica societal da "universalidade" hegeliana, com respeito às relações de propriedade estabelecidas, a grande violência que assegurou o estabelecimento destas, e na verdade a coerção política e material inumana requerida para seu domínio econômico continuado e manutenção "eticamente" protegida pelo Estado, não teve absolutamente nenhum significado. Pelo contrário, para Hegel, de forma reveladora, as relações de propriedade capitalistas tinham de ser aceitas como *absolutamente sagradas*, em vista da suposta materialização nessas relações do "ser-aí da personalidade", como visto anteriormente. Esse tipo de racionalização ideológica da *parcialidade incorrigível* historicamente produzida e imposta inevitavelmente resultou ao mesmo tempo também na subsunção especulativa da *necessidade externa* – e, em última análise, até mesmo *autodestrutiva* – do capital sob a mais elevada e nobre categoria da *liberdade*[73]. Portanto, a adoção do ponto de vista da economia política do capital por parte de Hegel provou-se ser incompatível com a genuína *universalidade no mundo realmente existente* até mesmo na fase ascendente do desdobramento histórico do capital.

O longo desenvolvimento histórico – desde a criação das primeiras novas carências de nossos ancestrais distantes até a modalidade atual da reprodução societal global – culminou, em nossa época, no domínio antagônico da parcialidade incorrigível do capital, que falsamente afirma a si própria em nome da universalidade.

A grande dificuldade de reparar esse assunto é que qualquer forma de preocupação com a questão da universalidade, durante milhares de anos, pareceu pertencer somente ao domínio do discurso religioso e filosófico abstrato. E essa circunstância indicou muito bem a natureza aparentemente intratável do problema em si. Pois, por um lado, o caráter discriminatório/explorador estruturalmente imposto de *todas as sociedades de classe* necessariamente – e na verdade maciçamente – impediu a instituição da universalidade real na ordem reprodutiva societal realmente existente. Por outro lado, no entanto, a *justificação direta* da parcialidade incorrigível na teoria genuína teve de ser considerada inadmissível. Ou seja, ela teve de ser rejeitada como o tipo de justificação direta da parcialidade incorrigível que apresentaria a violação da universalidade, não simplesmente como o *de facto* objetivamente prevalecente princípio ordenador iníquo da reprodução societal, mas, descaradamente, fazendo isso como se ele também fosse *de jure* – isto é, também totalmente legítimo – em nome do glorificado *indivíduo particular*. Naturalmente, adotar esse tipo de posição seria bastante absurdo em termos filosóficos. Somente uma *justificação indireta* do estado existente de coisas seria aceitável para qualquer pensador sério[74]. E, obviamente, a

---

[73] Devemos recordar que, na visão de Hegel, "a história universal nada mais é que o desenvolvimento do conceito de liberdade". G. W. F. Hegel, *Filosofia da história*, cit., p. 373.

[74] Somente os piores apologistas da ordem estabelecida podiam propagandear abertamente a noção crassa de que "a sociedade não existe; existem apenas indivíduos".

forma de justificação indireta tinha de incluir o reconhecimento da, admitidamente bastante difícil, porém inevitavelmente desafiadora, relação entre *particular e universal* pelo menos como um problema, mesmo que apenas na forma de alguns postulados religiosos ou filosóficos especulativos.

Para ser exato, no que diz respeito a essa questão fundamental da difícil relação entre particularidade e universalidade, sua solução não pode ser almejada sequer por meio dos mais nobres postulados universalísticos da filosofia separados da prática social transformadora. E a prática social necessária a esse respeito, para ser absolutamente bem-sucedida, teria de ser radicalíssima, defendendo a intervenção transformadora historicamente viável. Pois no mundo realmente existente *não pode haver* uma *relação direta* entre o particular e o universal. Essa relação, quer pensemos no intercâmbio necessário entre a humanidade e a natureza, ou entre os indivíduos particulares na sociedade, sempre *é* – e sempre *deve* ser – *mediada* de alguma forma, de acordo com as circunstâncias historicamente em mutação. Se podemos levar ou não a sério a relação teoricamente defendida entre o particular e o universal, isso depende inteiramente da natureza das *formas reais de mediação* prevalecentes conceitualizadas nessas teorias, e certamente não nos postulados declaratórios especulativos feitos da mediação em geral.

O grave problema a esse respeito é que, sob o domínio do capital, a ligação intermediária necessariamente *real* da mediação entre o particular e o universal é fatalmente dominada pelas *mediações de segunda ordem antagônicas* da ordem reprodutiva em vigor como um modo de controle social metabólico, impondo dessa maneira a parcialidade incorrigível do sistema. Por conseguinte, o caráter incorrigivelmente antagônico das mediações de segunda ordem do sistema do capital afeta profundamente tanto a relação vital – e potencialmente suicida – da humanidade com a natureza quanto a grande variedade de intercâmbios entre os indivíduos em todos os domínios, desde as atividades reprodutivas materiais elementares à complicadíssima criatividade cultural/intelectual. Como resultado, todas as tentativas de introduzir nas relações humanas princípios organizadores *substancialmente equitativos* de *universalidade* tiveram de ser efetivamente *nulificadas na prática social em si* no curso da história moderna. Nos últimos séculos, têm nos sido oferecidas na teoria muitas promessas e soluções idealistas veleitárias no sentido contrário, mas elas nunca puderam ser realizadas em termos *substantivos*. Dado o domínio real das mediações de segunda ordem antagônicas do capital na ordem social metabólica estabelecida, não é de modo algum acidental que também o fundamento teórico idealizado das práticas regulatórias do Estado moderno, que clamam a universalidade – como explicitado nos termos dos "direitos do homem" – teve de ser limitado às medidas *estritamente formais* até mesmo nas concepções das grandes figuras intelectuais da burguesia, na fase ascendente do desenvolvimento que a tudo invade do sistema, como vimos discutido neste estudo.

Sobre a base material do sistema do capital foi impossível encontrar uma solução viável na teoria para o problema desafiador concernente à relação entre a particularidade e a universalidade. O melhor que se podia esperar dos pensadores que se identificavam com o ponto de vista do capital era algum postulado veleitário especulativo da "mediação" puramente conceitual, ao qual, no mundo real do processo de reprodução societal, nada poderia corresponder. As contradições em desdobramento e os antagonismos de classe do sistema sequer podiam ser mencionados nas conceitualizações relevantes, muito menos definidos em termos históricos e sociais concretos como alvos estratégicos para uma ação transformadora historicamente viável e abrangente. Pois eles constituíam as *premissas práticas* necessárias assumidas por todas as teorias.

É por isso que, caso algumas das contradições fossem reconhecidas de fato, de maneira transfigurada, como a individualista conflitualidade e adversariedade – pela caracterização da "insociável sociabilidade" dos indivíduos humanos feitos de "madeira retorcida" – elas estariam junto da pseudossolução de um "Legislador da natureza" *a priori legítimo,* que misteriosamente as superaria [overcome], de modo a trazer até mesmo a "paz perpétua" para o mundo cada vez mais destrutivo do "espírito comercial".

O mesmo era verdadeiro para a versão da "mão invisível", de Adam Smith. O senhor dessa mão benevolente foi hipostasiado como *ex officio* capaz de e propenso a positivamente resolver os problemas identificados, e a fazer isso da mesma maneira pela qual quaisquer outros remédios veleitários especulativos poderiam ser projetados por outras figuras representantes da burguesia iluminista como uma saída feliz das contradições reais.

Até mesmo a mais avançada e abrangente dessas filosofias, na extremidade final da fase ascendente do desenvolvimento do capital, o sistema hegeliano[75], só podia oferecer o imperativo mais abstrato da "mediação entre o particular e o universal" como um "dever--ser" puramente conceitual, em uma harmonização veleitariamente estipulada do existente com a "efetividade racional" do mundo do espírito. E quando Hegel caracterizou o desdobramento da história do mundo nos termos do avanço da liberdade, ele teve de defini-lo como o "desenvolvimento da *ideia* de liberdade", desconsiderando as brutas *violações da liberdade* sistemáticas, estruturalmente asseguradas e impostas no mundo da "*efetividade [longe de ser] racional*" do capital. Essa foi, mais uma vez, uma *justificação indireta* da ordem existente, tanto reconhecendo o desafio inevitável da liberdade como um conceito universalmente louvável quanto, ao mesmo tempo, também fazendo-a desaparecer de maneira bem-sucedida ao limitar a liberdade como tal ao *domínio especulativo da ideia.*

A razão pela qual a justificação indireta mais ou menos consciente das mediações de segunda ordem antagônicas, estruturalmente arraigadas e salvaguardadas, desse sistema iníquo era de fato praticável foi uma contingência histórica. De fato, a transfiguração teórica injustificável da parcialidade incorrigível do capital em universalidade abstrata estava em consonância com a circunstância de que, graças ao escopo fornecido pela extensão global do modo estabelecido de reprodução – que acabou por estar, no passado mais distante, bem aquém dos limites planetários – algumas de suas principais contradições, como uma forma cada vez mais destrutiva do controle social metabólico, poderiam ser efetivamente *deslocadas* (mas obviamente sem serem resolvidas) durante um tempo considerável, e por isso a ativação dos limites *sistêmicos* derradeiros do capital foi efetivamente *adiada*.

---

[75] Devemos recordar que Hegel morreu em 1831. Duas de suas mais importantes obras, preocupadas com a história do mundo e o Estado – *Filosofia do direito* e *Filosofia da história* –, foram escritas entre 1821 e 1831.

Inevitavelmente, no entanto, a chegada do "momento da verdade" na forma de *crise aguda* em uma escala sempre crescente foi só uma questão de tempo. Por conseguinte, ninguém poderia – ou pelo menos ninguém deveria – assumir para sempre, como Hegel afirmou categoricamente, que a "Europa é o fim da história universal"[76]. Pois o *desenvolvimento histórico-mundial* no mundo realmente existente afirmava a si mesmo de uma maneira muito diferente – com antagonismos cada vez mais agudos e guerras devastadoras – se comparado às suas caracterizações especulativas idealizadas.

No mundo realmente dado, o desenvolvimento histórico, no devido tempo, teve de colocar na ordem do dia a necessidade literalmente vital de enfrentar todos os problemas que a tudo destroem do controle social metabólico do capital. Portanto, Marx pôde corretamente argumentar já em 1845 que

> [...] quanto mais no curso desse desenvolvimento se expandem os círculos singulares que atuam uns sobre os outros, quanto mais o isolamento primitivo das nacionalidades singulares é destruído pelo modo de produção desenvolvido, pelo intercâmbio e pela divisão do trabalho surgida de forma natural entre as diferentes nações, tanto mais *a história torna-se história mundial*, de modo que, por exemplo, se na Inglaterra é inventada uma máquina que na Índia e na China tira o pão a inúmeros trabalhadores e subverte toda a forma de existência desses impérios, tal invenção torna-se um *fato histórico-mundial*. [...] Segue-se daí que essa transformação da história em história mundial não é um mero ato abstrato da "autoconsciência", do espírito mundial ou de outro fantasma metafísico qualquer, mas sim uma ação plenamente *material, empiricamente verificável*, uma ação da qual cada indivíduo fornece a prova, na medida em que anda e para, come, bebe e se veste. Na história que se deu até aqui é sem dúvida um fato empírico que os indivíduos singulares, com a expansão da atividade numa *atividade histórico-mundial*, tornaram-se cada vez mais *submetidos a um poder que lhes é estranho* (cuja opressão eles também representavam como um ardil do assim chamado espírito universal etc.), um poder que se torna cada vez maior e que se revela, em última instância, como *mercado mundial.*[77]

Dessa forma, as *forças reais antagônicas* em funcionamento no processo de reprodução societal em escala global poderiam ser inconfundivelmente identificadas na fase universalmente alienante, bem como escravizadora, da *história do mundo*. Elas podiam ser indicadas por Marx como forças tangíveis do *mercado mundial*. O mesmo mercado mundial que acaba sendo uma das *mediações de segunda ordem antagônicas* mais iníquas e que a tudo invade *do sistema do capital*. Desse modo, tanto a possibilidade prática quanto a necessidade da intervenção transformadora, na escala global apropriada da verdadeira história do mundo, puderam ser vigorosamente destacadas.

Do mesmo modo, os "indivíduos histórico-mundiais" tinham de ser, e na verdade poderiam ser, desmistificados. Somente dessa forma desmistificada, como *indivíduos sociais genuínos*, os indivíduos histórico-mundiais realmente existentes poderiam assumir a *responsabilidade* muito necessária por suas próprias deliberações e ações, em contraste a serem especulativamente caracterizados e estranhamente glorificados, ao mesmo tempo, como "*instrumentos inconscientes* e membros dessa ocupação interna". Pois nas alturas da forma

---

[76] G. W. F. Hegel, *Filosofia da história*, cit., p. 93.
[77] Karl Marx e Friedrich Engels, *A ideologia alemã*, cit., p. 40

de caracterização idealista, como as ferramentas inconscientes misteriosamente escolhidas do espírito do mundo, confinadas ao passado e ao presente eternizados, eles não eram *bons para nada* no que se refere ao futuro real gravemente ameaçado da humanidade.

Nos termos da fase realmente existente da história do mundo, também o significado de "indivíduos histórico-mundiais" poderia se tornar perfeitamente óbvio e tangível. Por conseguinte, foi colocado em relevo por Marx que a questão não podia ficar presa a um punhado de indivíduos considerados de maneira estilística, que aparecem misteriosamente de tempos em tempos graças à "astúcia da razão" do espírito do mundo. Em vez disso, ele tinha de abarcar os *indivíduos sociais em geral* que, como resultado da inevitável ampliação de sua atividade alhures na *atividade histórico-mundial*, tornam-se na efetividade "*indivíduos empiricamente universais, histórico-mundiais, são postos no lugar dos indivíduos locais*"[78]. E o desafio histórico-mundial cada vez mais intenso para a sobrevivência da humanidade só poderia ser satisfeito pelos indivíduos sociais, em sua capacidade enquanto "*produtores livremente associados*", posto que eles se aplicavam à realização das tarefas que eles tinham de enfrentar com a "*consciência comunista de massa*" (nas palavras de Marx, formuladas já em *A ideologia alemã*), como requerido sob as circunstâncias da crise estrutural cada vez mais profunda do sistema do capital.

Com a realidade em desdobramento da "história do mundo empiricamente verificável", densa com seus antagonismos explosivos na fase descendente do desenvolvimento do capital, a necessidade de uma *ação transformadora abrangente consciente* tornou-se absolutamente imperativa. Isso acontece por causa da relação historicamente única entre o modo de controle social metabólico do capital e a sobrevivência humana em si. Pois quando as primeiras formas de reprodução societal – como a escravidão e o feudalismo – chegaram aos limites extremos de sua viabilidade histórica e tiveram de se tornar insustentáveis, essa condição não representou nenhum perigo fundamental para a possibilidade do desenvolvimento futuro e para a destruição da humanidade. É qualitativamente diferente no caso do sistema do capital. Pois a ativação dos limites absolutos do capital[79], sob as condições da invasão global do sistema, põe diretamente em risco a própria sobrevivência da espécie humana, precisamente por causa da articulação incuravelmente destrutiva do capital como um controle metabólico global da reprodução societal em nossa época. Em outras palavras, a destrutividade inseparável da ativação dos limites absolutos do capital, se não for controlada, carrega consigo, pela primeira vez na história, a total insustentabilidade da vida humana no planeta. Isso é o que precisa se ter sob controle consciente nas circunstâncias atuais.

As forças antagônicas interativas do capital constituem um sistema geral irremediavelmente *centrífugo*, apesar de todo postulado veleitário de globalização harmoniosa. Um *controle abrangente consciente* em escala sistêmica do capital é portanto impensável, não importa quão grandes sejam os perigos de destruição e até autodestruição sistêmica do próprio capital. De modo revelador, no curso da história, já na fase ascendente do desenvolvimento do capital, a

---

[78] Ibidem, p. 39.

[79] Ver, a esse respeito, o capítulo 5 do livro de minha autoria, *Para além do capital*, cit.

coesão e o controle gerais desse sistema centrífugo só poderiam ser especulativamente postulados na forma de algum tipo de *totalizador misterioso*, como feito até mesmo pelos maiores pensadores da burguesia. Nem o controle *abrangente*, tampouco a instituição *consciente e voluntária* de um plano viável concernente à reprodução societal poderiam ser imaginados na forma de desígnio racionalmente identificável e ação correspondente.

Foi esse duplo hiato que teve de ser preenchido pelos vários postulados circunscritivos de um misterioso *sujeito totalizador supra-humano*, desde a "mão invisível" até a "astúcia absoluta da Providência divina" hegeliana, realizando seus próprios planos por meio dos "instrumentos inconscientes", ainda mais misteriosamente projetados, das partes constituintes inalteravelmente centrífugas, embora idealizadas em sua própria centrifugalidade. E esse tipo de "solução" veleitária foi posta pelos pensadores notáveis da burguesia – que não poderiam imaginar nenhuma outra medida corretiva para seu sistema antagônico – muito antes de a ameaça da autodestruição da humanidade, com os instrumentos militares potencialmente catastróficos e as práticas "produtivas" ativamente destrutivas totalmente capazes de realizar essa ameaça, terem sido colocados em sua materialidade maciça à disposição das personificações do capital. Ou seja, à disposição daqueles *no comando* – mas de modo algum *no controle* – da ordem reprodutiva estabelecida, que detêm *ex officio*, precisamente enquanto personificações devotadas do imperativo a todo custo autoexpansivo do capital, o interesse próprio concebivelmente mais irracional para empregar os poderes de destruição.

Como poderia, então, alguém investir sua fé nessas misteriosas capacidades de ação totalizantes *supra-humanas* e seus "instrumentos conscientes"[80], ou em algumas de suas novas formas projetadas, afirmando que, apesar de tudo, seriam capazes de superar [*overcome*] os graves perigos tangivelmente identificáveis agora? Perigos que são, embora de maneira apologética autosserviente, até mesmo oficialmente reconhecidos tanto no plano militar quanto no ecológico? Pois a contradição insuperável entre a *centrifugalidade sistêmica* – que, do ponto de vista do capital, deve sempre ser *centrifugalidade sistêmica idealizada* – e o imperativo absoluto de uma *ordem reprodutiva global conscientemente planejada e racionalmente gerida*, teria de ser *irreversivelmente* superada [*overcome*] de modo a almejar um caminho para fora do beco sem saída destrutivo hoje buscado. Projetar a *centrifugalidade antagônica* que a tudo abrange como harmoniosamente combinada com a *globalização sustentável* é a mais absurda *contradição em termos*. Ninguém em sã consciência poderia levar a sério essa contradição como a estratégia prática viável a ser buscada no futuro.

O fato esclarecedor é, e continua sendo, que, nos termos dessa incompatibilidade estrutural fundamental – entre os requisitos vitais da produção sustentável no nosso próprio planeta como um todo e a centrifugalidade destrutiva do capital – realmente não pode haver qualquer alternativa para a necessidade de estabelecer e adequadamente assegurar

---

[80] Não devemos nos esquecer de que as políticas buscadas pela agressiva idolatria do mercado neoliberal, com referências mais ou menos explícitas a alguma visão grotesca da "mão invisível" de Adam Smith por Hayek e seus seguidores, ou os postulados gorbachevianos absurdamente projetados, e outros postulados do "socialismo de mercado", foram responsáveis por impor grande parte do sofrimento humano no mundo nas últimas décadas.

a prática reprodutiva social da *globalização historicamente sustentável*. Além disso, uma globalização historicamente sustentável digna do nome só pode ser almejada como uma ordem reprodutiva societal conscientemente gerida pelos *produtores livremente associados* dentro do quadro social metabólico de um *sistema com fim historicamente aberto*. Portanto, a única maneira possível de superar [*overcome*] a incompatibilidade estrutural que devemos encarar é esta: a centrifugalidade idealizada – cada vez mais destrutiva – do capital precisa ser irreparavelmente relegada ao passado para que a humanidade sobreviva.

Não pode haver nenhuma maneira de atenuar o caráter radicalmente diferente da concepção socialista que representa a alternativa real ao curso contínuo de desenvolvimento. Pois a alternativa socialista não pode se tornar viável a não ser que seja estrategicamente almejada e praticamente assegurada como um sistema transformador abrangente com fim incondicionalmente aberto e conscientemente gerenciado.

A capacidade de ação humana no controle das *estruturas* objetivas e dos *processos* temporais de um sistema desse tipo não poderia ter nada a ver com alguns desígnios especulativos ocultos *supra-humanos* e correspondentes soluções veleitárias. Devemos sempre ter em mente que nossos termos de referência dizem respeito não ao domínio de um "dever-ser" idealisticamente hipostasiado, mas à efetividade tangível – e, em nossa época histórica, inegavelmente ameaçada – da "história do mundo empiricamente verificável".

Por conseguinte, quando consideramos os requisitos da *globalização historicamente sustentável*, o que é legítimo e necessário de ser colocado em relevo é que o inevitável corolário teórico do misterioso "totalizador *supra-humano*" previamente projetado – em qualquer forma ou disfarce – é a substituição da genuína concepção *histórica* com fim aberto, da qual absolutamente precisamos, por um postulado *supra-histórico*, tido como benevolentemente gerenciado pelo "Espírito do Mundo" (ou qualquer outra coisa, incluindo suas variedades seculares idealizadoras do mercado) e o correspondente *fechamento da história* no presente arbitrariamente eternizado.

No mesmo sentido, optar pelo sujeito histórico "*supraindividual*" frequentemente projetado, seja em nome de algum constructo metafísico especulativo ou na forma de uma coletividade abstrata alienante, só pode descarrilar a necessária concepção estratégica.

Para ser exato, nenhuma explicação histórica coerente é concebível em termos de "agregados dos indivíduos particulares" que supostamente estão se confrontando na "sociedade civil" tendenciosamente retratada. Mas, para nosso futuro, a alternativa historicamente sustentável para esse tipo de concepção – que deve sempre ser posta a partir do ponto de vista da economia política autosserviente do capital – não é a determinação *supraindividual* igualmente dúbia da assim chamada "efetividade racional" (repetindo, em plena consonância com o modo de controle social metabólico do capital), mas o *indivíduo social real* que não está apenas *no comando do*, mas também *no controle racional do* processo de reprodução societal. Não o *indivíduo isolado*, mas o *ser humano real* cujo caráter é definido pela *unidade dialética* objetivamente constituída do individual e do social, como mencionado anteriormente. Pois adotar a ideia da determinação *supraindividual* do desenvolvimento significa ao mesmo tempo também a aceitação dos postulados do *totalizador supra-histórico* da modalidade antagônica alegadamente insuperável do intercâmbio societal e o arbitrário *congelamento* do processo histórico na autocontraditória e autodestrutiva *adversarialidade insuperável* do "presente perpétuo".

No que se refere ao futuro, reconhecer abertamente a necessidade por um *totalizador racional* – em contraste com a grande variedade de fracassados *totalizadores misteriosos* propostos no passado – não pode ser evitado. Como acabamos de indicar claramente, o único sujeito histórico viável capaz de ser engajado na totalização racional necessária dos complexos processos interativos globais sob as condições da crise estrutural cada vez mais profunda do capital só podem ser os *indivíduos sociais reais* – e isso não pode ser destacado com força suficiente: como definido pela *unidade dialética* objetivamente constituída do indivíduo e do social – que não está somente *no comando dos*, mas também *no controle dos* desafios da reprodução societal cada vez mais global.

Nos termos das "*Daseinsformen*"[81] categoriais (Marx) envolvidas a esse respeito, encontramos os *indivíduos sociais reais*, em sua efetiva realidade social *histórica* bem como *trans*-histórica[82] – simultaneamente *inter*individual e *trans*individual – de um lado, e as projeções categoriais especulativas do "*supra*individual", "*supra*-histórico" e "*supra*-humano", na forma dos vários constructos metafísicos, do outro.

Portanto, o que é apropriado salientar em relação à fase presente da "história do mundo empiricamente verificável" é

1. a necessária orientação em direção à dialética objetiva da *continuidade* e *descontinuidade*, como a síntese integradora de todas as dimensões do tempo histórico, incluindo os aspectos *trans-históricos* do desenvolvimento social da humanidade, no lugar das projeções *supra-históricas* da teoria histórica especulativa, e

2. a unidade *inter*individual e *trans*individual dos indivíduos sociais particulares, reconhecendo a dimensão coletiva necessária de sua vida ao conceitualizar a natureza do sujeito histórico de nosso tempo como engajada na criação das "novas carências históricas" vitais da

   a. busca da economia racional responsável apropriadamente econômica em nosso próprio e inescapável planeta, e

   b. concomitante superação [*supersession*] radical da adversarialidade destrutiva do capital.

Somente dessa forma é possível almejar o desenvolvimento histórico no futuro em harmonia com a mudança estrutural historicamente sustentável.

## 6.3 Estruturas material e formal da história: crítica da concepção sartriana de razão dialética e totalização histórica

Como mencionado no capítulo 2 deste livro, um dos grandes méritos de Jean-Paul Sartre como pensador e militante exemplar foi abordar a questão fundamental da totalização histórica no período pós-Segunda Guerra Mundial. Sua *Crítica da razão dialética* foi de-

---

[81] "Formas de ser."

[82] A relação inseparavelmente *estrutural* e *temporal/processual* de *continuidade e descontinuidade* pode ser apreendida precisamente ao focarmos atenção na dimensão *trans*-histórica do desenvolvimento societal, que não deveria ser confundido com os especulativos postulados idealistas *supra*-históricos.

dicada a esse assunto, que anuncia, no já gigantesco primeiro volume, a conclusão[83] que "logo se seguirá" de seu projeto.

É importante ter em mente que a *Crítica* de Sartre – conforme publicada em 1960 pela Gallimard, em Paris, com o subtítulo *Teoria dos conjuntos práticos* – nunca teve o intuito de oferecer um quadro completo por conta própria. Pelo contrário, ela explicitamente prometeu a elaboração apropriada do quadro categorial da "*história real*" como o complemento necessário, e na verdade o clímax teórico, do projeto de Sartre. Foi assim que ele colocou a questão na Introdução do livro publicado:

> O tomo I da *Crítica da razão dialética* termina no próprio momento em que alcançamos o "lugar da História", isto é, em que procuraremos exclusivamente os fundamentos inteligíveis de uma antropologia estrutural – na medida em que, evidentemente, essas estruturas sintéticas constituem a própria condição de uma totalização em andamento e perpetuamente orientada. O tomo II que, em breve, o seguirá, há de retraçar as etapas da progressão crítica: tentará estabelecer que existe *uma* inteligibilidade [...] pela demonstração de que *uma* multiplicidade prática, seja ela qual for, deve totalizar-se incessantemente interiorizando-se em todos os níveis de sua multiplicidade. [...] Adivinharemos, então, o que o conjunto dos dois tomos tentará provar: a *necessidade* como estrutura apodíctica da experiência dialética não reside no livre desenvolvimento da interioridade, tampouco na inerte dispersão da exterioridade, mas impõe-se, na qualidade de momento inevitável e irredutível, na interiorização do exterior e na exteriorização do interior.[84]

No entanto, havia razões muito boas para que esse projeto nunca chegasse nem perto de sua prometida conclusão. A análise almejada da *história real* – em contraste com a problemática filosófica delineada no primeiro volume da *Crítica* sartriana somente nos termos das estruturas *formais* da história – recusou-se a se materializar nas páginas infinitamente crescentes do póstumo segundo volume; um manuscrito que somava um volume de quase cinco mil páginas escritas que, por fim, não foi considerado apropriado para publicação pelo próprio autor. Pois, considerando que Sartre não teve dificuldades para ilustrar as categorias adotadas com um material histórico usado da maneira mais imaginativa no trabalho publicado, e também precisamente definidas por ele como as "estruturas [estritamente]* formais da história", a tentativa de avaliação das situações conflituosas particulares e dos principais desenvolvimentos históricos discutidos no segundo volume continuou firmemente ancorada, apesar de suas intenções, ao mesmo quadro categorial *formal*. No fim das contas, portanto, não sobrou muita escolha para Sartre senão abandonar seu relato abrangente, prometido no início, da história real como parte integrante e "*terminus ad quem*" de sua visão da totalização histórica.

Contudo, seria bastante equivocado ver nesse resultado a falha pessoal corrigível de um pensador particular. No caso de uma das notáveis figuras intelectuais do século XX, como Jean-Paul Sartre inegavelmente passou a ser, a *não realizabilidade* de uma importante

---

[83] Na verdade, em uma entrevista dada a Madeleine Chapsal em 1959, Sartre afirmou de maneira otimista que "o primeiro volume será publicado em um mês, e o segundo em um ano". Ver "The Purposes of Writing", em Jean-Paul Sartre, *Between Existentialism and Marxism* (Londres, NLB, 1974), p. 9.

[84] Jean-Paul Sartre, *Crítica da razão dialética, cit.*, p. 185-6.

* Inserção de Mészáros. (N. E.)

iniciativa teórica – empreendida, para ser exato, de um ponto de vista social e histórico determinado – teve seu profundo fundamento objetivo e correspondente significado representativo. Isso vale ainda mais nessa ocasião específica, porque Sartre quis apresentar sua concepção, em meio à agitação de alguns eventos históricos de amplas consequências[85], como parte integrante de uma investigação realizada com grande paixão durante toda sua vida a serviço da causa da emancipação humana[86].

Nesse sentido, Sartre rejeitava, nos termos mais fortes possíveis, qualquer ideia de um totalizador misterioso, que vimos ser defendido até mesmo pelos maiores pensadores da burguesia na fase ascendente do desdobramento histórico do sistema do capital. Ele insistia que, em qualquer concepção histórica viável, as pessoas

> [...] se definem integralmente pela sociedade de que fazem parte e pelo movimento histórico que as arrasta; se não pretendemos que a dialética se torne, de novo, uma lei divina, uma fatalidade metafísica, é necessário que ela venha dos *indivíduos* e não de não sei quais conjuntos supra-individuais. [...] a dialética é a lei de totalização que faz com que existam vários coletivos, *várias* sociedades, *uma* história, isto é, realidades que se impõem aos indivíduos; mas, ao mesmo tempo, deve ser tecida por milhões de atos individuais.[87]

Outro feito importante da *Crítica da razão dialética* é a elaboração de Sartre do quadro categorial do que ele chama de estruturas formais da história, como as encontramos delineadas na obra publicada pela Gallimard em 1960, com um material histórico convincentemente retratado, que variava desde alguns episódios-chave da Revolução Francesa de 1789 até desenvolvimentos do século XX. Não se poderia dizer de modo algum que essas categorias formais – desde a constituição da "serialidade" e do "grupo-em-fusão" até a "institucionalização" desintegradora –, da forma como foram elaboradas no primeiro volume da *Crítica* sartriana, constituem as estruturas formais da história em geral. Elas são, em linhas gerais, aplicáveis somente a uma fase determinada da história humana, posto que condensam algumas determinações características do intercâmbio social sob a ordem burguesa. Desse modo, no entanto, seu potencial para clarificar alguns aspectos importantes das transformações históricas modernas é verdadeiramente notável. Contudo, precisamente graças à sua orientação estrutural formal, elas estão bem harmonizadas com alguns dos imperativos materiais fundamentais da ordem produtiva do capital, que deve subsumir sob suas *equalizações formais* fetichisticamente quantificadoras e determinações abstratas homogeneizadoras as qualidades mais díspares do intercâmbio societal metabólico, em que o valor de troca deve dominar absolutamente o valor de uso, como vimos esses problemas discutidos no capítulo 4 e na seção 6.2 deste livro. Portanto, o fato de Sartre ter sido incapaz de concluir seu projeto original de integrar as estruturas formais propostas da história com

---

[85] Devemos recordar que a *Crítica da razão dialética*, de Sartre, foi concebida e escrita depois de alguns levantes importantes na Europa Ocidental, particularmente na Polônia e na Hungria.

[86] Ver minha análise detalhada da trajetória geral de Sartre como um grande intelectual do século XX no meu livro *A obra de Sartre: em busca da liberdade*. [Ed. bras.: São Paulo, Ensaio, 1991 (esgotada). São Paulo, Boitempo, no prelo. A paginação indicada será a da Ensaio.]

[87] Jean-Paul Sartre, *Crítica da razão dialética*, cit., p. 156. Ênfases de Sartre.

sua pretendida explicação da história real não diminui em nada o seu valor explicativo em seu próprio cenário.

Para entender os impedimentos insuperáveis nas raízes do projeto de Sartre em elucidar o problema da totalização na história real, vale citar uma passagem de uma importante entrevista concedida por ele em 1969 à revista *New Left Review*. Como claramente transparece nessa entrevista, Sartre ainda se comprometia a completar o segundo volume da *Crítica da razão dialética*, embora em 1958 ele já tivesse deixado de lado praticamente cinco mil páginas. Essas foram suas palavras na entrevista de à *New Left Review*:

> A diferença entre o primeiro e o segundo volume é a seguinte: o primeiro consiste em um trabalho onde mostro as possibilidades de troca, degradação, o prático-inerte, séries, coletivos, recorrência e assim por diante. Essa parte da obra está interessada apenas nas possibilidades teóricas de suas combinações. O objeto do segundo volume é a história propriamente dita. [...] meu objetivo será provar que há uma inteligibilidade dialética do que é singular. Pois a nossa história é singular. [...] O que procurarei demonstrar é a inteligibilidade dialética do que não pode ser encarado como universal.[88]

No entanto, conforme veio a acontecer posteriormente, o rascunho do segundo volume, que na verdade foi interrompido por convincentes razões pessoais antes do fim de 1958, nunca foi retomado. O manuscrito abandonado foi publicado postumamente em francês, cinco anos depois da morte de Sartre, em 1985, e em inglês seis anos depois, em 1991*.

Não obstante, o destino desse importante projeto sartriano não foi de modo algum surpreendente. Meu próprio comentário, feito quando Sartre ainda estava vivo e totalmente na ativa, sobre a passagem que acabamos de citar e a prevista *incompletabilidade* de sua teoria da totalização histórica – conforme me é demonstrado claramente no volume 1 da *Crítica da razão dialética*, bem como na entrevista de 1969 – foi o seguinte:

> É extremamente difícil imaginar como se pode compreender a "própria história" mediante essas categorias, uma vez que o problema da história é precisamente o de *como universalizar o singular sem suprimir suas especificidades*. Em contraposição, contudo, é muito fácil perceber a transição natural da história à *biografia*, ou seja, desta concepção sartreana de história ao projeto sobre Flaubert**. Pois a inteligibilidade do singular não universalizável requer experiência vivida como base de sua compreensão. E a reconstrução da personagem por meio de *l'imaginaire* nela necessariamente envolvido[89], oferece-nos uma "Verdadeira lenda", no mais alto nível de complexidade. Algumas das estruturas fundamentais da própria história permanecem, pois, ocultas

---

[88] Jean-Paul Sartre, "Itinerário de um pensamento", em Emir Sader (org.), *Vozes do século*: entrevistas da *New Left Review* (trad. Kaluss Brandini Gerhardt, Rio de Janeiro, Paz e Terra, 1997), p. 224-5.

* No Brasil, somente o volume 1 da *Crítica da razão dialética* foi publicado, pela Editora DP&A em 1991. Para a tradução das citações do volume 2, utilizamos como referência a edição inglesa de 1991 (trad. Alan Scheridan-Smith, Londres, Verso, 1991) e a edição francesa de 1985 (Paris, Gallimard). Para todos os efeitos, utilizaremos a paginação da edição inglesa, mencionando as páginas da edição francesa entre colchetes. (N. E.)

** Trata-se do livro *L'idiot de la famille* [O idiota da família]. (N. E.)

[89] Na verdade, Sartre admitiu na entrevista de 1969 que em sua mais detalhada interpretação e reconstrução da vida de Flaubert, que resultou em várias centenas de páginas, ele teve de inventar – como se estivesse escrevendo um romance – a pessoa no centro de sua investigação monumental.

no segundo volume da *Crítica*, que *nunca emerge*, pois não parecem se ajustar ao quadro de referência da busca de Sartre.[90]

O problema intransponível para Sartre foi, e continou sempre sendo, que o modo de universalizar o singular sem suprimir sua especificidade só é possível por meio de *mediações apropriadas* que ligam a multiplicidade – socialmente definida – dos indivíduos particulares aos seus grupos e classes em qualquer momento dado, e ao desenvolvimento societal em desdobramento no decorrer de toda a história. As respostas de Sartre à questão da *mediação* sempre foram extremamente problemáticas em sua concepção de totalização histórica. E, novamente, as mediações sociais/históricas inexistentes de seu pensamento não foram uma ausência *corrigível*.

Para ser exato, Sartre destacou corretamente que a história é "tecida por milhões de atos individuais", como vimos sua firme insistência nessa questão numa passagem citada anteriormente. No entanto, apesar de uma afirmação explícita feita no período da escrita e publicação do primeiro volume da *Crítica da razão dialética* – de acordo com a qual ele havia deixado o existencialismo para trás em seu desenvolvimento posterior como nada mais que uma "ideologia"[91] – algumas das categorias cruciais desenvolvidas na primeira fase de sua obra, antes e durante a Primeira Guerra Mundial, e na verdade de maneira mais destacada em *O ser e o nada*, continuaram sempre dominantes em sua filosofia. Ele até retomou em 1975 a declaração feita em 1958 sobre o existencialismo ser simplesmente um "enclave ideológico dentro do marxismo"[92], aceitando como alternativa, mais uma vez, e de maneira curiosa[93], o rótulo existencialista.

O ponto de seminal importância a esse respeito foi que por sua tentativa *de facto* – ainda que, sob as circunstâncias políticas dadas, não expressa de modo programático, porém persistente – de dar uma *fundação ontológico-existencial* ao seu próprio quadro categorial também na *Crítica da razão dialética*[94], Sartre bloqueou o caminho para tornar dialeticamente inteligível o processo da totalização histórica na história real. Isto é, ele tornou proibitivamente difícil imaginar como seria realmente possível que os "milhões de atos individuais" – na verdade sempre profundamente enraizadas nas estruturas sociais mais específicas e dinamicamente inter-relacionadas – perfizessem uma rede de determinações legiformes no sentido apropriado de necessidade *histórica*,

---

[90] István Mézáros, *A obra de Sartre: em busca da liberdade*, cit., p. 99.

[91] Como colocou no primeiro volume da *Crítica*: "considero o marxismo a insuperável filosofia de nosso tempo e porque julgo a ideologia da existência e seu método 'compreensivo' como um território encravado no próprio marxismo que a engendra e, simultaneamente, a recusa". (Ibidem, p. 14.)

[92] Ver entrevista concedida a Michel Contat, "Self-Portrait at Seventy" [Autorretrato aos setenta anos], publicada pela primeira vez em *Le Nouvel Observateur*, junho e julho de 1975. Em inglês, reunida no livro *Sartre in the Seventies: Interviews and Essays* (Londres, Andre Deutsch, 1978). Ver especificamente a p. 60 desse volume. [Em português, usamos a versão publicada na *Revista Alceu*, PUC Rio, v. 5, n. 9, jul./dez. 2004, p. 5-13. (N. E.)]

[93] Ibidem, p. 59-61.

[94] Ainda que, por razões principalmente políticas, ele tenha tentado qualificar nessa obra os elementos conservados da orientação ontológico-existencialista somente como um "enclave ideológico", a verdade é que ela era incomparavelmente mais decisiva do que apenas um enclave.

concebida como progressivamente em mutação e em sua modalidade de afirmar a si mesma no devido tempo como "necessidade evanescente". As mediações históricas ausentes desempenharam um papel crucial no descarrilamento da planejada explicação geral de Sartre na história real.

Em sua problemática tentativa de dar um fundamento ontológico para o seu "enclave existencialista dentro do marxismo", Sartre teve de transformar a *categoria eminentemente histórica e socialmente transcendível da escassez* em um paralizante *absoluto* a-histórico e anti-histórico, arbitrariamente proclamado como sendo a *permanência* insuperável, bem como horizonte e determinação gerais de nossa história real. Ele fez isso ao postular que "dizer que nossa História é história dos homens ou dizer que ela surgiu e se desenvolve no *enquadramento permanente* de um campo de tensão engendrado pela escassez é a mesma coisa"[95].

Ao mesmo tempo, ele contradisse repetidas vezes sua afirmação categórica anterior segundo a qual "*o Homem não existe: existem pessoas*"[96]. No entanto, por causa da declaração existencialisticamente absolutizada de uma *reciprocidade perversa* entre cada indivíduo particular e o "Outro" mítico que habita *cada* indivíduo, uma linha direta de identificação foi decretada por Sartre como sendo fatalmente prevalecente entre o indivíduo eticamente inumano, tanto de maneira rebelde quanto ao mesmo tempo cruel, e o *homem mítico/demoníaco* sob o domínio da *permanente escassez*. É importante a esse respeito citar em algum detalhe as palavras de Sartre do primeiro volume da *Crítica da razão dialética*:

> Na pura reciprocidade, o Outro que não eu é também o Mesmo. Na reciprocidade modificada pela escassez, o Mesmo aparece-nos como o contra-homem enquanto esse mesmo homem aparece como radicalmente Outro (isto é, portador para nós de uma ameaça de morte). Ou, se quisermos, compreendemos em traços largos seus fins (são os nossos), seus meios (temos os mesmos), as estruturas dialéticas de seus atos; mas, compreendemo-los como se fossem os caracteres de uma outra espécie, nosso *duplo demoníaco*. Com efeito, nada – tampouco as grandes feras ou os micróbios – pode ser mais terrível para o homem do que uma espécie inteligente, carnívora, cruel, que soubesse compreender e frustrar a inteligência humana, e cujo fim seria precisamente a *destruição do homem*. Essa espécie é, evidentemente, a nossa, apreendendo-se por *todo* homem nos Outros no meio da *escassez*. [...] ela torna cada um *objetivamente* perigoso para o Outro e coloca a existência concreta *de cada um* em perigo na do Outro. Assim, o *homem é objetivamente constituído como inumano* e essa inumanidade traduz-se na *práxis* pela apreensão do *mal como estrutura do Outro*.[97]

Esse discurso sartriano a-histórico sobre o "mal como estrutura do Outro" – e na verdade o "outro" como *cada indivíduo particular* – foi articulado na *Crítica* de tal maneira que, com uma facilidade relativa, ele poderia ser incorporado à concepção ontológico-existencialista de sua primeira grande obra filosófica sintetizadora, *O ser e o nada*. Desse modo, é-nos dito pelo "marxizante"[98] Jean-Paul Sartre da *Crítica da razão dialética* que

---

[95] Jean-Paul Sartre, *Crítica da razão dialética*, cit., p. 238.
[96] Ibidem, p. 156.
[97] Ibidem, p. 244-5.
[98] O próprio Sartre se chamava de "marxizante" nessa época.

Quer se trate de matar, torturar, escravizar ou simplesmente mistificar, meu objetivo consiste em suprimir a *liberdade estranha* como força inimiga, isto é, como essa força que pode me rechaçar do campo prático e fazer de mim um "homem a mais" condenado a morrer. Ou, em outras palavras, é exatamente o *homem enquanto homem*, isto é, enquanto livre práxis de um ser organizado, que eu combato; é o *homem e mais nada* que eu odeio no inimigo, isto é, *eu próprio enquanto Outro*, e é exatamente eu próprio que nele pretendo destruir para impedi-lo de destruir-me realmente no meu corpo.[99]

Naturalmente, a *motivação* intelectual militante e apaixonadamente comprometida de Sartre para construir essa visão do conflito inevitável, caracterizado como um conflito que surge da escassez permanente e é dominado por ela, inseparável de sua sustentação ontológico-existencialista, não foi a defesa submissiva da ordem societal existente, mas sim sua negação radical. Ele precisou da ênfase ontológica destacada para seu proclamado "enclave existencialista" de modo a colocar em dramático relevo a enormidade da luta que deve ser desempenhada contra o "*inimigo*" Outro, paradoxalmente definido como "*eu próprio*" e *cada indivíduo*. No entanto, ao fazer isso sem colocar em cena as *mediações sociais e históricas* apropriadas – na verdade obliterando a distinção vital entre as *mediações de primeira ordem* historicamente insuperáveis e as *mediações de segunda ordem antagônicas* do capital, a serem transcendidas[100] – ele acabou *absolutizando o historicamente relativo* contra suas próprias intenções críticas.

Sob as condições específicas da história real que afirma a si mesma na nossa época, como somos forçados a vivê-las *sob o domínio estruturalmente determinado do capital*, as mediações de segunda ordem antagônicas devem sempre prevalecer. Elas representam uma *dominação e imposição absolutamente insustentáveis*, historicamente mais a longo prazo, tendo suas implicações em última instância destrutivas e autodestrutivas. A *superação [supersession] histórica* dessas mediações de segunda ordem antagônicas, não importa quão proibitivos possam parecer os obstáculos para sua superação [*overcome*] sob as condições atuais, é a chave para a solução da questão espinhosa – o autêntico *círculo vicioso* na "*história real*" do sistema do capital – da escassez inseparavelmente combinada ao desperdício imprudentemente produzido, de um lado, e a contraimagem veleitária geralmente simplificada em demasia da "abundância", de outro lado. A ideia da permanência pseudo-ontológica das mediações opressivas de segunda ordem do capital, postulada sobre a premissa da *dominação de classe*, historicamente imposta bem antes da aparição do capital, como o quadro estrutural necessário da escassez que impõe a si mesma, é uma distorção falsamente estipulada. Pois a continuidade *relativa* que podemos encontrar entre os antecedentes *qualitativamente* diferentes das mediações de segunda ordem antagônicas do capital e sua própria modalidade distintiva de dominação reprodutiva societal exploradora de classe por meio da extração economicamente imposta do trabalho excedente como a mais-valia, é *trans*-histórica – e, nesse sentido, *superável* – porém, enfaticamente, não *supra*-histórica.

---

[99] Jean-Paul Sartre, *Crítica da razão dialética*, cit., v. I, p. 245-6.
[100] Sobre o problema histórico das mediações de segunda ordem antagônicas, ver especificamente a seção 8.6 do meu livro *A determinação social do método*, cit.

Uma vez que, no entanto, o suporte ontológico-existencialista do quadro categorial de Sartre afirma a si mesmo, oferecendo uma visão de algum tipo de "condição humana" inseparável do conflito destrutivo sob o domínio da escassez permanente, a motivação intelectual original da negação crítica desse grande pensador militante é inevitavelmente colocada em segundo plano. Portanto, o corolário de *absolutizar o relativo* – isto é, absolutizar a categoria histórica da escassez ao transformá-la em uma permanência ontologicamente interiorizada – exerce seu impacto negativo de longo alcance. Esse corolário de absolutizar o relativo no "enclave" ontológico-existencialista de Sartre assume, paradoxalmente, a forma de *relativizar as condições absolutas da existência humana* ao suprimir seu caráter único enquanto um *absoluto histórico*. O constituinte absoluto realmente existente, e de modo algum a-histórico (isso não pode ser enfatizado o suficiente), da determinação dialética da humanidade, o *substrato natural* da existência humana – isto é, substrato eternamente *inelutável* e, *nesse sentido*, absoluto, mas não em sua modalidade particular –, é a questão aqui. Sua determinação única enquanto um absoluto histórico continua em vigor, não obstante. Pois não importa até que ponto esse substrato natural possa (na verdade, deva) ser modificado pelo contínuo desenvolvimento produtivo da humanidade, no curso da criação histórica das "*carências humanas*" e a correspondente extensão das condições de sua satisfação, ele sempre permanece, em última instância, firmemente circunscrito pela natureza em si. E essa circunstância também significa que, na medida em que é violado – o que continua a acontecer em nossa época, em um nível cada vez mais perigoso, na relação da humanidade com a natureza –, ele também deve ser incerimoniosamente, e até punitivamente, imposto sobre a sociedade pelos requisitos objetivos da existência humana em si.

Naturalmente, isso torna absolutamente imperativa para a humanidade a articulação positiva de um intercâmbio viável e historicamente sustentável dos indivíduos sociais com a natureza e entre si, como o fundamento social mutável, porém necessário, de sua relação com a natureza, se quiserem evitar a autodestruição. Mas fazer isso só é possível pela observação do caráter único e inerentemente histórico da relação em questão. Somente sobre essa base é possível redefinir de maneira apropriada, especialmente sob as condições da crise estrutural cada vez mais intensa de seu modo de reprodução societal metabólica, a relação vital da humanidade com a natureza no quadro histórico com *fim necessariamente aberto* de desenvolvimento.

Por conseguinte, seria autodestrutivo caracterizar, em qualquer tentativa de explicação da "história real", o caráter objetivo do *substrato natural* da existência humana – que deve ser, no curso do desenvolvimento humano, sujeito às transformações históricas *apropriadas*[101], em vista da intervenção, na ordem da natureza, da *necessidade histórica* mutável e instituída pelos seres humanos – como a atemporal *materialidade ontológico-existencialista da escassez*, postulada sobre o fundamento arbitrariamente assumido de que "*o homem é objetivamente constituído como inumano* e essa inumanidade traduz-se na *práxis* pela

---

[101] A perigosa implicação de certos tipos de transformações, sob os imperativos irracionais e destrutivos do acúmulo incontrolável do capital, não é o fato de modificarem a relação dos seres humanos com a natureza – que é característica do todo da história humana – mas sim o fato de o fazerem da maneira mais *inapropriada*, simultaneamente destrutiva e *autodestrutiva*.

apreensão do *mal como estrutura do Outro*"[102]. Pressupor e proclamar que "o homem é objetivamente constituído como inumano" é um *prejulgamento existencialisticamente deturpado* da questão, concebido com o propósito de mudar imediatamente, na mesma sentença, do significado aparentemente *neutro/objetivo* de "inumano" para a caracterização fatídica da "inumanidade da práxis humana" como necessariamente carregando consigo a "apreensão do mal como a estrutura do Outro".

A assim chamada "constituição objetiva do homem", nomeada dessa maneira por Sartre, com respeito à sua objetividade primária/primitiva, não se refere, e não pode de modo algum se referir, a "homem", nem a um "inumano" demoníaco/mítico existencialisticamente projetado, mas somente ao mundo *animal*. Em relação ao ser que surge posteriormente na história – ao constituir a si mesmo – como humano, este pode ser legitimamente chamado, de uma perspectiva humana, de *pré-humano*, mas decididamente não em sentido tendencioso, proclamado a condizer com o espectro sombrio da ontologia existencialista, de "inumano". Pois antes da *autoconstituição* histórica com fim aberto do ser humano – do qual "a criação de uma nova carência" é o "primeiro ato histórico", como vimos anteriormente – não há um tal ser apropriadamente chamado de "inumano" no sentido sartriano. Ele deve ser reveladoramente chamado por Sartre dessa forma para que, posteriormente, o ser em questão pudesse ser facilmente apresentado no espírito da penumbra ontológico-existencialista como "mal", com sua determinação estrutural atribuída ao "Outro" enraizado em cada ser individual, inclusive no "eu próprio".

Na efetividade, o substrato natural da existência humana em si não é uma "materialidade" maciça, mas uma relação social estrutural em mutação – uma mediação sempre historicamente específica – dos seres humanos em geral com a natureza *e* entre si. Portanto, essa mediação inescapável é necessariamente constituída e reconstituída pela intervenção humana socialmente específica e historicamente em mutação na ordem absolutamente inescapável da natureza. Em outras palavras, ela é constituída e reconstituída na forma da dupla causalidade, discutida anteriormente, da própria legitimidade da natureza, de um lado (que pode ser dinamicamente adaptada, mas não violada), e a necessidade histórica progressivamente modificada/deslocada (e, em sua modalidade *particular*, "evanescente"/superada [*superseded*] no devido tempo), do outro lado.

Nesse mesmo sentido, a categoria de *escassez* é, desde o início, inerentemente histórica, que adquire significado a partir da relação de sua dominação *temporária* (não importa por quanto tempo) sobre os seres humanos que, sob determinadas condições – isto é, historicamente específicas e alteráveis –, devem sentir seu poder. E esse poder está longe de ser autossuficiente. Ele também deve ser simultaneamente definido como estando sujeito a se tornar *historicamente superado* [*superseded*], pelo menos em princípio. Ou não, conforme possa ser o caso. Mas *não superado* [*superseded*] apenas se a necessária falha projetada da espécie humana é absolutizada como a catástrofe derradeira que a tudo abarca, resultando no término da história humana em si. A escassez não faz absolutamente nenhum sentido *em si e para si como um absoluto*. Ela é sempre "escassez em relação a algo ou alguém".

---

[102] Jean-Paul Sartre, *Crítica da razão dialética*, cit., v. 1, p. 244-5.

Além disso, até mesmo em sua determinação objetiva como uma contingência de peso, ela só faz sentido – de uma forma ou de outra – em relação aos seres humanos que devem *senti-la ou superá-la*, graças à sua própria determinação e autodeterminação inerentemente históricas. Diferente dos humanos, os animais não *"vivem num mundo de escassez"*. Eles simplesmente vivem – e morrem – da maneira que as "determinações de espécie" de sua "*genus*-individualidade" lhes permitem e destinam.

A escassez, portanto, deve ser compreendida em seu contexto histórico apropriado, como *parasitária* da história humana, e não como a *base* postulada e o *fundamento causal* pessimisticamente hispostasiado da história. Concordar com Sartre quando este diz que a história "*surgiu e se desenvolve* no *enquadramento permanente* de um campo de tensão *engendrado pela escassez*"[103] só pode absolutizar o relativo e relativizar o absoluto. Afinal, nesse último sentido, a afirmação de Sartre que acabamos de citar subordina às vicissitudes incorrigíveis da escassez endemoniadamente magnificada e igualmente interiorizada[104] o *imperativo absoluto* de se instituir uma alternativa viável ao modo estabelecido da reprodução social metabólica na atual conjuntura crítica da história. Em contraste, no quadro adotado por Sartre, a penumbra da escassez anti-histórica insuperavelmente absolutizada como a base da inteligibilidade histórica, unida à anteriormente citada reciprocidade perversa entre "eu próprio e o Outro em mim", é opressiva.

O fato de o *imperativo* que a sociedade humana enfrenta hoje para adotar um modo radicalmente diferente de reprodução social metabólica historicamente sustentável ser *absoluto*, em oposição direta à busca destrutiva do capital pela *expansão ilimitada do capital* – portanto, por definição, sempre "escassa" – não oblitera, e não pode obliterar, o caráter inerentemente *histórico*, e a correspondente *urgência*, desse mesmo absoluto. Pois todos os absolutos concebíveis no contexto humano são, ao mesmo tempo, necessariamente históricos, incluindo aqueles concernentes ao substrato natural ineliminável da existência humana em si. No entanto, *submergir* o imperativo prático historicamente determinado para a elaboração de uma alternativa reprodutiva societal viável dentro da genérica projeção ontológico-existencialista pseudoabsoluta do "quadro permanente da escassez", só pode gerar um pessimismo desolado[105] e o nobre, porém impotente,

---

[103] Ibidem, p. 238.

[104] Voltaremos aos complicados problemas da escassez ainda nesta seção e, mais extensivamente, na seção 6.5 deste capítulo.

[105] Quase no fim da mais reveladora e comovente entrevista de Sartre, conduzida por Michel Contat em 1975, o entrevistador coloca para Sartre que "Em geral, suas declarações políticas são otimistas, muito embora, em privado, você seja bastante pessimista". Sartre responde à observação de Contat da seguinte maneira: "Sim, eu sou. [...] Se não sou *completamente pessimista* é principalmente porque vejo em mim certas carências que não são só minhas, mas de todo homem. Em outras palavras, é a certeza vivida da *minha própria liberdade* [...] Mas é verdade que ou o homem entra em colapso – então tudo que se poderia dizer é que durante os vinte mil anos nos quais existiram os homens, alguns deles tentaram criar o homem e *falharam* – ou então essa revolução acontece e cria o homem ao promover a liberdade. Nada é mais certo. [...] é impossível fundar uma *base racional* para o otimismo revolucionário, posto que aquilo que *é* é a realidade presente. E como podemos fundar a realidade futura? Nada me permite fazê-lo". Ver páginas 83-85 da entrevista citada na nota 92.

"dever-ser" como sua almejada contraimagem[106]. Dessa forma, não pode haver espaço no "enclave ontológico-existencialista" estruturalmente prejulgado, dominado pela escassez permanente, para explorar as condições da factibilidade da alternativa positiva requerida e historicamente sustentável.

O estranho resultado de tudo isso é a diminuição da responsabilidade para o sistema do capital em si, não obstante sua gama historicamente opressora das mediações de segunda ordem destrutivas. Tal responsabilidade é diminuída no "enclave ideológico dentro do marxismo" proclamado por Sartre por causa do papel miticamente magnificado atribuído por ele à genérica "escassez interiorizada" historicamente prolongada, criada pelo "eu próprio enquanto Outro". E esse "Outro em mim" é hipostasiado por Sartre de uma forma sobrecarregada, com a projeção mais irreal da responsabilidade, ao ser caracterizado em uma passagen citada anteriormente da *Crítica da razão dialética* como o "duplo demoníaco", não só da espécie humana em geral – chamada, nessa citação, como vimos antes, de "uma espécie inteligente, carnívora, cruel, que soubesse compreender e frustrar a inteligência humana, e cujo fim seria precisamente a *destruição do homem*"[107] –, mas ao mesmo tempo de cada indivíduo singular em sua capacidade pessoal. Trata-se de um modo extremamente particular de isentar o sistema do capital de sua responsabilidade bastante óbvia por estar efetivamente empenhado, em nossa época, na "destruição do homem", bastante real e corretamente deplorada pelo próprio Sartre. Ademais, o que torna bastante paradoxal o tipo de suporte ontológico-existencialista que vimos no quadro categorial da *Crítica da razão dialética* é, obviamente, o fato de que Sartre seria a última pessoa a oferecer tal isenção, por uma questão de deliberação consciente, para o poder inumano do capital. Ninguém levanta com mais frequência e de maneira mais dramática a questão da liberdade em geral e da séria responsabilidade dos intelectuais em particular do que Sartre. Sua indignação moral e negação radical sempre permanecem muito intensas. Mas o único sujeito histórico ao qual ele pode apelar e tentar atrair para as lutas nas quais ele está engajado é o indivíduo particular isolado.

A dimensão política da abordagem de Sartre à história é expressa em um escrito específico de 1973, *Eleições, armadilha para otários*"[108], publicado no *Les Temps Modernes* em janeiro de 1973, e, como aprendemos com precisão no próprio artigo, escrito em 5 de janeiro do mesmo ano, pouco antes da eleição geral francesa sob a presidência de Pompidou.

"Eleições, armadilha para otários" é um artigo bem significativo como atualização política das *estruturas formais da história* de Sartre, desenvolvidas detalhadamente no primeiro volume da *Crítica da razão dialética*. Pois, na visão sartriana, as categorias da *Crítica* são perfeitamente aplicáveis à situação eleitoral em si, considerada por ele estrita e repreensivelmente uma "estrutura formal da história".

A esse respeito, é diretamente relevante que a *Crítica da razão dialética*, de Sartre, no que se refere à sua inspiração, só possa ser compreendida no contexto da *crise dual*

1. do colonialismo francês no Vietnã e na Argélia, e

---

[106] "*A liberdade deve se revoltar* contra as alienações." (Ibidem, p. 88).
[107] Jean-Paul Sartre, *Crítica da razão dialática*, v. I, p. 244-5.
[108] Em inglês, publicada no livro Jean-Paul Sartre, *Sartre in the Seventies: Intervies and Essays*, cit., p. 198-210.

2. da crise cada vez mais profunda do sistema de tipo soviético, incluindo os levantes da Alemanha Ocidental (1953), poloneses (1955/1956) e húngaros. De fato, a explosão popular húngara em outubro de 1956 teve um impacto maior sobre o pensamento de Sartre do que qualquer outro evento histórico contemporâneo, como evidenciado por seu importante ensaio "O fantasma de Stalin", bem como pela própria *Crítica da razão dialética*[109].

As categorias formais elaboradas por Sartre no primeiro volume da *Crítica da razão dialética*, que surgem em um nível considerável de sua avaliação dessa crise dual, continuam sendo, no fim, os princípios orientadores de sua interpretação dos eventos políticos em desdobramento e do papel a ser atribuído aos indivíduos que deles participam. Isso acontece independentemente do fato de Sartre ser incapaz de teorizar o problema da totalização na "história real", seja no segundo volume da *Crítica*, prometido repetidas vezes, mas não acabado, ou em qualquer outro lugar[110].

O processo da "serialização" fatídica, que corresponde a uma de suas mais importantes estruturas formais da história, em conjunção com o "campo prático-inerte", é descrito por Sartre em "Eleições, armadilha para otários" nos termos mais vívidos. Ao falar sobre o indivíduo serializado, ele insiste que

> [...] o soldado toma ônibus, compra jornal, vota. Isso supõe que use "coletivos" com os Outros. Acontece que os coletivos se dirigem a ele como membro de uma *série* (a dos compradores de jornal, a dos telespectadores etc.). Quanto à essência, passa a ser idêntico a todos os outros membros, só diferindo desses por seu número de ordem. Diremos que foi *serializado*. Reencontraremos a serialização da ação no campo *prático-inerte*, onde a *matéria se faz mediação* entre os homens, na mesma medida em que os homens se fazem mediação entre os objetos materiais. [...] nasce em mim o *pensamento serial* – que não é o meu próprio – mas o pensamento do Outro que eu sou e o de todos os Outros. É preciso designá-lo de *pensamento de impotência*, porque *eu o produzo* na medida em que sou o Outro, *inimigo de mim-mesmo* e dos Outros. E na medida em que por toda parte carrego esse Outro comigo.[111]

---

[109] Como o próprio Sartre expressou na entrevista a Michel Contat: "Esse foi o período em que rompi com os comunistas depois de Budapeste. [...] Escrever a *Crítica da razão dialética* representou para mim uma forma de acertar as contas com meu próprio pensamento fora da ação que exerce o Partido Comunista sobre o pensamento". (Ibidem, p. 18).

[110] Sartre tenta fazer uma análise da natureza e das contradições da experiência pós-capitalista de tipo soviético sob Stalin no segundo volume da *Crítica* no mesmo quadro categorial formal. É por isso que as longas descrições de Sartre dos conflitos e eventos particulares escolhidos tendem a ser circulares, repetindo a cada nova vez as mesmas afirmações genéricas sobre as estruturas formais projetadas. Isso é, sobretudo, o que nega a Sartre a possibilidade de trazer à tona, nos termos categoriais necessários, as determinações estruturais materiais subjacentes que condensariam as características salientes da totalização histórica que devem prevalecer sob as circunstâncias do sistema do capital pós-capitalista, em vista da modalidade perseguida de reprodução social metabólica orientada para a, e, igualmente, restringida pela, *extração politicamente imposta do trabalho excedente*, em agudo contraste com sua *extração primariamente econômica*, na forma da *mais-valia* que afirma a si própria mesmo sob a maior parte da fase monopolista do capitalismo. Isto é, até que a *hibridização*, com seu envolvimento político direto e maciço suporte financeiro provido pelo Estado, a partir da tributação geral, para o "complexo militar/industrial" e para resgatar a empresa capitalista privada da bancarrota sempre em ascensão, comece a criar grande, e potencialmente insuperáveis, complicações.

[111] Jean-Paul Sartre, "Eleições, armadilha para otários", em *Revista Alceu*, trad. José Carlos Rodrigues, PUC-Rio, v. 5, n. 9, jul.-dez. 2004, p. 7.

Ao mesmo tempo, as graves consequências dessa serialização são graficamente colocadas em relevo ao afirmar que

> [...] enquanto estiverem em *condição serial*, esses cidadãos – idênticos e fabricados pela lei, desarmados, separados pela desconfiança de cada um para cada outro, mistificados, mas conscientes da própria impotência, de modo algum poderão constituir o *grupo soberano* do qual nos dizem que todos os poderes emanam: *o Povo*.[112]

O dedo acusador de Sartre, como vemos, não está apontado para a sociedae em geral, mas para cada indivíduo. Pois, segundo ele, eu enquanto indivíduo serializado – e na verdade ativamente autosserializante – sou o culpado que *produz* o "pensamento de impotência", e desse modo torno-me "*inimigo de mim-mesmo* e dos Outros". Assim, ele claramente atribui a responsabilidade não só à ordem societal dominante, mas diretamente a cada um de nós, procurando ao mesmo tempo também pelo remédio necessário na forma de um *apelo direto* à nossa consciência individual. De modo não surpreendente, portanto, o artigo "Eleições, armadilha para otários" acaba com um "dever-ser" apresentado na forma do condicional "*se*"\*, ao dizer que "Se não tentarmos organizar – *cada um* de acordo com seus recursos – o *vasto movimento anti-hierárquico* que por toda parte contesta as *instituições*"[113].

A questão de *como* os indivíduos realmente serializados poderiam prevalecer contra as "instituições por toda parte hierárquicas", como ele nos convida a fazer, não pode ser abordada por Sartre. Algumas de suas categorias centralmente importantes – indicando o poder da serialização enquanto tal e a necessidade da desintegração institucionalmente prenunciada pelo grupo-em-fusão, bem como a reincidência fatídica dos membros particulares do grupo na serialidade autoimposta – falam eloquentemente contra seu próprio imperativo proclamado. É por essa razão que o "dever-ser" do modo indefinido de "organização" dos indivíduos é fortemente contradito pelo julgamento explícito de Sartre contra o possível sucesso da organização em si. Sartre expressa isso com grande sinceridade em uma entrevista concedida em 1969 a um importante movimento político italiano, o grupo *Manifesto*, nestas palavras: "Enquanto reconheço a necessidade de uma organização, devo confessar que não vejo como poderiam ser resolvidos os problemas que confrontam *qualquer estrutura estabilizada*"[114].

A passagem mais significativa de "Eleições, armadilha para otários", que ilumina as raízes políticas e teóricas da orientação estratégica militante de Sartre, é sua condenação

---

[112] Ibidem, p. 8.

\* Na edição inglesa dessa obra de Sartre, o trecho que será citado, de onde Mészáros retira o termo "se", traz a palavra "must" [*deve*, no caso; pela conjugação, *devemos*] – "We must try, *each* according to his own resourses, to organize de *vast anti-hierarchic movement* which fights *institutions* everywhere". (N. E.).

[113] Ibidem, p. 13.

[114] Jean-Paul Sartre, "Masses, Spontaneity, Party" [Massas, Espontaneidade, Partido], *The Socialist Register*, 1970, p. 245. Publicado originalmente como "Classe e partito. Il rischio della spontaneità, la logica dell'istituzione" [Classe e partido. O risco da espontaneidade, a lógica da instituição], *Il Manifesto*, n. 4, setembro de 1969.

enfática do próprio ato de votar, em nome de sua defesa apaixonada da *soberania* celebrada também em uma de suas categorias mais importantes, o "grupo soberano".

Essa passagem seminal do artigo de Sartre de 1973 sobre as eleições é a seguinte: "quando voto, *abdico* de meu poder. Abro mão da possibilidade, presente em cada um, de, ao lado de todos os outros, constituir um *grupo soberano*. Renuncio a construir um grupo *desprovido da necessidade de representantes*"[115].

É impossível destacar com força suficiente a importância da preocupação de Sartre com o imperativo da soberania. A mesma ideia é enfatizada – na verdade idealizada – por ele no período imediatamente após a derrota dos levantes dramáticos de maio de 1968 na França. De fato, Sartre distingue a aparição embrionária da soberania como a *grande novidade* dos eventos históricos de 1968 em geral. Pois ele insiste, em sua aguda condenação das críticas ao movimento estudantil, que "o que recrimino em todos que insultam os estudantes é o fato de não verem que estes expressavam uma nova demanda: a necessidade pela *soberania*"[116].

Obviamente, a soberania aqui referida, defendida incondicionalmente por Sartre, não é nada menos que a formação social única que, em sua visão, seria – ou, em termos mais precisos, "deveria ser" – espontaneamente constituída por todos aqueles que rejeitam a serialização, em oposição às "estruturas estabilizadas" cujo estabelecimento organizacional politicamente favorecido é rejeitado por ele até mesmo em uma de suas reflexões políticas mais sucintamente articuladas sobre o assunto, apresentada na entrevista concedida ao grupo *Manifesto* da esquerda radical italiana. E o modo de constituir essa soberania, segundo Sartre, é ou por meio de alguma explosão revolucionária, como em maio de 1968 na França, ou por meio da admitidamente problemática forma organizacional criada pelo *apelo direto* dos intelectuais militantes à consciência dos indivíduos potencialmente anti-hierárquicos em geral, que supostamente são favoravelmente dispostos dessa maneira por sua "necessidade de liberdade".

A ideia de que esse apelo direto talvez não seja capaz de produzir o resultado requerido costuma ser expressada por Sartre com uma confissão de ceticismo autocrítico, até mesmo pessimismo, como vimos anteriormente[117]. Ela persiste, no entanto. Pois as raízes da defesa de soluções politicamente elogiadas na forma de tais apelos diretos à consciência individual remontam a um longo caminho no desenvolvimento político de Sartre. Na verdade, no que se refere ao destinatário individualístico do iluminismo político, tais visões remontam mais ainda – com efeito, muito mais ainda – não só ao passado bem distante da história política e intelectual da França, mas também à tradição filosófica da burguesia europeia em geral, nos termos de sua orientação discutida anteriormente para "agregados de indivíduos"[118] na negligência da realidade das classes.

---

[115] Jean-Paul Sartre, "Eleições, armadilha para otários", cit., p. 9.

[116] "L'idée neuve de mai 1968" [A nova ideia de maio de 1968], observações reveladas por Serge Lafaurie, em *Le Nouvel Observateur*, 26 de junho – 2 de julho de 1968.

[117] Devemos recordar, a esse respeito, a resposta dada por ele a Michel Contat e citada na nota 105 deste capítulo.

[118] Sobre essa questão, ver diversos capítulos da presente obra sobre *Estrutura social e formas de consciência*, especialmente os capítulos 3, 7 e 8 do volume I: *A determinação social do método*, cit.

Nos termos da forma organizacional política baseada na ideia de algum apelo direto à consciência individual compartilhada por Sartre, temos de nos lembrar da *Rassemblement Démocratique Révolutionnaire* (RDR)[119] com a qual Sartre esteve formalmente associado em 1948 e 1949. Em uma entrevista dada à edição parisiense do *New York Herald Tribune*, ele insistiu que esse movimento se endereçava estritamente aos indivíduos, e não aos "grupos constituídos"[120]. Por conseguinte, os artigos programáticos escritos por Sartre e seus associados sobre esse movimento – longe de serem realmente influentes – destacaram explicitamente o desejo de ser bem diferente das organizações e partidos políticos de esquerda. Sartre declarou explicitamente que, ao contrário, eles não tinham o intuito de orientar seus apoiadores individuais para a defesa de alguns importantes ideais políticos duradouros. Nesse sentido, argumentou ele:

> A questão não é abandonar a liberdade, nem mesmo abandonar as liberdades abstratas da burguesia, mas sim preenchê-las com conteúdo. [...] O primeiro objetivo da *Rassemblement Démocratique Révolutionnaire* é combinar as demandas revolucionárias com a ideia de liberdade.[121]

Dessa forma, sob as circunstâncias políticas de 1948, o apelo direto aos indivíduos progressistas continuou sendo bastante vago e genérico. Mas a mesma forma de apelo direto foi posteriormente colocada em relevo por Sartre em sua interpretação muito mais radical [dos acontecimentos] de maio de 1968, em forte contraste com os partidos e as formas organizacionais tradicionais. Sua ênfase na "soberania", em seu elogio aos estudantes, é extremamente relevante a esse respeito.

Contudo, a característica definidora mais importante da posição sartriana concernente à alternativa histórica requerida é precisamente sua rejeição categórica do ato de votar em si na passagem citada do artigo de 1973. Uma rejeição feita sobre a base que vimos anteriormente, isto é,

> [...] quando voto, *abdico* de meu poder. Abro mão da possibilidade, presente em cada um, de, ao lado de todos os outros, constituir um *grupo soberano*. Renuncio a construir um grupo *desprovido da necessidade de representantes*.

Na forma desse apelo direto à consciência individual dos supostos votantes, desconsiderando as instituições tradicionais do Estado e os partidos políticos "constituídos", a rejeição sartriana é formulada no espírito da melhor tradição burguesa do Iluminismo. Vemos sua afinidade próxima com a rejeição radical de Rousseau do voto e sua condenação do sistema político representativo parlamentar. Rousseau argumenta seu caso da seguinte maneira:

> Os deputados do povo não são, nem podem ser seus *representantes*; não passam de comissários seus, nada podendo concluir definitivamente. É nula toda lei que o povo diretamente não ratificar; em absoluto, não é lei. O povo inglês pensa ser livre e muito se engana, pois só o é

---

[119] Ou seja, a relativamente efêmera "Aliança Democrática Revolucionária" francesa.

[120] Ver "Revolutionary democrats" [Democratas revolucionários], entrevista de Sartre concedida a Mary Burnet, *New York Herald Tribune*, 2 de junho de 1948.

[121] Jean-Paul Sartre, "Le R.D.R. et le problème de la liberté", *La Pensée socialiste*, n. 19, primeiro semestre de 1948, p. 5.

durante a eleição dos membros do Parlamento; uma vez estes eleitos, ele é escravo, não é nada. Durante os breves momentos de sua *liberdade*, o uso, que dela faz, mostra que *merece perdê-la*.[122]

Da mesma maneira que os ingleses autoenganadores de Rousseau, que tolamente renunciam ao seu poder em favor dos representantes parlamentares, e rapidamente perdem sua liberdade momentânea, que, diz-se, eles merecem, os "tolos autosserializantes", que do mesmo modo consentem em abdicar de seu poder ao votar, em vez de, "ao lado de todos os outros, constituir um *grupo soberano* [...] *desprovido da necessidade de representantes*", eles também merecem plenamente seu destino de acordo com o intelectual francês "existencialista marxizante".

Mesmo assim, a adesão militante de Sartre, no século XX, à heroica perspectiva do Iluminismo defendida por Rousseau em apoio à democracia direta no século XVIII é paradoxal. Pois Sartre formula a crítica mais radical da burguesia enquanto permanece *dentro* do horizonte da classe burguesa. Ele às vezes até declara, consciente e explicitamente, que sua aguda posição crítica é a de *alguém de dentro*. Sartre faz isso para poder denunciar, de maneira tão forte quanto possível, a partir da "posição crítica de alguém de dentro", o *perigo mortal* posto pela realidade socioeconômica e política dada, na qual os indivíduos estão, segundo ele, profundamente enredados.

Portanto, Sartre define sua própria posição como a de um *burguês com uma aguda consciência crítica*, que assume uma posição de *revolta aberta* contra a destrutividade cada vez maior da ordem estabelecida, sem a capacidade de se separar do tegumento burguês[123]. O apaixonado *apelo direto* à consciência individual é, na visão sartriana, o corolário necessário para sua defesa, explícita ou implícita, da instituição de algum tipo de *democracia direta,* cujos primórdios distantes supostamente estavam em consonância com os "direitos do homem". Seu desejo anteriormente citado de "preencher com conteúdo as liberdades abstratas da burguesia" fala demasiado por si a esse respeito. Mas também mostra as dificuldades e limitações de tentar produzir a totalização na "história real" dentro do quadro categorial das "estruturas formais da história", compatível com um horizonte radicalmente almejado, porém necessariamente abstrato e formalista em sua origem. Um quadro concebido, em seu tempo, dentro dos limites dos nunca realizados – e, aliás, jamais realizáveis – "direitos [burgueses]* do homem".

Por conseguinte, seria preciso um trabalho de Sísifo para "preencher com conteúdo as liberdades abstratas da burguesia", e, é claro, em vão. Pois a distância das liberdades formais da ordem burguesa em relação a seus equivalentes socialistas, que são inconcebíveis

---

[122] Jean-Jacques Rousseau, *Do contrato social* (trad. Lourdes Santos Machado, São Paulo, Abril Cultural, 1978, Coleção Os Pensadores), p. 108.

[123] Escreveu ele em 1972:
Muito embora eu tenha sempre protestado contra a burguesia, minhas obras são a ela direcionadas, são escritas na linguagem dela. [...] Então, devemos dizer que essa obra [sobre Flaubert], assumindo que ela tenha algum valor, representa, por sua própria natureza, o antiquíssimo embuste burguês. O livro vincula-me aos leitores burgueses. Por meio dele, ainda sou burguês e assim o permanecerei enquanto continuar a trabalhar nele. No entanto, um outro lado de mim mesmo, que rejeita meus interesses ideológicos, luta contra minha identidade enquanto um intelectual clássico. Ver Jean-Paul Sartre, *Sartre in the Seventies*, cit., p. 185.

* AInserção de Mészáros. (N. E.)

sem um conteúdo real que a tudo abrange – como, por exemplo, a questão da *igualdade substantiva – é literalmente astronômica*. A constituição real de uma ordem social metabólica radicalmente diferente, estruturalmente definida de modo *qualitativamente* diferente em relação ao modo de reprodução societal do capital – desde suas práticas produtivas materiais elementares até os níveis mais altos dos intercâmbios culturais, com as correspondentes práticas de tomada de decisão por parte de seus indivíduos sociais substantivamente iguais, emancipados das mediações de segunda ordem antagônicas do capital[124] –, é necessária para a realização de tais relações para as quais a burguesia não poderia contribuir significativamente, nem mesmo no período heroico abstrato de seu passado histórico anterior à Revolução Francesa. E, para tanto, seria necessário infinitamente mais que "preencher com conteúdo as liberdades abstratas da burguesia". Pois a verdade esclarecedora da questão é que essas liberdades abstratas – concebidas de acordo com os requisitos de uma ordem social *estruturalmente iníqua*, e, portanto, dentro de seus próprios termos de referência, apropriadamente limitada à *esfera formal/legal* – não pode ser preenchida com conteúdo socialista. Elas são *incompatíveis* com as determinações socialistas substantivas, não obstante o slogan sobre "preenchê-las com conteúdo", adotado de tempos em tempos no discurso político bem-intencionado, porém altamente limitado.

Paradoxalmente, portanto, a reformulação de Sartre da ideia de algum tipo de democracia direta não específica e organizacionalmente indefinida é posta sob pontos de interrogação severamente marcados, em relação a qualquer futuro possível, por sua própria explicação bem pessimista da constituição e fatídica dissolução do "grupo-em-fusão". No entanto, ele é mantido como um "dever-ser". Mas até mesmo como um nobre "dever-ser" – de forma reveladora o suficiente, atrelado às suas repetidas exortações direcionadas à consciência individual para "constituir um *grupo soberano* [...] *desprovido da necessidade de representantes*" – a ideia sartriana revela-se somente uma "estrutura formal" admitida abertamente. Uma estrutura formal extremamente problemática que teria de ser "preenchida com conteúdo" (mas que, conforme ocorre, não pode ser) em seu elusivo segundo volume da *Crítica*, almejada para tornar inteligível seu projeto apodíctico sobre a dialética da "história real".

Sartre critica Husserl no primeiro volume da *Crítica da razão dialética* por conta de sua concepção da "certeza apodíctica". É desta forma que ele coloca:

> Husserl pôde falar de evidência apodíctica, mas é porque se mantinha no terreno da pura consciência formal, alcançando-se ela mesma em sua formalidade: é necessário encontrar nossa experiência apodíctica no mundo concreto da História.[125]

Para ser exato, a forma pela qual Sartre *pretende* seguir seu próprio projeto de demonstrar a apodicticidade na história real não pode ser satisfeita com os recursos interiores da "pura consciência formal, alcançando-se ela mesma em sua formalidade", dentro dos

---

[124] Como vimos anteriormente, a crítica necessária das mediações de segunda ordem antagônicas – historicamente específicas – do capital não está presente na obra à qual Sartre dedicou toda sua vida. Isso se deve, em ampla medida, à sua preocupação em dar suporte ontológico-existencialista a algumas de suas categorias-chave adotadas também em sua fase "existencialista-marxizante" de desenvolvimento.

[125] Jean-Paul Sartre, *Crítica da razão dialética*, cit., v. I, p. 155.

confins da autoproclamada imanência husserliana. No entanto, apesar das principais diferenças pretendidas, Sartre continua a compartilhar aspectos importantes de sua própria orientação, voltada para a apodicticidade, com a linhagem burguesa, em vista do fato de ele nunca submeter os *fundamentos materiais* da ordem social do capital a uma análise crítica sólida. Pois ele direciona suas observações críticas somente às dimensões política e ideológica/psicológica.

Portanto, não é de modo algum acidental que o quadro categorial de Sartre na *Crítica* – incluindo o segundo volume inacabado – só possa ser explicitado nos termos das estruturas *formais* da história, que indubitavelmente acabam por ser altamente relevantes para a avaliação de alguns aspectos importantes dos intercâmbios societais da "individualidade agregativa" capitalista, mas elas são extremamente problemáticas em relação ao desenvolvimento histórico geral como "história real". Pois na sociedade da produção generalizada de mercadorias, operada sobre a base da homogeneização formalmente redutiva e da relação de valor abstrata de toda a incomensurabilidade substantiva/qualitativa, a perversa apodicticidade formal do capital pode, para ser exato, prevalecer. Mas no desenvolvimento com fim aberto da história real, ela só pode fazê-lo enquanto as mediações de segunda ordem antagônicas do sistema reprodutivo material em si puderem impor sobre os produtores o *imperativo* em última instância *autodestrutivo* da interminável expansão do capital por meio da ordem *substantivamente* mais iníqua – mas formalmente/legalmente "equalizada" e, dessa forma, garantida – da subordinação e dominação estrutural hierárquicas.

Nesse sentido, a perversa *apodicticidade formal*, porém preponderantemente bem-sucedida durante um longo período histórico, da *lei do valor* do sistema do capital, com seu imperativo autoexpansivo *racionalmente ilimitável* como o determinante material dinâmico de sua *certeza apodíctica sui generis*, pode *parecer* ser insuperável. Ela pode proclamar, com absolutidade categórica, a própria insuperabilidade – na realidade, em termos históricos, extremamente específica[126], e em termos substantivos extremamente abstrata – em vista da *total ausência* de fins *autolimitadores* identificáveis da busca produtiva admissíveis a partir do ponto de vista do modo de reprodução social metabólica do capital.

Esse *impedimento estrutural* à autolimitação vitalmente importante é imposto sobre o capital como um sistema reprodutivo historicamente específico em vista de sua determinação material mais íntima e inalterável que deve se afirmar na produção generalizada de mercadorias. Pois esse tipo de produção não pode operar sem uma *relação universal de valor formalmente redutiva*. E isso porque um sistema desse tipo deve *formalmente equiparar*, sob sua relação de troca mais discriminatória, os valores de uso qualitativamente/substantivamente incomensuráveis correspondentes à carência humana. Ademais, essa determinação incorrigível é ulteriormente agravada por conta da *falsa identificação* totalmente *falaciosa* – embora, como

---

[126] Na ideologia "*eternizante*" do modo estabelecido de produção, as limitações históricas necessárias do sistema do capital já são negadas na fase clássica da economia política (e filosofia) concebida a partir do ponto de vista do capital, e obviamente da maneira mais descarada na fase descendente do desenvolvimento capitalista. Contudo, a verdade inconveniente é que em toda a história humana anterior ao desdobramento do modo de reprodução societal do capital, nunca existiu um modo de produção que não pudesse funcionar de modo nenhum sem impor, a qualquer custo, seu *imperativo da expansão ilimitável*. Naturalmente, essa condição histórica única carrega as mais graves implicações para o futuro.

regra, apologeticamente afirmada e perpetuada – do louvável desenvolvimento produtivo, idealizado como o inquestionavelmente desejável "*crescimento*" em geral, com o *absoluto fetichista* da *expansão do capital* cada vez mais destrutiva.

Não obstante, mesmo que não possa haver quaisquer limites racionalmente concebidos e instituídos admitidos para a autoexpansão do capital em seus próprios termos de referência, há alguns *limites sistêmicos* absolutamente vitais. Eles são bifacetados. De um lado, os limites em questão surgem das irrepreensíveis mediações de segunda ordem antagônicas do sistema do capital em geral, e do outro da *destrutividade* cada vez maior – prenunciando ao mesmo tempo também o potencial sistêmico de autodestruição – do modo de reprodução social metabólica do capital em relação à *natureza*. De fato, a grave transgressão dos limites sistêmicos do capital é unida ao adventurismo militar devastador exercido no interesse de impor o sistema "globalizado" da *produção destrutiva* (enquanto prega a automitologia da "destruição produtiva") por parte das forças imperialisticamente dominantes em nosso próprio, e sempre mais precário, planeta.

O pessimismo de Sartre é ilimitado quando ele evoca desesperado: "é impossível fundar uma *base racional* para o otimismo revolucionário, posto que aquilo que *é* é a realidade presente"[127]. Dessa forma, o domínio destrutivo do imperativo autoexpansivo *racionalmente ilimitável* do sistema do capital é inconvenientemente interiorizado na forma da aparentemente inderrotável "racionalidade da efetividade". Mas a *racionalidade formalmente equalizadora* do capital é, na realidade, *irracionalidade substantiva*, que deve ser imposta com implacável necessidade apodíctica na esfera de produção tanto quanto em todos os campos do domínio político – desde as mais abrangentes práticas do Estado envolvidas na proteção das relações de classe internas e internacionais, bem como dos interesses do modo estabelecido de produção material, até a regulação ideológica/política e determinação valorativa da "família nuclear" – não importa quão destrutivas as consequências na fase descendente do desenvolvimento do sistema. Não é de se estranhar, portanto, que nos seja apresentado um pessimismo lúgubre, concernente ao futuro, no discurso sartriano depois do triste desapontamento que sucede ao efêmero entusiasmo de 1968.

Isso é compreensível porque, de modo semelhante a Marcuse, também na abordagem de Sartre grande parte da aparente estabilidade da ordem reprodutiva material do capital, bem como de seu sujeito social, alegadamente "integrado", da potencial mudança – rejeitada por Sartre como incapaz de superar [*overcome*] a inércia dos "grupos constituídos" e das "estruturas estabilizadas" – é atribuído, tal como se apresenta, ao "capitalismo organizado". Como resultado, o sujeito social veleitariamente postulado, mas na realidade extremamente frágil, da transformação radical do "dever-ser" – para Sartre, o movimento estudantil francês de 1968, que alegadamente "encarna a soberania", e os "grupos minoritários da *intelligentsia*"[128] de Marcuse (fortemente contrapostos por ele à classe trabalhadora) – não oferece nenhuma base mais sólida para almejar as mudanças necessárias no futuro em desdobramento do que a declaração abstrata das "*carências*" que, para Sartre,

---

[127] Jean-Paul Sartre, *Sartre in the Seventies*, cit., p. 85.
[128] Herbert Marcuse, "Freedom and the Historical Alternative", em Herbert Marcuse, *Studies in Critical Philosophy* (Londres, N.L.B., 1972), p. 223.

são "as carências de todo homem", independentemente da classe social à qual pertence e das correspondentes determinações materiais e ideológicas.

Vemos claramente que Sartre, assim como Marcuse (que, a esse respeito, inspira Sartre em grande medida), adota a noção dúbia do "*capitalismo organizado*", contrastando-o com o "capitalismo competitivo". Sartre coloca em relevo a novidade politicamente desafiadora do "capitalismo organizado" de modo a clamar por uma forma "antiautoritária" de abordar a tarefa adiante, no modelo das aspirações dos estudantes maoistas franceses, em contraste com os partidos políticos tradicionais da esquerda, que estão, em sua visão, ancorados ao século XIX. Eis as palavras de Sartre:

> Os partidos esquerdistas clássicos permaneceram no século XIX, época do *capitalismo competitivo*. Mas embora o movimento maoista ainda esteja em seus primeiros estágios, esses militantes, com sua práxis antiautoritária, parecem ser a única força revolucionária capaz de se adaptar a novas formas da luta de classes em um período de *capitalismo organizado*.[129]

A preocupação de Marcuse é bem semelhante, tanto ao clamar um novo sujeito social da transformação, indicando o jovem militante como a materialização dos políticos antiautoritários, quanto ao afirmar que a ordem reprodutiva societal agora estabelecida deve ser caracterizada como *capitalismo organizado* indefinidamente estável, em contraste com o passado. Em ambos os casos, a suposta novidade e poder correspondente do "capitalismo organizado" são paradoxalmente exagerados. São exagerados de tal maneira que quando acaba o período um tanto eufórico de 1968, com as expectativas idealizadas ligadas à sua práxis política alegadamente "antiautoritária", o reajuste pessimista da perspectiva estratégica anterior só pode fornecer, a favor de seu próprio suporte, o postulado nobre, porém abstrato, da *carência* interior dos indivíduos, tanto no caso de Sartre quanto no de Marcuse, atrelado às referências constantes aos imperativos kantianos nos escritos do intelectual militante alemão desde a década de 1960 até os anos finais de sua vida[130].

---

[129] Jean-Paul Sartre, "The Maoists in France", em *Sartre in the Seventies*, cit., p. 171.

[130] Já em sua fase otimista, Marcuse tenta modelar sua visão sobre as ideias kantianas na forma do "trabalho de uma subjetividade histórica *supraindividual* no indivíduo – assim como as categorias kantianas são a síntese de um *ego transcendental* no ego empírico" ("Freedom and the Historical Alternative", cit., p. 217). E, algumas linhas depois, acrescenta ele: "a *construção transcendental* kantiana da experiência pode bem suprir o *modelo* para a *construção histórica* da experiência". (Ibidem, p. 218.) No entanto, nos últimos anos de Marcuse, o pessimismo se tornou dominante. Ele nos diz que "O mundo não foi feito por amor ao ser humano e não se tem tornado mais humano". (Herbert Marcuse, *A dimensão estética*, trad. Maria Elisabete Costa, Lisboa, Edições 70, 2007, p. 64.) Nesse sentido, Marcuse apresenta a cena mais lúgubre possível ao dizer que "na realidade, é o *mal que triunfa*", deixando para o indivíduo nada além de "ilhas de bem onde nos podemos *refugiar* durante algum tempo". (Idem). Por conseguinte, Kant reaparece nessa visão totalmente pessimista, citado para sustentar a esperança explicitamente desesperada de Marcuse ligada à arte como "uma *ideia 'reguladora'* [Kant], *na luta desesperada* pela transformação do mundo". (Ibidem, p. 64.)

Nesses anos otimistas, Marcuse insistiu que as "possibilidades utópicas" defendidas por ele, e cujo sucesso ele projetou sem uma análise social sustentável, eram "inerentes às *forças técnicas e tecnológicas* do capitalismo avançado", sobre cuja base seria possível "acabar com a pobreza e a *escassez* dentro de um futuro bastante previsível". (Herbert Marcuse, *An Essay on Liberation*, Londres, Allen Lane/The Penguin Press, 1960, p. 4.) Ele também disse a seus leitores que "essa mudança qualitativa deve ocorrer nas *necessidades*, na infraestrutura do homem" (idem), alterando as pessoas a tal ponto que o "dever" moral estipulado

O legado kantiano pesa tão fortemente sobre Sartre quanto sobre Marcuse. E essa é uma parte fundamental do problema. Pois, para dar um *fundamento racional substantivo* a uma alternativa positiva e historicamente sustentável ao sistema do capital, é necessário nos livrarmos da racionalidade formal da ordem estabelecida, e correspondente apodicticidade formal da relação universal de valor fortemente iníqua, porém supostamente irrepreensível. Contudo, em termos das pretensas determinações de valor equitativas, até mesmo o ultraje humano absoluto de decretar capital e trabalho como sendo *formalmente/racionalmente iguais* na *relação de troca* a exemplo de "compradores e vendedores" individualmente soberanos pode ser totalmente deturpado, transformando numa caricatura o verdadeiro caráter da relação envolvida. Pois a igualdade pretendida dos "*indivíduos relacionados contratualmente*", que devem regular voluntária e livremente seus intercâmbios de acordo com os "direitos do homem", é na verdade brutalmente imposta sobre a *classe* do trabalho vivo pelas *relações reais de poder* materializadas *na alienação e na expropriação* – instituídas originalmente com grande violência[131], e desde então protegidas pelo Estado – dos meios de produção dos produtores. Por conseguinte, com o passar do tempo histórico, a racionalidade formal idealizada e legitimizada pelo Estado – que, na verdade (isto é, na "efetividade racional" hegeliana da história real), sempre resulta na *irracionalidade substantiva* – torna-se, na fase desendente do desenvolvimento do capital, em última instância, autodestrutiva, em vista do imperativo historicamente insustentável, porém racionalmente ilimitável, da expansão do capital.

Os "direitos do homem" formalmente idealizados – curiosamente evocados até mesmo por Sartre quando apela à ideia dos indivíduos que se juntam ao "*grupo soberano* do qual nos dizem que todos os poderes emanam: *o Povo*"[132] – não podem ser isentados da exigência de dar um *fundamento racional substantivo* para a alternativa positiva historicamente sustentável ao modo de reprodução social metabólica do capital – modo *formalmente* legitimado e, em nome de sua pretendida "*racionalidade formal e instrumental*"[133], peremptoriamente imposto. Do contrário, podemos continuar aprisionados pelo total pessimismo de Sartre – e de Marcuse.

No entanto, é impossível superar [*supersede*], na obra de Sartre a racionalidade formal da ordem estabelecida e correspondente apodicticidade formal sem abandonar a ideia de que o quadro categorial de sua concepção "existencialista marxizante", conforme descrito na *Crítica da razão dialética*, condensa as "estruturas formais da história" em geral, e, en-

---

da "rebelião se enraizaria na própria natureza, a 'biologia' do indivíduo" (ibidem, p. 5), estabelecendo no "organismo" em si a "base institucional para a liberdade" (ibidem, p. 10) e a "*necessidade biológica da liberdade*" (ibidem, p. 52). Essas esperanças e expectativas, como podemos ver, ligaram diretamente uma crença extremamente ampla no poder transformador técnico e tecnológico do "capitalismo avançado" ao postulado veleitário da "necessidade biológica da liberdade". A decepção de Marcuse, portanto, deve ter sido realmente devastadora depois do fracasso de suas expectativas.

[131] Não devemos nos esquecer da imensa brutalidade da "*acumulação primitiva*" sob o governo de Henrique VIII e outros "grandes governantes" nos primeiros estágios do desenvolvimento capitalista, cuja indescritível inumanidade induziu Thomas Morus a dizer, em seu *Utopia* (1516), que "os carneiros estão devorando os homens" no interesse da lucrativa empresa em desdobramento da produção de lã.

[132] Jean-Paul Sartre, "Eleições, armadilha para otários", cit., p. 7.

[133] Para usar os termos apologéticos do capital de Max Weber. Sobre essa questão, ver a seção 2.7 ("Racionalidade formal e irracionalidade substantiva") do meu livro *A determinação social do método*, cit.

quanto tal, também é aplicável a uma visão estratégica da necessária alternativa histórica à ordem social metabólica do capital. O segundo volume inacabado da *Crítica* não é o único que não faz parte da obra de Sartre publicada em vida. O mesmo destino afetou seu projeto anunciado bem no final de *O ser e o nada*, concernente aos problemas da "liberdade situada" a serem tratados no "*terreno da moral*"[134] e na obra sobre "*antropologia estrutural*", cuja "publicação inicial" também foi prometida repetidas vezes por Sartre em entrevistas muitos anos antes de sua morte, mas nunca concretizada.

As razões para a reveladora incompletude desses importantes projetos sartrianos são bastante semelhantes. Mas isso de modo algum representa um juízo negativo sobre a obra de Sartre. Paradoxalmente, os importantes projetos em questão são, de fato, *completos* em sua incompletude e verdadeiramente *representativos*, como partes integrantes de sua grande realização intelectual militante precisamente em sua incompletude. Pois eles materializam uma luta incansável – e até mesmo heroica – de sua parte para *negar* radicalmente a ordem estabelecida *a partir* de seus próprios parâmetros de classe.

O próprio Sartre exprime os insuperáveis dilemas envolvidos ao usar a mesma expressão sobre a natureza da iniciativa que ele tenta realizar como "necessária, mas ao mesmo tempo impossível". Ele diz isso em contextos diferentes, porém inter-relacionados. Desse modo, ao falar sobre a mais poderosa força política organizada de esquerda na França, ele afirma que "a colaboração com o Partido Comunista é tanto necessária quanto impossível"[135]. Isso resume muito bem a posição de Sartre sobre a questão, indicando o doloroso reconhecimento bilateral de que, por um lado, sem uma força organizacional de grande magnitude, os objetivos defendidos não podem ser realizados, e, por outro, a força em questão está bem longe de realmente promover a mudança necessária[136]. O mesmo dilema é colocado em termos mais gerais por Sartre quando ele insiste que "a Ética, para nós, é inevitável e ao mesmo tempo impossível"[137].

Todos esses *insights* paradoxais e autotorturantes não são, de modo algum, observações ocasionais "que visam a publicidade", de que ele é acusado por seus detratores

---

[134] Ver, Jean-Paul Sartre, *O ser e o nada* (trad. Paulo Sérgio Perdigão, 6. ed., Petrópolis, Vozes, 1997), p. 765. Os fragmentos da obra ética de Sartre escrita em 1947 e 1948 foram publicados sob o título *Notebooks for an Ethics* (Londres, University of Chicago Press, 1992), e em francês pela Gallimard, em 1983. [O projeto original se chamava *L'Homme*, mas nunca foi concluído. Os manuscritos inéditos publicados em 1983 pela Gallimard foram reunidos sob o título *Cahiers pour une morale*. (N. E.)]

[135] Sartre entrevistado por Simon Blumenthal e Gérard Spitzer, em *La Voie Communiste*, jun.-jul. de 1962.

[136] A subsequente transformação do Partido Comunista Francês – durante muito tempo dogmático stalinista –, primeiro em uma formação social-democrática sem princípios, fornecendo apoio ativo ao governo capitulatório do presidente Mitterrand, e depois em uma força neoliberal em plena cumplicidade com a ordem estabelecida, forneceu a mais infeliz confirmação do juízo cético de Sartre. No momento em que o "afastamento sem princípios" de alguns dos principais partidos comunistas – comprometidos, em seu passado mais remoto, com uma estratégica transformação marxista da sociedade – começou a acontecer, escrevi que "Quando uma força histórica importante de outrora, o Partido Comunista Francês, reduz-se ao papel de uma folha de parreira para esconder os inexistentes dotes de François Mitterrand como socialista, ninguém pode se surpreender com a imensa diminuição, não só de seu apelo eleitoral, mas também, mais importante, de sua influência sobre os desenvolvimentos sociais". (István Mészáros, *O poder da ideologia*, trad. Paulo Cezar Castanheira, São Paulo, Boitempo, 2004, p. 111.)

[137] Jean-Paul Sartre, *Saint Genet: Actor and Martyr* (Nova York, George Braziller, 1963), p. 186.

apologéticos do capital[138]. Eles estão consistentemente unidos ao trabalho teórico de máxima dedicação em compor milhares de paginas[139] de seus importantes trabalhos inacabados, formulados *a partir de dentro* do horizonte de sua própria classe, cuja consciência Sartre tenta desafiar e, de fato, abalar. Os manuscritos inacabados expressam com grande autenticidade pessoal a impossibilidade de realizar a tarefa histórica escolhida pela reativação até mesmo da melhor tradição iluminista, com os outrora sinceramente acreditados (mas nunca instituídos) "direitos do homem" característicos de seu horizonte. A incapacidade de Sartre de ir além da *apodicticidade formal* do horizonte de classe compartilhado, restringindo seu próprio quadro explicativo categorial às *estruturas formais da história*, apesar de sua explícita promessa e esforços conscientes voltados para elucidar a "história real" tanto no domínio político quanto no mundo da moral, é inseparável dessa conexão.

Os escritos de Sartre sobre ética, que não foram perdidos, mostram uma tentativa repetida de superar [*overcome*] os impedimentos práticos proibitivos da situação histórica dada nos termos de seu apelo ao imperativo moral, formulado frequentemente no espírito kantiano. Em uma importante conferência, escrita não em sua juventude, mas quase aos sessenta anos de idade, ele cita o famoso ditame de Kant – "*você deve, logo pode*" –, e insiste na primazia e centralidade das *práxis individuais* em contraste às estruturas coletivas e institucionais[140]. Contudo, essa ligação com o legado kantiano e seus corolários não se dá sem sérios problemas. Pois o filósofo alemão, para quem Sartre teve um débito profundo durante toda sua vida intelectual, não hesita em conciliar a contradição fundamental entre os requisitos *formais* da racionalidade iluminista (e correspondente igualdade) e a mais descarada perpetuação da *desigualdade substantiva* até mesmo no domínio do direito. Kant argumenta desta maneira:

> Essa *igualdade universal* dos homens *num Estado*, como seus *súbditos*, é totalmente compatível com a *maior desigualdade* na qualidade ou nos graus da sua *propriedade*, quer na superioridade física ou intelectual sobre os outros ou em bens de fortuna que lhes são exteriores e em *direitos em geral* (de que pode haver muitos) *em relação aos outros* [...]. Mas, *segundo o direito* (que enquanto expressão da vontade geral só pode ser um único e que concerne à *forma* do direito, não à *matéria* ou ao objecto sobre o qual se tem um direito), são porém, enquanto súbditos, *todos iguais*.[141]

Como vemos, o maior filósofo moral da burguesia em ascensão, Immanuel Kant, que modela a universalidade e a validade do juízo moral enquanto tais na "*forma* do direito natural", não pode achar absolutamente nada de errado com a total negação da

---

[138] Incluindo François Mauriac e Gabriel Marcel.

[139] Afirma-se que somente seus escritos perdidos sobre os problemas da ética, buscados inúmeras vezes em diferentes períodos de sua vida, somam pelo menos 2 mil páginas.

[140] Ver Jean-Paul Sartre, "Détermination et liberté", palestra ministrada no Instituto Gramsci em 25 de maio de 1964, em Roma, reproduzida em Michel Contat e Michel Rybakka, *Les écrits de Sartre: chronologie, bibliographie commenté* (Paris, Gallimard, 1970), p. 735-45. [Ed. bras.: Galvano Della Volpe *et al.*, *Moral e sociedade: um debate* (Rio de Janeiro, Paz e Terra, 1982), p. 33-45. (N. E.)]

[141] Immanuel Kant, "Sobre a expressão corrente: isto pode ser correto na teoria, mas nada vale na prática" (1793), em *A paz perpétua e outros opúsculos*, cit., p. 78-81.

igualdade substantiva para a maioria opressora das pessoas. Até mesmo sua referência à ideia de *vontade geral* de Rousseau não pode fazer nenhuma diferença a esse respeito. A contradição insolúvel entre o sistema realmente existente do direito formalizado e a "legitimamente" imposta desigualdade substantiva na sociedade e no Estado supostamente deve ser superada [*overcome*] pelo decreto peremptório de Kant segundo o qual o direito enquanto tal só pode se preocupar com a *forma* e não com a *matéria* do objeto em questão. Consequentemente, o direito pode ser muito injustamente discriminatório, até mesmo em termos dos "*direitos específicos*" que ele pode ou não conceder a quem prefira, e, ainda assim, qualificando-se ao mesmo tempo como plenamente adequado ao requisito racional da "*igualdade universal* dos homens *num Estado*, como seus *súditos*", justificado com referência à sua reivindicada harmonia com a *vontade geral*. Embora dessa forma encontremos em Kant – que, como Sartre, foi profundamente influenciado por Rousseau – uma interpretação característica da *vontade geral*, correspondendo à *soberania do povo*, a defesa kantiana da ideia materialmente discriminatória de igualdade, em consonância com a ordem estabelecida da propriedade privada, não entra em conflito com alguns dos princípios mais importantes de Rousseau. Pois o grande filósofo francês do Iluminismo insiste com inconfundível firmeza que

> [...] *o direito de propriedade* é o mais *sagrado* de todos os direitos dos cidadãos, e em alguns aspectos, é até mais importante do que a própria *liberdade*; [...] a propriedade é o verdadeiro fundamento da sociedade civil e a verdadeira garantia dos compromissos dos cidadãos[142]. [...] a administração geral [materializada no Estado]* foi estabelecida apenas para *assegurar* a *propriedade particular* que é anterior a ela.[143]

Naturalmente, Sartre defende a *igualdade real* de todos os indivíduos na sociedade, e só pode desprezar a "grande desigualdade dos direitos específicos" (a favor daqueles que podem pagar por eles) imposta pelas práticas hipócritas do direito realmente existente. No entanto, ele não pode se livrar da apodicticidade formal do sistema orientado para afirmar a primazia e viabilidade histórica das *práxis individuais*, no espírito dos *agregados da individualidade* idealizados pela melhor tradição filosófica da fase ascendente do desenvolvimento do capital, incluindo as concepções de Rousseau, Kant, Adam Smith e Hegel. Os apelos diretos sempre renovados de Sartre à consciência individual são manifestações óbvias disso. Esse tipo de orientação carrega consigo idealizações de seu próprio tipo em relação ao presente, como encontramos demonstrado de maneira clara na caracterização fortemente superestimada de Sartre dos estudantes franceses maoistas[144], que, mais tarde, de fato deixaram de ter qualquer coisa a ver com uma perspectiva até mesmo vagamente

---

[142] Jean-Jacques Rousseau, *Discurso sobre a economia política e Do contrato social* (trad. Maria Constança Peres Pissarra, Petrópolis, Vozes, 1996), p. 42-3.

* Colchetes inseridos por Mészáros.

[143] Ibidem, p. 22.

[144] É dessa maneira que Sartre generosamente exalta os maoistas, no espírito de sua própria concepção (por muito tempo idealizada) de como deveria ser um movimento revolucionário de indivíduos comprometidos: "Os militantes de *La Cause du People* não constituem um partido. Trata-se de um grupo político [*rassemblement*] que sempre pode ser dissolvido. [...] Esse procedimento possibilita uma saída da rigidez na qual o Partido Comunista aprisionou a si mesmo. Hoje os maoistas criticam e fogem da noção de esquerdismo:

progressista, muito menos revolucionária genuína. E, obviamente, os problemas vão muito mais fundo que isso no que se refere à questão da necessária alternativa histórica à ordem estabelecida. Pois o lado anverso da mesma moeda de se esperar a solução necessária a partir do apelo direto à consciência individual teve de ser o fato de que muito foi atribuído por Sartre, exatamente do mesmo modo que por Marcuse, à viabilidade histórica continuada do chamado "*capitalismo avançado*" e "*capitalismo organizado*".

A concepção histórica de Sartre é assombrada até o fim pela rejeição da ideia do "nós-sujeito" em *O ser e o nada*. Como vimos na seção 7.3 de *A determinação social do método*, de acordo com a ontologia existencialista de Sartre,

> A classe oprimida, com efeito, só pode se afirmar como *nós-sujeito* em relação à classe opressora [...]. Mas a experiência do nós permanece no terreno da *psicologia individual* e continua sendo simples símbolo da *almejada unidade das transcendências* [...]. As subjetividades continuam fora de alcance e *radicalmente separadas*. [...] Em vão desejaríamos um nós humano, no qual a totalidade intersubjetiva tomasse consciência de si como subjetividade unificada. Semelhante ideal só poderia ser um *sonho* produzido por uma passagem ao limite e ao absoluto, a partir de experiências *fragmentárias e estritamente psicológicas*. [...] Por isso, seria inútil que a realidade-humana tentasse sair desse dilema: transcender o outro ou deixar-se transcender por ele. A essência das relações entre consciências não é o *Mitsein* [ser com], mas o *conflito*.[145]

Essa visão da natureza do "nós-sujeito" como mera projeção da psicologia individual é ligada por Sartre, na mesma obra, à afirmação de que a concepção da humanidade é totalmente ilusória, derivada da noção de Deus como uma "ausência radical", e por isso "renovada sem cessar e sem cessar resulta em fracasso". Por conseguinte,

> Toda vez que utilizamos o "nós" nesse sentido (para designar a humanidade sofredora, a humanidade pecadora, para determinar um *sentido objetivo da história*, considerando o homem como um *objeto* que *desenvolve suas potencialidades*), limitando-nos a indicar certa experiência concreta a ser feita em presença do terceiro absoluto, ou seja, Deus. Assim, o conceito-limite de humanidade (enquanto totalidade do *nós-objeto*) e o conceito-limite de Deus implicam-se mutuamente e são correlatos.[146]

Quando chegamos à *Crítica da razão dialética*, Sartre está disposto a dar algum significado tangível ao conceito de humanidade dizendo que "é necessário que nossa experiência nos revele *como* a *multiplicidade prática* (que se pode chamar, como queiram, 'os homens' ou a Humanidade) realiza, em sua própria dispersão, sua interiorização"[147]. Contudo, também nesta obra, o suporte ontológico-existencialista da relação entre "eu próprio" e o "Outro" – retratada como o intercâmbio na reciprocidade entre o Outro enquanto eu próprio e eu próprio enquanto o Outro, no domínio da história que "surgiu e se desenvolve no *enquadramento permanente* de um campo de tensão engendrado

---

eles querem ser de direita e criar uma organização política ampla". (Sartre entrevistado por Michel-Antoine Burnier, *Actuel*, n. 28, e *Tout va Bien*, 20 de fevereiro-20 de março de 1973.)

[145] Jean-Paul Sartre, *O ser e o nada*, cit., p. 522-31.

[146] Ibidem, p. 524.

[147] Jean-Paul Sartre, *Crítica da razão dialética*, cit., v. I, p. 180.

pela *escassez*"[148] – torna a conflitualidade insuperável. Além disso, definir "Humanidade" pelo termo "multiplicidade prática" – ou, antes, concordar polidamente em chamar o termo realmente operativo de Sartre de "multiplicidade prática" também pelo nome de "Humanidade, como queiram") – deixa a porta escancarada para uma explicação insuperavelmente individualista de alguns processos históricos vitais. Esse resultado não pode ser evitado por Sartre, em vista da ausência de teorização em sua filosofia das complexas *mediações* necessárias (não confinadas ao "campo de materialidade"[149] circularmente determinista) pelas quais os fatores objetivos e subjetivos podem ser articulados, sobretudo ao indicar a constituição sustentável do "nós-sujeito" como o agente transformador do desenvolvimento histórico, em contraste com a fatídica necessidade de sua reincidência na serialidade autoinduzida.

Temos de considerar aqui uma passagem mais difícil e um pouco intricada da *Crítica da razão dialética*. Sua complexidade geral deve-se às dificuldades internas de Sartre em tentar encontrar soluções, nessa importante obra, para os problemas tratados dentro do quadro categorial adotado por ele. Pois o quadro categorial em si resiste obstinadamente a suas tentativas de encontrar as soluções desejadas. Não obstante, é necessário citar a passagem inteira, porque ela resume melhor que qualquer outra a abordagem geral de Sartre à história. Ela é redigida da seguinte maneira:

> Na superação que ela [a práxis da luta] tenta (e em que é bem-sucedida somente na medida em que não é impedida pelo Outro) dessa objetividade concreta, ela desperta, atualiza, compreende e transcende a *práxis* constitutiva do Outro enquanto ele próprio é sujeito prático; e na ação que ela empreende contra o Outro, no termo dessa própria superação e pela mediação do campo de materialidade, ela descobre e produz o outro como objeto. Desse ponto de vista, a negação antidialética aparece como o momento de uma dialética mais complexa. Com efeito, antes de tudo, essa negação é precisamente o superado: a *práxis* constitui-se em um e no outro como negação da negação: não somente pela superação, em cada um, de seu ser-objeto, mas praticamente, por sua tentativa feita no sentido de *liquidar* fora e de fora o sujeito prático no Outro e, por essa destruição transcendente, operar a recuperação de sua objetividade. Assim, em cada um, a negação antagonística é apreendida como escândalo a ser superado. Mas, no plano da escassez, sua origem não reside no desvelamento escandaloso: trata-se de uma *luta para viver*; assim, o escândalo é não só apreendido em sua aparência de escândalo, mas profundamente compreendido como impossibilidade, para ambos, de coexistência. Portanto, o escândalo não está, como pensava Hegel, na simples existência do Outro, o que nos remeteria a um estatuto de ininteligibilidade, mas na violência suportada (ou ameaçadora), ou seja, na escassez interiorizada. Nisso, embora o fato original seja lógica e formalmente contingente (a escassez não é senão um *dado material*), sua contingência não prejudica a ininteligibilidade da violência, muito pelo contrário. Com efeito, para a compreensão dialética do Outro, o que conta é a racionalidade de sua *práxis*. Ora, essa racionalidade aparece na própria violência, enquanto exata não é ferocidade contingente do homem, mas reinteriorização compreensível, *em cada um*, do fato contingente de escassez: a violência humana é *significante*. E como essa violência é, em cada um, negação do Outro, é a negação em sua reciprocidade que, em e por cada um, se torna significante como escassez tornada agente prático, ou, se quisermos, como homem-escassez. Assim, a negação prática constitui-se

---

[148] Ibidem, p. 238.
[149] Ibidem, p. 883.

como negação da negação-escândalo, ao mesmo tempo, enquanto esta é o Outro em cada um e enquanto esse Outro é escassez interiorizada. Desse ponto de vista, o que é negado indissoluvelmente pela *práxis* é a negação como condição do homem (ou seja, como condicionamento reassumido em violência pelo condicionado) e como liberdade de um Outro. E, precisamente, o escândalo da presença (como marca de meu ser-objeto) da liberdade do Outro em mim como liberdade-negação de minha liberdade é, por sua vez, uma determinação em racionalidade, na medida em que essa liberdade negativa realiza, praticamente, nossa impossibilidade de coexistir em um campo de escassez.[150]

Portanto, a *inteligibilidade* dialética *da história*, nessa visão sartriana, diz respeito principalmente à *compreensão* da racionalidade dialética "escandalosa" da práxis do Outro, em sua ameaçadora "liberdade", que deve ser negada e "transcendida" (na verdade, possivelmente "liquidada" enquanto sujeito prático) na inevitável "luta para viver". A questão da violência é explicada como racionalidade e inteligibilidade dialética no que se refere à plena *reciprocidade* em jogo, ao passo que as determinações objetivas do condicionamento são "reassumidas em violência pelo condicionado". Dessa forma, é-nos sempre oferecida por Sartre uma definição do Outro como "o Outro em cada um": uma definição inseparável, ao mesmo tempo, da *compreensão* da violência como *"violência humana significante"*. E precisamente porque a "escassez interiorizada" como violência significante envolve (e implica) *cada um*, a relação antagônica que afeta todos os seres humanos deve ser considerada *ipso facto* dialeticamente inteligível e compreensível.

Essa concepção de intercâmbio histórico significativo também traz consigo uma definição extremamente problemática do agente histórico. Em um sentido, que se aplica a todos os indivíduos, ele é "livre" – visto como consciente e ativamente ameaçador –, "Outro em cada um", incluindo obviamente eu próprio como o Outro para o Outro. Mas como esse Outro em cada um – em sua constituição necessária em e por meio da plena reciprocidade – é "escassez interiorizada", por meio desse suporte ontológico "existencialista marxizante" da visão sartriana da escassez enquanto tal assume um *status* quase mítico como agente efetivo da história. Essa estranha determinação do agente histórico deve-se, paradoxalmente – ao ligar diretamente o universal abstrato ao individual abstrato, numa tentativa de demonstrar a "inteligibilidade dialética do que não pode ser encarado como universal", como mencionado anteriormente[151] –, à concepção individualista "irredutível" (repetidamente elogiada dessa maneira pelo próprio Sartre) de sua filosofia. Pois devido ao fato de a violência na história, dita dialeticamente inteligível, supostamente ser, "em cada um, negação do Outro", a negação em si, "em sua reciprocidade que, em e por cada um, se torna significante como *escassez tornada agente prático*".

Nesse espírito, Sartre nos apresenta subsequentemente a afirmação mais firme possível concernente à natureza da compreensão, da reciprocidade positiva e negativa e da inteligibilidade em si, modelada também nesse ponto de sua análise simultaneamente em termos de sua orientação individualista e universalidade abstrata, sobre a luta existencialista para viver ou morrer do "eu próprio" com o Outro. Essas observações concludentes levam mais uma vez à promessa repetida com frequência sobre a elucidação no segundo volume por

---

[150] Jean-Paul Sartre, *Crítica da razão dialética*, cit., v. 1, p. 883-4. Ênfases de Sartre.
[151] Ver Jean-Paul Sartre, "Itinerário de um pensamento", cit., p. 225.

vir da *Crítica*, na base das estruturas formais discutidas no primeiro, a inteligibilidade dialética da totalização histórica na história real. As linhas em questão são as seguintes:

> Compreender a luta é apreender a práxis do Outro em imanência através de sua própria objetividade e em uma superação prática: dessa vez, compreendo o inimigo por mim e me compreendo pelo inimigo. [...] A compreensão é fato imediato de reciprocidade. Mas enquanto essa reciprocidade permanece positiva, a compreensão continua sendo abstrata e exterior. No *campo da escassez*, como *reciprocidade negativa*, a luta engendra o Outro como Outro que não o homem ou contra-homem; mas, ao mesmo tempo, compreendo-o nas próprias origens de minha práxis como a negação de que sou negação concreta e prática, e como meu *risco de vida*.
> Em cada um dos dois adversários, a luta é inteligibilidade; ainda melhor, nesse plano, é a própria inteligibilidade. Se não o fosse, a práxis recíproca seria por si mesma destituída de sentido e de fins. Mas é o problema geral da inteligibilidade que nos ocupa e, particularmente, no plano do concreto. [...] Tais questões abrem-nos o acesso, finalmente, ao verdadeiro problema da História. *Se*, com efeito, esta deve ser na verdade a totalização de todas as multiplicidades práticas e de todas as suas lutas, os produtos complexos dos conflitos e das colaborações dessas multiplicidades tão diversas *devem* ser, por sua vez, inteligíveis em sua realidade sintética, ou seja, *devem* poder ser compreendidos como os produtos sintéticos de uma práxis totalitária. O mesmo é dizer que a História é inteligível se as diferentes práticas que podem ser descobertas e fixadas em um momento da temporalização histórica aparecerem, no fim, como parcialmente totalizantes e como que identificadas e fundidas, nas próprias oposições e diversidades, por uma totalização inteligível e sem apelação.[152]

No entanto, a dificuldade insuperável é que as sartrianas *estruturas formais da história* – validamente aplicáveis no que se refere a suas determinações políticas esclarecedoras, se consideradas com suas qualificações socioeconômicas complementares, ao estágio altamente específico e transitório do desenvolvimento do capital – não podem revelar a inteligibilidade dialética da *história real* em geral. Por um lado, elas são feitas problemáticas por seu suporte ontológico-existencialista, que se opõe estruturalmente ao "nós-sujeito" até mesmo na fase "marxizante" do desenvolvimento de Sartre e, por outro, pela concepção de "capitalismo avançado" e "capitalismo organizado" e sua contraforça, militantemente postulada com grande integridade, porém socialmente indefinida. Isso é o que devemos considerar nas páginas restantes desta seção.

A primeira ideia que precisa ser reavaliada é o conceito de "reciprocidade" postulado por Sartre. Ele apresenta essa ideia como parte do suporte ontológico-existencialista que pretende dar ao próprio quadro categorial. O almejado quadro conceitual sartriano deveria explicar – graças à sua ideia "existencialista marxizante" de reciprocidade – plenamente tanto a relação entre os indivíduos particulares quanto as formações sociais que deveriam ser descritas nessa visão como "multiplicidades práticas", incluindo a "humanidade, como queiram". Pois Sartre afirma que tal quadro categorial é a única forma de fornecer os "bases dialéticas de uma antropologia estrutural", formulada primeiramente em termos "sincrônicos" como as "estruturas elementares formais"[153]. De

---

[152] Jean-Paul Sartre, *Crítica da razão dialética*, cit., v. 1, p. 884-5.
[153] Ibidem, p. 886.

acordo com Sartre, esse é o fundamento conceitual necessário, na base do qual, para ele, torna-se possível considerar "a profundidade diacrônica da temporalização prática"[154] no segundo volume prometido da *Crítica da razão dialética*, explicando dessa forma a "inteligibilidade dialética da história real".

Sartre precisa do alegado conceito "existencialista marxizante" de plena reciprocidade (e circularidade) porque, em sua visão, a relação simétrica entre o Outro e o *sujeito* individual – visto que o sujeito deve ser reduzido pelo Outro, de acordo com a exigência da reciprocidade sartriana, ao *status* de um *objeto* e, dessa forma, ameaçado de destruição no curso da insuperável "luta para viver" no domínio da história que Sartre considera que surge "e se desenvolve no enquadramento permanente de um campo de tensão engendrado pela escassez"[155] – o permite postular, ao mesmo tempo, a reciprocidade *negativa*, porém, repetindo, apropriada e plena, como a condição necessária da inteligibilidade dialética. Pois essa forma de conceber a relação em questão é o que lhe possibilita postular, também no lado oposto da equação, a mesma reciprocidade negativa e circular pela qual "o Outro em mim" transforma "fora", da mesma maneira, a livre práxis do "Outro" em *objeto* inimigo – de modo a liquidá-lo enquanto sujeito rival que deve ser impedido de realizar seu próprio fim enquanto "livre práxis" e "risco de vida" para mim – no processo da minha autoafirmação como a única livre práxis aceitável que prevalece contra o Outro na "escassez interiorizada". É assim que "compreendo o inimigo por mim e me compreendo pelo inimigo" como resultado do qual a compreensão dialética em si torna-se um "fato imediato de reciprocidade"[156].

Isso é perfeitamente coerente em seus próprios termos – "existencialistas marxizantes" sartrianos – de referência. O problema, no entanto, é que todos os indivíduos em nossas sociedades historicamente criadas, e dessa maneira mantidas, são partes constituintes de determinadas formações de *classe*. Inevitavelmente, portanto, na verdadeira *realidade de classe* da história real, tal como temos de enfrentá-la até que seja historicamente superada [*superseded*] pelo desenvolvimento societal real – em contraste óbvio à explicação individualista abstratamente postulada da permanente hostilidade entre eu próprio e o Outro no quadro categorial sartriano da negação e determinação circularmente recíprocas – não há, e não pode possivelmente haver, nenhuma relação simetricamente conceitualizável de reciprocidade circular. Pelo contrário, encontramos, não só na ordem presente, mas também nas sociedades de classe constituídas ao longo da história, algum sistema de *subordinação* e *dominação estrutural* (longe de serem simétricas) que só muda em sua *especificidade* histórica – da escravidão, passando pela servidão até a "escravidão assalariada" da ordem capitalista –, mas não em sua modalidade fundamental da *dominação estrutural hierárquica*, sem qualquer semelhança com a reciprocidade sartriana.

Por conseguinte, o desafio para a *classe do trabalho* (e de seus membros particulares), em sua capacidade orientada para a constituição da necessária e única alternativa his-

---

[154] Idem.
[155] Ibidem, 238.
[156] Ibidem, p. 884.

tórica possível à ordem reprodutiva societal do capital, diz respeito ao estabelecimento de um *quadro estrutural não hierárquivo* da reprodução social metabólica, a ser realizado sobre uma base política e material *equitativa substantiva* e, portanto, *historicamente sustentável*. E isso envolve, para ser exato, a tarefa de superar [*overcome*], no interior desse horizonte reprodutivo societal *qualitativamente diferente*, as condições objetivas, historicamente prevalecentes em nossos dias e *perdulariamente perpetuadas* por meio de seu círculo vicioso único, mas, pelo menos em princípio, superáveis, da socialmente específica *escassez acumuladora do capital*.

Na verdade, o círculo vicioso hoje fetichisticamente duradouro da escassez é realmente único precisamente em seu imenso, mas deliberadamente promovido, desperdício. Além do mais, enquanto tal, ele supostamente deve permanecer operativo em seu desperdício cultivado, totalmente indefensável, e em sua destrutividade globalizante pela causa prosaica insustentável da *acumulação infindável do capital*, em contraste com a visão sombria da nossa "luta para viver" sobre o "risco de vida" existencialisticamente postulado, materializado no "Outro em cada um", definido como *escassez interiorizada* ontologicamente insuperável.

Depois de 1968, Sartre confessou: "continuo sendo *um anarquista*". Quando Michel Contat o lembrou dessa revelação, na entrevista publicada sob o título "Autorretrato aos setenta anos", esta foi a resposta de Sartre:

> É bem verdade. [...] Mas eu mudei no sentido de que, quando escrevi *A náusea*, era um anarquista sem saber. Eu não percebi que o que escrevia poderia ter uma interpretação anarquista; via apenas a relação com a ideia metafísica da "náusea", a ideia metafísica da existência. Então, descobri pela filosofia o ser anarquista que há em mim. Mas não atribuí a ela esse termo, pois a anarquia de hoje nada mais tem a ver com a anarquia de 1890.
> Contat: Na verdade, você nunca se identificou com o chamado movimento anarquista.
> Sartre: Nunca. Ao contrário, estava bem longe dele. Mas *nunca aceitei nenhum poder sobre mim*, e sempre pensei que a *anarquia*, isto é, uma *sociedade sem poderes, deve ser realizada*.[157]

De modo bastante revelador, a questão da defesa do estabelecimento de uma "*sociedade sem poderes*" – independentemente do nome conferido ao credo político a ela associado, desde o anarquismo do século XIX até o presente – atinge o cerne da questão. Naturalmente, isso não basta para que um indivíduo distinto e socialmente mais privilegiado diga: "*nunca aceitei que ninguém tivesse poder sobre mim*".

Os problemas realmente difíceis são: até que ponto e de que forma sustentável a rejeição do poder exercido sobre o sujeito é *generalizável* em sua aplicabilidade ao presente e ao futuro. Pois, obviamente – e Sartre teria de ser o primeiro a admitir – no caso da esmagadora maioria das pessoas em nossas sociedades hoje existentes, até mesmo simplesmente levantar essa questão, sem falar nos grandes impedimentos encontrados para traduzi-la de modo bem-sucedido em circunstâncias praticamente sustentáveis pelos indivíduos longe de serem privilegiados, em suas capacidades como indivíduos mais ou menos isolados é impossível. A *escravidão assalariada* não é muito reconfortante a esse respeito, mesmo que as antigas formas históricas de escravidão e servidão tenham sido, via de regra, de maneira bem-sucedida relegadas ao passado, ainda que, de modo algum, em todos os lugares.

---

[157] Jean-Paul Sartre, *Sartre in the Seventies*, cit., p. 24-5.

Naturalmente, o fato em si de que a questão pode realmente ser levantada em nossa época, e na verdade de que podia ser levantada de alguma forma já no século XIX, mostra algum avanço significativo no que se refere à *dialética objetiva* do desenvolvimento histórico, e não somente em relação à sua compreensibilidade e inteligibilidade. Pois, no passado remoto, os escravos podiam simplesmente ser categorizados como "ferramentas animadas" até mesmo por um gigante da filosofia, como Aristóteles, conforme mencionado anteriormente. Nesse sentido, a ideia de anarquia de Sartre que "deve ser realizada", chamada por ele de "*uma sociedade sem poderes*", só pode significar uma sociedade em que não exista nenhum *corpo separado* exercendo poder sobre os indivíduos contra suas aspirações e vontade. A questão é, então: quais são as condições para a realização de tal sociedade? E esse é o ponto em que a questão de como lidar com a ordem social estabelecida – descrita por Sartre e por outros como "capitalismo avançado" e "capitalismo organizado" – deve ser enfrentada. Em outras palavras, a questão fundamental é: quais são os *pontos de apoio realmente necessários e possíveis* por meio dos quais a ordem social do capital pode ser radicalmente transformada na direção desejada?

O anarquismo do século XIX foi rejeitado por Marx de modo nada incerto. Ele escreveu sobre o livro de Bakunin, *Estado e anarquia*, que seu autor "traduziu apenas a anarquia de Proudhon e Stirner em língua tártara desordenada"[158]. E Marx argumentou que

> uma revolução social radical está conectada a certas *condições históricas do desenvolvimento econômico*; essas são suas [de Bakunin] premissas. (...) O sr. Bakunin não entende absolutamente nada de revolução social, somente sua *retórica política*. Suas condições econômicas simplesmente não existem para ele. [...] A *vontade*, não as *condições econômicas*, é a base de sua revolução social.[159]

Mas, mesmo se ignorarmos a pesada bagagem histórica das variedades de anarquismo do século XIX, em nome de uma idealizada "sociedade [anarquista] sem poderes" defendida por Sartre, algumas determinações e dificuldades objetivas fundamentais não podem ser desconsideradas. Principalmente se, ao mesmo tempo, o poder supostamente inexorável do "capitalismo avançado" e do "capitalismo organizado" é reafirmado, de modo a que seja contraposto por um apelo político direto à consciência individual, incitada a "se juntar a um novo grupo soberano"[160] – ilustrado com o exemplo dos estudantes maoistas franceses – e contrastado com os partidos organizados (e outras "estruturas organizadas estáveis"), que

---

[158] Karl Marx, "Notes on Bakunin's Book: *Statehood and Anarchy*", MECW, v. 24, p. 521. [Há uma versão em português desse texto marxiano "*Comentários ao livro de Bakunin*: *Estatalidade e anarquia*", disponível em: <http://www.scientific-socialism.de/FundamentosMarxEngelsLuta1874.htm>, mas, devido a algumas diferenças entre as traduções, optamos por utilizar a versão citada por Mészáros. (N. E.)]

[159] Ibidem, p. 518.

[160] É revelador que na crítica dos votantes serializados Sartre iguale, de modo extremamente problemático, sua *possibilidade abstrata* com o dito *poder* que constitui a soberania. Escreve ele: "quando voto, *abdico* de meu poder. Abro mão da *possibilidade*, presente em cada um, de, ao lado de todos os outros, constituir um grupo soberano" ("Eleições, armadilha para otários", cit., p. 9). Obviamente, nas circunstâncias da França relativamente serena de Pompidou, muito depois da derrota de maio de 1968 que contribuiu para a consolidação do sistema gaulista, a "possibilidade de, ao lado de todos os outros, constituir um grupo soberano" defendida por Sartre é uma *possibilidade puramente abstrata*. Sob as condições de uma crise socioeconômica pesada e cada vez mais forte, tais possibilidades abstratas podem bem se tornar *concretas*, levando a uma

supostamente "permaneceram no século XIX". Contudo, o capitalismo – inseparável daquelas "condições históricas do desenvolvimento econômico" que foram colocadas em relevo de forma tão vigorosa por Marx em todos os seus trabalhos seminais – não pode ser superado [*overcome*] somente no nível *político*[161], não importa quão genuína possa ser a "vontade" dos indivíduos que desejam se contrapor a ele dessa maneira.

O principal problema a esse respeito é a *centrifugalidade objetivamente fundamentada* do sistema do capital em si em sua mais íntima constituição como um modo de reprodução social metabólica. Conforme discutimos em outras partes deste estudo[162], o Estado moderno surgiu e se expandiu em relação a essa centrifugalidade insuperável, sobretudo para o propósito de submeter a um nível possível de controle seus aspectos potencialmente mais perturbadores. Esse processo histórico foi realizado – tendo como base as determinações materiais subjacentes – no interesse da expansão dinâmica do sistema do capital como um todo, em sua inseparabilidade do Estado moderno cada vez mais poderoso. É aí que de fato podemos ver uma *reciprocidade real*. Mas, obviamente, esse tipo de reciprocidade, mais uma vez, está muito longe de ser simétrico. Ele é definido por um tipo determinado de *inter-relação* social e histórica, na qual a *primazia dialética*[163] – que não deve ser confundida com uma *unilateralidade mecânica* – pertence às determinações materiais fundamentais, no sentido já discutido anteriormente.

Naturalmente, esse tipo de desenvolvimento reciprocamente assegurado entre a política e a economia, sobre a base reprodutiva material da necessária centrifugalidade do capital, também significa que negar a dimensão política em si, no espírito até mesmo da concepção mais idealizada de anarquismo, poderia apenas absolutizar ou exasperar a *centrifugalidade sistêmica* do modo estabelecido da reprodução social metabólica, resultando em uma incontrolabilidade total. É por isso que o anarquismo teve de estar totalmente fadado ao fracasso em todas as suas variedades do passado.

A reciprocidade historicamente constituída e estruturalmente arraigada das dimensões fundamentais do capital só pode ser superada [*overcome*] pela alteração radical das dimensões políticas e reprodutivas materiais *juntas*, e fazendo isso na *escala sistêmica* apropriada. Os *empreendimentos materiais cooperativos e parciais* conhecidos – que tentam mudar o sistema pelo trabalho das cooperativas produtivas e distributivas – representam o lado anverso da moeda política anarquista. Significativamente, no entanto, apesar da boa vontade investida nessas cooperativas por seus associados, eles não poderiam fazer um progresso praticável nas determinações estruturais da ordem social do capital senão em uma escala

---

mudança histórica significativa. Mas é extremamente problemático chamar as possibilidades abstratas de *poderes reais* na ausência de uma crise socioeconômica de tal magnitude.

[161] Na verdade, essa é a base sobre a qual os "partidos clássicos de esquerda" podem ser, e deveriam ser, legitimamente questionados por sua inadequação *estratégica*, e não por sua alegada ligação política "com o século XIX".

[162] Ver, em particular, a seção 4.4 deste livro, que se ocupa da "Transformação radical da superestrutura jurídica e política".

[163] Em consonância com o conceito marxiano de *übergreifendes Moment*, isto é, o fator de importância primordial sob um dado conjunto de circunstâncias.

minúscula. Nem mesmo quando o lado anarquista político e o lado cooperativo material da moeda são colocados juntos, como na Espanha, nas empresas anarco-cooperativas.

É bastante válido nos lembrarmos aqui do fato de que Marx nunca hesitou em destacar teoreticamente a ideia, e também defender apaixonadamente, em seu envolvimento organizacional pioneiro no movimento socialista internacional de sua época, que "a *emancipação econômica* das classes operárias é, portanto, o grande fim ao qual *todo movimento político* deve estar subordinado como um meio"[164].

A mesma ideia, sublinhando a primazia dialética da base material da ordem social do capital, foi reiterada por uma das maiores figuras intelectuais e políticas do movimento socialista, Rosa Luxemburgo, quando escreveu:

> Como se distingue a sociedade burguesa das outras sociedades de classes – a antiga e a medieval?, (..)] no fato de não repousar hoje a dominação de classe em "direitos adquiridos", e sim em *verdadeiras relações econômicas,* no fato *não ser* o salariato *uma relação jurídica,* e sim uma *relação* puramente *econômica..*[165]

No mesmo sentido, seria um grande erro imaginar que o imperialismo pode ser superado [*overcome*] no nível político/militar, como quando muitas pessoas, depois da Segunda Guerra Mundial, começaram a ingenuamente celebrar a chegada da era do "pós-imperialismo". Também a esse respeito, as palavras de Rosa Luxemburgo, que salientaram os fundamentos econômicos inevitáveis e historicamente evoluídos das estratégias imperialistas políticas/militares, continuam válidas até os dias atuais, apesar do fato de terem sido escritas há quase um século. Elas foram redigidas da seguinte maneira:

> A politica imperialista não é obra de um país ou de um grupo de países. É o produto da evolução mundial do capitalismo num dado momento de sua auturação. É um fenômeno por natureza internacional, um todo inseparável que só se compreende em suas relações reciprocas e ao *qual nenhum Estado poderá escapar* (...). O capitalismo é incompatível com o particularismo dos pequenos Estados, com o parcelamento político e econômico; para se desenvolver, necessita de um território coerente, tão grande quanto possível (...); sem o que as necessidades da sociedade não se pderiam elevar ao nível requerido pela produção mercantil capitalista, nem fazer funcionar o mecanismo da dominação burguesa moderna.[166]

Por conseguinte, os perigos políticos/militares devastadores do imperialismo – um sistema de determinações internas e correspondentes relações inter-Estados extremamente iníquas que pode mudar sua *especificidade* histórica, mas não sua *substância* estruturalmente arraigada – não podem ser relegados ao passado sem superar radicalmente a dimensão reprodutiva meterial do sistema do capital como um todo integrado.

---

[164] Circular de Marx dirigida ao Federal Council of the Romance Switzerland, *Documents of the First International* (Londres, Lawrence & Wishart, s.d., v. 3), p. 361. [Um trecho relativamente curto dessa circular foi publicado, sob o título "Extracto de uma participação confidencial", em Karl Marx e Friedrich Engels, *Obras escolhidas*, cit., v. II, p. 191. O "Extracto", entretanto, é interrompido antes do trecho citado por Mészáros – trecho que é, na verdade, retirado de outro documento marxiano, os "Estatutos gerais da Associação Internacional dos Trabalhadores", de onde foi então extraído o trecho citado. Ver ibidem, p. 14. (N. E.)]

[165] Rosa Luxemburgo, *Reforma, revisionismo e oportunismo* (Rio de Janeiro, Civilização Brasileira, 1975), p. 64. [Grifo em "verdadeiras relações econômicas" de Luxemburgo. (N. E.)]

[166] Idem, *A crise social da democracia* (Lisboa, Estampa, s.d.), p. 139-40. [Grifo de Luxemburgo. (N. E.)]

A *incurável centrifugalidade* do sistema do capital só pode intensificar suas contradições e aumentar os perigos necessariamente associados a elas numa era de interesses próprios globalmente conflitantes afirmados pelas forças monopolistas dominantes, correspondentes ao estágio hoje prevalecente da articulação do modo de reprodução social metabólica do capital. Apelos políticos diretos à consciência individual, mesmo no mais idealizado espírito do anarquismo, não podem conter o poder das determinações reprodutivas materiais vitais, cuja análise não existe na obra de Sartre, não só antes da *Crítica da razão dialética*, mas também depois.

As "estruturas formais da história" oferecidas por Sartre nos dois volumes da *Crítica da razão dialética*, e reiteradas de diferentes maneiras em seus escritos subsequentes, sempre permaneceram bem inseridas no quadro das determinações formais postuladas, orientadas para uma defesa *política* cada vez mais elusiva após os grandes desapontamentos sofridos por ele depois dos momentos de esperança em 1968 e em suas imediatas consequências. Afundar em um humor profundamente pessimista em seus últimos anos foi, portanto, triste, porém perfeitamente compreensível no caso de um intelectual combativo, como Sartre, que depois da derrota de 1968 não poderia almejar qualquer influência pela qual ele pudesse, "de dentro", alterar, até mesmo levemente, quanto mais tirar dos eixos, como outrora esperava, a consciência política da classe contra a qual ele se rebelou intensamente.

A ideia pessimista de que o "capitalismo avançado" e o "capitalismo organizado" poderiam ser capazes de oferecer algum remédio sustentável a longo prazo para as mediações de segunda ordem antagônicas do capital não poderia auxiliar em nada a esse respeito. O ponto de partida necessário para uma abordagem alternativa não pode ser outro senão uma tentativa de colocar firmemente em relevo as *estruturas materiais da história*. Não como "dadas de uma vez por todas", em uma generalidade abstratamente postulada, com reivindicações insustentáveis à validade formalmente universalizável estendida a todas as fases possíveis da história, mas em sua *especificidade realmente em desdobramento e mutável*. E esse quadro teria de ser identificado, em nossa época, de acordo com as determinações históricas jamais experimentadas no passado – com sua tendência *profundamente antagônica* e, portanto, em última análise irrealizável, para a *integração global* – que correspondem ao estágio político/militar e material monopolista sempre mais destrutivo da articulação imperialista do capital enquanto sistema reprodutivo societal, ameaçando diretamente até mesmo a relação da humanidade com a natureza.

Para ser exato, o ponto de partida, em sua orientação e especificidade histórica inevitável, não poderia oferecer nenhum tipo de apodicticidade *a priori* para a compreensão da inteligibilidade dialética do desenvolvimento histórico "de uma vez por todas". Qualquer tentativa de fazê-lo seria, em relação ao desdobramento real da história, uma grosseira contradição em termos. A ideia de postular um conjunto de "estruturas materiais da história" eternamente válidas no espírito de algum tipo de apodicticidade apriorística só poderia assumir a forma de uma *camisa de força* ou *leito de Procusto*, nos quais a história real com fim necessariamente aberto teria de ser arbitrariamente amarrada ou imaginariamente acorrentada. Não pode haver quaisquer estruturas materiais gerais para todas as fases concebíveis da história real, nem mesmo quaisquer estruturas formais universalmente estendidas. Pois a história real da existência societal humana não poderia de modo algum qualificar-se para ser história fechando seus portões para formas alternativas de desenvolvimento, com a ajuda de algumas estruturas permanentes postuladas, sejam elas estruturas materiais claramente identificáveis em determinado momento na história. Nada ilustra melhor essa proposição do que a insistência explicitamente declarada de Marx de que a categoria da "*necessidade histórica*" não faz nenhum sentido, a menos que seja compreendida como "*necessidade* [historicamente]* *evanescente*" e em mutação.

Ademais, uma vez que as condições objetivas e subjetivas para o estabelecimento de um *processo de planejamento* racional são consolidadas no curso da transformação socialista historicamente buscada e sustentada, o poder das *determinações econômicas* anteriormente opressivas está fadado a ser enormemente diminuído. Ele é colocado em seu lugar como uma parte integrante, porém *subordinada*, de uma *contabilidade socialista* consciente. Essa forma de contabilidade torna-se praticável somente na ausência dos *interesses próprios* predeterminados e autoperpetuadores das dispostas personificações do capital, que expropriam para si próprias o poder de *gerenciar* o metabolismo societal, mesmo que não possam *controlá-lo*, irracionalmente conduzindo, em vez disso, a sociedade na direção de uma *aniquilação sistêmica*. Pois somente a contabilidade socialista pode conferir o peso apropriado – e não fetichisticamente absolutizado – aos fatores objetivamente limitadores, dentro do quadro adotado dos objetivos humanamente recompensadores e *positivamente interiorizados*.

Isso ocorre porque o verdadeiro significado das palavras citadas sobre "a *emancipação econômica* da classe trabalhadora" é a *emancipação da humanidade* do poder cegamente prevalecente do *determinismo econômico*, sob o qual nenhum ser humano pode ter controle genuíno do metabolismo social, nem mesmo as personificações mais dispostas do capital. Somente por meio da transformação qualitativa do *trabalho* – deixando de ser a *classe social* alienada e estruturalmente subordinada, porém necessariamente recalcitrante, do processo de reprodução para ser o *princípio regulador universal* do intercâmbio da humanidade com a natureza e entre seus membros individuais, livremente adotado enquanto sua atividade vital significativa por todos os membros da sociedade – a real emancipação humana pode ser realizada no curso do desenvolvimento histórico com fim aberto. É por essa razão que Marx contrastava ao que chamou de "pré-história" não algum tipo de "fim da história" messiânico – embora ele costume ser cruelmente acusado de fazê-lo –, mas sim o processo dinâmico da "história real" de fato em desdobramento e conscientemente controlada. Ou seja: a história não mais governada pelas *determinações econômicas antagônicas*, mas vivida de acordo com seus objetivos e fins escolhidos pelos indivíduos sociais enquanto produtores livremente associados.

Na verdade, as categorias chamadas por Sartre de "estruturas formais da história" são bastante esclarecedoras para uma *fase limitada* dos desenvolvimentos capitalísticos, por causa de sua afinidade com algumas características humanas e materiais importantes da articulação formalmente equalizada da produção generalizada de mercadorias. Mas elas não poderiam ser estendidas à totalidade da história, desde o passado mais remoto ao futuro indefinido. Esse tipo de *extensão universal* – e correspondente *fechamento* – é inadmissível não só para as *estruturas materiais* da história, que devem ser apreendidas sempre em

---

* Inserção de Mészáros. (N. E.)

sua especificidade histórica, independentemente de por quanto tempo as determinações subjacentes possam afirmar a si mesmas no domínio societal em mutação, mas também inadmissíveis para o que deve ser chamado legitimamente de *estruturas formais* em um cenário social apropriadamente diferente. Sartre não poderia ser nenhuma exceção a isso. Na verdade, Sartre deu sua própria prova para a impossibilidade de modificar e estender as próprias "estruturas formais" na maneira postulada por sua incapacidade de completar o projeto original[167], repetidas vezes anunciado, para a elaboração do quadro conceitual da "história real" no segundo volume da *Crítica da razão dialética*.

A ideia pessimista, compartilhada também por Sartre, de que o "capitalismo avançado" e o "capitalismo organizado" representam uma fase significativamente diferente e historicamente mais sustentável do desenvolvimento do sistema do capital do que na sua variedade do século XIX, à qual os partidos políticos de esquerda permaneceram alegadamente ancorados, é bastante infundada. O oposto está muito mais perto da verdade de modo algum pessimista.

A questão decisiva concerne à controlabilidade e restringibilidade racional de qualquer ordem reprodutiva societal em relação à efetividade histórica e disponibilidade de suas condições necessárias de reprodução. E a verdade mais desconfortável da questão a esse respeito é que a ordem reprodutiva socioeconômica, a ordem societal agora estabelecida, cuja viabilidade depende da *infindável expansão do capital*, deve gerar constantemente não só *expectativas subjetivas* (em grande medida manipuláveis ou até mesmo represensíveis), mas também *expectativas objetivas irrepreensíveis* – tanto para os outros quanto para si mesma – que ela possivelmente não pode suprir.

Nesse sentido, em contraste com a ordem existente do capital, somente uma forma *qualitativamente* diferente de gerir o metabolismo social, dos processos materiais elementares aos mais altos níveis de produção e apreciação artística, poderia fazer uma real diferença a esse respeito. E isso implicaria uma orientação radicalmente diferente dos indivíduos sociais para a *coerência coletiva* conscientemente buscada de suas atividades, no lugar da centrifugalidade hoje prevalecente e potencialmente desintegradora de suas condições de existência. Isso acontece porque enquanto as *mediações de segunda ordem antagônicas* do sistema do capital permanecerem dominantes, elas estão fadadas a clamar por algum tipo de superimposição social em vez de militar contra ela no espírito do desiderato anarquista da "sociedade sem poderes".

Não pode haver nada como "uma sociedade sem poderes". Especialmente não na era da reprodução societal e produção globalmente em desdobramento. A ordem reprodutiva estabelecida hoje é inseparável de suas *mediações de segunda ordem antagônicas* pela sim-

---

[167] A principal razão dada por Sartre em 1975 para o abandono da *Crítica da razão dialética* foi que, "no caso da *Crítica*, ainda há o problema adicional do tempo, pois eu teria de voltar a estudar história" (*Sartre in the Seventies*, cit., p. 75). Sem dúvida, o conhecimento histórico dominado por qualquer pensador particular é um fator contribuinte a esse respeito. Mas apenas *contingentemente*. As necessidades repousam em outro lugar. Os impedimentos muito mais sérios no caso de Sartre, impondo dificuldades intransponíveis à planejada *Crítica*, não se deveram às limitações de seu conhecimento histórico, mas principalmente à sua abordagem ontológica "existencialista marxizante" dos problemas da inteligibilidade na história da humanidade dialeticamente em desdobramento.

ples razão de serem necessárias para a busca irracional da expansão infindável do capital, independentemente de suas consequências. No entanto, esse sistema está fadado a gerar *recalcitrância* (nos indivíduos que produzem), a *superimposição do controle extrínseco* (para derrotar a recalcitrância, se necessário pela violência) e, ao mesmo tempo, também a *irresponsabilidade institucionalizada* (por causa da ausência de racionalidade factível e controle aceitável). Não é tão difícil ver como seria problemático regular a sociedade "capitalista avançada" na base de tais práticas e resultados correspondentes, até mesmo numa escala nacional limitada, sem falar da necessidade de manter sob controle as contradições cada vez mais intensas em seu cenário global inevitavelmente em desdobramento. De modo compreensível, portanto, a única forma de sustentar uma ordem reprodutiva globalmente coordenada no nosso horizonte é almejando um *poder político e material cooperativamente compartilhado*, determinado e administrado sobre a base não só da *igualdade* simplesmente *formal*, mas também *substantiva* (uma necessidade absoluta como condição de possibilidade de uma ordem societal futura viável) e o correspondente *planejamento racional* de suas atividades vitais pelos *produtores livremente associados*.

Naturalmente, isso é inconcebível sem a forma apropriada de *mediação* dos indivíduos sociais entre si e na sua relação combinada, enquanto *humanidade real* (embora não "como quiserem"), com a natureza. No entanto, não há nada de misterioso ou proibitivamente difícil sobre defender um sistema qualitativamente diferente de mediação reprodutiva societal. As condições de seu estabelecimento podem ser explicitadas de forma tangível, envolvendo um esforço determinado e historicamente sustentado para romper a *pressão do valor de troca* sobre o *valor de uso* humanamente adotado e gratificante, correspondendo não à *carência humana formalmente equalizável* e substantivamente incomensurável, bem como insensivelmente ignorada, mas sim à *carência humana diretamente significativa* dos indivíduos como livremente associados.

O princípio organizador básico do tipo de atividade reprodutiva societal que é orientado para uma tal ordem social metabólica qualitativamente diferente foi descrito por Marx em termos bem simples, com referência ao intercâmbio *coletivo* da atividade vital dos indivíduos, quando ele escreveu que

> O caráter coletivo da produção faria do produto, desde o início, um produto coletivo, universal. A troca que originalmente tem lugar na produção – que *não seria uma troca de valores de troca, mas de atividades* que seriam determinadas pelas *necessidades coletivas, por fins coletivos* – incluiria, desde o início, a participação do indivíduo singular no mundo coletivo dos produtos.[168]

Obviamente, a regulação e a livre coordenação de suas atividades vitais pelos indivíduos implicam *ajustes positivos contínuos*. Os necessários ajustes positivos genuínos em uma ordem socialista tornam-se possíveis graças à remoção dos interesses próprios estruturalmente arraigados da existência alienante de classe do passado, com sua irresponsabilidade institucionalizada sob o sistema do capital. Por conseguinte, a atividade produtiva e distributiva dos indivíduos pode ser promovida e mantida não pela postulação de uma "sociedade sem poderes", mas pelos *poderes plenamente compartilhados* dos membros da sociedade, inseparáveis da adoção de sua *responsabilidade plenamente compartilhada*. Essa é a única

---

[168] Karl Marx, *Grundrisse,* cit., p. 71.

alternativa historicamente viável para a destrutividade crescente do "capitalismo avançado" e do "capitalismo organizado".

## 6.4 Imperativos estruturais e temporalidade histórica: crítica do estruturalismo e do pós-estruturalismo

Claude Lévi-Strauss – elogiado por um de seus devotos como "estruturalismo personificado"[169] – admitiu, em uma entrevista concedida em 1971 à proeminente revista semanal francesa *L'Express*, que "o estruturalismo saiu de moda depois de 1968"[170]. Na verdade, o notável a esse respeito não foi o fato de o estruturalismo ter começado a esmorecer na década de 1970, sendo retirado da ribalta pelo "pós-estruturalismo" e outras denominações "pós" orientadas de modo semelhante, como a "pós-modernidade"[171]. Em vez disso, a circunstância um tanto espantosa foi que, depois da Segunda Guerra Mundial, a ideologia do estruturalismo na verdade adquiriu uma posição extremamente dominante, e a manteve por mais de uma década – de meados da dédada de 1950 até fins da década de 1960 – nos círculos intelectuais europeus e norte-americanos[172].

Obviamente, esse período pós-guerra coincidiu com as pretensões do "*fim da ideologia*"[173] tanto nos Estados Unidos como na Europa. O estruturalismo, com suas pretensões em representar o máximo do "rigor científico" no campo das "ciências humanas"[174],

---

[169] Ver Jean-Marie Auzias, "Le structuralisme en personne", em *Clefs pour le structuralisme* (Paris, Seghers, 1967), p. 85.

[170] "*L'Express* va plus loin avec Claude Lévi-Strauss", importante entrevista publicada no *L'Express*, 15-21 de março de 1971, p. 61.

[171] Obviamente, o ultraeclético oportunista Jürgen Habermas junta-se à confusão em voga pela invenção dos apelativos rótulos "pós", falando de maneira muito pretensiosa e confusa até mesmo sobre a "pós-história". Escreve ele: "o conceito da totalidade ética de Hegel [...] não mais é um modelo apropriado para a mediatizada estrutura de classes do capitalismo avançado, organizado. A dialética suspensa da ética gera o simulacro/semblante da *pós-histoire*. [...] Pois a força produtiva dominante – o controlado progresso técnico-científico em si – tornou-se a base da legitimação. Contudo, essa nova forma de legitimização abandonou o antigo formato da *ideologia*" ( J. Habermas, *Toward a Rational Society*, Londres, Heinemann, 1971, p. 110-1). A ênfase nas palavras "pós-histoire" e "ideologia" é de Habermas. Para uma discussão detalhada de sua obra, ver seções 1.2 e 3.4 do meu livro *O poder da ideologia* (trad. Paulo Cezar Castanheira, São Paulo, Boitempo, 2004).

[172] De modo não surpreendente, a promoção abrangente do estruturalismo estava associada com a construção de impérios e a busca de antepassados respeitáveis, da linguística à etnografia. Até mesmo Jacob Grimm foi adotado como um célebre antepassado estruturalista. Por isso, líamos a respeito dele em um livro sobre linguística que "falta precisão em sua linguagem, ele foi culpado por inconsistências grosseiras, mas seu intento era claro. Ele estava muito além, muito além de sua época. Na verdade, ele foi um dos primeiros estruturalistas". John T. Waterman, *Perspectives in Linguistic* (University of Chicago Press, 1963), p. 82.

[173] Para uma discussão documentada desses problemas, ver meu livro *Filosofia, ideologia e ciência social: ensaios de negação e afirmação* (trad. Ester Vaisman, São Paulo, Boitempo, 2008), e em particular a "Introdução" e o capítulo sobre "Ideologia e ciência social", p. 7-14 e 15-54. Publicado pela primeira vez em inglês, em 1972.

[174] Caracteristicamente, Auzias glorificou o "estruturalismo personificado" dizendo que: "O estruturalismo não é um imperialismo! Quer ser *científico*: e *o é*. [...] O pensamento de Lévi-Strauss satisfaz-se em aplicar-se

cabia muito bem dentro do ambiente político e intelectual prevalecente. De modo ainda mais estranho para o próprio Lévi-Strauss, as aspirações "não ideológicas" de sua celebrada orientação foram combinadas com sua alegação explícita de ser simultaneamente um intelectual "marxizante", como Jean-Paul Sartre. Ainda na entrevista publicada na *L'Express* em 1971, Levi-Strauss afirmava ser um pensador "marxizante". A esse respeito, a proeminência intelectual pós-guerra do Partido Comunista na França, proferindo sua devoção ideológica (stalinisticamente "atualizada") a Marx, tornou esse alinhamento ideológico perfeitamente compreensível. Pelo menos ao ponto de defender Marx da boca para fora no caso de alguns intelectuais importantes, como Lévi-Strauss. E até mesmo uma figura abertamente hostil a qualquer ideia de socialismo, Raymond Aron, que defendia a perspectiva norte-americana "atlanticista" e a subserviência da Europa à Otan dominada pelos Estados Unidos, não podia evitar uma dependência negativa da proeminência intelectual do Partido Comunista Francês. Tudo isso mudou consideravelmente em fins da década de 1960. Na verdade, o grave declínio na popularidade do estruturalismo, datado pelo próprio Lévi-Strauss como os anos que seguiram imediatamente os eventos de maio de 1968 na França, e o surgimento simultâneo das várias abordagens ideológicas "pós-estruturalistas" coincidiu com a nova fase no desenvolvimento do sistema do capital, marcada por sua *crise estrutural* cada vez mais profunda.

No entanto, até mesmo a afirmação anterior de Lévi-Strauss de que nunca foi um seguidor de Marx, em absolutamente nenhum sentido, deveria ser tomada com um gigantesco pé atrás. Não só no que se refere à sua posição – extremamente pessimista – registrada na importante entrevista de 1971[175], mas também em relação ao resto de sua obra antes ou depois dessa data. Pois no que se refere à teoria da "superestrutura", na qual ele sugeriu ter elaborado sua própria versão única do conceito marxiano – afirmando, ao mesmo tempo, sem qualquer justificação, que o domínio superestrutural foi deixado virtualmente intocado por Marx, que supostamente deve ter atribuído a este domínio apenas um "espaço" vazio –, a abordagem característica do campo oferecido por Lévi-Strauss foi incorrigivelmente *a-histórica*. E nada poderia ser mais alheio à obra de Marx como um todo, bem como a qualquer aspecto particular dela[176].

Nesse espírito, Lévi-Strauss não só ignorou completamente as respostas fundamentais de Marx aos problemas da superestrutura e ideologia, concebidas por ele como *dialeticamente* ligadas à, e dessa forma inseparáveis da, base material em mutação da sociedade – como nós

---

às *ciências humanas*, e exclusivamente a elas, recusando eminente e insistentemente por sua própria *prática rigorosa* qualquer concessão à *ideologia*, não importa sob que tipo de filosofia ela possa se esconder" (Jean-Marie Auzias, *Clefs pour le structuralisme*, cit., p. 10-1).

[175] Ver a esse respeito, uma das passagens seminais da abrangente entrevista de Lévi-Strauss dada ao *L'Express* em março de 1971, conforme citada na seção 8.6 de *A determinação social do método*, cit. Naquela entrevista, ele afirmava que: "Hoje, o grande perigo para a humanidade não provém das atividades de *um regime*, de *um partido*, de *um grupo* ou de *uma classe*. Mas provém da própria humanidade como um todo; uma humanidade que se revela como sua própria pior inimiga e (ai de mim!) ao mesmo tempo, também a pior inimiga do resto da criação".

[176] Como sabemos, já em uma de suas primeiras obras, Marx destacou enfaticamente que "conhecemos uma única ciência, *a ciência da história*" (*A ideologia alemã*, cit., p. 86; ênfase de Marx), insistindo, no mesmo espírito, na importância vital da história durante toda sua vida.

mesmos pudemos vê-las em considerável detalhe no decorrer deste estudo – mas também ofereceu uma linha de abordagem *diametralmente contraditória* aos problemas elaborados por Marx sempre em um sentido profundamente histórico.

Também é importante salientar aqui que as várias tendências ideológicas "pós--estruturalistas" e "pós-modernistas" não poderiam ser consideradas significantemente diferentes a esse respeito. A atitude extremamente cética e problemática em relação à história de modo algum estava limitada ao próprio Lévi-Strauss. Na verdade, a abordagem incorrigivelmente a-histórica de seu objeto de investigação constituiu o denominador comum de todos os tipos de estruturalismo e pós-estruturalismo do pós-guerra, incluindo a linha geral do "funcionalismo estrutural" defendida – com lealdade a Weber – por Talcott Parsons, e fortemente promovida pelos propósitos ideológicos apologéticos do capital nos Estados Unidos.

O principal historiador conservador suíço do século XIX, Leopold von Ranke, cunhou o famoso princípio orientador para colegas historiadores segundo o qual *cada época era equidistante de Deus*. Essa linha de pensamento resultou na afirmação categórica de que seja lá o que possam indicar os sinais do *desenvolvimento* histórico, nos termos das visões de Ranke, [isso] pertencia ao mundo da ilusão e da falsa aparência. A suposta contribuição "marxizante" de Lévi-Strauss em elucidar a natureza da superestrutura – desde as "estruturas elementares do parentesco"[177] às "lógicas do mito"[178] e à caracterização da relação entre história e "o pensamento selvagem"[179] – teve quase a mesma orientação "equidistante" na "antropologia estrutural" de Lévi-Strauss, devotada à defesa do universo conceitual dos povos indígenas de norte a sul dos Estados Unidos vis-à-vis o pensamento produzido nos tempos modernos em qualquer lugar. Em outras palavras, segundo Lévi-Strauss, a ideia de avanço histórico enquanto tal tinha de ser considerada extremamente dúbia, para dizer o mínimo. Por conseguinte, não foi nem um pouco surpreendente que Lévi-Strauss, ao ser perguntado em 1971 pelo entrevistador da *L'Express*, "Então você acredita que a história é destituída de qualquer sentido?", sua resposta sombria só pudesse ser: "Se tiver um sentido, não é um bom sentido"[180]. Desse modo, a posição de Lévi-Strauss era ainda mais retrógrada que o ceticismo histórico do proeminente conservador inglês sir Lewis Namier, discutido no capítulo 5 de *A determinação social do método*, que afirmou que, se houver sentido na história humana, "ele escapa à nossa percepção"[181].

---

[177] Claude Lévi-Strauss, *As estruturas elementares do parentesco* (trad. Mariano Ferreira, Petrópolis, Vozes, 2009). Do mesmo autor, ver também *O cru e o cozido* (trad. Beatriz Perrone-Moisés, São Paulo, Cosac Naify, 2004), *Do mel às cinzas* (trad. Carlos Eugênio Marcondes de Moura, São Paulo, Cosac Naify, 2005) e *A origem dos modos à mesa* (trad. Beatriz Perrone-Moisés, São Paulo, Cosac Naify, 2006), da série Mitológicas.

[178] De modo revelador, como notado pelo antropólogo inglês Edmund Leach, a monumental discussão de Lévi-Strauss sobre os mitos indígenas americanos não leva o título de "Mitologias", mas de *Mytho-logiques*, que significa "lógicas do mito". Ver o livro de Edmund Leach da série "Fontana Modern Masters", *Lévi--Strauss* (Londres, Fontana/Collins, 1970), p. 10.

[179] Em inglês, recebeu o título de *The Savage Mind* (Londres, George Weidenfeld and Nicholson, 1966). [Ed. bras.: *O pensamento selvagem* (trad. Tânia Pellegrini, Campinas, Papirus, 1989).]

[180] Ver *"L'Express va plus loin avec Claude Lévi-Strauss"*, *L'Express*, 15-21 de março de 1971, p. 66.

[181] Sir Lewis Namier, *Vanished Supremacies: Essays on European History, 1812-1918* (Harmondsworth, Penguin, 1962), p. 203.

A ideia de avanço histórico é rejeitada por Lévi-Strauss da maneira mais romântica ao postular que, na visão do mundo produzido pelo mesmo pensamento selvagem, "o todo da natureza poderia falar ao homem"[182]. Sua solução imaginária para os problemas obscuramente descritos de nosso mundo contemporâneo foi dita por ele como sendo: o gerenciamento do progresso *tecnológico* de maneira bem estacionária e o *controle populacional* estrito. No entanto, Lévi-Strauss rejeitou de modo pessimista sua própria solução como algo irrealizável logo depois de tê-la mencionado, com uma referência de apoio às visões "utópicas" outrora defendidas pelo escritor francês reacionário e racista do século XIX, Gobineau[183], que também se afastou de sua própria utopia projetada ao pesarosamente afirmar que ela era irrealizável. Mas Lévi-Strauss nunca se deu ao trabalho de explicitar as qualificações sociais necessárias concernentes até mesmo às condições elementares da possibilidade de suas soluções propostas, que – no que se refere a sua preocupação com o controle populacional e tecnológico – poderiam muito bem entrar em acordo com os lugares-comuns veleitários da apologética do capital ubiquamente promovidas[184]. A formulação pessimista de seus comentários foi exprimida por causa da "irrealizabilidade" nostalgicamente deplorada das soluções prováveis ("mas lamentavelmente impossíveis"). (Mito)-logicamente, portanto, Lévi-Strauss só podia terminar sua entrevista de 1971 com as diatribes lúgubres mencionadas anteriormente contra a humanidade em geral[185], isentando ao mesmo tempo de toda culpa os "regimes, partidos, grupos e classes"[186] cujo papel é claramente reconhecível no desdobramento atual da história.

O caráter incorrigivelmente a-histórico – e em muitos sentidos até mesmo anti-histórico – da obra de Lévi-Strauss não é de modo algum o único sentido no qual sua abordagem é diametralmente oposta à de Marx. Um aspecto igualmente sério é sua rejeição da unidade marxiana entre *teoria e prática*. Na verdade, Lévi-Strauss apresenta sua oposição à prática socialmente comprometida como uma virtude louvável quando contrasta sua própria postura com o existencialismo sartriano dizendo que o estruturalismo, diferente do existencialismo defendido pela juventude em 1968 e depois, é "*desprovido de implicações práticas*"[187].

---

[182] Entrevista de 1971, p. 66.

[183] Joseph Arthur Comte de Gobineau, 1816-1882, o orientalista racista autor de *Essai sur l'inégalité des races humaines* [Ensaio sobre a desigualdade das raças humanas] e *Les religions et les philosophies dans l'Asie central* [As religiões e filosofias na Ásia Central], foi amigo e, durante algum tempo, secretário de Alexis de Tocqueville no Ministério das Relações Exteriores, e membro do serviço diplomático francês entre 1849-1877. Também foi o inventor do mito do "super-homem".

[184] A "utopia" reveladora, cujo objetivo era perpetuar a ordem reprodutiva estabelecida do capital, com pelo menos a módica dúvida sobre sua capacidade de realização, foi proposta no século XIX também pelo pensador liberal John Stuart Mill, que defendia a instituição da "condição estacionária da economia" em seus *Princípios da economia política*, cit.

[185] Ver nota 175 deste capítulo.

[186] "*L'Express* va plus loin avec Claude Lévi-Strauss", cit., p. 66.

[187] Ibidem, p. 61.

O que é bem difícil de entender a esse respeito é isto: por que deveríamos tentar elucidar os complexos problemas – tanto substantiva quanto metodologicamente – da superestrurura e da ideologia se não para colocar em *uso prático* apropriado o conhecimento adquirido por meio de tal investigação? Essa foi, de fato, a preocupação vital expressa por Marx em sua insistência sobre a importância essencial da *prática* na orientação da atividade intelectual. Afinal de contas, como vimos na introdução de *A determinação social do método*, Descartes já havia ressaltado vigorosamente a justificação e a natureza inerentemente práticas de seu próprio engajamento com o desafio teórico de desatar os nós céticos enganosos produzidos pela escolástica no campo[188]. Com exceção dessa orientação prática, qual é de fato o sentido das diatribes românticas de Lévi-Strauss contra a humanidade, condenando-a como "seu pior inimigo", se – presumivelmente – nada pode ser feito quanto a isso, porque a "utopia do controle tecnológico e populacional" defendida por ele (contra a "explosão da população" como a postulada "fonte de todo mal") é declarada "irrealizável"? Se de fato nada pode ser feito para remediar os problemas identificados, então também o fato de expressar os lamentos românticos sombrios deve ser totalmente despropositado, e de modo curioso até mesmo autocontraditório.

Podemos ver a autocontradição na abordagem de Lévi-Strauss dessas questões recordando uma passagem típica de *O pensamento selvagem* sobre a natureza da história. Seria ela:

> A história é um *conjunto descontínuo* formado de domínios da história, cada um dos quais é definido por uma frequência própria e por uma codificação diferencial do *antes* e do *depois*. [...] O caráter *descontínuo* e *classificatório* do conhecimento histórico aparece claramente. [...] Num sistema desse tipo, a *pretensa continuidade histórica* só pode ser assegurada por meio de *traçados fraudulentos*. [...] Basta reconhecer que a história é um *método* ao qual não corresponde um *objeto* específico e, por conseguinte, recusar a equivalência entre a noção de história e a de *humanidade* que nos pretendem impor com o fito inconfessado de fazer da *historicidade* o último refúgio de um *humanismo transcendental*, como se, com a única condição de renunciar aos *eus* por demais desprovidos de consistência, os homens pudessem reencontrar no plano do *nós* a *ilusão da liberdade*. De fato, a história não está ligada ao homem nem a nenhum objeto particular. Ela consiste, inteiramente, em seu *método*, cuja experiência prova que ela é indispensável para *inventariar* a integralidade dos elementos de *uma estrutura qualquer*, humana ou não humana.[189]

Portanto, quando satisfaz aos requisitos da caracterização positivista de Lévi-Strauss sobre a história, a humanidade é ridicularizada com o típico rótulo exorcizante de "*humanismo transcendental*". Esse tratamento sumariamente depreciativo da humanidade ainda lembra a condenação pré-guerra de Sartre, vista anteriormente, do "nós-sujeito" em *O ser e o nada*, também novamente repetida por alguns estranhos autores "marxistas estruturalistas". Ao mesmo tempo, em contraste completo com sua posição anterior, quando adotar

---

[188] É assim que Descartes coloca no *Discurso do método*: "é possível chegar a *conhecimentos que sejam muito úteis à vida* e que, em lugar dessa filosofia especulativa que se ensina nas escolas, é possível encontrar-se uma outra *prática* mediante a qual [...] poderíamos utilizá-los [os conhecimentos] da mesma forma em todos os usos para os quais são próprios, e assim *nos tornar como senhores e possuidores da natureza*". René Descartes, *Discurso do método, As paixões da alma e Meditações*, (trad. Enrico Corvisieri, São Paulo, Nova Cultural, 1999), coleção Os Pensadores, p. 86.

[189] Claude Lévi-Strauss, *O pensamento selvagem*, cit., p. 288-91.

o tom das jeremiadas românticas parece ser uma forma mais conveniente de discurso, a humanidade é novamente ressuscitada como o destinatário – ai de mim, irremediavelmente surdo ou "que não quer ouvir" – do sermão totalmente sombrio de Lévi-Strauss, mas, nos círculos ideológicos dominantes, curiosamente bem-vindo e proeminentemente difuso. Nem mesmo a mais ínfima centelha do "refúgio de um humanismo transcendental" e da "historicidade" permanece nessa referência atualizada da humanidade, bem em consonância com o clima político e ideológico "utópico globalizado" e respeitavelmente "sem classes" recém-emergente e apropriadamente promovido.

Lévi-Strauss também afirma ser um pensador dialético. Na realidade, com as dicotomias e dualismos repetitivos de sua abordagem estruturalista rígida e atemporal, ele não só é *a*dialético como também *anti*dialético. Opor continuidade e descontinuidade da maneira que o vimos fazer na última citação, definindo a história como um "*conjunto descontínuo*", é um exemplo gráfico disso. Novamente, nada poderia ser mais alheio à abordagem marxiana da história, na qual a relação dialética entre *continuidade e descontinuidade* é sempre fortemente destacada tanto em relação à base material quanto em relação à superestrutura da sociedade.

Também podemos ver isso claramente na seguinte citação dos *Grundrisse*, em que Marx discute a questão fundamental das categorias, sublinhando que

> A sociedade burguesa é a mais desenvolvida e diversificada organização histórica da produção. Por essa razão, as *categorias* que expressam suas relações e a compreensão de sua *estrutura* permitem simultaneamente compreender a *organização e as relações de produção* de todas as *formas de sociedade desaparecidas*, com cujos escombros e elementos edificou-se, parte dos quais ainda carrega consigo como resíduos não superados, parte [que] nela se desenvolvem de meros indícios em significações plenas etc.[190]

Desse modo, o significado de *estrutura* é iluminado, graças à concepção profundamente dialética de continuidade e descontinuidade no desenvolvimento histórico real, desde as "formas de sociedade desaparecidas" à mais complexa organização e relações de produção na sociedade burguesa; em contraste, o estruturalismo de Lévi-Strauss transforma o conceito de estrutura em fetiche reificado precisamente por causa de seu tratamento arbitrariamente dicotômico da história, contrapondo até mesmo a ideia mistificadoramente estanque de "*espaço*" à de "*tempo*" historicamente em desdobramento.

Vimos que Marx colocou em relevo nos termos mais fortes possíveis que "conhecemos uma única ciência, *a ciência da história*"[191]. Lévi-Strauss rejeita essa abordagem, para ser exato, não mencionando Marx (afinal, ele supostamente também é um intelectual "marxizante" no campo da superestrutura), mas ao criticar acentuadamente o pecaminosamente radical Sartre[192]. Ele escreve que

> Sartre não é o único a valorizar a história em detrimento das outras ciências humanas e a fazer dela uma *concepção quase mítica*. O etnólogo respeita a história mas não lhe atribui um valor

---

[190] Karl Marx, *Grundrisse*, cit., p. 105.

[191] Ver nota 176 deste capítulo.

[192] Uma conexão relevante a esse respeito é o fato de *O pensamento selvagem* ser dedicado a Maurice Merleau-Ponty, que atacou veementemente Sartre por seu suposto "ultrabolchevismo" em *As aventuras da dialética* (São Paulo, WMF Martins Fontes, 2006).

privilegiado. Ele a concebe como uma pesquisa complementar à sua: uma abre o leque das sociedades humanas no *tempo*, a outra, no *espaço*.[193]

Trata-se, de fato, de uma "complementaridade" bem estranha, que opera sobre a premissa da oposição e separação dicotômica de espaço e tempo. Vimos em considerável detalhe na seção 6.3 deste capítulo a abordagem de Sartre da história desenvolvida na *Crítica da razão dialética*. Ela não lembra nem de leve as críticas de Lévi-Strauss contra essa grande tentativa de elucidar o caráter dialético da totalização histórica, independentemente de até que ponto Sartre tem sucesso em completar, para sua própria satisfação, a escolhida tarefa filosófica bastante real.

Dizer que Sartre tem uma "concepção quase mítica da história" não é nada além de um insulto gratuito dito por um pensador anti-histórico e antidialético. Sartre, que na verdade foi mais generoso com Lévi-Strauss na *Crítica da razão dialética*, estava bem justificado quando, em resposta a tal insulto, rebateu: "qualquer um que escreva 'a dialética dessa dicotomia' demonstra não saber absolutamente nada sobre dialética". E também encontramos na mesma citação das páginas 288-91 de *O pensamento selvagem* a adoção de outra dicotomia antidialética – pois dicotomias são onipresentes na obra de Lévi-Strauss – quando ele contrapõe de modo bruto o conceito de *método* ao de *objeto* (além de *espaço* e *tempo*, bem como *continuidade* e *descontinuidade*) em sua caracterização de história, reduzindo-a à tarefa de "*inventariar*" "*os elementos de uma estrutura qualquer*", e por isso confinando a uma posição estritamente *subsidiária* a iniciativa do historiador, o que significa de fato degradá-lo até mesmo de seu papel "*complementar*" (educadamente/evasivamente atribuído).

Naturalmente, o verdadeiro alvo de censura de Lévi-Strauss não é apenas Sartre, mas a esquerda em geral, embora ele supostamente seja, é claro, uma figura intelectual de esquerda. Mas, na verdade, o principal estruturalista francês celebrado pelo semanário conservador *L'Express* não é mais um homem de esquerda do que um seguidor de Marx ou um pensador dialético. Ele afirma que

> [...] as superestruturas são *atos falhos* [grifos dele] que socialmente "tiveram êxito". Portanto, é inútil indagar sobre o sentido mais verdadeiro a obter a consciência histórica. [...] No sistema de Sartre, a história desempenha exatamente o papel de um *mito*. De fato, o problema colocado pela *Crítica da razão dialética* pode ser reduzido a este: em que condições *o mito da Revolução Francesa* é possível?[194]

Portanto, depois que ele mesmo reduz convenientemente tudo, em sua concepção de mito, à escuridão proverbial segundo a qual todos os gatos são pardos, Lévi-Strauss – bem armado contra sua própria afirmação de ser um "*homem de ciência*" que está fora do campo meramente contextual da história[195] – pode começar a centrar seu fogo em seu principal alvo político ao dizer que "o *homem dito de esquerda* aferra-se ainda a um período da história contemporânea que lhe dispensava o privilégio de uma congruência entre os

---

[193] Claude Lévi-Strauss, *O pensamento selvagem*, cit., p. 284.

[194] Ibidem, p. 282. [A edição brasileira não tem os grifos indicados por Mezáros. (N. E.)]

[195] Idem.

*imperativos práticos* e os *esquemas de interpretação*. Talvez essa *idade de ouro da consciência histórica* já esteja terminada"[196].

Desse modo, na visão da proeminente figura do estruturalismo francês, a única coisa apropriada a fazer é abandonar qualquer preocupação com os "imperativos práticos" – diferentemente do existencialismo sartriano socialmente comprometido, deploravelmente defendido pela juventude em 1968 e depois, e afrontosamente descrito por Lévi-Strauss como "uma coisa velha" (*"une vieille chose"*) – de modo a oferecer em seu lugar o rigor imparcial ("desprovido de implicações práticas") do antropólogo estrutural "homem da ciência". Lévi-Strauss não se incomoda nem mesmo por se contradizer diretamente no mesmo parágrafo, primeiro afirmando que é "engajado em fazer um trabalho científico" e, imediatamente depois, acrescentando mais uma de suas lamentações românticas bizarras dizendo que "não posso deixar de pensar que a ciência seria mais agradável se não tivesse de servir a nada"[197]. Ainda assim, Lévi-Strauss não hesita em designar a si mesmo o *status* superior de estar fora da "mera contextualidade" da história contemporânea temporalmente limitada e acima dos "atos falhos da superestrutura que socialmente 'tiveram êxito'. Mas isso pode ser feito? E, de todo modo, o que isso realmente significa, se é que significa alguma coisa?

Na verdade, o registro textual mostra que – em contraste à acusação infundada segundo a qual as principais tendências da *Crítica da razão dialética* de Sartre resultam em nada mais que um mito sobre a Revolução Francesa ainda em moda no pensamento de esquerda – nada poderia ser mais miticamente inflado que a panaceia universal de *"troca"* de Lévi-Strauss. Ela é proposta por ele, em plena consonância com o bem estabelecido tratamento conservador dessa categoria – correspondente a uma extensão selvagem e totalmente a-histórica de seu significado –, na ideologia do século XX, incluindo o papel característico que lhe é atribuído, na cruzada agressivamente antissocialista, por Friedrich August von Hayek[198].

O arsenal antropológico estrutural do parentesco é usado por Lévi-Strauss com esse propósito, ainda que grande parte dele seja considerada bastante questionável no que se refere à evidência peremptoriamente reivindicada por ele, de acordo com a visão crítica dos colegas antropólogos que não estão ligados à ideologia estruturalista do estar "acima da ideologia" em virtude de terem "cientificamente" decifrado seu código por meio das Mitológicas universalistas da superestrutura lévi-straussiana. Como destacou o antropólogo inglês Edmund Leach,

> [...] muitos argumentariam que Lévi-Strauss, assim como Frazer, é insuficientemente crítico quanto ao seu próprio material. Ele sempre parece ser capaz de encontrar exatamente o que procura. Qualquer evidência, por mais que dúbia, é aceitável desde que supra expectativas logicamente calculáveis; mas sempre que a evidência vai contra a teoria, Lévi-Strauss ou passa ao largo da evidência ou imobiliza todos os recursos de sua poderosa invectiva para ter a heresia ridicularizada![199]

---

[196] Idem.

[197] "Je m'efforce moi-même de faire oeuvre scientifique. Mais je ne peux m'empêcher de penser que la science serait plus aimable si elle ne servait à rien." Ver *"L'Express* va plus loin avec Claude Lévi-Strauss", cit., p. 66.

[198] Ver F. A. Hayek, *O caminho para a servidão* (Lisboa, Edições 70, 2009), discutido no capítulo 4 do meu *Para além do capital*, cit.

[199] Edmund Leach, *Lévi-Strauss*, cit., p. 19-20.

A esse respeito, também, encontramos nos escritos de Lévi-Strauss uma concepção anti-histórica extremamente perturbadora, motivada por interesses conservadores, de fato reacionários. Tanto que em determinado momento da extensa entrevista de março de 1971, até mesmo a conservadora revista *L'Express* considera o romantismo sombrio demais para ser levado em conta e faz a pergunta: "O que você diz não é muito 'reacionário', entre aspas?"[200]. A essa pergunta, Lévi-Strauss nos oferece a última resposta da entrevista, que é totalmente reacionária, sem quaisquer aspas, condenando a humanidade como um todo como "sua própria pior inimiga e (ai de mim!) ao mesmo tempo, também a pior inimiga do resto da criação"[201]. Esse é o beco sem saída ao qual o leitor é levado pelas mitológicas de Lévi-Strauss.

O insuperável problema para o estruturalismo lévi-straussiano é que o conceito de *troca* é inerentemente histórico. Na verdade, precisamente em vista da natureza abrangente das relações de troca, que na verdade mudam no sentido dialético de continuidade na descontinuidade, e descontinuidade na continuidade, a mais diversa realidade, correspondendo ao termo "troca" é uma categoria histórica (uma "Daseinform", isto é, uma forma de ser) *par excellence*. Se tratada de qualquer outra maneira, obliterando as determinações qualitativamente diferentes de seus modos de ser, essa importante categoria torna-se fetichisticamente indistinta da maneira mais reveladora.

A fetichização socialmente marcante em questão toma a forma de *fundir* alguns aspectos claramente identificáveis das supostas relações de troca e valores correspondentes (que serão discutidos logo a seguir) em um aspecto falaciosamente postulado. Isso é feito em conformidade mais ou menos consciente – e, obviamente, na fase descendente do desenvolvimento do sistema do capital, em conformidade muito mais do que menos consciente – aos interesses da ordem socioeconômica e política estabelecida.

Não é de modo algum surpreendente ou coincidente, portanto, que no procedimento mitologizador de Lévi-Strauss, a extensão anti-histórica e genérica do conceito de troca seja associada com o choro da "perda do sentido e do segredo do *equilíbrio*"[202] – o postulado mítico dos idólatras do mercado[203] e dos economistas "científicos" modernos (até mesmo "matematicamente rigorosos" da apologética do capital – e da "desintegração da *civilização*"[204]. Pois os céus nos proibiram de apontar o dedo para a *crise do capitalismo*,

---

[200] "N'est-ce pas très 'réactionnaire', entre guillemets, ce que vous dites là?", "*L'Express* va plus loin avec Claude Lévi-Strauss", cit., p. 66.

[201] Idem.

[202] Ibidem, p. 65.

[203] Conforme nos é dito constantemente ainda hoje, nada poderia ser mais idealmente "equilibrante" no devido tempo – posto que somos capazes de e propensos a pacientemente sofrer os períodos de crise inevitavelmente perturbadores e "criativamente destrutivos" do sistema – do que as relações de troca capitalistas materializadas no mercado, até mesmo no período histórico de sua "globalização". Apropriadamente, na visão de Lévi-Strauss, a grande passagem dos índios norte-americanos "da natureza à cultura" foi realizada por meio do "*estabelecimento do comércio*" (ver "*L'Express* va plus loin avec Claude Lévi-Strauss", cit., p. 65). Além disso, nas "sociedades sem escrita" idealizadas por ele, a materialização das relações de troca nas estruturas elementares do parentesco "é o denominador comum da política, do direito e da economia" (ibidem, p. 63).

[204] Ibidem, p. 61.

que dirá para sua grave *crise estrutural* e cada vez mais profunda da qual a explosão dos eventos de maio de 1968 foi uma manifestação inicial óbvia.

Nos livros de Lévi-Strauss, em contraste, os eventos dramáticos de 1968 e seus desdobramentos não conformistas são interpretados como "um sinal adicional da *desintegração de uma civilização* que não garante a *integração das novas gerações*, que poderiam ser muito bem realizadas pelas sociedades sem escrita"[205]. Ele atribui a Marx a ideia absurda de que "a consciência social *sempre mente para si mesma*"[206]. Pois se fosse realmente verdade que "a consciência sempre mentiu para si mesma", nesse caso, a destruição da humanidade – na forma do "cataclismo" de Lévi-Strauss – seria uma *certeza* absoluta, e não um perigo socialmente produzido e socialmente evitável. Nenhum "esquema de interpretação", sem falar a dita decifração estruturalista do código do que supostamente está escondido por trás das "mentiras necessárias da consciência social", poderia mostrar uma saída dos perigos associados. Os antagonismos históricos objetivos e sua incorporação contraditória na consciência social podem ser relegados ao passado somente pela intervenção radical do *sujeito histórico* humano no domínio da reprodução social metabólica *objetiva* – e não no nível das mitológicas – em resposta aos *imperativos práticos* prevalescentes, porém rejeitados pelo estruturalista de ciência. Contudo, no que se refere ao sujeito humano e ao agente histórico[207] cujo desenvolvimento é almejado por Marx na forma de ativa *superação da falsa consciência* que deve surgir das *determinações objetivas* do antagonismo de classe historicamente específico, Lévi-Strauss estabelece não só uma de suas dicotomias, mas uma "*irredutível antinomia*"[208] irremediavelmente autoparalisante entre as mais abrangentes categorias históricas e dialéticas de *sujeito* e *objeto*.

Cada fenômeno criticado é apresentado na obra de Lévi-Strauss de forma totalmente vaga e genérica, de modo a evitar o requisito embaraçoso de nomear a especificidade social da ordem reprodutiva antagônica do capital. Da mesma maneira que lamentava vagamente sobre a "civilização" em geral, ele reclama que a sociedade está se tornando "enorme", que minimiza a "diferença", espalha a "similaridade" e não consegue escapar ao "determinismo abrupto e rígido" etc., mas se recusa até mesmo a mencionar, que dirá seriamente analisar, o caráter tangível do determinismo *capitalista* implacável nas raízes do fenômeno deplorado. De fato, ele denuncia da maneira mais grotesca o "*progresso*", dizendo que somente 10% dele é bom, enquanto 90% dos esforços dedicados a ele devem ser gastos para "remediar os inconvenientes"[209].

Ademais, em sua abrangente entrevista de 1971, concedida à *L'Express* no período em que, nos desdobramentos dos eventos de 1968, as forças *reacionárias* organizadas em Paris –

---

[205] Idem.

[206] Ibidem, p. 63.

[207] Ou seja, o sujeito humano historicamente constituído que poderia remediar a situação, pelo menos a princípio, confrontando apropriadamente os problemas e contradições, inclusive os seus, da relação negativa do mundo real – agora antagonicamente automediadora, porém transcendível – com a natureza, de modo a transformar as restrições da necessidade histórica discutidas anteriormente em uma necessidade progressivamente evanescente de acordo com a carência humana.

[208] "*L'Express* va plus loin avec Claude Lévi-Strauss", cit., p. 60.

[209] Ibidem, p. 66.

promovidas ativamente pelo *regime* gaulista – exibem abertamente sua determinação agressiva em defesa das mais repreensivas medidas, marchando no "Champs d'Élisée", no centro da capital francesa, gritando "*matem Sartre, máquina de guerra civil*", e até bombardeando seu apartamento[210] na vizinhança, Lévi-Strauss teve a coragem de dizer no parágrafo de conclusão da entrevista, em resposta à sugestão delicadamente levantada de que suas visões poderiam parecer um pouco reacionárias para os leitores, que "Os termos '*reacionário*' e '*revolucionário*' só têm significado em relação aos *conflitos* dos grupos que se opõem uns aos outros. Mas hoje o maior perigo para a humanidade não provém das atividades de um *regime*, de *um partido*, de *um grupo* ou de *uma classe*"[211]. É nisso que o "homem [estruturalista]* da ciência" pede que acreditemos. Afinal de contas, também somos incitados por ele a aceitar, como vimos anteriormente, que – em oposição às crenças tolas do "homem dito de esquerda", à la Sartre e seus seguidores socialmente "não integrados" entre os jovens – "a idade de ouro que dispensava o privilégio de uma congruência entre os *imperativos práticos* e os *esquemas de interpretação* já terminou".

O tratamento contraditório das questões espinhosas da relação de troca, intimamente conectadas às questões concernentes ao valor de uso e ao valor de troca, remontam há um longo tempo nas várias concepções teóricas formuladas a partir do ponto de vista do capital. De modo não surpreendente, portanto, negligenciar e até mesmo obliterar a dimensão histórica das principais questões, de maneira a conseguir eternizar a ordem reprodutiva societal do capital, é uma tendência geral nesse campo. Além disso, essa tendência é claramente visível não só na apologética do capital no século XX, mas também nos escritos dos economistas políticos clássicos.

Desse modo, as relações de troca capitalistas são a-historicamente universalizadas (e, obviamente, legitimadas) por meio de sua confusão com uma concepção des-historicizada de utilidade. Por isso, no caso de Ricardo, por exemplo, encontramos uma desconcertante fusão do valor de troca com o valor de uso e a utilidade em geral. Essa transformação desconcertante é realizada na obra de Ricardo pelo tratamento do processo de trabalho capitalista e da criação de riquezas por meio da relação de troca capitalista – na realidade, *historicamente específica* – como *natural*, e pela atribuição, nas palavras de Marx, de "apenas uma forma cerimonial" ao valor de troca. Em outras palavras, para Ricardo,

> a própria riqueza, em sua forma como *valor de troca*, aparece como *simples mediação formal* de sua existência *material*; daí por que o caráter determinado da riqueza *burguesa* não é compreendido – exatamente porque ela aparece como a forma *adequada* da *riqueza em geral*, e daí por que também economicamente, ainda que se tenha partido do valor de troca, as *formas econômicas determinadas da própria troca* não desempenham absolutamente nenhum papel em sua Economia, mas não se fala nada além da repartição do produto universal do trabalho e da terra entre as três classes, como se na riqueza fundada sobre o *valor de troca* se tratasse apenas do *valor de uso* e como se o valor de troca fosse apenas uma *forma cerimonial*,

---

[210] Na verdade, o apartamento de Sartre foi bombardeado não uma, mas duas vezes.
[211] "*L'Express* va plus loin avec Claude Lévi-Strauss", cit., p. 66.
\* Adjetivo inserido por Mészáros.

que em Ricardo desaparece da mesma maneira que o dinheiro como meio de circulação desaparece na troca.[212]

Em contraste com tais abordagens, a importância de se apreender as *mediações históricas* necessárias tanto da "mudança" quanto da "utilidade" não poderia ser maior. Pois o fracasso em identificar as mediações historicamente específicas na análise teórica só pode produzir a profundidade das *tautologias* convenientemente embelezadas que, na base de sua capacidade de reivindicar para si próprias a "autoevidência" (lugar-comum), frequentemente constituem somente o passo preliminar e o "trampolim" da mais arbitrária afirmação dos interesses próprios ideológicos no próximo passo.

> Nesse sentido, é uma *tautologia* afirmar que propriedade (apropriação) é uma *condição* da produção. É risível, entretanto, dar um salto [na economia política burguesa] daí para uma *forma determinada* de propriedade, por exemplo, para a propriedade privada. (O que, além disso, presumiria da mesma maneira uma forma antitética, a não propriedade, como condição.)[213]

É uma tautologia óbvia dizer que a troca é condição necessária (e, nesse sentido, universal) da sociedade humana. Pois como poderia a multiplicidade de seres humanos existir e se reproduzir nas sociedades sem trocar – *algo, em um e outro momento, em algum lugar e de algum modo*[214] – entre si? Pois os indivíduos em questão não são nem "*genus-indivíduos*", nem indivíduos *isolados*, como retratado nas "robinsonadas" burguesas nos tempos modernos – cada um deles vivendo como indivíduo singular em suas ilhas desertas particulares e bem abastecidas, como Robinson Crusoé, esperando apenas pela chegada de Sexta-Feira para servir-lhe de "mãos" trabalhadoras, de acordo com as determinações ideais do "*natural*"[215] – mas sim *indivíduos* inevitavelmente *sociais* até mesmo sob as condições desumanizadoras mais extremas da *alienação capitalista*. A noção de troca é reduzida a uma tautologia trivial quando proclamada como uma panaceia universal e permanente, imaginada com o propósito de introduzir falaciosamente na equação, como uma *premissa necessária* de todo o raciocínio no campo, a *conclusão apologética desejada*, na ausência da dimensão realmente vital – inseparavelmente *social* tanto quanto *histórica* – das relações substantivas em questão.

A importante categoria de troca pode adquirir seu significado teoricamente relevante somente quando inserida no quadro histórico dinâmico das *mediações específicas*[216] socialmente determinadas e inter-relações complexas pelas quais as *transformações e mudanças objetivas* de suas modalidades – mudanças que variam de alterações "capilares" a mag-

---

[212] Karl Marx, *Grundrisse*, cit., p. 331.

[213] Ibidem, p. 87-8.

[214] Obviamente, o que de fato decide a questão é *o quê, quando* e *como* os seres humanos trocam no *tipo específico* de relações de troca em que se envolvem não somente entre si, mas também com a natureza.

[215] Vale recordarmos novamente que, de acordo com um dos maiores economistas políticos de todos os tempos, Adam Smith, a ordem reprodutiva societal burguesa é constituída como "sistema *natural* da *liberdade* e *justiça completas*".

[216] Como tais, as mediações de segunda ordem não são, de modo algum, necessariamente/aprioristicamente antagônicas. De fato, a constituição da "relação de troca" entre a humanidade e a natureza e dos indivíduos entre si, na forma de mediações de segunda ordem antagônicas, só é inteligível enquanto *categoria inerentemente histórica*, que implica sua transcendentabilidade histórica.

nitudes qualitativamente/radicalmente diferentes e que a tudo abrangem – são exibidas convincentemente. Ou seja, mudanças que se desdobram de acordo com a dialética da *continuidade na descontinuidade e descontinuidade na continuidade* característica do *desenvolvimento histórico/trans-histórico*. Mas é com o *desenvolvimento* que estamos preocupados, ainda que ele costume ser representado equivocadamente como um *progresso* simplista do tipo "boneco de palha", inventado com o propósito de ser incendiado com um simples palito de fósforo a serviço das lamentações românticas estruturalistas. Na verdade, os anais da história mostram um desenvolvimento substantivo desde as relações de troca de nossos ancestrais distantes – que foram obrigados a viver por um longo período histórico "da mão à boca"* – até o presente e futuro globalmente interdependentes e interativos, bem como potencialmente *emancipatórios*. A emergência desse potencial emancipatório é parte integrante do processo histórico em si, independentemente da possível grandeza dos perigos – *socialmente evitáveis ou retificáveis* – que hoje são inseparáveis da modalidade globalizante da reprodução social metabólica do capital e de sua *especificidade histórica* e das mediações de segunda ordem correspondentemente destrutivas. Sem a apreensão concreta das determinações sociais e históricas em jogo nessas questões, a tautologia trivial sobre a "troca" glorificada como panaceia universal só pode resultar na apologética mistificadora da ordem estabelecida.

No mesmo sentido, é bastante óbvio que, na sociedade humana necessariamente em mutação – e não reificada e estruturalmente estanque – não pode haver *estrutura* sem *história*, da mesma forma que não pode haver *história* de nenhuma magnitude sem suas *estruturas* correspondentes. Os imperativos estruturais e a temporalidade histórica estão intimamente entrelaçados. Pois a sociedade humana é inconcebível sem suas *determinações estruturadoras dinâmicas* (geralmente deturpadas como constructos arquiteturais rígidos, de modo a conseguir descartar a "metáfora da base e superestrutura" marxiana) que garantem algum tipo de *coesão* até mesmo sob as condições da *centrifugalidade estrutural* do sistema antagônico do capital. Os *imperativos estruturais* podem na verdade assumir a forma mais rígida sob determinadas *condições históricas* e afirmar a si mesmos "por trás dos indivíduos" se necessário for, como precisamente acabam fazendo sob nossas próprias condições de existência. Por conseguinte, também as categorias da estrutura e história – enquanto articulações estruturais, que a tudo abrangem e estão temporariamente em mutação, das correspondentes formas de ser (*Daseinsformen*) – são inextricavelmente *conjuntadas* na sociedade humana realmente existente.

No entanto, sem um tratamento inerentemente dialético e histórico de ambas, também os conceitos de estrutura e história correm perigo de se transformarem em mera *tautologia* tanto quanto a panaceia universal atemporal da *troca*. Isso significa que uma concepção adequada de sua relação deve explicar não só a *gênese histórica* de qualquer *estrutura*[217], mas também o *processo de desenvolvimento* na história da humanidade em si, isto é, sua *gênese e transformações* dinâmicas, em consonância com sua determinação como um quadro *com fim aberto* da mudança societal, e isso inclui a mudança potencial da "pré-história" antagô-

---

\* Ver nota *, na p. 117. (N. E.)

[217] Sartre critica corretamente o estruturalismo por "nunca mostrar como a História produz as estruturas", em Jean-Paul Sartre, *Situations IX* (Paris, Gallimard, 1972), p. 86.

nica para a "história real" conscientemente vivida e ordenada pelos indivíduos sociais não antagonicamente automediadores. Do contrário, acabamos com as incorrigíveis dicotomias vistas anteriormente de *espaço* e *tempo*, *continuidade* e *descontinuidade*, *sujeito* e *objeto* etc., e com a redução da história em si – dita "destituída de qualquer objeto" e boa somente para "inventariar" os "elementos de qualquer estrutura" – a uma coleção desolada de dados "complementados" pelas mitológicas "antiprogresso" da antropologia estrutural lévi-straussiana.

É necessário, em conexão com todas essas relações fundamentais, manter em sua perspectiva apropriada as *prioridades objetivas* – que acabam por ser primazias tanto históricas quanto lógicas. Pois, no caso da *troca*, por exemplo, antes que se possa almejar a troca de qualquer coisa, os objetos a serem trocados devem ser de alguma maneira *produzidos*. E assim também devem ser as relações sociais sob as quais sua produção historicamente específica torna-se possível. Em outras palavras, a questão da gênese histórica deve ter *prioridade* nessas questões, como de fato acaba por ser extremamente importante também para estabelecer dialeticamente a questão do que deve ou não ser legitimamente considerado a *precondição*, em contraste com o *resultado*, em qualquer relação determinada. Por isso, na distribuição, analogamente à troca,

> A *articulação* da *distribuição* está totalmente determinada pela *articulação* da *produção*. A própria distribuição é um produto da produção, não só no que concerne ao seu objeto, já que somente os *resultados* da produção podem ser *distribuídos*, mas também no que concerne à forma, já que o modo determinado de participação na produção determina as *formas particulares* da distribuição, a forma de participação na distribuição. [...] Na concepção mais superficial, a distribuição aparece como distribuição dos produtos, e, assim, como mais afastada [da] produção e quase autônoma em relação a ela. Mas antes de ser distribuição de produtos, a distribuição é: 1) distribuição dos instrumentos de produção, e 2) distribuição dos membros da sociedade nos diferentes tipos de produção, o que constitui uma determinação ulterior da mesma relação. (Subsunção dos indivíduos sob relações de *produção* determinadas.) A distribuição dos produtos é manifestamente apenas *resultado* dessa distribuição que está incluída no próprio processo de produção e determina a *articulação da produção*.[218]

Como vemos, todos os fatores nomeados relevantes para a avaliação da relação produtiva/distributiva, historicamente sempre específica, são tratados dialeticamente aqui, respeitando plenamente tanto as prioridades temporais quanto as prioridades estruturais envolvidas. O mesmo deve ser válido para a avaliação da relação de troca, tanto no que se refere ao passado histórico mais remoto quanto à sua modalidade capitalista, bem como à sua – absolutamente vital – transformação futura potencial. Pois é crucialmente importante para a sobrevivência da humanidade instituir uma relação de troca radicalmente diferente – *coletiva* – no futuro não muito distante, no lugar da dominação fetichista e destrutiva do valor de uso (que corresponde à carência humana) pelo valor de troca capitalista cada vez mais perdulário.

De modo revelador, aqueles que miticamente inflam o conceito de troca e projetam sua variedade capitalista até mesmo nos cantos mais remotos do passado, obliteram não só a dimensão *histórica* real da relação de troca em si, mas também as *prioridades estruturais* objetivas, de modo a bloquear a estrada à frente, com seu modo *qualitativamente diferente* de regular a reprodução social metabólica também nos termos do/da inevitável

---

[218] Karl Marx, *Grundrisse*, cit., p. 95-6.

intercâmbio/troca da humanidade com a natureza e dos indivíduos particulares entre si na sociedade. Ao definir a troca em termos do *produto* (*resultado*) do processo – independentemente da questão de que tipo de produto está em jogo, desde os bens materiais às entidades culturais – eles obliteram toda a consciência das *atividades produtivas* específicas, e correspondentes *relações de produção*, em suas raízes, como sua precondição necessária, sob as quais os indivíduos que produzem são subsumidos. Eles representam a relação de troca dessa forma para conseguir banir da visão a possibilidade de instituir uma alternativa historicamente viável. Portanto, a *primazia da atividade* em si é caracteristicamente eliminada no interesse de eternizar e *absolutizar* a alienação capitalista historicamente *contingente tanto da atividade produtiva quanto de seu produto mercadorizado*.

Na realidade, não pode haver nenhuma apodicticidade apriorística para projetar as relações de troca – socialmente sempre necessárias – na forma de *produtos*, muito menos de *produtos mercadorizados*. A única razão para se envolver nessa projeção – e *violar* excessivamente, com isso, tanto as primazias históricas quanto as conceituais envolvidas – é harmonizar, no interesse da legitimação social, a *forma de troca de mercadoria* com a *forma de propriedade*, estabelecida e historicamente contingente, materializada nas *relações de produção*, com suas mediações de segunda ordem antagônicas. Pois as dadas relações de produção, governadas pelo imperativo da permanente acumulação do capital, são incapazes de produzir e distribuir os produtos de outra maneira. Mas as afirmações legitimadoras absolutizadas da forma estabelecida de propriedade e apropriação são historicamente falsas. Pois, como Marx colocou claramente em relevo na sua discussão da propriedade e acumulação, contra as afirmações eternizantes ligadas à noção de propriedade privada: "A história mostra, pelo contrário, a *propriedade comunal* (por exemplo, entre os hindus, os eslavos, os antigos celtas etc.) como a forma original, uma forma que cumpre por um longo período um papel significativo sob a figura de *propriedade comunal*"[219].

Portanto, mesmo que a primazia histórica da propriedade comunal seja contestada e negada, a serviço dos interesses próprios da acumulação do capital, ninguém pode racionalmente negar a *primazia da atividade produtiva* em si nas raízes de todas as formas e variedades concebíveis de produção, desde bens materiais a ideias religiosas e obras de arte. Assim o é mesmo que tal primazia possa ser violada praticamente, é claro, como uma questão de *contingência histórica*, por meio do modo de *apropriação* exploradora de classe do capital, desde a época da "acumulação primitiva" até o presente. Nesse sentido, defender a *troca de atividades* como a única *alternativa histórica* viável e um modo qualitativamente diferente de produção e distribuição para o futuro significa *restituir* à atividade produtiva sua *primazia ontológica*, subvertida e usurpada pela forma forçosamente discriminatória do capital de expropriar a apropriação à qual estamos acostumados há bastante tempo. Mas é desnecessário dizer que a instituição de uma relação de troca qualitativamente diferente, comparada à forma hoje dominante, baseada, no futuro, na troca *autogerida de atividades* em uma ordem distributiva e produtiva coordenada, requer a transformação radical das *relações de propriedade* alienadas em um *tipo coletivo*. Essa é

---

[219] Ibidem, p. 88.

precisamente a razão pela qual, nas teorias (e mitológicas) ideologicamente dominantes das relações de troca, até mesmo a menção à possibilidade de produção e reprodução societal sobre a base da troca de atividades pelos produtores livremente associados deve ser evitada como praga.

Não obstante, a necessidade de regular a reprodução societal baseada na *troca* voluntária *de atividades*, em contraste com a divisão autoritária do trabalho, inseparável da acumulação buscada cegamente do capital, contina sendo o *imperativo prático* vital de nosso tempo histórico, não importa quão acentuadamente ele contradiga os *"esquemas de interpretação"* estruturalistas apologéticos. Pois esse é o único modo possível de *reconstituir* a única relação historicamente sustentável entre produção e *carência humana*, por meio da recolocação do *valor de uso* em seu legítimo lugar na relação de troca, sobre a base da *igualdade substantiva*. Ou seja, uma modalidade socialista genuína de troca, livre da dominação perdulária e destrutiva do *valor de troca* formalmente redutivo e, por conseguinte, viável tanto nos *microcosmos* reprodutivos da humanidade quanto em escala *global*.

Naturalmente, a *troca* está bem longe de ser identificável com o *valor de troca* historicamente muito mais limitado. Nem o *valor de uso* em si é simplesmente identificável com a "utilidade" enquanto tal. Pois sabemos muito bem que o valor de uso é necessariamente mediado *e dominado*, sob as condições históricas da ordem de produção capitalista, pelo valor de troca. Na verdade, há algumas formas extremamente perversas de "utilidade" sob as circunstâncias do domínio do capital sobre a sociedade, vividamente exemplificadas pelo "complexo militar/industrial" e sua máquina de guerra infernal, cuja *"utilidade"* é apenas a *destruição*, em mais de um sentido.

Contudo, é um traço característico da justificação ideológica da ordem estabelecida confundir *utilidade* em geral com a imposição fetichista por parte do capital do valor de troca sobre a sociedade. Esse tipo de confusão tendenciosa pode assumir formas particularmente extravagantes. Nesse sentido, tomemos um exemplo importante – e de algumas maneiras um modelo do funcionalismo estrutural –, o economista político burguês mais respeitado do século XX, John Maynard Keynes. Ele não hesita em idealizar, da maneira mais contraditória, uma ordem reprodutiva social futura ficticiamente projetada e em glorificar, ao mesmo tempo, a realidade prosaica do modo capitalista de produção – também admitida por Keynes como sendo totalmente prosaica para os propósitos retóricos da "persuasão" bastante duvidosa oferecida por ele.

Para ser exato, Keynes sabe muito bem que a real questão em jogo é o imperativo da acumulação de capital. Não obstante, por um lado, ele insiste, em suas conferências reunidas no volume chamado *Essays in Persuasion* – conferências proferidas na segunda metade da década de 1920 – que a *acumulação de capital* é uma necessidade absoluta para o avanço social, e nesse sentido ele confunde falaciosamente a expansão historicamente específica do valor de troca capitalista com a utilidade em geral, projetando de maneira sonora que, por cem anos, "precisamos fingir para nós mesmos e para os outros que o justo é mau e o mau é justo; *pois o mau é útil e o justo, não*"[220]. Ao mesmo tempo, por outro lado, sem

---

[220] J. M. Keynes, "Economic Possibilities for Our Grandchildren", *Essays in Persuasion* (Nova York, Norton & Co., 1963), p. 372.

almejar a mais superficial alteração nas práticas reprodutivas desumanizadoras do sistema do capital, ele prega na mesma conferência que, na sociedade futura retoricamente projetada, "Honraremos os que puderem nos ensinar a passar virtuosamente e bem a hora e o dia, as pessoas agradáveis capazes de ter prazer direto nas coisas, os lírios do campo, que não mourejam nem fiam"[221]. Mas, obviamente, ele guarda totalmente para si o segredo de como passaremos da existente ordem reprodutiva social "utilmente má" da acumulação necessária do capital para a sociedade do futuro "que virtuosamente passa bem a hora e o dia". Entretanto, de maneira desconcertante, para essa apologética keynesiana, em nossa época os projetados "cem anos" já estão quase no fim, e estamos mais distantes do objetivo ilegitimamente glorificado de "uma sociedade que não moureja nem fia" do que quando esse objetivo foi dissimuladamente aclamado por ele, a partir de uma distância segura de "cem anos", nos *Essays in Persuasion*, com uma devoção apologética do capital.

Encontramos uma *fusão* similarmente motivada na obra de John Maynard Keynes entre o que ele chama de *"técnica econômica útil"*[222] e seu necessário *cenário estrutural social*. Também a esse respeito, de modo revelador, a estrutura social estabelecida é sempre assumida, e na maioria das vezes ela permanece também *não mencionada*, de modo que o semblante da *neutralidade idealizável* deveria ser conferido às técnicas econômicas socialmente articuladas requeridas para maximizar a lucratividade e a acumulação do capital. No entanto, o fato é que as *"técnicas produtivas neutras"* idealizadas estão sempre profundamente imbricadas em uma *estrutura social* historicamente específica da produção e no correspondente controle e execução que, sob a hierarquia estruturalmente enraizada do sistema do capital, *necessariamente separam* as funções de controle da produção em relação ao trabalho, em consonância com as *relações sociais de produção* estabelecidas como seu fundamento material e legitimidade protegida pelo Estado. A "técnica econômica útil" tomada por si só é, portanto, uma ficção egoísta, assim como a sociedade na qual "as pessoas agradáveis não mourejam nem fiam".

A orientação conceitual reveladora e a *premissa prática vital* do *funcionalismo estrutural* é precisamente esse tipo de fusão mistificadora e idealização de técnicas socioeconômicas determinadas e processos de controle como fatores "puramente técnicos" e "puramente econômicos", e portanto absolutizáveis. Eles são as características definidoras da alegada "teoria geral universalmente válida" de Talcott Parsons. Além da absolutização falaciosa, tais características são reunidas na teoria parsoniana com uma marcante abordagem *formalista* aos problemas discutidos, de modo a fazer os postulados arbitrários apresentados – retirados do nada – parecerem "rigorosamente científicos" na ausência de qualquer evidência que lhes dê apoio. Desse modo, ignorando completamente a natureza atual dos direitos de propriedade e correspondentes relações de poder na sociedade capitalista norte-americana, Parsons nos diz que *"deve* haver um sistema de propriedade que regule as reivindicações às *entidades transferíveis*, materiais ou imateriais, e com isso *assegure direitos* quanto aos meios de vida nos *recursos* necessários para o *desempenho de funções*"[223].

---

[221] Ibidem, p. 370.
[222] J. M. Keynes, "A Short View of Russia", em *Essays in Persuasion*, cit., p. 301.
[223] Talcott Parsons, "Social Class and Class Conflict in the Light of Recent Sociological Theory", em *Essays in Sociological Theory* (Nova York, The Free Press, 1954), p. 326.

Nada poderia ser mais vago e ao mesmo tempo mais descaradamente apologético da ordem estabelecida que esse tipo de análise da estrutura e do conflito de classe atualmente existente encontrado sob a concentração monopolista do poder econômico e político na sociedade capitalista corporativa. Conforme ressaltou corretamente C. Wright Mills em sua aguda crítica a Talcott Parsons:

> A grande teoria está embriagada pela sintaxe, cega em relação à semântica [...] Os grandes teóricos se preocupam tanto com significados sintáticos e são tão desprovidos de imaginação a respeito de referências semânticas e tão rigidamente confinados a níveis altíssimos de abstração que as tipologias que eles elaboram – e o trabalho que têm para elaborá-las! – parecem mais um jogo árido de conceitos do que uma tentativa de definir sistematicamente – quer dizer, de forma clara e organizada – os problemas em jogo e direcionar nossos esforços à solução deles.[224]

O problema é que, em tais teorias, os interesses próprios ideológicos devem a todo custo prevalecer. As "tipologias" vazias propostas pela teoria estrutural-funcionalista servem precisamente ao propósito de eternizar os interesses próprios.

As explicações causais das mudanças colocadas abstratamente são conspícuas por sua ausência nesse tipo de teoria. Encontramos, em vez disso, uma fusão e confusão sistemáticas dos fatores subjetivos e objetivos, bem como das esferas de ação individual e coletiva. E o significado disso tudo se manifesta quando os grandes teóricos norte-americanos nos dizem – sem sequer mencionar em suas primeiras análises o verdadeiro fato real da *exploração capitalista do trabalho* (ou seja, exploração considerada em sua efetividade nua e crua, sem as desnorteantes aspas) – que o resultado do "ciclo de mudanças estruturais" descrito por eles é o fato de que a dita "'nova economia' se tornou independente tanto da 'exploração do trabalho' precedente quanto do 'controle capitalista' precedente"[225]. Esse feliz resultado supostamente soa muito bem para todos. Pois graças ao uso curioso das aspas nas linhas citadas, devemos agora ficar duplamente tranquilizados de que a "exploração do trabalho" e o "controle capitalista" antagonicamente contestado da economia nunca existiram realmente e que, além disso, eles agora desapareceram completamente, em virtude do "ciclo de mudanças estruturais" formalisticamente postulado, da (não tão nova) "nova economia".

As mistificações "funcionalistas estruturalistas", a serviço da "nova economia" ficcional, são feitas para desviar a atenção crítica da natureza cada vez mais problemática e globalmente exploradora do *capitalismo corporativo monopolista*. Cada problema social e econômico – afetando dolorosamente a vida de milhões e milhões de pessoas – é metamorfoseado em categorias "funcionais neutras" e "tipologias" pseudocientíficas, de modo que ofereça o semblante da "regulação das reivindicações às entidades transferíveis, materiais ou imateriais, e com isso *assegure direitos*" necessários para os "recursos" (genéricos) do intercâmbio sistêmico e para o "desempenho de funções" (igualmente genéricas). E isso ocorre simplesmente porque é

---

[224] C. Wright Mills, *The Sociological Imagination* (Harmondsworth, I, 1959), p. 42-3.

[225] Talcott Parsons e Neil J Smelser, *Economy and Society: A Study in the Integration of Economics and Social Theory* (Londres, Routledge & Kegan Paul, 1956), p. 272. O leitor interessado encontrará uma análise mais detalhada desses problemas em meu livro *Filosofia, ideologia e ciência social*, cit., p. 45-51, na seção em que trato da "ideologia da 'teoria geral' parsoniana".

assim que "funcionalmente deve ser". Consequentemente, devemos viver felizes para sempre no melhor dos mundos possíveis (funcionalmente e, é claro, estruturalmente).

Nesse mundo tipologicamente embelezado, os "direitos assegurados" são assegurados tão somente para as *entidades transferíveis*, atribuídos ao domínio da "soberania do consumidor" individual totalmente fictícia, excluindo com a determinação mais firme possível até mesmo a mais remota possibilidade da *mudança estrutural real* (isto é, uma mudança radical com respeito às "entidades não transferíveis" dos meios de produção para a classe do trabalho) na ordem antagônica estrutural hierarquicamente arraigada e protegida pelo Estado. E recebemos essa reconfortante sabedoria sob a autoridade do "funcionalismo estrutural" idealmente competente que – "à luz da teoria sociológica recente", como dizem – nega de maneira enfática a relevância da "classe social e do conflito social". Pois nessa teoria, mesmo quando projeta sua tipologia fantasiosa sobre o "ciclo das mudanças estruturais", as determinações históricas reais da ordem social e econômica estabelecida simplesmente não existem. Por conseguinte, todas as "mudanças estruturais" devem ser restritas aos "recursos" e às "funções" bastante contíveis, apropriados ao "controle [alegadamente] não capitalista" da ordem estabelecida.

O que é importante ter em mente também a esse respeito é que a ofuscação teórica estrutural-funcionalista, e derradeira obliteração, das determinações estruturais realmente existentes da ordem social metabólica do capital é profundamente *anti-histórica*. O propósito ideológico fundamental dessa teoria é a eternização do sistema do capital, muitas vezes de maneira fetichisticamente camuflada, travestida na forma de tipologias e esquematismos complicados que retratam estruturas inventadas e funções desmaterializadas. Mas o deslavado caráter apologético social dessas "grandes teorias" é revelado de tempos em tempos, ou diretamente – como vimos anteriormente na *negação explícita* do conflito de classes e da exploração capitalista por Talcott Parsons na sociedade capitalista monopolista realmente existente – ou indiretamente, em seu discurso formalista abstrato sobre as "entidades transferíveis" e os "recursos" necessários para a permanência do "desempenho de funções" estritamente acomodatício. A ordem social e econômica estabelecida – *historicamente produzida e historicamente em mutação* – do sistema do capital, portanto, desaparece completamente de vista, de modo que o perigo de qualquer *mudança significativa no futuro* também deveria convenientemente desaparecer, com ela e de maneira apriorística e irrecuperável, do horizonte dos leitores.

A atribuição – ao capital eternizado – das "técnicas econômicas úteis", bem como das estruturas e funções fetichisticamente retratadas e apologeticamente transfiguradas do desenvolvimento societal é uma atribuição autosserviente e totalmente falsa. Pois ela caracteristicamente ignora a *dimensão histórica* desse problema. Uma dimensão que acaba por ser seminalmente importante para o entendimento apropriado não só da natureza dos desenvolvimentos passados – incluindo o "progresso geral" da humanidade, tendenciosamente deturpado, mas, na realidade, longe de ser linear, que, não obstante, é bastante real, apesar de todos os tipos de diatribes anti-históricas estruturalistas e pós-estruturalistas contra ele –, mas também da tarefa necessária e factível para o futuro. Pois as técnicas e o maquinário produtivo, em sua combinação historicamente em desenvolvimento com a ciência e o conhecimento humano em geral, incluindo todas as suas potencialidades positivas e negativas, não caem do céu como maná advindo do paraíso bíblico. Eles têm de ser criados pelo – e, no curso da expropriação estruturalmente assegurada, também alienados durante um período histórico transcendível do – sujeito trabalhador da história. Ou seja, pelo *homo sapiens* considerado como um *homo faber* cada vez mais habilidoso e inventivo, e não como um moderno *homo economicus*, mistificadoramente retratado, que maximiza os lucros e acumula capital. Na verdade, eles têm de ser criados – pelos seres humanos automediadores em sua interação produtiva absolutamente inescapável com a natureza e entre si – como partes integrantes do processo de desenvolvimento *potencialmente emancipatório*. Processo dialeticamente inteligível somente sobre a base das determinações objetivas da carência humana progressivamente em expansão e necessidade histórica criativamente "evanescente", que trazem consigo o avanço estrutural transformador historicamente sustentável da humanidade.

Para ser exato, essas transformações são extremamente complexas, e, em seu caráter mais íntimo, até o tempo presente, também bastante contraditórias. Pois, no curso do desenvolvimento histórico, o sujeito automediador da natureza e da história também impôs sobre si o alienante fardo das mediações de segunda ordem *antagônicas* – e de muitas maneiras destrutivas. Não obstante, os desenvolvimentos produtivos societais realmente realizados que estão em questão, não importa quão problemáticos em certos aspectos, são ao mesmo tempo vitalmente importantes para o presente e para um futuro historicamente sustentável. Eles são importantes em virtude de suas determinações objetivas de controlabilidade, posto que nos importamos com seriamente enfrentar e contra-atacar os perigos inevitáveis nelas implícitos, em vez de derramar lamentações românticas sobre "a humanidade que se revela sua própria pior inimiga e, ao mesmo tempo, também a pior inimiga do resto da criação".

Nesse contexto, é necessário voltar a atenção para algumas linhas dos *Grundrisse*, de Marx, escritas da seguinte maneira:

> O desenvolvimento do meio de trabalho em *maquinaria* não é *casual* para o capital, mas é a *reconfiguração* do *meio de trabalho* tradicionalmente herdado em uma *forma adequada ao capital*. A acumulação do *saber e da habilidade*, das *forças produtivas gerais do cérebro social*, é desse modo absorvida no *capital em oposição ao trabalho*, e aparece consequentemente como *qualidade do capital* e, mais precisamente, do *capital fixo*, na medida em que ele ingressa como meio de produção propriamente dito no processo de produção. [...] Ademais, na medida em que a maquinaria se desenvolve com a *acumulação da ciência social*, da força produtiva como um todo, o *trabalho social geral* não é representado no trabalhador, mas *no capital*. A força produtiva da sociedade é medida pelo capital fixo, existe nele em forma objetiva e, inversamente, a força produtiva do capital se desenvolve com esse *progresso geral de que o capital se apropria gratuitamente*.[226]
>
> O processo de produção em seu conjunto, entretanto, não aparece como processo subsumido à habilidade imediata do *trabalhador*, mas como *aplicação tecnológica da ciência*. [...] Essa *elevação do trabalho imediato* à condição de trabalho social aparece como *redução do trabalho individual* à *impotência* frente à *comunidade concentrada* representada *no capital*.[227]

Como vemos nessas citações dos *Grundrisse*, o processo histórico do avanço da humanidade e a "acumulação do saber e da habilidade" – que é simultaneamente a "acumulação da

---

[226] Karl Marx, *Grundrisse*, cit., p. 694-5.
[227] Ibidem, p. 700.

ciência social" e das "forças produtivas gerais do cérebro social" – é um processo altamente contraditório devido à *perversão alienante* das relações objetivas em desdobramento. Ele é tanto positivo, pois vemos um *progresso geral* da sociedade e o enriquecimento do "cérebro social" por meio da "acumulação da ciência social", mas devemos experimentar ao mesmo tempo o poder cada vez maior da dimensão negativa, que necessita cada vez mais do controle humano consciente, no presente perigosamente em desdobramento e no futuro. Pois no curso do desenvolvimento histórico do conhecimento humano, a realização positiva de todo potencial das forças produtivas gerais do cérebro humano é *unilateralmente* – em uma forma alienada de expropriar a apropriação – "*absorvida no capital em oposição ao trabalho*". Com isso ela é colocada a serviço dos propósitos potencialmente mais destrutivos e, em última instância, incontroláveis do capital, dominados pelo *imperativo absoluto* da acumulação do capital, quaisquer que sejam as consequências.

Em contraste, no lado do trabalho, o processo de produção crescente aparece não como subsumido à *habilidade* direta do *trabalhador*, mas sim como "*aplicação tecnológica* [fetichista]\* *da ciência*" – tomada ao pé da letra por todos os apologistas do capital – que significa simultaneamente a "*redução do trabalho individual à impotência*". Além disso, um dos aspectos mais absurdos dessa forma alienada de desenvolvimento e avanço histórico é que a *socialização* sempre crescente *do processo de trabalho atribui ao capital* a dimensão comum pervertida ("*Gemeinsamkeit*") da reprodução societal. Essa é uma atribuição *usurpadora*, agudamente contraditada pela natureza mais íntima do capital em si, que permanece sempre unido ao controle *autolegitimador* dos *meios* de produção e afirma sua autoridade incontestável em regular a distribuição dos *produtos* do *trabalho social*. E nesse curso de desenvolvimento antagônico e fundamentalmente autocontraditório, os meios tradicionais de produção são historicamente remodelados pelo *trabalho* cada vez mais *socializado* em uma configuração *adequada ao capital*, na forma de *maquinaria, ciência e tecologia*, trazendo consigo, na realidade, uma *dominação* sempre crescente *do trabalho*.

Obviamente, portanto, o entendimento real desses desenvolvimentos produtivos é impossível sem relacioná-los intimamente à antagônica, e em última instância totalmente insustentável, relação capital/trabalho, na qual eles estão profundamente imbricados. Como consequência, é claro, também está terrivelmente claro que a ciência e a tecnologia devem ser extricadas dessa imbricação *antagônica* em prol de tornar historicamente viável o modo alternativo de controle social metabólico de que precisamos. A questão não é a a imbricação social *ou não*, mas que *tipo* de imbricação social – antagonicamente articulada ou positivamente crescente. É totalmente vazio falar sobre "técnicas econômicas úteis" sem ter em mente o tempo todo as implicações necessárias das inevitáveis raízes sociais e a articulação de toda a tecnologia não só no passado, mas também em relação a qualquer futuro historicamente sustentável. Pois o *corolário necessário* do desenvolvimento do conhecimento e da tecnologia, sobre a base da *socialização irreversível* do processo do trabalho, como descrito nas linhas citadas dos *Grundrisse*, é que a *apropriação antagônica perversa* pelo capital dos frutos do cérebro social deve ser superada [*overcome*]. E ela só pode ser superada se a *comunidade* da produção, que é *usurpada pelo capital* de forma fetichista

---

\* Inserção de Mészáros. (N. E.)

e alienante, for *restituída* de maneira racionalmente viável ao processo do trabalho social em si, atribuída a um *trabalho social* e *conscientemente controlada por ele*[228], de acordo com o desenvolvimento positivo e a gratificação da *carência humana*. É dessa maneira que Marx descreve o *corolário necessário* em questão, de modo intimamente relacionado às linhas citadas anteriormente, em duas passagens importantes dos *Grundrisse*:

> Nesta transformação, o que aparece como a grande coluna de sustentação da produção e da riqueza não é nem o trabalho imediato que o próprio ser humano executa, nem o tempo que ele trabalha, mas a apropriação de sua própria força produtiva geral, sua compreensão e seu domínio da natureza por sua existência como corpo social – em suma, o desenvolvimento do indivíduo social. *O roubo de tempo de trabalho alheio, sobre o qual a riqueza atual se baseia*, aparece como fundamento miserável em comparação com este novo fundamento desenvolvido, criado por meio da própria grande indústria. Tão logo o trabalho na sua forma imediata deixa de ser a grande fonte da riqueza, o tempo de trabalho deixa e tem de deixar de ser a sua medida e, em consequência, o valor de troca deixa de ser [a medida] do valor de uso.[229]
>
> O crescimento das forças produtivas não pode ser confinado à apropriação do trabalho excedente alheio, mas a própria massa de trabalhadores tem de se apropriar do seu trabalho excedente. Tendo feito isso – e com isso o *tempo disponível* deixa de ter uma existência *contraditória* –, então, por um lado, o tempo necessário de trabalho terá sua medida nas necessidades do indivíduo social, por outro, o desenvolvimento da força produtiva social crescerá com tanta rapidez que, embora a produção seja agora calculada com base na riqueza de todos, cresce o *tempo disponível* de todos. Pois a verdadeira riqueza é a força produtiva desenvolvida de todos os indivíduos. Nesse caso, o tempo de trabalho não é mais de forma alguma a medida da riqueza, mas o tempo disponível.[230]

Desse modo, Marx sublinha enfaticamente o *anacronismo histórico* prejudicial da ordem reprodutiva societal do capital que continua a funcionar, de modo *irracional*, sobre a base do *"fundamento miserável"* do *"roubo de tempo de trabalho alheio"*, mantendo a sociedade na camisa de força do [tempo de] "trabalho necessário" – artificialmente perpetuado, porém explorável – medido pelo valor de troca da acumulação do capital, e subserviente a ele, e não medido pelas *carências* do indivíduo social. Pois o capital, por causa de sua natureza mais íntima, é totalmente incapaz de libertar as imensas potencialidades produtivas e emancipatórias do *tempo disponível*. Isso ocorre porque, sob o domínio do capital, o *"trabalho excedente"* dos indivíduos sociais, potencialmente liberador e em desenvolvimento progressivo – trabalho que pode ser transformado em *tempo disponível* usado criativamente se lhe fosse permitido crescer como poderia e deveria – não pode ser libertado. Deve ser condenado a uma "existência *contraditória*" em sua modalidade de *tempo disponível* por causa da inutilidade deste para a apropriação exploradora e correspondente acumulação de capital na escala possível e necessária. Para o capital, o crescimento ilimitado do *tempo livremente disponível* – em contraste com o lucrativamente explorável, porém limitado, "tempo de lazer" – seria

---

[228] Ou seja, não por uma força de trabalho que agora é composta de trabalhadores isolados, alienados e fragmentados, mas de *indivíduos sociais* em desenvolvimento que são cooperativamente combinados na *força de trabalho social* de uma sociedade organizada em comunidade.

[229] Ibidem, p. 705. Ênfases de Marx.

[230] Ibidem, p. 708. Ênfases de Marx.

ainda mais perigoso, resultando numa *dinamite social*, pois não poderia oferecer para os indivíduos sociais nenhuma *alocação significativa* para o seu tempo disponível livremente em expansão dentro dos confins do modo estabelecido de reprodução societal. Por conseguinte, o capital não pode possivelmente passar da tirania fetichista do *valor de troca* para a produção conscientemente regulada do *valor de uso* a serviço da *carência humana*. Esse tipo de passagem só seria possível com base no pleno desenvolvimento do tempo disponível, o que contradiz diretamente o anacronismo histórico hoje totalmente perigoso do capital como um sistema produtivo cada vez mais perdulário, e ao mesmo tempo insensivelmente desumano – porque negador da carência.

Contudo, essa é uma *falha sistêmica/estrutural* necessária e, portanto, nada pode ser feito para remediá-la dentro do quadro do sistema do capital em si. Ela deve continuar sendo a dolorosa verdade sob as condições de nosso desenvolvimento societal, apesar das *potencialidades* positivas já atingidas da ciência e do conhecimento humano em geral. Essa condição (e contradição) estruturalmente restritiva é insuperável sob as circunstâncias quando o tempo de trabalho, antes cedo do que tarde, deve deixar de ser a medida alienante da riqueza social e, portanto, o valor de troca deve deixar de ser a medida mutiladora e destrutiva da natureza do valor de uso admissível. Pois o novo imperativo histórico, no lugar do imperativo irracional e sempre mais destrutivo da acumulação parasitária do capital, é que os trabalhadores devem, eles mesmos, se *apropriar de seu próprio trabalho excedente*, para que libertem para si e para a sociedade como um todo as potencialidades criativas e emancipatórias do *tempo disponível*. E isso requer um modo – coletivo – radicalmente diferente de controle social metabólico. Pois a menos que os indivíduos sociais produtores possam se apropriar de seu próprio trabalho excedente, não pode haver nenhuma chance de liberar de seus grilhões seu próprio *tempo disponível* potencial, que pode concebivelmente tornar-se *disponível* somente se seus verdadeiros detentores forem capazes de se dispor dele livremente. E isso levanta inevitavelmente a questão de *quem aloca* as potencialidades do *tempo disponível*, e *com quais propósitos* a alocação planejada pode ser colocada em uma relação sustentável com os *produtores do tempo disponível* de maneira positiva. Pois o capital só conhece o propósito praticável da "alocação de recursos"[231]: o processo de maximização dos lucros da acumulação do capital. Somente os produtores do tempo disponível criativamente expansível são capazes de alocar conscientemente a grande potencialidade desse tempo para seus próprios *propósitos emancipatórios* livremente escolhidos. Do contrário, eles não poderiam ter absolutamente nenhum interesse em criá-lo, nem poderiam ser *forçados* a produzi-lo, pois sua produção requer as livres deliberações dos próprios indivíduos sociais, seus potenciais criadores. Ademais, sem essa condição, a própria ideia de produzir tempo disponível seria totalmente irracional, posto que não poderia haver nenhum *mercado* para sua alocação e "realização" dentro dos confins sistêmicos da ordem social do capital. Em outras palavras, o tempo disponível, no sentido real – *de todo emancipatório* – de seu significado, só pode vir a existir por meio de sua produção *desimpedida em escala ampla* por parte dos indivíduos sociais automediadores que *conscientemente* o criam dentro de um quadro estrutural qualitativamente diferente

---

[231] Conceito fetichisticamente glorificado por todos os tipos de teoria econômica apologética, inclusive a economia "estrutural-funcionalista".

da reprodução social metabólica. Essa é a única maneira de superar [*overcome*] sua própria "existência *contraditória*" hoje absurdamente presa numa camisa de força, confinada ao cenário "miserável" do "tempo de trabalho" lucrativamente explorado e alienante exposto por Marx. Nesse sentido vital, o pensador alemão contra-ataca de maneira direta e destrói de forma devastadora a teoria tradicional do valor-trabalho.

É dessa maneira que Marx realmente analisa, nas suas grandes obras, o processo de desdobramento histórico da reprodução social, em conjunção com o desenvolvimento do conhecimento social e o impacto correspondente da ciência e da tecnologia sobre o processo de trabalho em si. No entanto, encontramos nos escritos dos vários apologistas do capital uma deturpação caricatural de sua complexa abordagem dialética e profundamente histórica. Portanto, enquanto Marx destaca claramente, como vimos, o anacronismo histórico da dependência continuada do capital do "roubo de tempo de trabalho alheio", feito necessário em nome da exploração lucrativa do "trabalho necessário", e aponta as implicações perigosas desse anacronismo histórico – do qual vemos em nossa época um exemplo extremamente vivaz na exploração que potencialmente a tudo destrói da ciência e da tecnologia por parte do complexo militar/industrial para seus próprios fins de maximização fraudulenta dos lucros –, Habermas glorifica o chamado "efeito conta-gotas" [*trickle-down effect*], em voga e alegadamente de todo benéfico, desse processo destrutivo em sua ânsia oportunista de refutar Marx. Ele escreve que, como se Marx nunca tivesse ouvido falar de ciência e tecnologia, sob o capitalismo organizado e avançado

> [...] a pesquisa industrial está ligada à pesquisa sob contrato com o governo, que promove principalmente o progresso técnico e científico no setor militar. Dela a informação retorna para os setores da produção civil. A tecnologia e a ciência, portanto, tornam-se uma força produtiva proeminente, tornando inoperante as condições para a teoria do valor-trabalho de Marx. Não faz mais sentido calcular a quantidade de investimento capital em pesquisa e desenvolvimento na base do valor do poder do trabalho (simples) não qualificado quando o progresso técnico-científico se tornou uma fonte independente de mais-valia, em relação ao qual a única fonte de mais-valia considerada por Marx, a saber, o poder do trabalho dos produtores imediatos, desempenha um papel cada vez menor.[232]

De modo não surpreendente, portanto, Habermas, seguindo suas próprias fantasias, também afirma apologeticamente, sobre a mesma base arbitrária, a ficcional "*cientificização da tecnologia*"[233], quando na verdade estamos condenados a sofrer as consequências prejudiciais do exato oposto: a perdulária e perigosa *tecnologização da ciência*, contra a qual continuam protestando os cientistas que sustentam um forte sentido de sua responsabilidade social.

Naturalmente, a ideia de que a ciência e a tecnologia – sob as condições do "capitalismo avançado e organizado" venerado por Habermas – são uma "força produtiva proeminente *independente*" e portanto uma "*fonte independente da mais-valia*" socialmente neutra é

---

[232] Jürgen Habermas, *Toward a Rational Society*, cit., p. 104.

[233] Idem.

totalmente grotesca. Dado seu profundo imbricamento nas *determinações sociais* estabelecidas da ordem social, elas não são mais independentes de seu tegumento capitalista do que o próprio Habermas em servir aos interesses próprios da apologética do capital. O *quadro estrutural*, determinado em qualquer época histórica concebível pelas *forças e relações de produção*, incluindo qualquer sociedade socialista historicamente sustentável do futuro, só pode ser ignorado ou evitado pelo pior tipo de apologética social. É bem compreensível, por conseguinte, que Habermas também queira se livrar dessas categorias vitalmente importantes do ser social em sua autoaclamada superação [*supersession*] de Marx. Desse modo, ele declara que "o quadro categorial desenvolvido por Marx nas suposições básicas do materialismo histórico requer uma nova formulação. O modelo das *forças de produção e das relações de produção* teria de ser substituído pelo modelo *mais abstrato* do *trabalho e interação*"[234]. O problema é que, no entanto, essa "nova formulação do materialismo histórico" – que não é nem histórica, nem minimamente materialista – consistindo na introdução do par categórico indubitavelmente "mais abstrato", de *tipo parsoniano* e irremediavelmente vago, como defendido por Habermas, torna todo o empreendimento da análise econômica e social útil somente para fins ideológicos da mistificação e ofuscação conceituais.

Na verdade, entretanto, as realidades por trás da noção bastante abusada de "técnicas econômicas úteis", bem como os conceitos apologeticamente postos da "ciência e maquinaria", não são entidades desmaterializadas, manipuláveis a bel-prazer em termos de "funções" anti-historicamente projetadas e "mudanças estruturais" fictícias, tal como são tratadas por Talcott Parsons e seus epígonos. Elas são *Daseinsformen* – isto é, formas de ser – historicamente produzidas e historicamente em evolução que, sob as condições de nossa existência reprodutiva societal, não são simplesmente *socialmente enraizadas*, mas *insustentavelmente* enraizadas em um *sistema social metabólico antagônico das mediações de segunda ordem*. Em outras palavras, sob as circunstâncias atuais, elas só são inteligíveis em relação a um tipo específico de *estrutura social* e suas correspondentes *dimensões históricas* dinâmicas, com suas *capacidades de ação social* rivais que realmente representam as *alternativas hegemônicas* objetivas da reprodução social metabólica. É por causa da base objetiva das determinações históricas e sociais que essas alternativas hegemônicas rivais não podem ser convenientemente reduzidas aos esquemas categoriais abstratos do *"funcionalismo estrutural"* e suas reivindicações aprioristicas à validade atemporal.

Se o funcionalismo estrutural apresenta seu saber na forma dos postulados abstratos ditos universalmente válidos da grande teoria parsoniana, a reivindicação programática à originalidade pela *"pós-modernidade"*, conforme explicitado por Jean-François Lyotard – que já foi partidário do grupo político francês de esquerda que promovia a revista *Socialisme ou Barbarie* – é o fato de abandonar os *"grandes relatos"* em benefício dos *"pequenos relatos"* ("*petit récits*").

Diante disso, trata-se de uma grande diferença. Mas ela para no nível de um contraste verbal. Pois o denominador comum substantivo das duas abordagens é sua defesa do sis-

---

[234] Ibidem, p. 113.

tema do capital. Elas compartilham a justificação teórica de uma posição política disposta a garantir a necessidade de "pequenas mudanças", assim como a defesa popperiana do "pouco a pouco", conquanto que tais mudanças possam ser seguramente adaptadas ao quadro geral da *ordem estrutural* estabelecida. Pois qualquer ideia de modificar a *estrutura socioeconômica em si* – e que Deus perdoe defender a ideia de que tal mudança pudesse ser realizada de modo emancipatório – teria de ser peremptoriamente condenada pela "pós-modernidade" como um "*grande relato*" inadmissível.

Segundo Lyotard, o "moderno recorre explicitamente a algum grande relato, como a dialética do espírito, a hermenêutica do sentido, a emancipação do sujeito racional ou trabalhador, o desenvolvimento da riqueza"[235]. Em contraste com os grandes relatos, a serem condenados, Lyotard entusiasticamente declara que "o pequeno relato continua a ser a forma por excelência usada pela invenção imaginativa"[236]. No entanto, se as pessoas tentarem descobrir o que deveria se qualificar para o *status* exultado da condição "pós-moderna", estarão fadadas a se desapontar. Pois só receberão respostas que beiram o sofisma, como esta: "Afinal, o que é o *pós-moderno*? Ele é, indubitavelmente, uma parte do *moderno*. [...] Uma obra só pode se tornar *moderna se antes for pós-moderna*. O pós-modernismo assim compreendido não é o modernismo em seu estado terminal, mas em seu estado *nascente*, e esse estado é *constante*"[237].

O ceticismo totalmente anti-histórico nas raízes dessa abordagem "pós-moderna" – que quer manter a ordem societal existente como o quadro geral da reprodução social metabólica até mesmo quando ela permite que nos deleitemos da "forma por excelência usada pela invenção imaginativa" projetada na forma de pequenas mudanças de seus "pequenos relatos" – torna-se mais claro a partir de outro texto, em que Lyotard nos diz:

> O pensamento e a ação dos *séculos dezenove e vinte* são governados por uma Ideia (estou usando Ideia no sentido kantiano). Esta é *a ideia da emancipação*. O que chamamos de filosofias da história, os grandes relatos pelos quais tentamos ordenar a multitude dos eventos, certamente discutem essa ideia de modos muito diferentes: um relato cristão no qual o pecado de Adão é redimido por meio do amor; o relato *Aufklärer* da emancipação da ignorância e servidão graças ao saber e ao igualitarismo; o relato especulativo da realização da ideia universal por meio da dialética do concreto; o relato marxista da emancipação da exploração e alienação por meio da socialização do trabalho; o relato capitalista da emancipação da pobreza por meio do desenvolvimento técnico e industrial. [...] Não importa que gênero ele torna hegemônico, a própria base de cada um desses grandes relatos da emancipação tem sido, por assim dizer, *invalidada nos últimos cinquenta anos*. [...] Os grandes relatos hoje dificilmente são verossímeis. É, portanto, tentador dar credibilidade ao grande relato do declínio dos grandes relatos. Porém, como sabemos, o grande relato da decadência existe *desde os primórdios* do pensamento ocidental, em Hesíodo e Platão. Ele persegue o relato da emancipação como uma sombra.

---

[235] Jean-François Lyotard, *A condição pós-moderna* (trad. Ricardo Correia, 12. ed., Rio de Janeiro, José Olympio, 2008), p. xv.

[236] Ibidem, p. 236.

[237] Jean-François Lyotard, *The Postmodern Condition: A Report on Knowledge* (Manchester University Press, 1979), p. 79.

Portanto, *nada mudou* exceto que *maior força e competência* são necessárias se quisermos encarar nossas tarefas atuais.[238]

Desse modo, a "ideia pós-moderna", rejeitando firmemente os "grandes relatos da emancipação", supostamente *sempre* existiu, desde os "*primórdios do pensamento ocidental*". Tanto que o "pós-moderno" não é somente anterior ao "moderno", como também coextensivo do antigo. A única pergunta que ainda deve ser respondida, então, é como devemos "encarar nossas tarefas atuais" com "maior força e competência".

Sobre esse assunto, as respostas ex-esquerdistas profundamente desiludidas de Lyotard são tão desconcertantes e confusas quanto seu diagnóstico da situação histórica e suas conceitualizações, passadas, presentes e futuras. Sobretudo, para ser exato, do presente e do futuro. Pois no mundo real, nem todos abandonaram a criticada ideia da emancipação "nos últimos cinquenta anos", nem tendem a fazê-lo no futuro. Qual é, então, a alternativa "competente" proposta pela pós-modernidade?

Lyotard oferece como modelo de ação os "jogos de linguagem", combinados com a informatização regionalmente acessível, e acrescenta:

> Quanto à informatização das sociedades [...] a linha a seguir para fazê-la bifurcar neste último sentido é bastante simples em princípio: é a de que o público tenha *acesso livremente* às memórias e aos bancos de dados. Os *jogos de linguagem* serão então *jogos de informação completa* no momento considerado.[239]

Ele também especifica

> o princípio que, se existe consenso sobre as regras que definem cada jogo e os "lances" que aí são feitos, esse consenso *deve* ser *local*, isto é, obtido por participantes atuais e sujeito a uma eventual anulação. Orienta-se então para as multiplicidades de meta-argumentações versando sobre metaprescritivos e limitadas no espaço-tempo.[240]

E o exemplo idealizado de Lyotard é este:

> A municipalidade de Yverdon (Cantão de Vaud), após ter votado a compra de um computador (operacional em 1981) estabeleceu certo número de regras: competência exclusiva do conselho municipal para decidir que dados são coletados, a quem e sob que condições eles são comunicados; acessibilidade de todos os dados a todo cidadão, sob sua solicitação (contra pagamento); direito de todo cidadão de tomar conhecimento dos dados de sua ficha (cinco centenas), de corrigi-las, de formular a seu respeito uma reclamação ao conselho municipal e eventualmente ao Conselho do Estado; direito de todo cidadão de saber (a pedido) que dados a seu respeito são comunicados, e a quem.[241]

Como diz um provérbio inglês: "abalaram-se os montes e pariram um ratinho". Pois o que falta aqui, como em todos os lugares nos "relatos pós-modernos", é qualquer consciência das dificuldades austeras e dos impedimentos maciços envolvidos na transformação

---

[238] Jean-François Lyotard, "Universal History and Cultural Differences", em Andrew Benjamin (org.), *The Lyotard Reader* (Oxford, Basil Blackwell, 1989), p. 315-8.

[239] Jean-François Lyotard, *A condição pós-moderna*, cit., p. 119-20.

[240] Ibidem, p. 19.

[241] Ibidem, p. 123.

do controle necessário sobre os antagonismos destrutivos do sistema do capital em uma *prática social geral*. Isso exigiria um controle estendido não só sobre os segredos ciosamente guardados do Estado capitalista em si, mas também sobre os "segredos de troca", legitimados pelo Estado, de todas as corporações transnacionais de todo poderosas, que são estruturalmente combinadas ao complexo militar/industrial.

A defesa pós-moderna do existente, em suas diatribes desiludidas contra a ideia da emancipação em geral, e contra "a emancipação do sujeito trabalhador"[242] em particular, exclui até mesmo a mais remota possibilidade de levantar questões sobre as *determinações fundamentais* da ordem estabelecida enquanto "relatos invalidados". Ela prefere submeter a si mesma aos imperativos estruturais, longe de serem simplesmente "locais", e aos interesses próprios *globalmente exploradores* e profundamente arraigados do modo de controle social metabólico do capital como um *todo*, oferecendo como seus próprios corretivos "competentes" parciais somente o que pode ser prontamente absorvido pelas necessidades autolegitimadoras do quadro estrutural *geral*. A defesa da "pós-modernidade" postula o requisito da "força e competência" para encarar as "tarefas atuais". Porém, seu *localismo acomodatício* constitui uma grande distância da condição idealizada dos "jogos de informação completa". Apropriadamente, a sentença final de *A condição pós-moderna*, de Lyotard, oferece ao leitor somente uma retórica ressonante. Eis as palavras finais de Lyotard: "*Travemos uma guerra ao todo*; testemunhemos o *inapresentável*; ativemos as *diferenças* e salvemos a honra do nome"[243].

## 6.5 A lei do desenvolvimento desigual e o papel da escassez nas concepções históricas

Contudo, dois problemas principais do desenvolvimento histórico devem ser considerados aqui, brevemente, antes de seguirmos adiante para a seção final deste capítulo. Primeiro, a *lei* do *desenvolvimento desigual* no curso das transformações históricas; e, segundo, a natureza da *escassez* e as perspectivas de superar [*overcome*] sua dimensão destrutiva no futuro.

Por razões políticas compreensíveis, no século XX, a questão do desenvolvimento desigual foi principalmente debatida no contexto da projeção acomodatícia de Kautsky (e de seus adeptos diretos ou indiretos) do "ultraimperialismo", e a rejeição vigorosa de Lenin dessa projeção[244]. As variedades recentes da mesma ideia de "ultraimperialismo", sob qualquer denominação extravagante, não são menos frívolas, bem como totalmente capitulatórias das reivindicações autolegitimadoras pseudodemocráticas do imperialismo

---

[242] Ibidem, p. xv.

[243] Jean-François Lyotard, *The postmodern condition*, cit., p. 82. [O ensaio "O que é o pós-moderno", apêndice da edição inglesa, não consta na edição brasileira. (N. E.)]

[244] Ver, a esse respeito, o trabalho de Lenin *O imperialismo, fase superior do capitalismo*. Conforme destacado por Lenin: "Há meio século, a Alemanha era uma absoluta insignificância comparando a sua força capitalista com a da Inglaterra de então; o mesmo se pode dizer do Japão se o compararmos com a Rússia. Será 'concebível' que dentro de dez ou vinte anos permaneça invariável a correlação de forças entre as potências imperialistas? É absolutamente inconcebível. [...] Em vez da ligação viva entre os períodos de paz imperialista e de guerras imperialistas, Kautsky oferece aos operários uma abstração morta, a fim de os reconciliar com seus chefes mortos" (Lenin, *Obras escolhidas*, v. I, Lisboa, Avante, 1981, p. 664-5).

dos Estados Unidos, mesmo quando disfarçadas numa verborragia esquerdista. A proposição de que um sistema reprodutivo societal – cujas partes constituintes são antagônicas até o âmago – deveria ser capaz de superar [*overcome*] suas contradições materiais objetivas por meio de um sistema estatal "globalizado", sob o domínio permanente da mais poderosa delas, chamada de "Império" ou qualquer outra coisa, é absurda demais para ser levada a sério sequer por um momento. Somente a projeção veleitária de alguns interesses próprios apologéticos, cinicamente prometidos pelos órgãos de propaganda da ordem estabelecida, pode gerar o semblante dessa possibilidade; e isso somente ao desconsiderar a grave evidência em contrário, incluindo a busca de guerras devastadoras e historicamente insustentáveis.

De todo modo, deve ser sublinhado que a lei do desenvolvimento desigual através da história da humanidade afirma a si mesma em relação a uma gama muito mais ampla de problemas do que a questão das relações de poder em mutação entre os principais Estados capitalistas que surgem das determinações de sua ordem social antagônica na era do imperialismo. Isso deve ser lembrado independentemente de quão importante nos seja enfrentar – no interesse da sobrevivência da humanidade – a questão das aspirações que potencialmente a tudo destroem do Estado imperialista hoje mais poderoso para a dominação global de nossa época.

Além das relações de poder necessariamente em mutação, a lei do desenvolvimento desigual na história abarca o intercâmbio complexo entre a base material da sociedade e sua superestrutura. Essa relação inclui a reciprocidade dialética entre o nível de desenvolvimento produtivo material obtido em qualquer período dado da história e as várias formas de arte.

A conexão entre as determinações materiais e as várias formas de arte não deve ser tratada na forma do mesmo tipo de "correspondência de um para um" conceitualizada por meio de uma redução mecanicista. E a história não acaba por aí. Pois outro aspecto importante dessa complexa inter-relação entre o fundamento material historicamente dado e a superestrutura é a desigualdade paradoxal que pode ser encontrada entre algumas conceitualizações legais vitais e os correspondentes códigos de prática regulatória, de um lado, e o grau geral de desenvolvimento de uma sociedade particular, do outro.

Marx deixou bem claro que, na concepção materialista da história, todas essas questões devem ser levadas em conta em sua plena complexidade. Ele insistiu que devemos explicar, em termos dialéticos,

> A relação *desigual do desenvolvimento* da produção material com, por exemplo, o *desenvolvimento artístico*. Não conceber de modo algum o conceito de *progresso* na *abstração* habitual. Com a arte moderna etc., essa desproporção não é tão importante nem tão difícil de conceber quanto [a que ocorre] no interior das próprias relações *prático-sociais*. Por exemplo, a cultura [*Bildung*]. Relação dos Estados Unidos com a Europa. Mas o ponto verdadeiramente difícil de discutir aqui é o de como as *relações de produção*, como *relações jurídicas*, têm um desenvolvimento *desigual*. Em consequência disso, por exemplo, a relação do *direito privado romano* (nem tanto o caso no direito penal e no direito público) com a produção moderna.[245]

---

[245] Karl Marx, *Grundrisse*, cit., p. 109.

Nesse importante sentido, estamos preocupados com nada menos que a validade dialética – ou o fracasso mecanicista/redutivo – de uma concepção histórica geral que afirme oferecer uma cena geral coerente e sustentável das transformações sociais, em contraste com qualquer projeção *abstrata* e arbitrária do desenvolvimento histórico como "*progresso*" claro e direto. E, obviamente, a aspiração por uma teoria histórica que a tudo abrange para apreender os intercâmbios societais em sua plena complexidade está muito longe de ser apenas uma questão de *exatidão teórica*. Pois uma abordagem mecanicista/redutiva carrega consigo importantes implicações e consequências *práticas* para a elaboração das *estratégias socialistas transformadoras* que podem ou não ser factíveis dentro de seu quadro geral.

Obviamente, a esse respeito, o problema é que as estratégias sociais transformadoras – que representam o corolário da concepção histórica de Marx de seu princípio orientador, explicitado por ele como a *unidade necessária* de teoria e prática – não podem ser bem--sucedidas ao postular *projeções voluntárias* em vez de laboriosamente superar [*overcome*], pela adoção das medidas apropriadas à situação, as dificuldades e contradições inevitavelmente associadas aos pormenores dialéticos das relações estruturais objetivas.

É muito mais que uma coincidência que Marx discuta a questão da compreensão do desenvolvimento desigual no mesmo contexto em que coloca em relevo a importância de tornar verdadeiramente dialética a concepção materialista da história. Primeiro, ele rejeita firmemente as "objeções ao *materialismo* dessa concepção", destacando a validade da abordagem materialista apropriada ao contrastá-la com o "materialismo *naturalista*". Depois, por uma questão de clarificação, ele acrescenta a característica definidora necessária do tipo de concepção materialista defendido por ele: "*Dialética* dos conceitos força produtiva (meios de produção) e relação de produção, uma *dialética* cujos limites é preciso determinar e que não suprimem as diferenças reais". As palavras citadas anteriormente, sobre "*A relação desigual do desenvolvimento da produção material com, por exemplo, o desenvolvimento artístico*"[246], seguem imediatamente a última frase, preocupada com a necessidade vital de sempre observar a natureza dialética dos problemas a serem avaliados. Por conseguinte, atribuir o peso apropriado à dificuldade e às questões às vezes até contraditórias do *desenvolvimento desigual* deve ser, na visão de Marx, *parte integrante* de uma concepção dialética da história.

A avaliação das várias formas de arte em relação ao cenário material ao longo da história é muito facilmente vulgarizável, tendo consequências prejudiciais não só artística, mas também politicamente, como provado amplamente pela experiência histórica stalinista[247]. As qualificações de Marx a esse respeito são relevantes tanto por razões metodológicas gerais quanto por razões práticas. Seus comentários sobre a questão são os seguintes:

---

[246] Idem.

[247] O severo impacto negativo de se tratar a arte e a literatura de modo voluntarista pelo indicado de Stalin no campo, Zhdanov, é bem conhecido. Também é relevante a esse respeito que quando Lukács – que foi um crítico persistente do redutivismo mecânico – ousou sugerir, no espírito da ideia marxiana de desenvolvimento desigual, que "a lebre do Himalaia não é maior que o elefante nas planícies", tentando qualificar os méritos relativos de uma formação social mais elevada com o requisito da excelência artística, ele foi agudamente atacado na imprensa do partido não só na Hungria, mas também no órgão central do Partido Soviético, *Pravda*, por uma figura não menos importante que Fadeyev.

Na arte, é sabido que determinadas épocas de florescimento não guardam nenhuma relação com o desenvolvimento geral da sociedade, nem, portanto, com o da base material, que é, por assim dizer, a ossatura de sua organização. Por exemplo, os gregos comparados com os modernos, ou mesmo Shakespeare. Para certas formas de arte, a epopeia, por exemplo, é até mesmo reconhecido que não podem ser produzidas em sua forma clássica, que fez época, tão logo entra em cena a produção artística enquanto tal; que, portanto, no domínio da própria arte, certas formas significativas da arte só são possíveis em um estágio *pouco desenvolvido* do desenvolvimento artístico. Se esse é o caso na relação dos diferentes gêneros artísticos no domínio da arte, não surpreende que seja também o caso na relação do domínio da arte como um todo com o desenvolvimento geral da sociedade. A dificuldade consiste simplesmente na compreensão geral dessas contradições. Tão logo são especificadas, são explicadas.

Consideremos, por exemplo, a relação da arte grega [...] com a atualidade. Sabe-se que a mitologia grega foi não apenas o arsenal da arte grega, mas seu solo. A concepção da natureza e das relações sociais, que é a base da imaginação grega e, por isso, da [mitologia] grega, é possível com máquinas de fiar automáticas, ferrovias, locomotivas e telégrafos elétricos? Como fica Vulcano diante de Roberts & Co., Júpiter diante do para-raios e Hermes diante do Crédit Mobilier? Toda mitologia supera, domina e plasma as forças da natureza na imaginação e pela imaginação; desaparece, por conseguinte, com o domínio efetivo daquelas forças. Em que se converte a Fama ao lado da Printing House Square\*. A arte grega pressupõe a mitologia grega, *i.e.*, a natureza e as próprias formas sociais já elaboradas pela imaginação popular de maneira inconscientemente artística. Esse é seu material. [...] A mitologia egípcia jamais poderia ser o solo ou o seio materno da arte grega. Mas, de todo modo, [pressupõe] uma *mitologia*. Por conseguinte, de modo algum um desenvolvimento social que exclua toda relação mitológica com a natureza, toda relação mitologizante com ela; que, por isso, exige do artista uma imaginação independente da mitologia.

[...] Mas a dificuldade não está em compreender que a arte e o *epos* gregos estão ligados a certas formas de desenvolvimento social. A dificuldade é que *ainda nos proporcionam prazer artístico* e, em certo sentido, valem como norma e modelo inalcançável.[248]

Como vemos, os problemas discutidos aqui por Marx têm uma importância metodológica fundamental, ao lado de suas principais implicações práticas. Quanto ao último parágrafo citado acima, ele representa um desafio real para a elaboração de uma concepção estética coerente. Uma concepção dialética que deve ser capaz de elucidar tanto a relevância das condições históricas específicas sob as quais as principais obras de arte em questão são criadas quanto, ao mesmo tempo, explicar sua *capacidade duradoura* de estimular a sensibilidade artística das pessoas que continuam apreciando as experiências humanas transmitidas nelas – atraindo o público, por meio de seu persistente poder cativante, para um mundo retratado –, até mesmo da distância histórica de milhares de anos.

Com respeito à desigualdade anteriormente mencionada das conceitualizações legais e dos códigos de prática no curso do desenvolvimento histórico, o exemplo revelador de Marx é o paradoxal caráter *antecipatório* do direito romano. Pois, de maneira um tanto

---

\* Praça em Londres onde se localizavam a redação e a oficina do jornal *The Times*. (Nota da edição brasileira dos *Grundrisse* [São Paulo, Boitempo, no prelo]).

[248] Karl Marx, *Grundrisse*, cit., p. 111-2. O grifo na palavra "mitologia" é de Marx.

espantosa, o direito romano produz a "pessoa jurídica", que só pode atingir sua plena realização sob as condições do capitalismo. A esse respeito, Marx aponta que

> no direito romano o *servus*[249] é corretamente determinado como aquele que não pode adquirir nada para si pela troca (ver *Institut*). Por essa razão, é igualmente claro que esse direito, embora corresponda a uma situação social em que a troca não estava de modo algum desenvolvida, pôde, entretanto, à medida que estava desenvolvido em determinado círculo, desenvolver as *determinações da pessoa jurídica, precisamente as do indivíduo da troca*, e antecipar assim o direito da sociedade industrial (em suas determinações fundamentais); mas, sobretudo, teve de se impor como o direito da nascente sociedade burguesa frente à Idade Média. Mas seu próprio desenvolvimento coincide completamente com a dissolução comunidade romana.[250]

Portanto, temos aqui um duplo paradoxo. Pois a determinação precoce da pessoa jurídica, sem uma base material apropriada correspondente ao seu pleno desenvolvimento potencial, é indubitavelmente uma antecipação muito significativa em seus próprios termos de referência, no interior do campo do direito. Ao mesmo tempo, no entanto, no sentido do segundo paradoxo de superação [*supersede*], a articulação material apropriada das condições para a difusão geral da pessoa jurídica carrega consigo a dissolução total do tipo de relações societais sob as quais a antecipação jurídica original foi concebível em primeiro lugar.

A discussão das implicações e ramificações de longo alcance da desigualdade potencial entre o desenvolvimento material da sociedade e as várias conceituações legais e códigos de prática não cabe aqui. Tais problemas devem ser explorados de maneira apropriada somente dentro do quadro de uma teoria coerente do Estado.

O que é importante destacar aqui, não obstante, é que, nos termos da concepção marxiana, uma abordagem redutiva abstrata – sem falar em um tipo autolegitimador que postula voluntariamente a equivalência entre as determinações materiais dominantes e o quadro regulador legal adotado – está completamente fora de questão. Por conseguinte, não se pode destacar com força suficiente, também a esse respeito, a importância teórica e prática do direito do desenvolvimento desigual que clama – nas palavras explícitas de Marx, como vimos acima – por uma análise consistentemente *dialética* desses problemas.

A primeira vez que a questão do desenvolvimento desigual foi levantada por Marx em relação aos prospectos de uma explosão revolucionária socialista foi na primeira parte de *A ideologia alemã*, em 1845. Ela apareceu ali com referência à possibilidade de mudanças sociais dramáticas acontecerem em um país capitalisticamente *subdesenvolvido*[251], como resultado das contradições do desenvolvimento desigual em um sistema cada vez mais intimamente interconectado de maneira global.

Ao falar sobre o amadurecimento histórico da contradição entre as forças produtivas e as formas de intercâmbio social, Marx sublinhou que

---

[249] "O próprio escravo, que está em poder de um outro, não pode possuir nenhuma propriedade", em *The Institutes of Justinian*, livro II, título IX, parágrafo 3 (trad. J. B. Moyle, Oxford, 1906), p. 58.

[250] Karl Marx, *Grundrisse*, cit., p. 245-6. Grifos de Marx.

[251] Muito tempo depois, em sua correspondência com Vera Zasulich em março de 1881, Marx também colocou em relevo a possibilidade de irrupção de uma revolução socialista em um país subdesenvolvido, a saber, a Rússia, onde a revolução prevista na verdade eclodiu em 1917.

não é necessário que essa contradição, para gerar colisões num país, tenha de chegar ao seu extremo nesse mesmo país. A concorrência com países industrialmente mais desenvolvidos, provocada pela expansão do intercâmbio internacional, é o bastante para engendrar uma contradição similar também nos países com indústria menos desenvolvida (por exemplo, o proletariado latente na Alemanha, revelado devido à concorrência da indústria inglesa).[252]

Isso acontece porque os países menos desenvolvidos são inevitavelmente "impulsionados pelo comércio mundial à luta universal da concorrência"[253].

Naturalmente, estamos falando aqui sobre um estágio historicamente mais avançado do desenvolvimento material produtivo que dinamicamente se estende não só sobre as várias localidades e regiões de um país específico, mas sobre áreas cada vez maiores do mundo, e por fim sobre o planeta inteiro. Mesmo no que se refere a qualquer país específico, esse tipo de desenvolvimento – *industrial de larga escala* – não pode possivelmente ser *uniforme*. Como Marx destaca de maneira correta: "Não há dúvidas de que a grande indústria não alcança o mesmo nível de desenvolvimento em todas as localidades de um mesmo país"[254].

Consequentemente, se esse for o caso com as mudanças materiais produtivas de qualquer país particular exposto à transformação industrial de larga escala, não importa quanto esse país poderia ser favorecido sob determinado conjunto de circunstâncias, como poderia o desenvolvimento em geral ser *uniforme* no planeta inteiro? Isso deve ser particularmente sublinhado no caso do sistema capitalista antagonicamente estruturado, no qual o "macrocosmo" da ordem reprodutiva societal como um todo é feito de "microcosmos" *conduzidos de maneira centrífuga*.

É bastante sabido que em cada país capitalista, independentemente de quão privilegiado e até militar/imperialisticamente proeminente ele possa ser ou ter sido em determinado período da história na ordem hierárquica global do capital, como por exemplo a Grã-Bretanha durante séculos, há regiões do país em questão que são "*subdesenvolvidas*" em comparação com outras. A "divisão norte/sul" é observável nesse sentido mais limitado em todos os países, mesmo que, para ser exato, de modos bastante diferentes nos países privilegiados em comparação com as partes do mundo antes colonialmente dominadas. Pois o drama dessas últimas deve ser perpetuado durante um tempo considerável sob novas formas de dominação "neocolonial" etc. e correspondente "ajuda ao desenvolvimento".

Ademais, não se pode desejar que a lei do desenvolvimento desigual desapareça no futuro. Ela está fadada a permanecer com força total – embora com significado e impacto potencial *qualitativamente* em mutação – mesmo sob as condições de uma ordem socialista genuína em um mundo *globalmente intercambiante*. Ou seja, numa ordem socialista globalmente integrada e em desenvolvimento, que se esperaria que funcionasse sobre a base das determinações voluntárias de sua atividade reprodutiva societal pelos indivíduos sociais livremente associados. Postular a *uniformidade do desenvolvimento* sob tais condições de existência seria uma contradição em termos das mais absurdas. Pois o desenvolvimento desigual em uma

---

[252] Karl Marx, *A ideologia alemã*, cit., p. 61-2.

[253] Ibidem, p. 61.

[254] Idem.

ordem global inescapável, em conjunção com as determinações produtivas conscientemente planejadas e cumpridas pelos indivíduos sociais, é bastante capaz de ser condutiva ao avanço positivo. Naturalmente, o que decide a questão a esse respeito é a modalidade adotada de reprodução social metabólica.

A verdadeira preocupação para os socialistas – longe do desejo de perseguir uma uniformidade arbitrariamente postulada e autocontraditória do desenvolvimento – é que a lei do desenvolvimento desigual em um mundo inescapavelmente interligado não deveria impor seu poder de maneira *cega* e *destrutiva*, como o faz sob o domínio das mediações de segunda ordem antagônicas do capital, quando deve prevalecer a todo custo *por trás das costas dos indivíduos*. Portanto, o verdadeiro problema para qualquer ordem socialista futura possível não é uma "abolição" fictícia da lei do desenvolvimento desigual – o que é inconcebível, por uma variedade de razões, em uma ordem reprodutiva globalmente integrada – mas o modo cooperativo consciente de *reparar* seu potencial impacto negativo, onde quer que seja e em qualquer medida que tal impacto possa surgir. Afinal, a característica definidora vital de um modo não antagônico de controle social metabólico – operado pelos indivíduos sociais por meio de um modo consciente de mediar suas relações entre si e com a natureza, em contraste com os imperativos fetichistas do capital impostos sobre eles pelas costas – é que os membros da sociedade são capazes de planejar criticamente *e reavaliar autocriticamente* suas ações, de modo a *retificar* com isso as consequências negativas no espírito da *solidariedade*. No sistema do capital, em contraste, o desenvolvimento desigual pode se descontrolar porque as determinações *causais* devem ser assumidas como inalteráveis. Somente algumas de suas manifestações e consequências são acessíveis à ação corretiva, posto que são manipuláveis na base dos *imperativos causais eternizados*.

A destrutividade da lei do desenvolvimento desigual sob o sistema do capital – com implicações e resultados cada vez piores paralelamente à sua *invasão global* em todos os aspectos da vida, inclusive a natureza, desmentindo o absurdo da infinitamente propagandeada "globalização" feliz – deve-se à rejeição *tripla* do *controle*. Essa rejeição fatídica do controle efetivo dos processos reprodutivos societais em desdobramento é uma condição objetiva que sempre permanece insuperável dentro do quadro das determinações sistêmicas do capital.

A rejeição tripla do controle racionalmente planejado e criticamente reavaliado em questão, devido às premissas práticas inalteráveis do sistema do capital, assume a forma de três contradições fundamentais:

1. entre a *atividade produtiva* na qual se envolve a classe trabalhadora da sociedade e as *ordens sistêmicas* estruturalmente preexistentes hierarquicamente superimpostas pelas personificações do capital sobre a força de trabalho destituída dos meios de produção, orientada pelos necessários alvos de produção expansionistas da ordem social metabólica estabelecida;

2. entre *produção e consumo*, na realidade firmemente determinada pelo domínio fetichista da produção sobre o consumo, independentemente de quanto o consumo possa ser idealizado, como um postulado veleitário, até mesmo pelas grandes figuras da economia política clássica;

3. entre *produção e circulação*, devido à postulação da circulação sobre a base do imperativo absolutizado que, em última instância, a tudo destrói da ilimitável expansão e acumulação a todo custo ilimitável do capital, e interiorizada nessa insustentabilidade derradeira pelas propensas personificações do capital.

Em vista dessas contradições sistemicamente incorrigíveis, a possibilidade de uma *intervenção corretiva* até mesmo contra o impacto potencialmente mais negativo do desenvolvimento desigual no mundo natural – não só em termos do dano direto infligido sobre o ambiente natural (o substrato necessário da existência humana em si), mas também no que se refere à irresponsável exaustão mais a longo prazo dos recursos materiais estrategicamente vitais do planeta – não pode ser seriamente considerada nem por um momento, que dizer de efetivamente instituída. A eternização da expansão ilimitável do capital, interiorizada subjetivamente pelas personificações do capital – porém estruturalmente necessária –, nulifica toda avaliação racional dos limites realmente existentes. A lei do desenvolvimento desigual pela qual um poder mais fraco pode libertar e maximizar suas potencialidades dinâmicas internas – pela qual ele pode temporariamente surgir até mesmo como "superpoder" dominante do mundo – independentemente de seu impacto, no devido tempo, sobre as relações gerais de poder do sistema global do capital, é um fator contribuinte significativo a esse respeito. De modo perigoso, no entanto, esse aspecto da lei do desenvolvimento desigual traz consigo grandes tentações para a busca das políticas mais aventureiras para a dominação permanente do mundo, como salientado pelas duas guerras mundiais no século XX e as guerras prolongadas do presente[255].

Outro grande problema é que os requisitos sistêmicos do modo de reprodução social metabólica do capital devem ser sempre idealizados, não importa quão fortemente sejam contraditos pelas determinações em desdobramento, de modo algum uniformes, e pelas relações de poder em mutação. A *idealização* do consumo, por exemplo, que supostamente justifica por definição quase tudo – totalmente em consonância com os imperativos da infindável acumulação do capital – deve prevalecer não só no período do declínio do sistema do capital, mas já na *fase ascendente* do desenvolvimento histórico do capital. E isso deve acontecer até mesmo no caso dos maiores representantes intelectuais dessa ordem reprodutiva societal. Portanto, nos é perempotiamente dito por Adam Smith que "O *consumo* é o *único objetivo e propósito de toda a produção*, ao

---

[255] Naturalmente, a dominação preponderante da ordem mundial, por meio do desenvolvimento desigual, por qualquer país particular só pode ser temporária.

Sem dúvida, as aventuras bélicas do imperialismo hegemônico global são plenamente capazes de destruir a civilização humana e podem realmente alcançar esse objetivo. Mas são absolutamente incapazes de oferecer uma solução sustentável aos graves problemas do nosso tempo. [...] somente uma defesa genuína do enfrentamento responsável aos graves problemas da crise estrutural cada vez mais profunda do capital, no espírito da *igualdade substantiva* – que poderia tornar o país paradoxalmente pequeno dos Estados Unidos o inconteste igual dos grandes países da Índia e China –, constitui a exigência absoluta para o futuro. Pois apenas a adoção generalizada do espírito da igualdade substantiva pode oferecer uma solução historicamente sustentável à relação interestatal de forças hoje predominante e potencialmente destrutiva. (István Mészáros, *O desafio e o fardo do tempo histórico*, cit., p. 370-2).

passo que o interesse do produtor deve ser atendido somente na medida em que possa ser necessário para promover o interesse do consumidor. *O princípio é tão óbvio que seria absurdo tentar demonstrá-lo*"[256].

A verdade esclarecedora, porém desconfortável, fazendo um verdadeiro escárnio do "*princípio tão óbvio*" de Adam Smith, é que até mesmo a prática mais perdulária da produção legitimada do Estado – tal como a experienciamos na forma de *magnitudes astronômicas* dos recursos materiais e humanos colocados à disposição do *complexo militar/industrial* para fins de maquinaria de guerra – pode cruelmente dominar o consumo idealizado no interesse da acumulação e expansão *perversamente destrutivas* do capital (ainda que supostamente "consuntivas positivas" nos termos da ficção sistêmica universalmente difusa). Pois, na verdade,

> O conteúdo objetivo daquela circulação – a valorização do valor – é sua meta subjetiva, e só enquanto a apropriação crescente da *riqueza abstrata* é o único motivo indutor de suas operações, ele funciona como capitalista ou *capital personificado*, dotado de vontade e consciência. O *valor de uso nunca* deve ser tratado, portanto, como meta imediata do capitalismo. Tampouco o lucro isolado, mas apenas o *incessante movimento do ganho*.[257]

A insuperável *incontrolabilidade* do sistema do capital pelos seres humanos é, de modo curioso, admitida até mesmo pelo grande economista político escocês, quando escreve que o capitalista é "*levado como que por mão invisível a promover um objetivo que não fazia parte de suas intenções*"[258]. A misteriosa "mão invisível" supra-humana deve supostamente realizar de maneira benevolente o que se reconhece que os próprios indivíduos são bastante incapazes de fazer. Além disso, encontramos na mesma obra sobre *A riqueza das nações* até mesmo a admissão mais espantosa de que a mão invisível supra-humana poderia não ser, afinal de contas, sempre tão benevolente ou capaz quanto se supõe que seja, indicando com isso o maior problema possível para o futuro, que acontece de ser o nosso presente profeticamente imaginado por Adam Smith. Nesse sentido, ele afirmou em *A riqueza das nações* que "Tem sido bastante uniforme o aumento das *enormes dívidas* que atualmente oprimem *todas as grandes nações da Europa*, e a longo prazo provavelmente as *levará à ruína*"[259]. Contudo, esses *insights* visionários profundamente originais não poderiam ser levados um único passo adiante por Adam Smith. Pois a reflexão crítica necessária sobre as prováveis causas e modalidades da calamitosa ruína em longo prazo "de todas as grandes nações da Europa, manifesta não só na forma de uma praga biológica, mas também de uma praga econômica, que surge das incontroláveis determinações geradoras de dívidas do sistema necessariamente expansionista do capital, contradiria diretamente um outro "princípio tão óbvio" – e ainda mais fundamental – professado por essa grande figura do Iluminismo escocês. A saber, que o modo de reprodução societal do capital é o "sistema natural da liberdade e justiça completas".

---

[256] Adam Smith, *A riqueza das nações*, cit., v. II, p. 146.

[257] Karl Marx, *O capital*, cit., p. 125.

[258] Adam Smith, *A riqueza das nações*, cit., v. I, p. 438.

[259] Ibidem, 361.

Ironicamente, a idealização amplamente difundida da ordem reprodutiva estabelecida enquanto um "sistema natural" cuida de tudo, até mesmo do problema da *escassez* potencialmente mais destrutiva, quando a escassez é reconhecida como parte do esquema geral das soluções difíceis, porém trabalháveis. Pois uma vez que a autoridade suprema da natureza em si é postulada[260] pelos representantes ideológicos da burguesia como parte integrante do quadro explicativo universal e justificação dos processos e relações dados, até mesmo o que à primeira vista poderia parecer como uma grande contradição pode prontamente desaparecer.

Nesse sentido, a teoria liberal do Estado foi fundada na contradição autoproclamada entre a assumida *harmonia total dos fins* – os fins postos como necessariamente desejados por *todos* os indivíduos em virtude de sua *"natureza humana"* – e a total *anarquia dos meios*. E a anarquia dos meios conceitualizada dessa maneira foi a *escassez* alegadamente intransponível de bens e recursos que devem induzir os indivíduos à luta e, em última instância, a destruir uns aos outros, a não ser que tenham sucesso em estabelecer acima de si mesmos uma ordem superior, na forma do *Estado burguês*, como força restritiva *permanente* de sua beligerância individual. Portanto, o Estado foi inventado com o suposto propósito de "transformar a anarquia em harmonia". Ou seja, dedicar-se à tarefa universalmente louvável de harmonizar a anarquia dos meios, determinada pela natureza, com a harmonia dos fins veleitariamente postulada – e igualmente determinada pela natureza – ao reconciliar o antagonismo violento entre esses dois fatores *naturais*: a "natureza humana" inalterável e a escassez material eternamente dominante. E, obviamente, essa reconciliação foi afirmada na forma da permanência absoluta do poder político do Estado imposto externamente sobre os indivíduos.

Para ser exato, se os fatores salientados dessa maneira fossem realmente as forças inalteráveis da *natureza*, e consequentemente não pudessem ser controlados de nenhuma outra maneira, exceto constituírem uma autoridade política supraindividual externa superimposta sobre os indivíduos constituídos pela natureza em si como antagonicamente confrontando e destruindo uns aos outros enquanto indivíduos beligerantes, nesse caso a autoridade corretiva do Estado, em sua capacidade de tornar realmente possíveis os intercâmbios societais harmonizáveis, teria sua legitimidade permanente. Nesse caso, a versão idealista hegeliana dessa ideologia do Estado – segundo a qual o desígnio originalmente oculto do espírito absoluto, estabelecendo o Estado como a única superação [*supersession*] possível das contradições dos *genus*-indivíduos conflitantes na "sociedade burguesa" e sendo o Estado como tal tanto "a realização completa do espírito na existência"[261] quanto "a imagem e a efetividade da razão"[262] – seria autoevidentemente verdadeira para sempre. Dessa forma, não poderia haver absolutamente nenhuma questão sobre almejar o "fenecimento" do Estado.

---

[260] Isso é feito até mesmo pelo *filósofo idealista*, Hegel, como vimos em seu modo revelador e puramente ideológico de realizá-lo-lo na seção 6.1 deste capítulo, em defesa das mais iníquas determinações da ordem estabelecida.

[261] G. W. F. Hegel, *Filosofia da história*, cit., p. 23.

[262] G. W. F. Hegel, *Filosofia do direito*, cit., p. 313.

Contudo, o fato de que, de um lado, a estipulada "condição humana"[263] era em si uma suposição autosserviente, inventada com o propósito de uma plausibilidade circular de sua mera suposição em virtude do que deveria supostamente "explicar" e justificar, e, do outro, a *escassez* realmente existente era uma categoria *inerentemente histórica*, e consequentemente sujeita à *mudança histórica* factível e superação [*supersession*] potencial, teve de permanecer oculto na teoria liberal do Estado e da "sociedade civil" sob as múltiplas camadas da circularidade característica dessa teoria. Pois foi esse tipo de circularidade apologética, constituída sobre um fundamento natural meramente assumido, porém totalmente insustentável, que permitiu que os representantes intelectuais do liberalismo avançassem e retrocedessem à vontade das premissas arbitrárias para as conclusões desejadas, estabelecendo nos fundamentos apriorísticos de sua circularidade ideológica a "legitimidade eterna" do Estado liberal. Graças a essa circularidade fundamental entre os indivíduos "determinados pela natureza", bem como sua "sociedade civil" apropriada e o Estado político idealizado – que supostamente deveria superar [*overcome*] as contradições identificadas sem modificar a ordem reprodutiva material existente em si –, tanto a formação do Estado do capital quanto seu quadro reprodutivo societal puderam ser assumidos como para sempre dados em virtude da reciprocidade justificadora e, com isso, da permanência absoluta projetada de sua inter-relação.

A *escassez* (ou "anarquia dos meios") desempenhou um papel fundamental nesse esquema de coisas. Ela justificou "racionalmente" tanto a irreconciabilidade dos indivíduos beligerantes enquanto "*genus*-indivíduos" – que, afinal de contas, tiveram de afirmar seu autointeresse de acordo com sua estipulada "natureza humana" – quanto, ao mesmo tempo, forneceu a razão eterna para a adoção das medidas corretivas necessárias pelo Estado político para tornar o *sistema como um todo intransponível* pela prevenção de sua destrutiva fragmentação em pedaços por meio dos antagonismos perseguidos individualmente. Mas basta retirar dessa cena a "*escassez intransponível*" e substituí-la por algo semelhante a uma disponibilidade sustentável dos recursos produtivos e humanamente gratificantes, aos quais geralmente nos referimos como "abundância" irrestrita, para testemunharmos o imediato colapso de todo o *constructo pseudorracional autojustificatório*. Pois, na ausência da fatídica escassez, os *genus*-indivíduos supostamente determinados pela natureza não têm nenhum motivo para se engajarem na "luta para viver ou morrer" entre si para que sobrevivam. Pela mesma lógica, no entanto, se aceitarmos a proposição preocupada com a escassez determinada pela natureza – e portanto, por definição, existencialmente primária, intransponível e que a tudo justifica –, estaremos *aprisionados* por um quadro estrutural no qual as partes postulam-se reciprocamente/circularmente umas às outras, bloqueando com isso qualquer possibilidade de sair desse *círculo vicioso*. Pois, nesse caso,

---

[263] Como Marx deixou bem claro, em sua afiada crítica da abordagem que postulou a ideia dos indivíduos isolados necessariamente beligerantes e determinados pela natureza como o fundamento fictício da "natureza humana" de que a *apologética política* de uma ordem do Estado burguês absolutamente permanente poderia ser prontamente derivada: "A *condição humana* [*menschliches Wesen*] é a *verdadeira comunidade* dos humanos [*Gemeinwesen der Menschen*]. O funesto isolamento em relação a essa condição é incomparavelmente mais abrangente, mais insuportável, mais terrível e mais contraditório do que o isolamento em relação à comunidade política" (Karl Marx, "Glosas críticas ao artigo 'O rei da Prússia e a reforma social. De um prussiano'", em *Lutas de classes na Alemanha*, São Paulo, Boitempo, 2010, p. 50).

devemos aceitar até mesmo o postulado fictício da *genus*-individualidade determinada pela natureza, tendo como evidência que os seres humanos indubitavelmente sobreviveram com (e apesar de) seus conflitos até o momento atual em um mundo de escassez dentro dos confins da "sociedade civil" e do Estado.

Nesse sentido, se a alternativa socialista pretende oferecer uma saída dessa armadilha tendenciosa, concebida do ponto de vista do capital, ela deve desafiar *todos* os seus constituintes circularmente engastadores. Isso vale não só para uma concepção viável de natureza humana historicamente definida e socialmente em mutação – destacada por Marx como a "*verdadeira comunidade dos humanos*"[264] e o "conjunto de relações sociais"[265] – como também para todo o resto. Ou seja, para a eternizada ordem reprodutiva material burguesa da "sociedade civil", bem como para a sua formação de Estado, de modo a ser capaz de almejar ao mesmo tempo um modo radicalmente diferente de reprodução social metabólica. Uma ordem capaz de superar [*overcome*] as *relações de classe* antagônicas estabelecidas, deturpadas nas concepções burguesas – até mesmo as maiores – enquanto *conflitualidade individual* determinada pelo *genus*. Pois as mediações de segunda ordem antagônicas do capital necessariamente carregam consigo a irracionalidade perversa da *escassez eternizada*, mesmo quando suas condições materiais originais são produtivamente superadas [*overcome*] no curso do desenvolvimento histórico.

Paradoxalmente, apesar de sua entusiasmada abominação das inumanidades garantidas institucionalmente da "sociedade civil" e seu Estado político protetor, Jean-Paul Sartre não conseguiu escapar da armadilha mencionada acima. Pois não basta negar apenas dois dos constituintes fundamentais do sistema do capital perversamente engastador. Contudo, a dificuldade é que, na medida em que Sartre quer dar um suporte ontológico-existencialista à sua concepção do desenvolvimento histórico da humanidade até mesmo na *Crítica da razão dialética*, ele deve nos apresentar um relato extremamente problemático de *escassez* no que ele chama seu "enclave existencialista dentro do marxismo".

Como vimos na seção 6.3 deste capítulo, Sartre categoricamente afirmou na *Crítica da razão dialética* que "dizer que nossa História é história dos homens ou dizer que ela surgiu e se desenvolve no *enquadramento permanente* de um campo de tensão engendrado pela *escassez* é a mesma coisa"[266]. Também vimos que, para Sartre, esta não é uma questão de contingência social historicamente contornável, mas sim uma questão da determinação ontológico-existencial do ser humano segundo a qual "*o homem é objetivamente constituído como inumano* e essa inumanidade traduz-se na *práxis* pela apreensão do *mal como estrutura do Outro*"[267]. Para piorar mais as coisas, esse Outro quase-mítico é constituído não só em algum lugar de fora, mas também inextricavelmente *dentro de eu próprio enquanto o Outro*. Por conseguinte, é-nos dito por Sartre que "é o homem e mais nada que eu odeio no inimigo, isto é, *eu próprio*

---

[264] Idem.

[265] Karl Marx, *A ideologia alemã*, cit., p. 538.

[266] Jean-Paul Sartre, *Crítica da razão dialética*, cit., v. 1, p. 238.

[267] Ibidem, p. 244-5.

*enquanto Outro*, e é exatamente eu próprio que nele pretendo destruir para impedi-lo de destruir-me realmente no meu corpo"[268].

Infelizmente, dadas as pressuposições ontológico-existencialistas mantidas por Sartre até o fim, inclusive quando ele se denomina um pensador "marxizante", é impossível encontrar uma solução viável para os problemas da escassez em seus escritos. E isso vale não só para o primeiro volume da *Crítica da razão dialética*, mas também para o segundo volume inacabado – como vimos acima, em princípio inacabável dentro do quadro conceitual de Sartre –, que supostamente daria uma explicação dialética da "*história real*" em contraste com o esboço das linhas categoriais das "estruturas formais da história" presente no primeiro volume.

A discussão de Sartre sobre a escassez e seu impacto humano no segundo volume da *Crítica*, apresentada com a muito admirada intensidade gráfica sartriana por meio do exemplo da *luta de boxe*, tende a ser, quanto à sua validade, fundamentada nas características do *passado* e, no que se refere ao presente e ao futuro, confinada à *plausibilidade psicológica individual*, apesar das reivindicações do autor à validade geral. Sartre oferece uma "dialética" curiosamente a-dialética da afirmada "interiorização" da difícil situação contraditória do "homem raro" geral. Pois o que recebemos do segundo volume da *Crítica da razão dialética* é uma explicação insustentável da relação retratada, projetada eternamente no futuro. Ela é estendida à questão espinhosa – e absolutamente fundamental na ordem reprodutiva societal existente – da origem do *lucro*, resumida na afirmação sartriana da seguinte maneira: "o *lucro* provém da *insuficiência da satisfação* (trabalhador e salário) e da *inabundância*"[269].

O exemplo do boxe, que Sartre afirma ser representante de toda luta, não é simplesmente problemático a esse respeito, mas bastante inapropriado para a caracterização do *antagonismo estrutural* historicamente determinado e capitalisticamente imposto. A diferença vital entre a representação sartriana da "luta de boxe" e o verdadeiro antagonismo entre capital e trabalho (o qual a luta de boxe supostamente também deve representar) transparece quando lemos que:

> Esse combate no qual se enredam dois [boxeadores] iniciantes, ambos simultaneamente vítimas de seus próprios erros e dos erros do outro, tem uma realidade ainda mais notável posto que a *dominação dos trabalhadores pelo seu trabalho*, produzindo o futuro diante dos olhos de todos (eles vegetarão aos pés da escada ou *abandonarão a profissão*), o faz ser visto e tocado como uma significação e como um destino. [...] Mas é destino na medida em que essa *dominação dos boxeadores pelo boxe* é diretamente apreendida como presença de sua desgraça futura. [...] O conjunto social se encarna com a multiplicidade de seus conflitos nessa temporalização singular da *reciprocidade negativa*.
>
> [...] Logo: a luta é uma encarnação pública de *todo* [grifo de Sartre] conflito. Refere-se, *sem nenhum intermediário*, à tensão entre os seres humanos produzida pela *interiorização da escassez*.[270]

---

[268] Ibidem, p. 245-6.

[269] Jean-Paul Sartre, *Critique of Dialectical Reason* (Londres, Verso, 1991, v. 2), p. 424. [Em francês: *Critique de la raison dialectique*, tome II (inachevé), Paris, Gallimard, 1985, p. 433. (N. E.)]

[270] Ibidem, p. 21-2. [Em francês: p. 30-2. (N. E.)]

Na realidade, entretanto, a diferença fundamental – que surge de um grave *antagonismo social* preocupado com duas alternativas sociais metabólicas diametralmente opostas e não a partir do que poderia ser caracterizado como "reciprocidade negativa de todo conflito" – é que o trabalho, como alternativa hegemônica ao capital, não pode "abandonar" a "profissão". Sua situação não é de modo algum uma *profissão*, mas uma *condição estruturalmente determinada* e uma *posição de classe* necessariamente subordinada no processo de reprodução societal. O *trabalhador particular* – mas não o trabalho enquanto tal – pode "*abandonar*" esta ou aquela "profissão" (no sentido de mudar de emprego), mas, devido à sua situação de classe, ele é, ao mesmo tempo, forçado a uma outra. O trabalho enquanto classe social não pode "abandonar a profissão".

Igualmente, a "*dominação* dos boxeadores *pelo boxe*" é inaplicável à condição do trabalho. O trabalho é dominado *pelo capital*, e não "pelo trabalho", no sentido sartriano do boxeador sendo "dominado pelo boxe". A *dominação do trabalho* é historicamente mais específica, e isso não se deve à "*escassez*" e à "*tecnologia*" no sentido sartriano, muito menos à "interiorização da escassez". Na verdade, estamos preocupados aqui com uma relação *assimétrica* de *subordinação e dominação estruturalmente imposta*, algo bem diferente da simétrica "luta entre dois boxeadores" que concordam em cooperar dentro de um *conjunto de regras* voluntariamente aceito. No caso do trabalho, as "regras" são *impostas* aos membros da classe como um todo (por sua dominação e subordinação estruturalmente impostas), e as "regras" – longe de serem voluntariamente adotadas – não são impostas simplesmente sobre os trabalhadores individuais, mas sobre a classe como um todo. Mas, mesmo que as regras dominantes não sejam *politicamente* impostas sobre os membros da classe, do modo como são sob as condições da escravidão e da servidão feudal, elas são impostas sobre eles, não obstante, enquanto determinações *economicamente* impostas. Portanto, as determinações reguladoras em questão são, no sentido mais fundamental, regras objetivamente – materialmente/reprodutivamente – dominantes. Além disso, também é necessária outra qualificação significativa a esse respeito. Pois o *derradeiro garantidor* – ainda que somente *derradeiro* garantidor – da proteção das regras materialmente/estruturalmente predeterminadas e impostas da sociedade comum é, na verdade, o *Estado capitalista*, com seu sistema legal determinado por classe e o correspondente aparato impositor das leis. Afinal,

> toda forma de produção forja suas próprias relações jurídicas, forma de governo etc. A insipiência e o desentendimento [por parte dos economistas políticos e da fase descendente do desenvolvimento histórico do capital] consistem precisamente em relacionar *casualmente* o que é *organicamente* conectado, em reduzi-lo a uma mera conexão da reflexão. Os economistas burgueses têm em mente apenas que se produz melhor com a polícia moderna do que, por exemplo, com o *direito do mais forte*. Só esquecem que o direito do mais forte também é um direito, e que o *direito do mais forte subsiste sob outra forma em seu "estado de direito".*[271]

Sartre precisa da *absolutização* a-histórica *da escassez* – em nome da "inteligibilidade histórica" de todas as coisas – de modo a tornar possível para si mesmo a fuga da elaboração das categorias e estruturas da *história real*. Ele continua ancorado às "*estruturas formais*

---

[271] Karl Marx, *Grundrisse*, cit., p. 88.

*da história*", em consonância com a determinação ontológico-existencial dada em sua concepção, até mesmo na época em que escreveu a *Crítica*, ao "mal como estrutura do Outro" – e também o Outro enquanto "eu próprio" – engajado na interiorizada luta permanente contra a escassez.

A maneira pela qual Sartre concatena *"escassez"*, *"luta"* e *"contradição"* na modalidade da necessidade intransponível também é extremamente problemática. Pois ainda que possamos identificar a ligação *necessária* entre *escassez e luta* no *passado* mais remoto, isso não acontece uma vez que o *controle racional* das condições em jogo pelos indivíduos sociais torna-se possível em conjunção com o avanço produtivo sustentável. Aqui, novamente, o exemplo dos boxeadores é inaplicável. Pois estamos preocupados com tipos e ordens diferentes do *controle racional*: um *formalmente consistente* com um conjunto de regras, aceito voluntariamente, divisado para o propósito de um esporte – admitidamente bastante lucrativo – e o outro *substantivo*, a partir do domínio da *história real*.

Para ser exato, no caso dos dois boxeadores, sua "racionalidade" – isto é, sua aceitação voluntária/consciente das "regras de sua profissão" – é inseparável da luta reivindicada. Mas a "luta" não é de modo algum uma luta real no sentido da "luta por viver ou morrer" contra a escassez intransponível, constantemente chamada por esse nome pelo próprio Sartre. Também não é nem mesmo levemente comparável, em seu caráter essencial, ao *confronto antagônico* – uma *luta histórica* bem *real* pelo resultado contestado do *antagonismo estruturalmente determinado* entre capital e trabalho sobre suas *alternativas históricas hegemônicas* incompatíveis. Somente uma *analogia formal* dúbia pode ser traçada entre essas formas fundamentalmente diferentes de luta, como o antagonismo estrutural entre capital e trabalho na história real e o *ritual consensual* dos dois boxeadores mesmo quando lutam pela busca de um milhão de dólares.

No caso dos dois boxeadores, Sartre pode nos oferecer uma cena *psicologicamente* plausível. Dessa forma, ele atinge sua mais alta eloquência quando afirma que "o que é certo é que, em cada disputa, a origem profunda é sempre *escassez*. [...] a tradução da violência humana enquanto *escassez interiorizada*"[272]. E ele continua com sua caracterização descritiva do significado do combate de boxe no mesmo estilo ao dizer que

> Os dois boxeadores reúnem dentro de si mesmos, e reexteriorizam pelos golpes que trocam, o conjunto de extensões e lutas, abertas ou mascaradas, que caracterizam o regime sob o qual vivemos – e que nos tornou violentos até mesmo no menor dos desejos, na mais sutil das carícias. Mas, ao mesmo tempo, essa violência é aprovada neles.[273]

Desse modo, a competição de boxe particular retratada pode ser generalizada por Sartre como representante de toda violência humana. É desta forma que aparece na *Crítica*:

> *Toda* competição de boxe encarna o *todo* do boxe enquanto *encarnação de toda a violência fundamental*. [...] Um *ato* de violência é sempre *o todo da* violência, porque é uma *reexteriorização* da escassez interiorizada.[274]

---

[272] Jean-Paul Sartre, *Critique of Dialectical Reason*, cit., v. II, p. 23. [Em francês: p. 32. (N. E.)]

[273] Ibidem, p. 26. [Em francês: p. 36. (N. E.)]

[274] Ibidem, p. 27-8. [Em francês: p. 36-7. (N. E.)]

Desse modo, é traçada uma *linha direta* entre a retratação psicologicamente plausível dos dois *indivíduos* numa competição de boxe e as *condições gerais* da violência humana que supostamente corresponde à *reexteriorização* da *escassez interiorizada*. Por conseguinte, na cena sartriana, a plausibilidade psicológica das *motivações* dos lutadores individuais, e sua projeção ("sem nenhum intermediário", como dito alhures) enquanto identidade reivindicada entre o *ato particular* de violência e a *condição geral* da escassez necessariamente interiorizada — bem como violentamente reexteriorizada —, toma o lugar do que deveria ser tornado socialmente/historicamente *determinado* e, nesse sentido, plausível. Mas isso só poderia ser feito no quadro categorial da *história real*, em que a escassez ocupa seu lugar ontológico-existencial específico, embora não absolutizável.

O problema da *abundância* aparece muitas vezes contraposto à escassez. Às vezes isso é feito com o propósito de rejeitar aprioristicamente a possibilidade de superação [*overcome*] da escassez em qualquer momento futuro, não importa quão distante, pois se diz ser totalmente irrealista almejar a instituição estável da abundância na sociedade humana, em vista das determinações insuperavelmente conflitantes da "natureza humana". Não é preciso mais nenhum comentário em relação a essa posição. Em outras ocasiões, no entanto, a possibilidade de superar [*overcome*] a escassez pela abundância não é negada a princípio, mas não obstante é excluída pelo tempo previsível à nossa frente sobre o fundamento de que seriam necessárias algumas condições *tecnológicas* produtivamente mais avançadas que talvez se materializassem no futuro distante. E também há uma terceira posição, positivamente assertiva, sobre a abundância emergente que declara que "a *conquista da escassez* atualmente não é só previsível, mas na verdade prevista"[275].

A posição de Marcuse era quase a mesma que as visões que acabamos de citar de um ensaio escrito pelo canadense C. B. Macpherson, um proeminente pensador marxista. Marcuse insistiu que as "possibilidades utópicas" que ele defende "são implícitas às *forças técnicas e tecnológicas* do capitalismo avançado" na base das quais se "acabaria com a pobreza e a *escassez* em um futuro muito previsível"[276]. Ele continuou repetindo que

> o *progresso técnico* alcançou um estágio em que a realidade já não precisa ser definida pela extenuante competição pela sobrevivência e pelos progressos sociais. Quanto mais essas *capacidades técnicas* transcendem o quadro de exploração dentro do qual permanecem confinadas e violentadas, mais *elas impulsionam as tendências* e aspirações do homem a um ponto em que as *necessidades da vida* deixam de requerer as atuações agressivas de "ganhar o sustento", e o "não necessário" se torna um prêmio vital.[277]

E na mesma obra, escrita por Marcuse bem antes de afundar num profundo pessimismo, ele postulou um "fundamento biológico" para a mudança revolucionária, dizendo que tal fundamento

---

[275] C. B. Macpherson, "A political theory of property", em *Democratic Theory: Essays in Retrieval* (Oxford, Clarendon Press, 1973), p. 138.

[276] Herbert Marcuse, *An Essay on Liberation* (Londres, Allen Lane/The Penguin Press, 1969), p. 4.

[277] Ibidem, p. 5.

teria a chance de transformar o *progresso técnico* quantitativo em modos de vida qualitativamente diferentes – precisamente porque seria uma revolução ocorrendo em um alto nível do desenvolvimento material e intelectual, e que permitiria ao homem *conquistar a escassez e a pobreza*. Se essa ideia de uma transformação radical tiver de ser mais que uma especulação fútil, ela precisa de um fundamento objetivo no processo de produção da *sociedade industrial avançada*, em suas *capacidades técnicas* e uso. Pois a liberdade de fato depende amplamente do *progresso técnico*, do avanço da ciência.[278]

Essa irrealidade generosamente bem-intencionada foi escrita e publicada por Marcuse há mais de quarenta anos, e não vimos absolutamente nada apontando na direção de sua realização. Pelo contrário, testemunhamos recentemente uma crise devastadora da "sociedade industrial avançada", com a ocorrência de *levantes por falta de alimentos* em nada menos que 35 países reconhecida por um dos pilares ideológicos da ordem estabelecida – *The Economist* –, apesar de todo o significativo *progresso técnico* indubitavelmente alcançado nas últimas quatro décadas. Nem mesmo a mais sutil tentativa foi feita para a duradoura "conquista da escassez".

A grande fraqueza das projeções do tipo das de Marcuse, compartilhadas por C. B. Macpherson e muitos outros, é que se espera que os resultados positivos referentes à "conquista de fato prevista da escassez" surjam da "força propulsora" do progresso técnico/tecnológico e do avanço produtivo. E isso não poderia acontecer nem mesmo em mil anos, quanto mais em quarenta ou cem. Pois a tecnologia não é uma "variável independente". Ela está profundamente enraizada nas mais fundamentais determinações sociais, apesar de toda a mistificação em contrário[279], como vimos anteriormente em diversas ocasiões.

Ninguém pode duvidar que a simpatia das pessoas que, desse modo, prenunciam a conquista da escassez está do lado dos "miseráveis da terra que combatem o monstro abastado"[280]. Mas seu discurso moral sequer pode tocar as determinações objetivas fundamentais que, de modo tão bem-sucedido, perpetuam a situação denunciada dos explorados e oprimidos, que dirá efetivamente alterá-las. Esperar que o avanço produtivo, que surge do "progresso técnico" na "sociedade industrial avançada", desloque a humanidade na direção da eliminação da escassez é rogar pelo impossível. O mesmo tipo de impossibilidade quanto à espera de que o capitalismo estabelecesse um limite para o seu apetite pelo lucro sobre a base de que ele já obteve lucro suficiente. Pois a sociedade da qual Marcuse e outros falam não é uma sociedade "industrial avançada", mas somente *capitalisticamente avançada* – e, para a humanidade em si, perigosa de maneira suicida. Ela não pode dar um simples passo na direção de conquistar a escassez enquanto permanecer sob o domínio do capital, independentemente de suas crescentes "capacidades técnicas" e do correspondente grau de melhoria na produtividade no futuro. Por duas importantes razões.

---

[278] Ibidem p. 19.

[279] Devemos bem nos lembrar das visões de Habermas – um dos maiores mistificadores ecléticos oportunistas em voga no campo – que postula a "cientificização da tecnologia" quando, na verdade, muitos danos são gerados pela fetichista *tecnologização da ciência* a serviço da produção destrutiva.

[280] Herbert Marcuse, *An Essay on Liberation*, cit., p. 7.

Primeiro, porque até mesmo o maior avanço produtivo tecnicamente assegurado pode ser – e, sob as condições agora prevalecentes em nossa sociedade, de fato *é* e *deve ser* – dissipado pelo *desperdício* lucrativo e pelos canais da *produção destrutiva*, incluindo a fraudulência legitimada pelo Estado do *complexo militar/industrial*, como vimos anteriormente. E segundo – o que acaba por ser mais fundamental aqui – por causa do caráter objetivo do sistema de acumulação do capital. Não devemos nos esquecer de que "o *capital personificado*, dotado de vontade e consciência", *não pode estar* interessado na conquista da escassez, e na correspondente distribuição equitativa da riqueza, pela simples razão de que "o *valor de uso nunca* deve ser tratado, portanto, como meta imediata do capitalismo; [...] mas apenas o *incessante movimento do ganho*"[281]. E, a esse respeito, que é inseparável do imperativo absoluto da incessante acumulação e expansão do capital, o impedimento estrutural permanente é que *o capital sempre é* – e, isso não pode ser destacado o suficiente, *sempre continuará sendo*, por uma questão de determinação sistêmica interna – insuperavelmente *escasso*, mesmo quando, sob certas condições, contraditoriamente *superproduzido*[282].

Sartre, obviamente, não está nem um pouco preocupado com a conquista da escassez e sua substituição sustentável pela abundância produtivamente generalizada. Ele é firmemente negativo a esse respeito, descrevendo o "homem da escassez" como o homem que impõe sua vontade e expropria a abundância para si mesmo[283]. A orientação ontológico-existencial e a plausibilidade da caracterização de Sartre da relação conflituosa insuperável entre eu próprio e meus adversários são mantidas até o fim da *Crítica da razão dialética*, quando ele escreve que

> no campo da escassez, um aumento na quantidade ou no poder dos meus vizinhos tem como resultado o aumento da precariedade de minha existência. Pois esse poder busca tanto produzir mais (um teto, entretanto) quanto me eliminar. Minha alteração é sofrida e é o que encarna em mim a transformação.[284]

No entanto, a forma de Sartre de lidar com o problema da escassez e da abundância – tornando a escassez o fundamento existencial da *história*, como seu "enquadramento permanente produzido pela escassez", bem como da *inteligibilidade histórica*, em vez de um fator contingente (não importa quão importante) *na história*, capaz de ser superado [*overcome*] sob condições alteradas em algum um ponto da história – não resolve o verdadeiro desafio histórico diante de nós. Na verdade, algumas qualificações elementares são necessárias para uma caracterização apropriada da *abundância* em si, o que pode ser legitimamente posto no contexto da superação da *dominação* histórica *da escassez*. Pois num estágio relativamente inicial do desenvolvimento histórico da humanidade,

---

[281] Karl Marx, *O capital*, cit., p. 273.

[282] É mais relevante aqui que "se o capital cresce de 100 para 1000, o 1000 é agora o ponto de partida de onde o aumento tem de se dar; a decuplicação de 1000% não conta para nada; lucro e juro, por seu lado, devêm eles mesmos capital. *O que aparecia como mais-valor, aparece agora como simples pressuposto etc.*, como incorporado na *própria existência simples* do capital" (Karl Marx, *Grundrisse*, cit., p. 335. Grifos de Marx).

[283] "Em busca de sua abundância, o homem da escassez a procura como determinação da escassez. Não a abundância para todos, mas sua própria, portanto, a privação de todos." Jean-Paul Sartre, *Critique*, cit., v. 2, p. 421.

[284] Ibidem, p. 437. [Em francês: p. 443. (N. E.)]

as "carências naturalmente necessárias" – que, para nossos ancestrais distantes, estavam em plena consonância com a dominação material opressora da escassez – na verdade são superadas [*superseded*] por um conjunto de carências muito mais complexo, historicamente criado, como vimos discutido anteriormente. Para ser exato, o avanço produtivo em questão não representa o fim dessa história onerosa, mas, não obstante, significa um importante passo na direção de conquistar o domínio original da vida humana pela escassez. Nesse sentido:

> O *luxo* é o contrário do *naturalmente necessário*. As necessidades [*needs*] naturais são as necessidades [*necessities*] do indivíduo, *ele próprio reduzido a um sujeito natural*. O desenvolvimento da indústria *abole essa necessidade natural*, assim como aquele luxo – na sociedade burguesa, entretanto, o faz somente de *modo antitético*, uma vez que ela própria repõe uma certa norma social como a norma necessária frente ao luxo.[285]

Por conseguinte, relegar a escassez ao passado é um processo histórico interminável, mas também contínuo, apesar de todos os obstáculos e contradições. No entanto, precisamente por causa da *forma antitética* na qual esse desenvolvimento histórico deve ser continuado na sociedade burguesa, a verdadeira questão para o futuro não é a instituição utópica da "abundância" irrestrita, mas o *controle racional* do processo do avanço produtivo pelos indivíduos sociais, possível apenas em uma ordem reprodutiva socialista. Do contrário, o domínio da escassez (não mais historicamente justificável) – na forma da *produção destrutiva* perversamente perdulária, porém lucrativa em uma variedade de suas formas capitalisticamente factíveis – permanece conosco indefinidamente. Na *ausência* da requerida *autodeterminação racional em escala societal* – cuja ausência, sob as condições atuais, acaba por ser não uma determinação ontológico-existencial fatídica, mas uma questão de impedimento historicamente criado e historicamente superável –, até mesmo a maior "*abundância*" (abstratamente postulada) seria totalmente impotente e fútil enquanto tentativa de superar [*overcome*] o domínio da escassez.

Portanto, estamos preocupados, a esse respeito, com uma força social *historicamente determinada* – mas não permanentemente *determinante da história* – e um impedimento à emancipação social que dominou a vida humana durante tempo demais. É esse impedimento estrutural/sistêmico que deve ser radicalmente superado [*superseded*] por meio da alternativa hegemônica do trabalho ao modo de controle social metabólico estabelecido do capital, de acordo com a concepção marxiana da "nova forma histórica".

## 6.6 A natureza dialética do avanço histórico e da mudança histórica

A consciência histórica, como vimos discutido anteriormente[286], está preocupada com a percepção da mudança não simplesmente como um lapso de tempo, mas como um movimento com caráter *cumulativo*. Isso implica algum tipo de *desenvolvimento* – como, por exemplo, o surgimento da ordem reprodutiva societal burguesa em contraste com o

---

[285] Karl Marx, *Grundrisse*, cit., p. 528.
[286] Ver seção 5.1 de *A determinação social do método*.

sistema feudal – que deve ser legitimamente descrito em um sentido substantivo e importante para o futuro enquanto *mais avançado* do que o que o precedeu.

Naturalmente, isso significa para as teorias filosóficas relevantes também uma busca pela identificação de um *sujeito ou capacidade de ação histórica* de seu campo de investigação. Esse sujeito foi definido nas concepções históricas mais variadas como capaz de intervir ativamente – para ser exato, sob as circunstâncias objetivamente *dadas* – na transformação societal, com o propósito de ter um impacto significativo no estado de coisas existente e, por meio dele, de modo mais abrangente e duradouro, nos desenvolvimentos em desdobramento de modo geral.

As circunstâncias históricas a serem modificadas foram e são, obviamente, sempre *particulares*. Mas, precisamente por serem parte de um *processo contínuo* de transformação (ou de resistência a ela), as teorias históricas genuínas, em contraste com relatos e crônicas anedóticos, devem tentar apreender a relação dialética complexa entre *particularidade* e *universalidade*. Pois os eventos e desenvolvimentos históricos são plenamente inteligíveis somente se elucidados no que se refere ao seu caráter "*determinante/determinado*" mais amplo. Ou seja, se são retratados em termos que incluam o impacto modificador significativo exercido pelo sujeito ativo individual ou coletivo sobre as condições encontradas no momento de entrar no estágio histórico. Nesse sentido dialético, as condições objetivamente "determinadas/determinadoras/determinantes" da mudança cumulativa – tanto como originalmente encontradas quanto como significativamente modificadas pelo sujeito histórico em uma dada situação – necessariamente transcendem numa direção *trans-histórica* a limitada especificidade histórica dos eventos e forças em questão.

Como sabemos, a tendência objetiva universalizante do capital, que tende na direção de uma integração em última instância global de sua ordem social metabólica, permitiu que os filósofos modernos interpretassem os problemas da mudança histórica de uma maneira bem diferente daqueles que encontramos na Grécia antiga e na Idade Média. Nesse sentido, o século XVIII, pelo trabalho de Vico, Montesquieu, Rousseau, Diderot, Lessing, Kant, Herder e Goethe, deu um passo gigantesco na direção de uma explicação histórica genuína, atingindo seu auge nas primeiras três décadas do século XIX na monumental síntese filosófica de Hegel, que conceitualizou o mundo do ponto de vista do capital.

Na medida em que era compatível com seu ponto de vista social, Hegel ofereceu um relato das transformações e eventos históricos nos termos das *necessidades* subjacentes de uma *história mundial* em desdobramento e sua realização da ideia de liberdade, mesmo que não pudesse conceitualizar o desenvolvimento histórico como *irrepressivelmente aberto*. Pois os determinantes ideológicos de sua posição estipularam, para Hegel, a necessidade de reconciliação com a "efetividade racional" do presente, e portanto ele acabou com um *fechamento* arbitrário da dinâmica histórica no quadro da "sociedade civil" capitalista e sua formação de Estado idealizada. Portanto, a história poderia ser tratada como aberta e objetivamente em desdobramento até mesmo por Hegel somente até o ponto no tempo em que ela alcançou a ordem reprodutiva societal estabelecida, mas suas janelas tiveram de se fechar de modo totalmente a-histórico na direção de um futuro radicalmente diferente.

Mas, em meados do século XIX, o clima dominante nos escritos históricos burgueses era o ceticismo extremado, que ficou pior com o passar do tempo. De modo não surpreendente, portanto, o pessimismo sombrio tendeu a prevalecer nas concepções históricas do século XX[287]. Esse pessimismo deveu-se primordialmente ao reconhecimento e à aceitação mais ou menos explícitos, pelos pensadores em questão, que o sujeito histórico com o qual eles se identificavam, o capital e suas personificações econômicas, tinha se tornado extremamente problemático (para não dizer algo pior) enquanto controlador historicamente viável do processo em desdobramento, devido aos graves antagonismos e à crise cada vez mais profunda de seu sistema.

É importante sublinhar nesse contexto que um dos maiores *insights* filosóficos de Giambattista Vico foi descrito em relação à questão de "fazer história". Na época da elaboração de seu *A ciência nova*[288], Vico expressou sua admiração sobre o fato de que, no passado,

> os filósofos seriamente estudaram o modo de obter a ciência deste mundo *natural*, do qual, pois que Deus o fez, somente Ele tem ciência; e deixaram de meditar este mundo das nações, ou seja, o *mundo civil*, do qual, pois que *o fizeram os homens*, podiam obter sua *ciência* os homens.[289]

Desse modo, a categoria vital do "fazer história" e fazer o "mundo civil" (ou "sociedade civil") *cognoscível* adquiriu sua importância seminal nas concepções filosóficas. Pois Vico percebia bem claramente que o sentido e a *raison d'être* de se investigar na filosofia a natureza dos processos históricos tinha de ser capaz de *participar ativamente* nas transformações contínuas, de modo a obter um controle melhor sobre os aspectos desejados – bem como sobre os aspectos indesejados e a serem corrigidos – das mudanças que acontecem no "mundo civil". E, obviamente, Vico também percebeu que o modo de *fazer história* posto por ele era impensável sem ter *ciência* – ou seja, sem compreender propriamente – do que estava em jogo no campo relevante das mudanças temporais e transformações históricas.

Naturalmente, a *"ciência nova"* de Vico da compreensão e explicação do desenvolvimento histórico compartilhava com a *epistemologia* o interesse de combinar o conhecimento com o envolvimento prático. Pois a *raison d'être* da iniciativa filosófica da epistemologia – ou seja, a teoria do conhecimento – deveria obter um *insight* na, e um controle crescente sobre a, produção e avanço do conhecimento em si, de modo a adquirir algum domínio sobre as áreas em que importava a aquisição de um conhecimento melhor. Ademais, também a filosofia moral sempre foi inseparável de uma preocupação real com o explicar e afetar a conduta do agente moral, seja nos termos do "mundo inteligível" kantiano e sua necessária universalização das escolhas e máximas pessoais dos indivíduos, por analogia com a forma da lei natural conforme explicada na *Crítica da razão prática*, ou de uma forma mais realista, até mesmo diretamente utilitária. Qual mais poderia então ser o ponto de investigação histórica senão obter um melhor *insight* sobre a natureza do processo histórico para uma participação significativa nos desenvolvimentos em desdobramento?

---

[287] Ver, a esse respeito, "Vicissitudes da consciência histórica no século XX" e "'Se houver algum sentido, ele escapa à nossa percepção': de Ranke e Tocqueville a sir Lewis Namier e além", seções 5.5 e 5.7 de *A determinação social do método*.

[288] Publicado pela primeira vez em 1725, mas modificado consideravelmente em 1730 e 1744.

[289] Giambattista Vico, *A ciência nova* (trad. Marco Lucchesi, Rio de Janeiro, Record, 1999), p. 131.

Nesse sentido, não foi de modo algum acidental que "A ciência nova" da investigação histórica – fundamentando a ideia de *fazer história* na firmemente afirmada *capacidade humana de conhecer*[290] o processo envolvido – tenha sido colocada no primeiro plano da atenção filosófica na fase ascendente do desenvolvimento histórico do capital. Nem poderia ser considerado acidental que a fase descendente do sistema do capital trouxe consigo o início do ceticismo extremado e o domínio que tudo permeia do pessimismo histórico nos escritos das personificações ideológicas do capital. De forma típica, portanto, os grandes *insights* de Vico tiveram de ser totalmente desditos não simplesmente com o propósito de rejeitar as visões formuladas por esse grande filósofo italiano e pioneiro da interpretação histórica, mas, acima de tudo, no interesse de "refutar Marx" e *sua* preocupação – também extremamente desafiadora, em um sentido prático direto – em fazer história no presente e no futuro. Desse modo, Hannah Arendt tentou destruir a distinção fundamental de Vico entre fazer história e fazer natureza – às vezes fazendo isso da maneira mais absurda, afirmando que, nos processos termonucleares, os seres humanos estão "fazendo natureza" no sentido de "fazer história"[291] de Vico – enquanto seu verdadeiro alvo ideológico era Marx, descartado com o sarcasmo grotesco segundo o qual "na sociedade sem classes o melhor que a humanidade pode fazer com a história é esquecer todo episódio infeliz cujo único propósito era abolir a si próprio"[292]. Por conseguinte, nesse tipo de visão pessimista e cética extrema, a ideia de intervir ativamente no processo de transformação histórica e a capacidade humana de adquirir o conhecimento necessário para esse propósito, tinha de ser interligada e descartada, tendo em vista a exclusão, com isso, da possibilidade de qualquer mudança social radical.

Apesar de todo esse ceticismo, as tendências atuais de desenvolvimento indicam *potencialidades positivas* para o futuro, se mantidas em sua perspectiva história apropriada, não obstante os perigos para a própria sobrevivência da humanidade evidenciados em nossa época. Pois, conforme destacado anteriormente, bem diferente do tempo cósmico, que é irreversível, considerado de uma perspectiva humana, o tempo histórico da humanidade é bem diferente por causa da ordem radicalmente nova da necessidade – "necessidade histórica" autoimposta, mas também potencialmente "evanescente" – introduzida pelos seres humanos na ordem societal fundada sobre as determinações primárias da natureza.

Nesse sentido, o tempo histórico humano é sujeito a *inversões* não só em vista das periódicas reincidências e estagnações ou paralisias do desenvolvimento vistas no curso da história, mas até mesmo em seus termos últimos de referência, concernentes ao exercício, por parte do sujeito ativo de seu poder no curso das transformações históricas. Portanto, não poderia haver uma confirmação mais irônica do *poder ativo* do sujeito ou capacidade de ação históricos do que notar com apreensão sua capacidade, e também seus passos agora

---

[290] Uma grande diferença, na verdade, em relação ao ditame pessimisticamente desqualificador que pontifica que "Se houver algum sentido, ele escapa à nossa percepção".

[291] Hannah Arendt, "O conceito de História", em *Entre o passado e o futuro* (São Paulo, Perspectiva, 1992), p. 89.

[292] Ibidem, p. 112. Para uma discussão detalhada desses problemas, ver o capítulo 5, especialmente a seção 5.6, de *A determinação social do método*.

inegavelmente tomados em direção à destruição de si por meio da modalidade antagônica autoimposta da reprodução social metabólica – o sistema do capital em sua crise estrutural cada vez mais profunda em nosso tempo. Ainda assim, esse modo de controle societal supostamente deveria ser o predicamento postulado de maneira neoliberal e destino último da humanidade para a qual, como dizem arrogantemente, "não pode haver alternativa", desconsiderando a fatídica negatividade associada ao impacto do capital tanto sobre a natureza quanto no campo da produção sempre mais destrutiva, bem como no plano da devastação militar incessante.

Contudo, precisamente porque a "necessidade [potencialmente] evanescente" não é em nada uma fatalidade da natureza, uma intervenção humana ativa conscientemente buscada contra as forças destrutivas das mediações de segunda ordem antagônicas do capital é capaz de evitar os perigos identificáveis. Pois o que é historicamente criado e imposto também é susceptível à mudança histórica corretiva. Na verdade, por uma questão de determinações equivalentes, as tendências atuais do desenvolvimento histórico revelam não só os perigos inegáveis, mas também um *avanço* socialmente significativo em alguns campos e relações importantes.

Desnecessário dizer que as tendências positivas aqui referidas não indicam algum "progresso" linear homogêneo, muito menos uma jornada em direção a uma "estação final messiânica", como é frequentemente (e falsamente) insinuado pelos adversários de Marx. As potencialidades positivas devem ser ativamente convertidas – e não no sentido ingênuo de "feito de uma vez por todas", mas constantemente reproduzidas e asseguradas enquanto tais – em realidades sustentáveis. Isso é necessário até mesmo sob as circunstâncias mais favoráveis, não importa quão longe possamos lançar os olhos para o futuro na direção do que Marx chama de "história real" em contraste às limitações estruturais da "pré-história". Pois a consideração primária que legitimamente contrasta a noção significativa de "história real" com "pré-história" é a capacidade postulada dos seres humanos de se extricarem das determinações estruturais que os obriga, sob as circunstâncias hoje prevalecentes, a ordenar suas atividades vitais sobre a base das regras e relações que "agem por trás das costas dos indivíduos", como discutido anteriormente. E a forma prevista radicalmente diferente de regular sua vida pelos indivíduos sociais na "história real" só pode ter sucesso na forma de um *processo contínuo*. A mudança necessária nesse aspecto é possível pela superação [*overcome*], em um sentido perfeitamente tangível, da *relação de troca* fetichista do capital, com as ilusões impostas pelos próprios indivíduos, "por trás de suas costas", sobre *todos* os indivíduos que participam no sistema de troca de mercadorias.

A esse respeito, também podemos ver dois aspectos relevantes do desenvolvimento histórico que prevalece enquanto avanço real em comparação aos estados de coisas anteriores. Primeiro, porque a relação de troca generalizada do sistema do capital enquanto tal, apesar de suas contradições e antagonismos estruturais, representa uma *realização produtiva* fundamental em contraste com as principais restrições das ordens reprodutivas societais precedentes, muito menos produtivas. E, segundo, porque o estabelecimento e a consolidação desse modo mais avançado de controle econômico simultaneamente trazem à tona algumas condições historicamente específicas e conquistas positivas que, por sua própria natureza, apontam para muito além das limitações estruturais inerentes da reprodução societal sob o domínio do capital. Na verdade, apontam para um futuro socialmente mais avançado.

Naturalmente, as condições e conquistas em questão – assim como a noção não só jurídica, mas também socioeconômica e política de personalidade, a propriedade, a liberdade e a igualdade compartilhadas de modo muito mais geral, consideradas em um sentido de modo algum negligenciável etc. – apareceram pela primeira vez na ordem reprodutiva societal e produtiva do capital de maneira extremamente *abstrata* e *formalizada*. Isso aconteceu porque elas devem permanecer apologeticamente separadas de sua dimensão *substantiva* realmente realizável, mas negada pelo capital, de modo que possam prontamente *ser contidas* dentro do tegumento estruturalmente restritivo do sistema de mercadorias. O formalismo abstrato dos postulados "*direitos do homem*" é uma manifestação vívida dessa limitação característica.

Não obstante, o fato *é* e *continua sendo* que as condições sobre as quais falamos realmente tiveram sua aparição histórica na ordem reprodutiva do capital: e apareceram não do *capricho individual* ou da *inspiração religiosa* – do modo como esta é postulada mistificadoramente pelo "espírito protestante do capitalismo" de Max Weber, na *inversão* habitual do pensador alemão das ordens materiais e culturais reais de determinação – mas como resultado de *necessidades sociais e históricas* claramente identificáveis. Pois o grande dinamismo do avanço histórico do capital, incorporado no potencial expansionista maciço da produção generalizada de mercadorias, era totalmente impensável sem simultaneamente colocar em movimento as condições e conquistas paradoxais que, em algum momento no tempo – novamente, sob as condições e os antagonismos objetivamente em desdobramento –, tiveram de *se voltar contra* o próprio tegumento capitalista estruturalmente restritivo.

Ademais, a forma necessariamente *fetichista* que até mesmo os maiores "avanços civilizadores"[293] da ordem reprodutiva historicamente mais avançada do capital tiveram de assumir, devido aos antagonismos internos em última instância explosivos do próprio sistema produtivo incorrigivelmente explorador, possibilitou conceitualizar e *salientar a contradição irreconciliável* entre as *afirmações eternizantes* professadas e a *realidade desumanizadora e alienante* desse modo historicamente específico de conduta humana e reprodução societal ordenadoras.

Compreensivelmente, esse modo de conduta humana ordenadora foi inevitável em um sistema que teve de afirmar a si mesmo, fetichisticamente "por trás das costas dos indivíduos", no interesse de um modo de produção *unicamente* – e, no fim, também *destrutivamente* – *orientado para a expansão*, guiado pelo *imperativo* absoluto porém *cego* da acumulação do capital cuja natureza e força motriz real tinham de ser escondidas, como mistificação necessária, até mesmo das personificações pretensamente "soberanas" de "tomadas de decisão" do capital. Ao mesmo tempo, no entanto, o fato de que o sistema produtivo mais avançado em toda a história poderia prevalecer em contraste com um desígnio humano alternativo historicamente possível somente por meio da transfiguração fetichista das relações potencialmente criativas – que o *capital em si trouxe à tona* – trouxe consigo algumas complicações e contradições insuperáveis

---

[293] Na expressão de Marx.

pelo capital. Pois, por um lado, o sistema do capital foi responsável por um *desenvolvimento social imenso* e a efetiva *socialização da produção*, que nunca pode ser desfeita[294], com sua tendência em direção à escala *global* para sua plena realização. Por outro lado, no entanto, o capital também foi responsável por ativar a *contradição direta* simultânea dessa grande realização histórica, devido à *apropriação e* à *expropriação privada*, estruturalmente prejulgadas e arraigadas[295], dos meios de produção e dos produtos mercadorizados alienados do trabalho vivo. Isso representou uma contradição de tal magnitude e intensidade, em sua inserção necessária – *pois tinha de ser inserida*, tanto por causa dos propósitos *materiais* hierarquicamente operados e estruturalmente assegurados da produção generalizada de mercadorias quanto por conta de sua *legitimação* social e política bem como *racionalização ideológica* – na relação de troca formalmente "livre e equitativa" entre capital e trabalho, que nem mesmo as camadas mais densas do fetichismo de mercadoria poderiam esconder indefinidamente.

Por conseguinte, também a esse respeito, o desenvolvimento socioeconômico em desdobramento enquanto avanço histórico – que é sempre articulado, sobre o fundamento das determinações dialéticas objetivas, na forma de *alternativas* produtivas ou destrutivas, em contraste com a positividade simplista do pensamento veleitário – possibilitou conceitualizar e salientar em seu devido tempo não só a insustentabilidade de longo prazo das contradições destrutivas sempre mais proeminentes do sistema do capital, mas também a *alternativa histórica viável* implícita na remoção da relação fetichista do capital em si. Consequentemente, a *desmistificação* do fetichismo incurável do capital, com sua imposição cruel dos imperativos sistêmicos incorrigíveis que tinham de (e enquanto esse sistema sobreviver deve continuar a) funcionar por trás das costas dos indivíduos, não poderia fornecer o *programa estratégico* para uma *transformação emancipatória*. Esse foi o lado anverso do trabalho de demonstrar a insustentabilidade do fetichismo do capital para o futuro, representando em sua orientação estratégica necessária um importante avanço histórico positivo.

A desmistificação crítica do fetichismo que a tudo invade do capital só pôde aparecer na agenda histórica em um momento determinado do tempo, no início da fase descendente do desenvolvimento do sistema do capital. Sob tais circunstâncias, a transformação emancipatória defendida poderia ser almejada não como um postulado moral abstrato, por mais nobre que fosse seu intento, que costumou caracterizar a condenação do poder desumanizador do capital por um longo período de tempo[296], mas como uma concepção socialista radical praticamente articulada, com sua *influência objetiva* profundamente enraizada – tanto como a negação do modo de controle estabelecido quanto como sua alternativa reprodutiva societal positiva – nas determinações estruturais fundamentais da ordem existente. E isso faz uma grande diferença. Pois essa *fundamentação objetiva* de uma

---

[294] Isto é, nunca pode ser desfeita, com exceção da recaída catastrófica da humanidade em uma forma mais primitiva de barbárie.

[295] O prejulgamento estruturalmente arraigado em questão foi, obviamente, instituído pela separação radical dos meios de produção em relação ao trabalho.

[296] A denúncia moral vigorosa da alienação capitalista já aparece nas primeiras décadas do século XVI, na *Utopia*, de Thomas Morus, e nos escritos de Thomas Münzer.

ordem reprodutiva societal alternativa praticamente viável nas potencialidades positivas *necessariamente malogradas* do capital, constituindo portanto *parte integrante* do *avanço histórico geral*, é uma condição importante para um resultado bem-sucedido.

A mudança histórica que resulta em um *avanço*[297] significativo é identificável no decorrer dos últimos séculos em nosso mundo de "história em aceleração". Ela só pode ser negada pelos interesses próprios mais retrógrados, quer sejam chamados de "neoliberais" ou "neoconservadores". Ademais, ao olhar mais de perto para as tendências históricas em questão, também transparece que seu significado é aumentado quando consideradas em conjunto umas com as outras, em vez de separadamente. E esse é sempre um aspecto metodologicamente importante da inteligibilidade dialética e da avaliação do desenvolvimento histórico. Pois a "necessidade histórica potencialmente evanescente" pode afirmar suas determinações objetivas e subjetivas somente na forma de uma variedade de condições e forças necessariamente *interativas*, em relação ao *cenário estrutural* sempre dado, ao qual ela deve se ajustar de modo ativo, alterando com isso, ao mesmo tempo, a *configuração geral* das realidades e potencialidades históricas em desdobramento.

Nesse sentido, podemos ver o desenvolvimento histórico antecipando – ou já incorporando – o real avanço em uma variedade de relações importantes. Em alguns casos, a extensão total da realização de seu lado positivo é, obviamente, mais dependente da intervenção consciente no futuro que em outros. No entanto, em todos os casos referidos aqui, o potencial positivo, representando um avanço grandioso em comparação com o passado mais distante, está claramente em evidência.

A imensa e irreversível sem uma catástrofe que a tudo afeta *socialização da produção* realizada sob o domínio do capital, enquanto um avanço histórico extremamente abrangente, já foi mencionada. Para ser exato, deve ser pago um alto preço por ela por meio da mercadorização universal de todas as relações humanas e da invasão fetichista do desenvolvimento produtivo do capital sobre tudo, com o impacto desumanizador da alienação do controle reprodutivo societal das pessoas, afetando e ameaçando diretamente até mesmo a relação mais fundamental dos indivíduos com a natureza. No entanto, até mesmo esse alto preço não pode invalidar a realização histórica em questão. Pois enquanto a socialização vital da produção em si é historicamente irreversível, seu modo alienante e antagônico de operação exploradora pode ser superado [*overcome*] e relegado ao passado. Como grande conquista e avanço históricos, a socialização da produção pode ser – e tem de ser – construída e estendida sobre um futuro socialista de maneira apropriada. Na verdade, não pode haver outra base produtivamente viável e ponto de partida a esse respeito, em vista do fato crucial de que em qualquer ordem futura viável só pode haver uma socialização maior da produção, e não menor.

A socialização historicamente desenvolvida da produção, com todas as suas mais diversas ligações no complexo geral do sistema do capital, não pode ser retrocedida de

---

[297] Isso deve sempre ser compreendido no sentido qualificado anteriormente, que reconhece em todo avanço produtivo a presença de potencialidades destrutivas as quais devem ser ativamente contra-atacadas no interesse de realizar as alternativas positivas.

modo fictício sob algum lema veleitariamente postulado e, por vezes, promovido de maneira quixotesca, embora reveladora, como "o pequeno é belo". Nem mesmo quando no meio de uma crise econômica global maciça, a voz da sabedoria apologética é induzida a declarar que as instituições financeiras dominantes são agora "grandes demais para falhar", enquanto na verdade o parasitismo e a fraudulência no relevante setor econômico como um todo exibem suas graves falhas. As questões em jogo clamam por soluções alternativas reais, por meio da superação [*supersession*] dos antagonismos explosivos do sistema do capital irrepressivelmente globalizante, e não por truques mágicos manipuladores veleitariamente propostos para colocar o gênio de volta na lâmpada. A tendência objetiva voltada para a realização das potencialidades positivas de um sistema societal reprodutivo e produtivo totalmente socializado em escala global implica a necessidade da mais abrangente coordenação racional dos complexos intercâmbios, possível somente dentro de um quadro corretivo socialista. Mas não há nenhuma necessidade de que postulados vazios sejam inventados para a base imaginária sobre a qual tais transformações possam acontecer. O longo processo histórico de desenvolvimento e avanço produtivos no campo, não obstante suas grandes contradições, forneceram o ponto de partida necessário. E esse ponto de partida – representado pela socialização da produção dada – acaba por ser não só *capaz* de uma extensão corretiva sob as condições dos intercâmbios globais em desdobramento, e, no plano econômico, integrativos, mas também *necessário* para ela, independentemente de suas contradições.

Encontramos outro avanço histórico vital intimamente ligado ao domínio salientado pela imensa e ainda crescente socialização da produção. Isso é claramente visível no desenvolvimento da produtividade do trabalho em si e no correspondente aumento potencialmente grande do *tempo livre* mais compensador dos indivíduos sociais, que surge em uma escala simplesmente incomensurável com qualquer coisa visível nas modalidades precedentes da reprodução societal. A plena realização dessa potencialidade positiva tangível é, de fato, muito mais um desafio para um futuro socialista historicamente assegurado. No entanto, podemos identificar também a esse respeito uma diferença fundamental já historicamente realizada. Pois graças ao avanço produtivo em questão, as condições básicas da reprodução societal foram *qualitativamente* modificadas. Elas foram distanciadas da *tirania do trabalho necessário* pela aparição do *tempo disponível* no horizonte histórico praticamente alcançável da humanidade, transformando com isso a exploração do tempo necessário de trabalho em um *anacronismo histórico* totalmente insustentável a longo prazo.

Naturalmente, o capital deve continuar sendo "surdo e cego" para o verdadeiro significado dessas mudanças, porque ele tem de operar na base explorável do tempo de trabalho necessário[298]. Mas essa circunstância não pode desfazer o avanço histórico realizado em si. Ela só pode pôr em relevo a irracionalidade crescente do sistema do capital. Pois a regulação da reprodução societal na base do *tempo disponível* criativamente utilizável,

---

[298] Para ser exato, o capital tenta explorar também o tempo disponível, na medida em que é capaz de fazê-lo, na forma das atividade de lazer do tipo "faça você mesmo" e seus instrumentos, bem como no campo dos "serviços voluntários" não suscetíveis aos requisitos da lucratividade capitalista. Mas tudo isso é estritamente *marginal* em comparação com a plena realização das potencialidades do tempo disponível.

enquanto oposta à exploração contínua do tempo de trabalho necessário historicamente extemporânea, não é um desiderato abstrato, mas uma tendência histórica objetiva irrepreensível e uma possibilidade bastante real sob as circunstâncias existentes. Seu caráter é inconfundivelmente definido como representando uma alternativa produtiva *prática* que é plenamente harmonizável com a necessidade por gratificação humana. O tempo disponível já existe em uma forma necessariamente ignorada e margeada pelo capital. No entanto, como alternativa racional óbvia e produtivamente superior ao sistema de trabalho assalariado mercadorizado, o tempo disponível pode ser libertado pelo desígnio consciente dos indivíduos sociais, *em seu interesse próprio*, no processo planejado do desenvolvimento produtivo e da transformação emancipatória.

O tempo disponível historicamente emergente e potencialmente crescente, enquanto orientação qualitativamente diferente da reprodução societal, também é importante a outro respeito. Pois corresponde à única maneira possível e justificável na qual o trabalho – enquanto atividade humanamente gratificante – pode assumir sua posição enquanto o princípio operativo universalmente válido que abarca e regula os intercâmbios societais de cada um dos indivíduos. De modo significativo, portanto, também a esse respeito, somente um avanço historicamente emergente e praticamente sustentável poderia transformar o que apareceu inicialmente vista como uma ideia moral em uma prática produtiva efetivamente adotável e socialmente muito mais progressiva.

Na verdade, a defesa iluminada de tornar o trabalho o princípio ordenador geral da sociedade remonta há muito tempo na história. Paracelso, um grande intelectual do século XVI, já sublinhara na época o valor humano e o poder recompensador do trabalho, insistindo ao mesmo tempo que a riqueza dos "ricos ociosos" deveria ser confiscada para que estes fossem obrigados a trabalhar[299]. No entanto, havia dois impedimentos proibitivos para tornar o trabalho humano o princípio regulador plenamente justificável no processo vital de todos os indivíduos.

Primeiro, a *lida* cruel das práticas de trabalho à qual sem dúvida a maior parte da humanidade esteve sujeita no interesse da reprodução societal orientada para a expansão e o acúmulo do capital.

E segundo, o *sistema de classe* explorador, estruturalmente assegurado e salvaguardado, que permitiu que os "ricos ociosos" de Paracelso – personificações do capital em termos mais precisos – se isentassem do pesado fardo dessa lida.

Naturalmente, no curso de seu impulso expansionista, o capital instituiu um avanço maciço na produção de mercadorias, bem como uma produtividade de trabalho incomparavelmente mais alta em relação ao que poderíamos encontrar sob modalidades precedentes da reprodução societal. Isso representou potencialmente um passo importante na direção de aliviar a lida das práticas de trabalho. Como, no entanto, esse avanço produtivo teve de continuar estritamente limitado aos confins do segundo impedimento, a dominação estrutural hierárquica do trabalho pelo capital, o avanço só poderia ser potencial, mesmo que o avanço pareça ser absolutamente gigantesco ao se medir a produtividade do trabalho quanto à acumulação e expansão do capital. Contudo, a lida do trabalho teve

---

[299] Paracelsus, *Leben und Lebensweisheit in Selbstzeugnissen* (Leipzig, Reclam, 1956), p. 134.

de permanecer virtualmente inalterada, não obstante os grandes feitos da tecnologia e da ciência modernas para a melhoria dos instrumentos de produção. Isso porque o aspecto mais vital da atividade produtiva humanamente gratificante – a saber as *funções de tomada de decisão* exercidas de maneira autônoma dos indivíduos trabalhadores – é, e sempre deve ser, estruturalmente separado do trabalho sob o domínio do capital.

Sem alterar radicalmente a alienação e a subordinação estruturais, não pode haver nenhuma questão sobre a realização das imensas potencialidades do *tempo disponível* no domínio da produtividade do trabalho e da realização humana. Pois o tempo disponível não faz sentido absolutamente nenhum a menos que os indivíduos sociais produtores em si possam *dispor livremente* da alocação e do exercício criativo de *seu próprio tempo disponível*. No entanto, as determinações estruturais do capital tornam isso impossível em vista do fato de que o capital não é nada exceto a total expropriação do poder de tomada de decisão para si mesmo. Portanto, até mesmo a melhoria tecnologicamente/instrumentalmente possível da produtividade do trabalho deve ser bem confinada ao quadro limitador ditado absolutamente pela preservação dos poderes de tomada de decisão exclusivos do capital em conformidade com os imperativos sistêmicos incorrigíveis. Consequentemente, o tempo disponível deve ser libertado de *ambos* os impedimentos estruturais citados anteriormente que, *juntos*, afetam diretamente o poder de tomada de decisão. Nenhuma parcela de avanço tecnológico por si só poderia fazer isso.

Devido ao avanço histórico inegável atingido por meio da emergência tangível e do crescimento do tempo disponível como princípio ordenador geral legitimado e viável do desenvolvimento social – defendido durante séculos – a lida das práticas de trabalho pode ser permanentemente relegada ao passado. Isso agora está bastante dentro do nosso alcance, ainda que ativamente negado pelas necessidades estruturais do sistema. A esse respeito, portanto, a negação cegamente autosserviente – mas autocontraditória até mesmo no que se refere ao objetivo capitalista comumente idealizado da produtividade cada vez mais melhorada – do avanço histórico em questão pelo capital só pode sublinhar o anacronismo histórico crescente da ordem reprodutiva social estabelecida.

Talvez a evidência mais paradoxal do avanço histórico sob a ordem social do capital seja fornecida pelo papel atribuído à *igualdade e liberdade*, e efetivamente cumprido por elas.

O que torna esse desenvolvimento único de algumas maneiras é que, bem diferente da atitude que visa a negligência, margeando e até mesmo negando ativamente a grande potencialidade objetiva do tempo disponível, as personificações do capital não tentam negar o papel da igualdade e da liberdade em seu sistema. Pelo contrário, elas fazem dele uma virtude. Naturalmente o fazem em grande medida (mas longe de ser integralmente) com os propósitos de legitimar e racionalizar ideologicamente o caráter alegadamente insuperável – e portanto "corretamente" *eternizável* – do modo de produção e distribuição do capital enquanto "o sistema natural da liberdade e justiça completas", nas memoráveis palavras de Adam Smith citadas anteriormente. E os pensadores que conceitualizam o mundo do ponto de vista do capital poderiam, na verdade, identificar a si mesmos sem qualquer dificuldade e reserva com o papel cumprido pela igualdade e liberdade na sua ordem social, em vista do caráter *formal* de ambas no sistema do capital, como vimos antes.

A determinação *substantiva* da igualdade e liberdade seria, obviamente, uma questão bem diferente. Pois desse modo nenhuma das duas poderia ser *contida* dentro do quadro *iníquo* estruturalmente arraigado no qual as *funções de tomada de decisão* da reprodução social devem ser, em um sentido categórico e extremamente autoritário, expropriadas pelo capital da maioria esmagadora das pessoas – as classes trabalhistas – que estão condenadas pela coerção econômica à sua posição hierarquicamente subordinada na sociedade.

Não obstante, a questão em si é de uma importância muito grande. Ela representa um avanço histórico real apesar de suas limitações. Pois as modalidades precedentes de reprodução social metabólica não tinham nenhum interesse na admissão da igualdade e da liberdade em seu domínio, muito menos um espaço para essa admissão. Nem mesmo no *sentido formalmente limitado* em que na verdade elas cumprem seu papel significativo sob o domínio do capital. Isso é excluído porque até mesmo o sentido formalmente limitado em que a igualdade e a liberdade devem funcionar no sistema do capital é radicalmente incompatível com as determinações estruturais fundamentais das modalidades e formas anteriores de controle metabólico social. A característica definidora importante a esse respeito é que mesmo se a igualdade e a liberdade sob as condições reprodutivas societais dominadas pelo imperativo geral da acumulação do capital forem – e devem continuar sendo – *formalmente limitadas*, os poderes realmente exercíveis em questão são ampliados naquele sentido limitado a cada um dos membros da sociedade. Pois somente a *ampliação geral* das condições inseparáveis da igualdade e liberdade – ou seja, a propriedade de todo reconhecida das, e a livre disponibilidade sobre as, mercadorias que todos os indivíduos possuem, mesmo que tal "posse legalmente legítima da propriedade" seja confinada a nada mais que sua força de trabalho vendável – torna possível o estabelecimento e o funcionamento dinâmico da *produção e troca generalizada de mercadorias*.

Essa extensão formalmente limitada, mas necessária para a produção generalizada de mercadorias, da igualdade e liberdade a todos os indivíduos, representando um avanço histórico genuíno comparado ao passado, também é inexequível sem consequências catastróficas[300]. Mas decididamente não imutável. Na verdade, o desafio inevitável para o futuro é torná-las *substantivas* em um sentido positivo. Pois sem tornar substantivas dessa maneira as determinações limitadas e formalmente articuladas da igualdade e liberdade, das quais depende a ordem reprodutiva do capital, não só para sua legitimação ideológica como também para sua operação prática e sua expansão continuadas, a destrutividade das mediações de segunda ordem antagônicas do capital não pode ser superada [*overcome*]. Mas esse tipo de intervenção transformadora substantiva nas determinações estruturais fundamentais do sistema produtivo e distributivo exigiriam uma *mudança qualitativa* na modalidade da reprodução social metabólica em todos os domínios, incluindo a relação vital da humanidade com a natureza.

---

[300] Até o momento, as incontáveis empreitadas abertamente ditatoriais levadas a cabo pelos Estados dominantes em momentos de grandes crises na América Latina, Europa e outros lugares provaram ser relativamente "episódicas", seguidas como uma regra pelo restabelecimento da normalidade das relações de troca de mercadorias do capital, tanto interna quanto internacionalmente. No entanto, as consequências de se abolir as liberdades formais na ordem produtiva do capital e em seu sistema de Estado regulador em uma base permanente seriam bastante opressivas. Elas resultariam em um retorno à barbárie, em sentido literal.

Considerando as principais tendências da mudança e do avanço históricos na época do capital, é importante salientar suas interconexões dialéticas e as potencialidades positivas *combinadas* que surgem dessas interconexões dialéticas. Desse modo, podemos identificar um movimento expansionista significativo em direção a uma transformação relevante também em outros aspectos. Portanto, podemos perceber claramente na história moderna uma tendência irreversível do desenvolvimento partindo do *local e parcial* limitados para o *global e universalizável* que a tudo abarca. A tendência da globalização, reconhecida de modo geral e até mesmo idealizada em nossa época, seria impossível sem isso. E as mudanças subjacentes não são de modo algum simplesmente formais, mas grandes transformações objetivas envolvendo determinações materiais profundamente enraizadas e de longo alcance, com os correspondentes requisitos reguladores também no plano das relações internas e inter-Estados. É por isso que a realidade dominante do *imperialismo*, e a mudança inevitável em suas relações de poder nos séculos XX e XXI não é inteligível de modo nenhum sem as tendências *monopolistas* do desenvolvimento econômico com as quais o imperialismo político e militar é combinado.

Inevitavelmente, portanto, em conjunção com essas inter-relações constantemente redefinidas, também o movimento tendencial do *formal* para o *substantivo* entra na cena histórica de uma maneira extremamente significativa. Como resultado, as determinações formais discutidas previamente da igualdade e liberdade na ordem reprodutiva societal do capital tornam-se extremamente problemáticas. Na verdade elas são diretamente desafiadas a partir de duas direções – diametralmente opostas.

O *ataque substantivo negativo* às determinações formalmente universalizadas da igualdade e liberdade, e sobre sua extensão a todos os indivíduos sob a normalidade das práticas reprodutivas do capital, assume a forma das tentativas mais retrógradas e autoritárias de redefinir forçosamente a relação de forças tanto *interna* quanto *internacional*; internamente contra o trabalho, é claro, e internacionalmente com respeito à posição relativa dos Estados mais poderosos no interesse de assegurar e melhorar o domínio de um dos Estados rivais antagonicamente em competição, ou de um grupo temporariamente aliado a eles, no sistema geral do imperialismo monopolista. A tentativa pela Alemanha nazista de Hitler e seus aliados de atingir o domínio global ao preço de desencadear a Segunda Guerra Mundial é um exemplo histórico proeminente com o objetivo de redefinir da maneira substantiva mais retrógrada as determinações formais da igualdade e liberdade capitalistas sem alterar as determinações estruturais fundamentais do sistema do capital em si.

No domínio das relações de Estado e inter-Estados, a formação geralmente idealizada do *Estado liberal* é o que corresponde à ordem reprodutiva material do capital por um longo tempo sustentável. É altamente revelador a esse respeito que, hoje – quando a forma nazista de violentamente redefinir as relações de poder internas e internacionais entre os Estados dominantes não é mais praticável por uma variedade de razões, incluindo as implicações catastróficas de uma nova guerra mundial –, a modalidade corrente mais proeminente do implacável ataque substantivo negativo sobre o papel cumprido pela igualdade e liberdade formalmente limitadas no sistema do capital seja exercida pelas empreitadas *neoliberais* agressivas e aventuras de guerra, indistinguíveis dos desígnios neoconservadores. Tais empreitadas agora incluem *violações crassas* até mesmo de alguns dos requisitos mais elementares da regulação das relações internas e inter-Estados do tradicional *Estado liberal*. E a crise estrutural do sistema do capital em sua inteireza, que agora afirma a si mesma há mais de quatro décadas, só pode agravar esses problemas. Ademais, a implosão dolorosamente óbvia do movimento *social-democrata* não só na Europa como também no mundo todo, e a transformação de seus partidos parlamentares em entidades *neoliberais* de centro-direita e declaradamente de direita que defendem abertamente – tanto dentro quanto fora do governo – os imperativos da ordem estabelecida, é parte da mesma tendência de desenvolvimento do formal para o substantivo, participando ativamente na redefinição retrógrada do quadro regulatório do capital[301].

De maneira compreensível, o lado *positivo* muito necessário da crítica substantiva do modo tradicional do capital de limitar igualdade e liberdade às determinações formais da reprodução societal é representado pela alternativa histórica socialista. A articulação estratégica dessa alternativa na forma de um movimento social e político emancipatório coincidiu com a intensificação das contradições do capital na fase descendente de seu desenvolvimento sistêmico. Como sabemos, o desenvolvimento desse movimento estava muito longe de existir sem seus próprios problemas. Inevitavelmente, esse desenvolvimento foi pontuado por sucessos significativos, incluindo algumas revoluções políticas vitoriosas, bem como por algumas grandes derrotas, desde o banho de sangue que se seguiu à Comuna de Paris em 1871 até as tentativas de transformação reprodutiva social sob o sistema de tipo soviético. E, obviamente, os fracassos historicamente sofridos deveram-se não só ao poder dos adversários de classe, mas também às ilusões reformistas e contradições internas desse movimento em si.

Como vimos anteriormente, a crítica não utópica do capital teve de começar com a desmistificação de seu fetichismo ubíquo para conseguir entender o que colocar no lugar de seu sistema produtivo explorador. Pois as contraimagens utópicas veleitárias ao capitalismo tenderam a permanecer presas pela confusão e fusão fetichista das relações sociais com as coisas, e das coisas com as relações sociais, geralmente confundindo também o requisito absoluto da produção e a apropriação do valor de uso em toda a história concebível com o poder paralisante do valor de troca na sociedade de mercadorias.

Do mesmo modo e pelas mesmas razões, a desmistificação da determinação formal autosserviente do capital da igualdade e liberdade teve de ser o ponto de partida também na construção da alternativa hegemônica socialista. Pois em contraste com as ilusões reformistas contidas na "velha ladainha da democracia" (Marx), compreender a necessidade de realização da *igualdade substantiva* e os correspondentes *livres poderes de tomada de decisão* dos indivíduos sociais é vital para a elaboração de uma alternativa histórica estrategicamente viável.

Para ser exato, o avanço histórico que outrora resultou nas importantes conquistas formais da igualdade e liberdade precisa ser defendido contra os ataques retrógrados que

---

[301] Os debates relacionados diretamente a essa questão remontam a um passado distante no movimento socialista, à época de adoção do Programa de Gotha em 1875, quando Marx e Engels criticaram agudamente os líderes social-democratas alemães e sua orientação estratégica concebida fundamentalmente de modo equivocado. Os programas reformistas ilusórios foram sempre definidos em conformidade com o quadro regulador da igualdade e liberdade estritamente formais. "Não contém mais do que a velha cantilena democrática", como Marx colocou em sua *Crítica ao Programa de Gotha*, de 1875 (São Paulo, Boitempo, no prelo). De modo compreensível, a capitulação social-democrata mundial ao neoliberalismo foi somente uma questão de tempo.

lhe são feitos em nossa época. Mas só isso não basta. Pois as próprias condições sob as quais os desafios devem ser encarados nunca foram mais difíceis do que são hoje, sob as condições dos intercâmbios globais repletas de contradições e antagonismos. Não obstante, a tendência histórica objetiva do *local* e parcial em direção ao *global* que a tudo abarca complementa a tendência potencialmente emancipatória do *formal* para o *substantivo*, fortalecendo seu lado positivo.

Conforme mencionado anteriormente, o significado das tendências históricas dialeticamente interagentes é aprimorado quando em conjunção umas com as outras, ao contrário do que acontece ao serem tomadas separadamente. Isso é particularmente visível no caso da inegável tendência histórica do *local* para o *global* em sua relação com a tendência marcante da crítica *formal* não mais sustentável – igualdade e liberdade desse modo confinadas – à sua crítica *substantiva* necessária.

As determinações e limitações originais formais de igualdade e liberdade são, em nossa época, bastante insustentáveis por causa do impacto das forças globalmente interativas e relações de poder cambiantes, com sua conflitualidade que gera grandes contraforças em oposição ao confinamento formal. Ao mesmo tempo, somente o pensamento veleitário autocontraditório poderia sugerir que uma *ordem global* possa ser *harmoniosamente* sustentada com base na perpetuação das iniquidades substantivas e correspondentes antagonismos em seu estado atual estruturalmente arraigado. Uma ordem globalmente integrada de reprodução societal só poderia funcionar de uma maneira historicamente viável e sustentável sobre a base positiva da *igualdade substantiva*.

Todas as grandes concepções intelectuais formuladas do ponto de vista do capital no período de sua fase ascendente do desenvolvimento, de Vico e Adam Smith a Kant e Hegel, tentaram resolver um problema proibitivamente difícil de inteligibilidade histórica. Apesar de as diferenças nos termos de referência particulares dessas formulações, todas oferecem soluções em substância muito parecidas para esses problemas em suas formas variáveis, porém sempre seculares, de inteligibilidade histórica autorreconfortante, em contraste acentuado com a tentativa de encontrar essa tranquilização na ideia de "providência divina" como o quadro explicativo teologicamente concebido e tão pretendido do desenvolvimento histórico, da forma como Santo Agostinho e outros fizeram. Na verdade, todas essas grandes figuras intelectuais da burguesia em ascensão conceberam suas soluções não simplesmente em termos do fluxo de tempo, muito menos como a visão de um deslocamento do tempo inescrutavelmente caótico oferecido nos moldes pessimistas e mais ou menos abertamente apologéticos de seus descendentes do século XX, mas sim como a materialização do avanço histórico significativo.

O difícil problema que as concepções históricas do século XVIII e das três primeiras décadas do século XIX tentaram elucidar foi: como é possível derivar uma ordem e um avanço historicamente coerentes das interações conflituosas dos indivíduos na "sociedade civil"? Uma sociedade assumida por todos eles como insuperavelmente conflituosa, mas de maneira não problemática[302].

---

[302] Sobre as complicadas soluções a esses problemas pelas principais concepções históricas aludidas aqui, ver o capítulo 5 deste livro, especialmente as seções 5.2 e 5.5.

No entanto, considerada de uma perspectiva mais ampla, fica claro que a especificidade histórica da ordem reprodutiva material do capital, contrariamente ao modo pelo qual é conceitualizada na forma de conflitualidade individualista agregativa nas várias teorias burguesas da eternizada "sociedade civil", deve ser complementada por um *relato histórico* apropriado do surgimento – isto é, da *gênese* histórica complexa – e transformações sempre significativamente específicas ("*sui generis*") do *antagonismo de classe* no curso da história. Pois a conflitualidade dos "indivíduos na sociedade burguesa", como retratada nas concepções históricas formuladas do ponto de vista do capital em avanço, na verdade foi apenas um *caso especial* dos antagonismos prevalecentes por meio de suas requeridas variações no decorrer da história de classes. Como tal, ela exibia as marcas indeléveis das *determinações estruturais tanto* do que é compartilhado com os antagonismos das sociedades de classe passadas *quanto* dos imperativos reprodutivos societais nitidamente diferentes, porém determinados por classe, de sua própria ordem. A ordem reprodutiva até o presente historicamente mais avançada que pôde – e que na verdade *teve de* – incorporar as realizações históricas da igualdade e liberdade formalmente definidas, em contraste com as formas precedentes da sociedade de classes, como discutido anteriormente.

Naturalmente, o reconhecimento do antagonismo de *classe* estruturalmente enraizado era totalmente incompatível com essas concepções formuladas do ponto de vista idealizado do capital ascendente. Pois esse tipo de reconhecimento teria implicações fundamentais tanto no que se refere aos objetivos e visões rivais dos *sujeitos sociais coletivos*, enquanto alternativas históricas hegemônicas uns em relação aos outros[303], quanto para seus confrontos antagônicos de classe finalmente estabelecidos – em outras palavras, ainda historicamente de fim aberto e cada vez mais intensos. A "conflitualidade dos indivíduos na sociedade civil" de fato não teve nenhuma dessas implicações particulares. Pois quem quer que saísse por cima de qualquer conflito particular entre os rivais estritamente individuais e suas iniciativas, não faria nenhuma diferença para a natureza da ordem social em si na qual todos operavam.

Essa ordem foi *aprioristicamente assumida* como sendo o quadro permanente da "sociedade civil" "positivamente conflituosa"[304], insuperável em seus intercâmbios produtivos materiais e a ser corrigida somente no nível das determinações do Estado político. E mesmo esse tipo de requisito para a correção e intervenção legitimada pelo Estado só poderia surgir se a misteriosa "mão invisível", postulada por Adam Smith, não pudesse realizar por conta própria seus deveres corretivos ainda mais misteriosamente bem-sucedidos já no nível da sociedade civil em si. Naturalmente, também o nível do Estado

---

[303] Como na verdade a burguesia aconteceu de ser, em seu confronto histórico com a ordem feudal, bastante esquecida graças à amnésia histórica subsequente à sua vitória.

[304] Postular a conflitualidade necessariamente positiva da "sociedade civil" do capital, desde Vico, Adam Smith e Kant até chegar em Hegel, foi possível, mais uma vez, somente na forma de outra suposição arbitrária. Como Kant tentou explicar em sua concepção do misterioso "plano oculto da natureza" (ver seu *Ideia de uma história universal de um ponto de vista cosmopolita*, cit., p. 20): "Agradeçamos, pois, na natureza pela intratabilidade, pela vaidade que produz a inveja competitiva, pelo sempre insatisfeito desejo de ter e também de dominar! Sem isso, todas as excelentes disposições naturais da humanidade permaneceriam sem desenvolvimento num sono eterno" (idem, p. 13).

"ético" hegeliano foi decretado como operante sob o olhar totalmente benevolente do misterioso sujeito histórico real. A conflitualidade individual não poderia fazer nenhuma diferença estruturalmente relevante nas mudanças e transformações em desdobramento da "efetividade racional". Principalmente não se acreditássemos firmemente – como todos os pensadores em questão fizeram e disseram, de um modo ou de outro – que sua ordem reprodutiva societal realmente existente materializava o "sistema natural da liberdade e da justiça completas".

Portanto, o *sujeito histórico coletivo* real foi aprioristicamente excluído das concepções da burguesia triunfante pelo *tabu* absoluto estabelecido contra o reconhecimento do imenso papel do *antagonismo de classe* no desenvolvimento histórico, não só do passado mas, o que é muito pior, potencialmente também do futuro. O lugar dos sujeitos históricos coletivos realmente existentes teve de ser atribuído a uma noção curiosa dos *sujeitos históricos individuais* – chamados até mesmo pelo nome de "*sujeitos histórico-mundiais*" – que supostamente deveriam ser tanto diretamente *responsáveis* pelo impacto histórico de suas ações quanto, ao mesmo tempo, *não conhecedores de absolutamente nada* sobre o fundamento e a natureza de suas próprias motivações conscientes. Pois eles mesmos eram meramente "*ferramentas e instrumentos*"[305] de uma força misteriosa por trás deles, o espírito do mundo e sua "astúcia da razão" (e até mesmo "astúcia absoluta") na concepção histórica hegeliana e seus vários equivalentes teóricos em todos os outros.

Desse modo, o papel atribuído ao sujeito histórico individual visível, mesmo quando promovido ao *status* exultado do "indivíduo histórico-mundial" – como Alexandre o Grande, Júlio César, Lutero e Napoleão Bonaparte – não poderia produzir nenhuma inteligibilidade histórica por conta própria. Por essa razão, o vácuo deixado pela eliminação do sujeito coletivo real, porém antagônico de classe, teve de ser preenchido de alguma maneira, embora, para ser exato, sem mais íntima menção do antagonismo de *classe*. É por isso que o sujeito supra-humano, hipostasiado, totalmente misterioso – cujas ferramentas e instrumentos flexíveis todos os indivíduos histórico-mundiais supostamente deveriam ser – teve de assumir o papel do ator propriamente histórico. Não como um sujeito *coletivo*, mas simplesmente como um *sujeito soberano misteriosamente inexplicável*, conquanto realmente ativo, da história, e com isso o provedor *ex officio* da proclamada inteligibilidade histórica da "efetividade racional". E essa solução curiosa, cujo constituinte-chave foi – e não poderia deixar de ser – um *completo mistério*, teve de ser proposta nas teorias históricas mais progressistas da burguesia. Ou seja, nas teorias históricas que não eram projeções religiosas/teológicas, mas concepções totalmente *racionais* em seu intento filosófico fundamental, criadas pelas figuras intelectuais de destaque da burguesia em ascensão.

O resultado foi ainda mais paradoxal, na verdade bem espantoso, porque o mistério inexplicável foi combinado nessas grandes concepções históricas com alguns *insights* extraordinários referentes à natureza da real inteligibilidade histórica. Por isso Kant, por exemplo, insistiu que o desenvolvimento histórico dos seres humanos acaba por ser tão determinado que tudo deveria "ser inteiramente sua própria *obra* [...] como se ela [a

---

[305] Nas palavras de Hegel, "são *instrumentos inconscientes* e membros dessa ocupação interna", e portanto o verdadeiro significado histórico de suas ações deve ser concebido como algo que "lhes *oculta* e *não lhes é objeto e fim*". G. W. F. Hegel, *Filosofia do direito*, cit., p. 309.

natureza] quisesse dizer que o homem devia [...] ter *o mérito exclusivo* disso e fosse grato *somente a si mesmo*"[306].

Nesse sentido, uma vez que removemos a oração "*como se ela [a natureza] quisesse*" de Kant, com sua condição "como se" onipresente na obra desse grande filósofo alemão, encontramos um princípio absolutamente fundamental da explicação histórica. Um princípio totalmente consonante com a dialética objetiva da inteligibilidade histórica que afirma a si mesma no desenvolvimento real. Hegel, à sua maneira, adotou o mesmo princípio da atividade formativa em relação ao qual Marx afirmou em uma de suas teses sobre Feuerbach que era o mérito da filosofia idealista, em contraste com o materialismo tradicional, salientar o significado da atividade produtiva para se compreender o avanço e o desenvolvimento históricos, não obstante o fato de que fosse feito de maneira idealista abstrata[307].

A "oração como se" acomodatícia de Hegel, por assim dizer, foi sua identificação injustificável de *toda objetivação* com *alienação*, violando com isso seu próprio *insight* dialético desbravador em relação à natureza da inteligibilidade histórica. Por meio de sua falsa equiparação, ele foi capaz de assumir o mundo realmente existente da *alienação* exploradora como *objetivação*[308] necessária/inevitável, propriamente legitimada pela filosofia enquanto tal. Ele poderia defender os interesses próprios da ordem estabelecida do capital dessa forma ao rejeitar categoricamente – em nome do princípio dialético mais elevado da "*razão*" em si – a ideia da *igualdade social* como um "mero dever-ser" proposto pelo "*entendimento vazio*"[309], como vimos anteriormente. A superação [*overcoming*] puramente fictícia desse predicamento absolutamente inalterável para aqueles que sofriam as consequências foi postulada por Hegel na forma da projeção da experiência imaginária do indigente na catedral, onde ele supostamente deveria ser "igual ao príncipe"[310]. E essa projeção, mais uma vez, assim como o desígnio especulativo geral, mas no entanto dialético da concepção filosófica de Hegel, não foi concebida com o propósito de oferecer ao fiel uma explicação e visão *religiosa/teológica* do mundo, mas sim a serviço tangível e bem prosaico de uma *apologética social secular* "racional" – ou, antes, em termos mais precisos, de uma *apologética social secular* ideologicamente bem racionalizada.

De modo não surpreendente, encontramos uma rejeição ainda mais marcante da mesma ideia de igualdade legal e social na filosofia de Kant, como já citado[311], mesmo

---

[306] Immanuel Kant, *Ideia de uma história universal de um ponto de vista cosmopolita*, cit., p. 12.

[307] "Daí o lado ativo, em oposição ao materialismo, [ter sido] abstratamente desenvolvido pelo idealismo." "Primeira Tese sobre Feuerbah". Grifo na palavra "ativo" de Marx.

[308] Ou seja, a *externalização* necessária da ideia (ou do espírito do mundo).

[309] G. W. F. Hegel, *Filosofia do direito*, cit., p. 198. Para Hegel, esse julgamento era duplamente desfavorável. Não só por ser caracterizado como "vazio", mas também porque o *entendimento* como tal representava um modo necessariamente inferior de conhecer, em comparação ao princípio mais elevado da razão dialética. Na concepção hegeliana, somente a razão poderia realizar a necessária apreensão dialética da verdade.

[310] "Er ist dem Fürsten gleich", nas palavras da *Jenenser Realphilosophie*.

[311] Ver a reconciliação de Kant da desigualdade jurídica e social com a "vontade geral" em seu artigo "Teoria e prática", discutido na seção 5.3 deste livro.

que a legitimação e a justificação oferecidas por ele sejam bem diferentes das de Hegel. Do mesmo modo, as outras grandes figuras intelectuais que desempenharam um papel vital na articulação de uma concepção histórica genuína na fase ascendente do desenvolvimento histórico do capital não tiveram nenhuma preocupação real com a questão da igualdade social. Nem mesmo quando tiveram solidariedade para com os problemas dos pobres, como Rousseau e Adam Smith certamente tiveram. Pois a questão em si não foi um tratamento "mais esclarecido" dos destituídos, mas as *determinações estruturais* inerentemente iníquas da ordem social não só apoiada como também idealizada por todos eles.

A consciência das determinações estruturais irreparavelmente iníquas da ordem reprodutiva do capital era completamente inexistente, e *tinha de ser* inexistente, nas concepções filosóficas formuladas do ponto de vista do capital, até mesmo em seu estágio mais progressivo do desenvolvimento histórico. Isso porque as soluções para os problemas difíceis da inteligibilidade histórica: "como é possível derivar uma ordem e um avanço historicamente coerentes das interações conflituosas dos indivíduos na sociedade", tinham de ser sempre aprioristicamente *assumidos* nessas concepções filosóficas, construídas sobre o solo instável do ator histórico supra-humano *misteriosamente inexplicável* – nomeado de maneira diferente, mas idêntico na substância – e veleitariamente postulado.

A inteligibilidade histórica deve continuar sendo de difícil apreensão sem levar totalmente em conta as *determinações estruturais* do processo em desdobramento, não importa quão grandes possam ser as contradições e os antagonismos que devem ser encarados pelos atores históricos no decorrer de suas confrontações. Pois as "interações conflituosas dos indivíduos na sociedade civil" retratadas nas principais concepções históricas da burguesia devem ser qualificadas por nós no sentido básico de que os indivíduos em questão nunca poderiam cumprir um papel histórico – muito menos o papel idealizado na filosofia como a intervenção bastante misteriosa no processo transformador pelos "indivíduos histórico--mundiais" – como *indivíduos isolados*. Os "indivíduos conflituosamente interativos na sociedade civil" são na realidade inseparáveis dos antagonismos e forças sociais coletivas que eles ajudam a combater para a conclusão historicamente factível, em qualquer momento particular – mas sempre necessariamente com *fim aberto* – sob as condições objetivamente prevalecentes e circunstâncias específicas temporariamente modificadas.

Nesse sentido, os *atores históricos* são *individuais e coletivos* ao mesmo tempo. Abstrair da *dimensão social coletiva* dos riscos históricos conceitualizados pelas figuras históricas só pode levar ao mistério – como o postulado hegeliano de até mesmo os indivíduos histórico--mundiais enquanto "ferramentas inconscientes" nas mãos ("invisíveis") do sujeito histórico real hipostasiado – e não à inteligibilidade histórica. Na verdade, é necessário integrar coerentemente à cena geral os *interesses sociais* fundamentais e as contradições subjacentes que os sujeitos históricos tentam conceitualizar e utilizar com maior ou menor sucesso, mesmo que as determinações estruturais objetivas dos interesses, longe de serem estritamente individuais, carreguem diferentes níveis e modalidades da "falsa consciência"[312] mais ou menos evitável. Se não conseguirmos fazer isso, colocando em seu lugar algumas

---

[312] Sobre esses problemas, ver especialmente as seções 4.1, 4.3 e 6.5 deste livro.

*motivações individuais* projetadas, estaremos fadados a acabar com o mistério completo. Pois há uma diferença *categorial* elementar entre o entendimento de um número infindável de *motivações individuais* reais ou imagináveis – cujas variedades irrestringíveis fizeram alguns pensadores[313] caírem na contradição incorrigível de tentar tratar de uma maneira redutivista preconcebida a *infinitude* potencial – e a *consciência social* dos sujeitos históricos necessária e simultaneamente individuais e coletivos que interagem sob condições sociais estruturalmente determinadas.

O grande confronto histórico do nosso tempo é o *antagonismo estrutural fundamental entre capital e trabalho*, e continuará sendo até que seja enfrentado pelos indivíduos sociais até a sua conclusão positiva ou negativa. Ou seja, uma conclusão que resulte ou no estabelecimento e consolidação irreversível da ordem metabólica alternativa historicamente sustentável da reprodução societal do trabalho, ou na destruição da humanidade em si pelo capital por meio das contradições intransponíveis e determinações estruturais inseparáveis das mediações de segunda ordem antagônicas do sistema do capital.

Obviamente, no entanto, o capital não pode agir como uma *entidade coletiva abstrata*, tendo uma consciência mítica que lhe seja própria. Ele compartilha essa característica com cada sujeito histórico coletivo, inclusive o trabalho. O capital também não precisa da "astúcia absoluta" do "espírito do mundo"\* de modo a conseguir impor sobre a sociedade como um todo seus interesses estruturais objetivos que correspondem ao imperativo absoluto da acumulação do capital e concomitante concentração e centralização do capital, tendendo em direção à sua integração sistêmica global. O "capitalista ou *capital personificado*, dotado de *vontade e consciência*"[314], faz isso em benefício do capital. Em outras palavras, o capital enquanto sujeito histórico existe e afirma a si mesmo por suas personificações "dotadas de vontade e consciência", em consonância com as, e orientado pelas, determinações estruturais e imperativos de seu sistema.

Os *interesses e determinações estruturais objetivos* do sistema do capital, como modo estabelecido do controle social metabólico efetivo, constituem o "*übergreifendes Moment*" – o "determinante predominante" (Marx) – nessa relação. Isso é o que deve ser conceitualizado pelas personificações do capital, totalmente em consonância com os *imperativos sistêmicos* da ordem reprodutiva societal estabelecida, quaisquer que sejam as *motivações* pessoais dos capitalistas individuais. Quando não fazem isso, o *poder corretivo* do capital as invalida arruinando incerimoniosamente as personificações particulares que "saem da linha", tentando com isso algum afastamento fantasioso dos próprios imperativos objetivos. Também a esse respeito, não há qualquer necessidade de hipostasiar um misterioso "espírito do mundo" enquanto "ator histórico real" corretivo de maneira bem-sucedida.

O poder objetivamente prevalecente do capital enquanto *regulador bem-sucedido* da reprodução social metabólica fornece sua própria explicação nos termos da atual sustentabilidade de suas funções regulatórias, enquanto os imperativos estruturais por trás delas

---

[313] Particularmente em algumas abordagens psicanalíticas e historiográficas.

\* Aqui Mészáros utiliza duas categorias: "*world spirit*" e "*world mind*". Optamos por traduzir ambas como "espírito do mundo", pois os termos "*spirit*" e "*mind*" são duas possibilidades em inglês para a palavra alemã "*Geist*", que em português é traduzida por "espírito". (N. E.)

[314] Karl Marx, *O capital*, cit., p. 129.

continuarem válidos, com uma qualificação temporal/histórica necessariamente ligada a elas na direção oposta. Pois uma vez que os antagonismos explosivos do sistema enquanto tal produzem não só algumas crises conjunturais periódicas[315], mas uma *crise estrutural cada vez mais profunda* em escala histórica, de maneira inseparável dos constituintes sempre mais perdulários da *produção destrutiva* do sistema e da devastadora *invasão da natureza em si*, o que acaba por lançar sua sombra em nossa própria situação, a *raison d'être* fundamental do capital em si – enquanto *regulador bem-sucedido*[316] da reprodução societal que a tudo abrange – tornar-se-á não só problemática, como *totalmente insustentável*.

Talvez o maior feito das teorias históricas concebidas a partir do ponto de vista do capital, sobretudo por Hegel, tenha sido o reconhecimento do movimento transformador em direção à *história mundial*, mesmo que esse *insight* tenha sido descrito de forma especulativa.

Em vista do fato de que os antagonismos internos do sistema não puderam ser reconhecidos nem mesmo pelos maiores filósofos que viam o mundo do ponto de vista do capital, a história mundial teve de ser teorizada como já realizada, retratada como o clímax e o fechamento apropriados do desenvolvimento histórico sob a hegemonia da Europa imperialisticamente dominante. De modo a tornar essa concepção plausível – que fora descuidadamente reconstituída e propagandeada no mundo todo até mesmo em nossa época de maneira grotescamente supersimplificada e distorcida, com o propósito "neoliberal" mais reacionário –, os antagonismos sistêmicos objetivos, representando a *centrifugalidade* potencialmente mais perturbadora que continua sendo insuperável dentro dos confins estruturais do sistema do capital, tiveram de ser *transubstanciados* em uma *conflitualidade individual* bastante passível de ser contida pela "sociedade civil" e seu Estado político idealizado, como vimos anteriormente.

Na realidade, entretanto, as unidades centrífugas objetivamente opostas das "sociedades civis" particulares e dos Estados – tanto com respeito às suas partes constituintes como "microcosmos" econômicos maiores ou menores, mas sempre conflitantes, quanto em seu quadro material capitalista geral, mais abrangente porém nacionalmente articulado, politicamente subsumido em uma variedade de Estados-nação beligerantes – foram propriamente solucionadas com antagonismos cada vez piores. Esse estado de coisas foi prefigurando confrontos sempre maiores para o futuro paralelamente à tendência objetiva em direção à integração global imperialisticamente disputada.

A intensificação do conflito e do antagonismo tanto no plano material quanto no político/militar já estava implícita no auge das grandes concepções históricas burguesas na *centrifugalidade* inerentemente *antagônica* dos constituintes reprodutivos materiais dominantes e seus correspondentes Estados-nação rivais. Essa realidade esclarecedora teve de ser especulativamente embelezada sob o postulado ingênuo de que a dominação

---

[315] Crises conjunturais periódicas pertencem à normalidade reprodutiva do capital.

[316] Devemos ter em mente aqui, para que possamos perceber o grande contraste, que, durante um longo período histórico de quase quatro séculos, o capital foi não só o *regulador bem-sucedido* da reprodução social metabólica, mas o *único regulador viável* desse processo vital.

europeia historicamente estabelecida na época de Hegel[317] representou "o fim da história universal", nas palavras do filósofo alemão. Portanto, a transfiguração dos antagonismos estruturais reais em conflitualidade individual não foi simplesmente *especulativa*, mas descaradamente *apologética* e ofuscadora. Tanto que, na verdade, nada de embaraçoso pôde ser percebido da tendência de desenvolvimento realmente em desdobramento do sistema do capital até mesmo algumas décadas posteriores a essas grandes figuras intelectuais pela óptica tendenciosamente deformadora de suas conceitualizações. Dentro de seus postulados termos de referência, não se poderia reconhecer nada das devastações já impostas e sempre estendidas do imperialismo monopolista, e muito menos se poderia imaginar dos derramamentos de sangue aterradores das *duas guerras mundiais* no século XX que surgiram dos antagonismos irreconciliáveis da base social e política idealizada da "efetividade racional do espírito do mundo" e sua projetada "realização da ideia da liberdade" na história mundial. A noção hipostasiada e especulativamente idealizada do "fim absoluto da história" sob a supremacia europeia estava a uma distância astronômica da possibilidade de entender o agudo perigo do *fim real da história* que emana da realidade tangível das contradições insuperáveis do capital.

A *centrifugalidade sistêmica* real representa agora um grave problema para o futuro. Paradoxalmente, durante um longo período histórico – na verdade do início ao fim da fase ascendente do desenvolvimento do capital – essa centrifugalidade constituiu uma força extremamente dinâmica, contribuindo positivamente para o avanço produtivo fundamental graças à sua capacidade de superar [*overcome*] os vários tipos de restrições e impedimentos à acumulação e expansão do capital. Nenhuma outra formação reprodutiva social do passado poderia sequer ser remotamente comparada ao capital a esse respeito. Pois o poder dinâmico da centrifugalidade sistêmica exerceu um papel crucial na história mundial realmente em desdobramento, e continua a prevalecer em nosso tempo por meio do processo contraditório da *globalização*. Mas isso acontece precisamente onde também as *contradições sistêmicas* tornam-se claramente visíveis, demonstrando sua *insustentabilidade estrutural*. Pois um sistema *globalmente integrado* – o *imperativo racional* agora emergente da reprodução social metabólica historicamente viável e sustentável, em contradistinção ao *imperativo cego*, em última instância autodestrutivo, *da acumulação infindável do capital* ao qual a expansão do valor de uso humanamente gratificante deve ser fetichisticamente subordinado sob o domínio do capital – não pode concebivelmente ser colocado em funcionamento sobre a base da centrifugalidade antagônica.

Um dos aspectos mais intratáveis desse problema é a contradição entre o *impulso material* inerente do sistema do capital, que tende na direção de sua integração global não *apesar de*, mas precisamente *por meio de sua centrifugalidade*, e a *formação do Estado* do capital. Pois esta é constituída desde o início, na forma dos *Estados-nação* conflituosamente opostos e na verdade beligerantes, responsáveis no século XX e, em nossa época, pelas devastações e explosões militares maciças, tendo no horizonte a destruição potencial da humanidade como algo muito distante de ser a "estação final" milenar. Também esse aspecto da história mundial realmente em desdobramento foi irremediavelmente

---

[317] Devemos nos lembrar de que Hegel dividiu sua época com o grande estrategista militar prussiano general Karl-Marie von Clausewitz.

deturpado e veleitariamente idealizado pelas grandes concepções históricas da burguesia, como vimos anteriormente[318].

Na realidade, essa não é uma dimensão corrigível da formação do Estado do capital, mas um defeito estrutural fundamental cuja importância não pode ser exagerada. Pois a grande *falha histórica* do capital a esse respeito, salientando um de seus limites absolutos da viabilidade enquanto sistema reprodutivo, foi sua incapacidade de constituir o *Estado do sistema do capital enquanto tal*, em contraste com os *Estados-nação* antagonicamente opostos, sem a menor habilidade ainda hoje de superar [*overcome*] essa falha histórica fundamental. A teoria absurda de Karl Kautsky do "ultraimperialismo" como solução postulada para esse problema resultou em nada mais que a *racionalização ideológica apologética* da falha histórica insuperável do capital, seguindo a total capitulação cúmplice da social-democracia alemã ao imperialismo realmente existente e destrutivo desde o irromper da Primeira Guerra Mundial.

Contudo, a seriedade desse problema referente à modalidade não mais sustentável das antigas relações centrífugas não está confinada aos antagonismos inter-Estado da nossa época, que potencialmente a tudo destroem, por meio do conflito dos Estados--nação concorrentes, conforme propelido pelo impulso material subjacente do sistema do capital em direção à integração globalmente inatingível sob o domínio até mesmo de seu Estado imperialista mais poderoso. Em um sentido mais geral, a questão diz respeito à *relação estrutural interna* de *todas* as partes constituintes inter-relacionadas do sistema global emergente. É por isso que a tendência global contraditória do desenvolvimento integrativo agora assume a forma da instabilidade global. O problema é que, de um lado, o impulso sistêmico em direção à integração global no estágio atual do desenvolvimento histórico é *inexorável*, por uma questão dos imperativos materiais subjacentes, manifesto também na forma da crise econômica e financeira global explosiva e cronicamente insolúvel vivida recentemente. Por outro lado, no entanto, a condição vital de realização da integração requerida – a necessidade de sua *sustentabilidade racional* não só em primeiro lugar, mas também em um sentido histórico genuíno – é acentuadamente contradita pela centrifugalidade em si, conflituosa e objetivamente prevalecente durante um longo período de tempo, característica tanto das menores partes constituintes do sistema do capital quanto de seu quadro estrutural geral.

Até mesmo os defensores mais confiantes da globalização, sem considerar a margem lunática que prega a mais agressiva supremacia imperialista[319], não afirmariam seriamente nos dias de hoje que o processo integrativo geral pode ser atingido – e, mais importante, feito *permanente* – pelo uso da força. Em outras palavras, eles reconhecem que a forma "globalizada" de inter-relação entre as partes constituintes deve ser produtivamente gerenciada numa base de longo prazo. E isso implica, obviamente, algum tipo de *coerência* entre as *microestruturas* tradicionalmente conflituosas e até antagonicamente opostas e os *complexos globais* sob os quais as partes constituintes da ordem social devem ser *reestruturadas* sob as condições do desenvolvimento histórico que se desdobra em nossa época.

---

[318] Ver a discussão detalhada desses problemas na seção 4.4 deste livro.

[319] Sobre alguns desses últimos, ver "Sintomas de uma crise fundamental", seção 10.3.1 de meu livro *O desafio e o fardo do tempo histórico*, cit., p. 347-55.

A *concentração e a centralização do capital* são características inerentes do mais dinâmico sistema da reprodução societal em toda a história, geralmente representadas – e deturpadas – como "crescimento e desenvolvimento" não problemáticos. Contudo, a tendência inexorável em direção à globalização é inseparável da concentração e centralização antagônicas do capital cegamente autoexpansivo, com as contradições intimamente relacionadas do imperialismo monopolista. Por isso, essa tendência está longe de ser idealizável. É totalmente impossível almejar uma *macroestrutura* global capaz de integrar coerentemente em seu quadro geral as partes constituintes conflituosamente opostas guiadas em sua centrifugalidade tradicional pela concentração e centralização antagônicas do capital, baseada no imperativo incontrolável da expansão infindável do capital.

O requisito mencionado anteriormente da *sustentabilidade racional* de longo prazo como a principal característica definidora de um processo de reprodução societal globalmente integrado clama por um tipo diferente de relação reprodutiva material e cultural, liberta das *hierarquias estruturais* preestabelecidas do sistema do capital *substantivamente iníquo*. Por conseguinte, se as *células constitutivas e as microestruturas* de um sistema globalmente interagente não são sustentáveis nos termos de sua autodeterminação cooperativa positiva, não pode haver nenhuma expectativa real de atingir a sustentabilidade racional necessária da ordem reprodutiva como um todo. As duas mantêm-se juntas ou fracassam juntas. Pois é totalmente inconcebível extrair uma coerência com fim historicamente aberto e dialeticamente em evolução em uma escala global das determinações dos persistentes antagonismos estruturais em suas partes constituintes.

Nesse sentido, o sucesso do esforço em direção à integração global não é factível simplesmente no que se refere à *mudança*, não importa de que escala, muito menos à mudança imposta à força, nos moldes do imperialismo monopolista. Ele só pode ter sucesso se tal mudança resultar em um *avanço histórico* genuíno em resposta aos grandes desafios visíveis à nossa volta. Com a tendência cada vez mais avançada da globalização, a complexidade dialética jamais vista no passado da mudança estrutural historicamente sustentável apareceu na agenda histórica. A necessidade objetiva da integração produtiva viável de suas partes constituintes carrega a implicação positiva de que sua realização significa avanço histórico fundamental.

As tendências esperançosas que apontam naquela direção foram discutidas no decorrer deste estudo, incluindo a necessidade de superar [*overcome*] as determinações formais não mais defensáveis – e as *violações substantivas* – da igualdade e liberdade, bem como o uso criativo do *tempo disponível*[320] no lugar da exploração historicamente anacrônica do capital do tempo de trabalho necessário. A crescente *hibridização* do sistema do capital, que exige o cúmplice financiamento do Estado de setores de outro modo estruturalmente ingerenciáveis ao custo de *trilhões* – e até mesmo *dezenas de trilhões* – de dólares, despejados na vala da bancarrota capitalista e fraudulência institucionalizada com extremo cinismo, aponta

---

[320] Para ser exato, de acordo com a lógica fetichista do capital, não se pode fazer nenhum uso significativo do tempo disponível na escala requerida. Pois, nos termos daquela lógica perversa, é muito mais fácil e mais lucrativo tratar, em vez disso, os trabalhadores em si como "pessoas prontamente descartáveis". Ver "Disposable Workers", de Fred Magdoff e Harry Magdoff, *Monthly Review*, abril de 2005, p. 18-35. [Colchetes inseridos por Mészáros. (N. E.)]

na mesma direção. Pois a tendência objetiva subjacente da crise estrutural do sistema do capital só pode aprofundar com o passar do tempo. Ademais, os recursos hipocritamente entregues ao falho, porém pretensamente superior, "sistema de empresas privadas" dos recursos escassos retirados de incontáveis milhões, com o propósito de "salvar o sistema", só pode fornecer paliativos, apesar de sua magnitude astronômica, mas de forma alguma os remédios estruturais necessários para o futuro.

Naturalmente, a dialética histórica no abstrato não pode oferecer nenhuma garantia para um resultado positivo. Esperar isso significaria renunciar ao nosso papel no desenvolvimento da consciência social que integra a dialética histórica. Radicalizar a consciência social em um espírito emancipatório é o que precisamos para o futuro, e precisamos disso mais do que nunca.

# OBRAS DO AUTOR

*Szatira és valóság*. Budapeste, Szépirodahyli Könyvkiadó, 1955.

*La rivolta degli intellettuali in Ungheria*. Turim, Einaudi, 1958.

*Attila József e l'arte moderna*. Milão, Lerici, 1964.

*Marx's Theory of Alienation*. Londres, Merlin, 1970.
    [Ed. bras.: *A teoria da alienação em Marx*. São Paulo, Boitempo, 2006.]

*Aspects of History and Class Consciousness*. Londres, Routledge & Kegan Paul, 1971.

*The Necessity of Social Control*. Londres, Merlin, 1971.

*Lukács' Concept of Dialectic*. Londres, Merlin, 1972.

*Neocolonial Identity and Counter-Consciousness*. Londres, Merlin, 1978.

*The work of Sartre: Search for Freedom*. Brighton, HarvesterWheatsheaf, 1979.
    [Ed. bras.: *A obra de Sartre: busca da liberdade*. São Paulo, Ensaio, 1991.]

*Philosophy, Ideology and Social Science*. Brighton, HarvesterWheatsheaf, 1986.
    [Ed. bras.: *Filosofia, ideologia e ciência social*. São Paulo, Boitempo, 2008.]

*The Power of Ideology*. Brighton, HarvesterWheatsheaf, 1989.
    [Ed. bras.: *O poder da ideologia*. São Paulo, Boitempo, 2004.]

*Beyond Capital: Towards a Theory of Transition*. Londres, Merlin, 1995.
    [Ed. bras.: *Para além do capital: rumo a uma teoria da transição*. São Paulo, Boitempo, 2002.]

*Socialism or Barbarism: from the "American Century" to the Crossroads*. Nova York, Monthly Review, 2001.
    [Ed. bras.: *O século XXI: socialismo ou barbárie?* São Paulo, Boitempo, 2003.]

*A educação para além do capital*. São Paulo, Boitempo, 2005.

*O desafio e o fardo do tempo histórico*. São Paulo, Boitempo, 2007.

*A crise estrutural do capital*. São Paulo, Boitempo, 2009.

*Social Structure and Forms of Consciousness: the Social Determination of Method*. Nova York, Monthly Review, 2010. [Ed. Bras.: *Estrutura social e formas de consciência: a determinação social do método*. São Paulo, Boitempo, 2009.]

*Historical Actuality of the Socialist Offensive: Alternative to Parliamentarism*. Londres, Bookmark, 2010. [Ed. bras.: *Atualidade histórica da ofensiva socialista: uma alternativa radical ao sistema parlamentar*. São Paulo, Boitempo, 2010.]

*Social Structure and Forms of Consciousness II: the Dialectic of Structure and History*. Nova York, Monthly Review, 2011. [Ed. Bras.: *Estrutura social e formas de consciência II: a dialética da estrutura e da história*. São Paulo, Boitempo, 2011.]

COLEÇÃO
# Mundo do Trabalho
Coordenação Ricardo Antunes

**ALÉM DA FÁBRICA**
Trabalhadores, sindicatos e a nova questão social
*Marco Aurélio Santana e José Ricardo Ramalho (orgs.)*

**A CÂMARA ESCURA**
Alienação e estranhamento em Marx
*Jesus Ranieri*

**ATUALIDADE HISTÓRICA DA OFENSIVA SOCIALISTA**
Uma alternativa radical ao sistema parlamentar
*István Mészáros*

**O CARACOL E SUA CONCHA**
Ensaios sobre a nova morfologia do trabalho
*Ricardo Antunes*

**A CRISE ESTRUTURAL DO CAPITAL**
*István Mészáros*

**CRÍTICA À RAZÃO INFORMAL**
A imaterialidade do salariado
*Manoel Luiz Malaguti*

**DA GRANDE NOITE À ALTERNATIVA**
O movimento operário europeu em crise
*Alain Bihr*

**DA MISÉRIA IDEOLÓGICA À CRISE DO CAPITAL**
Uma reconciliação histórica
*Maria Orlanda Pinassi*

**A DÉCADA NEOLIBERAL E A CRISE DOS SINDICATOS NO BRASIL**
*Adalberto Moreira Cardoso*

**A DESMEDIDA DO CAPITAL**
*Danièle Linhart*

**O DESAFIO E O FARDO DO TEMPO HISTÓRICO**
O socialismo no século XXI
*István Mészáros*

**DO CORPORATIVISMO AO NEOLIBERALISMO**
Estado e trabalhadores no Brasil e na Inglaterra
*Angela Araújo (org.)*

**A EDUCAÇÃO PARA ALÉM DO CAPITAL**
*István Mészáros*

**O EMPREGO NA GLOBALIZAÇÃO**
A nova divisão internacional do trabalho e os caminhos que o Brasil escolheu
*Marcio Pochmann*

**O EMPREGO NO DESENVOLVIMENTO DA NAÇÃO**
*Marcio Pochmann*

**ESTRUTURA SOCIAL E FORMAS DE CONSCIÊNCIA**
*István Mészáros*

**FILOSOFIA, IDEOLOGIA E CIÊNCIA SOCIAL**
Ensaios de negação e afirmação
*István Mészáros*

**FORÇAS DO TRABALHO**
Movimentos de trabalhadores e globalização desde 1870
*Beverly J. Silver*

**FORDISMO E TOYOTISMO**
Na civilização do automóvel
*Thomas Gounet*

**HOMENS PARTIDOS**
Comunistas e sindicatos no Brasil
*Marco Aurélio Santana*

**INFOPROLETÁRIOS**
Degradação real do trabalho virtual
*Ricardo Antunes e Ruy Braga (orgs.)*

### LINHAS DE MONTAGEM
O industrialismo nacional-desenvolvimentista e a sindicalização dos trabalhadores (1945–1978)
*Antonio Luigi Negro*

### MAIS TRABALHO!
*Sadi Dal Rosso*

### O MISTER DE FAZER DINHEIRO
Automatização e subjetividade no trabalho bancário
*Nise Jinkings*

### NEOLIBERALISMO, TRABALHO E SINDICATOS
Reestruturação produtiva no Brasil e na Inglaterra
*Huw Beynon, José Ricardo Ramalho, John McIlroy e Ricardo Antunes (orgs.)*

### NOVA DIVISÃO SEXUAL DO TRABALHO?
Um olhar voltado para a empresa e a sociedade
*Helena Hirata*

### O NOVO (E PRECÁRIO) MUNDO DO TRABALHO
Reestruturação produtiva e crise do sindicalismo
*Giovanni Alves*

### PARA ALÉM DO CAPITAL
Rumo a uma teoria da transição
*István Mészáros*

### A PERDA DA RAZÃO SOCIAL DO TRABALHO
*Maria da Graça Druck e Tânia Franco (orgs.)*

### POBREZA E EXPLORAÇÃO DO TRABALHO NA AMÉRICA LATINA
*Pierre Salama*

### O PODER DA IDEOLOGIA
*István Mészáros*

### RETORNO À CONDIÇÃO OPERÁRIA
Investigação nas fábricas da Peugeot na França
*Stéphane Beaud e Michel Pialoux*

### RIQUEZA E MISÉRIA DO TRABALHO NO BRASIL
*Ricardo Antunes (org.)*

### O ROUBO DA FALA
Origens da ideologia do trabalhismo no Brasil
*Adalberto Paranhos*

### O SÉCULO XXI
Socialismo ou barbárie?
*István Mészáros*

### OS SENTIDOS DO TRABALHO
Ensaio sobre a afirmação e a negação do trabalho
*Ricardo Antunes*

### SHOPPING CENTER
A catedral das mercadorias
*Valquíria Padilha*

### A SITUAÇÃO DA CLASSE TRABALHADORA NA INGLATERRA
Segundo as observações do autor e fontes autênticas
*Friedrich Engels*

### A TEORIA DA ALIENAÇÃO EM MARX
*István Mészáros*

### TERCEIRIZAÇÃO: (DES)FORDIZANDO A FÁBRICA
Um estudo do complexo petroquímico
*Maria da Graça Druck*

### TRABALHO E SUBJETIVIDADE:
O espírito do toyotismo na era do capitalismo manipulatório
*Giovanni Alves*

### TRANSNACIONALIZAÇÃO DO CAPITAL E FRAGMENTAÇÃO DOS TRABALHADORES
Ainda há lugar para os sindicatos?
*João Bernardo*

Este livro foi composto em Adobe Garamond 10,5/12,6
e reimpresso em papel Norbrite 66,6 g/m² pela gráfica
Vida e Consciência para a Boitempo Editorial,
em agosto de 2014, com tiragem de 1.500 exemplares.